現代西藏史

1957- 現代西藏史 -1959

梅·戈爾斯坦（Melvyn C. Goldstein）著　　彭雲 譯　王小彬 譯校

香港中文大學出版社

《現代西藏史：1957–1959》
梅·戈爾斯坦 (Melvyn C. Goldstein) 著
彭雲 譯
王小彬 譯校

© 香港中文大學2021

本書版權為香港中文大學所有。除獲香港中文大學
書面允許外，不得在任何地區，以任何方式，任何
文字翻印，仿製或轉載本書文字或圖表。

國際統一書號 (ISBN)：978-988-237-218-4

本書由 University of California Press 2019 年出版之 *A History of Modern Tibet, Volume 4: In the Eye of the Storm, 1957–1959* 翻譯而來，由 University of California Press 授權出版。

封面設計：何浩
封面作品：唐暉，《工具》，2005

出版：香港中文大學出版社
　　　香港 新界 沙田·香港中文大學
　　　傳真：+852 2603 7355
　　　電郵：cup@cuhk.edu.hk
　　　網址：cup.cuhk.edu.hk

A History of Modern Tibet, 1957–1959 (in Chinese)
　　By Melvyn C. Goldstein
　　Translated by Peng Yun
　　Translation reviewed by Wang Xiaobin

Traditional Chinese edition © The Chinese University of Hong Kong 2021
All Rights Reserved.

ISBN: 978-988-237-218-4

A History of Modern Tibet, Volume 4: In the Eye of the Storm, 1957–1959 by Melvyn C. Goldstein published in English by the University of California Press.

© 2019 by Melvyn C. Goldstein
This translation is published by arrangement with University of California Press.

Cover Design: He Hao
Cover Image: Tang Hui, *Tools*, 2005

Published by The Chinese University of Hong Kong Press
　　　The Chinese University of Hong Kong
　　　Sha Tin, N.T., Hong Kong
　　　Fax: +852 2603 7355
　　　Email: cup@cuhk.edu.hk
　　　Website: cup.cuhk.edu.hk

Printed in Hong Kong

獻給已故的格勒仁波切，一位偉大的朋友
和西藏歷史研究同行

獻給已故的索康·江巴才旦，他多年來幫助我理解拉薩貴族社會和
現代歷史的細枝末節

獻給我兩位了不起的孫兒，Owen 和 Henry
所有一切，再次獻給 CMB

我們無法確信如何正確應對未來；但是，如果我們搞不清楚過去，

那麼我們肯定會在未來犯錯。

——吉爾伯特·基思·卻斯特頓〈G. K. Chesterton〉

學習歷史意味着要了解過去令人苦惱的一面，還有英雄的一面。

——詹姆斯·R·格羅斯曼〈James R. Grossman〉

目錄

圖片與地圖列表

圖片

地圖

地 圖

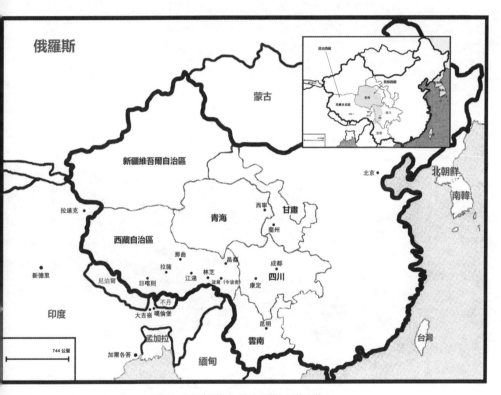

地圖1　中國／西藏——政治西藏和民族西藏

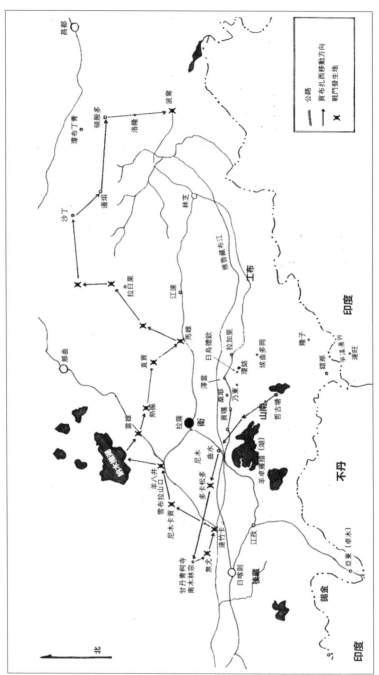

地圖 2　1958 年貢布扎西的戰鬥

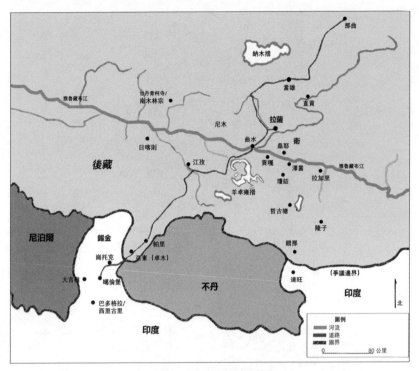

地圖3　從拉薩到印度的主路

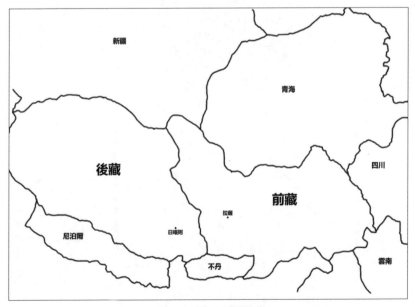

地圖4　西藏：前藏和後藏

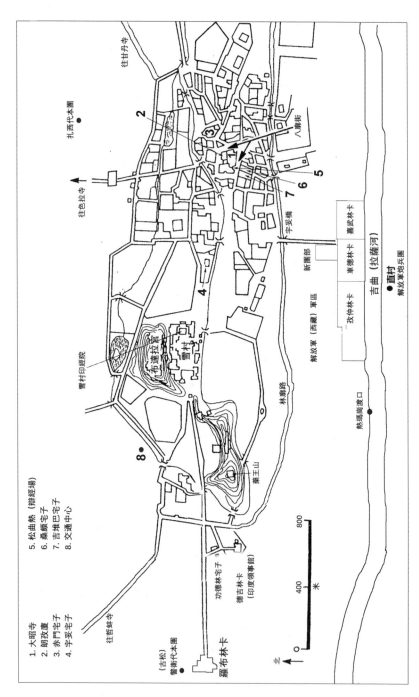

地圖 5 拉薩城

1. 大昭寺
2. 朗孜廈
3. 赤門宅子
4. 宇妥宅子

5. 松曲熱 (辯經場)
6. 桑頗宅子
7. 吉堆巴宅子
8. 交通中心

前言

了解1957至1959年這段時期的複雜歷史，對於理解1950年代的西藏，並延伸到20世紀往後的西藏歷史至關重要。這一時期始於1957年1月，當時達賴喇嘛決定從印度返回拉薩，儘管他的許多高級官員以及兩個哥哥嘉樂頓珠和當彩仁波切(又譯當才、塔澤等)強烈勸説。他們本來希望達賴喇嘛繼續流亡印度並帶領一個倡導西藏獨立的抵抗運動，但達賴喇嘛並不確信美國作出了真實承諾，因此他接受了印度尼赫魯總理的建議，並重新關注與中國人合作的計劃，按照《十七條協議》的條款維護西藏的內部自治權。

這一時期結束於1959年3月，成千上萬的拉薩居民湧向達賴喇嘛的夏宮羅布林卡，以阻止達賴喇嘛去西藏軍區大院看歌舞表演。這場大規模的示威活動幾乎立即演變為拉薩起義，一周後，達賴喇嘛秘密逃往西藏南部和印度。幾天後又發生了短暫但血腥的「拉薩之戰」，接着，建立在社會主義制度基礎上的新社會迅速取代了西藏獨特的佛教文明。用中國人的術語來説，被稱為「舊社會」(སྤྱི་ཚོགས་རྙིང་པ)的傳統社會被「新社會」(སྤྱི་ཚོགས་གསར་པ)取代。

《現代西藏史：1957–1959》，目的是研究這些事件如何發生並究其原因。本書利用了大量中國政府文件，以及對包括達賴喇嘛在內的藏人和漢人的數百次口述歷史訪談，提供一種全新的、不偏不倚的分析，以重新評估參與各方的政策和決定，包括毛澤東、達賴喇

嘛、康巴叛亂分子和中央情報局，其重點不是**應該怎麼樣**，而是事實是甚麼，如何發展成那樣，以及事情發展的其他可能的走向。

但是在着手這項任務之前，重要的是要弄清楚「西藏」的兩種不同含義。

甚麼是西藏？

1949至1950年，在中國／西藏的藏族人居住在與西歐一樣廣闊的土地，但他們並非在單一政體治下。自1642年以來一直執政的達賴喇嘛政府統治着將近一半的地方。其餘的地方則屬於鄰近的漢族省份，包括今天的青海、四川、甘肅和雲南的一部分（參見地圖1），[1]所有這些地區都曾統一在早期藏王的統治之下，但是在9世紀西藏王國分裂之後的11個世紀中，許多周邊地區要麼成為獨立王國，要麼被鄰國吞併。因此，1949年中華人民共和國成立時，達賴喇嘛的西藏作為一個事實獨立的政體運作，但其他藏族地區在政治上是中國西康、甘肅、雲南、四川和青海的一部分。[2]

西藏史學家採用一種習慣做法來顯示區分，這一區分由已故外交官／歷史學家黎吉生（Hugh Richardson）推廣。他將「政治」西藏（達賴喇嘛統治的政體）和「民族」西藏（在該王國〔state〕**以外**的其他地區，例如安多和康區）區分開來。他寫道：「在『政治』西藏，西藏政府從最早的時期一直**持續**統治到1951年。這片區域以外，北面和東面〔安多和康區〕……是其『民族』擴張地帶，藏人一度完全佔據那兒，現在也仍然佔多數。在這片更廣闊的區域裏，『政治』西藏僅在**一些地方間斷**行使管轄權；大多數情況下，當地僧俗頭人控制着這些大小不斷變更的區域。18世紀起，漢人開始零星滲透這些區域。」[3]

這一區別不僅僅是學術上的爭論，也是實際上功能性的現實。在1949至1950年間，對於西藏政府的管轄權在何處終止，以及中國

政府的管轄權從何處開始，彼此沒有分歧。例如在四川省，兩者的
邊界是金沙江（འབྲི་ཆུ，音譯治曲或直曲，長江上游）。拉薩政府在治
曲以東沒有官員或軍隊，中國人對治曲以西也沒有任何控制權。因
此，當毛澤東的人民解放軍1949年從蔣介石和回族軍閥馬步芳手中
接管青海/甘肅地區（位於邊界以東）時，政治西藏既沒有派出軍隊
來保衛這些民族西藏地區，也沒有就其領土被入侵而向國際社會發
出任何抗議/呼籲以尋求幫助。另一方面，當解放軍於1950年10月
7日越過金沙江，進攻西藏政治管轄之下的領土，保衛邊境的西藏
政府軍隊立即與中國軍隊交戰，歷時一個月。其後在1950年11月7
日，西藏政府動情地懇求聯合國提供幫助，抗議其領土遭到入侵。
該請願書中提到了這段邊界，並説：

> 中國軍隊在沒有警告，也沒有受到挑釁的情況下，於1950
> 年10月7日在多處地方跨過了治曲河〔金沙江〕，那裏向來
> 是進入西藏領土的邊界。很快，有重要戰略意義的地方接
> 二連三⋯⋯落入中國人手中⋯⋯。為了把西藏併入中國共
> 產黨的領地而完全使用武力對西藏實施的武裝侵犯是明顯
> 的侵略行為。[4]

同樣，六個月後，當西藏政府和北京簽署《十七條協議》時，「民族西
藏」未納入其中。

政治和民族西藏之間的這種區分是非常關鍵的，因為有關西藏
的政治著述和流行文字（有時甚至是學術著作）經常使用「**西藏**」一詞
來同時指代政治和民族的西藏，卻未指明是哪一個。因此，據稱發
生在西藏的事件很可能不是在實際的「政治」西藏發生，而是發生在
「民族」西藏。例如許多學者和西藏流亡活動家錯誤地指出，中國在
1949年入侵西藏，因為那是解放軍控制安多（青海省）（在「民族」西
藏）的時間。因此，除非另有說明，否則在本書中使用「西藏」一詞
時，所指的是政治西藏。

資料來源

主要資料：政府記錄和檔案

美國政府通過國家檔案和美國外交出版系列有限開放國務院檔案。但是，儘管我以「信息自由」為由申請和上訴，許多檔案仍被封鎖，不予開放。中央情報局和國家安全局以國家安全為名，實際上沒有開放任何與1950年代康巴人西藏叛亂有聯繫的計劃、目的和決策的相關檔案。這聽上去有點荒謬，這些事件已經發生近70年，但這就是我進行現代西藏歷史研究時遇到的部分現實。

英國國家檔案（公共檔案館）包含許多對前幾卷非常重要的一手資料，但是這些資料對於1953年後的歷史研究作用有限，因為1953年後，印度政府不再將其月度拉薩使團報告抄送給倫敦。

中國政府檔案基本上處於保密之中，但是我在印度得到大批特別重要的中國政府文件，它們在文革末期被帶到印度。我將這些文件歸檔為《對西藏工作的重要知識》，在註腳中稱為DPRC（Documents from the People's Republic of China，中華人民共和國文件）。當本書出版後，這些文件將作為西藏口述歷史存檔項目（Tibet Oral History Archive Project, TOHAP）的一部分，在美國國會圖書館網站上對學者開放。其他重要的中國檔案可見於中國出版的官方檔案彙集，以及這一時期出版的書籍。另外，我從西藏流亡政府和印度達蘭薩拉的西藏著作檔案館（Library of Tibetan Works and Archives）得到了一些資料。

印度政府（GOI）關於西藏的檔案也不對外開放，然而，一些有用的檔案收入多卷本《尼赫魯選集》（*Selected Works of Nehru*）中出版。

此外，夏格巴家族慷慨地向我提供了已故孜本夏格巴圖書館的一些檔案，包括他保存的哲堪孜松（JKTS，位於噶倫堡/大吉嶺的重要流亡團體）的數卷手寫日記。日記是孜本夏格巴按照時間順序用草寫

體記錄在學校用抄本上的；夏格巴是哲堪孜松的主要人物之一，兼任秘書。這些記錄保存了內部會議的內容，也包括三位領導人與他人的談話記錄，例如與印度政府官員、錫金王室和其他藏人。

所有這些原始材料合在一起，為我了解1950年代的歷史提供了非常寶貴的窗口。當然，這段歷史還有空白和困惑，要等待剩餘的資料公布於眾。但是我目前擁有的原始材料的數量和質量非常重要，這些材料讓我更加全面地理解這一時期。

鑑於本卷中絕大多數文檔未在其他地方發布，我引用時盡可能地包含相關文檔全文，讀者因此可能看到整個文檔的實際內容，而不依賴於一兩句綜述。此外，因為同一原因，在許多情況下我也提供了關鍵語句的藏文和中文原文（藏語羅馬轉寫和中文拼音）。

口述歷史材料

口述歷史（就某一時期或事件採訪證人，形成的原始歷史材料）能夠提供高價值的信息，是官方檔案的補充；在無法獲得這些官方檔案時尤其有用。因此，本卷大量使用了口述歷史材料。這些材料被逐字翻譯，以保留更多藏語原文的風味。

全美人文學科基金會提供了資金（RO-22251–91和RO22754–94），使我能夠就1950年代歷史在中國、印度、尼泊爾、英國和北美訪問超過135名前官員和其他相關人士，訪談時間約500小時。這些訪談包括重要藏族人物，例如達賴喇嘛、阿沛、達拉、車仁，以及重要的漢藏幹部如范明、張向明、降邊嘉措和平措汪杰。本卷也採用了部分原來為《現代西藏史》系列第一卷安排的採訪記錄。這些採訪也得到了全美人文學科基金會的資助（RO-20261–82和RO-20886–85）。我也採訪了一些中情局退休官員，他們參與了聖馬戲團（ST CIRCUS）項目，這是中情局1950年代西藏項目的代號。這一口述歷史研究也得到了亨利·魯斯（Henry Luce）基金會和全美人文

學科基金會的慷慨資助（RZ-20585–00, RZ-50326–05和RZ-50845–08）。

　　大部分採訪都在人們家中進行，並用磁帶錄音，所以有時背景中有小孩的哭聲和電話鈴聲，這些都沒有進行編輯。很多採訪都有後續訪問，以澄清一些初次採訪中的信息，或補充開始時沒有討論到的事件。對於本卷中討論的相關話題的採訪，人類學博士擦絨班覺獨自、或者和我一起進行了印度的大部分採訪，我還在西藏和中國其他地方進行了採訪。在西藏時，我得到了扎西次仁（已故）的協助；扎西次仁是我的朋友，華盛頓大學的同學，他於1964年從美國回到中國，在文革中被監禁，文革後成為西藏大學的教授。拉薩市民（མི་དམངས།，音譯米芒）赤烈多杰在我西藏研究期間擔任我的助理，他也參與了大多數採訪。擦絨博士和我都在美國進行採訪。協林·次旺南杰翻譯了幾乎所有的採訪記錄，他是一位傑出的前西藏政府貴族官員，1959年後在中國監獄和勞改營中度過了幾十年，此後來到印度和美國。他在西藏坐牢時學得了一口流利的漢語。

　　當我就重要事件收集到相互矛盾的版本時，我考量以下幾點：（1）理解傳統制度是如何運轉的；（2）其他說法；（3）信息來源（聽說還是一手）；（4）對象與事件的關係——例如，他是否事件人物的親屬或盟友——以及（5）對象的名聲是否誠實。在許多重要事件中，我不得不決定採用哪個版本；我花了大量時間重新採訪或採訪其他人，以試圖理清真相。儘管有時我附上事件的其他說法，通常附在註腳中；有時這不可能或者我不願如此。

　　我現在正在對這些採訪進行最後的編輯工作。它們將被收入美國國會圖書館亞洲分部線上網頁存檔，題為西藏口述歷史存檔項目（TOHAP），目前這一出版過程正在進行中。這些採訪的網址是www.loc.gov/collections/tibetan-oral-history-project/about-this-collection/，其中有原始的藏語音訊和英語翻譯，讀者可以一邊閱讀一邊聽。

到目前為止，TOHAP網站的線上採訪檔案中有125個主題（包含403段錄音，或450小時音訊，和約6,500頁單行距文字）。每段採訪包括標註地點、日期、錄音長度、採訪者、譯者和被採訪者的年齡等元數據（metadata）。當本卷付印之時，預期幾乎本卷所有用到的剩餘歷史／政治採訪會在TOHAP網站上線。未來數年，網站會增加兩個採訪集：一個是對一些老年哲蚌寺僧人的採訪，關於1959年前他們的生活；另一個是對普通人1959年前後生活的大量採訪。此外，本卷和此前數卷中用到的文件、檔案集也會在這個網站上公開。

本卷中用到的每個採訪在註腳中以如下格式標出：平措宇杰（Phüntso Yügye），採訪，拉薩，1993年，H.0031.02。其中辦認編號「H.0031.02」表示這段採訪屬於「政治／歷史」（H）採訪集，被採訪人編號31，他的名字／曾用名是平措宇杰，這是對他的採訪錄音第2段。

回憶錄和自傳

參與者出版的回憶錄構成了此時期的一個重要的信息來源。這些回憶材料以藏語和漢語在印度和西藏／中國／香港出版，一些以英語出版。它們包括阿樂群則、功德林和朗色林寫的書，以及報刊／雜誌上發表的文章和合集，例如在西藏出版、極有價值的叢書《西藏文史資料選輯》（བོད་ཀྱི་ལོ་རྒྱུས་རིག་གནས་དཔྱད་གཞིའི་རྒྱུ་ཆ་བདམ་བསྒྲིགས་པ།）。

報紙和二手資料

通過《中國大陸出版彙集》，我可以利用中國在這段時期出版的雜誌。我也參考了西方國家和印度的報章，以及在噶倫堡發行的藏語報紙《世界新聞鏡報》（ཡུལ་ཕྱོགས་སོ་སོའི་གསར་འགྱུར་མེ་ལོང་，以英文 *Tibetan Mirror* 知名）。當然，我也參考了中國和西方出版的圖書。其中一些包含原始採訪資料，或中國一邊我無法得到的政府記錄。我

也利用了美國國會圖書館亞洲分部收藏的 1950 年代的《西藏日報》（བོད་ལྗོངས་ཉིན་རེའི་ཚགས་པར་）。

引用規範

全書中，我用方括號代表作者增加的註釋或澄清。例如，在下面的引用中：

> 〔如果發生這種情況，〕我們絕對要在軍事上反擊，按照「對我們有理、有利、有節（Ch. youli youli youjie）」的原則奪取勝利。

我增加了「〔如果發生這種情況，〕」幫助讀者理解。與之相對，圓括號中的短語「（Ch. youli youli youjie）」代表中文原文的拼音，被翻譯為「reasonable, moderate and beneficial to us」。

羅馬化原則

藏語書寫和讀音形式區別很大，書寫形式包含不發音的輔音群。例如書寫形式的藏語 *bsgrubs* 實際上讀音為 "drub"，書寫的 *rtsis dpon*（孜本）讀音為 "tsipön"。

在本書的文字中，藏語術語使用藏語的讀音轉寫；但是藏語詞彙的（羅馬化）拼寫形式按照 T. V. 威利（T. V. Wylie）1959 年發明的轉寫法轉寫，附在本書末的附錄 B「藏語術語名詞對照表」中。

引用藏語寫的文章或書籍中的作者名字，採用羅馬化書寫方式。但是考慮到書寫和讀音形式的區別，如果藏族作者的名字也以讀音轉寫形式出現在正文敘述中，該名字的讀音轉寫形式也被包括

在引用中，使得讀者可以把文章、書的作者與正文中出現的人物聯繫起來——例如，一本由 Zhwa sgab pa 著作的書在參考書目中列為：Zhwa sgab pa (Shakabpa)。

藏語名字的讀音轉寫還沒用普遍接受的標準，所以有時候，書中正文使用的藏語名和術語和來自其他來源的引用當中不大一樣。例如，Dzongpön (宗本) 在某些引用中被拼寫為 Jongpoen，Lobsang Samden (洛桑三旦) 有時被寫作 Lopsang Samten。

引用的中文名字，姓氏在名字前面——例如張國華，張是姓氏，國華是名字。藏語名字前面是姓氏，然後是逗號，接着是名字。逗號是必須的，因為不是所有藏族人有姓。例如 Changöba, Dorje Ngüdrub (強俄巴‧多吉歐珠)，Changöba 是姓氏，Dorje Ngüdrub 是名字。但是 Tsering Dolma (次仁卓瑪) 則表示她沒有姓氏，Tsering Dolma 是名字。

致 謝

　　如果沒有中國內外許多人的幫助，本書的研究是不可能完成的；他們向我指出了一些重要的問題和議題，同時引介一些尚在人世的歷史人物，這些人士能夠澄清這些問題。許多接受採訪的人們參與本研究，是因為他們強烈地感覺到，未來的一代藏人和漢人應該了解1950年代的歷史。我不知道怎樣才能報答他們的建議和幫助，令人遺憾的是，在諸多情況之下，他們甚至要保持匿名。但是，未來的一代能夠看到一份客觀的、不偏不倚的歷史記錄，他們的這一願望是貫穿我整個項目的宗旨。

　　與《現代西藏史》系列的前幾卷一樣，我要特別感謝夏格巴家族，他們允許我使用現代西藏歷史上一位偉人——已故的孜本夏格巴——珍貴的信件和文檔。我也想特別感謝著名攝影記者陳宗烈，他擔任《西藏日報》報社的攝影師達25年；他欣然向我展示其大量的攝影集，並允許我在本書中使用其中一些照片。我還想感謝達蘭薩拉西藏博物館的協助，他們向我提供了珍藏的西藏1950年代的攝影檔案，並許可我使用其中一些。

　　我也要感謝在凱斯西儲大學（Case Western Reserve University）西藏研究中心本項目工作的許多優秀的中國和美國學生們。

　　我特別感謝協林・次旺南杰，一位藏族貴族兼學者，他在藏研中心工作多年，翻譯藏語文檔和採訪記錄。同時我也特別感謝人類

學家擦絨班覺博士，他和我一樣熱愛歷史。他坦誠地分享他對西藏現代歷史、政府和社會的深刻理解，在他百忙之中抽時間批判性地審閱了本卷的早期版本。

最後，我必須再次真摯地感謝長期為我工作的加州大學出版社編輯里德‧馬爾科姆 (Reed Malcolm)！他和同事們一如既往地支持本項目，使我能夠集中精力完成書稿。

譯 序

　　梅‧戈爾斯坦博士1991年出版《現代西藏史》系列第一卷《喇嘛王國的覆滅：1913–1951》(中文版杜永彬譯，時事出版社1994年出版)，此後他歷經近30年，先後出版了《暴風雨之前的平靜：1951–1955》(英文版2009年出版，中文版吳繼業譯，香港大學出版社2014年出版)和《風雨欲來：1955–1957》(英文版2014年出版，中文版《現代西藏史：1955–1957》，彭雲譯，香港中文大學出版社2019年出版)。這一劃時代的巨著以戈氏絲毫畢現的治史風格，再現了那個風起雲湧、縱橫捭闔的時代。2019年出版的《風暴眼：1957–1959》(中文版《現代西藏史：1957–1959》，彭雲譯) 無疑是《現代西藏史》系列中的高潮，本卷起自1957年初達賴喇嘛從印度回到中國，止於1959年3月達賴喇嘛逃亡印度，中國政府宣布廢除西藏舊政府。舊西藏終結於此，本系列也就此畫上圓滿的句號。

　　作為一名人類學家，戈爾斯坦從人類學傳統領域的異域西藏的僧兵開始學術生涯，此間成為藏語言的專家，又因緣際會登堂入室得窺西藏舊政府的秘辛，發願撰寫一部現代西藏歷史，旨在讓人們了解真正的歷史，從而更有意義地進行分析。

　　由於政治原因，西藏的歷史特別是近現代史是一個充滿爭議的領域。自1951年解放軍進軍西藏，中國成為軍事和政治上的勝利者，但是卻不是這段歷史的唯一書寫者。在中國，西藏現代歷史，

特別是涵蓋1959年歷史是一個高度限制的領域，多數歷史著作都是內部出版（例如《平息西藏叛亂》，1995年），公開出版的不多（《西藏解放史》，2008年；《西藏通史‧當代卷》，2016年）。而在西方社會，大眾文化中的西藏歷史敘述充斥着來自藏人流亡社區和中情局的種種流言。茨仁夏迦1999年出版的《龍在雪域》（*The Dragon in the Land of Snows*），首次以一個嚴肅的歷史研究方式，澄清了其中的幾種不實迷思。但是由於《龍在雪域》時間跨度大，關於1959年事件的敘述相對篇幅少，而茨仁夏迦獲取的史料也有限，更多地着重於反思。相比較而言，戈爾斯坦的《現代西藏史：1957–1959》首次詳實對比多方歷史敘述，重建這段爭議歷史的關鍵時刻。

史料

　　戈爾斯坦的治史風格每每讓我想起中國已故的史學家陳寅恪：通過考察大量史料細節，分析對比，逼近事實真相。戈爾斯坦最大的成功在於其對史料的採集和選取。他在前言中一一列舉了其史料來源，包括政府記錄和檔案、口述歷史、回憶錄和自傳，以至報紙和二手資料。對於這段歷史中的爭議，戈爾斯坦非常謹慎地進行選取：

> 當我就重要事件收集到相互矛盾的版本時，我考量以下幾點：(1) 理解傳統制度是如何運轉的；(2) 其他説法；(3) 訊息來源（聽説還是一手）；(4) 對象與事件的關係——例如，他是否該事件人物的親屬或盟友——以及 (5) 對象的名聲是否誠實。

這種選擇史料並用史料詮釋歷史的方法，很好地澄清了這段歷史中的一些爭議。對於某個爭議問題，戈爾斯坦不僅看相關各方怎麼説，也看參與各方怎麼做。

在《現代西藏史》各卷中，戈爾斯坦反復澄清對於這段歷史而言西藏的範圍（scope）是甚麼；在本卷的前言，他再次對此作出強調。當他得出結論，本書所及時期，公認的「西藏」是指他所定義的「政治西藏」或大致相當於今天西藏自治區的範圍時，他所依賴的不是政治宣示，而是如下的歷史細節：

當毛澤東的人民解放軍 1949 年從蔣介石和回族軍閥馬步芳手中接管青海/甘肅地區（位於邊界以東）時，政治西藏既沒有派出軍隊來保衛這些民族西藏地區，也沒有就其領土被入侵，向國際社會發出任何抗議/呼籲以尋求幫助。另一方面，當解放軍於 1950 年 10 月 7 日越過金沙江，進攻西藏政治管轄之下的領土，保衛邊境的西藏政府軍隊立即與中國軍隊交戰，歷時一個月。後來，1950 年 11 月 7 日，西藏政府動情地懇求聯合國提供幫助，抗議其領土遭到入侵。該請願書中提到了這段邊界，並說：

　　　中國軍隊在沒有警告，也沒有受到挑釁的情況下，於 1950 年 10 月 7 日在多處地方跨過了治曲河〔金沙江〕，那裏向來是進入西藏領土的邊界。……

　　　同樣，六個月後，當西藏政府和北京簽署《十七條協議》時，「民族西藏」未納入其中。[1]

戈爾斯坦非常了解此處「西藏」定義的政治重要性，也同樣了解在西方流行的政治著作或者大眾文學中，「西藏」的定義並非如此。但是，這一「流行」的定義不符合最近的這段歷史。

對於精於考據的史學家而言，最困難的是找不到可信的史料。不幸的是，這就是戈爾斯坦面對的情況。戈爾斯坦在前言中抱怨了，儘管美國在這段西藏歷史中扮演角色，許多歷史檔案仍被封鎖。中國對這段歷史史料的控制更加嚴格，戈爾斯坦出於個人努力，得到了大量中國黨內有關這段歷史的文件，同時也得到了一些

前西藏工委幹部的已出版和未出版傳記，並在中國境內進行了多次
訪談。另一方面，多年來戈爾斯坦得到了印度流亡藏人社區的合
作，他在印度及海外對參與這段歷史的流亡藏人進行了大量訪談，
同時得到了已出版、未出版的英文和藏文傳記。如上所述，他既對
史料精心鑑別，同時也持開放態度，以客觀的、不先入為主的態度
對待這些史料，這使得這部《現代西藏史》在這一領域佔據了獨特的
地位。與茨仁夏迦的《龍在雪域》相比，他對照補充了大量漢文史料
和來自中國政府的史料；而與中國出版的同類歷史如《西藏通史·當
代卷》相比，他對藏人的細緻研究獨樹一幟。

在本卷着墨最多的3.10事件敍述中，與《龍在雪域》相同，戈
爾斯坦精準地指出，中國人並沒有意願要綁架達賴喇嘛。通過分
析已有的藏人史料和訪談，他「發現」，達賴喇嘛去軍區看戲一事
是雙方友好交流的結果，達賴喇嘛本人決定了看戲的時間和地點。
輔以中方史料，他看到，西藏工委的中國幹部對這起事件非常吃
驚，他們為達賴喇嘛去軍區大院一事進行了大量的準備工作，甚
至在3.10事件發生後的那個上午，中方人員已經知道發生了群眾
聚集活動，他們仍然讓士兵到軍區禮堂去準備好迎接達賴喇嘛。
通過對這些似乎有些可笑的細節的研究，戈爾斯坦很好地揭示了
歷史的真相。這種客觀的態度符合戈爾斯坦在第三卷前言中的宣
示，他沒有顧忌這種解釋和中國的敍述更一致，而「有損藏人的
事業」。

同樣的，戈爾斯坦用了極大篇幅敍述了3月9日當天相關人物的
行動，試圖發掘這宗改變了現代西藏歷史的事件的始作俑者。他在
註解中毫不諱言指出，與當前藏人流亡社區現有的敍述相反，3.10
事件並非藏人米芒的自發行動，而是一些中級和低級西藏政府官員
故意煽動的結果。中國出版的相關歷史，要麼因為對此不重視，要
麼因為沒有掌握相關史料，對藏人在這一重要時刻的行動細節含糊
不清。在這些史料的基礎上，戈爾斯坦仍然非常謹慎，他覺得帕拉

最有可能是事件的主導者，但是也存在另外一種可能性，即低級僧官帕西和他組織的聯盟發動了整個事件。

在另一個非常有爭議的「放走達賴喇嘛」問題上，戈爾斯坦研究了中共中央和西藏工委之前的眾多內部電報，佐以對關鍵西藏工委幹部如李佐民和王貴的採訪。戈爾斯坦指出，儘管達賴喇嘛本人對西藏叛亂非常重要，中共中央和毛澤東在達賴喇嘛逃跑之前就已經決定，不干涉他的逃亡，放他和其他人員去印度。從一般的戰鬥思維出發，這一決定有些匪夷所思。但是，這些中共內部的電報非常有說服力，中共也沒有必要對內部文件作偽。從戰略思維的角度，這一決定並非毛澤東的一時興起或者中方的懷柔政策，而是種種現實約束下精心計算的結果。中方的上策當然是能夠完好無損地得到達賴喇嘛，所以如果達賴喇嘛真能夠如他給譚冠三的信中所說，逃出羅布林卡進入西藏軍區大院，西藏叛亂計劃將會轟然崩潰。但是，如果達賴喇嘛逃離，中方在混亂中打死或者打傷達賴喇嘛，再或者達賴喇嘛被俘獲，卻並不願意順從中方反對叛亂，這些結局對中方而言都非常棘手。由於中方在拉薩事件中採取的後發制人的戰略，他們非常難以在軍事上先做準備，最大限度地保證達賴喇嘛的安全。在這一考量和現實限制下，索康、帕拉等人選擇的先讓達賴喇嘛離開拉薩再公開翻臉的戰略，精準的擊中了中方戰略的弱點，在達賴喇嘛逃亡這一問題上獲得了先手。

甚至在達賴喇嘛逃亡以後，中方仍然宣稱他不是主動逃亡，而是被劫持的。這一公開說法混淆了視聽，甚至迷惑了部分研究者。戈爾斯坦再次在中方的內部電報〈中央關於達賴逃跑暫不向外宣布等問題給西藏工委的指示〉中找到了答案：此時雖然中方已經知道達賴喇嘛主動逃跑，但是為了減少這一事件對西藏政局的影響，有意為之。

儘管有了這麼多史料，缺乏關鍵史料仍然是個問題。由於3.10事件本身是個陰謀，它不像正常的歷史研究可以從發動者一方找到正式的事件記錄（與之相反，中方的行動雖然不為人知，卻可以從

內部的電報中找到系統性的完整記錄）。在許多事件的敍述中，戈爾斯坦直接採用了達賴喇嘛的回憶錄，筆者認為這一做法值得商榷。戈爾斯坦與達賴喇嘛有很多近距離接觸，他認為非常了解達賴喇嘛的個性，因此在許多不一致史料的情況下，偏向採信達賴喇嘛的説法。但是，達賴喇嘛本人在這段歷史上是利益非常大的關鍵人物，再者由於達賴喇嘛所受的思維訓練包括他個人似乎軟弱的個性，他可能不會赤裸裸地撒謊，但是卻會用某些暗示方式，模糊的引導讀者某些「事實」。例如，儘管達賴喇嘛非常清楚「漢人劫持論」不是事實，在他的傳記中仍然記述很多「事實」，暗示中國人邀請他去軍區看戲是想劫持他。[2] 作為研究者，戈爾斯坦對達賴喇嘛的距離甚至不如身為藏人的茨仁夏迦。例如茨仁夏迦認為，達賴喇嘛避開噶廈和其他官員，給譚冠三寫了第一封回信。[3] 在3月10日到3月16日期間，茨仁夏迦描述了達賴喇嘛和引領西藏叛亂的西藏政府部分官員之間的分歧，甚至指出，可能有部分官員和噶廈成員擔心達賴喇嘛向中國人投降。[4] 相比之下，達賴喇嘛的傳記描述了一個此時他和這些官員合作無間、想方設法對付中國人的情境；而戈爾斯坦直接引用，未加分辨和評論。

　　同樣類似的問題發生在處理來自范明的史料上。從第二卷開始，戈爾斯坦即精準地觸及了此前的一段空白，中國共產黨內部西南局和西北局之間的紛爭，以及這段紛爭對西藏內部格魯派達賴與班禪兩大活佛世系關係的影響。雖然戈爾斯坦證偽了范明傳記中的一些錯誤説法，由於很難找到相關史料，戈爾斯坦在此處採信了范明的説法，[5] 認為中共中央此前一直同意范明／西北局的前後藏論，直到1951年3至4月間才發生變化。實際上，中共中央的政策比這一敍述更加謹慎，從來沒有對班禪／范明的要求照單全收，而是對達賴／班禪關係的問題上採取懸而未決的態度。[6] 當中共中央1950年1月底確定西南局為進軍西藏的主力部隊時，西藏政策必然會更多地來自西南局。1950年3月，西南局研究室編寫了〈對西藏各種政策的

初步意見〉，上報給西南局及中共中央。〈意見〉中第一條即講述對西藏現行政教合一制度及對達賴、班禪的態度，強調要保留西藏原有政權機構。同年5月27日，西南局在此基礎上擴充為十條，其中第三條說「西藏先行各種政治制度維持原狀，概不變更。達賴活佛之地位及職權不予變更。各級官員照常供職。」[7]這個「十大政策」或「十條公約」此後成為中國與西藏政府談判的基礎，並進一步成為1950年代初期中央政府對西藏的基本政策。而戈爾斯坦被范明蒙蔽，得出了錯誤的結論。

史識

在擁有這些史料的基礎上，戈爾斯坦對歷史事實的詮釋顯得高人一等。從第二卷到第四卷，戈爾斯坦在行文中多次闡述幾個重要問題：上面談到的西藏政府僅治理「政治」西藏；毛澤東的漸進主義政策並非由於物質條件不具備，而是他主動的戰略選擇；中央政府在1951至1959年期間，並非像流亡藏人指責的那樣違反《十七條協議》，西藏政府享有高度自治，主導處理內部事務；中共內部存在西南局和西北局兩大勢力，其政策的不統一進一步加劇了西藏政治的危機；不像中國指責的那樣，美國並未過多介入此時期的西藏事務，也未取得實質成效，當然這並非因為美國不想，而是種種現實條件的限制；印度駐拉薩總領館和印度情報局深度參與西藏政治，但是尼赫魯總理與西藏獨立派保持距離，從思想上和現實上都不願意支持西藏激進獨立路線；上面談到的3.10事件是由部分藏人有意煽動的結果；達賴喇嘛的逃亡並非被劫持，而是他與其高級官員的選擇；西藏政治事務中護法神的大量參與，包括目前在流亡藏人社區被排擠的雄天護法神。這些問題中無論哪一個都能單獨成篇，而《現代西藏史》將這些內容有機地匯聚為一個整體，使得這個系列遍地寶藏，熠熠生輝。

但是，筆者也想指出，由於戈爾斯坦本身的局限性，當他探尋某些事實／政策背後的邏輯思維時，有時顯得隔靴搔癢，不及中心。雖然戈爾斯坦是一名美國人，他行文的出發點是西藏和藏人。一方面，戈爾斯坦認識到舊的西藏政治經濟制度無法適應時代的發展，在敍述的過程中對此充滿批評；另一方面，戈爾斯坦同情西藏人在現代歷史上的遭遇，寄望於以達賴喇嘛為首的舊西藏上層。這兩個矛盾無法調和，戈爾斯坦本人也無法找到解決方案，更無法跳出這種思維模式「破舊立新」，這種情緒構成了全文的基調。戈爾斯坦克服了巨大的困難，在自己不懂漢語的情況下，高水平地利用了眾多漢語史料；然而，由於以漢族為主體的中國共產黨人是1951至1959年西藏歷史的主要參與方，戈爾斯坦不理解中華文化的思維模式，也不理解中國共產黨在1921年成立以來的歷史，所以無法有效地理解以毛澤東為首的第一代中共領導人的戰略。

從第一卷開始，戈爾斯坦正面地敍述了毛澤東的漸進主義策略，儘管這一策略不符合部分西方和流亡藏人對「中共惡魔」的敍述。當然，這種策略符合戈爾斯坦對西藏上層能夠自我進化，以我為主進行自治的政治希望。然而，戈爾斯坦無法理解漸進主義政策和平叛改革只是毛澤東西藏戰略的一體兩面，當西藏局勢發生變化，漸進主義政策不再符合實際，中央政府轉而指示西藏工委準備戰鬥，戈爾斯坦哀嘆漸進主義的失敗，並認為這是毛澤東西藏治理方面的重大失敗。

早在1940年毛澤東即指出，「以鬥爭求團結則團結存，以退讓求團結則團結亡。」[8]這個原則具體應用到對待西藏政府的策略方面，戈爾斯坦部分分析得很對，從中國政府的角度出發，如果達賴喇嘛和西藏政府能夠合作，中國能夠在1951年以最佳方式統一西藏，也能夠在1951年後逐漸在治理方面把西藏融入中國。這是漸進主義政策的基礎，但這並不意味着漸進主義就是中共中央西藏政策的全部。在西藏內部明顯存在反漢獨立勢力時，拘泥於漸進退讓是沒

有前途的;正確的策略是與反漢獨立勢力做鬥爭,同時最大程度地爭取合作勢力,這既是所謂「以鬥求團結則團結存」。戈爾斯坦有時在行文中稱之為雙贏策略(win-win policy),這個詞實際上比漸進主義策略更全面地說明了毛澤東的西藏政策。這一雙贏戰略的走向顯然不完全取決於中國一方,還取決於西藏上層對於合作所持的態度。當西藏上層腳踩兩條船,甚至走向決裂時,中共中央果斷採取備份的平叛改革方案,這不是雙贏戰略的首選,但是不能用這一走向去批評雙贏策略中的漸進方向,甚至像范明所認為的那樣,認為漸進主義從開始就錯了。

在更深層次,中華文化中自古以來就有以弱示人,後發制人的戰略思維方式。中國人喜歡說,「上善若水」[9]、「退一步海闊天空」。常規情況下,處於劣勢的一方會採取防守模式;而在毛澤東的西藏戰略中,中央政府處於強勢一方,卻因為在地利方面處於劣勢而在總體上選擇退讓。正是在這種思維模式的指導下,中國共產黨在1951至1959年間採取了種種主動進攻思維者不能理解的策略。解放軍1951年打敗了藏軍,卻停在昌都,等待西藏政府派代表去北京進行談判。達賴喇嘛去北京訪問,受到中央政府的禮遇,毛澤東甚至去達賴喇嘛駐地訪問。毛澤東果斷採取「大下馬」政策,撤回單方面在西藏進行改革的意圖。在本卷中,解放軍本可以藉康巴人叛亂大舉進軍西藏,但是卻穩守防守,不主動進剿。在3.10事件已經發生之後,中央軍委仍然命令西藏軍區準備防守半年以上,甚至追究譚冠三反擊的責任。包括如上所述,明知達賴喇嘛可能逃跑,仍然提前指令西藏工委放他離開。戈爾斯坦雖然「發現」了這些策略,但是卻無法理解。

在這些戰略影響下,西藏政府內部發生了嚴重的分化。在筆者看來,對3.10事件最準確的界定是「下克上」的政變。西藏政府內部的反漢勢力在經過了1951年《十七條協議》、1952年人民會議和兩位司曹去職、1954年達賴喇嘛訪問北京、1957年達賴喇嘛訪印決定回

國等多次挫折之後，選擇以非常方式清除親漢派別，執行西藏獨立政策。無論政變者理解或者不理解，達賴喇嘛是上述事件的直接參與者和決定者，他的選擇並非他主動追求或者認為這是最完美的策略，而是他選擇的最現實的策略。3.10事件的發生令達賴喇嘛極其痛苦，他在傳記中寫道：

> 我確信，如果他們繼續下去，他們的所作所為只會導致災難，作為國家元首，我必須想方設法抑制他們的情緒，阻止他們在中國軍隊的重壓下造成自己的毀滅。

然而，儘管達賴喇嘛作出一些努力，他無法說服政變者繼續支持他選擇的政策。政變者打着保護達賴喇嘛的旗號反對他的政策。與一般政變不同的是，最高領導人被迫改變了自己的政策，被政變者吞噬。

有意思的是，戈爾斯坦以近乎白描的方式敍述了夏魯寺的民主改革，選擇以寺院堪布之死和寺院功能的終止結束《現代西藏史》這一巨著的敍述環節。這令筆者不禁想起了第三卷中尼赫魯的評論：

> 如果甚麼事是確定無疑的，那就是，現在西藏與現代世界面對面，這種傳統的生活方式無法延續下去。……土地改革是不可避免的。如果擁有大量地產的寺廟抵抗改革，這種抵抗最終會失敗，而整個基於這些寺廟的佛教制度會受到損害。如果西藏想維持佛教精華，它必須放棄這些附着物……

感想

當筆者翻譯卷四的時候，出版此中譯本的香港，正經歷着自1997年回歸以來最大的政治風浪。作為1950年代的最接近「一國兩制」的標本，筆者一邊翻譯着歷史，一邊在現實中似乎又看到了歷

史。有這種感覺的不止我一人。在網站Quora的一個問題「中國中央政府為甚麼選擇不直接介入香港亂局」中，一位回答者直接引用了本卷第13章註9中毛澤東的一封電報中的內容：[10]

> 西藏工委目前策略，應是軍事上採守勢，政治上採取攻勢，目的是：(1)分化上層，爭取盡可能多的人站在我們一邊，包括一部分活佛、喇嘛在內，使他們兩派決裂；(2)教育下層，準備群眾條件；(3)引誘敵人進攻。

在《現代西藏史》卷四的歷史關鍵時刻，一位老人的選擇令我印象深刻。擦絨扎薩曾於1913至1925年間嘗試現代化，但是在西藏社會保守勢力的阻礙下以失敗告終。擦絨扎薩就此退出政治，經商並獲得了極大的成功。1958年秋天，哲堪孜松的嘉樂頓珠和夏格巴訪問住在噶倫堡的擦絨扎薩，勸說他不要回西藏，留下來領導印度的獨立運動，擦絨扎薩拒絕了。

> 他〔擦絨扎薩〕說：「你們說得到了外國的支持。你們有甚麼支持？給我看看你們的支持。如果支持是一二十萬盧比或者一兩百萬盧比，那沒甚麼用。你們需要幾百萬美元。給我看看這個，然後我會領導你們。我們沒有士兵和武器，但是如果你們給我一個可靠和有力的支持者，我們可以從歐洲、英國和世界各地招募僱傭兵。」他們只是說，「是的，我們有支持。」然後他說，「這還不夠，我們對此無能為力。如果你們沒有那種支持，我不會留在這裏領導你們。我要回西藏為達賴喇嘛服務，因為達賴喇嘛在那裏。」

然而，如前一節所述，達賴喇嘛在歷史的關鍵時刻未能夠把握西藏的命運，而是任由一小股失控的政治力量把西藏政府推下了懸崖。毛澤東有其備選方案，而達賴喇嘛沒有。對於達賴喇嘛的選擇及其後果，戈爾斯坦的敘述冷靜而殘酷：「具有諷刺意味的是，達賴

喇嘛在1957至1959年間的決定恰好把他置於他最不想要的境地，也就是說，『山那邊沒有牛糞，山這邊沒有背簍。』」

翻譯説明及致謝

譯者的翻譯宗旨是盡量反映原作者戈爾斯坦教授的原意，幫助漢文讀者跨越語言的障礙。所幸戈爾斯坦對此相當理解，對於我的問題有問必回，他的學生李翼也盡可能地提供了很多幫助。我把這部巨著帶給漢文讀者，希望這本譯文能夠不辜負英文版的高水準。

戈爾斯坦在書中引用了大量的漢文史料，我從他那兒得到了幾乎所有漢文史料的原文。他引用的部分史料是從漢文翻譯的英文材料，我盡量找到原漢文版，放在文章中。這部分原文有時和英文版語義有區別，那是因為英文翻譯的問題。引文中有可能不夠通順，或者使用詞字不規範的，一般保持原樣。特殊地方用譯註來標註。英文版有時對於漢文引文自行進行了分段，我一般保持漢文引文的段落，個別地方按照英文版分段或者其他情形的，一概增加譯註説明。對於有些藏文史料，已有定稿的漢文翻譯，我一般直接採用，並未從英文翻譯。

涉藏翻譯的一大難點是處理一些政治含義很強的名詞的翻譯。我按照上面的總原則，進行了處理。需要強調的是，譯者需要傳達的是戈爾斯坦的立場，而不是譯者本人的立場。在這一基礎上，我選用了漢文讀者比較熟悉的術語進行翻譯。

例如對於 "Chinese" 的翻譯，我糾結了很久。英文中的Chinese本身不區分中國人和漢族人。經過和戈爾斯坦的討論，我在大部分場合都翻譯成「中國人」。翻譯成漢人的情況包括：説話的人或者語境是中國政府/親中國政府；類似於新漢人/舊漢人/紅漢人/藍漢人這種已經約定俗成的説法；原文中的 "Han Chinese" 等等。但是，

原文中不少藏語引文中「ꕪꕚꔰ」的英譯 "Chinese"。對於這種情況，我在第三卷時也翻譯成中國人，但是在第四卷的翻譯閱讀過程中，我的看法有了變化。在這一時期，除少數外，藏人不存在泛藏身份認同，也缺乏國際視野，對於他們引文中「ꕪꕚꔰ」和「ꕪꕚꕁ」我覺得還是譯為「漢人」和「漢地」比較好。同時，我要指出的是，藏人也有其「特殊主義」，認為漢人漢地是他者。總的來説，每個術語背後都有深刻的歷史政治含義，作者按照他的理解選擇，譯者試圖以最符合作者原意的方式來表現。這些選擇改變不了這個時期複雜的歷史現實。

另外，戈爾斯坦在書中所用 "Tibet" 一詞，和多數英文書不同，指的是政治西藏，大致上是現在的西藏自治區地域。但是在少數情況下，他也用這詞表示整個藏族居住地區，我按照意思翻譯成藏區。我在翻譯中未區分使用「藏人」、「藏族」等説法。希望讀者能夠理解，1950年代的西藏正處在被中國逐漸融合的過程，一些用詞如果嚴格界定可能不夠準確，但是能夠最方便地描述歷史情況。戈爾斯坦對於西藏的社會制度有過諸多方面的研究。在本書中，他選擇基本不使用 "serf" 一詞，而是使用 "peasant" 或者 "bound peasant"。儘管農奴一詞有其廣泛的含義，西藏農民的生活與西歐莊園制度下的農奴有相似之處，但是由於漢文農奴一詞使用了「奴」這個字，使人容易與沒有人身自由的「奴隸」聯繫起來。經過和戈爾斯坦的討論，我使用了「農民」和「依附農民」來進行翻譯。對於許多來自中國一方的引文資料，戈爾斯坦在英文版中使用 "serf" 一詞來翻譯，我直接使用原文「農奴」，與之對應。

我在翻譯中對於英文人名地名，除非特別著名的，第一次出現時都用括號附註原文，例如：黎吉生 (Hugh Richardson)。藏語、英語人名、地名盡量採用已有的譯法，有時標出其他的譯法。藏語術語和人名由於來源是藏語的，我沒有用括號附註英文，而是都放在附錄一「藏語術語名詞對照表」中。英文版中有大量的藏語標註，有時直接出現在正文中，更多的用括號標註。就像戈爾斯坦在前言中

寫的那樣，這些藏語/標註多數使用讀音拼寫法（spoken [phonetic] pronunciation），少數直接採用威利轉寫法（Wylie Transliteration），漢文版對於正文中的藏語（羅馬字讀音拼讀或威利轉寫）多數譯成漢語（音譯或意譯），而在括號中的藏語（羅馬字讀音拼讀或威利轉寫）標註則直接使用了藏語。我希望有更多的書籍能夠混排漢、英、藏三語，這在現代的電腦世界中幾無困難。以原本的方式使用語言是對藏族語言和文化的最大尊重。鑑於我的藏語能力有限，我請到了西南民族大學的旦知肖老師幫我進行了藏語校對。

戈爾斯坦在英文版中，特別是引文中有不少地方使用了圓括號( )和方括號[ ]，以表示對原文的註解和語義補充。我幾乎在所有譯者加註的地方都以「譯註」開頭，以與原文註解區分，在詞語註解時，含有「又譯」，「音譯」的部分來自譯者，因為篇幅所限，沒有都加「譯註」二字。例如：「莊園（གཞིས་ཁ，音譯谿卡）」圓括號中「音譯谿卡」為譯者所加。而在部分漢文引文中，括號為原引文已存在時，我補充了譯註。

本書使用了英、漢、藏三語的參考資料。我遵從香港中文大學出版社編輯的建議，把參考資料按照三種語言分開。在尾註中，作者名無註的為漢文資料，作者名字註英文或藏文的為英文或藏文資料。例如：「戈爾斯坦（Goldstein），1989年」是英文參考資料，「吉柚權，1993年A」是漢文參考資料，而「楊一真（ཡང་དབྱི་གཙན），1986年」是藏文參考資料。唯一的小例外是戈爾斯坦收藏的「中華人民共和國文件（DPRC）」，這是漢文參考資料。注意同一作者的史料可能是不同語言的，例如「楊一真，2010年」是漢文參考資料。

戈爾斯坦引用了大量的口述歷史，他將其收入美國國會圖書館亞洲分部在線網頁存檔，網址是www.loc.gov/collections/tibetan-oral-history-project/about-this-collection/。在尾註中，這部分引用帶有序號，第一次出現被採訪人的時候附有英文名字，以方便讀者檢索。例如：達賴喇嘛（Dalai Lama），採訪，印度，2004年，H.0019.08。這表示序號H.0019的第8部分音頻/筆錄。

　　作者戈爾斯坦是美國人，所以在書中多使用美制單位例如英尺、英里、英畝、磅等等；在部分引文中，作者把原單位換算成美制單位。為了漢文讀者的方便，我在翻譯時直接換算為公制單位如米、公里、公頃、公斤等等。

　　在第四卷的翻譯過程中，我有幸請到中共中央黨校（國家行政學院）的王小彬教授承擔校對工作。王教授是這段歷史的大家，而且精通漢英雙語，給了我巨大的幫助。他不僅糾正了一些藏語人名地名術語的錯誤，還在具體文字翻譯方面提供了很多很好的建議。在校對過程中，王教授對於這段歷史的資料和觀點也讓我受益頗深，在許多情況下糾正、開拓了我的一些認識。

　　這本巨著涉及太多藏學知識，譯者在具體字詞上可能還有疏漏，請各位方家諒解指導。本文的翻譯字詞選用是譯者最後定稿的，我個人為任何錯誤、疏漏負全部責任。

　　感謝 Y. L. Peng 小姐幫助我製作了地圖的漢文版本。在今日的出版市場，能夠出版這本書的中文版本殊為不易。感謝香港中文大學出版社對此的支持，以及葉敏磊、彭騰編輯及其同事的工作。

　　最後，當我完成《現代西藏史：1957–1959》的譯文之時，我想特別致意雲南省德欽普利藏文學校已故的阿牛校長。阿牛校長是一位文盲，卻以一種特別的機緣為我打開了藏學這扇大門。

主要人名術語對照表

阿樂群則	第二次人民會議的領導。
安班	清朝派往西藏的駐藏大臣。
安多人/安多娃	來自安多的人。
恩珠金達	貢布扎西。
恩珠倉(恩珠)	貢布扎西家族名(姓)。
阿帕・潘特(Apa Pant)	印度政府錫金政治專員，1955–1961年。
阿塔(理塘阿塔)	1957年被空投到西藏的兩名受美國中情局訓練的藏人之一。
後藏	清朝術語，指班禪喇嘛所轄地區。
三大法座	參見三法座。
佛陀誕辰紀念	慶祝佛祖釋迦牟尼誕生/證悟/往生2500年活動，1956–1957年在印度舉辦。
恰布	寺廟扎倉負責財產和領地的一類管家。
昌都	西藏東部的城市/地區，總管駐地，1950年解放軍入侵的目標。1950年後成為昌都解放委員會駐地。
強佐	為寺廟、拉章或貴族家庭服務的一類管家。
計晉美	班禪堪布會議廳(ནང་མ་སྒང〔音譯朗瑪崗〕，堪廳)的兩名高級官員之一。
四水六崗(音譯曲細崗珠)	西藏主要的康巴藏人叛亂組織。1958年6月，四水六崗在山南建立了軍事基地。

大洋	中國銀元的藏語音讀法，正面是袁世凱的頭像。中國政府在西藏使用銀元，因為藏人不接受中國人民幣紙幣。
鄧少東	駐拉薩的解放軍（西藏）軍區副司令員。
鄧小平	1950–1952年西南局兩位主要負責人之一。1952年調到北京擔任副總理、財經委員會副主任等重要職位。1954年成為中共中央秘書長、組織部部長。1956年擔任政治局常委，總書記。
德吉林卡	印英政府駐拉薩辦公室的名字。1947年印度獨立後成為印度領事館。
民主改革	中國共產黨的土地改革，這一改革廢除了傳統西藏社會經濟制度，建立社會主義新的土地和階級制度。
打卦	一種宗教儀軌，西藏政府常用來幫助作出重要決定。打卦過程中，在紙上寫出兩個或更多答案，把紙捲成團，做成同樣大小和重量的糌粑丸。這些糌粑丸被放入一個碗內，在神像或護法神前晃動，直到一粒丸子掉下來——這丸子中字條答案就是神的選擇。
僧兵	許多大寺廟的一類僧人，長於打鬥，偏離正常僧道。
秤	音譯多孜，西藏貨幣單位，等於50烏桑。
哲古塘	山南的一片牧區，四水六崗在此成立第一個軍事基地。
卓尼欽莫	（達賴喇嘛的）大管家。
扎薩	1. 西藏政府的高級職位；
	2. 一些拉章管家的稱號，例如功德林拉章。
宗	區。（譯註：西藏政府行政區劃，大概相當於縣）
宗本	宗的主管官員。
譯倉	西藏政府中僧官的最高機構，由四位仲譯欽莫掌管。
范明	解放軍（西北地方進藏部隊）司令員，西北局高級幹部，他是中國駐班禪喇嘛行轅代表，也是拉薩西藏工委的主要官員。

噶章	1957–1959年任基巧堪布。
(恩珠倉·)貢布扎西	理塘商人，後來成為四水六崗叛亂組織的領導人。(譯註：也譯公布扎西)。
(中國)國民黨(GMD)	(前)中國執政黨，1949年10月中國共產黨打敗了國民黨，成立了中華人民共和國。同KMT。
加多倉	重要的理塘康巴家族，1956年逃往西藏，後來轉移到噶倫堡。其家族成員和哲堪孜松緊密合作，與四水六崗聯絡。
嘉樂頓珠	達賴喇嘛的二哥，哲堪堅松的主要人物之一。他成為中情局和四水六崗的聯絡人。
弗蘭克·赫羅伯 (Frank Holober)	參與中情局西藏項目的關鍵官員。
哲堪孜松(JKTS)	流亡印度的(藏族)反華團體的非正式名稱。這個術語是其三位組成人的姓名/官職略稱，嘉樂頓珠(大哥，藏語哲)，堪窮洛桑堅贊(堪)和孜本夏格巴(孜)；松藏語意為三。
江東	指金沙江以東地區，即四川省甘孜州。江東的字面意思是「江的東邊」。
姜華亭	解放軍炮兵軍官，1958年叛逃加入四水六崗。藏名羅桑扎西。
基巧堪布	政府中官階最高的僧官。他的職責包括領導達賴喇嘛的侍從，管理達賴喇嘛的私人財產。1952–1956年，達賴喇嘛的哥哥洛桑三旦擔任基巧堪布；此後是噶章。
金達	贈予寺院重要施主的稱號。常常用來指恩珠倉·貢布扎西。
噶倫	噶廈部長。
噶廈	西藏政府最高機構。有時稱為內閣或部長會議。
格扎(格桑扎堆)	(藏軍)扎西代本團的一位甲本(連長)。
格桑阿旺	帕拉下屬的一名僧官，替帕拉與中情局派出的兩名康巴特務打交道。
堪窮	四品僧官官名。
古俄	對貴族和政府官員的尊稱。有點像「honorable sir」(譯註：譯成大人/老爺)。

拉	用在名字後的敬語，例如：扎西拉。
拉卜楞/拉章	1. 班禪會議廳或政治單位的名稱；
	2. 甘肅一座大型格魯派寺廟；
	3. 一位轉世喇嘛的財產單位（拉章）。
拉莫次仁	一位來自青海的藏人，嘉樂頓珠的助理，幫他處理有關中情局的事務。
拉魯	一位貴族官員，噶倫，曾擔任昌都總管，直到1950年秋被阿沛替代。
李井泉	四川省黨委第一書記。
李維漢	北京處理少數民族關係的重要官員。他擔任統戰部部長和國家民委主任。
林仁波切	達賴喇嘛的正經師。（譯註：也譯嶺仁波切）
劉伯承	第二野戰軍司令員，西南局主要官員。
劉少奇	1950年代中共最高領導人之一。他是中華人民共和國主席，還擔任其他許多職務。
柳霞	1957–1959年任噶倫。
洛桑三旦	達賴喇嘛的三哥。他是西藏政府的僧官，1952–1956年間擔任基巧堪布。
洛桑扎西	僧官，1950–1952年兩名司曹之一。
大管家（卓尼欽莫）	負責達賴喇嘛秘書處（孜噶）的高級僧官。1950年代，帕拉擔任卓尼欽莫。（譯註：也譯副官長、大知賓等）
洛次	一位理塘康巴人，1957年被空投到西藏的兩名中情局在塞班訓練的藏人之一。（譯註：也譯洛冊）
魯康娃	貴族俗官，1950–1952年兩名司曹之一。
王儲（Maharaj Kumar）	錫金王太子。
曼扎（身語意供養）	一種獻給喇嘛的佛教供養，代表身（佛像）、語（文字/佛經）、意（塔）。
米色	按上下文語境不同，指依附農民（農奴）和公民的術語。例如，「領主的米色」暗指這位領主治下的依附農民，而「西藏米色」意味着西藏的公民。

默朗或默朗欽莫	藏曆正月初在拉薩召開的祈願大法會。(譯註:也稱傳昭大法會)
博拉 · 納斯 · 穆立克 (Bhola Nath Mullik)	1950–1964年印度情報局局長。
慕生忠	來自西北局高級官員之一。他和范明一起來到拉薩。
朗色林	重要反漢民族主義貴族官員,擔任孜本,孜康的四名官員之一。
郎瑪崗	班禪堪布會議廳(中文簡稱堪廳)。
東北邊境特區(NEFA)	印英政府的政治區劃。1972年成為阿魯恰爾邦。(譯註:中印爭議地區,中國稱藏南)。
阿沛	貴族官員,噶倫,接替拉魯擔任昌都總管。他是西藏政府的進步派領袖。
西北局	當時中國分為六個地理大區(華北、東北、中南、華東、西北和西南),每個大區設立軍政局/委員會,由人民解放軍管理該大區,直到成立「人民政府」。西南局和二野負責雲南、四川、貴州、西康和西藏。西北局和一野負責青海、新疆、陝西和甘肅。1950年1月,「解放」西藏的主要任務交給了劉伯承和鄧小平領導的總部四川的二野/西南局。昌都戰役的主要部隊是軍長張國華帶領的二野第18軍,他們得到了一野/西北局的協助,其騎兵部隊在昌都戰役中發揮了重要作用。
彭德懷	西北局第一書記和第一野戰軍司令員。他也是朝鮮戰爭中解放軍部隊的司令員。
帕拉	帕拉貴族家庭的一位僧官。在這段歷史中,他擔任卓尼欽莫。
平措扎西達拉	參見達拉 · 平措扎西。
平措汪杰	西南局中一名重要的(康巴)藏族幹部,他是拉薩西藏工委唯一的藏族幹部。他的名字常常簡稱平汪。(譯註:也譯平措旺杰,簡稱平旺。)
彭康拉姜	兩名錫金皇家公主之一,她與美國人的聯繫十分活躍。她嫁給了(西藏)彭康家族的一名貴族官員。(譯註:拉姜是藏語對貴族婦女的尊稱,即彭康夫人。)

平汪	平措汪杰的簡稱。
錫金政治專員（POS）	1949年印度獨立之前，錫金政治專員是印英政府負責管理錫金的英國官員，也負責在西藏的英國貿易辦公室。印度獨立之後，印度政府在錫金任命政府官員擔任POS。這一職位有點像負責處理西藏事務的領事官員。
拉珠阿旺	理塘人，四水六崗軍事司令之一。
饒噶廈・彭措饒杰	1950年代一名噶倫。1957年逝世。
約翰・雷根（John Reagan）	參與中情局西藏項目的關鍵官員。
仁波切	轉世喇嘛的稱號（譯註：俗稱活佛）。
如本	藏軍高級軍官。在本卷中稱為colonel（譯註：直接譯為如本）。
夏格巴	流亡印度的（西藏）反華抵抗團體哲堪孜松的三名主要人物之一
甘丹青柯寺	拉薩西南的一座寺院。寺院中有一個大型的政府軍械庫，1958年四水六崗的貢布扎西率領一支騎兵部隊控制了這些武器。（譯註：也譯香甘丹曲果林寺，香是南木林的古稱）
夏蘇（先喀娃）	1957–1959年擔任噶倫的一名貴族官員。
薩汪欽莫	對噶倫（噶廈部長）的一種稱呼。
夏卜拜	對噶倫（噶廈部長）的一種稱呼。
協俄	藏軍低級軍官，負責25人的部隊。在本卷中被稱為lieutenant（譯註：直接譯為協俄，也譯為協敖）。
森楚	藏語術語，指從相當規模的騷亂，到暴力起義或者有組織的叛亂。這是對應英語中「Lhasa Uprising（拉薩起義）」的藏語詞語。
司曹	1950年達賴喇嘛逃往亞東時，任命了兩名官員負責政府事務，他們的官名司曹。
西南局	參見西北局。
聖馬戲團（ST. CIRCUS）	中情局西藏項目的代碼。

索康	貴族官員，1950年代噶倫(噶廈部長)之一。
達拉‧平措扎西	安多藏人，他與達賴喇嘛的姐姐結婚，成為西藏政府警衛代本團代本。他是少數懂漢語的官員之一。(譯註：也譯彭措扎西)
當彩仁波切	達賴喇嘛大哥。他1950年赴美國，成為國務院和中情局的重要情報來源。(譯註：也譯當採、塔澤仁波切)
譚冠三	西南局官員，他是拉薩西藏工委主要領導人之一。
扎西白拉	藏軍扎西代本團兩名代本之一。
三法座	拉薩附近三座最大的格魯派寺院的合稱：色拉寺、哲蚌寺和甘丹寺。1959年這三座寺院共有約兩萬名僧人。
直/直村	拉薩河對岸的一片區域。這是解放軍主力炮兵團駐地。
西藏工委	1950年代在西藏的中國共產黨機構。
赤江仁波切	達賴喇嘛的副經師。
卓莫	亞東的藏名。
仲孜	縮寫詞，指譯倉和孜康的負責官員。
仲孜杰	八大仲孜，縮略語，指譯倉的四名負責官員(仲譯欽莫)和孜康的四名負責官員。由仲譯欽莫的第一音節加上孜本的第一音節，再加上藏語八(杰)。他們是噶廈之下最重要的官員，常常與噶廈開會討論重要議題。他們也是西藏民眾大會的主持。
仲譯欽莫	譯倉四位負責的僧官。
糌粑	乾青稞粉，藏人的基本食物。
孜噶	達賴喇嘛秘書處。
孜拉扎	譯倉學校，培訓新的僧官。
孜康	政府財務部。
孜本	孜康的四位負責官員的官名。
佐津	四水六崗軍事司令部的文職官員。

祖拉康	拉薩主要寺廟，被八廓街環繞。覺康就在祖拉康內。（譯註：供奉佛祖12歲等身像的佛殿叫覺康。祖拉康即大昭寺。有時也用覺康指大昭寺）
王其梅	西南局高級指揮官、官員。1951年9月他領導18軍先遣隊進入拉薩。
西康（省）	四川省西北接鄰的省，主要由藏族人（康巴）組成。1955年併入四川。
習仲勳	西北局高級官員（西北軍政局副主席），後被調往北京，擔任中華人民共和國副總理。習近平的父親。
亞東	鄰近錫金邊境的城鎮。1950–1951年中國人控制昌都後，達賴喇嘛逃到此地。藏語中稱為卓木。
牙含章	1950年代西藏工委的一名高級幹部，來自西北局。
宇妥	一位貴族官員，1958–1959年擔任代理噶倫。
張國華	西南局在西藏的最高官員，18軍軍長。他也是拉薩西藏工委的第一副書記。
張經武	中央駐西藏代表，西藏工委第一書記。
周恩來	1949–1976年間中華人民共和國總理。

第1章

引言：傳統西藏社會

歷史不是在真空中發生的，即使對於強大的國王和統治者亦然。雖然許多人認為最終國家的領導者——歷史上的「偉人」——作出決定，創造「歷史」，然而，領導者所處的社會文化、政治、經濟和宗教環境起着重要的作用，限制或促進、加速或阻礙現有和可以利用的政策。因此，相關環境通常與領導者本人產生共同作用，決定歷史結果。這就是西藏的歷史現實，三大制度——大規模寺院制度、世襲莊園制度和政教合一的政治制度——在確定20世紀初，包括20世紀50年代的西藏歷史時，發揮了關鍵作用。這段時期漢藏關係中的一個關鍵問題是「民主改革」的時機和性質，這一改革將改變這些制度。

大規模寺院制度

如果不簡單地探討西藏寺院制度的特殊性，以及其在西藏民族認同和民族心理中的地位，就不可能理解現代西藏歷史。藏人將他們的佛教寺院、喇嘛和僧人視為定義其民族和文明特徵的制度。例如，1946年西藏政府在致蔣介石的一封信中表達了這樣的觀點：「地球上有許多偉大的國家獲得了前所未有的財富和力量，但是只有一個國家致力於人類世界的福祉，這就是世間法和佛法殊勝的佛教樂

土西藏。」[1] 信中提到的「世界的福祉」恰當地傳達了西藏人的信仰，即寺院制度組織集體祈禱誦經和其他儀式，這不僅有利於西藏，也有利於地球上所有眾生，而這正是使西藏成為國際大家庭中獨特而偉大文明的原因。這是我們所能想到的西藏「特殊主義」的核心，它將藏傳佛教視為一個改變了元朝和清朝皇帝的「文明工程」，西藏由此認為它和中國是供施關係。[2]

僧院制度是大乘佛教和上座部佛教 (譯註：也稱南傳佛教、小乘佛教) 哲學的基礎，並且在佛教存在的地方都可以找到。然而，西藏寺院的形式與其他類型的佛教不同，因為它致力於維護大量寺院，其中招募和支持了數萬名終身僧人，以及西藏獨特的「轉世」喇嘛制度——轉世喇嘛是證悟的佛教領袖，他們是修行和信奉佛教以及在通往天堂之路上不可或缺的老師/引路人。

西藏寺院制度的規模龐大，供養了數量驚人的僧人。中國西藏軍區的報告指出，1958 年西藏自治區 14% 的人口都是僧人和尼姑。[3]通過與另一個著名的佛教社會泰國相比，可以看出這個數字的大小，泰國男性總人數中只有 1–2% 為僧人。[4]

毫不奇怪，藏人認為僧人本身優於俗人，國家應該支持寺院和盡可能多的男性入戒終身為僧，以此來促進宗教和國家的精神發展。所有持戒僧人，甚至那些勉強參與宗教研究和冥想的文盲，都被認為優於任何世俗人士，因為他們在尋求佛教啟蒙的過程中邁出了關鍵的第一步——他們已經發誓要獨身並放棄了對性、婚姻和家庭的牽絆。哲蚌寺的僧人經常用一個比喻來解釋僧人相比俗人本質上的不同：「我們僧人就像是香火，因為我們自己站立，自己隕落。」因此，入寺為僧代表了西藏佛教成功的經驗主義證據，僧人越多則代表佛教越成功越偉大。因此，在西藏寺院制度中，**數量比品質更重要**。西藏的僧院主義並未被概念化為瞬間成佛的超凡脫俗領域，而是一種讓盡可能多的人走上修行之路的大眾現象，儘管在此範圍內，受過高等教育的僧人群體也受到了極大的珍視和尊重。在西藏

偉大的寺院中，三、四、五千名，甚至一萬名僧人居住在本質上是寺院的城市中。因此，在結構上，西藏佛教的特點是我所謂的「大規模寺院制度」。[5]

這部分是靠招收僧人的性質而實現的。在西藏寺院制度中，絕大多數僧人在他們大約7歲到12歲之間由父母作為學僧被送到寺院中，而不考慮他們的個性或願望。此外，成為一名僧人，對於年輕男性而言並不像泰國那樣是一種儀式性的臨時經歷，而是終身的承諾。在西藏，僧人意味着成為全身心投入的、終身的、備受尊重的平行文化的一部分。

父母讓一個兒子成為終身守戒僧人的原因多種多樣。對於許多人來說，他們深深的宗教信仰是，作為一名僧人是一種極大的特權和榮譽，並且是一種讓父母感到驕傲的使命。對於那些窮人來說，這同時也以文化上有價值的一種方式來減少養家餬口的負擔，還能確保他們的兒子永遠不會經歷農村貧困人口的艱辛。在其他情況下，父母讓一個兒子成為僧人，以履行對一位神靈的莊嚴承諾，神靈曾在兒子生病時幫助治癒了他。也有某些情況下，出家是為了承擔差稅義務。許多寺院都有指定目標，因此當僧人數量低於目標人數時，政府授權寺院從其屬地農民中徵召年輕男孩。例如屬地中有三個兒子的家庭必須讓二兒子出家為僧。[6]然而，幾乎在所有情況下，新僧人都是小男孩，加入寺院是他們父母的決定。

父母有時會和兒子談到這個話題，但通常只是告訴兒子他們的決定。寺院會很正式地問這些小男孩是否想成為一名僧人，不過這只是形式上的。例如，若一名新學僧在一兩個月後離開寺院，寺院不會由此認定他不想出家而開除他。一些僧人告訴作者，他們起初逃離寺院回到家中時，迎來的是父親的毆打，而且立即將他們送回寺院；經歷這些事件的僧人並不認為這是家暴。相反，他們嘲笑自己當時不想出家的愚蠢行為。藏人普遍認為年輕男孩無法理解成為僧人的偉大之處；長輩要確保男孩們有合適的機會去體驗。

　　然而，由於僧人長大後可以離開寺院，因此需要強大的機制來留住這些面對戒律生活的少年和青年僧人。西藏的寺院制度提供了這樣一種機制；一位僧人享有很高的地位，但是一位還俗的僧人就有點被人瞧不起。此外，大型寺院通常不會嚴格約束僧人的行為，也不期望他們有學術成就。西藏寺院制度不會孜孜不倦地清除那些似乎不適合嚴守祈禱、研修和打坐生活的新手，而只會驅逐那些犯下殺戒或者色戒[7]等嚴重罪行的僧人。此外，學僧們毋須通過考試就可以留在寺院裏（雖然在僧人行列中可通過考試達到更高級別）。將數千名年輕僧人安置在寺院社區意味着許多人沒有興趣或能力去打坐研修，但西藏的偉大寺院中心接受了他們，與那些精研佛法的喇嘛一起同寺為僧。甚至文盲僧人也因為遵守僧人的戒律和幫助維持寺院所需的工作而受到歡迎。如上所述，這在西藏是有道理的，因為修道的目的是讓盡可能多的男性通過割斷他們對家庭、童年和物質世界的牽絆來走向宗教證悟之路。寺院過去常常流傳着接受這種內部多樣性的諺語：「海裏面有青蛙和魚。」

　　相比之下，離開寺院則會導致嚴重的經濟問題。當進入寺院後，僧人們失去了他們原本可能擁有的權利，因此，若離開寺院便不得不面對尋找收入來源的任務。另一方面，他們還恢復了原來隸屬於領主的身份，須重新承擔為領主服務的義務。相比之下，如果他們仍然是僧人，基本經濟需求將得到滿足而不必營營役役。所有這些因素使僧人留在寺院中活得更容易更有利。

　　僧人的特殊地位也體現於西藏政府將寺院視為半自治單位，除了謀殺和叛國之外，寺院有權就其他罪行審判和管教僧人。然而，這種相對自治並不意味着寺院系統對國家的政治事務漠不關心；相反的，實際上寺院非常關注政治。格魯派寺院領導人堅信，由於西藏政府是宗教的最重要支持者和施主，宗教和寺院制度的需要和利益應該佔據首要地位。達賴喇嘛和其他政府部門原則上同意這一點，但對於誰來確定事實上何為宗教的最高利益並沒有達成一致意見。

　　由於寺院群體認為它代表了宗教的精髓，寺院領袖認為政治和經濟制度的存在應以提升宗教為目標，是宗教群體而不是政府可以最好地判斷宗教的短期和長期利益。因此，當他們認為政府違背宗教利益時，他們的宗教義務和權利就是干預政治。當然，這使得他們參與主流政治事務，並與統治者和政府發生潛在衝突，而統治者和政府必須平衡宗教和國家的利益，達到最優施政。

　　大規模寺院制度極其昂貴，需要大量的資源和資金投入，因此控制資源和收入是寺院制度的一個主要問題。例如，像哲蚌寺這樣的寺院及其一萬名僧人，在早晨的祈禱誦經 (མང་ཇ) 儀式中，每天至少向所有僧人提供一份酥油茶，並需要供奉數以萬計的酥油燈，不斷用穀物製作宗教物品 (ཆོག)，並維持一個複雜的祈禱法會周期，在這些節日中，寺院需要為成千上萬參與法會的僧人提供食物。而且，這些僧人的工資必須以青稞發放，當然還有維修寺院場地的持續成本。所有這些主要都是由寺院莊園的收益支持的。對於寺院的領導階層而言，世襲莊園制度被視為對寺院制度的持續支撐，以及西藏偉大的、絕對不可或缺的一部分。因此，共產黨的民主改革被視為對僧院制度和偉大西藏的生死存亡的威脅。

　　另一個我們不太了解、但又非常重要的寺院收入來源是放貸。西藏寺院是西藏最大的債權人，因為他們有許多捐贈基金，這些基金是為了特定的儀式而捐贈的。正如西方的捐贈基金一樣，這些基金 (通常是糧食) 的資本保持不變，只有利息用於宗教禮儀。這意味着每年必須借出資金並收取利息用於資助這些活動。所以在這裏，民主改革被視為對這些借貸活動的威脅，從而也威脅大型寺院的生命力。

　　對於西藏人民而言，藏傳佛教和大眾僧院制度體現了他們的文化和生活方式的價值，這也是他們民族認同的精髓。他們認為，這是其社會和國家無與倫比的特質。然而，這種對傳統制度優越性的堅定信念的另一面，是對新觀念的根深蒂固的拒絕。在20世紀的現

實政治世界中，大眾僧院制度是一股強大的保守力量，阻礙了內部變革和現代化。例如，在20世紀20年代，擦絨夏卜拜（譯註：夏卜拜是對噶倫的尊稱）帶領一群年輕的貴族官員實施了一些非常舉措，意在帶領西藏現代化，這被視為對佛教極大的危險，因此很快便遭受破壞而中斷。[8]如同擦絨預言的那樣，西藏毫不為奇地在1950年面對中華人民共和國時，在軍事上、外交上和技術上都處於落後狀態。

莊園農莊制度

傳統社會經濟制度的核心是莊園（གཞིས་ཀ，音譯谿卡）制度。

西藏的所有耕地都由宗教領主、貴族領主以及政府本身以莊園的形式持有。西藏的莊園大致類似中世紀英格蘭和西歐的莊園，由統治者（達賴喇嘛）授予領主，其統治者在功能上等同於中世紀的國王。西藏統治者有權沒收這些莊園，偶爾也會這樣做，但實際上，莊園持有者擁有書面地契，並且世代相傳。西藏統治者也有權授予新的莊園，例如賜予每一世新任達賴喇嘛的家族，這些家族獲封爵位，並成為世俗貴族的一部分。

西藏的莊園通常將生產資料——經濟生產性土地——與被束縛的勞動力結合起來，後者為土地工作，這是一種世襲的依附農民勞動力（མི་སེར，音譯米色）。與歐洲一樣，莊園的土地通常包括兩個部分——領主的土地和農民的土地（在歐洲封建社會中分別被稱為自領地和租地）。領主的土地通常佔莊園耕地總面積約60%，由莊園世襲依附農民以支差（འུ་ལག，音譯烏拉）的形式種植；也就是說，承擔着沒有工資的勞役。在大多數莊園，依附農民家庭**每天**必須為領主提供一名勞動力，在農業高峰時期提供兩名或更多勞動力。如果沒有農活要做，領主就讓他們的服役勞力做其他事情，比如撿木柴或紡羊毛。自領地的所有收益都直接歸於領主。

　　剩下約40%的莊園土地則被分配給世襲的依附農民家庭，並作為他們謀生的手段。他們並沒有「擁有」這片土地，無權出售，但只要他們履行烏拉差役義務，他們通常擁有世襲的使用權。

　　然而，所需的差稅落在農民家庭而不是個人身上，其數量取決於家庭從莊園獲得的租地數量。因此，如果一個完整的土地稅單位(খাল་গསྙএনেন্)要求一個家庭每天派遣一名勞力，一個只有一半土地的家庭只需每隔一天派遣一名勞力。

　　西藏有不同種類的莊園和不同類型的農民。例如貴族和寺院領主的莊園通常都是由自領地和差地組成的，但政府所持有的莊園，通常將所有的莊園土地分配給其所屬的依附農民家庭，而他們必須繳納更多的稅費，此外，他們還需要承擔運輸差役，為西藏政府的驛運系統提供馱運或騎乘的牲畜。然而，所有類型莊園的明顯特徵是，依附農民沒有權利將土地歸還莊園繼而在其他地方尋求財富；他們沒有自由。他們對差地具有人身依附性，如果他們試圖逃離所屬莊園，莊園領主有權追捕並強行遣返(মিকঙ্গেপালেরুন্)，有時也確實會這樣做。因此，在法律上西藏農民隸屬於由領主統治的莊園，不能單方面終止其義務。米色與莊園和領主的聯繫通過平行血統傳遞，即一個男子的兒子附屬於**他的**莊園/領主，但他的女兒附屬於她母親的莊園/領主。偶爾，莊園的領主改變了，莊園的米色仍然依附在土地上，並轉而附屬於該莊園的新領主。

　　領主對其米色擁有廣泛的權利，包括單方面將他們轉移給其他人，儘管這在西藏並不常見。領主沒有賣掉他們的依附農民的習俗。然而，貴族領主有時會把他們的一個家庭傭人(মায়োনো或ནང་གান，音譯朗生或囊生)或無地農民，作為「差役配屬」(খাল་গসྙএন)，派給屬地中那些由於勞動力不足而難以履行差役義務的較大家庭。同樣地，當貴族家庭的女兒出嫁時，有時會帶上女僕作為嫁妝的一部分，即使這意味着拆散了女僕的家庭。

　　由是，這些世襲農民經常被歸類為廣泛的跨文化**「農奴(serf)」**

類別的一部分。儘管我相信將西藏的依附農民稱為「農奴」很有啟發，因為它突出了西藏莊園與早期歐洲社會之間的結構相似性，而我在早期的書籍和文章中使用了**農奴**一詞，但我得出的結論是，這個詞已經變得太政治化了，所以我會用更中性的藏語**米色**來稱呼這種世襲依附農民。但我們不應忘記，無論我們稱這些農民是農奴還是米色，都不會改變西藏莊園世襲制度的根本現實——其依賴於世襲依附農民的烏拉差役。

儘管這種結構很僵化，但基層的農村生活同時具有相當大的靈活性。領主僅僅關注其莊園的經濟產出——通過農產品產出將土地權益轉變為具有經濟價值的資源，因此除了從米色當中足額收取勞動力和稅費之外，無意控制他們生活的其他方面。農民如何度過個人的非勞動時間與領主們沒有關係，而且由於勞役稅賦實際上落在家庭而不是個人身上，只要家庭履行其差稅義務，其個人成員就可以按照自己的意願自由行事，包括前往其他地區朝聖、探訪親戚或做生意。簡單而言，農民被束縛在莊園和領主上，意味着他們不能通過放棄土地單方面放棄其烏拉勞役。但從另一層面上，只要按照領主的要求履行了土地附着的所有義務，農民家庭可以保留大量的個人日常活動自由。

最後，實際上整個農民階層都是世代相傳，依附於某個莊園和領主，但這並不代表所有農民在生活水平和地位方面是一樣的。米色可分為三個主要類別。

第一類：「納稅人」或「差巴」米色，從莊園得到差地，必須提供重體力的差役勞力耕種莊園的自領地，並且也須常常提供差役用的馱運牲畜。

第二類：一種被稱為堆窮（煙戶）的米色，世襲束縛於某莊園和領主，但沒有從莊園獲得差地，因此沒有義務提供定期的差役勞動來耕種其莊園領地。他們對莊園承擔的義務較少，通過為差巴米色的家庭勞動，或從差巴家庭、莊園本身租賃小塊土地來維持生計。

　　第三類：一個名為朗生的子類，他們是領主的世襲僕人，全天在領主的屋子裏工作，獲得食宿但沒有工資。

　　理所當然，持有土地的差巴米色通常比堆窮米色和朗生享有更高的生活水平，其中較富裕的人經常在當地擔任地方官員。由此可見，身為一名米色——依附農民——並不代表貧窮。許多差巴家庭實際上是富裕的，並有自己的僕人。值得注意的是，毛澤東明白這種複雜性，他在1959年4月說：「我看，西藏的農奴制度，就像我們春秋戰國時代那個莊園制度，說奴隸不是奴隸，說自由農民不是自由農民，是介乎這兩者之間的一種農奴制度。」[9]

　　在西藏社會中沒有常規的農奴解放習俗，但是有一種稱為贖人 (མི་བོགས) 的常見身份安排，使得米色能夠每年繳納一筆贖身費，「贖回」他自己的人身自由。例如某個莊園的一名女子與另一莊園的男子結婚並搬到男方的家中，她仍然是原領主的米色，但她可以申請獲得「贖人」身份；這種申請總是得到允許的。然而她和女兒以及女性後裔，無限地，仍然是她原來的領主的米色，需要每年支付贖身費 (有時提供一些勞役)。贖身費在數目和性質上有很大差異，但費用通常以貨幣方式支付。領主會詳細記錄其屬民的情況，包括每一農戶生育、死亡以及每年的贖身費支付情況。[10] 因此，基本上整個西藏農民階層實際上都是世襲地與莊園/領主綑綁在一起，不是本身居住在莊園，就是「贖人」的身份。

　　因此，西藏政治經濟制度不僅為上層提供了維持生活方式所需的關鍵資源，而且通過「束縛」勞動力，使得實現這一目標變得更加容易。從領主的角度來看，這是一個非常高效的系統，他們在金錢或時間上花費很少。領主沒有必要在勞動力市場上競爭，他們也不必像身處奴隸制度中那樣擔心勞動力的衣食住行。領主，無論是轉世喇嘛、寺院、貴族還是政府本身，只需要為該莊園僱用一名管家，其主要職責是組織莊園的勞動力並安排向領主交付收益。世襲莊園制度是所有西藏上層和政府的主要財富來源，因此在20世紀50年代不能被輕易廢除。

西藏政府

20世紀50年代的西藏政府是一個格魯派的神權政府，由統治者達賴喇嘛領導，達賴喇嘛是觀世音菩薩的轉世，其下是噶廈或部長會議為首、按層級安排的官僚機構。[11] 大約500名全職官員在這些政府官僚機構中工作，僧官和俗官約各佔一半。事實上，所有政府部門，包括所有地區首長（རྫོང་དཔོན，音譯宗本），都由一名僧官和一名俗官共同負責，他們擁有同等權力。因此，西藏人認為他們的國家和政治制度因其政教合一而具有獨特性。[12]

政府的俗官來自大約200多戶世襲貴族家庭。每個貴族家庭至少擁有一個莊園及其米色屬戶，而作為回報，他們必須派遣至少一名男性家庭成員擔任（無薪）政府官員。以俗官身份服務政府，在技術上是一項義務，但實際上這是一個精心維護的特權。除了繼任的達賴喇嘛家庭和少數特例以外，在20世紀，平民家庭不可能擔任俗官。

官僚機構的另一半成員是僧官。與俗官群體規模相同，但僧官全是格魯派僧人，他們是從拉薩周圍的一些（格魯派）寺院招募的（例如：色拉寺、哲蚌寺、甘丹寺、木如寺、喜德林寺）。理論上，僧官是徵召而來的。當僧官人數過少時，政府指示相關寺院派遣一定數量的年輕僧人到拉薩接受培訓；培訓學校由政府開辦，位於布達拉宮，名為孜拉扎。這所學校教授基本的官僚技能，如西藏書法（寺院不教授藏文草書）、文法、詩學和算術。當然，這些僧官必須是獨身僧人並穿着類似僧袍的制服，一旦他們成為常任僧官，他們就不再是「正常」的僧人了，因為他們不用居住在原來的寺院，脫離了寺院的日常生活，例如他們不參加僧人祈禱誦經法會或其他具寺院生活特徵的儀式。

成為僧官也是向上流動的重要途徑；拉薩的富商或工匠家庭通常讓一個兒子名義上進入一所適當的寺院，在拉薩的一所私立學校

接受教育，然後用家族影響力來幫助他進入孜拉扎學校，或直接進入僧官行列。同樣地，僧官和富有僧人的家庭（ཚ་ཚང་）使用相同的方式來確保家庭成員如姪子或門徒／學生成為僧官。因此，雖然僧官群體清楚地代表了大眾僧院系統的利益，並且由非上層背景的藏人組成，但當他們成為僧官後，他們成為了上層的一部分。此外，還有來自貴族家庭的僧官，雖然數量很少，但在僧官等級中不成比例地佔據了高位。例如20世紀50年代達賴喇嘛那權力很大的大管家，他來自重要的帕拉貴族家庭，而1950年的僧官噶倫來自然巴家族。

　　西藏政府的最高統治者是達賴喇嘛，在他年少未親政之前由攝政代理；最高統治者對所有政策和任命都有正式的最終決定權。理論上，所有施政計劃都必須提交給他審核同意。

　　達賴喇嘛世系是通過轉世延續的，換句話說，在達賴喇嘛去世後，藏人認為他已選擇其繼任者，將他的「識」轉移到一個男性胎兒身上（通常在他死後一到三年內）。尋找達賴喇嘛繼承人的方法是，西藏政府和新任攝政向西藏不同地區派出多個尋訪小組，試圖從達賴喇嘛去世幾年內出生的成千上萬名男孩中找出正確的靈童。他們首先考察夢境、幻覺以及各種神異事件等來得到尋訪線索，以此縮小尋訪範圍。其後，派出幾位喇嘛和官員團隊調查那些地區的新生男童，那些地區據說出現過殊勝的天象，例如天空中的彩虹。所有潛在的候選人都在原地被隱秘考察，並通過向男孩展示真假物品進行「測試」——一個是已故達賴喇嘛親自使用的物品，另一個是相同但新的。人們期望正確的靈童選擇前世達賴喇嘛使用過的物品，而不是閃閃發亮的新物品。尋訪小組成員還仔細觀察這些男孩，以評估他們是否警惕而聰明。當確定了幾位靈童時，這些靈童被帶到拉薩作進一步測試，最終選出下一世達賴喇嘛。接着，靈童住在他的宮殿裏，向他的經師學習宗教。這種精心設計的選擇系統有效地使選拔過程合法化，並將上一世的達賴喇嘛的靈驗轉移到新的轉世靈童，儘管有時候對誰是「真正的」靈童存在分歧。[13]

　　新的達賴喇嘛要到18歲時才親政，所以在結構上他有一個很長的少年時期，其間西藏由攝政統治，近代史上由格魯派教派的轉世喇嘛擔任。繼任的達賴喇嘛一旦親政，就會終生掌權。然而，達賴喇嘛行使決策的實際控制權，取決於他在處理官僚機構方面的個性、價值觀和技巧。

　　對達賴喇嘛而言，最具限制性的因素之一，就是他與王國中幾乎所有人的物理隔離。達賴喇嘛隱居在他的宮殿之中，並且在他的「內廷」（見下文）中，除了其近侍之外，與其他人沒有非正式的接觸。因此，達賴喇嘛只能依賴來自其他部門的信息，如噶廈以及他的內廷；以十四世達賴喇嘛來說，還有那些在宮殿裏做體力勞動的人，如清掃僕人。實際上，達賴喇嘛需要付出很大的努力來克服這種制度化的隔離。

　　由於中國的入侵，十四世達賴喇嘛在1950年僅15歲時就上臺執政，他的性格與其前任非常不同，個性更溫和；十三世達賴喇嘛具有強硬而果斷的個性，以專制方式進行統治。

　　有一次，當我向十四世達賴喇嘛詢問，他在親政後是否把十三世達賴喇嘛作為統治榜樣時，他強調說：不！然後解釋說他比較率直，而十三世達賴喇嘛更沉默寡言、精於算計。

問：所以你一定曾經想過，當我成為統治者，我能否以〔十三世達賴喇嘛〕為榜樣，或者如果我對此不適應，我想怎麼做嗎？

答：但我的天性如此。我的天性偏率直。我這樣做。從不算計。但是赤江仁波切告訴我，今天是一個新的時期〔情況〕，不僅是漢人，而且無論如何，都是一個新的時代，你的個性非常適合這一點。這是一個新時代，十三世達賴喇嘛的個性並不適合這個時代，但在他的時期，他的個性很有用。有一次他這樣告訴我。即使我覺得我想像十三世達賴喇嘛那樣行事，我根本不可能做到這一點。但達拉拉〔一

位重要的僧官，後來成為達賴喇嘛流亡時的私人秘書處負
責人。譯註：達拉・丹增卻傑，達賴喇嘛的弟弟，阿里仁
波切。藏語在人名後面加「拉」表示尊稱。〕，我能做到嗎？
以前的達賴喇嘛性格內向（སྐྱམ་པོ）、沉默寡言（སྐུག་པ）等等，
我可以做到嗎？〔達拉說「做不到。」〕如果一個人沒有那種
個性，一個人的個性很重要。沒有個性，就是做不到。達
拉拉，他更像十三世達賴喇嘛。[14]

　　另一次，達賴喇嘛顯示出他的個性。他告訴筆者有關俗官朗色
林的一件事，1958年底局勢非常緊張，朗色林即將離開去四水六
崗基地執行任務。「有一天孜本朗色林……來拜見我。他對〔我的
僕從〕索本堪布說，他擔心嘉瓦仁波切〔尊者〕是那種不會說不的人
（ངོ་ཚ་སྙེན་པོ）……所以仁波切可能會屈服於漢人，然後他就哭了。」[15]可
見雖然政府的結構很重要，但統治者的個性也很重要。因此，十四
世達賴喇嘛不會成為十三世那樣的專制統治者。

　　達賴喇嘛接收到的主要信息和建議，來自我們稱之為達賴
喇嘛「內廷」。 沒有一個單一的術語， 但是一位前噶倫稱之為
「གཟིམ་ཆུང་མཐའ་སྐོར」或「那些在達賴喇嘛寢宮周圍的人」。[16]在20世紀50
年代，這個「內廷」由少數僧人、喇嘛和僧官組成。其中包括達賴
喇嘛的三位首席私人僕從僧官，[17]兩名由轉世喇嘛擔任的正副經師
（ཡོངས་འཛིན），他的辯經師（མཚན་ཞབས，譯註：也稱侍讀），以及在達賴
喇嘛秘書處（ རྩེ་འགག，音譯孜噶）任職的政府僧官，這些官員在達賴喇
嘛居住的夏宮或冬宮覲見他。

　　其中最重要的官員之一是基巧堪布，是最高僧官，負責管理達
賴喇嘛的私人財產（མཛོད་སྒྲུག 和 མཛོད་ཆུང），可以和噶廈平起平坐。另一位
主要的僧官是達賴喇嘛秘書處主任大管家（མགྲོན་གཉེར་ཆེན་མོ，音譯卓尼
欽莫），他領導八名或更多、稱為孜仲（རྩེ་མགྲོན）的僧官，他們的工作
基本上是作為大管家的助手。[18]雖然大管家的官階低於基巧堪布，
但通常更有影響力，因為理論上他把所有問題和事情上報給達賴喇

嘛，然後執行達賴喇嘛的決定或轉發給噶廈。他也是達賴喇嘛的主
要對外渠道，處理諸如私人請願和出席邀請等事務。20世紀50年代
尤其如此，因為大管家帕拉·土登維登（譯註：也譯土登為登）是個
嚴厲而有能力的人，而且他關係網廣泛；他來自一個非常著名的帕
拉貴族家庭，他們讓家族的一名兒子成為僧官。因此，大管家對統
治者的意見和決定具有重大影響。現任達賴喇嘛這樣評論帕拉的角
色：

> 那時候，大管家帕拉能力很強，對吧？他經常被噶廈召
> 喚，然後他來告訴我某某事做了，他帶來了計劃，如果有
> 任何修正，那麼欽莫（大管家帕拉）會給出他的推薦意見。
> 當時〔從1957年至1959年〕，基巧堪布是噶章，〔但〕欽莫比
> 他更活躍。[19]

正如後面的章節中所見，在20世紀50年代，帕拉扮演了另一個
重要角色：他在拉薩經營一個秘密的反華組織，**在噶廈不知情或不同
意的情況下**，協助印度的反華抵抗分子和山南地區的康巴叛亂分子。
因此，他對達賴喇嘛和20世紀50年代的事件產生了很大的影響。

我詢問達賴喇嘛，他是如何獲取信息的，他說：

> 當然是噶廈和譯倉，這些是正式的機構，所以〔這些〕是正
> 式的通信，但是〔關於〕真正發生的事情的信息，是的，有
> 孜噶〔秘書處〕。卓尼欽莫是一個信息來源，然後是基巧堪
> 布。然後，從我的情況來說，自童年開始，我非常喜歡和
> 清掃僕人、侍讀、僕人或一些經堂管家（དགོན་གཉེར）談話，或
> 聽取他們的意見，所有那些我認識的人，不管他們甚麼等級
> 或背景，我總是詢問他們的意見。例如在1950年我離開〔拉
> 薩〕去亞東時，我詢問了一些清掃僕人和經師的意見。我總
> 是習慣詢問他們，所以即使我成為真正的統治者，他們總是
> 毫無保留地跟我說話。這很有用。〔他們〕唯一的問題是他

們的知識非常有限。後來一些警衛〔團〕軍官像甲本〔百夫長〕
或一些久本〔十夫長〕，也是我的一些信息的來源。[20]

達賴喇嘛與西藏政府官僚機構中最高部門噶廈之間的關係，是
達賴喇嘛在 20 世紀 50 年代末做決定中的一個重要因素。達賴喇嘛的
結構性隔離因噶廈的策略而惡化，噶廈傳統上由四名噶倫（部長）組
成，其中一名是僧官。在現代，這個數字沒有得到嚴格遵守，例如
在 1951 年有八名（正式的和代理的）噶倫。[21] 噶倫是終身制的，由噶
廈編制候選人名單，然後經統治者從名單中任命。雖然統治者並不
僅限於從噶廈的名單中選擇，但他通常會這樣做。

噶廈是西藏政府掌管世俗事務的行政中心，同時也在西藏承擔
類似最高法院的功能。它是唯一可以向統治者呈報世俗事務以獲得
批准的機構，因此，這是唯一能與他直接接觸的世俗機構；所有其
他下級世俗機構都必須通過噶廈上呈下報才能獲得統治者的決定。
噶廈還負責提名任命和晉升（俗官）。支持噶廈的是一個由六、七名
低級貴族官員組成的小團隊。[22]

噶廈之下是一個處理政府事務的多層級官僚機構。大多數機構都
是由僧官和俗官共同領導，但最重要的兩個部門：財務部 (རྩིས་ཁང་，音
譯孜康) 由四名俗官 (རྩིས་དཔོན་，音譯孜本) 領導；宗教部 (ཡིག་ཚང་，音譯
譯倉) 由四名僧官 (དྲུང་ཡིག་ཆེན་མོ，音譯仲譯欽莫) 領導。宗教部處理宗
教事務並管理政府中的僧官，財務部 (更準確地說是會計部) 負責統計
(རྩིས་རྒྱག) 從各宗（地區）收集的實物稅收和政府莊園；與金錢本身無關。

傳統上，噶廈中沒有任何職責劃分，各項事務都需要集體決策，
達到共識之後方能付諸行動，儘管不是所有噶倫都必須參與決策。噶
廈的主導權力是基於這樣一個事實：沒有任何世俗事務可以在他們不
經手的情況下提交給統治者作最終批准，而且在下級部門的請示報告
提交達賴喇嘛之前，噶廈有權對其進行修改。因此，西藏人經常將其
視為咽喉部門，所有政府事務必須通過這裏才能得到解決。

　　一個虛構的例子可以說明提交給達賴喇嘛的施政計劃是如何形成的。這份虛構的陳情書由一名宗本（ཙོང་དཔོན）提交到孜康，經噶廈提交給達賴喇嘛，然後回到噶廈，然後從那裏回到孜康，最後返回到宗本來執行。[23] 在西藏，噶廈和達賴喇嘛使用不同顏色的墨水，因此讀者立即清楚地知道每個人都在報告上進行了哪些修正。為了說明不同的墨水，在下面的例子中，噶廈的修正用方括號括起來，底線和刪除線反映了達賴喇嘛的決定：

> 以下檔案於木虎年的9月5日（由我達賴喇嘛）進行了批閱。
>
> 　　來自江孜宗本的報告說，今年因為暴雨，薩瑪達地方人民的田地已經被水淹沒，顆粒無收。考慮這一〔他人無法效仿〕的天災造成的巨大困難，在完成差役的情況下，我們請求三、四、五年的稅收減免。〔此外，發放銀幣 200、250、300 和青稞 70，80，90 藏克[24] 幫助賑災。〕
>
> 　　請指示是否可以如此施行。[25]

　　正如在這個例子中看到那樣，噶廈向達賴喇嘛提交的陳情書是以最終決議文的格式寫出來。因此這份陳情書的第一句話表明，達賴喇嘛（或在他年幼時，攝政王）在這樣一個日期審查了請求，最後一句表明他的同意或不同意。

　　例子中噶廈首先通過添加「**他人無法效仿**」這個詞來修改財稅部的建議，並且增加「**此外，發放銀幣 200，250，300 和青稞 70，80，90 藏克幫助賑災。**」但達賴喇嘛劃去了使用銀幣賑災的建議，選擇了 **70 藏克賑災糧**以及**五年的稅收減免**。

　　這個虛構的例子揭示了政治制度限制達賴喇嘛（或攝政王）的一些基本方式。例如在上述事件中，達賴喇嘛只知道噶廈信中的內容，因為他沒有得到噶廈先前從下級部門收到的報告，或噶廈與其相關的其他通信。由於噶廈支持下級部門提供援助的決定，達賴喇嘛幾乎總是不改變基本原則，在這種情況下為他們提供一些幫助，

儘管如他例子中那樣，他可能會改變一些決定的要點。雖然達賴喇嘛可以召喚噶廈親自見面討論重大問題，並且在1957至1959期間每周與噶廈會面，但他仍然只知道他們所提供的信息。

此外，達賴喇嘛也受到其他限制，因為噶廈長期以來一直單方面解決許多問題，而毋須將問題先提交給統治者。這是可能的，由於噶廈的印章是政府的官方印章；即使經過統治者批准的報告也需要加蓋噶廈的印章。因此，如果噶廈沒有就某事呈請達賴喇嘛批准，大可自行作出決定，然後蓋上噶廈的印章頒布實施，就如同達賴喇嘛已經批閱一樣。[26]

噶廈繞過統治者的內部理由通常是，一個議題無關緊要而毋須打擾神聖的統治者，或者一個議題涉及轉世喇嘛不適合處理的事務，例如下令進行體罰。然而，噶廈通常不會避開統治者自行處理以下幾個明確的事務類型：(1) 涉及政府資金支出的決策；(2) 涉及將土地從一個所有者轉移到另一個所有者，或土地的分配／裁決的決定；(3) 給予永久免稅或增加新稅收的決定；(4) 提拔和降級；(5) 涉及邊境關係和外交事務的決定，以及**在20世紀50年代關於中國人的決定。**

已故噶倫索康估計，在20世紀40年代後期，大約70%的下級呈文由噶廈批覆，而未經統治者批閱。在政府為期六天的工作周中，他估計噶廈向統治者發送了大約100件呈文，以供最終確認。正如人們所預測的那樣，索康表示，在攝政王和新達賴喇嘛的統治期間，噶廈單方面處理的事務的百分比大幅增加，而在強大的達賴喇嘛時代則減少了。然而，在達賴喇嘛制度的歷史上，只有少數達賴喇嘛能夠行使廣泛的專制權力。十三世達賴喇嘛就是其中之一，他通過招募擁有自己的非正式間諜網絡，向他報告拉薩的輿論和世情，從而降低了他的孤立程度。

達賴喇嘛談到了他與噶廈的互動方式：

問：當噶廈就某事作出決定時，他們會否先口頭告訴你，然後
　　給你寫一些書面報告，你必須作出選擇嗎？

答：在一些情況下，他們提交書面報告，在另一些情況下，我
　　們坐下來討論並決定。在與漢人打交道時，大多數問題只
　　進行口頭討論，但是官方公告或法令是書面的。

問：當他們與你討論時，他們是否會一起來開會，他們說「我們
　　認為你應該這樣做」，還是他們說，「阿沛說我認為你應該
　　這樣做」，而土登繞央說「我認為那樣會更好」？是不是每個
　　人都說不同的東西，然後你再說點？

答：有時候。

問：通常？

答：通常他們首先在他們之間進行討論，當他們達成共識時，
　　他們就來覲見我。但有時如果他們說有不同的意見，那麼
　　我會逐一詢問他們的不同之處。[27]

　　因此，噶廈控制着政府的日常運作，是統治者和官僚機構之間
的關鍵聯繫。此外，在西藏併入中國之後，噶廈也成為直接與拉薩
的中國官員打交道的政府部門。

　　然而，在1957至1959年期間，雖然達賴喇嘛只有22至24歲，而且
沒有非正式的間諜網絡，但他並不缺乏經驗，並確實地對噶廈實施了
他的權威，特別是在決定與中國人相關的議題上。他執政已七年，已
經進行過兩次重要的旅行，一次是去中國內地/北京，一次是去印度，
其間，他與毛澤東和尼赫魯總理等高層領導人討論了重要的政治議
題。[28]在印度期間，他還與兩個反華的哥哥嘉樂頓珠和當彩仁波切進行
了有關政治問題和選擇的廣泛討論，他們分別在大吉嶺和美國流亡。

　　當達賴喇嘛不得不在一段時間內離開拉薩時，他任命官員擔任
司倫（總理或首席部長），這一職位此時代替達賴喇嘛行使統治者職
能。在此期間，噶廈對西藏政府官僚機構的控制被弱化。

司倫或司曹

　　司倫機構成立於1904年，當時十三世達賴喇嘛因英國入侵其首府而逃往蒙古/中國。達賴喇嘛任命三位噶廈部長(噶倫)在他缺席的情況下執政，稱他們為司倫，字面意思是「政務部長」。達賴喇嘛去世後，攝政在下一任達賴喇嘛年幼時執掌政權；與此不同，司倫則是當達賴喇嘛在世但流亡在外期間代掌權力。然而，當達賴喇嘛於1913年從印度返回拉薩並重掌大權之後，他選擇保留司倫一職，使之成為官僚體系中介乎達賴喇嘛和噶廈之間的新層級。如此一來，噶廈原本是政府中的最高層級，現在必須通過司倫將其所有請願和決定呈交給統治者。此時，司倫對噶廈的請求行使相同的權力，如同噶廈對其下屬的其他機構一樣。

　　1933年第十三世達賴喇嘛去世後，一位轉世喇嘛熱振仁波切被選為攝政，而司倫這一職務很快就消失了。[29]然而在1950年12月，達賴喇嘛任命兩名代理司倫(稱為司曹)，讓他們留在拉薩管理政府事務，而他和噶倫則逃到印度邊境的亞東，觀望中國人會否繼續入侵衛藏。

（民眾）大會或春都

　　除了一系列政府機構之外，西藏政治制度中還有幾種類型的(民眾)大會 (ཚོགས་འདུ，音譯春都)。大會的與會者包括政府官員、拉薩附近大型格魯派寺院的代表(主要是色拉寺、哲蚌寺和甘丹寺的現任與卸任堪布)，有時還包括來自更下層的代表，如政府的普通職員；這些與會者的不同組合形成了不同類型的大會。在噶廈或達賴喇嘛的請求下，民眾大會不定期地會面，就噶廈提供的具體問題進行審議，發表意見；儘管按照傳統，噶倫們本身並不參加討論甚至不出

席民眾大會。雖然這些會議在文獻中通常被稱為民眾大會，但它們不能採取行動，也不能確定施政行為。相反，它們是一個顧問機構。通常，噶廈或達賴喇嘛對於敏感或難以決定的問題，會召集民眾大會以擴大支持的基礎。大會的建議是否被聽從並轉化為政策，取決於噶廈和統治者。然而，強大的現任和卸任寺院堪布代表了三大法臺以及兩萬多名僧人，他們影響着噶廈和達賴喇嘛在重要問題上的決定。

　　正由於這些原因，西藏人認為，西藏政教合一制度致力於維護大規模僧院系統，這是西藏特有的宗教信仰的體現。中國共產黨人於1950至1951年面對這個保守的、以宗教為主導的社會和政府體制，着手將西藏併入 (從中方角度重新併入) 中華人民共和國。

第 2 章

歷史前情

　　1949 至 1950 年，西藏的傳統世界開始瓦解。回顧 1913 年，當十三世達賴喇嘛在清朝滅亡後從印度流亡歸來並恢復其統治者地位時，西藏作為一個獨立的政體運作，擁有自己的法律、貨幣、軍隊、稅收、邊境管制和政府官僚機構。孫中山、袁世凱和蔣介石領導下的清朝後繼政府，雖然聲稱西藏是中國的一部分，**但在統治西藏方面卻毫無作為**。由於內部衝突、第二次中日戰爭以及隨後與共產黨的內戰，中國政府軟弱無力，無法執行自己的主張；但其主張在國際舞臺上卻獲得了成功，因為英國、印度和美國等相關民主國家選擇不承認西藏獨立，儘管各國多年來一直避開中國，直接與西藏打交道。然而另一方面，出於自身的經濟和地緣政治原因，各國承認西藏在中國的宗主權之下自治。但實際上這種宗主權在當地並不存在，西藏從 1913 年至 1951 年期間持續作為事實上獨立的政體運作。[1]

　　直至第二次世界大戰後，當毛澤東的共產黨開始在中國內戰中打敗蔣介石的軍隊時，中藏關係才進入了一個新階段。1949 年 1 月，中國人民解放軍佔領了北京，未幾，蔣介石和他的國民黨（GMD）高級官員逃到了臺灣。隨後，中華人民共和國於 1949 年 10 月 1 日成立。

　　與前幾屆中國政府非常相似，中國新的共產黨領導人認為西藏是中國的一部分，並把西藏併入中國作為當務之急——在他們看來

是重新併入或「解放」。民族主義在這一決定中發揮了重要作用，因為中國共產黨(CCP)的核心目標之一是統一「中國」的所有部分，並使新中國再次成為一個偉大的國家。

然而，對毛澤東和中共中央來說，他們有着重要的戰略和地緣政治目標。西藏與印度、尼泊爾和不丹接壤超過2,800公里，與印度(或1947年印度獨立前，與印度的英國統治者)有着最密切最友好的外交關係。西藏也開始通過印英政府發展國際身份，並於1948年向美國和英國派遣了一個官方貿易代表團。此外，西藏的大部分貿易和商業不是與中國進行，而是與印度或通過印度進行的，例如西藏對美國的羊毛出口通過印度的噶倫堡交易。印英政府還在拉薩和其他城鎮如江孜和亞東設有商務代辦處，1947年印度獨立後印度政府繼承並運營這些機構。此外，由於西藏政府因寺院反對而未能在西藏建立現代學校，許多西藏貴族家庭將孩子們送到傳教士在噶倫堡和大吉嶺開辦的英語學校。最重要的是，西藏人正面地認為印度是佛陀的聖地，而他們對中國的共產主義/無神論意識形態持有極其負面的看法。

因此，從北京的角度來看，若不把西藏併入中國，在戰略上存在問題，因為獨立的西藏幾乎肯定會與印度和美國/英國保持友好關係，卻不會向中國伸出友誼之手。1949年7月8日，西藏政府通知國民黨(政府)駐拉薩辦事處處長，將他和官員驅逐出境，在兩周之內離開西藏，這清楚地表明了西藏政府對未來與中國共產黨關係的想法。西藏政府還驅逐了大約三、四百名居住在西藏的其他漢人，他們被懷疑是間諜。作出這決定是出於擔心這些中國官員當中有部分甚至全部會轉而效忠新的中國共產黨政府，使得後者可以聲稱在拉薩有一個辦事處和一些官員。[2]

因此，允許西藏繼續作為事實獨立的政體，很可能會對中國產生負面的戰略影響，因為如果中國不控制西藏，印度、英國或美國不無可能參與影響西藏的對華政策；而且沒有理由認為這不包括提

供軍事和技術支援，以及幫助西藏更充分地融入國際社會。這在戰略上是站不住腳的，所以當中華人民共和國成立時，它立即呼籲「解放」(合併)西藏。

　　然而，毛澤東明白西藏是一個封建式的神權政府，自清朝滅亡以來一直獨立統治，並且在此之前已經運作了幾百年，作為清朝鬆散的藩屬，按照其法律由西藏政府治理，所以西藏的領導人不太可能同意成為無神論和共產主義新中國的一部分。毛澤東還了解到，西藏正積極爭取美國和英國等共產主義中國的敵人之外交和軍事支援，並於1947年和1949年秘密從印度為其軍隊購買了現代武器。因此他決定，中國需要在1950年迅速合併西藏，因為等待的時間越長，美國、英國、印度或聯合國就越有可能介入。[3]為了實現這一合併，毛澤東採用了「胡蘿蔔加大棒」的戰術方法和微妙的「漸進」政策。

　　根據西藏過去的歷史和當前的國際形勢，毛澤東認為，他可以通過最直接、最快捷的方法來合併西藏，但這並不符合中國的長遠利益：命令解放軍進軍拉薩，並在強行控制西藏後，實施社會主義土地改革。這將同時摧毀領主和上層，結束西藏的傳統社會和政府。毛澤東當然可以做到這一點，因為當時中國人口約為5.4億，解放軍不僅擁有200多萬正規軍隊，[4]而且裝備精良，從蔣介石手中繳獲了美國武器。相比之下，西藏只有120萬人口，由一支訓練鬆懈、領導不力的小規模軍隊保衛，總人數只有1.3萬至1.5萬人(可能還加上幾千民兵)。與此同時，與未經戰鬥考驗的西藏軍隊形成對比的是，解放軍是一支久經沙場的戰鬥部隊，剛剛摧毀了獲得美國援助的蔣介石軍隊。因此，如果在1950年接到命令，解放軍幾乎肯定可以完成對西藏的軍事合併。

　　然而，派遣人民解放軍征服西藏可能會帶來嚴重的負面後果。西藏和西歐一樣大，氣候非常寒冷，地形崎嶇險峻，海拔極高，沒有一條汽車公路或機場。若派遣一支四五萬人的進攻軍隊帶着裝備徒步穿越青藏高原，在後勤上極具挑戰性。例如，從青海省到拉薩

的距離約為1,900公里，從四川省到拉薩的距離約為2,500公里，徒步行進大約需要四到五個月的時間。因此，向越來越遠離中國的軍隊提供補給，將需要成千上萬頭運輸犛牛和騾子每周、每月從青海和四川運送補給。

此外，儘管保衛中藏邊境的西藏小型軍隊無法與解放軍面對面作戰，但如果西藏政府命令其軍隊採取後撤的游擊戰術，他們很可能會伏擊給解放軍及其補給車隊而造成重大損失，甚至可能嚴重擾亂解放軍的補給線。鑑於西藏已經有了某種國際身份，如果藏軍游擊隊與中國人民解放軍在西藏的山區埡口展開緩慢而血腥的戰鬥，這可能會促使美國和國際社會其他共產主義中國的敵人在外交上甚至軍事上支持西藏，把毛澤東理想中的速戰速決的內部事務，轉變成一個最終或提交給聯合國的國際問題；在聯合國，中國對西藏的主權主張可能會受到挑戰。

曠日持久的血腥入侵很可能會帶來另一個負面後果。毛澤東希望西藏人逐漸接受以積極方式成為中國的一部分。因此，一場曠日持久的戰爭將會造成許多西藏人傷亡，寺廟、村莊和城鎮遭到破壞，除了違背藏人的意願被中共佔領和併入這一基本隔閡之外，還可能給中國留下憤怒和仇恨的遺禍。事實上，西藏政府沒有這樣的游擊計劃，但毛澤東並不確定。

由於這些因素，毛澤東西藏戰略的主要焦點是通過談判實現合併，也就是中國政府所說的「和平解放」（ཞི་བའི་བཅིངས་འགྲོལ）。因此，儘管解放軍奉命盡快制定入侵和佔領西藏的計劃，但只有當毛澤東無法說服達賴喇嘛派代表到北京談判西藏未來作為中國一部分時，才能使用這一計劃。毛澤東全力以赴確保「和平解放」，向達賴喇嘛提供非常優惠的條件，引誘他同意西藏併入中國，但同時威脅說，如果他不同意，將派遣解放軍進攻西藏。

北京勸說達賴喇嘛開始「談判」的歷史是複雜的。這裏只需說一句，西藏政府對毛澤東呼籲會談的各種提議，反應基本上是拖延時

間，以尋求國際社會的幫助。隨着時間的推移，沒有西藏談判代表
到達，毛澤東面臨着一個兩難的境地——他應該等多久？青藏高原
高海拔地區的冬天將使入侵西藏變得更加困難，隨着1950年10月的
臨近，毛澤東遂決定不能再等下去了，並下令解放軍進攻大約一萬
名保衛中藏邊境的西藏軍隊和民兵；如前所述，中藏邊境就是金沙
江。那次始於1950年10月7日的入侵是一次精心策劃、並從三個方
向有效實施的閃電戰式攻擊。西藏軍隊無可救藥地處於極度劣勢，
經過兩周的戰役，解放軍包圍並俘虜了幾乎全部藏軍，包括西藏東
部地區(昌都)總管噶倫阿沛。通往拉薩的道路此時對中國人民解放
軍開通了，但由於毛澤東的首要任務是確保與達賴喇嘛及其政府達
成和平的合併協定，他命令解放軍不要繼續向拉薩推進，同時他再
次呼籲達賴喇嘛派遣一個代表團討論西藏回歸中國的問題。[5]

　　達賴喇嘛和西藏政府強烈反對成為中國的一部分，更不用說共
產黨統治的無神論中國了，所以在昌都失守後，他們將達賴喇嘛從
拉薩轉移到亞東(གྲོ་，音譯卓木)，一個位於印度(錫金)邊境西藏
一側的小鎮，如果解放軍繼續向拉薩推進，達賴喇嘛和他的高級官
員可以從那裏輕鬆逃到印度的安全地帶。他們還組織官方代表團前
往印度、尼泊爾和幾個西方國家，如美國和英國，尋求軍事援助，
並幫助將他們的議案提交聯合國。然而，西藏人很快發現，他們認
為是朋友的國家，如英國，甚至拒絕接待這些代表團，另一方面，
聯合國拒絕聽取西藏有關共產主義中國入侵其國家的議案。因此，
1951年春天，達賴喇嘛不情不願地派代表去北京談判協議條款，而
他仍在亞東等待。

　　藏軍在昌都的覆滅，令人信服地向達賴喇嘛展示了毛澤東的「大
棒」力量，但由於毛澤東把實現「和平解放」放在首位，他需要說服
達賴喇嘛不要流亡印度並從那兒反對中國。毛澤東的「胡蘿蔔」實現
了，1951年5月23日，西藏和中國政府代表在北京簽署了著名的《和
平解放西藏十七條協議》。考慮到達賴喇嘛只剩下幾千人的軍隊，

沒有外部外交支持，毛澤東向達賴喇嘛提出的條件非常慷慨。中國
將允許達賴喇嘛政府繼續依靠自己的官員和法律在內部管理西藏，
與此同時，中國同意在西藏領導人和群眾準備好之前不實施社會主
義改革。這意味着西藏龐大的寺院和莊園制度將一如既往地延續下
去，上層的地位和財富也將得到保留。這是一個重大讓步，因為在
中國的漢族地區，共產黨立即實施了土地改革，沒收地主階級的土
地和財富並再分配給貧困農民，藉此消滅了地主階級。此外，他們
召開「批鬥會」（འཐབ་འཛིང་），在會上，前地主和上層階級受到羞辱、毆
打，有時甚至被控訴他們剝削「罪行」的群眾殺死。[6]

　　根據新簽訂的《十七條協議》，中國將控制西藏的邊界及其與外
國的關係，但藏人的日常管理將繼續由達賴喇嘛及其政府根據自己的
法律進行。代價是達賴喇嘛必須接受中國主權，並同意允許中國軍
隊和官員「和平」佔領西藏。當然，作為中國的一部分，西藏政府，
現在被稱為「地方政府」（ས་གནས་སྲིད་གཞུང་），必須與西藏的中國官員真誠
合作，執行協議，成為中國國家的一部分。毛澤東的戰略目標，是
通過努力發展與達賴喇嘛及其上層的友好合作關係，將西藏和諧地
納入新中國，從而**逐步贏得他們的支持**，將他們自己視為中國的一
部分，並隨着時間的推移，接受改革的必要性。因此，毛澤東和中
央作出了一項戰略決定：將「解放農奴」和「消滅領主階級」這兩個通
常的意識形態優先事項放在次要地位，而將爭取達賴喇嘛和上層的務
實目標放到主要地位。西藏在未來的某個時候將不得不進行自我改
革，但協議中沒有具體規定何時進行改革。與此同時，達賴喇嘛將
繼續以高度內部自治和完整的傳統社會運作。這是毛澤東合併西藏
的「漸進」政策；試圖通過贏得達賴喇嘛和西藏上層以及群眾的支持，
逐步建立一個新的、和平的、合作的西藏，讓自己成為中華人民共和
國的一部分。對中國來說，影響西藏從事實獨立國家的地位轉變過
來將是一個巨大的戰略勝利，因此，為了給毛澤東的漸進政策一個成
功的機會，保留達賴喇嘛和舊體制被認為是值得的。[7]

協議第11條當中談到了西藏應該進行改革的問題，其中說：「有關西藏的各項改革事宜，中央不加強迫。西藏地方政府應自動進行改革，（當）人民提出改革要求時，得採取與西藏領導人員協商的方法解決之。」[8]

西藏談判代表對第11條持積極態度，因為它沒有規定具體的改革時間表，而是讓西藏上層和群眾來決定。對西藏人來說，這被解釋為意味着不會很快發生重大變化，因為他們不相信西藏政府和人民會在不久的將來「提出改革要求」。然而，因為第11條使用了「**（當）……時**」，而不是「**如果**」這個詞，這表明中國不接受現在所謂的「一國兩制」安排，所以在某個時候西藏將不得不改革其傳統社會。然而，由於「何時」一詞在談判中沒有以任何方式付諸實施，在五年或十五年或五十年內、變化有多大和速度有多快的問題仍然懸而未決，這成為1951年後的核心爭議問題之一。

《十七條協議》的條款副本被送到亞東的達賴喇嘛手中後，一場大辯論隨之而來。當地許多高級官員試圖說服達賴喇嘛放棄協議，流亡國外，在那裏他將領導一場反對中國統治西藏的國際運動。美國也敦促達賴喇嘛不要回到拉薩。然而，另一部分人同意前往北京的西藏代表之觀點，他們認為，由於協議允許達賴喇嘛政府繼續在內部管理西藏，這為達賴喇嘛提供了保存西藏非凡佛教文明的最大希望。雙方的爭論持續了一天，1951年夏天，達賴喇嘛和他的官員從亞東返藏，中國政府代表（張經武）也從亞東回到西藏；張經武和幾位西藏談判代表一起經由印度被派往亞東。此後不久，中國軍隊和官員抵達拉薩，開啟了漢藏歷史的新篇章。[9]達賴喇嘛的神權政府和無神論的共產主義中國政府將根據《十七條協議》，從同意書面文本，轉變為在日常行動和交流中落實這些協議條款。

然而，毛澤東「漸進的西藏政策」只是他整個西藏政策的一部分。他和中央明白要贏得藏人的支持是非常困難的，他們認為會有藏人「反動派」，那些人將繼續把中國視為佔領軍，並努力反對中

國人的統治，例如試圖獲得外國援助，迫使中國離開西藏。從更普遍的意義上來說，漸進政策最終可能無法贏得達賴喇嘛的支持。因此，毛澤東的西藏政策從一開始就有一個備用的終極手段——使用軍隊。漸進主義政策是首選策略，但如果失敗了，比如西藏人造反了，毛澤東的計劃是利用解放軍消滅叛亂分子和反動派，消滅傳統的莊園制度，結束西藏「地方」政府，實施強制改革，並迅速建立一個由共產黨直接控制的社會主義西藏，從而保證西藏作為中國不可分割的一部分。故此，毛澤東的漸進西藏政策是經過計算風險，是中國雙贏戰略的一部分。**無論是首選的漸進戰略還是最後的軍事戰略，最終結果在某種意義上都是一樣的——西藏將進行改革，並完全融入社會主義中國**。然而，藏人何時改變心意、中國將會或應該等待多久是一個懸而未決的問題。越快當然越好，但由於西藏人對成為中國一部分的長期態度，會因這兩條道路的選擇而大相徑庭，所以毛澤東和中央選擇了緩慢前進，把漸進主義作為黨的優先策略。

　　然而，毛澤東的西藏政策還有另一個重要組成部分——修建連接西藏和中國內地的國道，確保中國向其軍事和民事人員提供物資的能力，從而穩定中國在西藏的地位。中國立即啟動一項緊急計劃：建造兩條東西向的國道，一條連接拉薩和青海，另一條連接拉薩和四川。這兩個項目都在三年內完成，並於1954年12月開通。西藏的一個機場和一系列二級公路於1956年竣工。

　　按照毛澤東的漸進政策，中國軍隊和官員在拉薩向西藏人樹立新漢人的形象——他們不是剝削者，而是作為朋友來幫助西藏發展和提高當地人的生活水平。解放軍士兵被指示須尊重藏人，與當地藏人交往須保持嚴格的紀律；即使面對挑釁也要遵守。西藏工委的一名漢族幹部回憶道：

> 我們不允許隨便去市場。有時當我們不得不外出時，我們
> 經常會遇到羞辱。有些人朝我們吐口水，然後用拳頭打我

們。我們也沒説，只是擦擦臉。容忍這種情況的原因是希
望引導他們走上一條好的道路（贏得他們的支持）。[10]

在西藏方面，有兩種截然不同的方式來對付中國人。噶廈是西藏
政府的傳統領導機構，承擔了與拉薩的中國人直接交流的責任，這是
通過共產黨的主要機構西藏工委進行的。噶廈採取務實策略，他們着
手發展和保持與中國人的友好關係，目標是盡可能保留西藏的内部自
治和傳統機構。達賴喇嘛回憶説，阿沛告訴他，「中央政府已經認識到
西藏情況特殊。所以我們必須利用這一權利。我不記得阿沛噶倫具體
説的話了，但大意是這樣。」[11]當時的另一位噶倫拉魯，進一步解釋説：

> 我們被打敗了，我們打不過解放軍。所以噶廈的觀點是，
> 我們應該稍微冷靜一些，和他們建立良好的關係。[12]〔例
> 如，〕噶倫先喀娃總是説，「如果我們展示我們的全臉，他們
> 也會展示他們的全臉；如果我們只展示半臉，他們也會展
> 示半臉。」意思是説，如果我們對漢人表現出良好的態度，
> 他們也會相應地對我們表現出良好的態度。否則，他們也
> 不會好好對待我們……他在暗示我們應該主動〔རང་འགུལ〕
> 〔這樣做〕……他過去總是這麼説。所以他想和漢人保持良
> 好的關係……其他〔噶倫也〕……認為〔與漢人建立良好關
> 係是有益的〕。[13]

然而，噶倫們意識到西藏不可能繼續保持不變，因此他們的戰
略是非常緩慢地實施變革，而且開始時只實施相對較小的改革。拉
魯解釋：「我認為舊社會無法繼續，但我也不認為它會立刻消失。我
認為隨着時間的推移，改革會慢慢進行。例如，如果有五個點，我
們應該每年執行一個，而不是一次全部執行。我認為我們不應該一
次實施所有的要點。如果我們做得很慢，我想會沒事的。」[14]

然而，當噶倫們和達賴喇嘛一起從亞東返回時，他們發現自己
的官階低於兩名司曹（代理總理），這兩名司曹在達賴喇嘛逗留亞東

期間被任命為留守「統治者」。這一事件的轉變具有巨大的意義，
因為俗官司曹魯康娃在與中國人打交道時有着與噶倫們完全不同的
策略。

　　魯康娃從一開始就反對派代表到北京談判，認為最好在拉薩舉
行會談，因為如果會談在西藏領土上舉行，西藏會得到更好的條
件。但他的意見被噶廈和達賴喇嘛否決了，當時達賴喇嘛等人在亞
東處理所有國家重要問題。當魯康娃得知協議將允許大量中國軍隊
和官員留在拉薩時，他感到在北京談判的惡果出現了。10月26日，
由張國華指揮的解放軍第二野戰軍6,000人左右的主力部隊抵達拉
薩。一個月後，1951年12月1日，在范明的指揮下，駐青海的第一
野戰軍又有1,200人抵達。

　　魯康娃強烈反對這一點。他曾認為，如果西藏必須成為中國的
一部分，它應該恢復到類似於清朝時期非常寬鬆的保護國地位，當
時拉薩只有一位滿族官員和小量駐軍。所以他想修改協議，把大部
分解放軍部隊送回家。達賴喇嘛評論了他的想法，「〔當〕我從亞東
回來的時候，兩位司曹對於對待漢人有不同看法，兩位司曹希望，
儘管《十七條協議》已經簽署，但更進一步、更詳細的討論可以在拉
薩進行。」[15]司曹決定，實現這一目標的最佳方式是拒絕對漢人作出
積極回應，並以憤怒和敵對的方式挑戰和對抗他們，特別是在安排
解放軍購買糧食和其他燃料等基本物資方面。由於司曹的地位高於
噶倫，他們的觀點佔了上風，噶廈不得不在會議上保持沉默。

　　然而，中國人期望西藏政府幫助他們，因為《十七條協議》中第
16條特別提到了這一點，該條說：「西藏地方政府應協助人民解放
軍購買和運輸糧秣及其他日用品。」[16]可是魯康娃認為，這些條款是
向中國施加具體壓力的一個機會，他堅持認為西藏非常貧困，沒有
足夠的食物來養活所有這些中國軍隊，因此中國應該遣返大部分軍
人。在一次惡毒的爭論中，魯康娃諷刺地問解放軍指揮官，「餓肚子
要比打敗仗還難受吧？」[17]

魯康娃的敵對態度和憤怒行為是如此不尋常，以至印度駐拉薩使團團長辛哈 (S. Sinha) 在他給德里的一份月度報告中對此發表了評論：「司曹習慣性地反對和憎恨來自中國的所有建議和提議，不管它們的內容如何。」[18] 由於司曹沒有安排足夠的糧食出售給中國人，他們起初很困難。歌舞團的一名解放軍士兵回憶：

> 當我們解放軍第一次到達時，我們沒有多少小麥，也沒有大米和青稞可吃。這時阿沛噶倫⋯⋯和擦絨賣給我們黑豆（ སྲན་མ ），這就是我們吃的東西。即使我們想烤些麵食，我們既沒有燃料來烤，也沒有磨子來磨。所以我們吃了半年煮豆子。[19]

局勢變得如此絕望，一些軍隊開始吃野菜，一名中國士兵解釋說，「大家餓着肚子⋯⋯刨出一些麻芋子。這種植物，根部圓圓的，形似土豆，但毒性很大。人餓極了都想吃，有的同志便揀起麻芋子吃下去，一吃下去，馬上嘴唇麻木，接着咽喉紅腫，必須立即送到醫院搶救。」[20]

因此，新的漢藏時代始於1951年秋季，當時魯康娃和中國人就協議中的食品和其他項目發生了對抗和爭論，如將藏軍改編併入人民解放軍，並成立軍政委員會。此外，由於中國人從市場或個別家庭購買了他們能找到的任何東西，這很快造成了糧食和其他食品的短缺並導致嚴重的價格上漲，這對拉薩居民的經濟造成了傷害。

1951年末，一個反漢組織西藏「人民會議」的出現，加劇了西藏和中國之間的緊張局勢。儘管西藏政治傳統上是少數世俗 (貴族) 和僧官的特權，其臣民無從置喙，[21] 但成千上萬的中國官員和軍隊的到來——在西藏歷史上第一次——催生了一個非上層拉薩民間組織，其目的是獨立於政府以外影響政治事務。這個組織被稱為米芒春都（「人民會議/集會/黨」），[22] 它不僅反對中國人和共產黨，而且批評西藏政府，主要是噶廈，認為噶廈在與中國人打交道時太軟弱。

人民會議的創始人知道並贊同這兩位司曹的強硬反華態度，兩人對中國將軍的口頭駁斥已經透過口耳相傳廣泛傳播；他們也知道在共產主義意識形態中「人民」概念的重要性。1951年11月下旬，可能在魯康娃和/或其他反華官員（如朗色林）的暗中推動下，一些來自中產階級的非上層拉薩市民決定，他們應該通過一份請願書來支持司曹，傳達拉薩「人民」希望減少軍隊數量的願望。[23] 如此一來，他們創造了拉薩社會當中當時還沒有政治化的部分人的第一次大規模參政現象。儘管西藏傳統上不允許政治異見，但司曹公開反對中國人，為這種政治抗議提供了思想上的綠燈。

1951年11月至1952年3月期間，人民會議的出現進一步助長了拉薩的反漢情緒，並導致越來越多的事件——海報、街頭歌曲、推搡漢人和散布關於漢人的負面謠言。1951年11月下旬的中共西藏黨史大事記中有這樣一段話：

> 部隊進入拉薩後，以魯康娃為首的上層反動分子一方面煽動群眾向進藏部隊尋釁鬧事，一方面又拒絕向解放軍出售糧食（譯註：英文版中未翻譯出售糧食一句），叫嚷「解放軍不走，餓也要把他們餓走！」[24]

這些反華活動日益頻繁和嚴重，因此中國人親自拜訪達賴喇嘛，試圖說服他結束這些活動。達賴喇嘛在自傳中回憶道：

> 一天，他〔張經武〕來看我，要求我發布公告，禁止對漢人進行任何批評，無論是在歌謠還是在海報，因為這些都是「反動」活動。然而，儘管新法律禁止反對中國，但街頭開始出現譴責中國軍隊存在的告示。一場群眾抵抗運動形成了。[25]

然而，西藏政府沒有採取任何行動來控制人民會議及其發起的抗議活動。一名學生回憶，到1952年3月中旬，漢人既憤怒又緊

張，害怕爆發戰鬥，他們開始鞏固在拉薩的陣地，並暫時關閉了幹部藏文學校。

> 幹部學校的〔藏文〕教師是愛國〔意思是中國〕人士，所以他
> 們收到恐嚇信件。信中說你們老師是魔鬼，[26]總有一天我們
> 會殺了你們。此外，當這些老師去市場時，一些人向他們扔
> 石頭吐唾沫，並告訴他們立即停止在學校教書。我記得看見
> 我們的一位老師在樹下哭泣。他告訴學生們，從今天開始，
> 我不能來教你們，因為我的安全受到威脅，我的生命有危
> 險。所以目前我不能來……正因為如此，我們不得不暫時
> 停課。我是一名學生，我回到了……西藏軍區總部。[27]

解放軍的一名年輕藏族戰士還回憶說，當他們關閉學校時，他回到了西藏軍區，並在準備防禦工事。他說他和戰友們都穿着衣服睡覺，一旦面對突如其來的襲擊可即時防備。[28]

人民會議的具體目標是支援西藏，以「西藏人民」的名義向中國當局提交正式請願書，要求撤走居住在拉薩的全部或大部分數萬名中國軍隊和官員。3月30日，大約20名會議領導人親自把請願書交給了拉薩的中國領導人張經武。他們不知道漢人會作何反應，所以許多成員在西藏軍區外面逗留，以防他們的代表被拘留。然而，儘管中國人沒有拘留他們，但人群中仍有許多人留在軍區周圍；中國人擔心可能會遭到攻擊，實際上他們只要求噶廈讓兩位噶倫在軍區過夜，以便在群眾試圖攻擊軍區時他們能夠與群眾交談。

於是，到了1952年春天，通貨膨脹加劇，司曹態度敵對而不妥協，加上人民會議的抗議活動，拉薩的局勢動盪而危險；一些人與中國人之間的事件可能會失控並爆發嚴重的暴力事件。在這一時刻，所有的噶倫都與達賴喇嘛會面，並建議他解除司曹的職位。

答：整個噶廈（的官員）都來了。我想主要是，我記不清楚了，
　　但從邏輯上講，我認為主要發言人是阿沛，然後也許夏蘇

也評論，儘管他們讚賞兩位司曹的決心和忠誠，但是留下
他們對局勢無益。

問：他們有沒有給出具體的理由？

答：他們在和漢人發生衝突。如果我們那樣做，很明顯我們對
　　付不了漢人。[29]

　　結果，達賴喇嘛於4月27日要求司曹辭職，從而恢復了噶廈的
原有地位和權威。噶廈更為合作的態度和表面友好的方式迅速平息
了拉薩緊張的漢藏關係，恢復了西藏政府(噶廈)和中國人之間的相
對友好關係，雙方再次努力在《十七條協議》的指導下開展工作。

　　達賴喇嘛和噶廈/西藏政府重申了其在1951年作出的基本決
定，即避免流亡，不反對中國在西藏的統治，並根據《十七條協議》
返回拉薩與中國合作。西藏未來的策略是努力在中國為西藏開闢一
個可接受的空間，保留西藏文化/宗教的精華，維護達賴喇嘛及其政
府的高度內部自治。

　　達賴喇嘛對此發表了評論。

> 阿沛和夏蘇⋯⋯意識到司曹的立場不會有任何結果——它
> 沒有未來。漢人已經在這裏了——這樣做只有對抗，沒有
> 用。所以現在他們，甚至夏蘇，說現在兩個司曹的立場太
> 極端了，對我們沒有好處。我們必須與中國建立更密切的
> 關係。阿沛也感受到了這一點，但這不一定是當時對漢人
> 的某種同情⋯⋯[30]

> 　　當時的情況就是這樣的，我們已經在他們手裏了。所
> 以現在要做的就是友好和靈活變通。不能固執己見。那
> 時，兩位司曹非常固執。我記得很清楚。有時，司曹、噶
> 倫和漢人在一起開會。有時只有噶倫和漢人見面。當兩位
> 司曹、噶倫和漢人一起開會時，他們幾乎總是以一場爭吵告
> 終。這樣，在1952年，張經武說這兩位司曹必須辭職。[31]

圖1 西藏工委的部分領導幹部，從左到右：慕生忠、范明、張經武、張國華和譚冠三。

西藏方面不知道的是，拉薩西藏工委內部在政策上也存在嚴重的意見分歧。來自西北局／第一野戰軍的西藏工委高級官員范明（見圖1）反對漸進主義策略，他認為達賴喇嘛（和他的上層）絕不會自願放棄自己的財富和權力，他們只不過是兩面三刀，對西藏工委表現出友好，以欺騙毛澤東不啟動改革。他認為漸進政策永遠不會得到毛澤東想要的結果，讓反動上層留在西藏繼續掌權是很危險的，因為他們正秘密策劃將西藏從中國分裂出去。范明認為，改革應該盡快實施，以阻止上層組織重大反抗活動，同時結束他所認為的西藏的剝削制度。

范明實現這一目標的計劃是利用西藏第二大喇嘛班禪大師。班禪大師非常親漢，也是一位「進步主義者」，嚴格地說，他受到范明和西北局的扶持。這一重要關係將在第7章中詳細討論。范明的計劃有兩部分。第一部分是說服北京將西藏分成兩個平等的自治區域，一個由班禪喇嘛領導，一個由達賴喇嘛領導。第二部分是說服

班禪喇嘛宣布，民主改革的時機已經成熟，並於他所在地區的莊園實施。范明認為，當達賴喇嘛所在地區的群眾看到班禪喇嘛的農民擁有自己的土地、不再需要為領主履行勞役和其他義務時，他們會向達賴喇嘛提出同樣的要求，達賴喇嘛也將不得不同意；因此西藏將很快進行民主改革。然而，范明的反對者認為這是一種拙劣偽裝的強制改革，將否定實現毛澤東漸進政策目標的可能性。

當范明的想法在西藏工委被否決時，他加倍努力試圖說服北京實施其方案。拉薩西藏工委內部的衝突一直沒有得到解決，直到毛澤東最終出面，他於1953年10月在北京召開了一次包括西藏工委兩派領導人的重要會議，維護他的漸進政策。第7章討論了這次會議，會上重申了毛澤東的漸進政策，強調了達賴喇嘛在西藏的最高地位和班禪喇嘛對他的從屬地位。這一事件揭示出，毛澤東願意付出很大努力來確保可壓制阻礙其漸進政策的反對聲音。

根據毛澤東的漸進政策，北京於1954年邀請達賴喇嘛訪問中國內地，會見中國最高領導人並出席第一屆全國人民代表大會（NPC）。他同意了，並由一群高級官員陪同。就像其後1959年再次發生的那樣，拉薩的許多官員和居民強烈反對達賴喇嘛離開西藏，擔心中國人會對他不公正，貶低他的地位，或者更糟糕的是，這次訪問實際上是一個讓達賴喇嘛去北京的陰謀，中國人再也不讓他回到西藏。然而，達賴喇嘛強烈反對。他渴望見到中國，會見中國領導人，所以他拒絕了這種恐懼，赴北京參會。達賴喇嘛的訪問取得了巨大成功，他在將近一年後回到西藏。

在中國內地，達賴喇嘛及其隨行人員受到包括毛澤東在內的中國領導人的高度尊重和親切對待。這是達賴喇嘛第一次訪問一個擁有公路、火車、飛機和工廠的「現代」國家，他對中國的進步以及相比之下西藏的物質落後印象深刻。令人驚訝的是，他對幫助窮人的共產主義思想同樣印象深刻，並認為這與佛教的思想一致；實際上，他曾問能否讓自己成為一名共產黨員。他被禮貌地勸阻了。

　　這次訪問中，毛澤東提出了《十七條協議》中的幾個重要問題，此前噶廈拒絕執行，如成立軍政委員會、將藏軍併入解放軍。毛澤東建議達賴喇嘛跳過建立軍政委員會的想法，轉而建立西藏自治區，達賴喇嘛喜歡這個想法。用來把「自治區」翻譯成藏語的新詞是「རང་སྐྱོང་ལྗོངས」，字面意思是「一個由自己統治的地區」，所以他和他的高級官員同意在回藏後開始組織一個西藏自治區。在北京期間，達賴喇嘛還同意將藏軍併入解放軍，並停止使用西藏的原有貨幣；達賴喇嘛也同意被當選為人大常委會副委員長。毛澤東的漸進戰略取得了巨大成功。

　　達賴喇嘛在中國內地的那一年，西藏的生活變化不大。西藏社會文化體系的核心保持不變，僧院制度也沒有受到任何影響。莊園仍然依靠被束縛的米色的勞動力為領主們創造財富，西藏政府，而不是中國政府，透過自己的官員在整個西藏維持法律和秩序，這些官員完全由西藏政府提拔和供養。西藏也繼續使用自己的貨幣，同時仍只接受中國的銀元。西藏政府仍舊在自己的指揮總部之下維持着一支由幾千名現役軍人組成的軍隊。

　　然而，當達賴喇嘛1955年回到拉薩時，他在北京同意的許多重大變革遭到了西藏上層的強烈反對，因此毛澤東再次退縮，以維持他的漸進政策。例如，毛澤東允許達賴喇嘛繼續保持自己的軍隊和貨幣，儘管作為妥協，藏軍軍官現在不得不在中國官方場合，如慶祝中華人民共和國成立的節日，穿着中國人民解放軍裝束。然而，在北京商定的一個主要問題——建立西藏自治區——噶廈和西藏工委取得了進展。他們成立了一個名為「西藏自治區籌備委員會」的機構，以創建西藏自治區的各種辦公室和法規，達賴喇嘛將擔任其最高領導人。隨着1956年在拉薩開始，在毛澤東的漸進政策和達賴/噶廈的合作政策下，漢藏關係進展順利。與此同時，中國在西藏的物質地位已經得到保障，從拉薩到中國內地的兩條國道於1954年12月竣工並投入營運，而西藏境內的其他內部公路以及西藏的第一個機場已經落成並正在建設中。

民族西藏(四川)的情況卻不一樣。在那裏，強制實施的土地改革引發了一系列起義。其背景是毛澤東在1955年發起、著名的「社會主義改造」運動。毛澤東強烈批評全國幹部集體化實施太慢，指示各地黨委書記加快實施進程。這是針對漢族地區的，但毛澤東說，如果少數民族地區的上層準備同意這樣的改革，他們也可以被包括在內。在四川省，李井泉(第一書記)召開了一系列會議，討論在四川實施社會主義改造運動，並制定了擴大漢族地區集體化的計劃。然而，四川也有被稱為康區的廣大藏族地區和其他彝族地區，李井泉決定將他們納入四川社會主義改造運動，通知北京，藏族和彝族領導人／上層已同意開始「和平」的民主改革。[32]

李井泉在四川藏區和彝區的改革計劃受到了當地藏族黨員幹部如天寶的批評，在國家層面上也受到了高層領導人如李維漢(統戰部長和中央民委主任)的批評，他們認為這些地區還沒有做好改革的準備，因此在條件還不成熟的情況下，在這些地區實施改革可能會引發叛亂。然而，李井泉堅持認為少數民族上層已經同意改革，因此忽視了這些警告，並於1956年初開始在康巴藏族地區(和彝族)地區實施改革。實際上，康巴上層不贊成改革，只是受到李井泉的壓力，口頭上表示同意，所以李井泉應該知道這實際上只是一種虛假的認可，因此接下來只是一種被迫的而非和平的改革。結果，從1956年2月底，共產黨的工作隊開始在不同的康巴區域實施改革後，一個又一個康區縣奮起反抗。這被證明是毛澤東少數民族政策中最大的錯誤之一。噶倫阿沛對此感到非常不安，他在接受筆者採訪時回憶，他曾就此聯繫過中央。

> 當康區局勢發展時，我向中央報告說，這項工作是一個徹底的錯誤。民主改革應該從西藏往下進行，而不應該從四川〔由下往上向西藏進行〕。基本問題在於西藏本身⋯⋯我們要使西藏局勢平靜下來，按照人民的想法，做好民主改革。如果我們從上面(西藏)往下面進行，就不會有任何問

題了。這就是我們的建議。但是，他們在〔康區〕那裏那樣
幹了，叛亂發生在那裏，所有垃圾都被扔到了西藏〔康巴人
到西藏避難〕。事情就是這樣。後來，當我見到毛主席時，
他告訴我，「你説的對。那時，我也是右派。我被認為有點
偏右。」[33]

隨着改革的開始，當地的康巴人襲擊了駐紮在他們縣城裏的共
產黨幹部和工作隊，並輕易地控制了他們自己的地區。北京方面的
回應是派出增援部隊，迅速奪回對這些縣城的控制權。康巴叛軍
此時逃回自己的家園或偏遠山區，繼續使用打了就跑的游擊戰術作
戰，許多人逃到西藏，他們認為那裏是安全的，因為西藏內部仍然
由達賴喇嘛的政府控制。到1956年夏天，武裝的康巴人抵達拉薩，
以逃避四川的戰鬥和強制改革，他們帶來了關於四川發生的死亡和
破壞的第一手詳細報告，以及康巴上層手中被沒收和轉移土地和財
富的詳細情況。結果，在拉薩的漢藏關係相對平靜的時期，來自四
川的消息嚇壞了拉薩上層，令人不禁疑惑，拉薩是否是下一個；如
果是，甚麼時候？焦慮和恐懼的氣氛由此籠罩着這座城市。

在拉薩，1956年6月，西藏工委的兩位支持毛澤東漸進政策的
領導——張經武和張國華——去了北京，中國領導幹部中最強硬的
左派分子范明臨時負責主持工作，這加劇了這種焦慮和恐懼。如前
所述，范明反對毛澤東的漸進政策，並渴望迅速實施民主改革。此
時，鑑於毛澤東的社會主義改造運動所激發的改革熱情，以及四川
藏區改革的成功開始，范明發起了所謂的「大擴張」；這一運動從中
國內地招募成千上萬的漢族幹部到西藏，以及從農村地區招募新的
藏族幹部和黨員。范明還試圖在一些地方開始試驗性改革，其中一
個在昌都——西藏東部的康巴區域。[34]然而，1956年7月在昌都發
生了一場小規模的叛亂，[35]毛澤東和中央意識到，如果范明在翌年
達賴喇嘛和上層們還沒有準備好的時候、被允許繼續推動改革，這
可能預示着整個西藏未來的厄運。因此像1954年一樣，毛澤東再次

出面阻止范明，這次是讓中央在1956年9月4日向西藏工委發出一份著名的關於（停止）改革的明確指示（中文通常稱為九四指示）。[36]這份指示提供了一個難得的窗口，讓人們了解毛澤東和中央內部在1956年秋季對西藏和改革的看法。他們明確指出，關於確保達賴喇嘛和上層階層同意開始改革，這種接受必須是「真正的」接受，也就是說，不是在四川用來迫使改革並由此引發大規模叛亂的虛假接受。九四指令的結論是，命令西藏工委不要開始任何改革，甚至要求停止改革試點。

〔致〕西藏工委：

西藏地區的民主改革，必須是和平改革，要做到和平改革，對西藏上層一定要做好準備工作以後再去進行。這裏所說的準備工作，主要有兩條：

一是同他們的各方面的領導人員協商好。要認真地反復地同他們協商，取得他們真正的同意而不是勉強的同意。如果他們沒有真正表示要改革，就決不要勉強進行。

二是把上層安排好。即在不降低上層的政治地位和生活水平的原則下把所有僧侶貴族的工作和生活，特別是他們的代表人物的政治地位和生活待遇，經過協商，作出適當安排。

如果這兩條沒有做好，並沒有取得上層的真正同意，勉強去做就勢必要出亂子。這樣不但對於西藏勞動人民和漢族人民的團結不利，而且也會使我們在政治上處於被動。

西藏地區的民主改革，要採取和平方法進行，而且要由西藏人民和公眾領袖按照他們的意願去做決定，這在和平解放西藏辦法的協定中，毛主席同西藏上層人物的歷次談話中，……都作過明確的交代。在實行改革的時候，不做到這一點，我們就會失信於人。在這樣重大的問題上失

信於西藏，是對我們很不利的。因此對西藏的民主改革，
必須在充分做好準備工作，上層真正願意改革的時候再去
改，並且在改革中要堅決做到少出亂子和不出亂子，否則
寧可暫緩進行，而不要去勉強進行。

　　從西藏當前的工作基礎、幹部條件、上層態度以及昌
都地區最近發生的一些事件看來，西藏實行改革的條件還
沒有成熟，我們的準備工作也絕不是一兩年內能夠做好
的。因此，實行民主改革，肯定不會是第一個五年計劃
〔1953–1957年〕期內的事，[37]也可能不是第二個五年計劃
〔1958–1962年〕期內的事，甚至還可能要推遲到第三個五年
計劃〔1963–1967年〕期內去。在西藏的民主改革問題上，
我們〔從1951年起〕已經等待好幾年了，現在還必須等待。
應該説這是對西藏民族上層分子的一種讓步。我們認為，
這種讓步是必要的、正確的。因為西藏民族至今對漢族、
對中央也就是説對我們還是不大信任的，而採取一切必要
的和適當的辦法，來消除西藏民族的這種不信任的心理，
乃是我們黨的一項極其重大的任務。如果我們在改革問題
上作了適當的讓步和等待，就能夠大大增加西藏民族對我
們的信任，有利於西藏民主改革的順利進行和改革後的各
種工作。這樣慢一些、穩一些，就會好一些，從實際效果
上看來，反而會快一些……

　　至於你們提出的改革重點試驗，現在肯定應當停止進
行。關於改革的宣傳工作要適當地加以調整和緊縮。

　　上述精神可向達賴、班禪和西藏的其他上層人士説清
楚，要他們放心，並且要同他們一道去做準備工作和安定
情緒的工作。對待西藏人中間主張改革的積極分子，要做
適當解釋和耐心教育，告訴他們如何善於去做工作，以便
造成改革的條件，不可不加關心，使其迷失方向，替右派
張目。[38]

然而，范明沒有把這些指示的「精神」傳達給達賴喇嘛和噶廈，而是繼續談論改革，因此到1956年底，拉薩普遍擔心中國人會仿效四川，在1957年強行於西藏實行土地和階級改革。在這個緊張的時刻，達賴喇嘛赴印度訪問。

達賴喇嘛訪問印度

1956年，達賴喇嘛受到邀請赴印度參加紀念佛陀逝世/涅槃2,500周年的「佛陀誕辰」慶典。北京起初不同意這一點，但後來在10月份讓步了，達賴喇嘛於11月下旬離開拉薩，於1956年11月24日進入印度。

這不是一次簡單的宗教訪問，因為達賴喇嘛在精神上和情感上都準備尋求庇護，並留在印度反對北京。在1954至1955年對中國內地為期一年的訪問中，他對毛澤東和中國形成了正面態度，可是這種心態已被四川強制推行民主改革以及所引發的血腥起義而轉向負面；更直接的是，1956年范明開始着手於翌年對西藏進行改革。

達賴喇嘛此時的觀點也受到其大管家帕拉的深遠影響，後者與印度主要的抵抗組織哲堪孜松秘密接觸，其中三個主要組織者之一正是達賴喇嘛的哥哥嘉樂頓珠。哲堪孜松與印度和美國政府接觸，早在1955年底就給達賴喇嘛寫信，懇求他參加佛陀誕辰紀念，然後留在印度。因此，毫不奇怪，從達賴喇嘛抵達錫金的那一刻起，他就面臨着巨大的壓力——要他決定尋求流亡。印度政府允許達賴喇嘛的兩位哥哥隨時自由地接觸他，他們利用這種不受限制的接觸，在他一進入印度就與他會面，懇求他留在印度，辯稱其存在和流亡地位是西藏從中國重獲自由的最佳機會。[39]

當達賴喇嘛越境進入印度時，如前所述，他已經非常傾向於流亡，在他剛越過錫金邊境、來到印度的第一個晚上，就和他的兄弟

們私下談了幾個小時；他同意了兄弟們的意見，並決定在未來幾天於德里會見尼赫魯總理時向對方申請庇護。現代西藏的歷史正徘徊在重大轉折的邊緣。達賴喇嘛回憶了他當時的一些想法。

> 當我們到達印度時，康區的局勢非常明確。在西藏政府治下的區域，扎什倫布〔班禪喇嘛〕製造了一些問題，說民主改革必須迅速開始。所以我們說，「在這些情況下，局勢很壞。」漢人的態度〔也〕越來越壞。……然後我們來到了印度。我〔也〕記得錫金王儲〔1956年初在拉薩時〕說過，我應該在佛陀誕辰紀念時去印度，印度政府會幫助我，美國人也會。我想他大概說過這些。[40]

經過幾天的佛陀誕辰紀念正式活動，達賴喇嘛於1956年11月27日與尼赫魯總理舉行了第一次私人會晤。他的兄弟和王儲讓他相信，尼赫魯將代表印度政府向他表示完全的同情和支持。然而，他實際上得到的是一劑現實政治的苦藥。在採訪中，達賴喇嘛回憶道：「當我實際上向總理提到〔我想留在印度時〕，他告訴我應該回去。」[41]達賴喇嘛描述了與尼赫魯的這次會晤：

> 我告訴他，現在所有藏人都把他們剩下的希望寄託在印度政府和人民身上。然後我解釋了為甚麼我想留在印度，直到我們能夠通過和平手段重獲自由。
>
> 　他非常和藹，耐心聆聽，但是他堅定地相信，目前無法幫助西藏。他說，沒人曾經正式承認我們國家的獨立。他同意我的看法，試圖和漢人作戰是徒勞的。如果我們嘗試，他們會輕而易舉地使用更多軍隊，完全粉碎我們。他建議我回到西藏，作出和平努力，試圖執行《十七條協議》。[42]

在他的第二部自傳中，達賴喇嘛補充了一些細節，暗示他覺得尼赫魯對這個問題甚至不是特別感興趣：

起初，他禮貌地聆聽着，點着頭。但是我猜想這通感情豐
富的講話對他來說太長了。過了一會兒，他顯得分了心，
好像要打瞌睡。最後，他注視着我說，他了解我說的內
容。「但是你必須意識到，」他有點不耐煩地繼續說，「印度
無法支持你。⋯⋯你必須返回你的國家，以十七條『協議』
為基礎，試着和中國人共事。」[43]

尼赫魯關於返回西藏的直言不諱的建議不僅讓達賴喇嘛目瞪口
呆，更讓他的哥哥嘉樂頓珠和哲堪孜松震驚，他們就達賴喇嘛的訪
問與印度官員保持了一年多的密切關係，並相信他們已經達成了諒
解。他們錯了，他們嚴重誤讀了印度政府對西藏的看法。例如，尼
赫魯實際上對西藏的傳統制度持有非常消極的觀點，認為西藏應該
使其不合時宜的制度現代化。他在1956年12月26日給外交秘書的
一份備忘錄中傳達了這一點，他在備忘錄中蔑視西藏的封建和寺院
制度，並輕蔑地談到了西藏人對軍事打擊中國的天真看法。

〔錫金政治專員〕阿帕 · 潘特（Shri Apa Pant）似乎迷戀於這
一〔西藏的〕「傳統生活方式」，那只不過是在宗教外衣下徹
頭徹尾的封建制度。如果事實確定無疑的，那就是，現在
西藏與現代世界面對面，這種傳統的生活方式無法延續下
去。這不僅僅是現代福利設施的問題，而是一個國家的基
本結構問題。土地改革是不可避免的。如果擁有大量地產
的寺廟抵抗改革，這種抵抗最終會失敗，而整個基於這些
寺廟的佛教制度會受到損害。如果西藏想維持佛教精華，
它必須放棄這些附着物，他們與佛教沒關係，與現代社會
格格不入，不管是資本主義還是共產主義⋯⋯西藏的危險
更多可能來自於藏族人採取了錯誤的步驟〔叛亂〕，而不是
中國政府的深謀遠慮的政策。⋯⋯很明顯，藏人強烈厭惡
中國人的支配地位，但是他們想要結束這一局面的各種手
段卻十分令人困惑，也不成熟。他們採取的愚蠢措施可能

極大地傷害他們（自己）。我們自然對藏人非常友好，我們也會繼續如此。但是我們不能讓我們自己被拽入一場從我們自己和西藏角度都是錯誤的事業。我們應抓住各種可能的機會，發展我們和西藏的文化聯繫。但是，同時，我們必須注意不要因為對藏人的同情或在他們的壓力下，被推入一些錯誤的活動。[44]

尼赫魯在另一份官方備忘錄中寫道：

我告訴達賴喇嘛，他在噶倫堡的哥哥〔嘉樂頓珠〕説話常常很愚蠢，我覺得他看事情很片面。我告訴他，既然他〔達賴喇嘛〕已經同意《十七條協議》，西藏成為中國的一部分，同時享有自治，他不能輕易破壞協定。實際上，任何嘗試都會給西藏帶來衝突和苦難。在一場武裝衝突中，西藏不可能戰勝中國。我也指出，我們與中國簽署了有關西藏的協定。我們一直以來的立場是，中國擁有主權，但是西藏應享有自治。因此，達賴喇嘛的最佳路線是，接受中國主權，但是堅持對內部事務的完全自治。他應該為此建立堅強的基礎，他要將西藏人民團結在他的領導之下。

11. 我〔尼赫魯〕也告訴達賴喇嘛，我很驚詫地得知，一些人建議他不要返回西藏，留在印度。這種行為愚不可及，會傷害他，也會傷害西藏。這不是服務西藏事業的方式。他必須在他自己的國家，領導他的人民。[45]

嘉樂頓珠認為自己被印度政府出賣了，但他試圖對尼赫魯拒絕達賴喇嘛留下的願望做出正面解讀，他告訴達賴喇嘛，如果後者想流亡，印度別無選擇，只能同意。他説，印度不會強迫達賴喇嘛返回。[46]嘉樂頓珠還告訴達賴喇嘛，即使印度拒絕給予庇護，也總有其他國家可以去，美國會在這方面提供幫助。[47]因此，達賴喇嘛接受這一説法，認為尼赫魯的拒絕並沒有結束流亡的選擇，所以他繼

續權衡是留下還是返回，特別是考察來自美國的支持。但是尼赫魯對於試圖抵抗中國人的愚蠢行為的強烈評論出人意料，令人大開眼界。

儘管毛澤東和中央按照九四指示中的政策，允許達賴喇嘛訪問印度參加佛陀誕辰的慶祝活動，但他們明白，達賴喇嘛有可能繼續流亡並領導已經在噶倫堡開展的反華抵抗運動。為了降低這種風險，當達賴喇嘛在印度訪問期間，毛澤東（11月下旬和12月下旬）兩次派周恩來總理去印度會見達賴喇嘛，討論西藏的未來。毛澤東明白達賴喇嘛和上層們對四川的起義和血腥暴力深感不安，他們擔心西藏會是下一個，所以他派周恩來當面去解釋他的九四指示政策，並親自回答達賴喇嘛的問題。此外，周恩來還將傳達毛澤東個人的保證，即西藏至少在未來六年內不會有任何改革——如果當時的條件還沒有準備好，甚至更長時間。民主改革，甚至是改革試點，在達賴喇嘛和西藏上層真正準備接受之前，基本上都不會在西藏討論。達賴喇嘛說，周恩來實際上是在私下談話中告訴他，即使這種心理建設需要50年才能實現，北京也願意等待。[48] 周恩來和達賴喇嘛的兩次會議給達賴喇嘛的思想帶來了很大的影響，因為如前面提到的，范明並沒有向達賴喇嘛通告九四指示的內容。[49]

當然，達賴喇嘛沒有獨立的方法來證實周恩來的保證是否惡意的圈套，目的是誘使他回到中國控制下生活；另一方面，尼赫魯總理也發揮了重要作用，他有力地告訴達賴喇嘛，他對周恩來的承諾有信心。達賴喇嘛回憶，尼赫魯向他講述了自己（尼赫魯）會見周總理的情況：「當時我和他〔達賴喇嘛〕進行了長時間的會談。我告訴他周恩來總理的友好態度以及他保證尊重西藏的自治。我向達賴喇嘛建議，**他應該真誠地接受這些保證，並在維護西藏自治和實現某些改革方面進行合作。**」[50]

達賴喇嘛與周總理和尼赫魯會談後，他明白范明在1957年開始改革的說法是不可能實現的，所以如果他回到拉薩，他將繼續擔

任西藏（「地方」）政府的首腦，繼續管理西藏的內部事務，基本上就像1951年以來一直在做的那樣，並且未來幾年內不會有任何改革。達賴喇嘛和他的官員將繼續作出行政決定，徵稅、裁決法律案件、懲罰罪犯、監督寺院事務、提拔和降級其官員，而不必與中國人一起審查這些決定。在可預見的未來，傳統社會，包括龐大的僧人群體和大規模寺院會繼續保持不變。因此，與抵達印度時對西藏未來抱極度悲觀的看法不同，此時達賴喇嘛覺得**不回國**可能會對保護佛教和西藏的生活方式產生負面影響，因為他若留在印度並領導反對派，中國人很可能會迅速實施民主改革。達賴喇嘛的母親間接表達了這一點，她回憶說，當她請求達賴喇嘛留在印度，他的回應是：「如果西藏的全體人民都任由漢人擺布，留在這裏安全有甚麼用？」[51]換句話說，他意識到只要他在西藏，西藏社會可以持續不變，至少十年或更長時間，甚至可能持續到本世紀的剩餘時間。

然而，在作出最終決定之前，21歲的達賴喇嘛不得不評估一個新的複雜因素——美國重新介入「西藏問題」。

美國、印度流亡分子和拉薩的康巴抵抗運動

作為其試圖削弱和遏制共產主義中國的冷戰戰略一部分，美國曾經在1950至1951年對西藏感興趣，並試圖說服達賴喇嘛逃離西藏邊境城鎮亞東流亡；他一直在亞東觀望中國人是否會入侵拉薩。[52]即使在《十七條協議》簽署，達賴喇嘛（1951年夏天）返回拉薩之後，美國代表再次試圖說服他逃離拉薩，但這也失敗了，華盛頓將西藏置於冷戰的次要地位。[53]

1952年德懷特·艾森豪威爾當選總統，美國對秘密行動的態度發生了翻天覆地的變化。艾森豪威爾下令對國家安全委員會（NSC）

進行審查，這在國家安全政策和秘密行動的執行方式上產生了幾項重要變化。[54] 1954年12月28日國家安全委員會發布了一份指令(NSC 5412/2)，為後來美國參與西藏秘密行動奠定了基礎。指令中，秘密行動之目的應該是「製造和利用國際共運的麻煩問題，削弱蘇聯和共產黨中國、或他們和其衛星國的關係，使蘇聯、共產黨中國和他們的衛星國內部的控制複雜化，」……「在被國際共運支配或威脅的地區，根據既定政策和可實施的原則，**發展地下抵抗運動，促進秘密和游擊行動，確保在戰時這些力量的存在。**」[55]

西藏顯然符合反對共產黨中國和秘密行動的這些特徵，但達賴喇嘛1951年回到拉薩後，華盛頓在西藏找不到明顯的合作夥伴。這種情況在1956年發生了變化，當時四川康巴地區的叛亂開始了。大規模康巴起義的出現為美國提供了一個意想不到的機會，它可以針對中國共產黨發動秘密行動，於是這迅速引起了美國的注意。

弗蘭克·赫羅伯(Frank Holober)，1957至1959年期間擔任中情局西藏事務主管，他解釋了冷戰時期的一些想法，這些想法當時在中情局很流行：

> 局裏的意識形態是，中國是一個壞蛋國家，想把其在中國發展的戰略推廣到國際舞臺。那一戰略是贏得鄉村包圍城市，然後那些城市就像成熟的李子一樣紛紛落下。在國際舞臺上，鄉村就像第三世界國家，所以贏得它們就會包圍資本主義國家，然後後者會像熟李子一樣陷落。他們在這方面花了很多錢，可能超出他們的能力。我們的要點是羞辱中國人……我們試着在所有可能的地方採取審慎步驟。如果我們可以給他們當頭一棒，我們會這麼幹。如果我們能讓他們自己轉向，我們可以阻礙他們的這一策略。所以我們的政策是，準備好在全世界以各種方式與他們戰鬥。西藏是其中之一。我們在〔西藏〕那兒有個項目，但是它並不複雜，實際上其實不大。[56]

於是，四川的起義現在看起來提供了一個絕妙的機會，給中國人當頭一「棒」，在國際上讓他們難堪，儘管華盛頓或中情局總部蘭利沒人對西藏、甘孜/康區或者哲堪孜松有多少了解。然而，隨着四川戰事的消息傳到華盛頓，一條關於達賴喇嘛及其顧問的驚人消息被錫金王儲傳遞予美國政府。錫金王儲於1955年12月底前往拉薩，邀請達賴喇嘛參加佛陀誕辰慶典。回國後，他於1956年6月28日拜見了美國駐加爾各答總領事里姆斯（R. Borden Reams）。[57]里姆斯向國務院報告了這次會議的情況：

錫金王儲（The Maharaj Kumar）今天私下打來電話，作出下列陳述，要求以最嚴格的密報發送給美國政府。他還要求這一請求不要（重複，不要）通過德里大使館。

1. 達賴喇嘛急於離開西藏，儘管其助理相信明顯有困難，他們認為可以安排其逃離。他們曾就避難印度諮詢印度政府，回覆是正面的，但是藏人認為不（重複，不）夠堅實。王儲希望得到保證，如果印度政府拒絕避難，達賴喇嘛能夠在其他地方獲得避難，以及財政支持。

2. 康區的戰爭非常激烈，中方傷亡慘重。藏人已經俘獲了相當數量的武器，包括蘇製防空武器。

3. 藏人相信需要1,000架步槍和機槍，才能有效地把戰鬥擴展到西藏其他地區。如果這些武器能夠被送到〔東〕巴基斯坦，王儲和其他西藏領袖保證，它們可以被帶到西藏。

4. 如果爆發全面戰爭，藏人確信他們能迅速把中國人驅出西藏。在這一過程中，他們期待得到相當數量的武器和輕型火炮。

5. 藏人沒有受過使用火炮和防空武器的訓練。他們已請求印度政府訓練十名藏人，但是目前為止還沒有（重

複，沒有）決定下來。藏人詢問，藏人到緬甸或泰國去朝聖，是否可能在這些地點受訓。

作為回覆，我告訴王儲說，我當然會就達賴喇嘛可能避難作出特別諮詢。我告訴他，我當然無法（重複，無法）就這些建議發表意見，但是我讓他認識到，美國必須考慮其與印度政府的關係。我懷疑我們能夠以任意方式做任何可能危及這些關係的舉動。王儲稱，他個人相信，多數印度官員，包括高級官員會樂於看到這些，但是他們自己處於明顯的原因害怕或無法自己做任何事。

我感覺我必須進一步回覆王儲的請求，如國務院能告知你們的想法將不勝感謝。

里姆斯[58]

王儲的報告是一個令人震驚的消息，不能輕易否認，因為他是一個傑出的政治人物，即將成為錫金的下一任國王，他剛從拉薩訪問回來，在那裏他會見了許多主要的藏人，包括達賴喇嘛和他的大管家帕拉。這也不可能是翻譯錯誤的問題，因為王儲受過西方教育，英語說得很好。因此，華盛頓現在討論的不僅是美國如何利用四川的康巴起義來打擊中國共產黨，而是達賴喇嘛流亡並領導西藏大規模叛亂的可能性。

所有這些都提出了一個有趣而重要的問題——是達賴喇嘛要求王儲向美國人詢問這些問題嗎？里姆斯陳述的王儲言論清楚地反映出，達賴喇嘛周圍的人普遍擔心民主改革可能很快會實施，這將使達賴喇嘛的處境岌岌可危，但達賴喇嘛本人似乎完全不可能冒險向這麼一個人提出這樣一個危險的問題，王儲雖然與西藏貴族通婚，但並不是達賴喇嘛核心圈子中一個非常親密和值得信任的成員。

另一方面，眾所周知，王儲正在與哲堪孜松和印度政府合作，當他與達賴喇嘛在拉薩會面時，王儲顯然確實提出了關於政治庇護問題。如前所述，達賴喇嘛說王儲告訴他，「〔你〕應該在佛陀誕辰紀念

期間來印度，**印度政府將給予幫助，美國也將給予幫助**。我想他大概這麼説過。」[59]於是就有了關於此事的討論。因此，如果達賴喇嘛需要盡快尋求庇護，他或其顧問們有很好的理由要求澄清他是否肯定能獲得庇護。請記住，這發生在毛澤東干預范明的西藏改革之前。

如果達賴喇嘛向王儲直接要求那種事情難以令人置信，還有誰要求他傳達這一信息呢？換句話説，誰會有足夠的影響力和接觸達賴喇嘛的機會來説服王儲這是一個真實的請求，應該秘密地傳遞給美國政府？顯而易見的人選是帕拉，他是達賴喇嘛的大管家、孜噶負責人；或者如果不是帕拉本人，那應該是帕拉最信任的同事之一，例如僧官孜恰堅贊。[60]我們從夏格巴日記中可以知道，帕拉和孜恰堅贊有機會對王儲説這事，因為王儲多次和他們見面，而帕拉當時深度參與哲堪孜松——這一噶倫堡流亡抵抗組織——的活動，而且他知道錫金王室也和他們一起工作，同時也與美國有接觸。

事實上，讓達賴喇嘛離開西藏被認為是如此重要，以至於即使中國不允許達賴喇嘛去印度，也有一個大概的應對計劃。印度的理塘康巴代表告訴哲堪孜松，如果中國人拒絕達賴喇嘛訪問印度，而他仍然想參加，拉薩有康巴人可以把他及其兩位經師帶出西藏。[61]後來，還有一個迫使達賴喇嘛留在印度的計劃（即使他想返回），他們打算讓拉薩的理塘康巴主要領導人貢布扎西在拉薩對中國人發動軍事行動，使局勢變得過於危險，以此阻止達賴喇嘛返回西藏。

因此，與王儲討論這個問題的一定是帕拉（或代表帕拉的孜恰堅贊）。鑑於必須就佛陀誕辰慶典和印度作出決定，帕拉知道，這些信息不僅對於達賴喇嘛最終訪問印度至關重要，而且對於決定是否冒險試圖逃離拉薩（如果中國不允許達賴喇嘛離開的話）也至關重要。然而，這一提問顯然遠遠超出了對流亡和庇護的擔憂，並揭示出達賴喇嘛最親密的顧問帕拉認真考慮拿起武器試圖將中國人趕出西藏，並認為在美國的幫助下，他們將能夠實現這一目標。

他們的提問也很有意思，因為這揭示了西藏激進分子/民族主義者

一個危險的傾向，他們簡化和低估了以軍事手段驅趕中國人離開西藏的難度。這一提問自信地宣稱將中國軍隊趕出西藏，與其說是基於現實的軍事評估，不如說是癡心妄想。此外，這也是夏格巴1956年8月22日日記中提到的同一種想法，當時哲堪孜松討論能夠對亞東進行軍事控制，亞東是比鄰印度邊境的重要西藏城鎮和中國行政中心。哲堪孜松和帕拉當然知道，即使在美國的大力支持下，蔣介石在中國內戰中未能打敗解放軍，而且美國人在加入朝鮮戰爭後也未能把解放軍趕出朝鮮，但他們仍然充滿希望。回想起來，他們過於樂觀地認為，如果外部世界——美國、臺灣或印度——能幫助他們，並在外交、財政、物資和培訓方面提供必要的支援，他們就能在西藏地勢起伏的高山地區取得成功。接下來我們將會看到，參與西藏行動的中情局官員，對西藏人可能希望實現的目標有一個非常不同的、負面的專業評估。

王儲在加爾各答領事館訪問里姆斯後不久，哲堪孜松獨立地向美國和許多其他國家發出了自己的呼籲。正如戈爾斯坦2014年（第6章）中提到的，帕拉正在與哲堪孜松合作，並協助三名僧官（與一些人民會議成員一起）假裝從拉薩「跑路」，以便他們能夠協助哲堪孜松。印度的流亡者正在向持懷疑態度的記者和外交官爭取更大的可信度，這些記者和外交官一直質疑西藏是否存在真正的反對派團體，以及哲堪孜松是否其中的一部分。[62] 由於帕拉的援助，哲堪孜松現在有了來自西藏的新成員，更因此終於有了具體的證據來支持他們的主張，即他們代表西藏人民反抗中國。

當嘉樂頓珠收到當時居住在美國的哥哥當彩仁波切的以下樂觀報告時，哲堪孜松國際線方面的工作變得更加重要。它被記錄在夏格巴的日記中。

> 1956年7月13日：夏格巴在提斯塔（Teesta）與嘉樂頓珠會面。嘉樂頓珠說，「〔我〕收到一封來自當彩仁波切的信，說美國的領導人認為，目前是就西藏問題提交請求的合適時機。」[63]

　　因此，哲堪孜松利用這一點，立即發起了一場新的宣傳運動，向許多國家(包括美國、法國、印度、巴基斯坦和英國)和媒體發出了一封長篇請願信，署名是三名「跑路」僧官中最年長的一名——土登寧吉。(7月20日發給英國女王的)請願信在結尾時寫道，「我最誠摯地懇求您和您的人民為我們贏得同情，幫助恢復西藏獨立。儘管這份請求同情我們事業的請願書僅有我的署名，我代表着數百萬我的西藏同胞，他們今天正為了自由痛不欲生。」[64]

　　土登寧吉和嘉樂頓珠也一起前往加爾各答，向那裏的領事館遞交呼籲書，並會見報紙和媒體；土登寧吉單獨前往美國領事館，於7月31日親自將請願書交給里姆斯。這時，里姆斯已經收到了國務院對王儲提問的答覆。國務院同情西藏但謹慎地對待承諾，只授權他說，「對於西藏人民從中國共產黨獲得獨立的渴望，美國深表同情，並尊重他們維護自己政府和傳統的權利。如果達賴喇嘛離開西藏，他應該向印度申請庇護；美國將希望**在適當的情況下，協助其在一些亞洲國家避難。**」[65]這顯然沒有澄清提出的所有問題，但電報很重要，因為在庇護方面，如果印度不合作，美國人會幫助達賴喇嘛在亞洲其他地方獲得庇護。

　　然而，里姆斯大概收到了更多關於美國有興趣援助康巴人和西藏的指示，因為正如夏格巴的日記所記錄的那樣，他對土登寧吉的口頭反應要積極得多：

　　1956年7月31日：〔里姆斯說，〕「既然藏人現在在康區作戰，美國在考慮援助西藏，現在正在討論進程之中。我一定會在三個月內給你一個答覆。請清楚地告訴我你們需要甚麼幫助。如果它〔美國的答覆〕在一兩周內到來，我會立即寫信給大吉嶺。」〔寧吉對里姆斯說，〕「至於援助，請給我們錢和武器，並訓練西藏來的人怎樣使用武器，等等。」他〔里姆斯〕回答說，「可以援助你們武器和錢；至於武器訓練，我想很快就會到來。」[66]

與此同時，當王儲7月18日返回加爾各答，要求華盛頓對他從拉薩提出的問題作出答覆時，里姆斯向他轉達了上述國務院的「官方」信息，但也提出了一個有趣的要求，表明了華盛頓對西藏局勢感興趣——他要求王儲安排主要負責西藏內部關係的哲堪孜松負責人堪窮親自去見他，並解釋說：「關於西藏有許多事情要問。」[67]哲堪孜松立即召開會議，討論堪窮應該對里姆斯說，他們決定王儲和他的妹妹彭康拉姜陪堪窮去加爾各答。

儘管美國國務院對拉薩問題的官方回應並不特別積極，但里姆斯隨後對土登寧吉和王儲的面對面評論顯示，到1956年8月，美國政府已經明確表示有興趣向西藏抵抗運動提供援助。

由於國務院和中情局還沒有公布西藏秘密行動的基本檔案，很難確切知道這些機構內部就西藏問題進行過討論。然而，據薩姆‧哈爾彭（Sam Halpern，美國中情局遠東分部官員，後來在德斯蒙德‧菲茨傑拉德〔Desmond FitzGerald〕出任作戰部副主任時擔當其執行官）說，最初的推動力來自國務卿約翰‧福斯特‧杜勒斯（John Foster Dulles）和副國務卿小赫伯特‧胡佛（Herbert Hoover Jr.）。他們認為西藏起義是為中國人製造重大問題的絕佳機會，並得出結論：美國應該試圖利用西藏人來騷擾和保持中國共產黨人失去平衡。[68]1956年夏末或初秋的某個時候，中情局接到命令，要開展一項秘密的西藏行動。

回到印度，藏人與美國的關係繼續加深。10月中旬，加爾各答領事館與彭康拉姜討論了一些新問題，如「空投區」的大小、受訓人員的姓名以及如何通過撤離到巴基斯坦。夏格巴的日記記錄了這一點：

> 1956年10月18日上午，堪窮來了，他說：「昨天彭康拉姜來了，說我們先後收到了美國人的答覆。他們不方便回答〔我們提出的〕其他問題，但是就〔空〕投傳單和武器的地方，他們〔空投區〕需要一塊45米×122米的地方，在地圖上可見。你應該很快送出受訓人員的姓名、年齡和人數。你〔夏格巴〕應該今天和嘉樂頓珠討論此事。」

1956年10月23日：通過彭康，我們從美國得到一條消息，讓我們派出受訓人員。我〔夏格巴〕和加多倉〔‧格隆〕談及此事，安排要派出的幾個人。〔我說，〕「無線發報員和受訓人員可以先去巴基斯坦，在那阿卜杜拉（Abdullah）會幫助他們去泰國或印度支那。」[69]

幾天後，日記記錄了哲堪孜松正在做的具體準備工作，讓大約20名康巴人去參加訓練，「加多倉來說：……我們準備派遣大約20人，所以當你需要他們的時候通知我……〔夏格巴說，〕你應該讓大約20個人秘密做好準備，但是目前事情還沒有準備好。一個半月後你會得到答覆。」[70]

於是，自1956年夏季開始，哲堪孜松和王儲、彭康拉姜一起，通過加爾各答領事館與美國建立了切實的聯繫，儘管他們仍然沒有得到最後批准，也沒有得到偷渡康巴受訓人員的日期，但這對他們來說，有充分理由相信，這肯定是指日可待。

與此同時，回到華盛頓，中情局開始制定有關西藏的計劃，並首次任命遠東分部中國科的一名官員——約翰‧雷根——處理西藏問題並監督加爾各答的霍斯金斯（Hoskins）。[71]他是第一位西藏事務主管官員。[72]

中情局此時以「牛仔」行動聞名，一項分析這樣總結：

在1950年代，中情局在世界各地上演「驚心動魄的」行動——推翻政府，修理大選，收買政治領袖或陰謀殺害他們，以及贊助游擊戰。〔《中情局罪與罰》（*Legacy of Ashes*）的作者〕韋納（Weiner）認為，其早期領導人輕視一般認為是核心任務的情報分析，中情局官員常常對他們工作的國家一無所知。[73]

阿爾‧烏爾姆（Al Ulmer）是當時中情局遠東局的局長，簡要地表達了這種鬆散的風格，他說，「我們去世界各地，想幹甚麼就幹甚

麼……天啊，太有意思了。」[74]烏爾姆也對西藏感興趣，弗蘭克‧赫羅伯回憶：「烏爾姆『對這個幹勁十足。』一次他告訴我，確保你清楚地保留了所有記錄，因為從一個機構的角度，這是我們參與的最有意思的項目。他想着日後寫份部門歷史之類的東西。」[75]

西藏行動帶有許多此類特徵，中情局基本上對西藏社會、政府、文化或者關鍵人物一無所知。但另一方面，行動也有所不同，在決定給藏人提供何種援助、多少援助方面，它實際上採取了非常謹慎的方式。事實上，在中情局提供武器之前，他們為少數幾位藏人成立了一個試點訓練項目——被稱為「聖馬戲團 (ST CIRCUS)」[76]——以此評估康巴人的能力。1956年夏末和秋季，弗蘭克‧雷根 (Frank Reagan) 制定了最初的計劃，他的結論是，當時最好的方式是，如同其繼任者弗蘭克‧赫羅伯回憶的那樣：「讓我們把一幫〔藏〕人放在一塊，看看他們能弄出點甚麼來。」

擁有一個「試點」訓練計劃當然是有意義的，因為那時中情局不知道「落後」的康巴藏人能否受訓操作無線設備、學習編碼和解碼電報，潛入西藏/四川而不被抓獲，收集並把相關情報傳回給該中情局，並在最終，中情局一旦作出決定時，能夠確定和建立武器空投區。由於中情局不打算派遣自己人，如果要幹點有意義的事情，他們必須證明康巴人可以做到這一點。

因此，儘管美國對西藏人反對中共的鬥爭相當感興趣，但中情局和國務院都不認為這是一個幫助西藏從中國獨立出來的項目。要承擔一個達成如此宏大目標的項目，被認為技術上不可行，考慮到美國仍然對臺灣蔣介石有承諾，在戰略上也得不到保證。約翰‧雷根評論這一點，以及聖馬戲團項目的冷戰目的。

> 莫斯科和中國是顛覆我們的中心，我們負責給他們製造一些麻煩。我不認為我們在利用他們〔藏人〕；我們的利益正好和他們一致。我們同情他們的事業，這是給他們〔中國共產黨〕製造麻煩的機會……[77]

雷根還回憶，當他們即將發出西藏訓練項目的授權時，他在遠東局的老闆約翰·沃勒 (John Waller) 把他叫進辦公室說，「**我們只是發現信息、收集情報，而不是支持反政府行動。**」[78]

弗蘭克·赫羅伯於1957年中接替雷根，他補充說：

現實來說，我們認為他們人太少，也不能用印度做基地，所以我們實際上能夠做成甚麼？如果他們能夠出人意料獲得成功，我們當然會高興。我們看不到隧道的盡頭。我們實際上沒有最終目標。我們也不確定最後會得到甚麼。我們希望在西藏內部秘密發展組織，了解那兒的情況。這是個有限的項目——培訓一些人……我們空降一些人收集情報，幫助組織和與西藏內部取得聯繫，並用空投補充一些給養。[79]

另一位參與聖馬戲團項目的中情局官員約翰·羅蘭 (John Rowland)，也表達了同樣的觀點，當時項目的範圍是有限的：

如果沒有來自外界的巨大承諾，沒有辦法真正幫助游擊隊進行戰鬥。沒有這個你提供不了多少幫助。西藏的情況是，1962年〔中印戰爭〕之前沒有國家能夠進入。阿富汗人有沙特、巴基斯坦、中國和美國的幫助。由於喜馬拉雅山的海拔很高，航空運輸很艱難，印度人也不合作……如果我們想全力以赴，我們就不得不與中國開戰，可是我們並不打算為西藏而進行戰爭……我們試圖讓中國人時刻不安……我沒有聽說或讀過從中國治下「解放」西藏的任何準軍事行動計劃——我們會給予足夠支援，以幫助他們進行騷擾——真正支持藏人解放西藏是不可能的。[80]

此外，1959年之後負責西藏行動的中情局官員肯·克瑙斯 (Ken Knaus) 評論說，中情局政治協調處官員弗蘭克·威斯納 (Frank Wisner) 堅持美國對此僅是有限的承諾。

弗蘭克‧威斯納當時深陷於對自己在 1956 年 11 月無力幫助
匈牙利反政府軍的自責之中，……堅持不要對藏人作出承
諾，以免引發對美國無法實現的目標存在不現實的期待。
他堅持特別指示第一批六名藏族行動人員，他們的任務僅
限於收集情報。基於他們的報告，華盛頓將判斷是否批准
進一步的物質援助和訓練。[81]

因此，中情局在最初階段——11月、12月和1月——的重點僅
限於確定第一批康巴受訓人員，制定一項幫助他們從印度偷渡的計
劃，並在沖繩和塞班島建立培訓設施/方案。然後他們會評估事情的
成效。

藏族受訓人員

訓練項目招募的27名年輕康巴人幾乎全部來自理塘，他們是在
前一年(1956年)10月由拉薩的理塘康巴領袖、52歲的貢布扎西送到
噶倫堡的。1957年，當康巴叛亂組織四水六崗在拉薩正式成立時，
貢布扎西是該組織的領導人。

理塘阿塔是27名成員之一，也是中情局訓練的第一批成員。他
回憶起在拉薩的時光，

在我的家鄉理塘，他們在和漢人戰鬥。〔從理塘寺發來的
信〕被送往拉薩……信上說，「我們正在和漢人打仗，形勢
非常糟糕。漢人轟炸了我們，所有的僧人都成為戰士逃走
了。許多喇嘛被殺，受到折磨，所以每個人都離開去周邊
地區戰鬥。我們理塘寺的計蘇〔掌管貿易的管家〕在拉薩，
所以他擁有的所有財產會成為〔支援我們〕的主要經濟來
源。除此之外，你們商人都應該把錢集中投入進來。如果

我們藏人國家以後變好了，我們……以後會償還給你們。
恰布〔另一種寺院管家〕的錢是我們的公共資金，所以你們
應該拿這筆錢到外面去得到美國或臺灣的幫助。」

　　當時，在我們看來，我們要去〔噶倫堡〕聯繫臺灣，因
為據說國民黨是共產黨的敵人。藏人和〔他所知道的〕美國
人沒有聯繫，我們只知道美國人不喜歡共產黨。[82]

理塘阿塔的經歷是這些康巴人的典型。他一直在為他的理塘寺
做生意，並因此往返於四川〔康區〕。例如，1956年1月，就在戰鬥爆
發前，他從理塘來到拉薩，然後在2月中旬藏曆新年回到昌都出差，
這是他第一次聽說起義和四川正在發生的死亡和破壞。不久後，當
他回到拉薩時，他開始與來自理塘的其他康巴人會面，討論他們的故
鄉，以及在拉薩的理塘人可以做些甚麼來幫助他們。阿塔回憶道：

所有二三十歲的理塘人〔他記得大概有五六十人〕都在討論
理塘的戰鬥，説我們大家必須做點事；所以我們都決定去
找恩珠倉·貢布扎西幫忙。[83]

另一位來自理塘的著名四水六崗領導人拉珠阿旺也回憶了這一
點。「我們互相交談，説我們應該從西藏政府那裏得到武器，去理塘
打仗……我們不應該像這樣〔袖手旁觀〕。」[84] 阿塔補充説：

恩珠倉不是一名理塘頭人〔 དཔོན，音譯本〕。他是一名有影響力
的商人，總是被請去調解理塘商人之間的貿易和價格衝突。

　　恩珠倉是來自理塘地區最優秀的人。〔所以我們對他
説〕，「無論我們要向西藏政府諮詢，無論……無論我們使
用何種方法，你〔恩珠倉〕必須出來做。」

　　貢布扎西告訴我們不要再經商了，因為如果我們想〔為
我們的事業〕有所成就，就必須犧牲我們的私人利益。他
説我們應該考慮一下，但是沒有可考慮的，從今天開始，

我們應該停止我們的生意。所有人都説，「對！從今天起，
我們將不再到各地去做生意了。」⋯⋯當我們問貢布扎西怎
麼做時，他告訴我們買好馬，買盡可能多的槍枝彈藥。〔他
説，〕即使我們沒有多餘的槍給別人，我們也應該好好武裝
自己。因為我們來自康區，大多數人都有槍。無論如何，
我們買了一些上好的彈藥，如果需要，我們把差點的槍換
成了更好的槍，每個人都這樣做好了準備。有馬的把馬配
好，沒有馬的都買了馬。[85]

貢布扎西顯然認為，要與中國人作戰，就需要可靠的良好武器
彈藥的來源，所以他聯繫了西藏政府，請求他們的幫助，但對方回
答這是不可能的。貢布扎西想，也許臺灣或其他一些外國人可能會
幫忙，於是，1956年10月他把27名年輕的理塘人送到了噶倫堡，那
裏居住着幾個重要的理塘商人家族，[86]他聽説有一對來自臺灣的中
國夫婦住在噶倫堡，他們被認為是蔣介石的代表，所以是最直接的
目標。阿塔回憶起這個決定：

然後，⋯⋯有一天，恩珠倉・貢布扎西説：「你們一群人
和我在一起，另一群人應該去印度，看看你們是否能和像
臺灣這樣的共產黨敵人取得聯繫，獲得幫助。」我們説，
「好」，然後組成了兩個小組。〔一組〕由27名男青年組成，
我們去了噶倫堡。[87]

其餘年輕的理塘商人留在貢布扎西身邊，幫助他成立了一個由
康巴人組成的軍事組織，其明確目標就是組織起來與中國人作戰。
這將在第3章討論。

阿塔到達噶倫堡後，他回憶：

我們的一兩個理塘同伴懂一些漢語，所以在噶倫堡我們聯
繫了一個臺灣的國民黨，他和妻子住在崗欽電影院附近
⋯⋯他似乎在為國民黨情報局工作。所以我們和他談了

談，告訴他我們是如何反抗中共，在康區打仗，並問他能否幫助我們。他說我們幹得很漂亮，他會將我們的所有情況報告給臺灣。於是他拍了一些照片，寫下了我們全部故事。我們也很高興，想着如果臺灣能夠支援武器，把我們空投到康區，那就棒極了……所以我們的計劃是去臺灣，然後請求他們把我們空投到康區，給我們武器，這樣我們就可以和漢人打仗了。[88]

蔣介石政府很快決定提供幫助，並通過他們在噶倫堡的特務告訴年輕的康巴人，他們都應該準備好，很快就會離開去接受訓練。然而，就在這一協定達成後不久，當彩仁波切從美國帶着中情局西藏項目官員約翰‧雷根來到噶倫堡，美國人再次進入了畫面。

當彩仁波切一直住在美國，當中情局有問題時，他會非正式地向他們提供關於西藏的建議。1956年11月初，當他得到消息說他的弟弟達賴喇嘛被允許去印度參加佛陀誕辰紀念時，他立即計劃去見達賴喇嘛和另一個弟弟嘉樂頓珠。哲堪孜松通過他們在印度政府的連絡人為他安排了一份印度簽證，所以他能夠很快成行。他回憶起他是如何帶雷根來的。

他們〔中情局〕問〔我〕，〔藏人〕是否可以接受訓練，以及〔是否有可用的人〕……我告訴他們，「我要去〔印度〕，你們可以派個人去。我沒法決定，所以你去和哲堪孜松的嘉樂頓珠、夏格巴以及加多倉談談。如果你和他們交談，他們肯定能做出決定，告訴你們需要甚麼樣的人。」所以那時我和中情局的一個成員去了印度，我把他介紹給了夏格巴和嘉樂頓珠……告訴他每個人的情況，他們〔美國人〕將要做甚麼。僅此而已。我不在他們的小組〔哲堪孜松〕，也不在中情局小組……就這樣，連接建立起來了。在噶倫堡有夏格巴。在西藏有帕拉。我在美國。所以來來回回，我們就這樣討論事情。[89]

　　大約在這個時候，中情局開始專門與嘉樂頓珠打交道，並為他建立了一個每年18萬美元的帳戶，供他以任何合適的方式使用。[90] 嘉樂頓珠與康巴人沒有聯繫，但他認識加多倉一家，因為當他們於1956年8月第一次從康區到噶倫堡時，曾找哲堪孜松並與之交流，正是他們告訴嘉樂頓珠，貢布扎西派康巴青年到來的事情。他們還告訴嘉樂，這些年輕人正在等候安排去臺灣接受訓練，所以嘉樂頓珠很快干預並勸說不要接受臺灣的提議，告訴他們要等待去一個「更大」的國家，給他們安排更好的訓練。理塘阿塔解釋說：

> 有一天，嘉樂頓珠〔聯繫了我們這些康巴青年〕。我不知道他是怎麼知道我們的，但他知道我們已經到了噶倫堡。很可能他是從加多倉家族那裏知道的……
>
> 　　所以有一天，達賴喇嘛的哥哥嘉樂頓珠讓我們去見他。我們被告知，他將〔從他居住的大吉嶺來到噶倫堡〕，第二天再來見我們，我們被告知不要出去，所有人都應該見見他。我真的不知道這條信息是怎麼傳到我們這裏來的，因為我們只不過是在噶倫堡閒逛的年輕人，……當消息傳來的時候，我正在城裏閒逛。好吧，我們想。所以第二天，我們去了堪窮的家降央夏爾，堪窮是哲堪孜松的領導人之一……
>
> 　　然後一輛黑色的汽車開到房子後門，據說是嘉樂頓珠。我們以前從未見過他，我們握了手。他說，他非常高興見到我們，也高興地知道，在我們家鄉發生的種種事情之後，我們發誓來到外國，下定決心要為家國而戰。他說，「我會盡力幫助你們，不會讓你們失望。」所以我們感謝了他。他問我們的計劃，我們告訴他，我們正在考慮去臺灣。然後他們告訴我們，他們會訓練我們，把我們空投回康區，並給我們提供武器。
>
> 　　然後嘉樂說，「臺灣甚至連自己都保不住，不得不依賴美國人，所以如果你們去臺灣，那用處不大。我會試着安

排你們送到美國。」[91] 所以我們都很高興⋯⋯説聲謝謝就在那裏做出了決定。

　　在向嘉樂解釋了我們與〔臺灣〕漢人的聯繫後，嘉樂告訴我們不要再與他〔那漢人〕聯繫。我們説好，當這個漢人試圖聯繫我們時，我們躲着他。現在怎麼辦？我的朋友告訴我，那位漢人不停地找他，讓他去。所以我們沒辦法，只好逃走〔躲避他〕。[92]

回想起來，因為在1959年起義之前，美國人實際上只給了康巴叛亂分子(四水六崗)小量的劣質武器，如果這些康巴人去了臺灣，對叛亂分子來説可能會好得多。但是康巴人相信達賴喇嘛的哥哥，並願意等待他〔與美國〕的聯繫最終確定下來。

1956年12月，中情局通知嘉樂頓珠獲取潛在康巴學員的詳細履歷和照片，培訓計劃得以推進。這些年輕人當時在菩提伽耶充當達賴喇嘛的非官方警衛，所以他派他的哥哥當彩仁波切去那裏收集這些信息。[93] 理塘阿塔回憶當彩的到來：

答：當我們去菩提伽耶時，當彩仁波切來了。我們待在中華寺的門口。他拍了照片，寫下了我們的故事。

問：每個人一篇故事？

答：是的，每個人。比方説：你從哪兒來，你的國家發生了甚麼。他説，「你們國家發生了那樣的事，你們也遭遇不幸，不要喪失信心。我們都應該看我們能做甚麼。」所以那兒有達賴喇嘛的兩位哥哥，而我們因此也感到高興。

問：當彩仁波切有沒有提到美國的援助？

答：沒有。他只説他們會得到幫助。所以他這麼説了，我們就心滿意足了。然後我們從菩提伽耶去噶倫堡〔準備好去訓練〕。他只説他們會得到幫助。所以當這一切發生時，我們有點滿足了。然後我們被告知從菩提伽耶回到噶倫堡〔，當

最後的消息從華盛頓傳來時，我們準備好去接受訓練〕。[94]

這些康巴人的實際偷渡和訓練情況將在第3章討論。

達賴喇嘛返回拉薩

儘管取得了這些進展，但美國此時對西藏的承諾太少，不足以讓達賴喇嘛流亡海外。美國在這個關頭除了訓練幾名康巴人之外，沒有作出任何承諾，甚至在1956年底達賴喇嘛不得不決定是否離開印度時，訓練實際上還沒有開始。美國人並沒有談到他們會提供大量的財政、政治和軍事援助，更不用說對大規模支持的堅定承諾了，所以決定流亡只是基於**希望**與美國的聯繫會加深，並最終獲得大規模援助。

此外，達賴喇嘛認為，對西藏來説，真正至關重要的不是幾支槍或對一些康巴人的訓練，而是美國積極承諾在國際上支持西藏脫離中國的權利，或者至少正式承認達賴喇嘛領導的西藏流亡政府。達賴喇嘛在採訪中提到：

問：⋯⋯那時似乎美國給予了相當具體的支持。美國人從華盛頓來到印度，事情走得很遠，他們給那些準備去受訓的人員拍照。沒有保證〔得到支援〕，但是你兩位哥哥，嘉樂頓珠和當彩仁波切有很多動靜，我想知道，這為甚麼似乎還不足夠〔讓你決定留下〕。

答：嗯。〔停頓〕訓練幾個人，給幾把槍，這沒多少。這不夠。當時我在這兒，我的兩個哥哥非常堅持現在我不應該回去。那麼，當我們再次討論有真正實在的支持時——他們可能提到訓練的可能性；但是我記得不太清楚，無論怎麼説，那時我也有五五分〔的方法〕。這邊説，現在這是唯一

留下來的機會，我看他們一邊也有他們的理由。但是還有
〔噶倫〕阿沛的建議——除非東西非常確切，那麼留在這兒
是非常危險的——我感覺這種看法也是非常理性的。所以
直到最後一刻，我也沒有定下來……

問：能夠改變你的想法？……美國人必須提供多少東西才值得
　　流亡？

答：例如，立即把這一問題提交聯合國或者做些強有力的事
　　情，類似立即接受在印度的正式流亡政府。像科威特那樣
　　派軍隊去西藏可能太困難；但是他們可以說，西藏是個獨
　　立國家，如果我們不能在印度建立流亡政府，他們會接受
　　在美國成立一個。那時，美國和泰國關係友好，和巴基斯
　　坦也很好。如果他們這麼做——接受流亡政府，並立即把
　　問題提交聯合國，這就很多了。培訓幾個人〔算不上〕。[95]

達賴喇嘛在另一次採訪中也給出了類似的回答：

很難為我們派出軍隊，但是類似建立其他國家承認的流亡政
府。那麼我們能在外面獲得一個永久的基礎，這會成為對中
國時時刻刻的挑戰。時不時送點武器給西藏沒了不起。[96]

如前所述，美國政府根本不願意提供這種程度的支援。考慮到
所涉及的巨大風險，最終達賴喇嘛不願選擇流亡，並冒着激怒毛澤
東實施民主改革和結束傳統西藏的風險。因此，儘管他的哥哥們、
哲堪孜松、他的大部分高級隨從官員如帕拉和噶倫索康，以及在噶
倫堡的人民會議代表不斷懇求，達賴喇嘛還是於1957年2月中旬返
回西藏。達賴喇嘛離開印度，打算聽從尼赫魯的建議，即西藏最可
行的未來是與中國人合作，但此後要更加積極和自信地行使《十七條
協議》賦予他的權利，以維護西藏在中國的自治。根據毛澤東的九四
指示，這應該很容易做到，因為毛澤東和中央已經決定，如果需要
的話，他們願意等待很多年，直到實施民主改革的條件成熟。

然而，這並不容易實現，因為達賴喇嘛更關心的不是簡單地回到西藏，並完全專注於與中國合作執行《十七條協議》；其他重要因素和感情促使達賴喇嘛繼續贊同地看待那些積極反對中國並試圖結束中國對西藏統治的人的努力。這方面的一個例子，是西藏政府和生活在噶倫堡的抵抗組織成員之間的新聯盟。

新聯盟

1957年1月15日，噶廈在加爾各答大飯店召開大會，與會者包括西藏政府的官員，以及人民會議和哲堪孜松的代表，會上傳達了達賴喇嘛返回西藏的決定。作為首席噶倫，索康代表政府發言，宣布達賴喇嘛已經決定返回拉薩，但他隨後對此進行具體說明，並解釋說，聚集在一起的官員和代表不應該失望，因為未來西藏的情況將會大不相同。一方面，索康告訴他們，噶廈今後將與中國人就印度僑民代表關心的主要問題進行強而有力的對話，例如：不進行改革，不改變宗教。另一方面，他說噶廈現在也將和在印度的「人民（ࡌིᠴᠠᠩ，音譯米芒）」一起工作。這與過去有所不同，那時人民會議和噶廈不僅沒有聯繫，而且噶廈也不承認人民會議在西藏政治中有合法的政治發言權。噶倫索康說，在未來，政府——噶廈——和在印人民代表將成立聯盟，共同努力實現增進西藏利益和自治的共同目標。[97] 在甘丹頗章——達賴喇嘛政府——300年的歷史上，達賴喇嘛和噶廈首次決定讓「人民」積極參與西藏政治生活！

這裏面意義尤其重大的是，達賴喇嘛了解並批准了新的策略，他自己解釋道：

> 1956年我們來到印度；當我回去時，我們實際上討論了。
> 我們同意開始一個秘密組織。……欽莫〔帕拉〕，索康和〔噶

倫〕饒噶廈和我一起回西藏,從那兒工作。宇妥、仲譯欽莫
〔阿古拉〕,哲堪孜松和魯康[98]留在印度從這兒工作。這沒
有公開,但是內部已經正式這麼幹了。我們成立了組織,
任命人員,每人承擔不同職責。〔一些留在印度,一些返回
西藏工作〕……

問:所以你知道那些,對吧?

答:是的。我全部知道。不僅僅這個,包括美國人〔對康巴人〕
的正式訓練——那時交流正在開始。此前,都不清楚。

問:所以從1956年開始,策略是從外部與美國人合作。政府知
道美國的支持,對嗎?

答:是的。能夠說政府知道嗎?他應該怎麼說?

問:那尊者知道此事,大管家帕拉也知道。

答:是的。我知道……

問:如果寫一本書,我們不能只寫我們想。我們得有證據。

答:對。來源必須正確。欽莫〔帕拉〕那時完全犧牲了自己。他個
人理解這個風險。他知道漢人明白這個只是時間問題,可能
會殺了他。他絕對是一個有獻身精神的人,可憐的傢伙。[99]

達賴喇嘛還說:

這主要是大管家〔帕拉〕。你會說這是某種秘密組織。的
確如此,就像我內部承認,但是不公開承認。那主要是欽
莫。可憐的人。他們開會,和哲堪孜松、宇妥和阿古拉
——他們從印度工作;從西藏,索康、饒噶廈和欽莫進行工
作……所以我知道一點欽莫在做的事。他告訴我。但是,
由於擔心給我帶來麻煩,有些事他不告訴我。欽莫是主要
人物。[100]

所以,由於那時已經有個團體哲堪孜松〔在噶倫堡—大
吉嶺〕積極工作。我們說,「好,所以你們必須繼續承擔責

任。」……我們說，「你們繼續你們的工作，而我們會從西藏做些力所能及的事。」……那時頗有一些人說他們不回西藏去了，會留下來。所以如果他們留下來，我們說最好……〔拉薩和噶倫堡〕相互建立聯繫。事情就是這樣。[101]

因此，在達賴喇嘛的知情和批准下，他們在印度達成了一個新的秘密約定，其中在印度的反華抵抗組織會和西藏政府（噶廈）一起工作；他們使用兩份相同的密碼本，這樣拉薩和哲堪孜松就可以通過電報秘密通信。其中一份密碼本留給了夏格巴，另一本由繞噶廈帶回拉薩由噶廈使用。

於是，雖然毛澤東和中央在九四電報中指示范明和西藏工委停止試圖實施改革並繼續漸進政策，與之形成鮮明對比的是，達賴喇嘛奉行一種矛盾的政策，試圖與中國人密切而誠懇地合作，但同時又暗中為反華抵抗力量提供鼓勵和支援。達賴喇嘛理智地接受了尼赫魯的建議，即試圖在軍事上對抗中國是自殺，他的最佳選擇是接受中國主權並在中國內部工作，利用《十七條協議》為他自己和他的政府維持高度的內部自治。但與此同時，在情感和理智上，達賴喇嘛不願意放棄西藏再次獨立的根深蒂固的希望。因此，他同情和讚賞抵抗力量的活動，如哲堪孜松、康巴人和他的大管家帕拉，並認為他應該允許他們做其工作，看看這會帶來甚麼。因此，他**不願意做任何嚴肅的事情來制止他們**，即使他們試圖破壞他與中國的合作。

從某種意義上說，達賴喇嘛試圖推行兩種相互矛盾的政策。因此，當達賴喇嘛返回西藏時，他將不得不推行一項政策，試圖同時在兩面耍花招，因此無法完全專注於任何一方面。例如，當達賴喇嘛回到拉薩時，他沒有命令反抗的藏人停止反漢活動。正如我們所見，恰恰相反，他自己就是建立新聯盟計劃的一部分。達賴喇嘛顯然認為，只要他不積極指揮抵抗力量，他就可以秘密支持反對派的目標，同時又與中國人一起行動，就好像他完全認同西藏是中國的一部分。達賴喇嘛用一句著名的藏族傳統諺語解釋了這種方案。

山那邊沒有牛糞。

山這邊沒有背簍。[102]

當被問及這話的意味時，達賴喇嘛解釋：

這個意思很簡單。〔如果我流亡國外，〕與中國的關係將被
切斷，你離開了自己的國家。與此同時，〔在流亡中，如
果〕你完全無法從那兒得到幫助，那就像諺語「山那邊沒有
牛糞。山這邊沒有背簍。」如果我們在這兒得到具體的完整
支持，那值得與中國為敵。但是如果你們無法在這兒得到
支援，那麼你們與中國為敵而〔兩面〕落空。所以最好還是
回去。[103]

因此，達賴喇嘛的策略不是把所有的雞蛋放在一個籃子裏，而
是腳踩兩隻船──與中國合作，但不是百分之百的承諾；同時也悄
悄地支持抵抗力量，或者至少不試圖壓制他們，但也不百分之百的
承諾。如果中方決定強行實施改革，抵抗力量仍在運作；反之，如
果抵抗力量逐漸消失，則與中方仍有關係。當抵抗力量遠在噶倫
堡，在西藏沒做甚麼的情況下，這種平衡是可以控制的，但是，正
如在接下來的章節中將要看到的，當主要抵抗力量是在拉薩和附近
山南活動的四川康巴人時，這種平衡就變得行不通了。

無論如何，新的「聯盟」是短暫的，甚至在達賴喇嘛到達拉薩之
前，在返回日喀則的途中就被繞噶廈終結了。李佐民，一名說藏語
的漢族高級幹部，解釋了饒噶廈是如何聯繫他並交出密碼本的：

在回家的路上，繞噶廈去世前從日喀則打電話給我，讓我
安排一個與歡迎代表團團長的會議，代表團長剛剛從〔拉
薩〕的西藏工委派來。繞噶廈說他有一件非常重要的事情要
告訴他。當他們會面時，繞噶廈把噶廈的秘密電報〔密碼
本〕遞給他，並解釋道……這是為了欺騙他們〔在印度的抵

抗成員，這樣他們就不會試圖阻止達賴喇嘛返回〕，我們製
作了這個秘密電碼本，否則他們會阻止我們返回，這會使
事情變得更加困難和複雜。然而，在我們使用它之前，我
現在把它交給你。[104]

繞噶廈進一步解釋說，密碼本的封條從未被打開，因為噶廈從
未打算使用這個密碼本。他告訴他們，這只是一個詭計，讓達賴喇
嘛返回，而不必面對來自噶倫堡的抵抗組織成員的問題。[105]然而，
鑑於達賴喇嘛所說的話，這似乎不太可能，對於繞噶廈的行動，還
有一個更有可能的替代解釋。噶倫堡的人民會議領導人之一阿樂群
則解釋說，繞噶廈交出密碼本是因為夏格巴違反了〔藏人的內部〕協
議，這應該是完全保密的，而夏格巴單方面向全西藏散發了有關新
聯盟的傳單。阿樂群則說：

> 夏格巴印製了一份傳單，講述達賴喇嘛來到印度，以及人
> 民會議和噶廈現在是如何團結起來的，因此西藏和印度的
> 藏人現在是互相協調的。這份傳單寫得很好，它還提到噶
> 廈就此做出的〔宣誓〕。傳單的作者是夏格巴，但是以哲堪
> 孜松的政治組織得東措巴的名義簽署的。此時達賴喇嘛還
> 在甘托克，〔由於去西藏的埡口下雪，〕他不得不在那裏停
> 留一段時間……於是〔在達賴喇嘛到達拉薩之前，〕〔夏格
> 巴的傳單〕就已經在西藏分發了。他公開揭露了這一秘密協
> 定，把我們交到了漢人手上。
>
> 　〔因此，噶廈返回西藏後，〕我們在噶倫堡等待噶廈的
> 答覆；然而，一個月之後沒有回音，兩個月之後還是沒有音
> 訊。我們在印度等待的時候聽到一些關於此事的消息，但沒
> 有收到任何回覆或消息。噶廈沒能〔像對我們發誓的那樣〕
> 對付漢人。這是因為夏格巴的信已經在〔散發到西藏各地〕。
>
> 　後來1959年，當達賴喇嘛、帕拉和索康來到印度時，
> 我問索康：「你向『人民』保證對中國採取強硬措施，但你沒

有這樣做，為甚麼？」他向我解釋說，「在我們到達拉薩之前，夏格巴的傳單已經到了。所以漢人召見我，問我：『你是去印度朝佛，還是去勾結那些壞人？』」因此，他們〔噶倫們〕害怕了，他們不能按他們說的去做。[106]

就這樣，西藏政府和噶倫堡抵抗力量之間的秘密聯盟還沒等到達賴喇嘛到達拉薩就中斷了。然而，中國對這一密碼本和聯盟的了解並沒有改變中國對達賴喇嘛和噶廈的政策，因為當時毛澤東正採取更果斷的措施，結束范明在西藏的改革計劃，徹底廢除范明在1956年下半年為此目的所做的工作。

毛澤東的「大收縮」和「大下馬」

儘管1956年9月4日中央下達了指示，范明仍然不願意完全放棄改革計劃，所以他試圖繞過指示，繼續他的一些工作。例如1957年2月，西藏工委1957年的總體計劃表面上同意了九四指示，但最後說：「工委在1957年建議採取以下政策，『**適當收縮**，**鞏固提高**，**穩步前進**』。」[107]換句話說，下一年仍然允許范明繼續推進他的改革計劃。

然而，這時候北京已經清楚地意識到，北京光發文件是不夠的，所以毛澤東採取了更激烈的措施，把他的觀點強加給范明和西藏工委，再次指示鄧小平讓中央書記處在北京召開一次關於西藏工作的重要會議。那次會議於1957年3月5日開始，由當時的中央書記處總書記、政治局常委鄧小平主持。包括范明在內的所有西藏工委領導幹部都出席了會議。[108]經過多次會議，最後的決議文件於3月19日提交中央，並於1957年5月14日得到政治局的正式批准。它徹底推翻了范明的計劃，並在可預見的未來中止了西藏的民主改革：未來六年肯定不進行，如果條件不成熟，也可能再等五年，如

果需要的話，更遠的未來也不實行。[109]正如達賴喇嘛所說，周恩來
在印度會見時提到了50年，鄧小平在1957年初與張國華和其他三名
政治局委員在北京舉行的一次討論西藏改革小型會議上，也提到了
50年，他說：

> 按〔毛〕主席說廿世紀不改。……數十年，五十到一百年不
> 改。……這樣搞基於遠東共和國辦法……留下這一百廿萬
> 人口為農奴也不能妨害我社會主義建設。藏鈔、藏軍不要
> 管，我們給他條約──幫助若干錢，由他搞。全部貪污了
> 也不管他，……西藏〔改革〕是數十年搞的，……[110]

五一四指示的官方文件體現了通常所說的「大收縮」和「大下
馬」，這是極其重要的，因為它不僅闡述了毛澤東漸進主義政策背後
的基本原理，而且難得地展示了毛澤東和中央對漢藏歷史和西藏獨
特性的思考。

中央原則上批准西藏工委一九五七年三月十九日提出的關於今後西藏工作的決定和所附關於精簡機構、緊縮開支的方案

> 西藏的民主改革，是和平解放西藏辦法協定的重要內
> 容之一，是遲早一定要實行的。西藏人民必須經過民主改
> 革，才能獲得政治的和經濟的解放，造成逐步過渡到社會
> 主義的前提條件。但是，自從去年西藏自治區籌備委員
> 會成立大會上提出這個問題以後，西藏各方面人士對這個
> 問題的反映和意見說明，現在在西藏實行民主改革的條件
> 還沒有具備，不但缺少上層領袖人物的真實同意，而且也
> 缺少基本群眾的支持。四川省藏族地區的民主改革開始以
> 後，西藏的一部分上層分子藉口所謂「江東改革偏差」，或
> 明或暗地支持江東叛亂分子，並且在昌都地區發動和擴大
> 武裝叛亂。達賴出國訪印期間，分離主義分子在帝國主義

指使下進行的所謂「西藏獨立」活動，在相當一部分貴族和喇嘛上層中間得到或明或暗的同情和附和。現時在西藏地區，分離主義分子還有相當的活動市場，還能夠在改革問題上興風作浪。

該文件繼續以一種非常微妙的方式討論藏人態度的潛在歷史和社會原因。

〔這〕絕不是偶然的，這有它的歷史原因和社會原因。西藏雖然在很早以前就成了中國領土的不可分離的一個組成部分，可是長期以來，它對祖國實際上保持着一種獨立或者半獨立的狀態。清朝乾隆年間曾經基本上實現了對西藏的統一；但是從辛亥革命到和平解放西藏的四十年間，北洋政府和國民黨政府雖然在形式上同西藏保持着中央和地方的隸屬關係，實際上西藏又恢復了半獨立狀態。[111]

西藏的農奴制度和封建統治直到現在還是原封未動。民族旗幟和宗教旗幟還抓在上層分子手裏，上層分子還能夠利用民族旗幟和宗教旗幟影響人民群眾，藉以保持這種對西藏民族發展不利的制度和統治。這就是我們面對着的現實。這裏不只有上層問題，還有群眾問題。我們在西藏地區的一切工作，必須首先估計到這個現實，從這個現實出發。西藏藏族不經過社會改革是不能前進的，但是由於面對着這種現實，我們必須採取和平改革的方針，並要使進行改革的時機、步驟和方式適合於這個方針。

我們主張的民主改革，不管採取多麼和平的方式，都不能不觸動封建統治的根基，因為它的目的是要把農奴制的西藏改變為人民民主的西藏。

如果沒有上層領袖人物的真實的同意，沒有基本群眾的必要的支持，而去進行民主改革，就會變成是我們強加於人，並且就會主要靠我們去進行改革。這是和「應當容許

各民族人民群眾以及在各民族中同人民群眾有聯繫的公眾
領袖們從容考慮，並按照他們的意願去作決定」(《關於中
華人民共和國憲法草案的報告》)的原則不相符的，同和平
解放西藏辦法的協議第十一條也不符合。

如果我們一定要這樣做，就很可能造成一種局勢：不
僅多數上層會反對我們，分離主義分子陰謀得逞，左派陷
於孤立，而相當一部分勞動人民在上層分子的影響和控制
之下，也會跟隨在上層分子後面，暫時地反對我們。這
樣，和平改革就成為不可能。如果這種局面出現了，就逼
使我們要麼停止改革，讓自己在政治上陷於被動的地位；
要麼進行戰爭，從戰爭中再來發動群眾，推倒農奴制度。
經過戰爭發動群眾，實現改革，在少數民族地區是不得已
才採用的方法。在西藏這個地區，由於上述歷史的和現實
的原因，加之遠離內地，交通不便，從長遠着想，採用這
個方法進行改革，在政治上欠主動，在軍事上不值得。因
此，應當避免採用這個方法。

至於帝國主義分子和叛國分子挑起武裝叛亂，以致不
能不用兵討伐叛亂，那是另一種情況。對此，中央過去已
經有過不只一次的指示。

該文件接着列出了這種情況對西藏工作的後果。

中央在重新考慮了西藏地區的歷史的和現實的情況以後，
決定從今年起至少六年以內，甚至在更長的時間以內，在
西藏不進行民主改革。六年過後是否即時進行改革，到那
時候依據實際情況再作決定。

至少六年不進行民主改革，當然是對西藏上層的一種
讓步。這種讓步所以必要，正如前面説過的，是因為上層
手裏還抓着民族旗幟和宗教旗幟，還可以影響人民群眾。
這種讓步不是把整個工作收縮起來，更不是放棄積極的目

的；做必要的讓步，正是為了在將來要實現積極的目的創
造有利條件。

在西藏地區至少六年不進行改革，但是在四川和雲南
藏族地區則必須採取和平改革的方式繼續進行和完成民主
改革，這都是中央已經確定的方針。

過去西藏一部分上層分子曾經反對四川省藏族地區的
民主改革，估計今後他們還可能進一步提出反對在那裏進
行改革的意見。對於他們這種意見，應該嚴正地加以解
釋。必須向他們說清楚，西藏地區是根據憲法實行區域
自治的，國務院根據西藏的歷史情況已經決定西藏自治區
包括昌都在內，在這個區域內，西藏人民有自己管理內部
事務的權利。其他藏族地區和西藏的歷史情況不同，分別
屬於其他省份，並且早已分別單獨建立了自治地方，在這
些自治地方的內部事務，也應該由那裏的人民自己管理。
四川省藏族地區的民主改革，就是根據那裏的實際情況和
當地人民的意願進行的，西藏人士不應該根據西藏地區的
情況和沿用西藏的事例對四川省藏族地區的民主改革加以
干涉。

今後至少六年內，我們在西藏地區的工作有可為和不
可為的兩個方面：可為的方面，應當適當地繼續進行；不
可為的方面，應當堅決地即時停止和改變。

現在看來，我們可以做而應當做的就是：一要繼續進
行和開展上層統一戰線工作，並以達賴集團為主要對象。
二要繼續注意培養藏族幹部，除在當地工作中培養一部分
外，可以繼續吸收少數青年到內地學習。三要繼續辦一些
群眾歡迎的，上層同意的，而我們又有條件辦的，能夠對
群眾發生積極影響的經濟、文化事業。四要繼續堅持把國
防、外事和國防公路等事項置於中央管理之下。五要經
過各種適當方式，向西藏上層和人民群眾進行愛國主義教

育，反對分裂活動。另一方面，我們應當堅決地執行：一停止和結束民主改革的準備工作。[112] 二不干涉西藏的內部事務。三不在社會上發展黨員。四不辦不是西藏上層和下層迫切要求和同意的建設事宜。

這樣，我們的工作任務就更符合於西藏當前的實際情況，切實可行；同時，又可以最大限度地減少西藏人對漢人的戒備心理，使西藏的緊張局勢緩和下來，有利於我們去做那些可以作而且應當作的事情。在這個期間，上層還要作些壞事，也只好讓他們再作一個時期。在現時環境裏，這對於西藏勞動人民也可能是一種實踐的教育。

自從西藏和平解放以來，我們對西藏的工作是有成績的，在一定程度上改進了中央和西藏之間的關係，在一定程度上改變了西藏人民對祖國的觀感，愛國主義在逐漸地增長起來。這證明，在和平解放西藏協議十七條基礎之上，在農奴制度暫時沒有改變的條件下，我們還是可以有效地進行一些工作，雖然進展很慢，只要日積月累，終歸是有結果的。另一方面，我們也應當估計到，在這個期間，西藏地區是不會風平浪靜的。因為民族關係的根本改善，歸根結蒂要取決於每個民族內部勞動階級的徹底解放。

在社會改革至少在民族改革實現以前的這個期間，分離主義分子不可能絕迹，並且總是要進行分裂祖國的陰謀活動的；帝國主義總是要尋找機會進行挑撥的。當然，只要我們在政治上堅持上述的方針和政策，在軍事上保持應有的戒備，帝國主義及其走狗就很難挑起全西藏的大規模的叛亂，即是挑起來了，也有把握把它平息下去。我們的同志對這兩個方面都必須有足夠的認識，並且經常保持清醒的頭腦，才不至於平時疏於戒備，臨事失之倉促。在西藏的人民解放軍，共產黨員，共青團員，和全體幹部，還必須繼續在這種比較複雜和困難的工作條件下，做長期的

艱苦工作，請西藏工委代表中央對他們致慰勞之意。今後，西藏工委應當更好地團結全體共產黨員，共青團員，解放軍指戰員和全體工作人員，克服一切困難，實現中央的方針和指示。西藏工委所提出的精簡機構、緊縮開支的方案，應當迅速地堅決實現。

　　為了適應西藏情況，加強黨的領導，決定今後在西藏實行黨的一元化的領導。西藏工作統一由中央直接領導，中央和國務院各部門均不得直接向西藏指示工作，調動幹部，否則西藏工委有權停止執行。

中央

1957 年 5 月 14 日 [113]

為了確保這些改變得到及時和全面的實施，北京方面於 3 月份將西藏工委真正的第一書記、西藏軍區司令員張國華派回拉薩負責。他完成了任務。在接下來的幾個月裏，張國華遣返了范明招募的絕大多數漢族和藏族新幹部。共有 8,590 名漢族幹部和 4,832 名漢族工人被遣送回中國內地，而只有 1,252 名漢族幹部和 545 名漢族工人留在西藏。藏族幹部中，約有 6,000 人被遣散，只有 2,000 人被留用，其中 1,000 人將被送到內地上學。此外，自治區籌委會的大多數新增機構被取消或大幅縮減規模，共產黨和工委下派機構也是如此。[114]

　　1956 年 9 月 4 日和 1957 年 5 月 14 日的文件一起清楚地表明，推遲西藏的土地和階級改革並非因毛澤東認為中國在西藏的地位太弱和不安全，這一時期西方歷史中常見的類似斷言是不正確的。相反，當中央 1956 年 9 月 4 日發出指示時，從拉薩到中國內地的兩條國道自 1954 年 12 月以來一直在運營，一個機場於 1956 年 5 月 31 日開放。此外，在西藏境內，從東部的昌都到西部的噶大克，從北部的那曲到南部的亞東，有 4,000 多公里的公路投入使用。[115] 因此，在西藏的中國人若有需要，是能夠從中國內地獲得物資和增援。事實

上，局勢如此穩定，以至於五一四指示將中國人民解放軍駐藏部隊的人數減少到只有13,000人。[116]

　　相反，毛澤東實施大收縮不僅是為了阻止范明，而是為了創造條件，讓中國在西藏獲得長期的戰略優勢。這反映了他的信念，為了中國的國家利益，最好不要因為意識形態的純潔性而盡快取代西藏不合時宜的社會政治制度，而是讓西藏和藏人有時間接受改革和變革的價值，以最佳方式融入中國的社會結構。如果北京能夠做到這一點，西藏作為中國不可分割的一部分的地位將會永久穩固。儘管現在回想起來這似乎過於樂觀，但毛澤東願意追求這一目標，因為他知道，如果他的漸進政策最終失敗並發生叛亂，大可轉向他的「最後手段」政策，利用解放軍鎮壓藏人並強行實施改革。

　　因此，當達賴喇嘛在1957年4月初回到拉薩時，他發現了一個比他四個月前去印度時更加積極的形勢。

　　這應該意味着，漢藏關係恢復友好合作，前景一帆風順。然而，正如下面幾章將要討論的那樣，事實並非如此。

第3章

康巴人在拉薩和塞班的發展

達賴喇嘛於1957年4月1日回到拉薩，進入一個相對平靜的城市。然而，在平靜的表面之下，漢藏合作關係面臨的挑戰正逐漸顯現；其中之一是在拉薩有一個康巴抵抗組織成立了。

四水六崗的形成

貢布扎西於1956年底決定派一批年輕的康巴人去噶倫堡，這一決定非常成功。他們其中六人不僅被美國中情局選中接受準軍事訓練，而且與達賴喇嘛的兄弟嘉樂頓珠有着重要的聯繫，後者是中情局在印度的聯絡人。這是一個激動人心的時刻，因為將這六個人撤離印度被視為美國支持康巴叛亂的開始。所有這一切促使貢布扎西決定是時候嘗試做些新的事情了——把許多逃到拉薩的康巴人團結成一個新的、統一的軍事組織，這個組織能夠比四川叛亂更有效地與中國人作戰。

貢布扎西確信，四川叛亂的主要缺陷之一是缺乏內部組織和團結。叛亂實際上是一系列在不同時間、發生在康區不同地方而互不關聯的叛亂。這些叛亂最終蔓延到四川大部分康巴地區，但他們彼此沒有協調，每個地區基本上都獨立於其他地區與中國人作戰。

　　然而，創建一個統一的叛亂組織並不是一件容易的事，因為康區傳統與文化上並不同質，也不存在統一的政治實體。康區大約有25或30個獨特的政治單位，英國人稱之為「土邦」（譯註：中文稱部落），例如理塘、巴塘、德格和新龍。這些地方傳統上由頭人、土王或喇嘛／寺院領導，人們的主要忠誠對象是自己的家鄉和頭人，而不是整個康區。因此，所有這些康巴部落之間沒有合作的傳統，相反，在許多情況下，相互競爭和戰爭的歷史悠久。資深噶倫之一索康曾經評論康巴人的地方身份的力量，他說，「如果你看〔康區〕，看起來康巴人是一樣的，但是有些地方信奉格魯派，有些地方信奉薩迦派，或者信奉寧瑪派，或者噶舉派。在內部，他們經常互相爭鬥。例如昌都和察雅就像阿拉伯人和以色列人一樣。」[1]

　　貢布扎西，作為一名理塘人，當然理解這一歷史現實。但他覺得四川目前的形勢如此嚴峻，康巴人有可能克服地方忠誠，團結起來對抗一個令人憎恨的共同敵人，因此他着手在拉薩創建一個康巴組織，將所有康巴人納入一個單一的層級指揮系統。理塘阿塔回憶貢布扎西這方面的想法，

> 〔我們康巴人從 1956 年開始在四川作戰，〕但是我們不能作
> 為一個整體作戰。例如，我們所有人不能聚集在一個首領
> 周圍，作為一個組織戰鬥。貢布扎西的計劃的特點是……
> 所有來自康區的 33 個團體〔部落〕的商人能夠集中在一起
> 戰鬥。所以這是團結作戰。這一點和以前不同……以前，
> 我們為自己的家鄉而戰，但我們沒能團結起來……現在拉
> 薩所有的〔康巴〕商人都加入了，然後他們聯合起來共同作
> 戰。[2]

　　貢布扎西首先從他自己的家鄉理塘開始，然後把巴塘、建塘、鄉城三個地區的康巴人也組織起來，這些地區在歷史上被稱為巴理建松。[3] 然後他又擴展到德格和新龍等其他地區，召集康巴領袖開會。

然而，舉行會議討論一個新的叛亂組織既不直接，也存在風險，因為達賴喇嘛禁止了由阿樂群則領導的第二次「人民」會議（以及隨後的任何其他「人民」的非正式會議）。[4] 另一方面，中國人擔心越來越多的憤怒的四川康巴武裝分子湧入拉薩，所以密切關注這些東部藏人，並一直試圖說服噶廈消除他們帶來的威脅。因此，貢布扎西需要一些可信的故事來解釋他為甚麼要與其他康巴領導人舉行會議，他以阿樂群則的人民會議為榜樣，組織了幾次宗教儀式，作為政治會議的藉口，例如他們贊助了達賴喇嘛的「祈壽」儀式〔བརྟན་བཞུགས〕。為了祝福達賴喇嘛而進行宗教活動特別受歡迎，因為他剛剛從印度回到拉薩。這很快發展成為達賴喇嘛在時輪法會上講法的計劃，再變成為了讓所有藏人捐贈錢、黃金和珠寶來向達賴喇嘛供奉黃金寶座的計劃。

著名的四水六崗指揮官拉珠阿旺解釋了這是如何演變的：

> 起初，當我們討論〔成立一個叛亂組織〕，有來自巴理建松的康巴人，自古以來，這三個〔地方〕就像〔康南〕的一個單位。他們首先討論了舉辦一個大型的長壽祈禱儀式，當討論這事時，大家說所有的康巴商人應該一起來做，安多人也應該被包括在內。我們在貢布扎西的家裏討論這個問題……所以所有的商人聯合起來操辦這件事。……然後，據說我們需要寫一份請願書，要求尊者進行時輪法會啟動儀式和祈願法會儀式。[5] 當起草這份請願書時，人們說我們需要供奉給達賴喇嘛一份精美的供品；西藏以前從未有過的供品。當一個人書寫舉行這種儀式的請求時，通常會在標題中加上「ཞབས་པའི་གསེར་ཁྲི་སྟོན་ཐོན་དུང་དུ〔譯註：似應為 ཞབས་པད་གསེར་ཁྲི་མཆོན་མཐའི་དུང་དུ〕」，意思是「蓮足至高金座前」，於是這個想法就是這樣產生了，向達賴喇嘛供奉一尊金寶座，因為在西藏任何地方都沒有純粹的黃金寶座。所以我們說現在應該打造一尊金寶座〔，供奉給達賴喇嘛〕。黃金

寶座的想法就是這樣開始的……然而，我們不能就這樣
開始為達賴喇嘛打造寶座。我們必須得到漢人的許可，為
了做到這一點，我們必須與他們建立聯繫。巴巴·平措汪
杰、巴巴·根益西等人幫助我們獲得了許可……於是所有
人都同意了，打造寶座的工作就在大昭寺的院子〔ཁྱམས་ར〕裏
開始了。來自全藏各地的藏人作出了很多貢獻。就連漢人
也免費派了 18 輛卡車，將所有的糌粑、大米和麵粉從日喀
則運送到拉薩。[6]

四水六崗的官方歷史也有類似的記錄，「從頭到尾我們都聚在公
園裏假裝打麻將。有時我們會拿出所有製作金寶座的文書和一隻算
盤，假裝在做帳。我們讓僕人帶上手槍，在旁邊站崗。」[7]

事實上，創建康巴組織的第一個公開步驟，是 1957 年初巴理
建松的康巴人進行的大型公開示威。他們私下討論，並決定做一些
公開的事情來引起拉薩市民和漢人的注意，所以組織了一個由大約
700 名騎手組成的龐大隊伍，他們都穿着康巴風格的服裝，帶着槍和
劍。儘管他們不會帶政治標誌，也不會明確叫喊任何反對中國的事
情，但他們知道，這將被拉薩的藏人視為他們團結和力量的表現。

他們選擇了歡慶新年的第三天 (1957 年 3 月 4 日) 作為遊行的日
子，因為這是拉薩人傳統上到處煨桑以禮敬神佛〔ལྷ་གསོལ〕的時間。一
名參加示威的理塘人回憶説：

藏曆一月初三……我們去示威。這是〔四水六崗〕初出茅廬
的第一次行動。據説〔拉薩〕所有來自巴理建松的人都來了，
總共大概有 700 名騎手。我們很多人都有步槍和手槍，而
〔那些沒有槍的人〕去貴族家庭借槍，所以每個人都帶着槍。

我們聚集在恩珠倉〔·貢布扎西〕的院子裏，從那裏出
發，我們沿着八廓街〔主要市場〕排成一列出發，然後我們
去了〔拉薩東南部的〕地方，拉薩人過去常常在那慶祝達賴

喇嘛的生日〔འཁྲུངས་སྐྱེ་དབྱར་གསོལ〕。我們像平時一樣煨桑……一邊喊着,「願佛獲勝。」然而,我們也向〔空中開了許多槍〕。漢人有些奇怪。當我們向空中發射幾千發子彈時,他們沒有注意到。

問:他們沒說嗎?

答:他們沒有。我一直在想會發生事情,他們有人設置了崗哨,以防萬一。〔但是沒有人來,〕此後,我們穿過八廓街回到貢布扎西的院子,那裏有很多人給我們提供啤酒和食物,我們仍然揹着步槍。然後我們喝啤酒,跳舞。

　　第二天,我聽説一位中國官員派了他的翻譯到我們這裏來,他是理塘人,他告訴我們,「你不應該做這樣的事。這太過分了,非常危險。」翻譯假裝他是來〔非官方地〕私下裏説這話的,但實際上他是漢人派來的……此後,局勢平靜下來,我們為〔成立四水六崗〕進行準備工作。[8]

當貢布扎西組織來自其他地區的康巴同胞時,出現了一個問題:新組織叫甚麼名字。他們想要一個名字來傳達這個新組織包含了所有的康巴地區,當似乎沒有一個名字贏得支持時,貢布扎西領導的六位著名的康巴人去諮詢達賴喇嘛的副經師赤江仁波切,他本人就是來自鄉城的康巴人。[9]赤江仁波切建議命名為「四水六崗」(譯註:音譯曲細崗珠),意思是「四條河流六座山崗」。他説,這在歷史上被用來劃定包括安多和康區在內的整個東部西藏的界限。他續説,赤熱巴巾(西元815至838年統治西藏的古代藏王)曾向康區派遣軍隊,然後從經文中稱之為「四水六崗」的地區招募士兵,該地區包括整個東部西藏。[10]赤江仁波切打了個卦,看這個名字是否合適,結果這個名字是好的,但他還是告訴貢布扎西和其他人,他們應該也去諮詢其他喇嘛。[11]他們跟着做了,占卜結果確認了四水六崗這個名字。而在接受這個名字之前,貢布扎西也諮詢了雄天(譯註:也稱為雄登、修丹、秀丹等)。[12]

拉珠阿旺解釋道：

> 我們請求根本護法神雄天的靈媒進入出靈狀態，召喚雄
> 天，這樣我們就可以詢問他對於這個〔名字的建議〕。雄天
> 宣稱四水六崗是個好名字，所以我們決定用這個名字。然
> 而，這個名字僅指康巴和安多商人……米芒〔西藏人〕與此
> 無關……這就是〔四水六崗〕這個名字的由來。米芒與此無
> 關。因為我是當時參與其中的人之一，這是事實！……當
> 時沒有提到〔各地區藏人的〕人民會議。[13]

經過多次會議後，正式的宣誓儀式在貢布扎西家的佛龕前舉
行。在那裏，成員們在護法神帕登拉姆(譯註：也譯帕登拉嬤，或
意譯為吉祥天母)法座前宣誓，承諾出錢出力，購買槍枝、馬匹和彈
藥等等，準備與漢人作戰，並對所有這些完全保密。[14]根據中國資
料，這一儀式於5月20日舉行。[15]

於是，達賴喇嘛回到拉薩不到兩個月，一個康巴叛亂組織就在
拉薩成立了。中國人在《黨史大事記》5月20日的條目中提到了這一
點，其中記錄，「以恩珠‧公佈扎西(譯註：即貢布扎西)等為首的
四川藏族地區叛亂分子，在拉薩成立『曲細崗珠』反動組織……(包
括)甘、青、滇、川等省區藏族。」[16]實際上，噶廈和北京都意識到
這些武裝的康巴人對西藏的和平與安寧構成了潛在威脅，他們討論
了如何應對這些威脅。雖然不了解討論細節，但中方和噶倫阿沛推
動的一個重要議案是解除他們的武裝。然而，北京認為康巴人是西
藏內部「治安」的一部分，換句話說，屬於西藏政府的責任範圍，所
以他們只會敦促噶廈採取行動，而不會自己行動。噶倫們對此沒有
達成內部共識，因此雙方都沒有採取任何行動。[17]

由於四水六崗的成立與藏軍有關，這事並沒有逃過噶廈的注
意。噶倫們知道貢布扎西與帕拉、朗色林和印度的哲堪孜松走得很
近，與扎西白拉(譯註：也譯扎西貝拉)關係密切，後者是扎西代本

團的兩名代本之一，也是帕拉反華集團的核心成員。事實上，噶廈擔心藏軍中的一些人可能會試圖幫助四水六崗，因為幾名藏軍軍官非正式地參加了康巴人的秘密組織會議。因此，噶廈採取措施防止這種情況升級，但所採取的行動不是針對康巴人，而是針對藏軍的代表。扎西代本團的聯合代本桑頗回憶說：「1957年，在藏曆2月措曲法會（4月18日至29日）期間，噶廈召集藏軍軍官，告訴我們，康巴人在貢布扎西的家裏開會，並指示我們在任何情況下都不應加入、干涉或與他們〔四水六崗〕發生任何關係。這一條適用於軍官和普通士兵。」[18]儘管如此，一些軍官繼續作為藏軍的非官方代表秘密參加了四水六崗的「會議」。

康巴叛亂組織在拉薩的成立，標誌着毛澤東的一個重大失敗。到目前為止，毛澤東希望其懷柔政策能與達賴喇嘛及其政府建立更好的合作，從而激勵他們帶頭排斥西藏的反華和分裂勢力，但事實並非如此。達賴喇嘛和噶廈都不願意採取任何具體行動來遏制拉薩的康巴人。康巴人全副武裝，意志堅強，他們寧願戰鬥到底也不放棄手中的槍。由於當時他們沒有在拉薩製造任何問題，西藏政府認為試圖解除他們的武裝比對其置之不理更加危險。

與此同時，中情局的西藏秘密項目聖馬戲團（ST CIRCUS）向前邁出了一大步，從噶倫堡讓六名康巴青年偷渡去訓練。

塞班島

1957年4月19日，被挑選參加訓練的六名康巴青年收到了嘉樂頓珠通過加多倉發來的信息，告訴他們當天晚上就要離開。[19]他們被告知穿上在市場上為他們買的一件印度裹裙（dhoti，睡衣似的寬鬆一體外套），並留下所有可識別身份的物品，如錢、手錶、戒指等。理塘阿塔回憶：

我不知道他們是否根據我們的檔案和照片中選擇了〔受訓人員〕，但可能是這樣……我不知道這是嘉樂頓珠的選擇，還是美國人的選擇，或者是其他誰的選擇。我不知道。但不管怎樣，他們選擇了六個名字。所以我們晚上去了，沒有通知任何人，甚至沒有通知我們的母親或親戚……

問：最初你們27個年輕人一起〔從拉薩來〕，其他人不失望嗎？

答：是的，可憐的傢伙。他們當然非常失望。我們也很失望，如果我們所有人都能去就好了，但是只挑選了六個。嘉樂頓珠說慢慢地其他人也會去；所以我們想着會這樣，於是我們離開了。

　　20日，我們被告知等在「九英里」處的西藏之家〔大概離主城2.4公里〕。嘉樂頓珠坐着一輛黑色轎車來，帶上我們直接去了西里古里，我們進入一個茶園。他的安多廚子叫格隆，和他一起來。過了一會兒，公路到頭了。我們把轎車留在那兒……嘉樂給格隆指示，告訴他把我們全部交給他了，要確保我們一個也不少。嘉樂走後，我們繼續跟着格隆，他依靠一個東西指路，後來我們知道這就是指南針。最後，我們來到了一條大河，這就是印度和〔東〕巴基斯坦的界河扎西扎河〔提斯塔（Teesta）河〕。

　　渡河很困難，因為河水在有些地方很深，所以我們在河岸上走來走去〔，尋找一個合適的地方過河〕。格隆走在前頭，嘗試着過河，他一度差點掉進去了，好在我們抓着他的手，這樣能夠把他拽住……

　　在河的另一邊，有一條公路，嘉樂頓珠告訴格隆往南走，所以我們過河後，繼續往前走了一段時間，直到格隆……告訴我們坐下來，在路邊的森林裏休息一下。那是一個月明之夜，在我們休息的時候，我們突然看到一些士兵朝我們走來。我們看他們像印度士兵。巴基斯坦士兵的軍裝看起來很像印度士兵，他們帶着英式305卡賓槍，所以我

們說我們一定還在印度，而不是巴基斯坦。[20] 然後格隆用手
電筒給他們發信號，當士兵們回信號時，他告訴我們這些
士兵是自己人，所以我們去見了當彩仁波切的僕人頓珠〔也
叫堅贊〕，他說着「扎西德勒」歡迎我們。他和兩名巴基斯坦
士兵在一起。嘉樂的廚師〔格隆〕隨後回到噶倫堡。因為他
會說印地語，他一直可以帶我們去東巴基斯坦，但是一旦
美國人來了，他們需要懂英語的人陪着我們。[21]

　　計劃是當彩仁波切將作為主要翻譯加入沖繩的康巴受訓者，但
像他的弟弟嘉樂頓珠一樣，他的身份太重要，不能冒險在東巴基斯
坦親自與康巴人會面，所以他建議美國人把他信任的僕人帶到那
裏。這個會說一些英語的僕人住在當彩新澤西州的公寓裏，所以中
情局不得不秘密地把他一路轉移到達卡，然後用直升飛機運到西里
古里地區。[22] 阿塔說，在這之後，他們繼續前行，最後到達了一個
小哨崗。

　　當我們進去的時候，有一個禿頭的美國人在那兒睡着了。
他是我們的接頭人，見到他感覺很安心……[23] 然後他帶我們
上了火車頭等包廂〔，巴基斯坦士兵守衛着我們〕……
當地人可能以為我們是囚犯，所以他們來圍觀，但是巴基
斯坦士兵非常嚴厲，把他們趕走了。[24] 我們在火車上待了
一天一夜多，然後到達機場。當時，我們不知道自己在哪
裏，但現在我想是達卡或吉大港，但誰知道呢？〔笑了。〕

　　六名康巴人也不知道他們要去哪裏，即使在1990年代接受採訪
時，他們仍然認為自己是在關島而不是塞班島接受訓練的。阿塔解
釋了接下來發生的事情：

　　我們被安置在機場附近的一所房子裏，他們給我們提供了
美味的罐頭食品……然後我們飛走了，過了一小會兒，飛
機降落了。[25] 我想我們在曼谷停下來加油了。然後我們又

飛了……我想我們去了沖繩……當彩仁波切已經在那裏
了。我們首先在指揮部接受了體檢，並被告知身體狀況良
好，可以接受訓練。幾天後，我們又坐飛機去了某個小島
〔馬利安納群島的塞班島〕……我們被帶到那個鋸齒狀島嶼
的一角，那裏似乎是美國人與日本人作戰的戰場。我們訓
練主要就在這個地方。該島有一個機場和一個直升飛機着
陸點，機場下面有一個房間，我們在那裏接受地圖、游擊
戰、無線通訊等方面的訓練。老師都是美國人。當彩仁波
切和他的僕人也在那裏，但是當彩仁波切是主要的老師〔翻
譯〕，因為〔他的僕人〕堅贊的英語不太好……我們在那裏
努力訓練了大約六個月。[26]

康巴人訓練的主要重點是收發電報。阿塔對他們正常活動時間
表的描述說明了這一點：

6個月來，我們早上5:30起床，早鍛煉到6點。然後我們
從6點到7點吃早餐。從7:30到11:30我們學習電報，然後
從11:30到12:30吃午飯。從12:30到1:30我們學習電報，
從1:30到3:00我們學習隱蔽工作的方法。然後從3:00到
4:30，我們出去學習閱讀地圖，從4:30開始，我們自習和休
息。這是一周五天的時間表。晚上，我們觀看關於間諜活
動的學習電影。周六是一個特殊的日子，我們從早上5:30
到11:30練習收聽無線電報〔解碼〕，然後，午飯後，我們被
帶到外面射擊，直到下午5點。我們被教導使用大約12種
不同的手槍和步槍，以及幾種大大小小的機槍，有時還使
用俄羅斯和中國步槍……我們研究了如何建立秘密組織和
如何建立秘密空投區。[27]

所有的康巴人都有射擊步槍和手槍的經驗，所以武器練習對他
們來說不成問題。然而學習使用無線通訊設備是另一回事，因為他
們必須加密和解密電報。事實證明，這是一個主要障礙。

　　中情局對他們進行了RS 1電晶體無線電發射器和接收器的培訓。RS 1電晶體無線電發射器和接收器被設計成間諜用無線設備，並且是模組化的，因此接收器、發射器和手搖發電機可以分開處理，並作為較小的包裝隱藏起來。[28]阿塔描述該裝置很重，難以操作和攜帶：

答：〔機器〕很大……發送單元大約有30厘米長，接收單元有這麼長。我想大概是10厘米×15厘米或者更大。然後有一臺曾在二戰中用過的發電機。我們必須轉動手柄才能讓它發電。

問：所以你們需要兩個人，對嗎？

答：即使你有兩個人，你仍然不能〔發電報〕。例如，如果我在發電報，另一個人搖一會發電機就累了，所以我們〔後來〕打電話給我搭檔的弟弟，讓他〔從拉薩〕來搖發電機。我們實際上需要三個人。我們有一個太陽能電池，但是它不能正常工作，後來壞掉了，所以我們就把它扔掉了。我們使用的設備……可以向全世界發送無線電報……發送器和接收器可以由一個人攜帶（大約九公斤），發電機由另一個人攜帶，但是發電機非常重，一個人幾乎揹不動。然後我們還必須攜帶槍枝和食物……

問：當你們收電報時，你需要發電機嗎？

答：是的，我們幹甚麼都需要它。

問：你們怎麼知道他們甚麼時候會給你發信息？

答：為了接收電報，每天都有確定的時間和頻率。美國保持頻率開放，所以很容易發送。你必須設置接收機的頻率。我會看看時間表。

問：通常，你們會在白天還是晚上發送無線電報？

答：我們白天和晚上都發送。我也可以告訴他們一個具體的時間，例如，我將在某個時刻給你發送一些信息。這取決於

我，因為我在西藏，幹這事既危險又困難。在美國〔這裏〕
他們可以讓接收器24小時都開着，但是我們必須把〔設備〕
搬到一個沒有人的地方，然後發送無線電報。發完以後我
們得把設備藏在某個地方。

問：既然這都是秘密，你們是如何攜帶設備的？

答：我們用傳統的藏族木製〔框架〕揹着它，藏族朝聖者用這種
木架來揹貨物。[29]

　　阿塔和洛次帶了兩套完整的無線設備，但是這種設備又大又
重，他們揹不動這些設備和發電機，所以他們的計劃是迅速把一套
設備埋起來，然後試着買一匹馬或驢子來搬運另一套。然而，這不
是他們最大的問題。更關鍵、更成問題的是學習如何加密、解密和
傳輸電報。

　　令人驚訝的是，西藏官員至少從1949年開始就在印度和拉薩之
間的電報通訊中使用加密技術。他們的加密系統使用了電碼本，這
些電碼本是按字母順序排序的藏語音節的迷你字典。圖2是1949年
電碼本的第一頁。[30]它總共有63頁，每頁包含100個藏語音節，這
些音節以10乘10的行和列排列，所以電碼本包含6,300個書面藏語
條目。在每個條目（音節）下面，是一個唯一的四位數，從1開始。
因此，第一個藏語音節下的數字是0001，隨後的每個音節都以數位
順序增加，直到6300。

　　與藏語音節相關的數位被用來組成信息。例如，如果想要發送
由圖2碼本中的前五個音節組成的消息，那麼應該發送的消息是：
0001，0002，0003，0004，0005。另一方面，消息的接收者會在他
們的電碼本副本中查找這些數字，找到相關的藏語音節，並將其翻
譯成英語。中情局在西藏項目中使用的電碼本還沒有公開，但它似
乎是1949年密碼本的一個版本，通過在發送前轉換四位數來增強保
密性。[31]

ཤོག་ ༡

ཀ་ ༠༠༠༡	ཀཱ་ ༠༠༠༢	ཀྭ་ ༠༠༠༣	ཀག་ ༠༠༠༤	ཀང་ ༠༠༠༥	ཀད་ ༠༠༠༦	ཀན་ ༠༠༠༧	ཀབ་ ༠༠༠༨	ཀམ་ ༠༠༠༩	ཀར་ ༠༠༡༠
ཀས་ ༠༠༡༡	ཀའི་ ༠༠༡༢	ཀའོ་ ༠༠༡༣	ཀི་ ༠༠༡༤	ཀིང་ ༠༠༡༥	ཀིན་ ༠༠༡༦	ཀིབ་ ༠༠༡༧	ཀིམ་ ༠༠༡༨	ཀིར་ ༠༠༡༩	ཀིལ་ ༠༠༢༠
ཀིས་ ༠༠༢༡	ཀིའི་ ༠༠༢༢	ཀུ་ ༠༠༢༣	ཀུག་ ༠༠༢༤	ཀུང་ ༠༠༢༥	ཀུན་ ༠༠༢༦	ཀུམ་ ༠༠༢༧	ཀུར་ ༠༠༢༨	ཀུལ་ ༠༠༢༩	ཀུས་ ༠༠༣༠
ཀེ་ ༠༠༣༡	ཀཻ་ ༠༠༣༢	ཀེག་ ༠༠༣༣	ཀེང་ ༠༠༣༤	ཀེབ་ ༠༠༣༥	ཀེམ་ ༠༠༣༦	ཀེའི་ ༠༠༣༧	ཀེར་ ༠༠༣༨	ཀེའུ་ ༠༠༣༩	ཀོ་ ༠༠༤༠
ཀོག་ ༠༠༤༡	ཀོང་ ༠༠༤༢	ཀོན་ ༠༠༤༣	ཀོབ་ ༠༠༤༤	ཀོམ་ ༠༠༤༥	ཀོའི་ ༠༠༤༦	ཀོར་ ༠༠༤༧	ཀོའོ་ ༠༠༤༨	ཀྱ་ ༠༠༤༩	ཀྱག་ ༠༠༥༠
ཀྱང་ ༠༠༥༡	ཀྱར་ ༠༠༥༢	ཀྱལ་ ༠༠༥༣	ཀྱི་ ༠༠༥༤	ཀྱིག་ ༠༠༥༥	ཀྱིང་ ༠༠༥༦	ཀྱིན་ ༠༠༥༧	ཀྱིས་ ༠༠༥༨	ཀྱུ་ ༠༠༥༩	ཀྱུའི་ ༠༠༦༠
ཀྱུར་ ༠༠༦༡	ཀྱུས་ ༠༠༦༢	ཀྱེ་ ༠༠༦༣	ཀྱེའི་ ༠༠༦༤	ཀྱོ་ ༠༠༦༥	ཀྱོག་ ༠༠༦༦	ཀྱོང་ ༠༠༦༧	ཀྱོམ་ ༠༠༦༨	ཀྱོར་ ༠༠༦༩	ཀྲ་ ༠༠༧༠
ཀྲག་ ༠༠༧༡	ཀྲང་ ༠༠༧༢	ཀྲན་ ༠༠༧༣	ཀྲབ་ ༠༠༧༤	ཀྲམ་ ༠༠༧༥	ཀྲི་ ༠༠༧༦	ཀྲིག་ ༠༠༧༧	ཀྲིང་ ༠༠༧༨	ཀྲིན་ ༠༠༧༩	ཀྲུ་ ༠༠༨༠
ཀྲུམ་ ༠༠༨༡	ཀྲུམས་ ༠༠༨༢	ཀྲུའུ་ ༠༠༨༣	ཀྲེ་ ༠༠༨༤	ཀྲོ་ ༠༠༨༥	ཀྲོག་ ༠༠༨༦	ཀྲོང་ ༠༠༨༧	ཀྲོན་ ༠༠༨༨	ཀྲོབ་ ༠༠༨༩	ཀྲོམ་ ༠༠༩༠
ཀྲོར་ ༠༠༩༡	ཀླ་ ༠༠༩༢	ཀླག་ ༠༠༩༣	ཀླང་ ༠༠༩༤	ཀླད་ ༠༠༩༥	ཀླན་ ༠༠༩༦	ཀླམ་ ༠༠༩༧	ཀླར་ ༠༠༩༨	ཀླས་ ༠༠༩༩	ཀླིང་ ༠༡༠༠

圖2　電報編碼本(རླུང་འཕྲིན་གཏོང་དེབ་ཤེས་བྱ་ཀུན་ཁྱབ་དགེ)第一頁，木版印刷，1949年。

然而，加密電報對於康巴人來說很難掌握，因為藏語的性質，也因為他們沒有受過良好的教育。阿塔成了最好的發報員，他曾經是個僧人，能讀藏語，但水平不是很高，因為他年輕時學得不多。

藏語書寫系統簡介

藏語字母表有30個字母，是由音節組成的語言，幾乎每個音節都有意義。每個音節都有一個基字，在這個基字周圍最多可以有六個其他的字母，它們是前加字、下加字、後加字、上加字(在基字的

上方) 和再後加字 (譯註：第6個是元音字母)。用藏語來編碼消息的問題是這些其他的「非基字」字母不是按順序發音的。例如，發音為 drub (「獲取」或「獲得」) 的動詞在所有六個可能的位置中都包含字母，實際上拼寫為ব্য্বৃ〔bsgrubs 〕；在這個單詞中，字母ག是基字，字母བ是前加字字母，而第一個ས是上加字，字母ར是下加字。字母ུ是下加的元音，第二個བ是後加字，而第二個ས是再後加字。因此，藏語單詞的發音拼寫與書面語非常不同 (譯註：意思是，如果你會藏語發音不一定知道書面拼寫)，為了能夠使用編碼字典，康巴人必須知道 (1) 口語單詞drub被拼寫為ব্য্বৃ，(2) 它會在字母ག (ga) 而不是ད (da) 下的碼本 (字典) 中找。

要學習如何拼寫藏語單詞，必須知道哪些字母可以加後加字或前加字的規則。一本名叫《三十頌善説樹王論》(সুম་ཚུ་པ་ལེགས་བཤད་ལྗོན་པའི་དབང་པོ) 的本土藏語文法書中描述了這些規則，該文法規定：

一、有十個字母可以用作後加字 (རྗེས་འཇུག)：གང་དན་བ་མ་འར་ལས。

二、有五個字母可以用作前加字 (སྔོན་འཇུག)：ག་ད་བ་མ་འ。

三、有三個字母可以用作上加字 (མགོ་ཅན 或 ཚེག་པ)：ར་ལ་ས。

四、有四個字母可以用作下加字 (མྱུ་གཡོག 或 འདོགས་ཅན)：ཡ་ར་ལ་ཝ。

五、書面藏語有四個元音字母 (དབྱངས)：ི、ུ、ེ、ོ。沒有標出元音時，使用元音ཨ。

所有受過教育的藏人都學會了這些規則，因為不知道這些是不可能用語言拼讀出一個單詞的。當藏人學習這個系統時，他們並沒有使用與西方類似的字典，因為最早的藏語「字典」實際上是拼寫輔助工具，既沒有詞彙定義，也沒有有組織的內部字母排序系統。寫這些書的目的是讓使用者記住整本書，而不是把它當作參考書。例如，16世紀著名的藏語詞典《正字法語燈論》(དག་ཡིག་དག་སྒྲོན་གི་ཙ་བ)，由貝康譯師編寫，按照藏語字母表中30個字母每個獨立分節，但每節內部沒有任何基於前加字、上加字、下加字和最後音節的排序。

　　到了18世紀，字母化變得更加複雜，詞彙根據前加字、上加字和後加字的系統被分組到30個基字字母中。例如，所有以ཀ開頭的單詞出現在所有ཁ單詞之前，而ཁ單詞出現在所有ག單詞之前。然而這些小節內部仍然沒有排序，也就是說，在所有以ག開頭的單詞中，像ཀ和ག這樣的音節沒有遵循任何順序。

　　1834年出現的第一部西方風格的藏語詞典是著名匈牙利東方學學者喬瑪（Alexander Csoma de Körös）編纂的，它利用藏語教學系統對上述《三十頌》文法中包含的前加字和上加字按照字母排序。對於字典條目的次序，喬瑪從只有基字字母的單詞開始，然後是按照《三十頌》的ི、ུ、ེ、ོ元音的順序之基字加元音的單詞。然後按照《三十頌》中給出的順序列出由基字加後加字組成的單詞。換句話說，對於藏語基字字母ཀ，所有帶後加字ག的音節（如ཀག）都列在帶後加字ང的音節（如ཀང）之前，然後是ད的音節（如ཀད），然後是ན（如ཀན），མ（如ཀམ），等等。同樣，元音ི的音節在ུ之前，依此類推。

　　直到1946年，西藏本土僧人學者格西曲扎（དགེ་བཤེས་ཆོས་གྲགས）才完成了第一本使用現代字母系統的藏語詞典。該書1949年首次用木雕版印刷，然後在1957年以西方書籍的形式出版，附有漢語註釋。[32]

　　接受訓練的六位年輕的康巴商人，以前沒用過現代詞典，也沒學過藏語文法規則和正確拼寫，所以他們在電碼本中為發音為"drup"的單詞找到正確的拼寫（音節）將會非常困難。因此，幾個月後中情局意識到，除非學員接受藏語拼寫教學，否則他們將無法學習加密。很明顯，當彩仁波切不想這樣做，或者他自己並不精通藏語的這一部分，所以他們找來了格西旺杰，一位在拉薩哲蚌寺學習過的卡爾梅克僧人，並請他教他們文法和拼寫。格西旺杰是卡爾梅克蒙古人，他在1955年移民到美國，為一群卡爾梅克難民（「逃避共產主義」）擔任佛教「上師」，美國政府已將他重新安置在新澤西州。他在那裏擔任一個小型卡爾梅克佛教寺廟的負責人（同時也是蒙古語和藏語老師）。中情局已經計劃讓格西旺杰在美國翻譯他們從西

藏收到的編碼電報，所以現在他們把他帶到塞班島，教康巴人足夠的藏語文法，使他們能夠編碼和解碼電報。[33]

反彈

　　教授藏人發送加密無線電報所需的技能對中情局試點任務的成功至關重要，但對康巴人而言自己的任務卻不是這個。因為中共在四川用飛機攻擊他們，這些康巴青年來到噶倫堡，希望說服臺灣讓他們接受使用現代軍事武器（包括防空武器）的訓練，然後帶着武器和彈藥返回他們在康區的家園，這樣他們就可以與中共作戰。回想起來，這可能看起來有點天真，但當時他們有一種緊迫感。康巴人在理塘和巴塘（他們來自那裏）的戰鬥中失利，需要立即扭轉戰局。事實上，由於這種緊迫感，並不是所有人都贊同出國訓練的想法。康巴叛軍的最高指揮官之一拉珠阿旺在接受採訪時說，1956年末，當他讓自己的兄弟去印度接受訓練時，他的兄弟拒絕了。後者說出國訓練會花費太長時間，所以無論他學到甚麼，即使能幫助理塘都是為時已晚，到那時理塘將會消失；相反，他回到理塘去繼續戰鬥。[34]

　　鑑於這種緊迫感，塞班島的六名康巴學員對於初步培訓感到失望就不足為奇了。他們不僅花了太多時間學習通訊，而且發現訓練的武器是過時的英國李恩菲爾德步槍、老式的斯登衝鋒槍和布倫槍，他們很生氣。這些是他們已經擁有並知道如何使用的武器，致使他們對美國人為甚麼沒有給他們更好、更現代的武器而感到困惑和沮喪。康巴人覺得他們被美國人帶到這麼遠的地方接受暴亂訓練，但卻沒有學到像樣的東西，好讓他們回到理塘時能夠比以前更有效地與共產黨作戰。當然，中情局這樣做是一個試點；給予舊武器的原因是一旦康巴人被派回西藏/康區，如果他們所持的武器落入中共手中，美國也可以確保能夠聲稱與此無關。

　　因此，經過大約一個月的訓練，康巴青年們相互交流了他們的失望情緒，並一起向中情局的教練抱怨，坦率地說他們希望得到更好、更現代的武器訓練。六個人中的洛次在他的自傳中解釋道：

> 開始訓練一個多月後，我們六個人向老師反映了我們的意見（བསམ་འཆར）。我們説，「我們不認為我們受到的訓練能讓我們挑戰漢人。此外，除了無線通訊訓練，〔沒有新東西〕，因為我們很久以前就知道〔給我們的那些槍枝〕如何射擊。以前，我們能夠從漢人那裏繳獲槍枝和大炮，但我們不得不扔掉它們，因為我們不知道如何使用。因此，從現在開始，請給我們訓練如何使用大炮和其他類型的現代武器（འཕྲུལ་ཆས་གསར་པའི་རིགས）。」[35]

　　洛次寫道，老師們説會向政府報告此事，但這一反應並沒有讓其中一個康巴人旺堆滿意，他憤怒地反駁道：

> 當我們從印度來的時候，薩旺欽莫〔嘉樂頓珠〕告訴我們，「如果你們去參加培訓，一個人〔以後〕就能夠應付3,000名漢人。」現在，在到達這裏之後，如果我們就接受這些訓練，我們認為我們將不能比過去更能對付敵人。因此，從現在開始，我不再學習〔非軍事課目〕。老師回答，「你説得對。我們確實有訓練科目，可以讓一個人對抗2,000人，但是我們沒有協議〔許可〕現在就教你，你也沒有這個能力學習。但是，如果你能夠學好正在學習的無線通訊，你將能通過無線設備向我們發回有關情況的信息，我們將逐漸能夠改善這種情況。」
>
> 　　旺堆對這個回答不滿意，他説：「如果你現在只能教我們這麼多，那麼我們就不打算學習了，因為我們清楚地知道這種訓練不會讓我們能夠挑戰漢人。」〔旺堆接着對其他五個康巴人説：〕「你們自己〔決定〕你是否要〔繼續〕學習，

至於我，請送我回印度。」其他〔康巴〕人表達了不同的觀點
/批評，最後，我，洛次說，「至於我自己，我要學習任何
教給我的東西。正如老師們所說，在向華盛頓彙報後，我
將接受任何新的培訓。這次〔訓練〕是我們的主要職責。我
們六個人被派到這裏接受培訓，薩旺欽莫〔嘉樂頓珠〕也有
許多廣泛的計劃。此外，我認為其他藏人會根據情況被派
去接受不同的訓練。根據這些因素，你，旺堆，必須留下
來學習所教的東西。」旺堆沒有對此作出任何直接回應，只
是說，「我根本不打算學習〔這個〕。」當他這麼說的時候，
他的僕人卻布魯〔也是六個人之一〕說他跟着旺堆。剩下
的四個人——我、阿塔、次旺多杰和扎西——願意〔繼續訓
練〕。然後老師們離開了。[36]

姑且假設中情局教練就此聯繫了蘭利，但他們選擇對此事含糊
其辭，中情局也沒有公開任何關於塞班島訓練項目的文件。然而，
洛次說，中情局教練決定，如果旺堆和卻布魯不想繼續訓練，他們
不必繼續，但是由於明顯的安全原因，不能讓他們返回印度，中
情局決定在剩餘的訓練期間扣押他們。洛次解釋了他們被扣押的
原因：

大約一個小時後，主任教員開着吉普車過來，開始帶旺堆
和卻布魯離開。我們四個請他停止這樣做。我們說，「我們
一起來的，所以請讓我們作為一個群體待在一起。」然而，
老師拒絕了，旺堆和卻布魯被帶走。這時他們告訴我們四
個人，「別擔心。我們不會虐待他們。如果在你們離開之前
把他們送回〔印度〕，會有一些負面的後果，但我們遲早會
把他們送回來。」[37]

因此，根據洛次的說法，中情局「扣押了」旺堆和卻布魯，另外
四個人直到幾個月後塞班島的訓練結束才再次見到他們。[38]

　　當時與藏人一起工作的中情局官員忽略、淡化或否認有關這宗迷你反叛的記錄。例如在關於中情局和西藏的書中，康博伊和莫里森只在一個註腳中提到了這一點，註腳中寫道：「當代西藏流亡群體中有種説法，旺堆在塞班島反叛，結果被中情局工作人員隔離起來。〔教練之一〕穆斯塔科斯（Mustakos）否認有這樣的紀律問題：『我們的大院裏只有三棟小樓。即使我們願意，我們也不可能隔離任何人；根本沒有空房間。（穆斯塔科斯，採訪）。』」[39]然而，康博伊和莫里森也引述穆斯塔科斯的話，明確評論了他們在接受何種武器訓練方面的分歧：

> 穆斯塔科斯回憶道：「他們關於應該空投武器的想法開始變得過分了，他們每個朋友都應該得到機關槍，他們説，再加上『炮兵連就好了。』六名康巴人中的旺堆——美國人稱他為『沃爾特』——帶頭要求更先進的武器……他開始抱怨他想用更大的槍械訓練，而不是在發報機上浪費時間。」
>
> 　　對中情局來説，這是一個兩難的選擇。沃爾特對更強、更現代化的火力的要求，與中情局對熟練的諜報特工的需求相衝突——中情局並不急於進攻。[40]

　　塞班島的另一名中情局教練羅杰・麥卡錫（Roger McCarthy）寫到這一小組和後來的訓練小組，他說，「從來沒有一個受訓者在任何時候引發任何嚴重問題。」[41]當然，這對他來説似乎不是一個嚴重的問題，因為最後這兩個人與另外四個人團聚，其後與他們一起從沖繩飛往東巴基斯坦。然而，證據支持藏人的説法。例如，肯・克瑙斯（另一位在1959年後與藏人共事的中情局官員）在最近的一本書的註腳中指出，「瘦子」〔羅杰・麥卡錫〕後來在1959年後於印度大吉嶺聽取彙報時與旺堆發生了爭執。當時旺堆批評中情局沒有向康區的戰士提供任何武器，瘦子反駁，告訴旺堆，這是因為他和他的僕人拒絕學習如何使用無線通訊。克瑙斯引用了「瘦子」的話，寫道：

瘦子……提醒沃爾特〔旺堆〕……他拒絕接受無線電訓練，並說服團隊的另一名成員拒絕接受訓練。因此，當他們小組裏唯一的無線電發報員被殺後，他們失去了提供必要的詳細信息的唯一手段，無法要求〔在理塘〕空投武器。沃爾特反駁說，如果他報告到位後馬上空投武器，而不用等到適當空投點的詳細位置報告後進行，他和他的部隊就會找到武器，並使用它們來擊退中國人。[42]

　阿塔的自傳和採訪沒有明確敍述此事。他只提到旺堆和卻布魯沒有學會編碼或解碼電報，所以他們無法發送任何電報，儘管他說他們確實學會了游擊戰。[43]然而，阿塔對武器的訓練和品質也不滿意，但是，像洛次一樣，他更接受中情局這樣做的原因。

當然，我們可以說他們〔美國人〕在利用我們，但他們出於某種原因在幫助我們，對嗎？在當今世界，如果一個人沒有食物吃，他們說「可憐的東西」並給他救濟〔食物〕，那是一回事。但是在政治上，沒有人會不考慮自己的利益就幫助別人。所以從這個角度思考……我們有時意見不一……我們對美國的訓練不滿意。我們說過我們不需要學習如何用這些爛槍射擊；在我們從西藏來之前，我們就知道如何使用這些槍枝。……因此，如果從對我們的願望有利的角度來看，我們並不滿意，因為當我們告訴他們，我們需要立即〔提供高品質的現代武器並對其使用進行培訓時〕，他們會說，「必須根據情況來做。」例如，如果我們現在的工作〔沒有完成好〕，那麼他們〔中情局〕以後就不能在其他事情上〔幫助我們〕。他們告訴我們，他們需要的是漢人在做甚麼，漢人要去哪裏等信息……如果我們不告訴他們，我想他們不會幫助我們……因此，除非他們能夠考察我們〔藏人〕能做甚麼，他們不會立即支持我們。他們需要看看我們能夠做甚麼。[44]

　　1958年後葉，當旺堆在山南的四水六崗指揮部會見阿塔和洛次，並告訴對方他想去印度時，兩人建議他在印度見到中情局時不要再和他們爭吵。

> 阿塔和我打電話給旺堆，告訴他，我們會給他所需的西藏貨幣和印度貨幣，以支付他的費用，然後我們建議他，「如果你去印度，你必須向〔中情局〕的老師和領導詳細報告所有的信息。此外，你不要為〔已經發生的事情感到遺憾〕，不要為先前發生的事情爭論，你必須認真地談論今後應該做的工作，這樣我們就不會在工作中犯錯誤。這非常重要。」[45]

　　衝突發生時，貢布扎西從拉薩通過嘉樂頓珠給受訓人員寄了一封信，這也表明塞班島發生了嚴重爭端。信上沒說甚麼，只是告訴他們要專注於自己的目標，好好訓練。然而，它也提到拉薩正在取得進展——即正在組織一個名為「四水六崗」的真正的康巴叛亂組織，並正在開展其他活動，例如為達賴喇嘛舉行祈壽儀式，邀請達賴喇嘛進行時輪法會啟動講法，以及為達賴喇嘛建造和提供黃金寶座。[46]這封信沒有日期，但是從1957年5月20日四水六崗正式成立，到1957年7月金寶座被供奉給達賴喇嘛等時間節點看來，這封信很可能是在6月寫的，大概就是洛次指出這一事件發生的時間。

　　然而，這封信在文化上是奇怪的，因為藏人傳統上不會發送私人信件詢問事情進展如何，並告訴回答者他們在做甚麼。因此，貢布扎西不可能無緣無故地給這些康巴青年們寫一封沒有任何特殊內容的信，所以我懷疑他的信是為了平息受訓者的憤怒。嘉樂頓珠在印度，他與中情局有着密切的聯繫，所以肯定知道這個問題，並且可能已經決定讓他們的領導人貢布扎西給他們寫封信，告訴他們好好學習。當然，嘉樂頓珠也知道，如果想讓華盛頓繼續支持他在印度的行動，並最終支持西藏的叛亂，試點項目必須取得成功。

　　事件發生後，對其他四名康巴人的訓練仍在繼續，但事件表明中情局和康巴人的利益和目標從一開始就嚴重脫節。華盛頓對其在康巴叛亂方面所做的事情的看法與康巴人的期望相去甚遠。[47]如上所述，康巴青年看到己方正與解放軍在理塘進行血腥戰鬥，因此需要更先進的現代自動武器、炸藥、機關槍、迫擊炮等，並需要如何使用它們的培訓。當然，他們也迫切需要可靠和穩定的武器和彈藥供應來源。儘管嘉樂頓珠對他們作出了誇張的承諾，但很快就變得很明顯，培訓的主要內容是通訊，這對第一批中情局西藏學員來說不受歡迎，令人驚詫而且失望。

　　然而，這一事件顯然促使中情局決定，給他們更多想要的東西來安撫剩下的四個人，正如洛次所說：

> 然後我們四個人繼續學習，三個月後我們接受了良好的無線培訓……除此之外，在我們熱切的要求下，他們給我們提供了一些新的培訓，我們接受了使用炸彈的培訓，以及如何摧毀房屋、橋樑、車輛、機場、火車、儲油罐等的培訓。有許多不同種類的炸彈……手榴彈和定時炸彈。他們教我們如何使用它們，把它們裝在炮彈上。我們還被教導如何使用大炮和機槍。我們接受了如何在到達西藏後與那裏的人民建立關係的培訓，如果我們被漢人追捕，我們接受了徒手搏鬥殺敵自救的培訓，我們還接受了如何創建組織的培訓。他們又訓練了我們一個月，所以總訓練時間變成了四個月。我們還接受了醫療和跳傘訓練，這些都進行得很好。[48]

阿塔對此也發表了評論，他說：

> 我們還被教導如何使用各種炸藥摧毀房屋、坦克、機場、鐵路和汽油儲存設施等目標。[49]

　　然後，大約在到達後五個月，是時候讓康巴人回到西藏，並嘗試使用他們新學到的技能了。[50]

回到東巴和西藏

在這一時刻，當美國訓練主任和當彩仁波切（他的翻譯）告知阿塔，他和另一個康巴人將被送往衛藏（拉薩），而另外四個將被送往四川理塘時，另一個重大分歧浮出水面。阿塔聽到這個消息很震驚，斷然拒絕。他解釋了自己的反應：

> 我〔說過我〕不會去拉薩。我從未想過去拉薩……我不認識任何西藏政府官員〔སྐུ་དྲག，音譯古扎，意為貴族〕或者士兵，因為其中一些人是親漢的，他們會像對待阿樂群則那樣把我們交給漢人……[51] 從一開始我們就想去康區。我們要在衛藏幹甚麼？我們從未想到要在那裏戰鬥。我們真的不想去那裏，因為我們認為它不會有任何成就。我們確信，有了〔新式〕武器，我們就能在康區作戰。我們從一開始就說我們要在康區戰鬥。我們的家鄉在與共產黨打仗，他們〔叛軍〕沒有武器，所以我們需要〔為他們弄到〕武器。這就是我們的目標……所以〔我說〕請不要送我去那裏。我／想去康區，我的家人在那裏，我所在地區的〔理塘人民〕一直在和漢人打仗。[52]

當然，這對美國人來說是一個嚴重的問題，因為培訓項目的主要目標之一是培養能夠與達賴喇嘛和西藏政府直接接觸的藏人，以便掌握第一手信息，確定他們的需求和計劃。若要計劃更多的事情，這是絕對必要的，因為國務院堅持說，如果沒有達賴喇嘛／西藏政府的要求，它不會同意向康巴人提供武器。中情局在塞班島的主要教練羅杰·麥卡錫就此寫道，「在最終批准中情局第一批空降物資之前，中情局要求，『西藏政府』，即達賴喇嘛，首先需要請求美國的援助。」[53] 由於阿塔最擅長於加密和無線通訊，如果他不去拉薩，整個行動都會受到影響，事實上理塘小組就發生了這種情況，理塘失去了更好的無線發報員，無法與蘭利充分通訊。

因此，説服阿塔去拉薩是當務之急，當彩仁波切首次向他解釋，他們有一個更大的計劃，不僅僅包括在理塘和康區的戰鬥，想以此讓阿塔同意。當彩告訴阿塔，只有整個藏區的全面起義才能把漢人趕出去，而這只有在美國的支持下才是可行的。美國提供這種援助，需要得到達賴喇嘛及其政府的請求。當彩仁波切如此回答阿塔：

> 請不要説那樣的話。你擅長發送無線通訊，你是能夠接收最多電報的人，我們需要最好的無線發報員去西藏，因為如果那裏的通訊出了問題，〔將很難發送援助〕……僅僅在康區做點甚麼是沒有用的。恩珠倉正在拉薩組建一個組織，〔西藏〕政府也將採取措施。西藏政府官員有一個反對中國的計劃，所以你必須能夠馬上把這些信息發回來……如果沒有西藏政府和其他力量〔加入抵抗運動，並使這成為整個西藏和康區的統一行動〕，那是行不通的。僅僅〔在康區〕作戰，尤其是在理塘的作戰，是沒有任何用處的。因此，你必須去西藏。[54]

阿塔的反應表明，貢布扎西一定是在阿塔離開拉薩後被説服在西藏作戰的，因為阿塔從未聽説過這樣的事情。去衛藏顯然不是這些康巴青年去噶倫堡尋求外部援助時的想法；他們去那裏是為了幫助他們自己和同胞們在理塘和周圍的康巴地區打敗解放軍，這正是在嘉樂頓珠干預之前臺灣向他們提供的。將起義擴大到西藏地域不是他們在考慮或感興趣的事情。

另一方面，達賴喇嘛的哥哥們和哲堪孜松，以及達賴喇嘛的親密顧問帕拉此前已經產生了這種更廣泛的觀點。正如第2章所提到的，錫金王儲1956年給美國駐加爾各答總領事的信中特別提到需要武器，以便四川的起義能夠蔓延到整個西藏。

當彩的評論還暗示，肯定是當彩和他的弟弟嘉樂頓珠錯誤地告訴美國，達賴喇嘛和西藏政府致力於打擊中國。

　　然而，阿塔太生氣了，無法考慮更大範圍的泛西藏叛亂戰略的優點，他只是向當彩仁波切重申，「對不起，我不能去。從一開始，我來這裏是為了我的家鄉〔理塘〕，所以現在我想回到我的家鄉。我不去拉薩。一半的西藏政府官員轉向漢人，一半轉向我們，但我們不知道誰好誰壞，因為我們是些粗野的鄉下人，〔對拉薩文化的更大問題和細微差別一無所知；〕我們不是上層人物。」[55]

　　這種對拉薩的消極態度並不奇怪，因為像阿塔這樣的康巴人瞧不起並且不信任拉薩政府上層和衛藏人。同樣，西藏政府官員認為康巴人愚蠢、粗魯、魯莽。例如在西藏於1951年併入中華人民共和國之前，駐紮在昌都的西藏官員曾說，「康巴人的耳朵長在他們的屁股上」，這意味着他們只有在被鞭打後才能理解事情。[56]

　　此外，這時四川的康巴人並不認為自己是一個更大的西藏民族的一部分，這個民族的首都是拉薩，政府是拉薩政府。事實上，目前用於西藏和藏人的術語——「博」和「博巴」——在那個時候的用法不同。真正認為自己是博巴的只有拉薩周圍雅魯藏布江以北地區的藏人，這個地區被稱為衛。因此，如果你問康巴人他是不是博巴，他會說不，我是康巴人。[57]所以對阿塔來說，西藏不是他的國家，達賴喇嘛的政府也不是他的政府，儘管達賴喇嘛是他的喇嘛（上師），也是所有藏人的喇嘛（上師）。

　　美國人當然希望聖馬戲團計劃成功，並正確理解阿塔給了他們最好的機會，所以他們繼續試圖改變他的想法。阿塔說，當他們繼續向他施壓時，他考慮了一下，最後問當彩仁波切他在拉薩應該做甚麼。當彩這麼告訴他：

> 你知道貢布扎西和四水六崗已經成立了一個組織，他們正
> 在盡最大努力，這些天這個組織越來越好。所以你們兩個
> 需要去那裏盡最大努力。做好你們的情報工作，聯繫貢布
> 扎西，他將處理與西藏政府的所有關係。你們兩個必須盡

自己的一份力量，貢布扎西也將盡他自己的一份力量。所
以你們兩個只用見大管家帕拉和貢布扎西。你不必見其他
任何人〔其他官員，或者古扎〕。[58]

這些來自達賴喇嘛哥哥的論點和事實給了阿塔壓力，最終削弱
了他的反對意見。

〔那時〕我想如果事情可以這樣做，我們只需要見見貢布扎
西，然後他會為我們聯繫帕拉，也許這樣就可以了。所以
我告訴他，我會考慮的。他說，「你必須盡快決定，因為離
開的時間快到了……我們需要做好準備。」他讓我明天再
來。[59]

那天晚上，阿塔仔細考慮了當彩的評論，認為美國人和當彩仁
波切說的有道理。他解釋道：

他說的話讓我思考，這似乎是對的。如果我們不在所有地
方〔反對漢人〕，如果我們只是像理塘那樣繼續打游擊戰
爭，那麼即使我們〔從美國〕得到了武器，我們也無法〔打
敗漢人〕……那時……他問我想帶誰一起去。我回答說，
「你派誰去並不重要，但是那個人必須身體健康，因為如果
我們中的一個生病了，如果另一個不健康，那就很難了。」
所以當彩告訴我，「基於無線通訊能力，你是最好的，其次
是巴巴・江熱扎西，所以你們兩個主要完成通訊任務……
既然你和洛次相處得很好，甚至住在同一個宿舍，你為甚
麼不帶上洛次。然後巴巴・江熱扎西可以和〔懂漢語的〕次
旺多杰一起去理塘……請接受這個計劃。」我告訴他，我會
和洛次討論這個。[60]

實際上，阿塔不僅和洛次討論過這個問題，而且和其他人也討
論過，他解釋道：

所以我們〔學員〕會面並討論了他們所説的，討論我們該怎
麼辦。有人告訴我們，我們甚至不允許相互討論每個人要
去哪裏，但我們説了……因為我們帶着同樣的目標來到這
裏，並且互相信任。最後，我們決定分成兩個小組；一個
小組〔阿塔和洛次〕往上〔到衛藏〕，另一個小組往下〔到四
川理塘〕。[61]

解決了這個問題後，教練問他們更喜歡走陸路還是坐飛機返回
西藏，他們選擇跳傘，因為步行太慢，也太危險。因此，最後一段
降落傘訓練是在沖繩的美國嘉手納空軍基地進行的，那裏的地理條
件沒有那麼多岩石，因此更適合降落傘訓練。此時，他們與旺堆和
卻布魯再次會合，不清楚其間的幾個月他們在哪裏。

六名康巴人開始練習從平臺和塔上跳下，然後從飛機上進行了
多次跳傘，有的在白天，有的在晚上。雖然他們在離開西藏之前從
來沒有這樣跳過傘，甚至沒有聽説過，但他們熱愛這部分訓練，並
以無畏的跳傘態度在中情局裏聞名。[62]阿塔在一次採訪中解釋了他
對跳傘的感受，説他們都為這樣做感到驕傲和激動。儘管他們對歷
史和政治所知不多，甚至不確定他們在哪裏，但他們明白藏人必須
了解和獲得比他們現在使用的更現代、更致命的武器和設備，從地
面上數千米高空跳傘正是他們想向美國人學習的那種新的現代技能
的象徵。阿塔解釋：

我們覺得我們想做一些以前從未做過的事情。對我們來
説，這就像把人類送上月球，這是前所未有的。那時，藏
人從未在任何地方跳傘，所以這樣做是某種偉大的現代事
物，對嗎？所以我們很高興被空降。所以當我們被問到，
「你們想走路回去〔西藏〕，還是想讓我們把你們空投到西
藏？」我們説，「請安排空投。如果你不給我們降落傘，我
們將不得不帶着無線設備穿過邊境，這個距離太遠了。從

噶倫堡步行到理塘需要三到四個月的時間，在路上有被漢人殺死的危險，那樣我們就沒用了。」我們的教練讓我們在某個文件上簽上我們的名字，之後，我們開始了降落傘訓練……我們在那裏進行了七次跳傘練習……[63] 我們還在空中唱歌。對我們來說，那真是一段快樂的時光。我們一點也不害怕……[64] 訓練結束後，我們是第一批進入西藏的人。

訓練結束後，我們每個人都得到了一整套藏式服裝（楚巴），一隻帶把手的小鋁鍋，一個可以裝一杯茶的保溫壺，他們給了我們每個人兩隻麵包。然後，我們被帶到軍營，並得到一個日本製造的無線收發機，一隻計時器〔དུས་ཚོད་འཛིན་བྱེད།〕、一本日曆、一本藏語/英語無線密碼本、紐約製作的12幅西藏地圖和一條毛毯……我們每個人還得到一支叫做卡納塔（kanathar）的手槍、一挺小型衝鋒槍、兩枚手榴彈、1,000多發子彈、100多塊藏幣和100塊中國銀元。[65]

當我們準備出發的時候，我們把衝鋒槍掛在胸前，腰上別好子彈。我們把手榴彈裝在包裹，揹着地圖和毯子。我們的準備工作做得很好。然後教練詳細檢查了我們，說我們可以走了。

我們決定一周後出發。第二天，他們帶我們去射擊場，因為我們喜歡開槍。然而，當我們練習打靶時，次旺多杰的槍不小心走火了，射中了他的腳。他被送往醫院接受治療，雖然情況不太嚴重，但當天晚上他就回來了，我們的教練說他會和我們一起回到巴基斯坦，但如果他不能及時康復，我們那時再決定該怎麼辦。[66]

1957年9月底或10月初，康巴人從沖繩飛往東巴基斯坦達卡城外的庫米托拉（Kurmitola）機場，在那裏制定了將他們空投到西藏和理塘的最後計劃。庫米托拉是一個曾在二戰中使用過的機場，但此時已經長滿了雜草和植物，該機場正由大約五、六百名美國士兵專

門為康巴行動進行翻修。由於沒有電，阿塔回憶説，當飛機起飛或降落時，必須點火——點燃幾罐煤油。[67]

　　中情局秘密行動的空運部分代號為聖巴納姆（ST BARNUM），使用中情局空軍在臺灣的一架B-17飛機。它被漆成黑色，所有的機槍和國家標誌都被移除了。這架飛機是由波蘭移民機組人員駕駛的，萬一飛機落入中國人手中，美國希望能夠完全否認。[68]

　　他們沒有好的西藏地圖，所以其中一名教練解釋説他們進行目視飛行。「我們僅有的地圖是舊的英國地圖，河流和河岸沒有太大變化，所幸效果不錯。」[69]正因為如此，飛行必須在滿月前後進行，那時可以看到大的地理標誌，用於導航，所以實際上每個月只有大約一周的時間可以空投。

　　最終，中情局準備好在1957年10月的滿月期間將其新訓練的學員空降回西藏和理塘。這些康巴學員的故事將在第4章中討論。

第4章

中情局、帕拉和四水六崗

　　中情局的西藏項目進入了下一個階段，中情局訓練的康巴人在藏曆8月（1957年10月8日）的滿月之夜被空運到西藏。[1]該計劃需要把阿塔和洛次空降到著名的桑耶寺附近的雅魯藏布江岸邊，之後他們的B-17將繼續向東飛往理塘，投下其他三個康巴人（旺堆、卻布魯和江熱扎西）。[2]然而，那天晚上天公不作美，他們只能留在飛機上回到東巴。接下來的四天天氣預報仍然很糟糕，但是在10月13日，也就是當月滿月的機會窗口的最後一天，B-17又和康巴人一起出發了。阿塔對這個日期很確定，因為這正是他開始最初訓練的同一天，他還記得和康巴同伴們開玩笑時説到這個巧合。[3]

　　在這次嘗試中，衛藏天空晴朗無雲，所以阿塔、洛次和他們的裝備在衛藏的中心地帶成功着陸。然而，當B-17號飛往理塘時，又遇到了惡劣天氣，飛機返回巴基斯坦，康巴人不得不等到11月的滿月時再試一次。從某種意義上來説，這種拖延實際上是有益的，因為這使受傷的次旺多杰有更多時間康復，當他們於11月初再次嘗試時，其餘的四名康巴受訓人員全部飛往理塘。然而，厄運繼續困擾着第二小組，由於該組最好的無線發報員巴巴·江熱扎西不能適應高空缺氧，因此無法與其他三人一起跳傘，不得不回到東巴基斯坦。第二個小組的任務是與在理塘戰鬥的叛亂分子取得聯繫，為叛亂分子安排空投武器，同時報告那裏的詳細情況。給他們的指示

是，不要控制現有的叛亂團體或組織自己的叛亂部隊，而是要充當支持和培訓人員。中情局想幫助現有的藏人叛亂武裝，而不是建立自己的反叛力量。[4]

然而，正如阿塔解釋的那樣，他們的任務並不成功，

> 加多‧旺堆和其他去康區的人沒能做好本職工作。他們見到了一群理塘叛亂分子，但戰鬥已經在那裏開始，所以他們需要立即安排空投武器彈藥。然而，他們通信聯絡一直不夠暢通，無法建立空投區。正如我之前提到的，他們中的兩個人，旺堆和他的僕人，拒絕學習無線通訊……這使得只有一個人能夠發送電報，他不知道如何做好。

> 此外，在請求空投之前，有許多事情必須準備好，但他們做不到。例如他們必須確認飛機飛過一個特定的區域是否有任何問題。例如附近的漢人有多遠，武器有沒有可能落入他們手中。所以地面必須給出所有這些詳細信號，否則無法進行空投。空投區必須是一個非常安全和隱蔽的地方。所有這些都必須準備好。必須說這是第一個〔地點〕，然後這是第二個〔備選地點〕，然後是第三個，你必須指出附近是否有雷達，或者是否有士兵在追你。所有這些都必須指明。然而，由於與他們有聯繫的理塘叛亂分子已經在與漢人作戰，他們不得不頻繁轉移，沒有安全的避難所來確保安全空降。所以我認為他們不能給出適當的通訊信號和空投區信息，於是美國人沒有向他們空投任何東西。[5]

這一事件表明，中情局完全通過空投來武裝和補給西藏的大規模叛亂是多麼困難，尤其是在每月只有幾天窗口期才能空投物資的情況下。[6]

最終，在空降的三名康巴人中，次旺多杰和布魯（譯註：即卻布魯）在理塘被殺，而第三名康巴人旺堆設法從陸路逃脫，於1958年秋天抵達位於山南的四水六崗，在那裏他與阿塔和洛次小組再次會

合。第四名康巴人江熱扎西走陸路從噶倫堡出發，於1958年抵達理塘，但他也在那裏被殺。[7]結果，聖馬戲團試點項目的理塘部分徹底失敗，直到達賴喇嘛逃往印度時，沒有一支槍被空投到理塘或康區的叛亂分子手中。理塘的四水六崗高級指揮官拉珠阿旺悲傷地回憶道，「當時，他們沒有拿到武器。然而，如果他們〔中情局〕能夠空投武器，不管這些武器是否非常有用，會有很多機會殺死漢人。」[8]

相比之下，洛次和阿塔的任務在戰術層面取得了驚人的成功。當時，新成立的四水六崗組織的成員都居住在拉薩，所以西藏沒有真正的叛亂活動，也毋須空投武器。然而，拉薩的任務對中情局至關重要。中情局給艾森豪威爾政府的說法是，叛亂在中國成功的最佳機會是叛亂發生在全部藏區，即西藏和四川。這似乎是可行的，因為如前所述，他們被達賴喇嘛的兩個哥哥當彩仁波切和嘉樂頓珠，以及錫金王儲1956年夏天從拉薩達賴喇嘛的顧問那裏得到的信息所誘導，相信達賴喇嘛及其政府正在制定這樣的計劃。

因此，阿塔和洛次的任務主要目標是會見帕拉/達賴喇嘛，了解他們反對中國的計劃以及他們希望從美國得到甚麼援助。1959年參與西藏項目的中情局官員肯‧克瑙斯寫道，這次任務的目的是「得到達賴喇嘛的背書，認可美國政府對藏區叛亂民眾的武器要求進行積極回應。」他還表示，同時「轉達他們希望得到尊者的祝福，請求美國向其民眾提供武器。」[9]

因此，美國的這一提議為達賴喇嘛提供了一個獨特的機會，與世界上最強大的國家，同時也是中國頭號敵人展開重大合作。美國最終似乎有興趣提供具體的物質支援——槍枝、子彈、物資、金錢等等——來幫助四川正在進行的藏族起義，並將其擴大到西藏。達賴喇嘛在印度逗留期間，非常糾結地評估美國援助即將到來的秘密會談是否真實，如果真實的話，美國作出了甚麼樣的承諾。現在，美國派出了兩名受過秘密訓練的康巴人，向達賴喇嘛傳達美國政府的秘密信息，詢問他想要甚麼，需要美國做些甚麼來對抗中國。

洛次回憶起他們的歷史性任務是如何開始的，

當我們到達西藏的降落地點時，飛行員的助手打開門，紅
燈亮了。我先跳了出來，然後是阿塔。[10]天氣晴朗，從空
中我可以看到〔地面上〕似乎有三個人在跑，所以我想把他
們趕走，拿起〔揹在我胸前的斯登〕衝鋒槍準備〔向他們開
火〕。然而，當我靠近時，我發現那不是別人，而是我們自
己的影子。

　　我們安全着陸，相距約30至40米，阿塔立即來到我
身邊……不久之後，我們聽到一些狗叫聲，聲音似乎向
我們靠近，所以我們覺得沒有時間解開行李繩，只是用刀
割斷它們，拿出無線設備。我們看到附近有一座黑暗的小
山……所以我們把行李和三頂降落傘放在那裏。我們取出
需要的東西，例如兩套無線設備中的一套，五支手槍、步
槍以及相當多的子彈，然後我們把剩下的東西埋……在我
們挖的七個坑裏。我們用泥土和灌木把坑蓋好……進行了
測量，並繪製了一張詳細的地圖〔，以便我們以後能找到
它〕。然後我們爬上了那座小山……等我們氣喘吁吁地到達
山頂時，天已經亮了。就在那個時候，兩隻大烏鴉圍着我
們轉了一圈，降落在那裏，叫着不同的聲音。根據藏族傳
統，這是好運的象徵。我們已經吃完了所有帶來的麵包，
所以我們給烏鴉吃了一小塊我們從巴基斯坦帶來的熟肉，
然後烏鴉飛走了。從山頂上，我們用雙筒望遠鏡向四周望
去，看到了離我們大約200米有一個公園 (གླིང་ག，音譯林
卡)，更遠的地方……我們可以看到桑耶寺的鍍金屋頂。[11]

　　中情局對空投有顧慮，因為他們擔心中國人可能會聽到飛機的
嗡嗡聲，然後對拉薩的間諜保持高度警惕，所以中情局指示阿塔和
洛次在去拉薩見貢布扎西之前，先在偏遠地區的農村滯留一個月左
右。[12]

很容易想像這兩個受過中情局訓練的康巴人從事令人興奮和危險的活動，尋找新的信息來源並傳遞有價值的情報。事實上，他們在西藏的頭三四周相當單調，阿塔和洛次在窮鄉僻壤間穿梭，處理日常事務，比如買馬、檢查他們的設備、尋找食物和住所，並試圖讓他們的無線收發機正常工作。洛次回憶：

> 從〔靠近我們着陸的〕山頂……我們看見一個騎馬的人從桑耶寺方向朝我們走來，所以我的夥伴〔阿塔〕走過去〔看他〕。我們問他是否見過我們的馬和騾子，我們說騾馬給弄丟了，所以我們出來找〔，這是我們編的故事〕。騎馬的人說他不知道，並告訴我們，他也在尋找他丟失的馬和騾子。阿塔向他保證這附近沒有，於是他離開了。
>
> 　〔第一天的〕下午……我們開始向澤當〔山南地區的中心〕前進。半路上，我們遇到一個人正在放牧幾匹馬，於是我們走過去告訴他，我們是小商販，〔帶着我們的貨物〕走不動了，想知道是否可以向他買馬？他指着一匹馬說我們可以買。我們同意了，但是我們抓不住那匹馬，最後那個人說，「你抓不住牠，所以你最好到我家來〔我會把馬帶到那裏〕。」我們同意了，那個人離開後，我們決定讓阿塔去買馬，再買一些糌粑和酥油，我在村子外面等他。〔然而，我們有點緊張，所以〕阿塔說，「如果有甚麼不測，我會開槍的。」我同意了。[13]

然而，甚麼也沒發生，阿塔悠閒地吃了一頓糌粑，喝了些當地的青稞酒，晚上十點左右回來。兩人立即把馬帶到他們藏設備的地方，並把一些設備裝在馬身上。阿塔無法從村民那裏買到馬鞍，所以他們不得不用降落傘上的繩子在馬背上綁一條毯子，並將設備固定在上面。當他們裝完貨物時，已經是凌晨兩點左右了，然而，由於月光仍然明亮，他們繼續向一個叫沃卡曲龍的地方前進。[14]洛次的敘述繼續，

我穿着一雙新的天鵝絨藏式靴子，這讓我的腳有點疼，所以
〔第二天〕早上七點左右，我們休息了一會兒，用保溫壺的蓋
子吃糌粑和茶作為早餐，因為阿塔沒能從農民那裏買到碗。

　　我們都認為最好待在一個偏僻的地方，所以我們吃完
飯就離開了，在雍普找到了一個這樣的地方，就在到達澤
當之前的路上。在那裏，阿塔給我們買了兩個木碗和另一
匹馬。[15]

　　第二天（他們降落後第三天），他們迷失了去沃卡的路，所以翌
日不得不原路折返，那天晚上住在一家小旅館裏；在那裏他們告訴
別人，他們是來自康區的小商販。接下來一天（降落後第五天），他
們到達沃卡曲巨，試圖在一個預先約定的時間向中情局發送電報，
但是失敗了，因為他們無法建立聯繫。所以他們打包好無線設備，
走進沃卡寺，在那裏他們用中情局給他們的一些銀元作為供奉。然
後，他們繼續向一個莊園走去，他們希望當天晚上能住在那裏，因
為他們聽說該莊園的管家是來自〔四川甘孜〕大金寺的一名康巴人。

　　然而，當他們到達莊園時，令他們驚訝和憤怒的是，康巴管家
拒絕讓他們留在莊園裏。他告訴他們必須待在屋外靠近水磨的地
方。那是一個極其寒冷的10月夜晚，看起來要下雪了，他們每人只
有一條毯子，所以他們為自己燒茶後，又回去向莊園管家求情。當
他仍然拒絕時，他們更加困惑，因為給旅行者提供住宿是很常見的。
莊園的一個僕人解釋說，管家害怕他們，因為在附近還有六個像他們
一樣的康巴人，〔他害怕阿塔和洛次是和他們一夥的強盜，〕他們終於
知道發生了甚麼事。了解到實情之後，阿塔和洛次回到了莊園管家
那裏，這次告訴他，「如果你不相信我們，我們可以把槍給你，但是
請給我們找個房間，差點的房間都行，我們只是找個地方睡覺。」[16]
管家要對莊園的財產負責任，所以他還是拒絕了，並告訴阿塔和洛
次，他們得在那個水磨邊度過寒冷的夜晚。[17]這一微小的事件顯示了
四水六崗的一個關鍵問題。在衛藏，康巴人被視為危險的外來者，

名聲不好，甚至連為衛藏人工作的其他康巴人也這麼認為。此外，由於他們獨特的康區方言，阿塔和洛次永遠無法冒充衛藏人。

洛次繼續寫道：

> 接下來一天〔第六天〕，我們去沃卡曲龍寺朝聖，向寺廟布施了剩餘的銀元。我很早就拜完了，所以我在寺院外面等着。當阿塔來的時候，他告訴我，僧人們說我們可以在他們寺院過夜，所以我們進去在那裏吃晚飯。當我們吃飯的時候，一位僧人告訴我們，「今天早上，六個武裝分子騎馬離開了這個地區，說他們要去朝聖，那些人和你是一起嗎？」我〔說不是，但是〕問了他們關於年紀等的詳細問題，得知其中兩個年紀大些，另外四個是年輕人。
>
> 　　那天晚上，我們〔再次試圖〕發送無線電報，但我們甚麼也聽不見，所以我想無線發報機一定是壞了。打開後，我們發現它確實壞成了兩半，所以我們決定回到原來的位置，去取回我們藏在那裏的第二套無線設備。接下來一天，也就是第七天，當我們要出發的時候，有人告訴我們，六名武裝的康巴人剛剛騎馬離開，於是我們來到山頂，在遠處看到了他們。我們〔想見見他們〕，所以我們很快就把無線設備和器材裝上了我的馬，讓阿塔獨自騎着他的馬輕裝上路，試圖趕上他們。[18]

阿塔很快追上了，得知他們都來自理塘。然後他們都停下來，等洛次趕上來；當洛次到達時，他們一起喝茶，談論拉薩的情況。

> 我們得知他們正在朝佛，他們告訴我們，人們如何向達賴喇嘛供奉黃金法座。他們還說，貢布扎西曾告訴他們，「去〔曲科傑聖湖（譯註：即拉姆拉措湖，在曲科傑寺旁）〕朝佛是好事，但請盡快回來，因為我們和漢人的關係前景不妙……」然後我說，「你們看起來不像去朝佛。你們看起來像

準備戰鬥的人，因為你們有好馬和武器。」〔他們向我們解釋，〕貢布扎西現在說，我們所有的康巴人都必須買好馬和武器，因為形勢不好。

六個理塘人也問了我們一些問題。例如，他們問我們是否屬於出國培訓的康巴人。如果是的話，訓練了些甚麼？我們說，我們會告訴他們我們做了甚麼，但是他們首先必須發誓，他們永遠不會告訴任何人這件事。他們同意並宣誓說，從現在起，他們將結束他們的朝佛之旅，幫助我們，做我們兩個需要做的任何事情……我們變得非常開心和放鬆，因為現在我們又和來自家鄉的人在一起了，我們互相信任。所以我們八個人一起走了兩天取回另一臺無線設備。我們到達那裏的那天晚上，其中四個人去挖掘埋藏的設備……第二天，我們試圖從郭卡拉埡口頂上發送無線信息。我們能夠交流一點，但是當他們問我們是否還好時，無線電報的聲音消失了，我們甚麼也聽不見。

第二天，〔第九天或第十天〕，我們越過郭卡拉埡口，來到埡口另一邊，把四名康巴朝佛者送回拉薩，並讓其中一名年長的康巴人告訴貢布扎西，我們已經到達，並計劃在大約一個月後與他會面。另外兩個康巴人，索南土登和平措嘉措，說他們想和我們待在一起〔，我們同意了〕。[19]

阿塔和洛次還告誡即將離開的康巴人，讓貢布扎西不要告訴其他藏人他們的到來，因為他們擔心這個信息會被洩露給中國人，這會妨礙他們的任務。[20]然而，這一告誡不包括帕拉，貢布扎西向他通報了兩名經中情局訓練的康巴人的到達。貢布扎西的親密助手拉珠阿旺回憶，「貢布扎西告訴帕拉，這樣那樣的人〔阿塔和洛次〕已經來與西藏政府接觸，我們該怎麼辦？帕拉說，『他們要見我，對嗎？』當貢布扎西回答說他們一定要見你時，帕拉告訴他要對兩人的到來保密。」[21]

　　遇到他們的同胞也很幸運，因為令人驚訝的是，中情局沒有給他們足夠的錢。阿塔解釋：

> 美國人送給我們100秤藏銀和100塊中國銀元——僅此而已……他們告訴我們，無論我們需要多少錢，我們都應該從貢布扎西和大管家帕拉處得到，但是當我們到達西藏時，沒有人給我們錢。最初的100秤和100大洋不是一個小數目，但是我們買一匹馬就花了100秤。所以我們從理塘同胞那裏借了一些錢。他們帶了一些東西到村子裏去賣，所以我們也買了一些，隨後我們在繼續工作的時候，有時假裝成小商販，有時假裝成朝佛香客。[22]

　　阿塔、洛次和另外兩個理塘人繼續從桑耶朝北方行進，從東面繞過拉薩。在鄉間「工作」了一個多月後，兩人決定是時候去拉薩了，所以他們計劃最終會見貢布扎西和帕拉。[23]

在蘭利

　　成功地與阿塔和洛次建立了無線聯繫，這讓蘭利所有人鬆了一口氣。實際上，他們原本希望能馬上收到消息，所以把卡爾梅克僧人格西旺杰從新澤西帶到了華盛頓，以準備翻譯出「著名的」第一條來自西藏的密碼電報。一天又一天過去了，沒有任何消息，人們擔心發生了一些不愉快的事情，猜測範圍從無線設備的技術問題到被殺死或抓獲。經過大約一周的等待，當西藏與他們建立了短暫的聯繫時，他們鬆了一口氣，因為這表明他們還活着。最後，大約在第14天或者15天時，這兩個人能夠讓他們的備用發報機工作，並發出第一條清楚的信息，說他們已經安全着陸並在工作。

　　中情局西藏項目主管官員弗蘭克·赫羅伯回憶起消息到達的那天。

然後突然所有這些電碼都來到了〔，但是沒有人能夠翻譯它們，因為格西旺杰已經回到了新澤西〕，所以我説我們明天會派一個翻譯過來。〔他的老闆兼中國部門的主管〕布羅（Broe）因為我沒有做好翻譯準備而生我的氣，罵了我一頓。我不得不去國家安全局，讓斯圖爾特·巴克（Stuart Buck）過來幫忙解碼。[24] 我把電報帶回家了，所以他來到我家。他試着翻譯，但是〔遇到的〕問題是發報人常常拼錯單詞。[25] 無論如何，巴克譯出了部分電碼。問題是〔糟糕的藏語〕拼寫，但是格西〔旺杰在的時候，〕大多數情況下可以根據上下文理解他們想説甚麼。局裏對此很感興趣。我接到各種各樣的人打來的電話，想知道他們到底怎麼了。我成為整個遠東分部的寵兒，手上有一個最古怪的項目。[26]

華盛頓此時期待着得到達賴喇嘛的需求和計劃，並了解有關四水六崗和拉薩及其周邊地區的總體情況。約翰·雷根解釋説，中情局希望他們能得到一些有用的信息，比如：「中國在接管這個國家方面進展如何，藏人反抗的潛力有多大。例如，有否有組織的團體、公認的領導人、可以展開行動的農村補給區，或者他們是否位於拉薩，〔以及〕各戰鬥團體之間的通信，他們是否在為共同的事業而奮鬥。」[27] 當然，蘭利正在考察這些匆忙訓練的康巴人在戰場上能否有所作為，避免被俘、建立聯繫、收集信息以及收發無線電報。

在接下來的幾個月裏，蘭利與阿塔、洛次保持着定期聯繫。儘管從西藏收到定期的編碼電報非常棒，但他們從未能夠收集到雷根提到的那種高價值情報信息。赫羅伯對此發表了評論，他説，收到第一封電報時，「我們都很興奮，〔但是，〕同時也感到很失望，因為電報裏只説了一些『我到了，身體很好』之類的話，就像度假時的明信片。因此，我們的熱情有所下降。」[28] 赫羅伯還説，隨着時

間的推移，情報品質並沒有得到很大的提高，也不是很有用，「我們對這一通訊渠道感到非常沮喪。這一切都太遙遠了，需要很長時間才能收發信息。藏人從來不擅長情報。我們從來沒有從他們那裏得到任何個人的信息，比如我遇到了X，他説Y。所有信息都很短促，乾巴巴的。」[29]赫羅伯進一步解釋了原因，這當然並不特別令人驚訝，

> 你不能只是簡單地訓練一個像他們那樣教育水平的人。以他們對世界的了解，給他們三個月的訓練，其中很多是武器和跳傘之類的東西；除了他們自己的文化和習慣之外，你不能指望得到非常高水平的情報報告。這需要幾年的時間。我個人期待着一個局面的發展。我認為這只是開始。我很失望，但並不驚訝，第一批回來的報告只是些幼稚的胡言亂語。

問：他們在説些甚麼？

答：我都不記得了。很多都只是説，我昨天去了一個公園，看到了這個那個。他沒甚麼可説的。就像那樣。[30]

　　儘管有這種貶損輕蔑的評價，阿塔和洛次的主要任務不是收集關於西藏政府或中國人的情報，而是與達賴喇嘛和帕拉直接接觸。如前所述，中情局被誘導相信，達賴喇嘛和西藏政府想要並且正在討論反對中國的計劃，所以總的想法是，四水六崗和西藏政府/達賴喇嘛可以聯合起來，在美國的秘密幫助下，於西藏和四川積極反對中國。然而，為了做到這一點，美國政府想親自了解西藏政府/達賴喇嘛對中國人的看法、計劃和需求。阿塔和洛次的工作是通過貢布扎西與帕拉建立關係，如果可能的話，通過帕拉與達賴喇嘛建立關係，然後立即將達賴喇嘛的回答傳達給蘭利。正如下面將要看到的，他們成功地完成了任務，儘管沒有得到華盛頓所期望的結果。

阿塔和洛次見到帕拉

1957年11月下旬，[31]阿塔和洛次在拉薩郊區與貢布扎西見面，開始了西藏任務的主要工作，在那裏他們兩人被認出的風險較小。他們當然很了解貢布扎西，因為最初就是對方把他們作為27名康巴青年的一部分從拉薩送到噶倫堡。貢布扎西也與嘉樂頓珠和哲堪孜松進行溝通和合作，所以他對美國的培訓項目瞭若指掌。當被問及此事時，阿塔斷然說：「他甚麼都知道⋯⋯我們甚至在關島訓練時〔他指的是塞班島〕收到了他的來信。」[32]因此，阿塔和洛次坦率地與貢布扎西交談，描述了他們接受的不同種類的訓練和他們使用的武器，他們請他安排與達賴喇嘛會面，或者退而其次，與帕拉會面。[33]

對貢布扎西來說，這是一個令人振奮的時刻。貢布扎西在四水六崗最親密的理塘夥伴之一拉珠阿旺回憶說，有一天貢布扎西見到他時，興奮地告訴他，有一些好消息（གཏམ་བཟང）。阿塔和洛次已經結束訓練回來了，要與西藏政府建立關係，這意味着我們可能很快就會通過空投獲得**我們需要的任何武器**。[34]於是，這個階段以在拉薩的康巴領導人的高度期望開始。貢布扎西告訴阿塔和洛次，他會安排與帕拉的會面，好了就給他們送個信，大約一個月後，他們收到通知，第二天早上到達賴喇嘛的夏宮羅布林卡去見帕拉。由於擔心被認出來，他們穿上僧袍，和貢布扎西一起去了羅布林卡。[35]他們很興奮，因為貢布扎西告訴他們，帕拉說他們將會見到達賴喇嘛；這很重要，因為他們想親自向達賴喇嘛轉達美國政府的口頭信息。[36]他們被派到西藏不是為了與四水六崗合作，而是為了得到達賴喇嘛的回應。阿塔解釋道：

> 對我們兩個來說，這次覲見不僅僅關乎宗教〔也就是說，不只是一個宗教朝拜〕，我們還必須討論政治事務。美國人告訴我們，我們必須專門去見達賴喇嘛，向他彙報一切後，問他一份〔反對漢人〕的工作計劃能否付諸實施。[37]

　　然而，當他們見到帕拉時，卻失望地得知他們見不到達賴喇嘛。帕拉告訴他們，他已經將此事通知了達賴喇嘛，但不可能拜見他，因為他非常忙，而且他們擔心，由於羅布林卡周圍有許多漢人〔漢人認為這些康巴人是美國間諜〕，這次會面的消息可能會洩露出去。為了減輕他們的失望，並表明達賴喇嘛讚賞他們的努力，帕拉給了他們一些據說是達賴喇嘛為他們特別加持的宗教物品。[38]因此，阿塔和洛次最後只能與帕拉討論他們的任務，他們問：

　　達賴喇嘛的權力面臨甚麼樣的危險？達賴喇嘛的生命面臨甚麼危險？中國共產黨如何干涉西藏的政治權力？中國共產黨的力量是甚麼？漢人給西藏人民帶來了甚麼樣的苦難？漢人是如何利用他們的力量對西藏的政治力量施加壓力的？西藏人民的生活有甚麼益處和困難？漢人對從事宗教活動的僧人有甚麼看法？從事宗教活動的僧人是如何控制漢人的？西藏政府有甚麼樣的意見？關於用武力或秘密方式反對中國共產黨，你們有甚麼計劃？[39]

　　阿塔在一次採訪中詳細闡述了這一點：

　　你們有甚麼樣的計劃？你們應該把信息和計劃提交給我們，告訴我們你們打算做甚麼？你要告訴我們甚麼？你應該告訴我們你們是打算秘密反對中國，還是打算使用武力（公開）反對他們？⋯⋯你們打算如何反抗漢人？你們有甚麼計劃？從西藏情報方面來看，你們採取了甚麼樣的軍事和民事手段？我們應該從甚麼角度提供幫助？你們是否需要我們提供情報幫助，以軍事方式還是以和平方式？你們打算在甚麼方面發起〔抵抗〕運動？所以我們說他們〔美國人〕想了解計劃。[40]

　　阿塔說，他還告訴帕拉，「我們有責任將這些信息傳遞給美國，然後我們會向你報告我們從他們那裏得到的任何答覆。請考慮我們

的問題。」[41] 帕拉當場的反應簡潔但是並不明確，「我們要討論一下。
這件事我自己無法做決定。」[42]

　　與當彩仁波切、嘉樂頓珠和錫金王儲告訴美國人的相反，達賴
喇嘛和帕拉**絕對沒有計劃要西藏政府反對中國的統治，也沒有討
論制定此類計劃**。如前所述，達賴喇嘛已於1957年4月1日返回拉
薩，努力改善與中國的關係，以維護西藏在《十七條協議》下的權
利。因此，美國政府通過兩個康巴人提出的問題令人驚訝，並帶來
了一個如何答覆的兩難問題。鑑於沒有任何此類反抗計劃，因此，
毫不奇怪的是，帕拉的第一反應簡潔而不置可否。然而，重要的
是，儘管帕拉是個堅定的反漢派，但他並未傳達任何令人鼓舞的暗
示，例如告訴兩人說，這是一個好消息，我們對與美國合作的前景
感到興奮。他也沒有回答美國國務院的另一個問題，說雖然我們現
在沒有計劃，但我們支持美國政府向康巴叛亂分子提供武器和訓練。

　　然而，阿塔和洛次可以等；他們花時間在拉薩郊區閒逛，收集
和傳遞小情報。但隨着日子一天天過去，一周又一周，一個月又一
個月，阿塔和洛次變得越來越擔心和焦慮，因為華盛頓方面正在向
他們施壓，問他們達賴喇嘛何時作出回應，可是他們沒有甚麼要報
告的，因為他們甚至**沒有聽到帕拉的一個字**，也不知道他們何時會
收到這樣的回應。阿塔和洛次對這種沉默感到非常驚訝，不明白發
生了甚麼事。為甚麼達賴喇嘛和帕拉（西藏政府）不想從美國獲得對
抗中國的嚴肅支持？根據阿塔和洛次從中情局教官和當彩仁波切那
裏聽到的消息，他們十分期望會得到非常積極的回應。基於此，他
們預計問題是西藏需要甚麼樣的援助和支持，而並非是否尋求支持。

　　因此，阿塔和洛次要求貢布扎西安排與帕拉的另一次會面，以
便他們可以詢問對方的回應。令他們更吃驚而沮喪的是，帕拉拒絕
親自接見他們，並告訴他們，從今以後他們應該會見一位名叫格桑
阿旺的僧官，他是帕拉手下的助手（ཚེ་མཁན།，音譯孜仲），在達賴喇嘛
的秘書處工作。阿塔這麼說：

所以我們見不到帕拉，只能見他〔格桑〕。他住在拉薩林廓路
(外轉經道) 附近，所以很容易見到他。我們不需要把自己偽
裝成僧人，只需要穿着康巴式的衣服去那裏……貢布扎西、
洛次和我多次去見格桑阿旺，問他帕拉想如何應對〔美國的
詢問〕，但他甚麼也沒告訴我們。於是我們絕望了。[43]

阿塔感到沮喪和憤怒，這也可以從他對正在發生的事情有以下
急躁評論而看出：

從西藏政府的角度來看，從大管家帕拉的角度來看，他們
一點計劃都沒有透露。事情就是這樣。沒有通過我們傳達
任何東西，根據後來所說的，我懷疑是否有信息〔單獨〕通
過嘉樂頓珠傳遞了。無論如何，從我們這方面來說，沒有
為美國人提供計劃，說明我們將如何抵抗漢人，以及應該
從甚麼角度得到幫助。[44]

於是，在西藏現代史上的這一獨特時刻，兩名受過中情局訓練
的康巴人被留在拉薩周圍，等待着永遠不會得到的回應。

1983年，幾位前官員接受採訪，帕拉也在其中，他對此做了簡
短的評論 (這是帕拉在流亡期間接受的唯一一次採訪)，他說這是他
自己的決定，噶廈或達賴喇嘛對此不知情或不許可。

阿塔來到拉薩，要求覲見尊者，給尊者帶來很多麻煩。然
而，因為阿塔是秘密行動成員，不可能安排這樣一次覲
見，所以我欺騙了他，給了他假的護身結〔གུང་མདུད〕，[45]油炸
果子，大威德金剛護身符，[46]一些加持過的藥丸，告訴他，
這都是尊者親自賜予的。我採取這些措施是為了不讓他們
失去希望。他們很高興，相信西藏政府和他們在一起，並
盡了最大努力……[47]

〔我這樣做的原因是，〕如果尊者和噶廈對〔洛次和阿塔
以及美國的倡議〕毫不知情，即便漢人們發現了這些事，他

們也可以置身事外。如果我們〔和其他反漢的抵抗分子，如康巴人試圖把漢人趕出西藏〕的努力成功了，那麼這將有益於整個西藏，但如果結果不同〔不成功〕，那麼只有少數人會受難〔，而達賴喇嘛可以置身其外〕。[48]

對於噶廈，帕拉的斷言是正確的。幾年前，他就決定不向噶廈報告任何反華活動，儘管這是西藏政府的最高權力機構，因為他擔心，如果這樣做的話消息會洩露給中國人。因此，噶倫們並不知道兩名中情局訓練的康巴人已經空降到西藏，與貢布扎西和帕拉會面，討論美國提出的援助建議。

至於達賴喇嘛，無論帕拉在達蘭薩拉的採訪中說了甚麼，他還是告訴了達賴喇嘛關於洛次和阿塔的到來和任務。阿塔清楚地記得，當他最終在1959年3月於隆子宗見到達賴喇嘛時（當時他正護衛達賴喇嘛逃往印度），達賴喇嘛告訴他，「當你們兩個來到西藏時，我知道這件事，我們因為漢人的原因而無法建立聯繫，所以不要失望。從現在開始，我們都有相同的目標。你們應該〔在西藏〕努力工作，我會〔下去印度〕盡我所能。」[49]因此，達賴喇嘛肯定認同這樣一個決定；若他親自會見兩個美國間諜太危險了，更不用說請求美國援助來反對中國了。達賴喇嘛也肯定批准了對美國政府之提議不予回應的決定。

要理解為甚麼達賴喇嘛和帕拉沒有抓住這個機會討論與美國政府合作，我們需要理解達賴喇嘛和帕拉面臨的根本困境。首先，儘管理想的情況是他們想要結束中國對西藏的統治，但當時達賴喇嘛的主要策略是根據《十七條協議》與中國合作，以保持最高程度的內部自治，並保護西藏的佛教制度和生活方式。這是尼赫魯強烈建議的，自有其道理，因為此時的西藏與四川起義開始時的情況大不相同。在四川，正因為中國人開始強行實施改革，導致了康巴人的反抗；在西藏，毛澤東從他在四川犯下的錯誤中吸取了教訓，正如第2章所見，他果斷出手阻止范明在西藏實施改革。因此，不僅達賴喇

嘛的政府繼續在內部管理西藏，而且整個西藏傳統社會仍然完好無損，在可預見的未來，實施改革的議題基本上已經被擱置。儘管人們知道改革總有一天會到來，但毛澤東在1956年至1957年的舉措使得當前的形勢似乎有可能在未來數年持續下去。因此，帕拉/達賴喇嘛不想做任何會損害當前安排的事情，也不想冒險，以免失去他們仍然能夠行使的政治和宗教自主權。

然而，如上所述，對於帕拉來說，還有另一個層面需要考慮。儘管他願意冒着失去生命和自由的危險去反對中國，但他不願意做任何危及達賴喇嘛安全的事情。因此，加入任何與美國和四水六崗的軍事行動的先決條件是，達賴喇嘛必須安全地遠離危險，也就是說，達賴喇嘛須身處西藏之外。故此，帕拉和哲堪孜松在1956至1957年間如此激烈地主張達賴喇嘛必須流亡印度，並從那裏領導反抗行動。只要達賴喇嘛在拉薩，帕拉最關心的就是不允許任何可能危及達賴喇嘛的行動。

另一個不太明顯但與文化相關的因素是，避免做任何會影響達賴喇嘛格西學位考試的事情。格西學位考試將於1958年夏天開始。[50]在藏傳佛教文化中，這是一個重要的里程碑，他的經師們正敦促他努力學習，使他在考試中取得矚目的成功。達賴喇嘛自己回憶，「在那段時間裏——1957年和1958年，我主要關心的是學習，因為考試，我變得更加焦慮。哈哈（笑）。」[51]在另一次採訪中，他解釋說：

> 就我個人而言，我大部分時間都在閱讀經書〔དཔེ་ཆ〕。這大約持續了兩年。從印度回來後，我1957年藏曆2月〔1957年4月1日〕回到拉薩。所以在1957年、1958年和1959年的〔藏曆〕2月，我都參加了考試。所以我研究了兩年多的佛經。在十三、四年的學習中，只有那兩年（笑）我真的花了很多精力在學習上。其他時間，我其實沒有學多少。
>
> 問：所以這一定花了你很多時間，所以從政治角度來看，可能有一點 ……〔句子未結束〕

答：你的意思是忽視？

問：是的。

答：忽視。我覺得沒有。你知道，噶廈人一直在開會，〔他們在
　　做自己的工作〕而欽莫……〔句子未結束〕

問：我不知道我用「忽視」詞是否準確，但達賴喇嘛的〔在政治
　　方面的〕投入有點少。

答：即使我有更多的時間，我還能做些甚麼呢？沒甚麼可幹的。[52]

在這個以宗教為主導的世界裏，22歲的達賴喇嘛一直與他的
經師和僧人隨從在一起，給公眾留下好印象：考試是一個嚴肅的問
題，在宗教上，他必須獲得成功。達賴喇嘛進一步解釋說：

我們希望不會發生可怕的事情〔，比如在拉薩爆發戰爭〕。
例如……希望我的格西考試能順利完成。毫無阻礙……對
於未來我們無能為力，〔所以我們〕只是努力，希望眼前的
緊張局勢不會爆發。所以事情就是這樣。[53]

因此，當帕拉評估與美國人交流的潛在成本和利益時，他得出結
論，要求美國支持反對中國實在是太冒險了。另一方面，他想讓美國
人幫助四水六崗，所以他不想讓洛次和阿塔馬上離開，也不想讓華盛
頓知道達賴喇嘛不希望美國介入。因此，最安全的做法是甚麼都不
做，既不積極也不消極。儘管這看起來很奇怪，但這在西藏社會並不
罕見。在西藏，人們通常不喜歡公開拒絕一個請求，而且往往乾脆不
回答。例如有人想要你幫忙，而你想拒絕的話，一種文化上的典型處
理方式不是直接對那個人說不，而是說「我會看看」，然後石沉大海不
予回應。因此，在西藏社會中，不給洛次和阿塔一個答案並不罕見。

另一方面，和過去一樣，達賴喇嘛和帕拉與中國合作，同時也
鼓勵反對中國的統治。因此，儘管他們拒絕冒風險對美國人作出具
體回應，但仍然秘密地繼續向西藏和印度的反華抵抗力量提供支持

和同情，儘管以一種自認為不太危險的方式。例如，1957年12月，前司曹魯康娃從噶倫堡寫信給達賴喇嘛，懇求他邀請尼赫魯訪問西藏，達賴喇嘛通過印度駐拉薩領事館秘密寫信給他在印度的哥哥嘉樂頓珠和哲堪孜松。此信被複製到夏格巴的日記中，這顯示達賴喇嘛回到拉薩九個月後，他仍然維持着與噶倫堡的反華勢力的聯繫。達賴喇嘛在信中告訴魯康娃，拉薩的局勢不穩定，所以他們〔魯康娃和哲堪孜松〕需要小心〔他們能走多遠〕，但也告訴他們，他們需要做好工作，團結一致。該信的相關部分如下：

> 如今，與以前不同，有一種強烈的戰爭〔氣氛〕(དག་ཕྱོགས་ཆེ)。所以還不確定可能會突然發生甚麼樣的糟糕情況/危害 (འབལ་ཆེན)。因此，〔在印度的〕工作必須謹慎、聰明和有條不紊地完成。因此，關於這一點，你〔魯康娃〕要深思熟慮作出決定。〔這表明他作決定時要避免使得拉薩局勢惡化。〕
>
> 　　關於在噶倫堡的〔哲堪孜松〕組織和宇妥，[54] 我聽說事情進展得不太順利。如果這樣下去，我們的工作將沒有力量。因此，所有人都必須像諺語所説的那樣團結一致，「無論是幸福還是痛苦，所有〔人〕都必須像一個人一樣齊心協力〔原文是，一起使用鑿子鑿同一個點〕。[55]

因此，儘管與中國保持良好關係是當務之急，但支持反華反對派也同樣重要，所以達賴喇嘛沒有告訴哲堪孜松停止其活動，只是告誡他們小心，不要做出過於魯莽的事情，以免擾亂拉薩的微妙局勢。達賴喇嘛同意讓這些流亡者獨立運作，本質上是為了看看他們能取得甚麼成就──只要評估認為不存在對達賴喇嘛和西藏政府自治的直接風險。達賴喇嘛和帕拉希望中國人離開西藏，但他們不想讓拉薩陷入四川/康區發生的那種戰爭流血場面。然而他們也不想以中國的持續統治和民主改革而告終，所以他想讓康巴/哲堪孜松/美國這一選項繼續存在。顯然，他們試圖管控一個複雜而危險的遊

戲。當貢布扎西的四水六崗決定離開拉薩，在西藏中南部的山南建立一個叛亂軍事基地時，這種情況很快變得更加危險（見地圖2）。

四水六崗離開拉薩

　　與此同時，貢布扎西認為，時機逐漸成熟，四水六崗應該離開拉薩，前往一個更安全的地方，發起公開行動。他受到了帕拉的鼓勵。如上所述，帕拉擔心，一場事件可能會引發康巴人與解放軍在拉薩的戰鬥，並危及達賴喇嘛的生命。貢布扎西在離開前卻想要更多的武器彈藥，雖然大多數康巴人都有自己的武器，他一直告訴他們要購買好的槍枝和馬匹，但拉薩附近三座寺院的許多康巴和安多僧人，以及其他一些安多人，都想加入四水六崗，可是他們沒有自己的武器。貢布扎西也知道，要想成功，他需要招募衛藏農民，而這些人通常沒有自己的槍。

　　這些武器的一個明顯來源是布達拉宮的西藏政府軍械庫。貢布扎西希望帕拉讓他悄悄地拿走這些槍枝，但帕拉拒絕了，因為害怕會被中國人發現，他提出了一個替代方案——拉薩西南的南木林宗附近有一個政府軍械庫（見地圖2）。這些槍枝來自一個由500名士兵組成的代本團，該代本團於1943年被派往北部邊境，以準備與馬步芳（控制青海省的軍閥）開戰。[56] 後來危險解除了，士兵們被解散，他們的全部武器由南木林宗和臨近的甘丹青柯寺（譯註：也稱香甘丹曲果林寺，香是地名，是南木林的舊稱）共同看管。[57]

　　帕拉告訴貢布扎西不要動布達拉宮的武器，而是去南木林宗。帕拉說這很容易，因為那裏沒有藏軍守衛該批武器，他可以安排僧人們不戰而降，把武器交給他；[58] 他告訴貢布扎西，讓武器看起來像是被武力搶走的。[59] 這是嚴重的一步，因為帕拉現在正在幫助武裝四水六崗來反抗中國。然而從帕拉的角度來看，這麼做的風險

有限，因為甘丹青柯寺離拉薩很遠，與達賴喇嘛的宮殿沒有任何聯繫。因此，看起來帕拉幫助貢布扎西的起義計劃沒有任何負面影響，至少在短期內沒有。正如帕拉的大部分反華活動一樣，帕拉這樣做沒有通知噶廈，更不用説得到他們的批准了。

　　當達賴喇嘛被問及他是否事先知道這件事時，他不想明確回答，所以筆者假設性地問他：如果帕拉詢問他這件事，他會贊成幫助他們獲得槍枝，還是會認為這是個壞主意。達賴喇嘛思考如何回答這個問題，停頓了似乎很長時間，然後給出了一個答案，這説明了他對於如何同時應對中國人和藏人抵抗力量的矛盾想法。他説：

> 哦，也許我會説這是一個非常危險的行為。我對整個四水六崗運動的立場非常非常困難。從〔某種意義上説，〕一方面，我完全理解他們對西藏國家的決心和忠誠。他們的活動只是西藏人民情感的表達。與此同時，他們的運動更加暴力。它具有更暴力的性質。這帶來了巨大的風險。這就是我在這場運動開始時的全部態度。同時，我發現很難馬上拒絕。自1955年以來，他們已經遭受了很多苦難。在整個1956年和1957年。現在1958年，他們許多親屬的生活被徹底摧毀，然後這些人從西藏的其他地方逃離，包括安多。所以很難拒絕他們的運動。(歎氣)所以我不知道。最有可能的是，如果他們問我甘丹青柯寺的那些武器，我會説這是非常危險的，所以要非常小心。我想這就是我的答案。[60]

　　達賴喇嘛的這一評論揭示了他對當前形勢以及他應該如何應對的矛盾心理。達賴喇嘛知道他必須與中國保持友好關係，這樣西藏的内部自治才能繼續，因此他從印度回到了拉薩。但他也理解並想支持四水六崗和其他爭取西藏獨立的人們的目標，雖然他不想承諾全力支持他們。達賴喇嘛在中國内地待了將近一年，所以他對中國的實力有第一手的了解，並懷疑幾千康巴騎兵能否打敗解放軍；然

而他們冒着生命危險為藏傳佛教和自由而戰，所以他不想對他們關上大門。有了美國的訓練和武器，也許他們能夠成功，但他也不希望他們破壞西藏自治。達賴喇嘛的政府根據自己的法律在內部管理西藏，改革基本上不予考慮，僧院制度繼續像以前一樣繁榮。所以達賴喇嘛願意給他們甘丹青柯寺的槍枝，但是會告訴他們要「非常小心」不要破壞拉薩的現狀。

達賴喇嘛告誡在印度的哲堪孜松要小心行事，這是有意義的，但這種思維方式對四水六崗沒有意義。這些康巴人打算用他們的新武器殺死中國人，所以告訴他們應該非常小心是天真的做法，也不現實。一旦貢布扎西在山南成立基地反抗中國，四水六崗不擔心拉薩的內部自治，他們的目標是開始攻擊中國的車隊和營地，最終迫使中國離開西藏和康區。

貢布扎西對獲得這些槍枝很感興趣，這將需要數百名騎手和馱畜組成的遠征軍，並且需要幾周的旅行。由於這些武器已經存放多年，他向帕拉詢問了這些武器的現狀。帕拉檢查並向他彙報說，它們都維護良好。因此貢布扎西開始組織一個由大約500名武裝康巴人和馱畜組成的隊伍，打算把槍枝帶回拉薩。就在此時，突然發生了一件改變他計劃的事情——逮捕和驅逐所謂的藍漢人。[61]

1957至1958年，毛澤東發起了一場反對黨和國家機關官僚主義的「整風」運動，這場運動很快演變成大規模的反右運動。[62]西藏整風運動的一個小問題是西藏工委決定逮捕和驅逐所有私自前往拉薩和日喀則、江孜等城鎮的漢人。拉薩扎西代本團的聯席代本桑頗回憶起這些漢人：

> 有相當多的普通漢人與解放軍沒有關係。他們是普通的漢
> 人，來到拉薩，開商店和餐館，建寺廟，做鞋子，等等。
> 大約有兩百到三百人，他們被稱為「藍漢人」(རྒྱ་མི་སྔོན་པོ)。
> 因為大多數人穿藍色的衣服。〔1958年4月1日，〕中國軍

事當局突然派卡車去收容這些漢人，卻沒有給他們一個打
包或帶走個人行李的機會。他們只是從他們的商店、房
子，或他們碰巧所在的地方被拉出來，裝進卡車帶走。
這引起了許多康巴人的擔憂——尤其是來自治曲河（譯
註：金沙江）對岸〔四川〕的人。他們害怕類似的事情會發
生在他們身上，害怕有一天他們會被毫無預兆地趕出拉
薩。[63]

西藏工委認為這些漢族人是一股消極力量，因為他們與當地藏
族發生爭鬥和爭論，並與之競爭，從而破壞了毛澤東賦予藏族日常
生活控制權和促進與漢族積極互動的漸進政策。一份中國官方材料
簡潔地解釋道：

為了維護西藏治安，工委決定對內地流竄到西藏的漢族違
法分子、盲流人員拘捕送往內地處理。隨後，在拉薩、日
喀則、江孜、亞東等地拘捕了四百五十六人。[64]

西藏僧官扎贊拉也回憶了這次驅逐事件：

中國〔政府〕夜裏調來車輛，那天早上突然行動，把那些〔藍
漢人〕聚集在一起，把他們趕出拉薩。第二天早上，所有的
攤位都空無一人；除了架子，人和東西都不見了。因此，
漢人有決心，辦事雷厲風行，不管有多少人，他們都已經
把事情安排好，並記錄好了人數，所以第二天早上〔他們知
道該怎麼做〕，所以一個漢人也沒有留下。就像掃地一樣；
一個人也沒留下來。[65]

貢布扎西和其他康巴人認為這預示着中國人有朝一日會對他們
做些甚麼，所以貢布扎西計劃在中國人有所行動之前，優先把四水
六崗轉移出拉薩。然而，在中國人不知情的情況下離開拉薩並不
容易，因為有幾千名四水六崗成員住在拉薩郊區租來的屋子和帳篷

裏。他們能去哪裏？中國人會試圖阻止他們嗎？貢布扎西做的第一件事就是推遲去甘丹青柯寺取武器的遠征行動。

離開拉薩

　　貢布扎西與其他康巴領導人，以及帕拉和孜本朗色林討論了在哪裏設立四水六崗基地的問題。朗色林是帕拉集團的一員，也是帕拉的好朋友。扎贊解釋道：

> 貢布扎西經常會見帕拉和朗色林……貢布扎西似乎在請教這兩位，主要是問帕拉，他說：「大人，對康巴人來說，最好的行動方針是甚麼？最好的路線是甚麼？」……所以他們想，「哦！如果他們〔漢人〕執行〔驅逐康巴人〕的計劃，那就糟糕了，肯定會在拉薩激起騷亂（འཁྲུག）。例如，漢人可能會說，『我們漢人去逮捕康巴人和安多人，但是他們向我們開槍〔，所以我們還擊了〕。』然而，不管是甚麼原因，最終結果，拉薩將會陷入混亂，達賴喇嘛的人身安全和政治局勢將被毀於一場戰爭。藏軍也將不得不出動，這糟透了。因此，如果拉薩變得如此動蕩不安，那就太過分了。」所以他們想了想，討論了一下，說如果康巴人離開拉薩可能會更好。他們認為，如果「強壯」的康巴人離開拉薩，婦女和兒童就不會被送回〔四川〕……
>
> 　　無論如何，恩珠扎薩〔貢布扎西〕諮詢了欽莫和朗色林，起初他們反復討論應該去哪兒。貢布扎西最初認為北方羌塘高原（བྱང）是個好地方，因為……那裏是一個空曠的地區，不管他們受到多少進攻，他們都有縱深可以撤退。那裏的天氣也太寒冷，漢人不容易來。至於食物，那裏有很好的〔馴養〕動物，即使他們去羌塘高原上非常荒涼的地

區，那裏沒有牲畜，但是仍然有大量的野生動物。因此，如果要進行游擊戰，在食物方面沒有問題。所以這是第一個計劃。所以最初的決定是去北方高原。安多寧布把去北方平原的計劃告訴我，他和貢布扎西以及其他人都在四水六崗。然後，欽莫（帕拉）大人說，「不要去那兒。如果你們去那裏，你們將無法和那些在印度的人建立聯繫。政府的武器是不能給你們的，如果我們必須從外國得到幫助，而你們在北方，空運後勤問題會比較難解決。因此，如果你們能在南部的某個地方建立基地，那將是非常好的，因為從印度空投會容易得多。」這就是帕拉和他們的內部討論，這也是為甚麼最後選中了位於南部的〔山南〕哲古塘（譯註：今措美縣）的原因。[66]

山南位於拉薩東南部，面積很大，土地肥沃。貢布扎西對山南非常熟悉，因為他上一年去過山南的許多地區朝佛。正如帕拉所說，這裏位置很好，因為它不僅比鄰印度（阿魯納恰爾邦〔譯註：中印爭議領土，中國藏南地區〕）和不丹，而且幾乎沒有中國軍隊駐紮在那裏。除了澤當的中國營地/指揮部有一些軍隊之外，村莊裏只有少數中國人進行調查和開發工作。[67]因此，四水六崗不必為控制該地區而戰鬥，而且由於那裏沒有公路，一旦他們建立基地，解放軍很難將部隊運輸到那裏攻打他們。

貢布扎西與其他康巴領導人討論了四水六崗戰士離開拉薩的迫切需要，各康巴領導人又與他們自己的士兵討論了這一問題。

在獲得各地區領導人的口頭同意後，貢布扎西在他家的佛堂召開了一次會議，以確保他們宣誓效忠起義組織四水六崗，遵守軍事紀律。[68]拉珠阿旺說，會議於藏曆2月18日（1958年4月6日）召開，[69]但一份中國檔案說，最後的宣誓會議於1958年4月20日召開。[70] 4月20日似乎更為正確，因為藍漢人4月1日被逮捕和驅逐出境，他們不可能這麼快、僅五天後就組織這一切。

拉珠阿旺在書中解釋了誓言是如何簽署的：

> 每個人都走進貢布扎西的甘珠爾佛堂，吃米飯，喝茶。隨
> 後，貢布扎西請昌都仲譯貢曲多杰宣讀〔他準備的〕誓言
> 中的要點。他讀完每一點，我們都在甘珠爾面前磕三個長
> 頭，每個人都把自己的印章蓋在名單下面。那些沒有印章
> 的人就做了標記或按了指紋。[71]

根據拉珠阿旺的記憶，誓言由七點組成：

1.　我們會全力反抗紅漢人入侵西藏。

2.　我們願意為了西藏的政教制度犧牲生命。

3.　我們完全遵守四水六崗領導人的命令。

4.　沒有馬和武器的人立即去買，保持警戒，時刻準備〔離
　　開拉薩〕。

5.　參加軍事行動 (དམག་དོན་ལས་འགུལ) 時，無論甚麼戰鬥，我一
　　定奮戰到底。

6.　對所有工作絕對保持秘密，小心謹慎，不告訴任何
　　人，甚至不告訴你妻子。

7.　每個人都必須起誓，在誓言書上蓋章或者按指紋。[72]

必須指出的是，正如前面提到的，出席會議的除了康巴人之
外，藏軍扎西代本團的兩名軍官作為「非正式」代表參加了會議——
格扎（格桑扎堆）和旺丹扎西。然而，到了宣誓的時候，他們被要求
離開，因為這個組織〔此時〕只屬於康巴人和安多人。[73]

貢布扎西現在轉而討論出發日期的問題，但這事可不簡單。在
藍漢人被逮捕和驅逐一個多月後，他們還沒有確定出發日期或撤離
戰略。然後，1958年5月20日（藏曆4月2日），貢布扎西收到了朗
色林的警告，告訴他要非常小心，因為中國人已經發現了他們團體
的計劃，他們正處於危險之中。貢布扎西相信這一點，但按照他的

習慣，每當他面臨一個重要的決定時，他都會諮詢他的保護神——雄天。5月26日（藏曆4月8日），貢布扎西和其他七八位康巴領導人前往〔位於哲蚌寺下的〕丹巴村，向雄天神的靈媒丹巴羅珠諮詢。靈媒進入出靈狀態、雄天神附身之後，他們問雄天神，貢布扎西和四水六崗應該留在拉薩還是離開。雄天回答（通過他的靈媒給出了神諭）說，「最好去南方。我將護佑恩珠倉施主〔貢布扎西〕的生命，直至6月11日〔藏曆4月25日〕為止，所以你必須制定計劃，在此之前離開。在那之前，我會保佑你的生命。」[74]因此，貢布扎西和數千名四水六崗的康巴人只有17天的時間安全離開拉薩。陪同貢布扎西去見神諭的拉珠阿旺回憶道，「聽到這個消息，每個人都很震驚，因為我們沒有計劃這麼快就離開。因此，我們必須迅速擴大和改進我們的計劃。」[75]此時，康巴各地的所有領導人都得到了通知，他們每個人都悄悄地準備在幾周後離開，屆時貢布扎西將向他們發出離開的信號。

　　貢布扎西決定四水六崗將在幾周內離開，引發了一個問題：阿塔和洛次應該怎麼辦？

阿塔和洛次隨貢布扎西離開

　　貢布扎西希望阿塔和洛次——以及他們的無線電臺——能和他一起去山南，這樣他就能和美國人溝通，希望能從美國人那裏獲得武器。但是他們兩個人不願意去，因為給他們的指示很明確：他們要待在拉薩地區，直到他們得到達賴喇嘛/西藏政府的答覆。阿塔解釋：

　　　　就在那之後，我們收到了貢布扎西〔的一條消息，上面寫着〕……「護法神〔雄天〕給了我們一條神諭，說你〔貢布扎西〕必須離開〔拉薩〕去南方，所以我們已經下定決心離開並

開始武裝反抗。我們不知道我們是否能夠成功，但除了發動一場軍事行動（དམག་དོན་ལས་འགུལ），我們別無選擇。西藏政府不能採取任何行動，所以如果我們自己不做點甚麼，總有一天我們會戴上漢人的手銬。因此，我們，四水六崗，決定最好還是離開，我們要走了。因此，你們兩個應該去問西藏政府，你們應該留在拉薩還是和我們一起去。我會陪着你們。我們三個一起去問西藏政府你們應該怎麼辦。」那是他告訴我們的。

我們回答說：「既然護法神〔雄天〕已經給出了這樣的神諭，既然你已經下定決心，我們兩個也許沒有必要留在這裏，但是〔，我同意你的看法〕，我們先和他們〔帕拉〕談談這件事。」所以第二天我們給格桑阿旺〔帕拉的連絡人〕發送了一條信息告訴他，我們明天會來見他。當我們見到他時，貢布扎西向他解釋說，「我們，四水六崗，已經諮詢了雄天，根據他的神諭，我們決定離開拉薩去山南。已經決定了，沒甚麼可想的了……如果我待在這裏，我沒甚麼用，總有一天我們都會被關到漢人的監獄裏。西藏政府官員和我們所有的康巴人都將被關進監獄……所以除了離開別無選擇……然而，那兩個人〔阿塔和洛次〕主要是被派去聯絡西藏政府的，所以如果政府有一些計劃〔正在進行中〕，那麼你應該讓他們留在拉薩地區〔與華盛頓通訊〕。如果沒有，那麼你們最好也討論一下他們應該怎麼辦。」貢布扎西就是這樣告訴格桑的。

然後我們〔阿塔和洛次〕告訴他同樣的事情，也就是說，一個小組被派到康區，而我們是專門被派到這裏與西藏政府聯繫的。我們被告知，西藏政府和所有西藏人民將採取行動反對中國，所以我們認為，如果政府採取行動〔，我們需要在這裏〕，所以我們來了，一直等到現在，等待回覆。然而，甚麼回覆也沒有。沒有指示也沒有計劃。

然而，如果你告訴我們你要做些甚麼，那麼我們必須留下來，因為我們必須完成我們被指派的任務。另一方面，如果甚麼都沒有；如果沒有計劃，那麼我們留下來也沒有意義，我們兩個將和貢布扎西一起離開。[76]

帕拉知道貢布扎西要離開拉薩，並且很清楚阿塔和洛次的問題會出現。出於安全原因，帕拉非常希望他們兩人離開拉薩，所以已經指示格桑阿旺讓他們和貢布扎西一起離開。格桑因此能夠立即回答：

「哦，是的！無論如何，走吧！我們甚麼也做不了……所以你必須和貢布扎西一起走。這是最後的話。」

問：他〔格桑〕是不是馬上就這麼説了？

答：是的。他沒有説他必須問別人。他只是直接就説了出來。

問：他們清楚地知道你們要去山南打仗嗎？

答：他們當然知道。我們告訴他們，我們將參加戰鬥，反抗漢人。[77]

然而，阿塔仍然擔心如果他就這麼離開，美國人會説些甚麼，所以他要求格桑阿旺給他一封信，説他可以離開拉薩。阿塔回憶道：

所以我説，「古俄〔大人〕，因為這是您的最後命令，請以書面形式交給我們。大管家帕拉指示我們與你會面，所以無論你給我們下甚麼命令，我們都需要把這一信息發送給派我們來的人。」所以我們收到一封書面的信件，説我們可以離開拉薩。[78]

貢布扎西還與帕拉進行了最後一次私下會談，討論阿塔和洛次的事情。貢布扎西告訴帕拉，中情局一年來一直告訴兩名藏人，他們需要西藏政府的回答，所以他們需要一個答案。帕拉反過來告訴他，「我不能對你説政府會給出答案，但根據我自己的觀點，我個人希望第三次世界大戰爆發。除此之外，我不能對你説任何關於西藏

政府的觀點——西藏政府能夠這樣或那樣反對中國。」帕拉還囑咐貢布扎西好好照顧洛次和阿塔，並利用他們做任何需要的工作。[79]阿塔在對四水六崗領導人的評論中詳細闡述了帕拉所説的話。這位領導人回憶：「西藏政府讓他要求美國打第三次世界大戰。」對此，拉珠評論道，「很可能，他們是在暗示，沒有這一點，我們就無法對付他們〔漢人〕。」[80]

考慮到拉薩的這種態度，阿塔和洛次給華盛頓發了一條電報，解釋説他們想離開拉薩，和貢布扎西一起去他的新叛亂基地；但他們首先問貢布扎西，如果美國人得知，在等待了這麼長時間的答覆之後，他們的特工甚麼也沒有得到，即使他們再等下去也不會得到答覆，美國會怎麼想。阿塔猶豫着要不要説清楚，帕拉和達賴喇嘛拒絕答覆他們是否有反對中國的計劃，也拒絕答覆他們是否想要美國的援助。阿塔和洛次擔心，如果他們不手下留情，而是如實發報，這將在美國產生不好的反應，所以他們想知道是否應該試着傳達一些希望給美方，説達賴喇嘛可能仍然會積極回應。貢布扎西告訴他們，應該如實彙報西藏方面的真實回應。[81]阿塔説：

> 我們立即給美國發了一條電報，説：「我們要離開拉薩。他們〔達賴喇嘛／帕拉／西藏政府〕説他們沒有計劃，並讓我們和貢布扎西一起走，所以我們要離開。」對此，他們〔美國人〕回答説：「好吧。請便。請告訴我們南方的情況，以及你們有甚麼計劃或目標。」[82]

於是，在中國人的眼皮底下，1,500到2,000名武裝康巴人大批離去。這是第5章的主題。

四水六崗在山南

四水六崗離開拉薩

安排大約1,500到2,000名武裝康巴人永久撤離拉薩的計劃不那麼容易。貢布扎西擔心，如果中國人看到幾乎所有的康巴男性帶着槍枝和馱畜離開拉薩，他們可能會採取干預行動，試圖逮捕他們，就像幾個月前他們對藍漢人所做的那樣。為了減少這種可能性，他指示康巴人分成50至100人的小組，採用不同的出城路線，在10或20天內錯開出發時間。他指派拉珠阿旺留下來通知不同區域小組何時該離開，並確保他們遵守時間表。

與此同時，貢布扎西也不想讓中國人得知他們的最終目的地，因為他擔心對方可能在他建立新基地之前在那裏襲擊他們。為了防止這種情況，他沒有告訴即將離開的康巴人他們要去哪裏。相反，他們只被告知將去山南，當他們到達雅魯藏布江邊的一個渡口時，他會留下消息，告訴他們具體的最終位置。

貢布扎西選擇了哲古塘作為四水六崗的基地。這是山南的一個偏遠牧場，離隆子宗不遠（見地圖3）。1956年，當他去扎日和白瑪崗朝佛的時候，曾穿過這片地區，認為這兒很理想，因為這裏有適合牲畜的優良牧場，而且靠近印度邊境。附近沒有解放軍駐軍，也沒有解放軍可以快速到達的公路。因為這是一片遊牧地區，沒有農

田，所以他不用擔心四水六崗的數千匹馬和馱畜食用或者踩踏當地的莊稼。

貢布扎西必須第一個離開，但是他懷疑中國人在監視其行動，所以他採取了特別的預防措施。他沒有像四水六崗的其他人那樣和許多馱畜一起騎馬離開，而是穿着城市服裝獨自騎着摩托車離開了。當時正值藏曆年最神聖的（藏曆4月）薩噶達瓦節，所以他告訴人們他要去旅行一天，到位於拉薩河南岸直村（ཞོལ，音譯直，地名，譯成直村）的策覺林寺（譯註：也稱次角林寺）去念經上香。另一邊廂，貢布扎西提前派同伴帶着他的背包和馬匹離開，幾天後他從中國人新建造的古如橋上穿過了拉薩河。許多拉薩人在薩噶達瓦節期間朝佛，所以他認為如果有人跟蹤他，這不會引起懷疑。一旦到達直村，貢布扎西知道他可以毫無問題地穿過通往南方的山口，前往並穿過雅魯藏布江，雅魯藏布江的另一邊就是山南。

然而，穿過古如橋是一個危險的環節，因為與拉薩其他地方不同，中國軍隊在橋的兩端都設立了由人民解放軍武裝士兵把守的崗哨，實際上那裏發生了兩宗眾所周知的槍擊事件。貢布扎西並不認為會有任何麻煩，但為了以防萬一，他在橋的兩邊各派駐了幾名武裝的理塘康巴人做「臥底」，並命令如果解放軍試圖阻止他，就進行干預。如果在逃亡中有必要的話，他打算用槍開道。

貢布扎西於1958年6月2日〔藏曆4月16日〕清晨離開，正如他所預料的那樣，過橋去直村沒有遇到任何困難。[1]在那裏，他和大約十個理塘同伴會合，他們帶來了他的馱畜和坐騎，在朝拜寺院之後，他轉而騎馬向南前往山南。

拉珠阿旺留在拉薩，並策劃了其他地區小組的撤離。給他的指示是，只有在最後一批離開時才離開。在接下來的兩個星期裏，出發計劃進展順利，大約1,500名康巴人都沒有遇到來自中國人的任何麻煩。武裝康巴人帶着牲畜一天天地離開拉薩，中國人似乎對此熟視無睹。康巴人最初感到驚訝，但隨着中國人的「不作為」變得越

來越明顯，離開的過程逐漸從小心翼翼的隱蔽轉變為隨隨便便的公開，正如拉珠阿旺回憶的那樣：

> 早些時候離開的人有點偷偷摸摸的，但後來〔發現〕漢人只是放任他們離開……事實上，後來人們〔不再保密〕，妻子和孩子來為〔即將離開的〕騎手送行，給他們帶來了西藏青稞酒〔羌〕和哈達。即將離開的康巴人告訴他們的妻子不要哭，他們的孩子不要擔心。所以後來當他們離開的時候，所有行為都……公開進行。[2]

拉珠阿旺補充説，回想起來，這很奇怪，他説，「如果我們一離開，他們就馬上消滅我們，我們就無法組建這個部隊。」[3]當然，拉珠阿旺和康巴人不明白，這是因為毛澤東此時的西藏政策是解放軍**不要**繼續進攻，處理康巴「問題」是噶廈的責任。這一觀點將在第6章中詳細討論。

隨同四水六崗康巴戰士一起離開的還有四名扎西代本團的號手，他們是應貢布扎西的要求秘密派出的，[4]還有一名中國炮兵軍官姜華亭，他不久前叛逃到扎西代本團，隨身攜帶步槍、手槍和100發子彈。參與此事的扎西代本團甲本（譯註：藏軍官職，管125名士兵，相當於連長）格扎解釋了叛逃發生的情況。

> 林卡薩巴（譯註：意為新公園）管家的女兒在姜華亭〔駐紮在那裏時〕遇到了他……他們向部隊申請結婚許可，並得到了批准，但大約在那個時候，舉行了秘密會議，會上〔其他漢人官員〕説，姜華亭喜歡藏人，他的妻子是藏人，這不好，所以他應該被清理乾淨。「清理他」意味着幹掉他。有人把這件事告訴了他，所以他告訴妻子，如果我再留下來，事情就不妙了；並問她哪裏是藏身的好地方。她説她甚麼都不知道，但她認為如果他去扎西代本團，他們不會把他交出來。她還説她在那裏有一個親戚叫洛桑云登。所以他們確定了那個計劃……

　　後來，有一天姜華亭說他想去看電影，於是他和他的勤務兵騎馬〔去了劇院〕。這個勤務兵有一支步槍和一支手槍。在路上，他告訴他的勤務兵不要和他一起去，因為那天晚上他要和妻子待在一起。如果他們就此分手的話，也許就可以了，但是他讓勤務兵給他步槍和子彈。因此，勤務兵認為有些事情不對勁，所以他告訴軍區辦公室。該辦公室隨後給〔其他單位〕打了電話。所以當姜華亭騎馬到布達拉宮後面時，他看到一輛吉普車朝他開來。然後他看到另一輛吉普車從扎西那邊開來。有三輛吉普車從不同的方向開來。他的馬訓練有素，所以他和馬都藏到河裏。吉普車經過後，他離開了河水，來到了我們扎西代本團的總部/營地……當時，我們有八名哨兵和一名協俄（ཨབ་ཚོ）在那裏值班。大約晚上10點左右，他來敲我們的門。我是……一名甲本，所以哨兵過來告訴我，一個漢人來了，他正在做這樣這樣的事情，我該怎麼辦。我馬上……去報告給我們的如本（རུ་དཔོན，譯註：藏軍官職，管250名士兵）旺登……說發生了這樣這樣的事情，那我該怎麼辦？如本旺登說……帶他進來審問一下。所以我們把他帶了進來，關上大門，告訴哨兵和協俄，如果這件事的消息洩露出去，你們將受到責備，我們將懲罰你們。然後我們把那個漢人帶到如本的房間……。我們的軍號手懂漢語，所以我們叫他進來，他翻譯並告訴我們……〔上面的故事〕，然後姜華亭說，「請保護我……然而，如果你不能保護我，那也不要把我交給漢人——殺了我吧。」……姜華亭妻子的親戚云登被叫來，他證實這名漢人士兵確實是他親戚的丈夫。第二天，我們把洛桑云登送到女孩的家，他說那兒全是漢人，他們正在到處搜查。[5]

　　關於如何處置叛逃者，扎西代本團軍官說他們必須諮詢護法神（སྐུ）和喇嘛。於是他們諮詢護法神扎基拉姆，並請一位名叫貢如肯楚的喇嘛占卜。這兩者都說留住這個漢人

逃兵是件好事，他們就這樣做了。這是在他們通知他們的代本扎西白拉之前。當他們通知他時，扎西說要按照神和喇嘛的預言去做，但他也說，與其把他留在團裏，不如把他送到貢布扎西那兒，所以下一步是和貢布扎西聯繫，把姜華亭轉移到那裏。與此同時，在團營地下面有一個叫扎基寺的小寺院，裏面有一名喇嘛，團裏和他很親近，所以第二天晚上他被帶到扎基寺，並留在那裏，直到同貢布扎西安排好帶他去山南。[6]

在審訊過程中，姜華亭詳細解釋了中國人民解放軍的炮兵陣地和〔在發生戰爭時〕炮擊拉薩的計劃。他實際上畫了一張所有軍營的地圖，士兵的數量，加上部隊首長的姓名和他們擁有的武器數量。[7]扎西白拉代本告訴帕拉關於中國叛逃者和他交代的解放軍計劃，帕拉隨後告訴達賴喇嘛，達賴喇嘛回憶說：

在這段時間裏，漢人羅桑扎西〔這是貢布扎西給姜華亭起的藏語名字〕……去了扎西代本團。在那裏，羅桑扎西對扎西白拉代本說……在拉薩挑戰漢人〔是可能的〕。他說拉薩的漢人是可以對付的，但〔對此最重要的是〕拉薩南部〔直村〕的炮兵團。必須首先消滅它。剩下的就好對付了。摧毀那個炮兵團會有一些困難，會有相當多的傷亡，但是必須作出這種犧牲……然而，他到底是自己說的，還是漢人派他來的，是我們必須回答的問題。我們不會知道的，對吧？對此作出判斷是非常危險和困難的，對嗎？欽莫〔帕拉〕親自告訴我的……他說，「就在昨晚或前天晚上，兩個漢人來找扎西白拉〔實際上是一個〕」……

所以那時，……根據他所說的，如果我們與漢人作戰，有迹象表明我們是可以抵擋的。這就是他所說的。然而，我們不能肯定〔這一點〕……我們無法作出判斷……我不僅沒有勇氣，而且也不認為會有積極的結果。不管怎

樣，這兩個漢人被交給恩珠倉·貢布扎西，他們帶着他一起去了南方。[8]

然而，正如第14章所見，在1959年，帕拉和藏軍沒有根據羅桑扎西的信息採取行動，正如他所指出的，駐紮在直村的炮兵團摧毀了拉薩的藏人守軍也就不足為奇了。

拉珠阿旺回顧貢布扎西的決定：

> 當他們〔扎西代本團〕問貢布扎西是否能照顧他時，貢布扎西諮詢了護法神雄天，他說漢人士兵會有所幫助，不會造成任何傷害，所以留着他是件好事……這名漢人是一名炮兵指揮官，他知道漢人為拉薩戰爭所做的一切準備。〔回想起來，〕他真的告訴了我們關於他們準備工作的事實，他準確地描述了布達拉宮、拉薩、哲蚌寺、色拉寺和羅布林卡遭受炮擊的各種方式。他告訴了我們〔解放軍的〕所有計劃。他被關在扎基拉姆 (ㄅㄨ·ㄋㄟ) 寺裏，直到我們離開。[9]

拉珠阿旺解釋他最終是如何離開拉薩前往山南的，這說明了全部四水六崗戰士的整個離開過程：

> 在我送出所有的消息後，我離開了拉薩……約有42名來自理塘的騎手，以及丹巴羅珠小隊的約30名〔來自察瓦龍巴地區的〕騎手，還有約20名來自阿布繞杰小隊的騎手。我們總共有100多名騎手。我們去〔北部〕通過納金電站〔到達彭波〕並穿過直貢（譯註：也稱止貢）地區的河流淺水區，然後我們經過甘丹寺並在絨魯康渡口穿過雅魯藏布江。當我們到達絨魯康時，有一條消息在等着我們，讓我們去哲古塘。在渡口，有一些來自德格和結古都（譯註：今玉樹）的騎手也要去哲古塘……。那時，〔哲古塘〕大約有1,300至1,400名騎手。所有人都住在湖 (ㄅㄧ·ㄍㄨㄥ·ㄇㄈ，音譯哲古措) 邊的帳篷裏。阿塔和洛次也在那裏。[10]

新的軍事基地

正如第2章所討論的那樣，貢布扎西明白，康巴人成功抗擊中國人的最佳機會是把所有不同的康巴小集團組織成一支統一的部隊，在離開拉薩之前，他說服拉薩的其他康巴領導人成立一個新的軍事組織，該組織將擁有單一的層級軍事指揮結構和統一的指揮鏈。然而，人們認為不可能建立一支西式的綜合部隊、將來自不同地區的康巴人混合一起組成新的多族裔部隊。傳統上，康巴人對地方區域和頭人的忠誠過於強烈，因此戰鬥部隊按照各地區來組織的，例如，有一個理塘團和一個德格團。另一方面，所有這些軍團都由新軍事總部的少數高級軍官指揮。

當各個康巴小組到達哲古塘時，第一項任務是編制一份名單，列出每個地區有多少騎手，以及每個地區小組中有哪些知名人士。根據這次普查，最初成立了18個地區團，每個團有100至150名騎手/戰士。有些康巴地區的人數不夠一個單獨的團，則被安置到其他某團。在內部，這些團使用藏軍的字母編號系統來排編號，例如噶（ཀ）當團、卡（ཁ）當團等。由於不斷有新人來，團的數量隨着時間的推移而變化。如上所述，每個團由一名指揮官領導，藏語叫瑪基（དམག་སྤྱི，也譯為司令）；他是由該地區所有戰士選出的，例如來自德格的所有戰士從德格人中選出一名指揮官。像藏軍代本團一樣，每個團都有子單位，比如100名戰士組成叫甲校的連級單位，然後是更小的單位。此外，一些騎手較多的地區，如理塘、鄉城和巴塘，有兩個瑪基，例如理塘團最初有183名騎手和兩名瑪基。這18個團被組織成兩個更高級別的「翼」：一個「左翼（གཡོན་རུ，音譯雍如）」，和一個「右翼（གཡས་རུ，音譯葉如）」，每翼由各團指揮官和貢布扎西挑選的一名副總司令領導。領導這兩翼的副司令被稱為「右翼司令（གཡས་རུ་དམག་སྤྱི，音譯葉如瑪基）」和「左翼司令（གཡོན་རུ་དམག་སྤྱི，音譯雍如瑪基）」。

圖3　四水六崗戰士，1959年。
(達蘭薩拉) 西藏博物館 (Demton khang Center) 攝影檔案館惠賜。

　　貢布扎西的親密夥伴、31歲的拉珠阿旺被選為右翼司令，來自鄉城的隆培楚臣被選為左翼司令。在他們每個人下面，都有八個或九個〔團〕。總司令貢布扎西領導着所有的團和聯隊。

　　軍事基地還設立了一些辦公室來處理非軍事問題，如秘書處、供應處和軍械處。這些辦公室的負責人是名為佐津的官員，傳統上，佐津這個詞指的是一個家庭或寺院的「監護人」。例如，新任達賴喇嘛的家人從貴族那裏得到一兩個佐津來幫助他們過渡到拉薩的生活，一些寺院扎倉和康村也有貴族佐津來幫助他們與政府機構打交道。在哲古塘，佐津是由指揮官們從富裕的、受人尊敬的康巴人中挑選出來，這些康巴人年紀太大，不適合打仗 (通常在50歲到60歲左右)。這些人已經是重要的地區人物，其中大多數人在拉薩時就已經與貢布扎西一起開展四水六崗的規劃。

　　四水六崗還制定了一份軍規 (དམག་ཁྲིམས)。其中包括27條關於戰鬥和對待當地米色 (農民) 藏人的規章制度。值得注意的是，它還把

其名字從「四水六崗」改為「衛教志願軍（དང་བྱུངས་བསྟན་སྲུང་དམག་སྒར་）」，因為四水六崗這個名字僅僅包括東部藏人，而這場叛亂現在被視為所有藏族地區的運動，新名字表示該組織是一個歡迎和包容所有藏人的組織。正如前文中看到的，最初，當貢布扎西派27名年輕的理塘人去噶倫堡尋求武器和訓練時，他們的想法是帶着武器返回他們的家鄉理塘，其次是在康區，而不是在衛藏。同樣，當四水六崗組織正式成立時，貢布扎西不想讓參加會議的軍官等衛藏人在保證書上簽字，實際上還讓他們在簽字時離開。然而，在印度的哲堪孜松強烈認為叛亂需要整個西藏的參與才能成功，中情局同意了。貢布扎西此時也接受了這樣一種觀點，即將到來的叛亂包括衛藏人和東部藏人在內，這在意識形態和實踐上都是有意義的，因此他們創造和使用了這個新名字。雖然有了這個新的包容性名稱，它仍然幾乎完全是一支康巴／東部藏人部隊；這實際上只是四水六崗以一個新的名字運作。可是以象徵性而言，這是建立一個新的泛西藏民族身份的第一個具體步驟，這個身份將在1959年後流亡時發揚光大。

　　1958年6月16日，在哲古塘舉行了為期五天的會議之後，四水六崗舉行了一次大型軍事慶祝活動，標誌着他們的軍事基地正式成立。拉珠阿旺對此描述如下：

> 6月16日，貢布扎西在我們煨桑的時候發表了講話，宣布了四水六崗佐津和軍事指揮官的名字。我們為慶祝活動做了精心準備，山南各宗、莊園和寺院的代表參加了會議……恩珠金達〔貢布扎西〕發表講話後，寺院的代表也發表了講話。[11]

　　四水六崗此時在雅魯藏布江以南的一個安全的地方建立了自己的軍事基地。為了讓游擊隊能夠有效地對抗訓練有素、裝備精良的解放軍，貢布扎西知道他需要更多更好的武器，尤其是彈藥。因此，正如我們所看到的，貢布扎西在拉薩時做的第一件事，就

是敦促經商的戰士們用個人資金為自己在拉薩購買所能找到的最
好的武器、馬匹和彈藥。結果，來到山南的康巴人通常帶着步
槍、手槍、一兩匹馬和幾百發彈藥到來。然而，由於這些是私人
武器，它們在品牌、品質和威力上各不相同，而且每個康巴人攜
帶的彈藥數量差異很大。雖然在拉薩可以買到手槍和步槍，但是
人們買不到布倫槍和斯登衝鋒槍，更不用說機關槍、迫擊炮和其
他更現代化的武器了。有些武器可以從戰場上獲得，但從四川戰
鬥中吸取的教訓之一，是在激烈的戰鬥之中彈藥會很快耗盡。此
外，一些來自青海的僧俗民眾已經開始陸續志願加入，但他們大
多沒有攜帶任何武器。

　　貢布扎西也明白，如果要發動大規模起義，他麾下的戰鬥人員
相對較少。在轉移到山南的時候，只有大約1,500至2,000名戰士，
還不清楚還有多少康巴人會從四川來，更不知道他們甚麼時候會到
達。因此，貢布扎西在離開前與帕拉和朗色林討論的另一個想法
是，需要提升農村藏民僧俗的民兵組織。當然，這些人也需要武
器，因為衛藏文化不是以槍為導向的，山南的農民家庭一般不擁有
武器，也不知道如何射擊。拉珠阿旺對此評論說：「我們對此抱有很
大希望。如果我們有武器，我們可以在山南把成千上萬的〔藏民〕武
裝起來。如果我們有武器，他們都願意加入。但是如果我們沒有武
器，我們能做甚麼呢？這一切都沒用。」[12]

　　出於所有這些原因，貢布扎西的首要任務，是獲得帕拉所說的
甘丹青柯寺的政府軍械庫的武器，因為這些武器可以裝備一個500
人組成的團。這在短期內會有很大幫助，從長遠來看，貢布扎西希
望在阿塔和洛次的幫助下，美國將很快開始供應武器和彈藥。

　　貢布扎西從甘丹青柯寺取槍的計劃很簡單。他會帶着哲古塘中
素質較好、一半的戰士（大約700人），迅速去青柯寺奪取槍枝，然
後立刻返回山南。他認為這可以在兩三周內完成。此後，他將專注
於策劃針對漢人的叛亂活動，並開始進攻。這個計劃的關鍵是避免

在前往青柯寺途中遇到解放軍，所以他下了嚴格的命令，除非受到直接攻擊，否則不得與任何漢人交戰，如果任何戰士聽說附近有漢人，他們應該避開，而不要去進攻。

　　貢布扎西也擔心安全，所以他沒有公開討論他正在組織一支部隊去奪取武器，只有他最信任的顧問小組知道這一點。甚至不是所有的指揮官都知道這一點。取而代之的是，貢布扎西公開談論了一項計劃，他稱之為巡視（ར་སྐོར），他將帶領一半的戰士，考察被稱為羌塘的廣闊的北方遊牧地區，以評估其作為後備基地的潛力。與此相一致，他稱這支部隊為「北方軍」（བྱང་སྒེ）。[13]

　　然而，貢布扎西的計劃引起了他最親密同事的強烈反對，他們不同意他親自領導這支探險隊的決定；他的大部分心腹認為，他應該留在基地維持秩序。圈內人士之一拉珠阿旺回憶：

> 我們説貢布扎西不應該去青柯寺，而應該留在主力團，把我們送到他需要我們去的地方……但是貢布扎西擔心，除非他領導（控制）這些康巴士兵，否則他們不會善待沿途的農民。他還覺得，既然是他和帕拉討論了取槍的問題，最好是他去那裏和控制軍械庫的僧人們談談。因此，貢布扎西堅持他親自上陣，並任命三位〔著名的〕佐津〔姜雜群則、夏格・南嘉多杰和安多・金巴嘉措〕當他不在時負責。[14]

　　在事態發展的同時，阿塔和洛次從哲古塘向美國發送報告，告訴蘭利有多少戰士在那裏集合，以及他們是如何組織的。[15]他們還從貢布扎西那裏發出了一份對武器彈藥的緊急請求，並補充了他們自己的建議，即批准該請求。他們從華盛頓得到的反應出乎意料：阿塔應該立即前往加爾各答。他回憶道：

> 我們給美國發了一封電報，告訴他們，現在我們已經創建了這個團，我們正在對漢人發動戰爭，我們請求他們送武器來。但是他們沒有送來任何武器。美國人告訴我們，他

們〔四水六崗〕必須把他們的戰鬥計劃（包括他們需要的東西）發給美國人，美國人希望我帶着這些計劃來。[16]

真正的原因是蘭利想聽取阿塔的彙報。在華盛頓，儘管被達賴喇嘛拒絕，美國人還是傾向於提供武器，但需要讓他們自己放心，確實有東西可以支持。他們需要阿塔到來更詳細地解釋，而不是他和洛次從山南的四水六崗發來關於西藏發生的事情和叛亂分子有甚麼計劃等這些簡短通訊。因此，在作出有關武器的決定之前，有必要將阿塔帶到加爾各答聽取彙報。接着，阿塔立即取道亞東/錫金前往印度。在路上，中情局讓他在大吉嶺會見嘉樂頓珠，然後和嘉樂一起繼續前往加爾各答。如前所述，阿塔也被指示帶着四水六崗的計劃，其中列明他們想從美國得到的援助。實際上這有些問題，因為貢布扎西和其他康巴最高領導人對何種武器有用、完全沒有現實的理解，正如阿塔所解釋的：

> 當時，我們兩個〔洛次和阿塔〕制定了一個計劃。〔然而，〕貢布扎西告訴我們，他們想要很多東西和一些大東西。我告訴他，你們不應該提這樣的〔大〕東西，但他們不同意我們制定的計劃，所以我讓他們制定自己的計劃。當然這也不能責怪貢布扎西，因為他沒有受過任何軍事訓練。他只是個商人……
>
> 問：你説大東西是甚麼意思？
>
> 答：他們説想要榴彈炮。但是榴彈炮實際上需要一輛卡車來運輸，而一枚榴彈炮炮彈相當於一隻牲畜負載的重量，所以我們怎麼能攜帶這些東西呢？當我告訴他們我們不能使用這種武器時，他們説如果我們沒有這種武器，我們就無法對付漢人。我向他們解釋，我們的士兵是步兵，所以我們的武器必須能夠隨身攜帶或由馬匹馱載，他們堅持説他們想要一些大東西。然後我告訴他們，「你們制定自己的計

劃，我們兩個人將制定一個計劃，我們可以一起提交，由他們〔美國人〕決定怎麼辦。」[17]

　　阿塔説，他和洛次花了三天時間根據中情局在塞班島教他們的游擊隊叛亂技術，寫了一份26頁的武器、物資和訓練援助計劃。貢布扎西同樣代表四水六崗提出了美國援助請求，由於擔心洩密，他沒有告訴組織中的成員向美國提出的請求。於是，他和五六個親信寫了一份計劃書，其他成員對這種具體的美國聯繫一無所知。[18]阿塔隨後帶着求援計劃書前往印度，按照指示會見了嘉樂頓珠和中情局官員。[19]洛次被指示留在山南，與中情局保持聯繫，但出於安全原因，他被告知不要留在哲古塘的總部。阿塔解釋道：

> 我們接到美國的命令説，「你們不應該和貢布扎西待在一起……沒人應該知道你們在哪裏。」……如果我們留在團裏，在漢人攻打他們時把我們倆殺掉，通信就斷了。因此，我們兩個穿着普通戰士的破爛衣服，像秘密特工一樣，〔與他們〕分開了。[20]

　　中情局在蘭利的西藏項目主管官員弗蘭克．赫羅伯解釋了中情局召回阿塔進行面對面彙報的原因，以及為甚麼派他去印度進行彙報。

> 實際負責中國事務的查理．懷特赫斯特（Charlie Whitehurst）……堅持要我親自去。他們感覺到……這需要一個詳細的彙報，他們覺得〔領事館的〕霍斯金斯無法做這麼詳細的彙報。霍斯金斯在遠東分部的項目上工作，並被借調到這個〔西藏項目中〕，所以他並不了解我們真正在做甚麼以及我們為甚麼要這麼做。我很高興親自去了。我得到了很多材料。不僅僅是有關那些人到底發生了甚麼，而且當我們想要擴大這個項目的時候，我們想知道他們進入西藏後，他們能夠如何行動，他們安全程度如何，所有這些開展一個

像樣的培訓項目的氛圍。我們認為這是一個更大項目的開始……[21]

與此同時，在哲古塘，就在貢布扎西帶着他的部隊前往甘丹青柯寺的前一天，他召見了洛次。

貢布扎西派了一個僕人叫我去，所以我就去了那裏，我對他說：「我從別人那裏聽說，你已經決定要親自去甘丹青柯寺取些武器。」貢布扎西很驚訝，他說：「當我們談到這件事的時候，在場的每個人都發誓〔保守秘密〕，但〔顯然〕這沒甚麼用。」

貢布扎西已經備好馬鞍〔準備離開〕，然後跟我說，「我現在就走，所以請把你的兩把機槍〔斯登衝鋒槍〕借給我。」[22]

洛次對貢布扎西的計劃有所顧慮，並告訴他，帶走這麼多兵力是一個錯誤，帶着四水六崗的兩名漢人逃兵也不對。洛次說：

「我很失望你〔貢布扎西〕沒有早點告訴我這件事。阿塔現在不在這裏，就我一個人。我認為從甘丹青柯寺那裏得到所有的武器是件好事，但是〔應該〕逐步地、秘密地去拿。然而，既然你已經決定去，馬鞍都備好了，我就沒有甚麼可說的了。如果你僅僅只搶劫（ཪྐུ）西藏政府的軍械庫，那會怎樣？此外，接納漢人叛逃者將給我們帶來更多困難。」

〔貢布扎西說：〕「我們帶着這兩個漢人一起去，因為他們擅長閱讀地圖，也擅長用炮。」〔洛次〕回答，「我們的組織立足未穩。如果我們能讓它穩定、強大、良好，那麼我們就能逐漸〔得到這些槍〕。」但是貢布扎西根本聽不進去。所以我說，「你現在去甘丹青柯寺獲取武器的征程將會摧毀我們在哲古塘的組織。」貢布扎西對此說，「別擔心我。從現在開始，阿洛達瓦會作為我在哲古塘的代理。所以無論

你有甚麼事，請和他談。」然後他向我介紹了阿洛達瓦。他還說，「如果我們能很快回來，只需要12天，如果我們被耽擱了，需要21天才能回來。與此同時，洛次，你不應該留在這裏，而應該去錯那，那兒更安全。請保持警惕。」我告訴他，「不用為我們擔心，因為留下來的是婦女、老人和兒童。漢人會盯着你，因為你是頭，你帶走了所有優秀的武裝戰士。你要當心。」我把兩支斯登衝鋒槍給了他，然後他們都走了。[23]

貢布扎西的核心圈子也向他強烈表達了對於把兩名漢人逃兵帶到青柯寺的擔憂，因為他們不信任漢人。叛逃者羅桑扎西的故事前面已經講過了，還有第二個逃兵叫陳柱能（藏語名丹巴達杰）。他是一名解放軍士兵，曾在河南倉庫擔任守衛。[24]他畢業於重慶步校，因為與一名藏尼混血的女孩發生了性關係而逃往四水六崗。當他聽說自己將受到懲罰時，他帶着武器逃跑，投奔貢布扎西的叛軍。貢布扎西相信他的故事，並且如上所述，想要帶着他去。[25]因此儘管受到批評，貢布扎西還是不肯讓步。

貢布扎西堅持要帶走漢人逃兵，所以他只得拒絕中情局的要求——把第一個叛逃者羅桑扎西送到印度彙報。洛次回憶：

> 我〔給中情局〕發了一些信息後，得到的回答是：「把漢人羅桑扎西送到這裏，並支付他的旅費。」因此，我兩次把這件事告訴貢布扎西，但他說，「我不會把他送到那裏。他對我有用，所以我要帶着他。」所以我發了一條無線電報，說貢布扎西不想送他去。我從未收到中情局對此事的答覆。[26]

8月15日，貢布扎西終於帶領大約700名騎手，也許還有多達幾千頭騾子和馬匹離開了哲古塘。這是四水六崗的第一次行動，雖然貢布扎西認為他可以在不驚動中國人的情況下完成，但他大錯特錯了。這個故事將在第6章中討論。

與此同時，阿塔抵達印度，並向赫羅伯做了彙報，赫羅伯為此專程飛往加爾各答。

阿塔的彙報

阿塔從亞東的中國檢查站——仁欽崗過境到印度，然後去大吉嶺會見嘉樂頓珠。他回憶道：

> 我把貢布扎西制定的計劃交給了嘉樂頓珠。他笑着對計劃做了一些修改。然後嘉樂頓珠給土登寧吉打了電話⋯⋯讓他修改計劃，因為他的藏語很好。但是，這個計劃做得並不好。畢竟，我們〔阿塔和洛次〕制定的計劃是根據我們受到的訓練完成的。

問：你給嘉樂頓珠看過你的計劃嗎？

答：是的，但是他說，「你不需要給我看這個，因為你要去那裏，你可以把它交給他們。然而，如果我不對貢布扎西的計劃做些改變，那就不好了。」然後他在計劃中砍掉榴彈炮。如果他們沒有卡車和良好的公路，他們怎麼能讓榴彈炮穿山越水呢？[27]

然後這兩個人和嘉樂頓珠的秘書/助手拉莫次仁一起去了加爾各答。拉莫次仁和達賴喇嘛的家人一起從安多來，漢語說得很流利，所以他將擔任翻譯，因為赫羅伯漢語不錯。赫羅伯解釋了他是如何進行彙報的：

> 我聽取彙報的風格是非常詳細地了解所有事情。幾乎逐日記錄他們去了哪裏，看見了誰，他們怎麼四處走動，他們能和誰交談而不引起懷疑。〔磁帶上有幾個聽不清的單詞〕它非常詳細，我都不記得了。他和帕拉的談話。〔幾個聽不

清的詞〕我發現拉莫次仁的漢語口語和書面語都很好，所以在和他交談時，我用漢語，他用藏語提問。這個過程很慢，所以後來，一旦他了解到了我想要的大量細節，他會花所需要的時間——四、五、六個小時——採訪阿塔，然後他會用漢語寫下答案。我來〔只是簡短地見他們一面，取走這些筆記〕。這並不容易。我們覺得印度人非常敏感，正在監視我們，所以我們盡一切努力避開視線；我們不得不欺騙他們，所以我躲在汽車後座，這樣就沒人會看到我去他們進行彙報的安全屋……我會拿走拉莫次仁寫下的幾頁紙，然後回到領事館翻譯一整天。然後，如果我有問題，當我那天晚上回去〔安全屋〕的時候，我會把翻譯補充完整。

我把所有的事情都記錄在這些長長的稿紙上，並留了一份副本給加爾各答領事館的中情局官員約翰·霍斯金斯（John Hoskins），同時我用電報發送了要點。每天發送兩三頁。我把這些底稿都拿回來，心想我會把整件事都用打字機打出來，包括名字啊等等。與此同時，懷特赫斯特被人頂替了，這件事一定發生得很倉促，新來的傢伙〔這幾句話聽不清；他想不起接任者的名字〕不管怎樣，我還沒有把這些筆記打出來。〔懷特赫斯特的接任者〕認真閱讀那些帶有譯文的非正式筆記，讀了幾頁後，他全神貫注於此，我幾乎不得不從他手中奪走。我說，等我把它們都打好。但是我很忙，從來沒空。所以現在只有我發的那些電報。那些原稿——我真的很抱歉，我沒有留一份。它們現在真的是非常寶貴的。——但是它們可能在某個地方的某個文件櫃中，而且電報肯定是記錄的一部分。[28]

阿塔的回憶與赫羅伯的相似：

他們讓我詳細告訴他們從我被送走到我們到達加爾各答的一切。他記錄了我所做的一切，甚至包括我遇到的人。他

還詢問了我們發送的所有無線電報。然後他問我們的想法，所以我把一切都告訴了他。當他要求我對這些計劃書發表意見時，我照辦了。總共花了大約10到12天。我們休息了一天。他說，看了這些計劃書後，他認為我們的計劃書〔比貢布扎西的〕更好，也許可以在此基礎上尋求幫助，但他說，他必須與他們的政府協商，因為他自己無法決定。他說他將在六天後回來，如果不回來，八天後回來。整整六天後，他回來了，說道：「我們已經決定幫助完成你的計劃中的所有事情。四水六崗的計劃有點太複雜了……」在我和洛次制定的計劃中，要求的武器只有那些可以騎馬和步行攜帶的；他們說將幫助提供所有可以步行攜帶的武器。

　　然後，最重要的是，我們制定了一個培訓500人的計劃。另一個重要的要求是，在這500人中，大約有60人應該接受無線通訊方面的培訓。我們說，我們需要大約20個無線發報小組，每組由四人或至少三人組成。沒有這一點，我們將無法了解各個地區的局勢。然後，最重要的是，我們要求他們訓練大約400人進行游擊戰以及如何使用、分解和組裝武器。當美國人空投武器時，我們需要知道如何處理這些物資的人員，並能把這些教授給其他戰士……所以我們說他們必須訓練至少500人。他們〔中情局〕對此非常高興，並說這個計劃非常好，他們將盡快實施。

　　在那之前，我們已經派了16個人〔第二組去噶倫堡的學員〕，他們還在噶倫堡等待，所以我們說希望你們〔中情局〕去訓練他們〔學員〕。我們說過我們會把〔招募的新兵〕帶下來，送到你們那裏訓練。然後此後每個月，我們將送去大約30到50人，越多越好。他們同意了，並說他們將逐漸把所有的武器和彈藥送來。所以他們同意把所有可以用於徒步游擊戰的武器、醫療用品和其他物資送給我們。[29]

　　然而，赫羅伯並沒有明確告訴阿塔美國會提供武器，但是他說，「我確信我一定給了他一個肯定的回答，因為整個事情還在進行之中。」另一個直接參與的人，翻譯拉莫次仁說，赫羅伯從未告訴阿塔美國同意提供武器，儘管他回憶，赫羅伯給人的強烈印象是華盛頓將在某個時候提供武器。拉莫次仁對此解釋，

問：那麼他們問了甚麼？例如，赫羅伯說我有這樣那樣的問題，還是僅僅讓阿塔講述了他的故事？

答：他們一到那裏就開始了談話。〔赫羅伯說〕起初，我們有一個與〔西藏〕政府聯繫的計劃，但這個計劃無法實施，所以現在我們要與四水六崗合作，貢布扎西怎麼樣？他有多少部隊？如果我們幫助他，真的會有用嗎？這就是他們的問題。所以阿塔講述了他來到山南的故事，他們有很多士兵，貢布扎西是一個民族英雄，可以百分百信任。每個人都尊重他，不管他說甚麼，人們都會照着做。於是弗蘭克問，「如果我們幫忙，我們應該怎麼幫忙？」他問及該地區以及食物供應，「如果我們從飛機上空投物資，你們能不能馬上把物資藏起來？如果你們能揹走這些物資，你們能揹多遠？你們的基地在哪裏？」……

問：關於這些問題，阿塔的回答是甚麼？

答：起初，他講述了貢布扎西和四水六崗的故事。他們有這樣那樣的戰士……

問：阿塔告訴弗蘭克，貢布扎西的目標是甚麼？

答：他們很可能沒有詢問目標。我不太記得了。然而，阿塔說這是為了政教和民族大業（བསྟན་སྲིད་མི་རིགས）。這是一次軍事行動。這是一支反對中國的武裝力量。這是我們的目標。這個行動不是和平的，而是為了捍衛我們的民族和宗教。

問：當阿塔去見帕拉時，帕拉說他不想〔和美國〕有聯繫，弗蘭克有問為甚麼嗎？

答：阿塔説，當他去見帕拉時，帕拉覺得很難建立關係，因
　　為達賴喇嘛周圍有這麼多漢人間諜，所以我們不能自由交
　　流。如果我們真的交流了，秘密就會洩露出去，如果發生
　　了，那將是一場災難。我記得類似的事情。因此，問題似
　　乎不是〔西藏〕政府不想這麼做，而是漢人間諜太多了，因
　　此建立關係和對話不方便。所以帕拉很可能説過離開〔拉
　　薩〕對他們有好處……

問：關於這一點，弗蘭克很感興趣嗎？

答：我記得的是，他問了貢布扎西和軍事組織的情況，如果我
　　們確實提供援助，這對你們有沒有用？如果有用的話，你
　　們需要多少武器？如果貢布扎西下達命令，人們會不會服
　　從他──他是一個有效的指揮官和領導者嗎？他能給士兵下
　　命令嗎？所以他主要是問這些事情。

　　　　其次，他問他們是如何組織和生活的。他們住在帳篷
　　裏還是山上，或者住在平原上，等等。然後他問你們怎麼
　　去獲取食物？這個地方能支持多少士兵？每個人都需要食
　　物，而食物只能來自人民，那麼人民會支持這個組織嗎？
　　他們能支持多少士兵，支持多少年？

問：阿塔説了甚麼？

答：阿塔説這絕對是可行的，人民會支持他們，每個人都支持
　　貢布扎西，他是一個有效的領導人。無論他命令甚麼，每
　　個人都相信他，願意為他獻出生命。〔他説，〕我對這些事
　　情毫不懷疑……他們還談到基地可以接收和隱藏空投武
　　器，也有豐富的食物。

問：在這個時候，貢布扎西覺得自己能夠贏，還是覺得這只是
　　暫時給漢人製造麻煩？

答：他想先到山南建立基地，然後去甘丹青柯寺那裏得到政府
　　的武器，然後去〔北部〕羌塘到碩達洛松和波窩（譯註：在今

西藏波密一帶）去招募士兵，然後再返回山南，佔領大片地區，然後擴大其規模。所以他有一個宏大的計劃……[30] 我記得赫羅伯首先談到貢布扎西，其次談到他們的生活條件和補給。第三，「如果我們〔中情局〕真的幫助了你們，雖然現在我們還沒有甚麼計劃，但是如果我們真的幫助你們，那麼你們能保守秘密嗎？如果我們真的幫助你們，你們是要馬上去戰鬥還是有甚麼別的計劃？」

問：阿塔怎麼説？

答：阿塔説我們不會立即拿起武器戰鬥。然後弗蘭克説，「沒錯，因為如果你們這樣做，那沒甚麼用。」他給出了許多理由來解釋為甚麼這麼做沒用。「如果你們派出一兩個〔戰士〕，他們〔中國人〕將派出一百人，如果你們派出一百人，他們將派出幾千人。第二，如果接收到空降武器，你應該把它們藏在岩石下面，如此，你們不應該公開作戰，而應該進行游擊戰。能打就打，不能打就跑。」所以他在這方面談了很多。

問：弗蘭克告訴我，你們應該像共產黨那樣建立一些基層組織。起初建立一個網絡。然後突然之間，全西藏應該在某個時間一起發動起來。

答：是的，他談到建立一個網絡。但是關於第二點，弗蘭克沒有説。他説，「如果你們拿起武器〔公開〕戰鬥，那是沒有用的，因為你們人太少。」所以他説不要直接作戰。你們的工作是從事游擊戰。能打就打，不能打就跑。攻擊敵人的弱點，打了就跑。其次，你們都應該建立網絡，與當地居民建立關係，建立一個秘密組織。這就是你們維持生計並獲得情報的方式。這我記得很清楚。

問：弗蘭克和阿塔見過幾次面？

答：我們（兩個）在旅館住了大約一周。他們常常在晚上來接我們。我想可能不到一周——大概有四五天。

問：然後弗蘭克去了別的地方？

答：有可能，但我們不知道。

問：過了一段時間，他又來了，並傳遞了一個信息，是這樣嗎？

答：我想是的。不管怎樣，我們連續四、五天見面。阿塔說，
「你們到底會不會幫忙？你們必須做出決定。告訴我們，
你們是否會幫忙提供武器，因為我必須回去給他們一個答
案。這是我的目的。那裏有士兵〔戰士〕，他們有地方住，
他們有一個非常能幹的領導人，但我們沒有武器。所以你
們應該幫助我們。」起初弗蘭克根本不同意這一點。即使
在他離開之前，他也不同意這樣做。可能他認為秘密會洩
露出去，所以他說，「我不能保證我們會幫忙，但是，如果
我們能幫忙，那麼你必須這樣做——把武器藏在不同的地
方。」然後他說的另一件事是，「你不應該說這些武器來自
美國，而要說它們來自臺灣或日本。」所以在那個時候，在
我看來，他們〔美國人〕不會真的全力幫助他們。[31]

　　然而，在另一次採訪中，拉莫次仁重複了赫羅伯的上述評論，
然後補充道，「所以我認為這是他們會幫助我們的一個迹象。否則，
說那些話是沒有用的，對吧？」[32]他回憶起弗蘭克接着說：

「無論如何，我〔弗蘭克〕會向我的上級這麼推薦。但在我看
來，他從來沒有明確說過，他們會提供幫助。他沒有說我
們一定會幫忙。他只是說如果我們真的幫忙。但是從他的
語氣中，人們感覺他們可能會提供幫助……但是我沒有告
訴阿塔。我只是告訴他，『你回去和貢布扎西談談他〔赫羅
伯〕說過的話，然後我們會通過無線電臺直接與你聯繫。』
我們談了三四天，但是他們〔美國〕沒有決定幫忙……我們
只是告訴阿塔，『你去告訴貢布扎西我們這四天所談的一
切。』」但是沒有任何關於他們會提供幫助的說法。我們還
把它寫了下來，並讓他按照我們寫的那樣告訴貢布扎西。

問：阿塔關於訓練500名藏人，100名無線電通訊員，400名訓
　　練游擊戰術的事情談得怎麼樣？
答：不，沒有〔沒有談論那個〕。沒有那樣的計劃。[33]

　　因此，雖然赫羅伯可能沒有明確承諾向貢布扎西提供武器，但
情況彙報進行得很順利，至少阿塔和拉莫次仁都有這樣的印象，即
美國將在某個級別和某個時間提供幫助，赫羅伯的感覺也是如此。
事實上，正如將在第6章中討論的那樣，這一請求一定是幾乎立即
得到了批准，因為實際上，阿塔甚至還沒來得及回到山南之前，中
情局就進行了第一批武器空投。

　　在加爾各答期間，赫羅伯還與嘉樂頓珠見面，討論四水六崗。
赫羅伯談到此事：

> 1957年，〔原文如此，應是1958年〕，我去了印度，見到了
> 嘉樂頓珠，討論如何處理這種局面。我的建議是，不要發
> 動公開起義，而是發展地下組織，即進行政治教育等等。
> 他沒說甚麼。我說我認為，如果你派合適的人來訓練的
> 話，我們可以訓練這些這些內容。我覺得帕拉知道並認可
> 這事。我們願意支持任何事情，但我們也知道很多〔關於起
> 義的事情〕，很明顯，這樣做肯定不會有甚麼好結果。如果
> 我們可以在印度〔開展工作〕，我們就可以訓練成千上萬的
> 〔藏人〕並把他們滲透回西藏。[34]
>
> 　　我認為中國在追查敵特方面做得很好……如果他們偶
> 爾會有幾個人被狙擊手幹掉了，誰在乎呢。只要你沒有三
> 萬名〔戰士〕騎在馬背上拿着步槍……我們〔中情局〕早期曾
> 經嘗試〔將特務從臺灣派往大陸〕，但我們這樣根本沒有打
> 擊到他們〔共產黨〕……[35] 所以我們認為他們應該〔在西藏〕
> 慢慢來。讓幾百人就位，給他們一些訓練，給他們裝備。
> 那它就有了自己的生命。然後它就有了自己的動力……

　　當我出去聽取他的彙報時，我和嘉樂頓珠度過了一個晚上。我的興趣是，他們不應該專注於殺死中國人，而是發展一個地下組織。我認為他們應該表面上與中國人合作，但同時要找出你們的朋友是誰，並〔像共產黨一樣〕把他們組織成小單元。重新訓練你們的人去做這些。那天晚上，我對嘉樂頓珠的主要興趣是：他在西藏有甚麼樣的聯絡人？他對他們有甚麼影響？你能給他們這樣的指示嗎？你能告訴他們低調行事，在政治上組織起來，不被消滅嗎？生存下去，如果你們能夠活下來，我們可以和你們一起做點甚麼。如果你們活不下去，那一切都結束了。嘉樂向我保證他和他們關係非常密切，但我認為他沒有。他們〔康巴人〕只是想殺死中國人，如果他們喜歡快樂地去狩獵場，那也行。

問：你們認為嘉樂頓珠代表達賴喇嘛和西藏政府嗎？

答：是的。我對此毫無疑問。

問：你為甚麼這麼想？

答：從當地的情報來看。當時我們認為，他就像達賴喇嘛的外交部長。我們覺得，如果我們能從外交角度說服達賴喇嘛成為某種程度上的佛教教皇，那麼他就能四處旅行，把像日本佛教徒、韓國佛教徒、泰國佛教徒這樣的外國佛教徒納入他的控制之下——這可能沒甚麼，但只要他們能承認他是〔佛教界的傑出人物，那將會有所幫助〕。他應該是一個政治角色。從我們所有的情報來看，嘉樂頓珠與達賴喇嘛有着非常密切的關係，並以這種身份出現；他來到這裏時，表現得好像是達賴喇嘛的外交部長。[36]

　　因此，蘭利認為彙報獲得了成功。阿塔熱情地解釋了四水六崗是一個真正的、運作良好的叛亂組織，有幾千名士兵，致力於與中國人作戰，並由一個強大而受人尊敬的總司令領導，也贏得了大家

的忠誠。因此，儘管達賴喇嘛和西藏政府拒絕回應華盛頓的要求，中情局現在確信，確實有支持對象——四水六崗——所以他們在聽取彙報後立即批准了第一次武器空投。

　　然而，從這些採訪中也可以清楚地看出，中情局所建議的與貢布扎西和四水六崗戰士的想法或現實大相徑庭。後者對於中國人在他們四川家鄉所做的事情感到憤怒，正如赫羅伯所懷疑的，他們基本上只想殺死中國人。此外，儘管嘉樂頓珠表現得好像是達賴喇嘛的外交部長，但他不是。他甚至不是西藏政府官員，也沒有能力影響貢布扎西和四水六崗，以及達賴喇嘛的總體戰略和行動決策。此外，阿塔和嘉樂頓珠都沒有試圖向中情局解釋，當康巴人不組織襲擊時，他們**無法融入**衛藏的當地民眾，也無法利用這段時間逐漸建立當地的秘密網絡，因為他們在文化和語言上不同於當地民眾。這不是他們的家鄉，他們永遠無法融入當地人，即使他們想融入。另一方面，同樣清楚的是，儘管中情局清楚地知道，他們不能向四水六崗提供大規模的援助，而這些援助本來會使他們有機會成功地對抗解放軍，但他們還是繼續支援他們，因為對美國政府來說，如果他們能盡可能長時間地幫助藏族叛亂分子騷擾中國人，讓中國人難堪，即使最終叛亂失敗，西藏的冒險也將是一個巨大的成功。

阿塔回到山南

　　阿塔更願意跳傘回到西藏，美國人也可以這麼做，但是嘉樂頓珠告訴阿塔，他必須去大吉嶺，因為嘉樂想讓他告訴貢布扎西一些事情。因此，阿塔又一次從加爾各答來到大吉嶺，在那裏他染上了胃病，並在那裏吃藥，待了大約一個星期。阿塔解釋了嘉樂想要甚麼：

當我從西藏來的時候，那兒有一個來自理塘的康巴人，過
去曾經拍些照片，所以嘉樂頓珠和其他人告訴我，當我們
去加爾各答的時候，要教康巴人攝影，因為我們沒有攝影
師和可以拍電影的人。我們兩個無法解決這個問題，因為
我們必須發送無線電報並做其他工作。所以我們帶着他，
〔在加爾各答〕教他，然後我們帶着他回到大吉嶺。當我們
到達亞東的時候，我們沒有漢人的〔通行證〕，而這時候我
們需要通行證才能回到西藏，因為有康巴人正從印度回來
打仗。所以我們停在了中國檢查站——仁欽崗。我們試圖
通過，但他們不讓我們過去，當我們說要回〔印度〕時，他
們也不讓我們回去。他們說我們必須接受一些「教育」，他
們要逮捕我們。

我的藏袍口袋裏有把槍，我的同伴也有，所以最後我
們開火了。在噶倫堡，有一個人被訓練成四水六崗的醫
生。他是攝影師的兄弟。我的〔攝影師〕同伴告訴他，我們
要去甘托克，所以他在那裏等我們〔和我們一起回去〕。可
憐的傢伙！那天，他被漢人開槍打死了，但他用刀刺中了
主檢查站漢人檢查官的腹部。我們殺了大約四個漢人，我
們的一個同伴也死了……可憐的傢伙，他被四水六崗送去
噶倫堡接受注射和治療傷口的訓練，正要回去。因此，我
們不能以那種方式〔進入西藏〕，只能逃回印度〔嘉樂頓珠在
那裏幫助了我們〕。嘉樂頓珠在噶倫堡與〔不丹人〕達紹和拉
尼〔王太后〕關係友好，後者為我們安排了從不丹〔到西藏〕
的旅行許可。[37]

當他們在加爾各答進行這次彙報時，貢布扎西的遠征軍離開山
南前往甘丹青柯寺。第6章研究了解放軍的伏擊以及隨後近兩個月
的連續戰鬥的故事。

四水六崗與解放軍

1958年6月，1,500至2,000名武裝的四水六崗戰士前往山南創建〔叛軍的〕軍事基地，這顯然急劇提升了來自四川的康巴難民對中國政府的威脅。然而，正如我們在上一章看到的，毛澤東並沒有試圖阻止他們離開〔拉薩〕。同樣，在康巴人到達山南後，解放軍沒有計劃對他們的基地發動進攻，儘管拉薩的解放軍領導人擔心康巴—西藏政府的聯合進攻。西藏工委的藏族領導幹部平措汪杰回憶了1957年末的這種恐懼：

> 隨着越來越多的武裝康巴人湧入拉薩，有傳言稱他們和西藏政府正計劃對解放軍進行軍事進攻。許多漢族幹部因此十分疑慮。例如，解放軍駐拉薩指揮官陳明義有一天向張經武報告説，西藏政府正在把西藏各地的藏人聚集到拉薩附近……我知道陳明義的主要擔憂是，如果西藏政府正在為戰爭做準備，那麼解放軍也應該為戰爭做好準備。[1]

平措汪杰調查此事，發現這是一個虛假的謠言，但它揭示了中國人沒有對康巴人採取行動的原因，並不是因為中國人**不擔心**被康巴人攻擊。相反，這是因為毛澤東和中央命令解放軍在西藏採取防禦戰略。解放軍不應該主動發動進攻，絕對不要先開火，除非在下面討論的特殊情況下。解放軍在西藏的主要任務是保衛國界和國道

（主要是拉薩和中國內地之間的兩條國道）的交通，保衛中國在拉薩和其他城市及關鍵地區的辦事處和設施。[2]因此，解放軍此時在拉薩的重點是加強所有建築物和營地的防禦，而不是準備進攻。

按照毛澤東的西藏政策，西藏政府透過其警察和軍隊主動負責維護區內法律和秩序，因此噶廈應主動負責處理四川康巴「難民」。1958年7月14日北京的指示明確傳達了這一點。

北京7月14日的指示

西藏工委於1958年6月13日和18日向中央發了兩封電報，通報了康巴人離開拉薩的消息。這些電報無法獲得，但中央在7月14日對此作出了回應，並強烈重申了北京的立場，即緩和康巴事態是噶廈的責任，並將其歸咎於西藏政府的「矛盾」或「鼓勵」態度。中央指示西藏工委警告噶廈和達賴喇嘛，儘管北京仍願意繼續目前的內部自治制度，但同時**警告**──如果康巴人發動叛亂，解放軍將被派去鎮壓叛亂分子，然後實施民主改革；本質上，四川模式將得到實施。噶廈和達賴喇嘛將被告知選擇在他們那邊：在康巴人能夠於西藏發動叛亂之前控制他們，否則解放軍將會出手。如前幾章所述，這是毛澤東西藏總體政策的「最後手段」。

1958年7月14日給拉薩西藏工委的電報說：

西藏工委：

6月13日和18日關於西藏地區可能發生叛亂問題的兩次來電均悉。你們應當對噶倫們表示嚴正的態度，告訴他們，他們對西藏地區的反動分子和從江東逃入西藏地區的叛亂分子採取縱容的立場是完全錯誤的。這些反動分子和叛亂分子，由於噶廈的縱容，認為有所恃而企圖在西藏地

區發動叛亂，把西藏地區搞爛，把達賴喇嘛和其他領導人員拖下水。西藏地區的反動分子，一方面與噶倫堡的叛國分子和江東的叛亂分子勾結一氣，另方面假借西藏地方政府的不明不白的縱容態度以為掩護，正在進行種種叛亂準備。他們的陰謀如果實現，那是同西藏地方政府這種不明白的態度，實際上是縱容的態度分不開的。

中央對於藏族的社會改革一向堅持和平改革的方針，而對於西藏地區，更把和平改革推遲到好幾年以後。但是藏族反動分子卻是根本不要改革，永遠不要改革，而要把藏族人民永遠束縛在封建主義的剝削和統治之下。江東地區，這類反動分子在和平改革尚未開始就舉行叛亂，甘肅、青海南部也是如此，在昌都地區的部分地方也是如此。這就證明他們是根本反對改革。

不僅這樣，根據戰爭中獲得的材料，證實這些叛亂中的一部分主謀分子確是帝國主義特別是美帝國主義和臺灣反革命集團的代理人，他們的叛亂的目的，就愈發顯而易見。這些反革命分子總是藉口改革工作和其他工作的甚麼問題和缺點，大肆煽惑和造謠。西藏地方政府的領導人員如果信以為真，而不看清他們藉以掩蓋下來的徹頭徹尾的反革命本質，就不免要大上其當，並且在政治上置自己於危險的境地。

中央的方針是力求和平改革。但是，如果反動分子一定要武裝叛亂，中央就一定堅決實行武裝平息叛亂，同時根據藏族勞動人民的志願，積極幫助他們進行解放自己的鬥爭（註：實行民主改革）。在江東是這樣，在甘、青叛亂地區也是這樣。現在看來，少數反動分子的武裝叛亂，其結果帶來大多數勞動人民的比較徹底的解放。

叛亂，對於藏族是不光榮的壞事，但是，中央正確處理叛亂的結果，對於藏族人民卻使壞事變成了好事。中央

不改變西藏地區推遲改革的決定，並且在將來實行改革時仍要採取和平改革的方針。但是這個決定和方針的實現，不單方面決定於中央的志願，而更重要的是決定於西藏地方政府的努力。希望西藏地方政府能夠認真地擔負起他們應該擔負的責任。

你們可以找一個接觸的機會，在談話中，把上面的意思告知他們，然後看看他們的反映。

中央

一九五八年七月十四日[3]

毛澤東和中央明確指出，**目前的漸進主義政策應該保持，**但康巴人必須得到控制，這應該由噶廈來完成，也就是說，這是一個藏人對藏人的問題，而不是一個漢人對藏人的問題。

在北京指示西藏工委向西藏政府施壓，要求對方在西藏對叛亂分子和反動分子採取行動的同時，北京還試圖說服印度政府限制在噶倫堡和大吉嶺的反華西藏流亡者的活動。

周恩來在1956年至1957年訪問印度時，曾向尼赫魯提出關於噶倫堡一些藏人的政治活動問題，但沒有得到滿意的結果，因為尼赫魯有點不誠實地說他不知道這些，並要求周恩來向他提供證據，證明這些活動存在。尼赫魯總理當然知道他的情報局和外交部與哲堪孜松有支持關係（如第三卷所述），但他的政策是這些關係不要損害中印外交。

1958年7月10日，在上述給拉薩的電報發出前幾天，中國外交部向印度駐北京大使館發出公報，提出一些「證據」，並要求「印度政府禁止美蔣特務和噶倫堡藏人抵抗組織在印度從事顛覆西藏的活動」。[4] 印度政府再次表示不同意。

同樣在1958年，西藏工委向噶廈和達賴喇嘛施壓，要他們命令哲堪孜松的領導人返回拉薩，這些領導人在技術上仍然是西藏官

員。夏格巴在1958年2月9日的日記中寫道，夏格巴和魯康娃收到了噶廈的命令，上面蓋有達賴喇嘛的印章，指示他們返回拉薩。該命令說，如果他們同意這一點，就不會有調查和懲罰，但如果他們不同意，從那時起，他們將不再被視為西藏民族的一部分。然而，在噶廈不知情的情況下，帕拉已經採取措施破壞這一命令，他透過印度駐拉薩領事館秘密向哲堪孜松發出消息，告訴哲堪孜松不要理會達賴喇嘛的法令，因為這是漢人強迫他做的事情，並不是他自己的意思。帕拉的信息在實際法令頒布**前**幾天到達，並被記錄在夏格巴的日記中如下：

> 1958年2月5日：嘉樂頓珠從大吉嶺來，他說：「最近，當我去甘托克時，錫金政治官員說：『帕拉去見了印度駐拉薩總領事，告訴他最近漢人要求尊者寫信給魯康娃、宇妥、洛桑三旦和孜本夏格巴，要求他們返回。然後他們要求噶廈發布這樣一個命令，所以請告訴他們，即使尊者發出命令/法令，它也是在漢人的壓力下發出的。』」[5]

由於哲堪孜松的領導人沒有回來，也沒有停止他們的活動，噶廈在中國人的壓力下，被迫追查到底，並正式將這些人從西藏政府官員隊伍中開除。僧官扎贊回憶說，這是某天在所有僧官都參加的仲甲茶會上發生的，[6]「在仲甲上，欽莫〔帕拉〕宣讀了一份命令，上面聲明，由於那些在印度的人不聽從命令返回西藏，他們不再是西藏的人。」[7]

這一事件是藏方混亂局面的一個很好的例子。儘管噶廈在達賴喇嘛的批准下試圖與中國保持良好關係，以維持西藏的內部自治等，但帕拉卻在噶廈不知情的情況下協助和鼓勵反華活動（只要這些活動不威脅達賴喇嘛的人身安全）。雖然達賴喇嘛沒有被告知帕拉所採取的每一個行動，但他同意，正如下面幾章將會看到的那樣，西藏應該採取雙重戰略：公開與中國合作，但也秘密地支援和鼓勵抵抗運動。

中國政府7月14日的指示是在西藏工委張經武和張國華收到四天後傳達給達賴喇嘛的。沒有他們談話的記錄，但是共產黨大事記中的一個簡短條目如下報道了這次會議：

> 7月18日：張經武、張國華會見達賴。他們根據中央的指示精神，同達賴談了工作中的有關問題後，指出帝國主義、臺灣反動集團的特務和西藏藏族內部反動分子以及逃到西藏的叛亂分子準備在西藏搞武裝叛亂，噶廈對叛亂武裝採取縱容的態度是錯誤的，要噶廈改變態度。談話中，再一次轉達了中央對西藏改革及叛亂武裝等問題的既定方針。[8]

因此，達賴喇嘛充分了解局勢的嚴重性和北京對噶廈態度的立場。實質上，中國試圖獲得達賴喇嘛的幫助，他們仍然認為達賴喇嘛是相對進步的，讓他促使噶廈採取必要的行動。

無論如何，儘管康巴人先聲奪人，轉移到了山南，北京在西藏的軍事政策仍然和他們離開之前一樣。當務之急是加強他們在拉薩的防禦，這樣他們就可以擊敗任何藏人的進攻。解放軍的角色不是對西藏的康巴人發動進攻，除非是在某些有限但十分明確的情況下。這種例外的一個例子發生在1958年4月，在四水六崗去山南幾個月之前。當時，北京授權駐紮在昌都的解放軍在其防區採取有限的進攻行動，攔截從四川逃往拉薩的康巴戰士。一份中國資料解釋：

> 1957年底，已有從雲南、四川竄入叛亂武裝7股860餘人，1958年又從外區竄入〔昌都〕叛亂武裝14股3,000餘人；加上本地叛亂分子共7,350人，……
>
> 為阻止雲、川、康叛匪流竄入藏，1958年4月9日昌都警備區組織158團一連又一個排、153團一個連、157團兩個連，統一由158團團長劉廣桐指揮前往進剿這些竄匪，進剿18天，因兵力太少，情況不準，和未掌握好打叛首、

打骨幹的環節，因此叛亂武裝骨幹未受打擊，只殲敵100
餘人，便（因）叛亂武裝流竄到洛隆宗方向而無法再繼續進
剿。這些人員到拉薩後……[9]

1958年7月28日，當康巴人轉移到山南後，中央軍委批准了解
放軍在衛藏的第二次有限行動。其目標是通過清除一些襲擊中國車
隊和國道道班的康巴人來保持川藏公路的暢通。

同意你們對拉薩對林芝段公路沿線叛亂武裝所採取的軍事
行動的意見。在這一軍事行動中必須確實掌握情況，切實
隱蔽和迅速動作，進行充分的準備，務必求得一舉就殲叛
亂分子主力。如果無此可能，把戰事拖長，就不要輕動，
希本此精神執行。[10]

因此，解放軍在西藏的作戰規則是，即使在國道上，他們也只
在確信「一舉」就能殲滅康巴人的情況下，才進攻康巴人，也就是
說，他們被明確指示不要對康巴人發起任何長時間的進攻。第二次
進攻行動始於1958年8月2日，結束於8月17日，中國資料稱，當
時康巴人逃離了公路沿線。按照他們的指示，解放軍沒有試圖進一
步追擊他們。[11]

此後，貢布扎西率部大規模遠征去奪取甘丹青柯寺的大型軍械
庫，拉薩解放軍部隊收到消息，這一防禦優先策略出現了一個更重要
的例外。這是一個嚴重的威脅，所以拉薩解放軍發動了一次大規模
的進攻行動，在路上來攔截和摧毀他們——而不是在山南的主基地。

甘丹青柯寺—尼木戰役

當理塘阿塔前往加爾各答彙報時，貢布扎西面臨的情況發生了
顯著變化。如第5章所述，他帶着大約700名騎手離開了哲古塘，去

奪取甘丹青柯寺的西藏政府軍械庫；他計劃盡快返回，以便恢復對
新軍事基地的指揮。因此，這次遠征本身並不是叛亂的一部分，而
是叛亂的先聲，所以他指示所有指揮官在遇到中國人時，使用迴避
手段避免戰鬥。[12] 然而，貢布扎西馬上就要明白經商遠比領導一支
叛亂軍隊更容易。

貢布扎西的部隊沿着羊卓雍措的東側行進，穿過分隔衛和藏兩
個主要地區的海拔4,720米的崗巴拉山口後，跨越到雅魯藏布江南
岸。一路上，他們遇到了其他加入的康巴人，這支部隊增加到大約
900名騎兵，所以貢布扎西把他的部隊分成兩個團。一個由貢布扎西
帶領，比另一個提前大約一天左右。

8月20日，他們穿過雅魯藏布江，開始前往尼木的多卡松多，
他們計劃從那裏繼續向西前往（位於後藏的）無尤宗塘，然後前往位
於南木林宗（圖4）旁邊的甘丹青柯寺。[13]

圖4　甘丹青柯寺和南木林宗。(達蘭薩拉) 西藏博物館攝影檔案館惠賜。

這次被伏擊是中國軍隊叛變者之一逃跑的結果。貢布扎西的核心圈子試圖説服他不要帶着這兩名漢人，因為很難知道他們有多值得信任，但沒有成功，他不聽。當他們到達雅魯藏布江時，他為此付出了代價；陳柱能離開去小便，再也沒有回來。直到那天晚上晚些時候，其他的康巴人才意識到他失蹤了，但那時他已經跑了。[14] 當時沒有人確切知道他為甚麼逃跑或逃到了哪裏，但在那裏的一個康巴人猜測，「他可能改變主意了，因為他認為這些人無法與漢人作戰。所以他溜走了。」[15] 這個康巴人補充説：「我們試圖追趕，但這只是徒勞。」[16] 貢布扎西很擔心，但仍然命令他的部隊繼續向尼木前進。

陳柱能確實直接跑回了他在拉薩的舊部隊（河南倉庫），並向他的部隊幹部以及軍區副司令鄧少東報告了貢布扎西的騎兵部隊。[17] 貢布扎西率領一支700至900人的武裝騎兵部隊去奪取軍械庫的消息出乎意料。鄧少東和他的高級軍官碰巧正在參加軍區黨委的幹部會議，他們立即停止了會議，並決定不能允許貢布扎西拿走武器並返回山南。他們還認為這是殲滅貢布扎西及其一大批部隊的大好機會。此時進攻是合理的，由於涉及到槍枝，而且這將是一次他們有信心獲勝的進攻，因為他們比康巴人的訓練和裝備要好得多，而且有突襲的成分。他們認為，能夠以迅雷不及掩耳之勢粉碎貢布扎西，並通過這一行動，在叛亂開始之前將對方造成毀滅性打擊。於是鄧少東及其軍官們立即計劃部署幾支解放軍部隊發動鉗形攻擊，以困住並消滅貢布扎西和他的團。

儘管如此樂觀，解放軍當時在拉薩的形勢並不像人們普遍認為的那樣強勁。1957年毛澤東「大收縮」期間實施的改革，顯著減少了中國在西藏的部隊、工人和軍官人數。人民解放軍的幾個師被取消或重新部署到成都軍區，整個西藏的解放軍人數從大約50,000人減少到18,000人左右；拉薩的解放軍只有幾千人。[18] 此外，當時西藏工委內部也正在進行激烈的反右運動，這將在第7章中討論。[19] 更重

要的是，由於生活條件惡劣，中國軍隊和幹部中存在嚴重的士氣問題。1957年2月20日發給北京中央軍委的一份坦率的報告詳細說明了這一情況。這份題為《西藏軍區若干問題的報告》由兩部分組成，第一部分列出了六個問題：

1、營房問題。部隊進藏近七年來，至今還有不少部隊和機關未住進房子。如：153團、156團、158團、162團、騎兵團等全部和有些部隊機關一部分未住上房子。有一部分軍官家屬來隊，軍官結婚不但沒有房子住，連帳篷亦難以解決，如我區第二招待所，一間房子擠進幾對夫婦，未有東西隔離開。黑河兵站駕駛員夫婦及兩個孩子（大孩二歲，小孩幾個月）因住帳篷，氣候過冷，兩個孩子先後染病，夫婦兩個只好分別帶孩子住院。160團30多個家屬住帳篷。2月7日一陣大風除三個還好外，餘全部吹爛吹跑。由於空氣稀薄，天氣寒冷，嬰兒的死亡率相應增，據軍區後勤部1956年11月中旬至12月中旬統計即死去四個嬰兒。至於未住上帳篷的人員只好到處搬家，甚至露天睡眠時有所見。

2、軍官長期無家庭生活。由於處在少數民族邊遠地區，部隊又無女同志，大部分軍官婚姻問題尚未解決，一部分年齡較大的幹部婚姻問題更不易解決。有的幹部雖結了婚但隨軍家屬、孩子的生活撫養、負擔等亦需妥善處理，因嬰兒不適於高原氣候，加之我區無保育院、託兒所，幹部子女長期放在內地或託人代養。有一部分幹部的愛人因體弱有病不能進藏，長期分離在數千里之外，造成夫婦分離、母子分離，對幹部的情緒有所影響。由於西南交通閉塞，與四川往返一信最少需50天，否則即在兩個月以上。一旦子女、愛人有病時，幹部即產生了疑慮，為減輕這種疑慮，只好電報往返，這樣不但分散了幹部的精力，影響了工作，且亦增加了薪金的開支範圍。

　　3、工資政策尚存在一些問題：目前從表面看薪金是增加了，尉級軍官108%，校級軍官70%，但並未增加軍官的實際收入，反增大了開支。如薪金計算方法是按成都市價提高108%，可是成都一個饅頭到了拉薩卻提高222%，掛麵每斤提高250%，[20] 廣柑酒每斤提高190%，點心餅乾每斤提高211%，雜糧每斤提高185%，水果糖每斤提高120%，這樣不論從理論上和事實上都是不好解釋的。這與部隊略高於地方，邊疆略高於內地的精神是不符合的。致使在部隊中流行這樣一段快板，即：「轉業有三好，升官快，拿錢多，工作少。」（當然這種說法是不正確的）

　　4、軍官健康情況：幾年來部隊在執行進軍、築路、營建、生產等任務，由於地處高原，空氣稀薄，物質條件特別困難，營養不良，幹部身體削弱很大。據1956年春檢查37名校級以上軍官中健康者12人，佔受檢人數的32%人，患病者25人，佔67.6%，其中患病能堅持工作者38%，需療養者佔10.8%，和需住院治療者佔19%。尉級軍官共檢查2,803人，健康者佔37.8%，患病者佔62.2%，需療養者佔3.1%，需住院治療者佔8.8%。其中以腸骨病、營養不良、肺結核、心臟擴大等症為數較多。病率的不斷增長，與地處高原、空氣稀薄、風沙較大、營養不良有關。1951年至1956底幹部因病不宜在高原工作或因體弱返內地轉業復員亦在3,000名左右（其他原因回內地轉業幹部除外），現有幹部近七年來身體亦削弱很大，長期下去對幹部健康會有更大影響。

　　5、為維持市場金融，對現金發放有一定限制（目前20%，準備減到10%）。實質上是限制了幹部在市場上必需品的購買。加之市場有限，有很多必需品根本沒有，貨物供應亦不能保證，即使市場有少量的必需品，在購買方面浪費了不少時間。如理一次髮、洗一次澡，均各需一上午

的時間，匯一次款需二天的時間，因私人問題浪費的時間
是難以計算的，影響了工作效率的提高。

　　6、文化生活：除很少時間且在廣場看電影外，再無其
他活動。在邊沿上執行任務的獨立分隊、邊防站等想看一
次電影亦是非常困難的，同時新影片不易看到，如住在邊
防線上的部隊戰士反映「電影除了白毛女還是白毛女」，由
此看出文娛生活是非常枯燥的，故幹部常説「過星期日還不
如平時好哩」！因為星期日更感到無聊。

　　總之由於以上間題未得到基本的合理的解決，因此促
成幹部的思想波動，……[21]

　　因此，中國方面在西藏不僅力量減弱，而且還有內部士氣問
題。更糟糕的是，他們主要從事農業生產，修建道路和建築工程，
所以他們的軍事訓練和準備有限，只集中於保衛他們在拉薩的建築
和營地，而不是訓練在野外對抗一支流動性很強的騎兵部隊。儘管
如此，拉薩的中國領導人相信他們能夠成功伏擊並摧毀貢布扎西的
軍隊。

解放軍的尼木戰役

　　鄧少東一定聯繫過北京，請求批准解放軍進攻貢布扎西的計
劃，但我們沒有拉薩和北京之間關於此事的任何通訊記錄。無論如
何，儘管叛逃的陳柱能不確定貢布扎西的最終目的地，但基於地理
位置和他們的目標是西藏政府軍械庫這一事實，可選目標不多。所
以中國人可以從親漢的西藏官員那裏得知，他們一定是去甘丹青柯
寺，並得出結論，他們必須經過尼木宗。因此鄧少東認為，如果他
的軍隊能在貢布扎西之前到達尼木，解放軍將能夠布置一個毀滅性
的伏擊行動。

　　進攻部隊中的一部分由第159團團長郭子賢領導。159團離開拉薩，8月28日早上趕到曲水，經曲水向南朝尼木方向進軍。郭子賢把他的部隊分成三路，向西北方向前進，在尼木的多卡松多路口設下埋伏。與此同時，喬學亭率領的第155團從拉薩向北衝向羊八井，然後經由雪布拉山口向南挺進，意圖從北方進攻貢布扎西的部隊。[22]

　　然而，解放軍的計劃並沒有如預期的那樣取得成功，正如將要看到的那樣，他們未能夠在尼木決定性地擊敗康巴人。因此，戰鬥並沒有獲得迅速徹底的勝利，而是在8月、9月和10月間斷斷續續地進行着。在這三個月的時間裏，要詳細研究許多戰鬥是很困難的，因為在兩到三天的時間裏，有許多小衝突。此外，康巴人的敍述在細節上往往有所不同，因為戰鬥的性質是一些康巴人在山頂作戰，而另一些康巴人在鄰近的山谷、河流或山口的另一邊作戰。接下來是一個簡短的概述，伏擊戰變成了一個漫長但非常重要的戰役。

　　當四水六崗的戰士越過雅魯藏布江向尼木進發時，他們派出了一支先遣部隊（སྔོན་འགྲོ）組成的戰鬥單位，大約由一兩個指揮官帶領100名騎兵。隨後是主力部隊，分為各團以及50、25人等較小的戰鬥單位。隨後是一個由大約100名戰士組成的後方警衛隊，名為結迪（རྗེས་བཟུང，留在後面的部隊），其任務是抵禦來自後方的中國軍隊。四水六崗沒有電子通訊能力，所以一旦戰鬥開始，部隊在很大程度上就靠自己了；對於重大問題，信差騎馬把消息送到貢布扎西所在的主力部隊。貢布扎西手下的兩名副司令之一拉珠阿旺解釋了先遣部隊的一些運作方式：

> 如果他們〔面對面地〕遭遇到敵人，他們必須戰鬥，但是如果他們聽說敵人在前面的某個地方，比如在多卡松多，那麼〔先遣部隊的〕指揮官必須考慮進攻或守衛〔他所在〕的位置。當他無法作出決定時，他會報告恩珠金達〔貢布扎西〕……他們必須派一名信差……從先遣部隊到下一個百人小隊。然後下一個小隊會派一個信差到再下一個小隊，這樣

> 它最終會到達〔遠征軍的〕總指揮部……然而，這種〔派遣信差〕的做法只是偶一為之。[23]

因此，通常情況下，指令和部隊任務是為整體作戰戰略制定的，然後像先遣部隊這樣的單位決定自己做甚麼，這就是第一次尼木伏擊的基本情況。[24]

康巴人的先遣部隊由隆培楚臣領導，他來自鄉城，也是兩名副司令之一。當他的部隊向多卡松多進發時，他們遇到了兩名女牧民，問她們前方是否有中國軍隊。這些婦女告訴他們，由於500名中國士兵幾天前已經到達並在此等待，他們無法通過這條路。她們還說許多卡車也到了，所以他們不應該走這條路。[25]此後不久，先遣隊遇到了三個年長的男牧民，他們說的正好相反——他們在這個地區根本沒有看到任何漢人。拉珠阿旺解釋了隨後的討論。

> 一些戰士覺得這兩個女人是間諜，被派來讓我們掉頭回去。另一些年長的人說，最好與指揮部〔貢布扎西〕討論這個問題，我們應該謹慎。我們一些戰士喜歡炫耀，他們說，我們是來和漢人打仗的，所以如果有漢人在那裏，沒甚麼好害怕的。隨後，隆培楚臣司令說，根據恩珠金達（貢布扎西）的命令，在我們的任務完成之前，我們不應該與漢人開戰，而應該避開他們，因為我們的主要任務是從甘丹青柯寺那裏獲得槍枝。然而，隆培楚臣手下的戰士們吹噓說，如果前方有漢人，我們應該與他們交戰；這不是我們要問恩珠金達的事情。最後，因為他手下的士兵不斷跟他說，如果漢人真的在那裏，我們已經下定決心要和他們戰鬥，隆培說，如果我們害怕漢人，我們就不會在這裏，所以我們繼續前進。[26]

結果證明這是一個代價高昂的錯誤，因為女牧民說的是實話。解放軍設置了一個精心策劃的埋伏圈，由九個伏擊點組成，分布在他們進入的山谷的下部到上部沿線。解放軍的計劃是讓康巴人騎上

山谷，直到他們到達第九個伏擊地點，這時會發射一發炮彈，發出信號，要求所有的部隊同時向康巴人開火。當時拉珠阿旺實際上在河對岸，他解釋了被伏擊的情況：

> 安多戰士開始進入〔山谷〕，然後下馬，派出一兩個人作為偵察兵。這時，隆培楚臣到了……安多人告訴我，他們已經派了一些人（徒步）去偵察這個地區，所以你應該在這裏等他們回來。隆培楚臣不同意，他回答說：「當我告訴你要小心的時候，是你們説我們應該戰鬥向前衝。現在你們為甚麼像諺語所説的那樣退縮，『臨河勒馬』，[27] 我們現在應該往前走。」這大概是1958年8月29日。
>
> 　　所以他們開始向山谷移動，但是直到他們到達第三個伏擊地點才看到解放軍，在那裏有人發現牛欄裏有電話線，這意味着那裏有漢人。他大聲喊叫説這裏有漢人……出現這種情況之後，解放軍立即開火。當漢人開火時，已經到達第三個伏擊點的24名騎手中，只有四人設法逃脱。另外20個人不得不下馬戰鬥。在第一和第二個伏擊點，戰鬥也開始了，從早上8點左右一直持續到第二天。中國軍隊一整天都在從較高的伏擊地點向下衝鋒，但天黑後，他們無法下到〔山谷谷底〕，我們也上不去。第二天，我們撤〔往北邊〕走了一條〔與計劃不同的〕路線……[28] 所以在多卡松多的第一場戰鬥中，我們真的像狼攻擊羊一樣戰鬥。我們向他們開槍，揮刀肉搏。[29]

這是一場漫長而激烈的戰鬥，雙方傷亡慘重。拉珠阿旺説，可能總共有大約200至300名漢人被殺或受傷，而康巴人失去了3名指揮官，49名戰士被殺，大約60至70人受傷。[30] 對於四水六崗來説，這相當於康巴人遠征部隊遭受了15%至20%的傷亡（140/700–900）。

因此，解放軍的伏擊戰不僅造成了康巴人的重大傷亡，還迫使貢布扎西利用其騎兵的機動性改變他計劃中去寺院的路線，避開解

放軍。當康巴人逃跑時，受傷的康巴人得到了盡可能好的照顧，在可能的情況下把死者扔進河裏，如果不可能，就只能留在戰場上。解放軍又發動了一次較小規模的伏擊，但沒有人員傷亡，1958年9月5日，康巴人成功抵達甘丹青柯寺。[31]

康巴人與解放軍之間的第一場重大戰役顯示，雖然康巴人打得很好，給中國人帶來了沉重的打擊，但他們無法長時間與解放軍進行面對面的戰鬥，儘管他們的機動性通常允許他們在戰敗時從戰場上脫身。但是很明顯，他們無法承受多次像這樣的戰鬥，因為他們遭受了如此嚴重的死傷。因此，多卡松多戰役對四水六崗叛亂來說不是一個好的開始。

這場戰鬥也暴露了解放軍的弱點。解放軍擁有更好的通訊、更強的武器（如機槍、迫擊炮和大炮），以及更多的部隊，但他們無法遏制和摧毀康巴人，康巴人得以溜之大吉，仍然到達目的地。鑑於中央指示要求，解放軍只有在確保能迅速取得決定性勝利的情況下才發動進攻，中國對這一遭遇戰的負面描述也就不足為奇了。一份簡短的中國報道稱：

> 159團、155團兩團29日早上發現叛匪已逃，便沿其逃跑方向追擊，但恩珠倉全是騎兵，速度神奇，已不知去向。這次圍殲恩珠倉未成，我軍反遭損失。9月6日，159、155團返回拉薩。[32]

中央在9月10日對西藏工委的電報作出回應時，也沒有對這第一場戰鬥留下深刻印象。他們的回電同意西藏工委向噶廈施壓，但間接批評了西藏工委和西藏軍區利用解放軍發動進攻，並明確重申了其防禦性軍事戰略。

西藏工委：

8月10日和17日電報均悉。同意你們關於處理噶廈對康人叛亂和叛國分子意見的政策。但在用人民解放軍去消

滅叛亂武裝問題上，需要審慎從事。只在叛軍直接威脅我
軍和主要交通線的時候才上馬，而且要在有把握的時候才
上馬。因為如果打得不好，不如不打，這點請加注意。望
即依照辦理。

中央

1958年9月10日[33]

貢布扎西在甘丹青柯寺

逃離解放軍伏擊後，貢布扎西的騎兵轉移到南木林宗和鄰近的甘丹青柯寺。拉珠阿旺帶領着200名戰士組成的先遣隊，他回憶起自己在宗政府受到的待遇，當時他帶着30名騎兵去控制那裏。噶廈指示宗政府官員不要協助或配合任何四水六崗戰士，因此他沒有受到友好的歡迎，正如他解釋的那樣：

日出後不久，我們到達了〔位於山上的〕南木林宗，當我們走向大門口時，南木林宗的兩位代表，一個俗官……另一個是僧官，從上面走下來。〔他們是兩位宗本留下的代表，當時宗本不在。〕他們問我們要去哪裏，當我們告訴他們需要見宗本時，他們説他不在那裏，我們不能進去——我們應該待在〔下面的〕村子裏。他們還告訴我們，他們收到了政府的許多命令，〔噶廈〕説寺院和宗應保持警惕，因為騷亂不斷，我們不能把武器給任何人，應該妥善保管武器。[34]

反過來，我們告訴他們兩個，我們是被四水六崗「衛教軍」（བསྟན་སྲུང་དང་བླངས་དམག་སྒར）從遠處派來的，所以我們別無選擇，必須去宗政府。對此，他們再次回答：「請不要去宗政府。」他們不想讓我們去宗政府，並再次告訴我們，我們應

該待在宗下面村民居住的區域。他們告訴我們，他們會為
我們安排一個住的地方，然後，我們可以在那裏談。

　　隨後，我讓德格團的指揮官普巴赤列帶着五六名戰士
離開，讓他和這兩位代表談談，把他們留在〔路上〕，我帶
着大約20名戰士爬上去進入宗政府。

　　當我們到達那裏時，大門是關着的，所以我們把槍裝
上子彈，用大石頭砰地撞在門上，同時對裏面的人大喊開
門。過了一會兒，一個年長的和一個年輕的男人打開了
大門，我們把槍管壓在他們的胸前，說我們聽說宗裏面有
漢人。他們向我們保證裏面一個漢人都沒有，並請我們進
去。當我們進去的時候，我們看到一個房間裏大約有20到
30個年輕的村民，他們帶着大約30支英式305卡賓槍，用
來保護宗政府。

問：〔對你們態度的改變〕是因為他們害怕嗎？

答：是的。他們表現出害怕〔我們〕。例如當他們請我們進來
　　時，他們解開髮辮以示對我們的尊重。

問：當你前往甘丹青柯寺時，你是否知道西藏政府內部已經同
　　意給四水六崗武器？

答：貢布扎西可能知道這個安排，但我們對此知之甚少。

問：你認為西藏政府真的不願意給你們武器嗎？

答：我們懷疑〔是這樣〕，因為他們不讓我們進入宗政府。

問：當時你是否認為他們只是在假裝嗎？

答：不，我根本沒有那麼認為。

問：當他們不讓你們進去時，你們生氣嗎？

答：是的。我們很生氣，所以我們把兩名代表扣留〔在路上〕，
　　然後去了宗政府。我們進入宗政府後，代表們和普巴赤列
　　走了過來……因此，我們就這樣控制了宗政府，並在宗政
　　府門口升起了四水六崗和衛教軍的旗幟。[35]

與此同時，主要的行動發生在甘丹青柯寺；青柯寺是一所中型寺院，包含大約500名僧人，那裏存放着武器。當康巴先遣部隊的一部分到達那裏時，就像在宗政府發生的那樣，僧人們拒絕開門。這導致了康巴人之間的激烈爭論，一些人認為他們應該使用武器強行進入，但另一些人堅持認為，既然他們是「衞教軍」，他們怎麼能開槍打死僧人？這天後者觀點佔了上風，所以先遣的康巴人離開了，在寺院附近的一個公園裏搭起帳篷，等待貢布扎西帶着主力到達。他們沒等很久，因為第二天貢布扎西在軍號聲和戰馬揚起的一大團灰塵中隆重到來。[36]

貢布扎西召集寺院領導人與他會面，經過私下討論，他們同意交出武器。我們不知道貢布扎西說了甚麼，因為根據西藏的政治制度，帕拉對這些武器絕對沒有權力，此外，沒有宗政府的同意，僧人們是不可能交出軍械的，因為他們對槍枝負有共同責任。然而，即使噶廈希望康巴人獲得槍枝，如果沒有噶廈的書面同意，宗本不能給予這種許可，這將需要很長時間才能獲得；但他們肯定沒有。例如在第8章中可以看到，噶倫索康同時命令200名藏軍從日喀則到西藏西南部的協噶爾宗（譯註：也稱協格爾宗），以保護儲藏在那裏的軍械不受四水六崗的破壞。

因此，這是帕拉秘密地安排貢布扎西不戰而獲，或者透過給寺院堪布的消息，又或是告訴貢布扎西該說些甚麼。達賴喇嘛大管家的地位和聲望足以說服僧人領袖，他是代表達賴喇嘛行事，所以他們聽從帕拉交出槍枝的指示。1959年後，帕拉在印度接受採訪時證實了這一點。

> 我告訴他〔貢布扎西〕，他可以帶走青柯寺的武器儲藏。貢布扎西不知道那裏的武器狀況和它們有多舊，所以我詢問了青柯寺武器的數量和品質，得知它們似乎很充足。那裏還有一些大炮。我允許貢布扎西拿走這些武器，然後他用這些武器對付漢人，給他們帶來了很大的麻煩。[37]

　　帕拉提到他能夠聯繫寺院的領導，讓他們檢查武器的狀況，這增加了帕拉關於他允許移交武器的說法的可信度。因此，貢布扎西不費吹灰之力就獲得了武器，儘管雙方同意讓寺院的堪布看起來像是被迫放棄武器。他還不得不同意只有一兩個康巴領導人可以進入寺院存儲槍枝的庫房，因為僧人們害怕普通康巴人會偷竊其他東西。他們說，僧人們自己可以把武器拿到外面。拉珠阿旺是被選中進去的康巴人之一，他回憶：

> 所以我去了彈藥庫……它位於僧人集會的經堂內部。神龕下的櫃子裏有一扇暗門。房間很大，有兩個柱子的藏式房間那麼大。所有的子彈都裝在鐵箱子裏，每個箱子裏有2,500顆子彈。〔這些箱子太重了，〕我們不得不把子彈分開裝，這樣馱畜才揹得動。

問：有多少隻鐵箱？

答：大約有100隻〔，所以大約有25萬顆子彈〕……〔還有〕493支英式305式〔李恩菲爾德303式〕卡賓槍。6支步槍不見了。還有18挺布倫槍、18挺斯登衝鋒槍和8門大小火炮……[38]

問：那一個房間能放得下所有這些嗎？

答：不。大炮存放在另一個房間裏。同一個房間裏有6門小火炮。看管槍枝的僧人要求我們留下100支英式305卡賓槍和彈藥，留給他們自己。他們解釋說，在此之後，漢人不會讓他們保持沉默，所以他們將與漢人作戰，如果需要的話，他們願意犧牲生命。我同意了，當我告訴貢布扎西我留下了100支步槍時，他說沒關係，但讓我不要告訴任何人。

　　然而，僧人們很快改變了主意，認為保留一些步槍沒有用，所以他們告訴康巴人拿走所有的武器，還把他們拉章（轉世喇嘛府邸）擁有的手槍和步槍也給了他們〔康巴人〕。他們還說，許多年輕、身體健康的僧人想加入四水六

崗，但貢布扎西斷然拒絕了他們的請求，告訴他們，他們
不可能加入，因為他們沒有準備好馬匹等等，〔無論如何〕
他不想帶着僧人去打仗，所以他告訴他們，「你們都留在這
裏。不會有甚麼〔不好的〕事情發生，如果發生了，那麼我
們有自己的計劃。」所以我們告訴他們印度人和美國人會幫
助我們。我們過去常常説類似這樣的話〔笑〕。所以我們沒
有帶走任何僧人，但是我們帶走了所有的武器。[39]

獲得武器後，貢布扎西召集所有指揮官開會，決定如何返回山
南。[40]正如拉珠阿旺回憶的那樣，大家對此有不同意見，

> 我們的計劃是一拿到槍就去山南⋯⋯我認為部隊應該分成
> 30 到 40 人的小隊，然後這樣返回。〔然而，其他〕四水六崗
> 指揮官有許多不同意見，最後同意請求護法神雄天賜予神
> 諭⋯⋯雄天神回答説：「四水六崗的官兵一起回去好。」因
> 此，就這樣，我們決定按照神諭行事，我們一起經由尼木
> 〔沿着他們最初計劃的路線回去〕。[41]

然而，首先，四水六崗在甘丹青柯寺又待了大約五天，休息、
清洗並給他們的新武器上油，並給投誠漢人羅桑扎西（曾是炮兵軍
官）和一個名叫格桑的安多人一個機會，可以試射大炮。同時，他們
叫來了住在附近的一些鐵匠，讓他們製作大量的馬掌鐵。[42]根據西
藏的傳統，每當官員發生變化，例如當一個宗的宗本發生變化時，
他們會準備並簽署一份詳細的文件，逐項列出宗的每一個項目。所
以在這種情況下，需要一份清單，上面列有每一把槍和每一箱被拿
走的彈藥，清單上蓋上四水六崗軍事政治辦公室（དམག་སྲིད་ལས་ཁུངས）的
印章，以及甘丹青柯寺的堪布和官員的印章。它申明雙方同意取走
的武器數量。[43]

1958 年 9 月 15 日，貢布扎西和他的部隊終於出發前往山南，他
們再次吹起軍號，舉着四水六崗的旗幟。[44]

第二次尼木伏擊

當解放軍主力部隊在第一次伏擊後返回拉薩時，他們留下一個騎馬的情報小隊，通過無線電臺報道康巴人的狀況和位置。因此，當貢布扎西開始攜帶武器經尼木返回時，他們通知拉薩的西藏軍區總部，後者再次派出第159團和第155團「對其〔叛軍〕進行圍殲」。[45]

康巴人的回程是先到無尤，然後到達渡口，在那裏他們將穿過雅魯藏布江，繼續向山南前進。[46]然而，當先遣部隊到達無尤時，他們的偵察兵發現一隊車輛從拉薩沿公路駛來。儘管貢布扎西指示除非受到攻擊，否則要避開漢人，但先遣部隊的指揮官設下了致命的埋伏，9月17日，當中國車隊進入他們的目的地區域時，他們開火了。[47]

拉珠阿旺回憶起那次伏擊：

> 在無尤宗塘，我們在一個遍布岩石的地方設下了埋伏。只有大約七輛卡車進入了我們的伏擊地點，而其他卡車仍在趕來。其中有六七個穿軍裝的漢人女孩……她們被殺了，包括所有其他漢人。其餘的車輛沒有到達。我們一直控制着這個地方，直到我們的主力部隊經過公路，然後我們點燃了兩輛卡車。[48]

這是四水六崗在衛藏的第一次大規模進攻行動，下面是中國關於這次襲擊的報道，揭示了中國人的沮喪和驚訝，

> 9月17日清晨，西藏軍區情報部副部長蔣文奇率四名偵察參謀，在跟蹤恩珠倉叛亂武裝蹤跡的時候，在馬拉山北麓發現叛匪的活動，他們估計這一股叛匪可能是恩珠倉去甘登青柯取槍的其中一部。便悄悄撤離山麓，迅速抵至拉薩到日喀則的公路上，準備向軍區彙報敵情，想圍殲這一股叛亂武裝。

蔣文奇他們到了公路邊，剛找到一個隱蔽的地方，正準備向軍區彙報敵情，就見軍區一輛軍車飛馳而來，車上坐着十多個人，蔣文奇立即走上公路伸手攔車。

汽車停了，司機不耐煩地伸出腦袋，説：「搭不了，搭不了，我們還得趕路。」

蔣文奇沒理睬司機，走到駕駛室右邊，問坐在裏邊的人，「誰是帶隊的？」

王能勤大尉答應：「是我。有甚麼事？」王能勤不耐煩這位穿便裝的漢人，他估計這個穿便衣的人是地方工作人員。

「下來。」蔣文奇揉着熬紅的雙眼。口氣十分堅硬。

王能勤見這位其貌不揚，精瘦的人説話口氣這麼硬，不知有何來頭，便打開門下車，但仍有一股盛氣凌人之勢，問：「有甚麼事？」

「我是軍區情報部的。」蔣文奇戴上風鏡，此時陽光從正面照射來，很刺眼，王能勤一聽是軍區情報部的，態度溫和了，輕聲説：「有甚麼要緊的事需我們幫助？」

蔣文奇説：「不要你幫助，我問你到那裏去。」

王能勤説：「去為160團幹部體檢。」蔣文奇問，「你知不知道山上有敵情。」

王能勤説：「不知道。」

蔣文奇説，「我告訴你，山上有叛匪活動，你們要小心點。」恩珠倉叛亂武裝被清剿的事軍區每個軍人都知道，王能勤也知道恩珠倉叛匪被趕跑了，估計最多有幾個流竄人員，認為這位情報員是有點小題大作，便輕蔑地一笑，説：「毬，幾個土匪怕屌，老子還擔心碰不上他，碰上他還算我運氣好，正好可以抓狗日的立功。」

蔣文奇看他一眼，微微一笑，説：「還是小心為好，大尉同志。」

「放心吧，夥計。」王能勤不知人面前站的是西藏軍區堂堂有名的情報部副部長，連禮也不敬，轉身鑽進駕駛室，關上車門，對司機下令：開車。

蔣文奇拉住車門，嚴肅地説：「不要麻痹。」

「沒事」。王能勤回答着起程了。

九點鐘左右(蔣文奇聽到槍聲時看錶)，醫療組的車蝸牛一樣哼着爬行在馬拉山最陡的地段，埋伏在公路兩邊的叛匪一個排子槍，司機當場被打死，汽車衝到右邊防護溝中熄火，兩邊山上頓時槍聲大作，車廂上醫療隊隊員立即反擊，有四名醫務人員中彈犧牲。

王能勤從駕駛室跳下車，伏在溝邊命車上的人快下車。

車上的人紛紛跳下車，伏在王能勤的左右，兩邊山上密集的槍彈壓得他們抬不起頭。王能勤此時才明白遇到大股叛匪，決定搶佔右邊山頭堅守待援。便組織力量向山上攻擊，連續兩次都被叛匪打退，而且兩邊山上的叛匪一直在往下壓，王能勤他們以汽車為依託抗擊叛匪，最終因寡不敵眾全部犧牲，整個戰鬥過程不到半個小時。

叛匪最後衝下來，見有幾個重傷未死的醫務人員，他們就用砍刀全部殺死，為了怕解放軍大部隊趕來增援，叛匪甚麼東西也沒有拿就立即撤退，這一仗，叛匪是乾淨徹底地吃掉了解放軍一個醫療隊。

蔣文奇在山下聽到山上的槍聲後，估計醫療隊和叛匪接上火了，他只有幾個人，並且都只有短槍，不能增援醫療隊，只能立即向軍區彙報。

軍區增援隊趕到山下時，山上槍聲早停，蔣文奇判斷兩種可能，一是小股土匪騷擾，經醫療隊反擊後叛匪撤退；二是大股土匪伏擊醫療隊，如果是第二種可能，那後果不堪設想。於是立即帶部隊朝山上跑。到了出事地點，

所有人都呆了，包括駕駛員在內，16名醫療隊員全部睡在
汽車周圍幾十公尺內，犧牲在車上的四人的手指上還套着
手榴彈的拉環，身邊有幾顆空彈殼，有三個身上除槍傷外
還有長長的刀口，蔣文奇判定是被叛匪用刀殺死的傷員。

　　這一次遭伏擊是叛亂武裝主動尋找解放軍作戰的第一
仗，以解放軍失敗而告終。解放軍在藏區第一次受到這樣
慘重的打擊。西藏軍區向中央彙報這次受損的同時，西藏
工委、西藏軍區聯合責成噶廈政府立即平息叛匪，實質上
這是張經武、張國華明明知道的一個不可能實現的要求，
叛亂武裝本來就是噶廈支持的，他怎麼會出兵平息？但又
必須要這樣做，最終的結果當然是可想而知的。噶廈口
頭上還是點頭答應要剿除叛匪，但總找這樣那樣的原因推
卸。[49]

襲擊發生後的第二天，一位名叫堅贊丹培的西藏政府僧官(孜
仲)從拉薩抵達無尤，並回憶了他在那裏發現的情況：

我坐着一輛屬於西藏工委的汽車從拉薩去日喀則。〔另一位
西藏政府官員〕恰白和我們坐同一輛車……當我們到達無
尤時，從寺院拿走槍的康巴人前一天剛剛離開。他們伏擊
了一個車隊，殺死了東嘎寺的管家，摧毀了一輛帕里商人
的私人車輛，他們以為這是漢人的車。我親眼看到的。我
聽說他們〔也〕摧毀了許多中國車輛，殺死了許多人。

問：你在無尤的時候害怕嗎？

答：是的，我害怕……恰白跟我說，現在起我們應該只坐藏人
的車……我們等了幾天，因為無尤當地官員說一些康巴人
可能會再來，然後我們繼續去日喀則。在這個時候，一兩
輛汽車不能單獨行駛。只有50到60輛車的車隊才可以一起
走。每輛車有兩個帶槍的司機。[50]

　　與此同時，四水六崗已經從無尤派出了一支由大約100名騎兵組成的先鋒隊，命令他們向前衝，保護他們想要使用的渡口。然而當他們接近現場時，他們才發現來得太晚了。

　　一篇四水六崗的記錄描述了這次失敗：

> 當他們抵達時，他們突然發現對面就是等待他們的解放軍部隊。解放軍從曲水抵達，控制了渡口。戰鬥持續了一整天，但是當夜幕降臨，康巴人試圖撤退，他們不熟悉地形，結果退到一個死胡同，因此不得不繼續戰鬥。他們還派了一名信差回到主力部隊，通報戰況。第二天黎明，來自四水六崗增援部隊到達，戰鬥繼續進行。然而，解放軍也在增援。另一名信差被派往〔四水六崗〕總部，要求派出更多的戰士和彈藥，但這時，戰士們得知約有1,000名解放軍部隊即將從〔西南的〕後藏抵達尼木宗，而四水六崗的指揮部聽說另外還有約1,000名解放軍部隊正從北部的羊八井朝尼木進軍。此時，貢布扎西決定將主力部隊轉移到曲水，因此，一個小隊被派往達竹卡〔渡口〕增援，另外兩個小隊被派往達竹卡東部和西部區域，一個小隊被派往保衛通往尼木多卡松多的通道。經過幾天的激烈戰鬥，貢布扎西終於下令放棄，不再試圖從尼木越過雅魯藏布江，並改由嘎崗向北逃離，以免被包圍。[51]

拉珠阿旺補充說：

> 我們試圖通過下尼木 (ཉུ་མོ་མཐིལ) 的渡口過河，但有一、兩千漢人從後藏下來，從曲水有更多的漢人過來。在我們到達渡口之前，從曲水來的漢人已經先到了。隨後，解放軍的另一個小隊從多卡松多也來了。所以這場戰鬥在三個方向打響……然後一場真正的大戰發生了……我們損失了很多人，我們開始失去陣地，我們失去了大約一半的村莊地

盤⋯⋯但是我們也殺死了很多人。戰鬥持續了整整兩天兩夜，第三天，我們〔向北〕撤退去了羊八井。[52]

當四水六崗戰士到達嘎崗附近時，那裏已經有許多解放軍部隊，所以當他們向前推進時，他們不得不與解放軍作戰，但最後他們又改變了計劃，〔在一個牧民嚮導的幫助下，〕通過一條非常困難和危險的小路逃往羊八井得以逃脫。[53]

中國人對第二次尼木戰役的描述很有趣，因為它再次揭示，中國人認為他們失敗了——他們沒能殺死或俘獲貢布扎西及其部隊。

> 9月20日凌晨159團在尼木又與恩珠倉叛匪相遇，三營立即與敵展開戰鬥，因當時遇敵突然，指揮混亂，組織不嚴，戰鬥打響後，沒有想到黏住敵人，二營於21日凌晨兩點鐘趕到時，恩珠‧公布扎西已向嘎崗方向逃竄，故未對敵形成包圍和鉗制，下午159團尾敵追擊，並命事先住在嘎崗的四連準備堵住敵人⋯⋯
>
> 　久等敵人未來，四連指導員忍耐不住，便帶部隊向前移動，一小時後和敵人相遇，倉促應戰，未堵住敵人，而在廈巴丹增堵擊的一營聽見前面打響，見有部隊撤回來，不知是敵是己，故未阻擊，將敵人放過路北後才發現放走敵人，故此次圍殲未成。9月30日各部隊返回拉薩。[54]

來自芒康地區的康巴戰士領導人之一阿布繞杰估計，在與解放軍的第二次伏擊戰中，四水六崗傷亡損失了大約160人。[55]

拉珠阿旺講述了四水六崗逃往東北部的故事：

> 這時，我們遠離解放軍，來到一個森林茂密的丘陵地區。那兒卡車進不去⋯⋯它有一條非常狹窄的小路，到處都是巨石，而且真的沒法走。但是當情況危急時，人們慌不擇路，甚至連馬也從這條狹窄的小路走過。我們穿過埡口，經過納木措（ གྱང་གནམ་མཚོ ）地區的那木如。那裏沒有中國軍隊，所以

我們待了幾天，但我們看到中國飛機在頭頂飛過，看我們去了哪裏。我們受過一些訓練，所以當飛機來的時候，我們都站在森林和岩石中間，這樣他們就看不見我們了。我們在納木措休息了幾天，從住在那裏的牧民那裏獲取食物。

然後我們決定襲擊當雄機場，所以組織了大約有一兩百名騎兵〔準備去〕進攻機場。我們首先派了一名間諜去偵察機場，但他報告說，機場守衛森嚴，如果我們攻擊它，我們將會遭受重大損失，所以我們〔放棄了這個想法，並〕計劃撤向東面更遠的地方。

然後我們穿過覺孜拉山口，到達熱振寺，在埡口處我們遇到了兩三輛汽車，我們摧毀了它們。15 到 20 名機場工作人員住在埡口附近的公路道班，我們進攻了他們，那是 10 月 2 日。[56] 然而，我們沒能殺死所有的漢人，因為他們已經做好了防禦準備，並且有許多手榴彈。我們有一兩個人受傷，但沒有人喪生……

從熱振寺的上部出發，我們過河，來到了直貢河谷上游一個叫直貢旁瓦藏改的地方。從那裏我們去了〔直貢寺東北的〕直貢梯，然後我們去了一個叫直貢龍喜的地方。我們計劃從那裏向南去馬雄，然後〔從那裏〕繼續去雅魯藏布江，我們將穿過這條河，與山南四水六崗的其餘部隊會合。[57] 我們說無論發生甚麼，〔為了回去，〕我們必須去馬雄。

然而，當我們到達龍喜時，漢人正埋伏在那裏。大約有兩至三個伏擊地點，但是……只有大約 100 名漢人，所以那天晚上在龍喜，我們派出了一支由大約 200 至 300 名騎手組成的先遣部隊，〔在另一次採訪中說是 100 人〕，這次夜間突襲成功地殺死了那裏的許多漢人，迫使他們逃離……我們在那裏獲得了 30 至 40 匹漢馬。所以在直貢龍喜，我們上演了一場好戲。我們這邊死了一兩個人，還有一些人受傷，但我們沒有遭受嚴重損失……當天我們在龍喜過夜。[58]

貢布扎西的部隊從龍喜開始向南前進到馬雄，這是通往雅魯藏布江的門戶。當他們到達龍喜和馬雄之間的山口時，當地牧民通知康巴人的先遣部隊，中國人大約在五六天前到達馬雄的山下，並在山坡上設置了掩體和大約100門大炮/迫擊炮。換句話說，解放軍再次設下埋伏，阻止貢布扎西返回山南。拉珠阿旺回憶接下來發生的事情：

> 當貢布扎西和主力部隊到達時，貢布扎西派出了大約10名安多騎手在山口的這一邊站崗，另外還有10名理塘騎手……在另一邊值班，然後他召集〔開會討論來自牧民的警告並選擇進軍路線〕。
>
> 當我們〔我〕到達那裏時，〔拉珠在後方警衛隊，所以他是在主力部隊之後到達的，〕他們在開會。他們〔貢布扎西〕決定再次諮詢雄天，雄天預言說，「今天是我們去〔馬雄〕的時候了。我，鬼魂，會保證這一點。」〔註：這是護法神(ꡀ)的習慣。當他們通過靈媒說話時，稱他們自己為鬼魂。〕[59]

貢布扎西對雄天的信仰導致他犯了一個代價高昂的錯誤：儘管收到警告，他還是命令他的部隊繼續穿過馬雄，他們直接進入了計劃周密的解放軍埋伏圈。拉珠阿旺不太認同把決定建立在神諭的基礎上，他諷刺地評論了雄天和錯誤的神諭。

問：所以是雄天告訴你們前進的，對嗎？

答：是的。雄天〔靈媒〕被一個漢鬼附身了。〔笑〕[60]

另一位重要的四水六崗領導人，來自大金寺的嘉瑪阿珠也批評貢布扎西傾向於依靠雄天作出戰術決策，他說：

> 恩珠金達是一個百分之百相信神靈的人。他〔那方面〕有點笨 (ꡀꡀꡀ)。事實上，他應該觀察和調查事情。但是他不知道怎麼做。[61]

拉珠阿旺繼續敍述這次血腥的伏擊戰：

當我到達那裏時，我看到貢布扎西和所有其他戰士已經等在山口附近，而安多營和大金寺營的100名先遣部隊已經按照雄天的神諭翻過山口向下〔前進〕。當這支先遣部隊下去時，在山頂上站崗的人看到了漢人，開始大喊：「不要下去，漢人在那裏等着。」我們立即派人去傳遞消息，告訴他們不要去……與此同時，我透過雙筒望遠鏡看到漢人們站了起來，看起來他們正準備發射大炮，所以我說，「嘿！他們就要開火了。」就在那時，他們的眾多加農炮〔或迫擊炮？〕開火了，發出「轟轟」的聲音。他們在山的兩側部署了大約100門加農炮，他們同時向先遣部隊和我們其他位置更高的部隊開火。

我們開會的地方沒有被擊中，因為炮彈落在離我們大約90米的地方。然後，當我們所有人都朝着山口向上跑的時候，他們發射的炮彈，彈着點越來越高，整個地區充滿了爆炸彈片的灰塵。我們看不見漢人，也無法向他們開槍。這場戰鬥全是炮戰，所以我們的槍沒法打到他們……

炮彈的硝煙消散後，我看到貢布扎西的馬和騾子在四處跳躍，所以我想他們可能被炮彈擊中了，我感到非常難過。所以我去了那邊，〔看到一個名叫〕拉拉〔的康巴人〕被彈片擊中，臉上在流血。他說，「恩珠金達（貢布扎西）被炮彈擊中了，現在〔戰鬥〕已經沒有用了，讓我們安靜地死去吧。」……當我到達〔貢布扎西所在的地方〕，我看到他倒在地上……貢布扎西和許多其他人被炮彈彈片和岩石碎片〔擊中〕……當我把他舉起來時，他的眼睛上都是血，所以我用羊毛帽擦了擦他的臉，看到他正看着我。然後他說，「你是阿旺，對嗎？金剛護身符保護了我，我沒事。去找些水來。」

……之後，僕人拿來了一些水……我問貢布扎西，他是否能走到炮火無法到達的〔山上一個角落〕。他說他可以，所以我把他扶起來，然後我看到他的整個身體都被岩石碎片擊中了。我用圍巾綁在他流血的地方，血止住了。我們到達山的拐角後，我們撿了一些植物（ষ্তু）生了一堆火。我的僕人有一匹非常好的馬，他的馬鞍袋裏有酥油和一包糌粑，所以我們融化酥油來止血。在那個山角有100名騎手。炮彈打不到我們那裏……

這時，貢布扎西告訴我們，我們應該設法奪取山口。他說，「漢人一直在上山，所以如果我們不能守住山口，我們所有人都會被徹底消滅。拉珠阿旺應該帶一些士兵到埡口頂部，」因為〔如果逃跑路線被切斷〕，一個人也活不了……貢布扎西重複說了三次，如果漢人首先到達那裏，我們部隊就會全軍覆沒。我想貢布扎西會死，因為他被這麼多彈片擊中，所以我不想把他的屍體留在那裏。我想我們不應該把他的屍體埋在這裏，而是應該帶走……

就在這個節骨眼上，〔其他〕指揮官叫我上去控制山口。他們以三寶發誓，無論貢布扎西活着還是死了，他們都不會把他留在這裏，除非他們全部被殺。

貢布扎西也告訴我……拿走他的槍，這對他來說很珍貴，但我拒絕了。我有一支英式305卡賓槍和兩條裝滿子彈的彈夾。我還有一支斯登衝鋒槍和一支手槍。所以我下令去佔領山口……我牽着僕人的好馬，和另一個名叫夏洛倉·群則的理塘人一起去，他說他想和我一起去。我們有大約100名騎手……馬不得不停下來休息，因為〔路實在太陡了〕，牠們不能長時間走。我又吩咐他們說：「我先上山口，你們跟着我。如果我被殺了，你們所有人都應該把屍體一個接一個地堆積起來，〔不要後退〕。你們永遠不應該離開這個地方。如果漢人從這兒過去，我們都得死。」他們都說，「沒問題。」

我的馬是匹好馬，夏洛倉的也是，所以我們倆先去了
山口。我把我的馬就留下〔山口下面〕，〔最後一段距離〕步
行去了山口。那時，漢人正從另一邊爬上來，並在地面上
架起槍，所以我們同時在山口遇到了漢人。

問：那時，只有你們兩個人，對嗎？

答：是的……我的斯登衝鋒槍立即開火。漢人無法開槍，因
為他們還在往上走。我開槍打死他們後，一些人受傷了，
他們開始逃跑……起初，漢人無法開槍，因為他們正在逃
跑，但後來許多漢人從兩邊向我們開槍。當我們互相射擊
時，我的身體被許多子彈擊中……戰鬥還在繼續，天就黑
了，所以我看不見我的傷口。第二天，我知道那天晚上我
被16顆子彈擊中，白天又被兩顆子彈擊中……所以我包紮
傷口，止住血。其他子彈擊中了我的背部、肋骨、腹部和
臀部，但我的護身符保佑着我……

問：有子彈擊中你的痕迹嗎？

答：在我身體的某些部位，有紅色的水泡，有些部位有瘀傷，
有些子彈卡在裏面，我可以把它們拔出來。一顆子彈擊中
了我的背部，血從我嘴裏流出來……[62]

在控制山口的戰鬥中，拉珠阿旺和夏洛倉受了傷，昏了過去，
留在那兒等死，但他們的戰鬥使得貢布扎西得以帶着剩餘的主力部
隊逃往東北一個叫沙丁宗的地方，這個地方是邊壩宗的一部分。解
放軍追擊他到了沙丁山口腳下，但隨後轉身回到了他們的大本營。
中國資料沒有解釋他們為甚麼在這一點上停止追捕貢布扎西，但是
一位康巴領導人説貢布扎西從一些牧民那裏得知，有一支中國軍隊
在我們後面，所以他帶着傷患繼續前進的時候，在一個山口留下了
大約130至140名戰士來阻擊他們。該部隊指揮官之一嘉瑪阿珠回
憶説：

當時，恩珠金達（貢布扎西）穿着長袍從帳篷裏走出來，説除了那些受傷的人，所有其他戰士都必須去〔山口〕。「我們要死就死在這兒。今天我們必須下定必死的決心。」所以我們去山頂上等着。漢人沒有看到我們在那裏，所以當大約200名漢人接近時，我們開槍打死了大部分人。剩下的漢人藏在山上……所以我們向山上發射加農炮。

問：漢人羅桑扎西〔為你們〕發射了加農炮嗎？

答：是的。當他發射加農炮時，他消滅了所有的漢人。之後，我們離開了那個地方。

問：在那場戰鬥中，你殺了很多漢人嗎？

答：我們消滅了（ཙ་མེད）全部200人。從那以後，漢人不再從後面追我們了。[63]

這結束了貢布扎西的部隊與追擊的解放軍部隊之間的連續戰鬥。貢布扎西原計劃在兩至三周內奪取軍械庫並迅速返回山南，但兩個月後，他被阻擋在邊壩偏遠的沙丁宗（昌都的碩達洛松地區）。[64]目前尚不清楚他最初的700至900名戰士中有多少人被殺或受傷，但一名一直與貢布扎西在一起的四水六崗指揮官估計，當貢布扎西到達碩達洛松時，最初的700多名戰士中只剩下大約290名。一些失蹤人員在戰鬥中喪生，但許多人被分隔而失散。[65]邊壩當地的領導人説，當貢布扎西到達時，他還剩下大約500至600名戰鬥人員。[66]無論確切數字如何，貢布扎西的戰鬥部隊很大部分顯然已經死亡、受傷或失散。

貢布扎西及其部隊缺乏食物和彈藥，馬匹筋疲力盡，而且他和許多其他人都受了傷，所以他們在沙丁休息了一個月，然後前往碩達洛松的邊壩。最終，直到1959年起義，達賴喇嘛去印度後，貢布扎西和他的戰士才得以返回山南。

勝利還是失敗？

從某種意義上說，甘丹青柯寺遠征是康巴人的勝利。儘管解放軍擁有優越的武器和通訊能力，但他們無法阻止貢布扎西到達甘丹青柯寺並拿走武器，更不用說殺死或俘獲他並消滅其部隊。解放軍直接了解到貢布扎西及其康巴部隊是強悍和有能力的戰士，他們能夠射擊，躲避被困，並發動有效的伏擊。中國的一份資料清楚顯示四水六崗給解放軍留下的印象，該資料引用了解放軍駐拉薩副司令員鄧少東的批評：

> 軍區副司令員鄧少東1958年12月3日批評說：「軍委一再指示，要我區因地制宜，並明確指示學點游擊戰的內容，但是我們訓練計劃實際只是戴了一頂因地制宜的帽子，除了規定幾個游擊戰的課目外，並沒有真正地從因地制宜方面去全面安排部隊的訓練任務，沒有結合我區面臨平叛戰鬥的情況抓住最需要的課題去訓練。單個至班、排的攻防戰術，原封不動的將以美軍為假想敵的現代條件下的一套搬到計劃中，部隊訓練時，不但與平叛作戰中的作戰樣式不一致，而且戰術指導思想混亂……[67]
>
> 他們周邊部隊（譯註：先遣部隊）很有戰鬥力，一發現我軍，就能以很快的速度搶佔制高點，並採用小分隊迂回的辦法來對付我軍，由於他們是騎馬，所以在運動中好走高地或山脊，這就利於他們發現我們和機動，並且對我不戀戰，白天打，夜間跑，特別是發現我力量大或被我打擊後跑得更快，對我軍不死攻，也不死守，在防禦時，我力量小，火力弱時則守；我力量大，火力猛時立即收縮，在逃跑中很注意保密，用分路逃跑和轉圈子的方法來迷惑我軍。使我不能肯定敵逃竄的方向，以集中對付我為主，採用分散對付相結合，致使我無法對其形成合圍……

就這樣，圍殲恩珠‧公布扎西以不成功而結束，致使
西藏叛亂武裝覺得解放軍很好對付的，解放軍對他們的武
裝行動毫無辦法，因而更加囂張，更加狂妄，開始萌發實
施消滅解放軍的計劃。[68]

儘管解放軍打擊貢布扎西的表現受到負面批評，但在更廣泛的
戰略意義上，甘丹青柯寺戰役對四水六崗來説是毀滅性的失敗，因
為在四水六崗組織發展的關鍵時刻，它將四水六崗的總司令貢布扎
西與位於山南的基地分離開來。因為貢布扎西不在山南負責，沒有
人為叛亂制定全面的作戰計劃，正如第10章所述，四水六崗出現了
嚴重的內部問題，削弱了統一的指揮結構和叛亂的威力。此外，抵
達哲古塘的新兵無法獲得甘丹青柯寺的武器。

另一方面，為甚麼毛澤東和中央指示解放軍在北部停止對貢布
扎西的進攻行動，也不在南部對四水六崗基地發動進攻？換言之，
他們為甚麼對四水六崗的兩個部分都沒有施加任何軍事壓力，讓其
放任自流？四水六崗控制了山南，不是因為他們把解放軍趕出了這
個地區，阻止他們返回，而是因為解放軍被指示不要試圖控制這個
地區。中國人不僅在拉薩袖手旁觀，讓康巴人離開（拉薩），在山南
建立他們的基地，實際上還在山南和沙丁/碩達洛松給了他們留下了
一個避風港。

關於這一點，我沒有得到相關的中國檔案，但我認為很明顯，
毛澤東和中央不想像四川那樣無意中挑起西藏範圍的大火。毛澤東
的「大收縮」計劃旨在平息拉薩的局勢，取消改革，將數千名新的漢
族幹部和解放軍部隊送回中國內地，同時允許西藏政府繼續負責西
藏的內部管理。實質上，毛澤東給了自己更多的時間去「贏得」達賴
喇嘛和西藏上層，給了更多的時間去迫使達賴喇嘛與康巴人打交道。

儘管發生了這些負面事件，四水六崗還是有一些好消息：中情
局最終獲得艾森豪威爾政府的批准，從1958年10月開始向康巴叛

亂分子運送武器，當時在山南空投了武器。這一進展將在第10章討論。

在中國的另一個方面，西藏工委自身正處於范明和張國華激烈的內部衝突之中，張國華是毛澤東和中央的代理人。毛澤東對西藏戰略的觀點當然佔主導地位，但范明的對立觀點代表了一種可行的替代戰略，回想起來，這很可能會給中國帶來更有利的結果。這種衝突將在第7章討論。

第7章

范明的倒臺

　　20世紀50年代西方研究中藏關係的歷史學家普遍認為，在西藏的中國人是鐵板一塊，有着一套統一的觀點和政策。正如我在第二卷和第三卷中所展示的，情況顯然不是這樣。不僅青海/甘肅西北局(第一野戰軍)的領導幹部范明反對毛澤東的「漸進主義」政策，甚至在此之前，關於誰應該領導西藏工作委員會(西藏工委)的問題也有過激烈的爭論，范明與來自四川西南局的最高領導人張國華(第二野戰軍第18軍軍長)發生了爭執。這種內部分歧彌漫着20世紀50年代，直到1958年才最終結束，當時中國內部政治動態發生了變化——毛澤東發動反右運動——為張國華和中共領導人提供了一個機會，不僅可以阻止范明繼續推行自己的觀點，還可以將他完全趕出西藏。

　　1957年6月，毛澤東發起了整風運動，在中國內地共產黨內整頓工作作風，但這很快演變成著名的反右運動，該運動試圖清除共產黨內部傾向資本主義或小資產階級的成員。共產黨意識形態中的「右派」通常是指那些代表資本主義階級和/或贊成資本主義生產方式比集體主義好的人。然而，這場運動實際上走得更遠，清洗了各種知識分子，包括一些毛澤東(或毛澤東的低層支持者)不喜歡或不信任的黨內人物，包括一些像范明這樣的真正的極左分子。

　　毛澤東本人將他的反右運動比作中國第一位皇帝秦始皇的坑儒，他說，「他〔秦始皇〕只坑了四百六十個儒，我們坑了四萬六千個

儒。……你〔知識分子〕罵我們是秦始皇，不對，我們超過了秦始皇
一百倍。」[1] 一份中文資料說，當時的統戰部長李維漢 (1984年) 估計
「大約有55萬人，主要是知識分子、工商企業主或經理以及所謂的
『民主黨派』成員，被歸類為『右派』。大多數人失去了工作和職位，
一些人被送到勞改農場、監獄和邊境或偏遠地區。」[2]

中國的反右運動已經被研究得很透徹，所以這裏就不討論了，
但是本章的重點是，這一運動在西藏是如何清除范明的。[3]

西藏工委於1958年4月4日正式發起西藏的主要反右運動。在
接下來的七個月裏，西藏工委舉行了一系列反右 (整風會議)，其
間范明被指控、調查並被判刑，還有所謂的「以范明為首的反黨集
團」，其中包括他的妻子和多數來自西北局的支持者。[4]

范明和張國華之間的衝突在中國有時被解釋為個性不合的結
果。范明太自負了，與張國華相比，他想要更多的權力和威望。儘
管這很可能是一個重要因素，但其中也有非常重要的不同戰略觀點
在發揮作用，觸及到中國應該如何吸納西藏的核心問題，因為與毛
澤東不同，范明主張迅速進行土地改革，結束舊社會。

范明的故事，始於1951年他和張國華各自帶着他們的西北局和
西南局的部隊到達拉薩之前。[5] 當時，張國華知道他將被任命為西藏
工委和西藏軍區的第一書記，而范明在張國華之後幾個月到達，強
烈認為他自己應該是西藏工委的第一書記，張國華應該只領導人民
解放軍，即西藏軍區。[6] 西藏工委重要幹部李佐民回憶：

> 他們〔范明和張國華〕爭論不休，而當西藏工委正式成立時，
> 范明並不同意。他表示他必須做黨委第一書記……所以他
> 花了一周時間，寫了一份將近10,000字的計劃……題目是
> 《有關當前西藏統一戰線工作的策略》。然後，他召集了一次
> 工委會議，並在會上做了報告。然而，沒有人同意，所以最
> 後他提交給了中央。因此，當時〔在他們倆都到達西藏後，〕
> 西藏工委無法按照原計劃成立，中央處於絕望的境地……[7]

這場爭論把毛澤東和中央置於難堪的位置。選擇張國華或者范明都意味着侮辱或者疏遠另一方的西南局或者西北局，所以他們最終兩者都沒有選擇。1952年3月7日，他們任命「中立」幹部張經武為第一書記。[8]

張經武是簽署《十七條協議》的中央政府「代表」之一，協議簽署後他立即從北京經印度被派往拉薩。他被派去會見當時住在亞東的達賴喇嘛，說服他返回拉薩，而不要逃到印度。然後他代表毛澤東和中央去拉薩，直到主要軍隊/官員從陸路到達。張經武沒打算留在西藏，他計劃在中國人進駐拉薩後返回北京。因此，他是一個很好的妥協選擇，因為他不是西南局或西北局的成員，但以前在這兩個地方都工作過，和兩邊幹部的關係都不錯。[9]所以中央指示張經武留在拉薩並擔任西藏工委的第一書記（同時仍然保留他在北京的職務），以此解決西藏工委的爭端。在他的領導下，張國華被任命為第一副書記兼西藏軍區司令員。〔西南局的〕譚冠三任第二副書記，〔西北局的〕范明任第三副書記；這使得西南局控制了西藏工委。為了安撫范明，他和他的西北局同事被授予處理工委日常事務的重要職權，例如范明被任命為統戰部部長，統戰部負責管理與藏人的關係，而牙含章被任命為西藏工委秘書長。西北局中其他高級官員，如慕生忠等，也被委以要職。與此同時，鑑於西藏黨內嚴重的不團結，中央直接將西藏工委的控制權掌握在自己手中，因此西藏工委的有關決定必須由中央批准，而不是像過去那樣由西南局負責。[10]

西藏工委內部更大的爭議涉及中國共產黨的西藏政策。因為毛澤東和中央選擇了奉行「漸進主義」政策，西藏工委的任務是通過達賴喇嘛和噶廈開展工作，並等待時機實施民主改革，直到他們達成一致意見。這種漸進策略不僅自上而下，而且將達賴喇嘛置於班禪喇嘛之上。所有西南局的領導幹部，如張國華和譚冠三，都同意這一點，張經武也是如此。然而，范明和他在西北局的一些下屬幹部卻並不同意這一政策。

正如第2章所討論的，范明認為，達賴喇嘛和拉薩上層永遠不會同意放棄他們的財產，所以他們表面上與中國官員誠懇地討論和執行，甚至談論未來進行改革，但暗地裏活動，逼迫中國人離開西藏。范明認為西藏的主要矛盾不是階級矛盾或民族矛盾，而是**統一與分離**的矛盾。關於這一點，對他來說主要問題是，他認為達賴喇嘛集團是親帝國主義和支持分裂主義活動，而他認為**班禪喇嘛集團是一個完全愛國的團體，主張國家統一**。對他來說，共產黨應該把重點放在支持班禪喇嘛集團上，這一點至關重要。因此范明認為，讓達賴喇嘛繼續在內部管理整個西藏是一個有缺陷的策略，不僅最終會失敗，並助長更多的分裂活動，而不是更多的忠誠。這將繼續把西藏人民置於剝削的莊園制度之下，同時迫使共產黨幹部尊重西藏的世俗和宗教上層——在中國內地（漢族地區）他們被視為階級敵人。

范明的西藏戰略包括，將與他關係密切的班禪喇嘛視為西藏自治區的首腦，享有與達賴喇嘛同等的地位和權力。他認為，通過利用班禪喇嘛政府和達賴喇嘛政府之間存在的齟齬關係，優先扶持班禪喇嘛，可以創造一系列條件，引導西藏迅速改革。

班禪喇嘛和達賴喇嘛陣營之間的關係歷史悠久而複雜，但（現代史上）最相關的階段始於1923年11月，當時第十三世達賴喇嘛和第九世班禪喇嘛之間因後者拒絕支付額外稅款資助西藏新軍而發生糾紛，導致第九世班禪喇嘛逃往中國。[11]西藏政府試圖在他抵達中國邊境之前派軍隊逮捕他，但未獲成功。拉薩失去了班禪喇嘛，但控制了他所有的屬地和莊園。在此後的幾年裏，班禪喇嘛與拉薩就他返回西藏的條件談判失敗，因此毫不奇怪，第九世班禪喇嘛的流亡政府大力發展與蔣介石國民黨政府的密切關係。早在1929年，他們就在國民黨政府首都南京設立了班禪辦事處，並得到了國民黨的支持，後者支付了班禪行轅的大部分費用。[12]班禪行轅將國民黨視為一個強大的贊助者，他們希望能說服或迫使拉薩恢復班禪喇嘛在

西藏的傳統地位。然而，當第九世班禪喇嘛於1937年流亡青海時逝世，這一目標還沒有達到。

　　幾年之後的1941年，已故班禪喇嘛的官員在青海循化縣發現了名叫官保慈丹的三歲男孩，根據他們的測試，男孩是已故班禪喇嘛的真實轉世。然而，達賴喇嘛政府拒絕承認這個靈童，堅持要把他和其他幾名靈童一起送到拉薩進行最後的測試。第九世班禪喇嘛的隨從拒絕了，並由堪廳認定青海靈童。因此，第十世班禪喇嘛在青海和甘肅流亡中長大，1949年中國共產黨控制青海/甘肅時他才12歲。因為這段歷史，班禪喇嘛的官員鄙視達賴喇嘛的政府，在他們看來，西藏政府不僅強迫九世班禪流亡，還控制了他的所有財產，拒絕允許他返回，最後拒絕接受他們選擇的、真正的十世班禪喇嘛。

　　1948年至1949年，隨着中國共產黨在內戰中贏得一場又一場勝利，越來越明顯的是，國民黨可能會失去中國。班禪喇嘛的官員不得不重新評估他們的處境和忠誠。儘管國民黨政府於1949年6月3日正式承認官保慈丹為第十世班禪喇嘛，並隨後派遣蒙藏事務委員會委員長高長柱（譯註：應為關吉玉）出席正式坐床儀式，試圖說服班禪喇嘛隨他們逃往臺灣，但班禪喇嘛還是轉而擁護共產黨。

　　同時，毛澤東也試圖贏得班禪喇嘛的支持。1949年8月初，他指示西北局書記彭德懷，在他接管青海和甘肅時，要特別小心對待藏人，特別是班禪喇嘛；當時范明擔任西北局聯絡辦公室（一個處理民族事務的辦公室）主任。幾周後，8月26日，彭德懷指示范明與班禪喇嘛建立良好關係，因此范明立即派幾名官員到塔爾寺開始與班禪喇嘛的官員進行討論。[13]這些努力的結果總結在戈爾斯坦（2007年）中：

> 他們〔班禪喇嘛〕那邊的決定不久就確定了。流亡中國27年後，班禪政府領導人的首要目標是回到西藏，根據他們認定的歷史權利，重新控制其領地。然而，他們對西藏政府的仇恨和不信任意味着他們再也不會任由拉薩擺布了。

因此，與西藏政府的和解充其量是遙遠的，因為拉薩甚至
不承認官保慈丹是真正的班禪喇嘛，更不用說在其他問題
上妥協了。雖然國民黨說他們會幫助他們〔班禪喇嘛〕，但
是在過去的20年裏沒有甚麼動作，也不再能夠幫忙對付拉
薩。中國新掌權的是共產黨，因此與之聯手最有意義，因
為只有他們有軍事力量來實現班禪喇嘛返回西藏的目標。
儘管眾所周知他們是無神論者，許多人認為他們會摧毀佛
教，但共產黨方面毫不含糊地一再宣稱他們將尊重藏傳佛
教，允許少數民族地區自治；〔此外，在共產黨控制了重慶
和西寧之後，〕輿論對他們的報道是正面的，這些都有助於
說服班禪喇嘛方面，他們可以與共產黨合作，以實現他們
的目標。

　　因此，在1949年8月底/9月初，班禪喇嘛派他的一位
高級官員計晉美去見中國人民解放軍。計晉美發現解放
軍是講道理的，並將他和班禪喇嘛的未來與解放軍聯繫在
一起。不久之後，青海統戰部部長周仁山率領的一個小組
前往香日德，協助班禪喇嘛解決財政和其他急需解決的問
題。班禪喇嘛現在已經處於中共西北局的羽翼之下。贏得
班禪喇嘛的支持是西北局在中國共產黨解放西藏過程的重
要成就之一。[14]

此後，1949年10月1日，12歲的班禪喇嘛給毛澤東和朱德發去
電報，祝賀中華人民共和國的成立，並表示支持人民解放軍/共產黨
統一中國和解放西藏的目標。給毛澤東的電報說：

北京中央人民政府毛主席、中國人民解放軍朱總司令鈞鑑：
　　鈞座以大智大勇之略，成救國救民之業，義師所至，
全國歡騰。班禪世受國恩，備荷優崇。廿餘年來，為了
西藏領土主權之完整，呼籲奔走，未嘗稍懈。第以未獲結
果，良用疚心。刻下羈留青海，待命返藏。茲幸在鈞座領

導之下，西北已獲解放，中央人民政府成立，凡有血氣，
同聲鼓舞。今後人民之康樂可期，國家之復興有望。西藏
解放，指日可待。班禪謹代表全藏人民，向鈞座致崇高無
上之敬意，並矢誠擁護愛戴之忱。

班禪額爾德尼叩

1949年10月1日 [15]

班禪喇嘛渴望與新一屆中央政府的領導人建立牢固的關係，他
還向西北局負責人、第一野戰軍司令彭德懷發去賀電，青海省即在
他的領導之下；更加熱情洋溢地表達了他對「解放」西藏的支持：

茲幸在鈞座領導之下，西北已獲解放，邊民同聲歡忻。今
後人民之康樂有期，國家之復興可待。即久被忽視之西藏
人民，亦莫不引領而望，卜慶來蘇。仍墾領義師，解放西
藏，肅清叛國分子，拯救西藏人民。[16]

班禪喇嘛和西北局之間迅速發展的密切關係提出了一個敏感的
新問題，即共產黨應該如何在班禪喇嘛和達賴喇嘛之間的衝突中定
位。班禪喇嘛的議程明確反對拉薩的西藏政府，由於西藏解放尚未
到來，共產黨如何處理這場衝突可能會影響他們與達賴喇嘛和西藏
政府的關係。

1949年10月，中央政府向制定這一戰略邁出了第一步，當時的
中央統戰部部長李維漢指示中央情報部門派遣袁心湖和余凱在西寧
設立青海聯絡站，負責調查兩位喇嘛之間的衝突歷史，並將調查結
果直接報告給中央。[17]在他們調查這一問題時，毛澤東與班禪喇嘛
的第一次直接溝通發生在1949年11月23日。當天，毛澤東、朱德
聯合回覆班禪喇嘛的電報如下：

接讀10月1日來電，甚為欣慰。西藏人民是愛祖國而反對
外國侵略的，他們不滿意國民黨反動政府的政策，而願意

成為統一的富強的各民族平等合作的新中國大家庭的一分
子。中央人民政府和中國人民解放軍必能滿足西藏人民的
這個願望。希望先生和全西藏愛國人士一致努力，為西藏
的解放和漢藏人民的團結而奮鬥。[18]

兩個月後，1950年1月31日，班禪喇嘛又給毛澤東發了一封電
報，這次要求解放軍立即解放西藏。當中還表示反對拉薩政府向英
國、美國和其他國家派遣代表團請求援助的計劃。這封電報毫無疑
問展示了班禪喇嘛的承諾。

西藏係中國領土，為世界所公認，全藏人民亦自認為中華
民族之一。今拉薩當局此種舉動，實為破壞國家領土主權
完整，違背西藏人民意志。謹代表西藏人民，恭請速發義
師，解放西藏，肅清反動分子，驅逐在藏帝國主義勢力，
鞏固西南國防，解放西藏人民。[19]

因此，到1950年初，班禪喇嘛和他的官員已經把他們的未來押
在共產黨解放西藏上。他們相信，共產黨能夠、也將會把他們送回
西藏，但是他們與達賴喇嘛政府的關係和地位仍然不清楚。經過數
十年的流亡，他們此時尋求與拉薩同等的政治地位，但要實現這一
點，他們需要獲得西北局領導的支援，並通過他們獲得北京領導層
的支持。因此，1950年春天，計晉美要求（青海）西寧的共產黨官員
安排他和當時在蘭州的范明直接會面。

范明接受計晉美的觀點，因為他自己（根據中國史料）對西藏歷
史的研究使他相信計晉美觀點的歷史正確性。范明很快成為班禪喇
嘛在黨內的主要支持者，大力提倡前藏和後藏分立的方針。范明解
釋道：

歷史上有「前藏」和「後藏」。達賴喇嘛的政府被稱為噶廈，班
禪喇嘛的政府被稱為堪廳。二者之間沒有互相隸屬的關係，

它們是平行結構。藏人見面時會說,「天上的太陽月亮,地
上的達賴班禪。」⋯⋯ 他們是不同統治者統治下的人民。[20]

　　在當時的中國〔清朝〕地圖上,你會看到前藏和後藏。
西藏不叫西藏。解放後使用了西藏這個詞。過去,前藏屬
於達賴,後藏屬於班禪〔見地圖4〕。[21]

范明還堅信,與達賴喇嘛世系不同,班禪喇嘛世系在歷史上是
中國的朋友,也是「西藏是中國一部分」觀點的堅定支持者。他再次
解釋:

> 班禪集團一貫支持中國的統一。在歷史上,第五世班禪喇
> 嘛〔羅桑益西,1663–1737〕就擁護這個思想⋯⋯ 十世班禪
> 〔1938–1989〕也堅持祖國統一。在任何情況下,班禪集團都
> 堅持統一,反對西藏脫離中國。[22]

同樣,在談到班禪喇嘛和達賴喇嘛的現代政治關係時,范明說:

> 達賴集團趕走九世班禪後,他們當然控制了前藏和後藏。
> 但從法律上和〔中國〕地圖上看,當時的〔中國〕中央政府並
> 不承認這一點。此時的中國地圖標明了前藏和後藏⋯⋯ 班
> 禪集團,當然,當他們試圖恢復他們在西藏的權力時,考
> 慮控制後藏。毫無疑問,當時班禪集團正考慮控制後藏。[23]

　　計晉美於1950年4月26日會見了范明,並告訴對方,他願意代
表班禪喇嘛前往西安向西北局領導人表示敬意。范明在5月中旬安
排了這次訪問,並幫助計晉美獲得了彭德懷的支持,向毛澤東遞交
了一份關於西藏未來的書面建議。[24]

　　班禪喇嘛的提議題為〈解放西藏辦法及政教組織方案〉。它一開
始就建議解放軍從四個省——雲南、西康、青海和新疆——同時進入
西藏,然後談及他們的根本關切,要求中國政府支持班禪喇嘛從拉
薩分治的立場,並呼籲共產黨將西藏分為後藏和前藏。其中寫道:

西藏有整塊的土地，同一的民族，適合區域自治的條件，組織一行政區而將前後藏分別自治。[25]

此外，該提案還提出了一些具體但意義深遠的要求，將在下文進一步討論。彭德懷同意了；因此到了1950年5月，西北局尤其是范明，已經成為班禪喇嘛的主張和計劃的支持者以及倡導者。

這種關係的下一步發生在1950年9月初，當時毛澤東在北京會見了計晉美，並接受了其建議中提出的要求。9月23日，在解放軍進攻昌都的兩周前，毛澤東向所有參與西藏「解放」的單位發出指示，闡明中央對班禪喇嘛的支持。標題為〈關於班禪致敬團提出的問題和要求的指示〉，其中寫道：

所提西藏政教組織方案的意見很好，是合乎愛國與團結的精神。……（譯註：中文原文的省略號）班禪集團願意同我們合作，是一件很好的和很重要的事情。不管西藏解放形式如何及達賴集團的變化如何，我們必須積極爭取班禪集團和他們所能影響的人民和我們合作。[26]

同時，毛澤東對班禪喇嘛的具體要求給予了明確的回應。筆者沒有得到班禪的請求報告，但可以從毛澤東的回答中推斷出來：

1. 確定增加班禪封號的時機，俟〔達賴喇嘛之〕西藏代表團來京談判後再定；

2. 班禪回西藏是確定了的，回藏時機亦待以後情況決定；

3. 同意他們組織民族部隊3,000至5,000名，其中包括班禪衛隊500名，由人民解放軍派出得力與又能搞好民族關係的人員，幫助他們組織和訓練；

4. 同意在塔爾寺附近設立民族學院分院或單獨的訓練班，幫助他們訓練行轅人員和一般幹部；

5. 同意成立宣傳隊；

6. 同意撥一個醫務所;

7. 幫助他們成立機關消費合作社;

8. 同意撥給一部電臺,並配給報務和譯電人員;

9. 同意撥給汽車;

10. 同意建立北京、重慶、西安、西寧四個辦事處;

11. 經費,班禪本人每月用費銀洋 1,500 元,班禪行轅人員包括眷屬 412 名,總計每月發麵粉 2,468 袋(44 斤為一袋);

12. 發還香日德墾牧地,將來如實行土地政策,依政府法令處理;

13. 同意由政府派聯絡員參加行轅。[27]

因此,中央給了班禪喇嘛很多他想要的東西,包括同意他返回西藏,建立自己的軍事力量來保護自己免受達賴喇嘛的傷害,並允許他在中國內地的主要城市設立自己的辦事處。然而,回應並沒有公開說明班禪喇嘛的最終地位/認可,指示這應該等到達賴喇嘛的代表抵達北京;也沒有具體說明他應該何時返回西藏,再次表示這將根據情況而定。

這樣做的原因很清楚。如上所述,毛澤東必須在支持「進步的」班禪喇嘛、並藉着這種支持來說服達賴喇嘛接受西藏「和平解放」這一更大的政治目標,與當中所產生的負面影響之間保持微妙的平衡。特別是,他不想做任何可能促使達賴喇嘛及其官員認為、中國真正計劃是利用班禪喇嘛來對付達賴喇嘛的事情。第 18 軍軍長張國華後來明確表示,「目前班禪應該暫緩返藏,以免為反動派提供藉口,班禪返藏時機要與達賴談好後才決定。」[28]

大約在這個時候,李維漢在青海的調查小組完成了工作,得出了對班禪喇嘛有利的結論;報告認為,前藏和後藏是歷史上真實的存在,相當於達賴喇嘛和班禪喇嘛的政治實體。值得注意的是,報

告還建議由18軍管理前藏（達賴喇嘛的領地），而西北局負責後藏。
如果有必要，建議可在西藏建立兩個軍區。[29]

因此，在昌都於1950年10月被佔領時，中國正戰略性地制定前
後藏的計劃，班禪喇嘛和西北局控制了後藏。范明回憶起他被命令
負責這件事：

> 1950年9月下旬，彭總、賈拓夫、徐立清等去新疆返回蘭
> 州，我們到機場迎接。賈拓夫見到我，一把拉住我說，彭
> 總已決定你去新疆，擔任迪化（烏魯木齊）的市委書記兼市
> 長，限你一個星期內把手續交清後到新疆上任。我二話沒
> 說，當即着手交代工作，準備出發。不料，幾天後，彭總
> 對我說，新疆你不要去了，準備進軍西藏。彭總指着西藏
> 地圖說，從西寧、香日德、經黑河插到後藏，控制崗巴拉
> 山，[30]切斷前後藏的通道，直插後藏首府日喀則，解放後
> 藏。具體安排找張宗遜副司令員。
>
> 　　我也二話沒說把任務接下來了。但到了10月下旬前
> 後，西北軍區政治部主任甘泗淇又通知我說，西藏不去
> 了，隨彭總去抗美援朝，我又二話沒說，緊張地進行準備
> 工作。沒幾天，西北軍區副司令員張宗遜又通知我說，彭
> 總和西北局通知，你不去抗美援朝了，仍然負責進軍西藏
> 的任務。彭總為甚麼要把這一重大任務交給我呢？這得要
> 從前期我做民族工作的經歷談起〔意思是，范明有做民族工
> 作的經驗〕。[31]

對此，中國共產黨中央委員會於1950年11月9日發布了一項關
於後藏的重要指示：

> 因在解放西藏的整個作戰中，西北人民解放軍擔負進軍後藏
> 和阿里地區的任務，又因為後藏班禪集團歷史關係最深，現
> 在仍保有相當影響的地區，而班禪的工作列屬於西北局，故

劉伯承提議由西北同時擔負接管後藏和阿里地區的政治任
務。如此,西北局立即積極進行各種有關準備工作。[32]

西北局遂準備派遣一個騎兵師,以孫鞏為師長佔領後藏。范明
將是西北局西藏工委書記,[33]他的聯絡辦公室將負責籌備工作。[34]

因此,班禪喇嘛政府改變效忠對象的戰略決定很成功。在班禪
集團決定將自己的未來與中國共產黨的未來聯繫起來之後一年,他
們贏得了強大的西北局的大力支持,並通過西北局贏得了毛澤東的
支持。北京已經承認十世班禪喇嘛,並同意將他送回自己的領地。
值得注意的是,他們還接受了班禪喇嘛的觀點,即會有兩個自治的
政治實體,一個在達賴喇嘛領導下,一個在班禪喇嘛領導下,每個
實體都被來自不同局和野戰軍的部隊佔領,一個由西南局領導,另
一個則由西北局領導。正如范明回憶的那樣,「起初,〔解放西藏的
任務〕是分開的。一切都分為『前藏』和『後藏』。兩支〔中國〕軍隊合
併之後,對抗開始了。」[35]

然而,並不是解放軍中的每個人都同意這一點。當11月9日的
電報發送給西南局時,兩位18軍領導人張國華和譚冠三,不同意電
報的主旨。1950年12月14日,西南局自己的西藏工委在(西康/康
區)甘孜與18軍黨委舉行聯席會議,會上討論了將西藏分為前後藏
兩部分的問題。這次會議的結論是,這將是一個錯誤。他們提出的
一些理由是:

1. 分割而治,群眾接受不了,容易讓帝國主義挑撥關
   係。分前後藏,是達賴、班禪政治勢力的劃分,宗教
   是相同的,不宜搞兩種政權形式。

2. 前後藏經濟聯繫很深,前藏吃糧要由日喀則解決,噶
   大克以北牧場多,貨物要由亞東出口,若分治問題多。

3. 就與印度、尼泊爾、不丹的涉外事宜來說,也不宜分
   治。[36]

西南局對這兩位西藏喇嘛之間的關係進行了自己的研究，也向他們的藏族高級幹部平措汪杰進行了解，後者對此有第一手的知識，他在20世紀40年代曾兩次住在拉薩。[37] 平汪告訴西南局的領導，西藏從來沒有真正的前後藏區分，達賴喇嘛政府統治着包括後藏在內的整個西藏。因此，當這次會議於 (1950年) 12月24日結束時，它的結論是西藏的前部和後部應該統一。這次會議的結論和評論作為報告送給了中央。[38]

然而，中央繼續遵循西北局的計劃。12月中旬，范明被派往西安做報告。西北局副主席習仲勳隨後派包括范明在內的一批官員到北京直接向中央報告。[39] 他們於1950年12月31日抵達北京。李維漢於1951年1月3日在他們下榻的北京飯店會見了他們，並讓范明準備一份提綱向中央報告。1951年1月30日，李維漢會見了范明、王震和牙含章 (譯註：此處錯誤，實為汪鋒、范明和牙含章)，重申了前後藏政策：

> 西北的任務在軍事上是配合 (以西南為主)，準備去接收後藏 (阿里由王震同志從新疆派人進去)。[40]

此外，1951年2月13日，北京中央軍委向西北局發出解放西藏工作的指示：

1. 今年必須全部解放西藏，西北入藏工作必須於3月底以前完成一切必要準備，不得延誤。

2. 確定西北入藏工委 1,500人 (包括警衛部隊在內)，家屬1,000人 (這1,000人準備明年入藏)，班禪集團 1,500人 (包括警衛部隊在內)，共4,000人，騾馬8,000匹。準備兩年內分梯隊進入西藏。

3. 所有中央允許班禪集團的條件，必須迅速圓滿地予以實現，給班禪衛隊配備幹部及醫務所和電臺等。責成西北軍區迅速解決。[41]

因此，在這個時候，或1月底/2月初，中央顯然仍在實施西北局控制後藏的計劃。

范明於2月中旬從北京回到西安，並向西北局報到。決定西北局西藏工委由范明、牙含章、張軍、吳開章、孫殿才和孫一君組成；范明將是第一書記。後來，張軍不能去西藏，慕生忠接替了他。幾個星期後，2月27日，中央任命范明為西北局駐班禪行轅的「代表」；他負責護送班禪喇嘛去西藏。[42]

班禪喇嘛在北京

對范明來説，一切都進行得如此順利，他認為是時候讓班禪喇嘛親自去北京會見毛澤東和其他中國領導人，從而進一步鞏固這一局面。1951年3月27日，班禪喇嘛（通過范明）發電報給毛澤東要求會面，兩周後，4月7日，中央政府秘書長林伯渠作出肯定的答覆。兩天後，范明去了塔爾寺，與班禪喇嘛的高級官員討論這次旅行的細節。他們很高興，但同時也非常關心這次會見的規格禮儀。他們擔心，如果現世班禪喇嘛受到的尊重不如他的前世，這將向達賴喇嘛的人發出錯誤的訊息，並對未來產生負面影響。因此，4月12日，范明給西北局和中央發了一封電報，提出了這一關切。中央很快同意，一切都將和前世〔九世〕班禪喇嘛一樣。

一周後，即4月19日，范明、班禪喇嘛及其隨從離開塔爾寺前往蘭州。他們從那裏飛往西安，然後抵達北京。正如他所承諾的，范明完全按照前世班禪喇嘛的禮儀組織了這次旅行。[43]

在這些事件發展的同時，與西藏政府談判的僵局打破了，1951年1月底，西藏政府代表在新德里會見了袁（譯註：袁仲賢）大使，並同意派一個代表團到北京進行談判。該代表團於3月下旬離開亞東。[44] 隨着達賴喇嘛的代表來到北京談判一項協議，毛澤東和中央

現在認真評估如何在即將到來的談判中最大限度地提高成功的可能性，並重新評估班禪喇嘛和達賴喇嘛之間的衝突。因此，在3月或4月的某個時候，毛澤東和他的西藏問題主要顧問李維漢更接近於西南局的觀點，即建立一個分立的前藏和後藏在歷史上是不準確的，現在再這麼做將是共產黨的戰略錯誤。毛澤東現在認為達賴喇嘛是西藏最重要的人物，也是成功統一西藏的關鍵，所以他決定謹慎行事，不要無意中由於支持班禪喇嘛而引致對贏得達賴喇嘛合作上產生負面影響。

范明是在班禪喇嘛於北京會見毛澤東時才知道這一轉變的：

當時計劃的一件事是，讓班禪在五一勞動節在天安門按照西藏禮儀向毛主席敬獻一條哈達，這樣全世界都可以看到，班禪喇嘛是第一個向毛主席敬獻哈達的藏人，這非常有意義。為毛主席接受哈達的人是李維漢，我就在毛主席身邊……。班禪會見毛主席時，我陪着他……。毛澤東檢閱天安門部隊後，與班禪進行了第一次談話。周總理、李維漢、我本人、計晉美和班禪喇嘛出席了會議。在談話中，毛主席讚揚了班禪集團。同時……他強調中國各民族應該團結起來，各民族內部也應該團結起來。我們不像國民黨，他們試圖爭取一個集團，同時又試圖打擊另一個集團。所以當時我們要求班禪與中央合作，爭取達賴喇嘛的支持……。

　　當時，中央決定西藏應該是一個統一的西藏，而不是一個分裂成前後藏兩部分的實體。這是第一次做出這樣的決定。西藏人民應該在內部團結起來，達賴喇嘛和班禪喇嘛應該團結起來。中央將對整個西藏實行統一領導。[45]

因此，當談判在北京開始時，毛澤東和中央的戰略已經發生了變化，達賴喇嘛的利益比班禪喇嘛的利益更重要。毛澤東親自認可

青海靈童為真正的班禪喇嘛，並承諾幫助他返回西藏，恢復他的領土和權力，但爭取達賴喇嘛是當前主要的優先事項。兩位喇嘛將在統一的西藏中合作。

　　然而，西藏談判代表拒絕參加歡迎班禪喇嘛的儀式，說他們不承認官保慈丹是前世班禪喇嘛的真正轉世，此時，中方第一次認清這有多麼困難。西藏代表團的中文翻譯達拉（達賴喇嘛的姐夫）回憶了班禪仁波切4月27日抵達北京時發生的事情：

> 我們到達北京的第二天，有人告知我們班禪喇嘛將於第二天到達，我們所有人都必須去火車站迎接他⋯⋯。當時，阿沛和我們討論過這個問題，阿沛說：「我們〔西藏政府〕還沒有認定班禪喇嘛。根據西藏政府的政策，現在〔仍然有〕三位靈童——兩位在西藏，一位在安多，這位〔安多〕靈童要到〔西藏經過考察後〕才能得到承認。」
>
> 　　然而，漢人堅持說，我們必須去歡迎他。阿沛和我們討論了這個問題，然後決定〔首席代表〕阿沛和凱墨不去歡迎班禪喇嘛，但是我們三個人，桑頗、桑都仁欽和我〔一名初級官員和兩名翻譯〕將去歡迎他。這是為了表明我們不接受班禪喇嘛。[46]

桑頗還回憶了那天的情形：

> 答：漢人讓我們去火車站接他，但那時我們還沒有接受並承認他是班禪仁波切的真正轉世。我們自己討論了這個問題，決定只有我去迎接他。[47]
>
> 問：阿沛有沒有告訴你如何接待他以及如何對待他？
>
> 答：沒有任何指示，但我表現得好像在見一個老朋友。我沒有給他獻哈達。我們也沒有握手。漢人實際上希望我穿正式官服去，但是阿沛沒有說要這麼做，所以我穿了一件普通的藏袍去。很可能班禪喇嘛認為我只是一個普通的藏人。[48]

談判期間，中國開始向西藏政府施壓，要求其承認班禪喇嘛的合法性。桑頗回憶道：

> 會談於5月2日開始，幾天之後，李維漢提出了這個議題，他問阿沛是否收到了有關班禪喇嘛的特別指示。當阿沛告訴他沒有時，李維漢說，「這怎麼可能，因為這是西藏人最關心和最重要的事情之一？」阿沛同意（這個問題的重要性），但仍然重申，他沒有收到任何指示。然後李維漢問他：「你會接受他是真正的班禪仁波切嗎？」阿沛說，他不能接受任何人是班禪喇嘛的轉世，並解釋了目前拉薩有兩三位班禪靈童。他繼續解釋說，最終將通過卜卦（ཕྱག་མདའ）來決定誰是正確的轉世。對此，李維漢回答說，中央政府已經承認他是真正的轉世，這意味着阿沛必須支持中央政府。
>
> 阿沛對他們說：「如果你們已經接受了他，那很好，但我們沒有接受他。」漢人很有禮貌，也很有外交手腕，關於這個問題的討論持續了大約六七天。漢人不斷提出新的論點，試圖說服西藏方面接受青海靈童官保慈丹為班禪仁波切，但西藏方面始終拒絕。[49]最後，漢人要求阿沛接受他，以挽回毛澤東和中央政府的面子。除非這個問題得到解決，否則中方不會繼續談判，因此西藏代表團最終給在亞東的達賴喇嘛發了一封電報，請求指示。電報中說，如果你不承認青海靈童是班禪喇嘛，這將損害談判。達賴喇嘛很快作出了回應，稱在卜卦之後，已經確定北京的班禪喇嘛是九世班禪喇嘛的真正轉世。[50]

該代表團歡迎這一答覆，因為談判似乎即將破裂。按照西藏的習俗，第二天，西藏代表團去拜訪班禪喇嘛，向他表示應有的尊重，向他磕了三個長頭，並向他獻上「曼扎」供品。[51]

當然，對中國人和班禪喇嘛來說，「承認」只是需要解決的其中一個問題。同樣至關重要的是，西藏政府接受班禪喇嘛回歸西藏，

並恢復對其領土的控制。反過來，這需要解決兩者之間關於相互關係和權力的爭議。正如阿沛回憶的那樣，這引發了一場可怕的爭論：

> 在決定簽署17條協定和協定的7條〔秘密〕附件（譯註：根據戈爾斯坦〔Goldstein〕，1989年，17條協定有2條秘密附件，可能有第3條。實際上共有2條。）後，他們提出了一個新的問題。他們說：「雖然中央和西藏地方政府之間的問題已經解決，但現在我們必須解決西藏的內部問題。九世班禪喇嘛和十三世達賴喇嘛相處得不好，所以九世班禪喇嘛不得不去中國。他在結古都去世，現在的十世班禪喇嘛得到了承認。如果我們不解決班禪行轄和西藏地方政府之間的重要問題，即使中央政府和西藏地方政府之間的問題得到解決，也是不行的。」
>
> 　　我們沒有接到解決這個問題的命令，西藏地方政府和班禪行轄之間的矛盾不是一個小問題，所以我們不能〔捲入這個問題〕。因此，我們堅持認為我們不能接受這一點。我們奉命與中央政府談判達成和平協定，但沒有接到命令解決地方政府與班禪行轄之間的問題。請不要和我們談論這件事。你們可以稍後再單獨談這個。我們都堅持這麼說。
>
> 　　然而，中央代表團堅持說：「這不行。你們必須解決這件事。」所以我們告訴他們，「我們絕對不會接受這一點，因為我們沒有關於這一點的指示，我們也不能參與這件事。」
>
> 　　當時，中央代表團團長李維漢說：「如果不解決這個內部問題，我們就不能簽署中央政府和地方政府之間的協議。」我們回答說，「如果是這樣的話，這對我們沒有任何區別（ཁྱད་པར་མི་འདུག）。我們可以放棄協議。我們不需要簽署協定。我們不會摻和這件事。如果〔中央〕政府堅持說我們必須解決地方政府和班禪行轄之間的問題，我們不能這樣

做，因為我們沒有接到處理這一問題的命令。如果你繼續堅持，我們不需要簽署協定；我們可以把它撕碎。[52]

〔阿沛接着補充説，如果談判就此束，〕中央政府應該負起責任，並將凱墨、桑頗和其他代表安全送回西藏。我〔阿沛〕被任命為昌都解放委員會主任，所以我屬於昌都，我可以留在昌都。我不需要回西藏。如果你們要求，我可以暫時留在北京。我告訴四個代表團成員，「你們應該回西藏。我將待在北京或昌都。你們是特意被派來〔進行談判的〕，所以中央政府將負責把你安全送到西藏。」所以協議……我們已經就此談判了幾天的協議就這樣被付諸東流了。

兩三天後，中央政府代表團成員孫志遠（譯註：原文誤為 Song Zhiyuan）説他想見我。我告訴他沒問題。當時，翻譯是平汪。我們住在北京飯店，所以我們大約上午9點在飯店見面。其他代表不在；只有我們兩個談判。

當時，班禪喇嘛大約12、13歲，所以這可能是他的侍從或班禪喇嘛行轅提出的要求，也可能是中央的主意。但不管怎樣，他們正在談論將衛和藏分開，並説崗巴拉山口以南的地區應該屬於班禪喇嘛的堪廳，以北的地區應該屬於〔西藏〕地方政府。

我告訴他們那不會好的。不管你告訴我多少次，我都不會接受。這是一個古老的習俗，所以你不能提出一些新的政策和新的條件。

我們一直這樣聊天，直到中午，我們吃了午飯，休息了一會兒。我們在下午2點至3點再次開始談話。當時，我們不接受他們的觀點，他們也不接受我們的觀點。所以我們意見不一，我們計劃第二天繼續見面討論。然而，在晚上7點左右，孫志遠説，「我有一個主意，我們在協議中這麼寫怎麼樣？〔我們應該寫〕當十三世達賴喇嘛和九世班禪喇嘛友好相

處時，我們不會干涉他們各自的地位和職權。」我告訴他了
……這樣說是恰當的……所以我會接受這個。但是，如果你
們提出一些更過分的新政策，我不會接受。然後他〔孫志遠〕
說，沒關係。我是中央代表團派來的，我可以代表他們。既
然我們倆已經就此達成一致，我們可以繼續談判了。[53]

因此，最終，中國方面能夠說服西藏政府承認十世班禪喇嘛，
接受他的回歸，並同意《十七條協議》中含糊不清的措辭，規定班禪
喇嘛及其追隨者可以繼承他以前的權利和權力。《十七條協議》中關
於這事的兩條指出：

五、班禪額爾德尼的固有地位及職權，應予維持。

六、達賴喇嘛和班禪額爾德尼的固有地位及職權，係指
　　十三世達賴喇嘛與九世班禪額爾德尼彼此和好相處時
　　的地位及職權。[54]

范明在那裏為中國代表團提供建議，他沒有得到他所尋求的所
有東西，但這仍然是班禪喇嘛方面的一個重大勝利。新班禪喇嘛得
到了達賴喇嘛的認可，現在可以按照他們看來是自己的條件返回，
因為他們將第一次帶着自己的軍隊——衛隊——返回。然而，談判未
能澄清導致九世班禪喇嘛逃亡的任何問題，雙方不得不接受推遲討
論這些問題，直到未來某個時刻。實際上，這些權利的所有細節要
過幾年才能被相互接受。[55]

正如班禪喇嘛和他的官員/隨從在1949年所希望的那樣，他們
在范明所在的西北局的軍隊和官員的護送下，於1952年3月勝利返
回西藏。因此，早在班禪喇嘛實際回到西藏的權力寶座之前，西北
局和班禪喇嘛就有着密切的關係，而且其後仍然是他最強有力的盟
友和支持者，尤其是通過范明。

儘管范明於1951年在爭取西藏工委第一把手方面遭遇挫折，但
范明的西藏政策理念繼續以班禪喇嘛為中心，他在1952年再次試圖

説服北京，班禪在西藏西南部的轄區（後藏）應被平等地視為與達賴喇嘛同等的政治和行政單位，藉此提高班禪的地位。具體來説，范明試圖説服北京承認班禪喇嘛是**一個自治區域**的首腦，再次使用他在1950年與北京一起使用、以清朝的前藏後藏概念作為證據。

范明相信，如果兩者之間的平等地位可以制度化，他可以説服班禪喇嘛及其官員在他們自己的地區單方面開始民主改革；如果他們是一個獨立的自治實體，他們可以在沒有達賴喇嘛同意的情況下這樣做。范明還確信，一旦班禪喇嘛轄區的莊園制度及其束縛的米色和差税被取消，達賴喇嘛地區的農民將要求同樣的改革，而這種呼聲太大將令達賴喇嘛無法拒絕，他只得順從；這樣，西藏就可以迅速實施土地改革！

然而，張國華、譚冠三和張經武強烈反對范明，並堅持認為，歷史先例是達賴喇嘛統治整個西藏，如果試圖改變這種局面，這將造成巨大的敵意和衝突。他們認為，從長遠來看，將西藏納入中國的最佳方式是緩慢而謹慎地工作，並允許達賴喇嘛在未來一段時間內繼續用自己的官員和法律管理西藏，直到他們願意接受改革為止。換句話説，他們致力於執行毛澤東的漸進政策，並與達賴喇嘛合作。由於這種內部僵局，范明自己就此向毛澤東發出了一份報告/請求。1953年，毛澤東終於出面干預，讓鄧小平召集西藏工委的主要人物到北京開會，目的是讓西藏工委的每個人，尤其是范明，都遵循他的漸進政策。

西藏工委的漢族幹部李佐民回憶了那次會議：

> 最後……1953年，中央絕望了，召集他們到北京在中央面前解決這個問題。

問：這就是所謂的北京板門店會議，對嗎？[56]

答：是的。當時西北局的范明、牙含章、慕生忠來開會，另一方，〔來自西南局的〕有張國華和王其梅。譚冠三沒來……

他們一起開會……在將近三個月的時間裏，開了59天的會，但是〔仍然〕無法達成雙方都同意的解決方案……。最後，〔1954年〕6月至7月，在中共七屆四中全會召開的時候，通過了一項決議，叫做《關於增強黨的團結的決議》，其目的是〔處理〕共產黨內由高崗等三人組成的反黨集團。為了加強黨內團結，他們被清除了。

他〔鄧小平在北京西藏工委代表會議上〕分發了這份決議，並讓他們研究兩天。他們〔范明和他的西北局的同事〕害怕了，〔認為他們也可能被貼上反黨的標籤〕，於是讓步〔同意達賴喇嘛的地位在班禪喇嘛之上〕，所以問題最終得到了解決。但范明一定很生氣，因為他說他不回西藏了，中央只好說服他改變主意，把他送回去，以免進一步激怒西北局，西北局的領導人彭德懷當時權力很大，是朝鮮戰爭中指揮人民解放軍的元帥。[57]

儘管范明的觀點和計劃被否決，但他繼續嘗試按他的想法實施，以期迅速在西藏開始改革。1956年6月，張經武和張國華都去了北京，最終范明幾乎成功地控制了西藏工委。如第2章所述，范明藉此機會開始推行民主改革試點；[58] 他很快從中國內地招募了數千名的漢族幹部，來幫助實施他計劃於1957年開始的全面土地改革，同時他還招募了數千名的藏族幹部和黨員。這被稱為「大發展」。然而，當毛澤東和中央得知這一點時，他們在於1956年9月向西藏工委發出了明確的指示，要求此時不要進行任何改革。可是范明繼續他的準備工作。

范明為西藏改革所做的準備，在包括達賴喇嘛在內的西藏上層中製造了恐懼和憤怒，因為中國人似乎要開始像在四川那樣改造西藏。所以，1957年3月，毛澤東採取果斷行動阻止范明。他命令鄧小平在北京與西藏工委高級幹部召開另一次重要會議，解決中國西藏政策，特別是民主改革的問題。這次會議的真正目的，是確保范明和其盟友

在會上通過一項名為「大收縮」的新運動。大收縮要求立即遣返范明前一年招募的漢族幹部，同時必須大幅減少藏族幹部和黨員的數量。此外，在接下來的6年或11年甚至更長的時間裏，西藏都**不會**有民主改革，因此達賴喇嘛將繼續通過他的政府在內部管理西藏。[59]

范明對此非常憤怒，因為他認為漸進主義政策破壞了西藏的穩定，所以他給毛澤東寫了一封信，闡述他的觀點，但這沒有用，最終他別無選擇，只能同意大收縮。1957年5月，他回到西藏，繼續擔任西藏工委四大領導人之一，但不得不作壁上觀，而他的對手張國華很快逆轉了他的大發展工作，替之以毛澤東的大收縮。然而，范明仍然堅信自己的觀點是正確的，張國華和鄧小平犯了一個可怕的錯誤。范明在接受採訪時對此發表評論：

> 達賴（1957年4月從印度）回來後，他假裝自己是個好人。他假裝在印度的時候，所有的壞事實際上都是那些生活在印度的流亡藏人幹的，但他是個可憐的傢伙。他只是個木偶⋯⋯。事實上，當他回來時，他打算組織一次大的叛亂。然而，從表面上看，他假裝自己是個好人。他重複了（1954–1955年）在北京說過的話，說他熱愛祖國，等等，他的甜言蜜語又一次愚弄了我們的張國華同志和其他人。他們又上當了。[60]

因此，范明覺得有必要做點甚麼，於是在1957年9月1日，他又給北京寫了一封信，這次是給鄧小平而不是毛澤東。在信中他報告，西藏的藏獨分裂分子和反動分子在大收縮後變得更加猖獗。由於停止了所有改革的準備工作，大收縮非但沒有改善局勢，反而破壞了局勢。此外，他還說，解放軍在西藏的戰鬥力下降，已經不能與入藏時的戰鬥力同日而語。[61]

有趣的是，范明沒有直接把這封信寄到北京，而是交給了西藏工委的負責人張國華。張國華看了看，沒有對它的內容發表評論，

然後派了一名幹部把它送給鄧小平。據范明説，當鄧小平看到這份報告時，他非常憤怒，立即給張經武和汪鋒〔北京一位高級幹部〕打電話，告訴他們，范明又鬧起來了，反對他。鄧小平告訴他們，「上次他給毛主席寫信反對我，這次又直接寫信〔給我〕反對我。這還得了？」[62]

范明9月寫給鄧小平的信，似乎是促使鄧小平把范明作為整風運動目標的決定性因素。范明對自己的判斷如此自信，以至於他自欺欺人地認為他可以説服鄧小平，認同他是對的。五個月前的北京會議決定性地解決了這個問題，此後范明發出了這封信，表明他不會放棄反對官方西藏路線，表明他認為張國華和張經武(以及鄧小平)是錯誤的。[63]正是在這一點上，他們決定利用整風運動來打倒范明。

西藏黨內整風運動與全國其他地區的整風運動同步進行。1957年11月，西藏工委決定從1958年開始對西藏黨組織的工作進行整頓，並於〔1957年〕12月17日對運動發出〈關於黨內進行整風和在社會上進行社會主義教育〉的指示。西藏工委高級幹部張向明回憶説，最初，范明在拉薩主持整風運動，

> 1958年初整風時，張國華、張經武都還在北京，整風工作由范明主持，他很積極。我記得當時他每天都要下到各個部門，特別是去報社，他一回來就會跟我們講，在哪裏又發現了新的問題，在哪裏又發現一個毒草〔壞人〕。[64]

然而，1958年3月，張國華和張經武回到拉薩，接管了這場運動並改變了方向。張向明回憶道：「〔二張回來後，〕范明從整風運動的主持者變成了整風的對象。」[65]

范明説，最初他不知道自己會成為這場運動的主要對象，最終會被劃為西藏最大的「右派」。

> 1958年1月21日，我下班後去書記食堂吃飯，突然發現餐廳中吃飯的只剩下了我一個人，不見張經武和周仁山。

我問了一聲，勤務人員回答說經武、仁山到軍區去了。我感到奇怪，因為我當時是西藏軍區的第一副政治委員，而周仁山在軍區沒有兼職，到軍區開會有周仁山，怎麼卻沒有我？

以後我才知道是他們把整風報告報到中央後，中央的回電沒有發給工委，卻直接發到軍區，是一份指名翻譯的電報，內容是讓張經武和張國華連夜去北京。下午他們就走了，走時說是去北京開軍委會。他們走時我不知道，不吭不響地就走了，沒有向我打招呼，對工委工作安排也不讓我知道。按照過去的慣例，他們兩人不在西藏時，本應是由我主持工委工作，但我發現這次給中央關於政府的彙報，周仁山把報告連寫帶畫地改後就發走了，也不徵求我的意見。我感覺反常，察覺不妙，但那時還沒有估計到這是他們要對我下毒手的前奏。這時，我仍照常工作。[66]

但是張經武和張國華從北京回來後，范明第一次意識到他有危險。他回憶道：

3月14日，張經武、張國華回來了，氣氛一下子就變得緊張起來，與他們同機返回拉薩的還有楊崗、梁楓〔范明的妻子〕和樊近真等。他們的飛機經過格爾木時，把慕生忠叫上也一同來了。我聽說張經武已決定不回西藏另有安排，這次卻怎麼連夫人楊崗也一起來了呢？而我的夫人梁楓才回內地不久，怎麼連我也不知音信就同機回來了呢？種種跡象表明可能要出問題了。我問梁楓是怎麼回事，她說，在北京時，汪鋒曾告訴她，這次二張回西藏是要整你的，要你千萬不能執拗……。

他們一下馬就把我打成右派。[67] 但是，在會上找不到甚麼來批判我，所以他們通過我新寫的小說《新西遊記》來批判我……。[68]

范明説，1953年春天，他第一次有了寫一本關於西藏的小説的想法，當時他回到北京參加黨代會，碰巧讀到了一本蘇聯小説《阿里泰到山裏去》。[69]范明説，當他談到這本書時，一些了解西藏的幹部，如彭德懷、李維漢和張德生，鼓勵他寫一部反映黨的偉大民族政策在西藏得以體現的小説。他回憶説，彭德懷曾經對他説，「一個能寫東西的人若不把廣大群眾中的英雄們所創造的英雄事蹟和經驗，用文字表達和總結出來，本質上就是沒有群眾觀點。」因此，范明考慮寫這樣一部關於西藏的小説，並開始收集資料。然而，他説直到1957年12月1日他才有時間着手這項工作，開始動筆撰寫小説提綱的初稿。[70]

一旦開始寫作，他就需要別人幫忙抄寫草稿、編輯和校對，所以他找來了三名值得信任的幹部來幫助他：他的秘書吳健禮、他的情人黃琳[71]以及李宗清，李宗清是北京中央民族學院藏學專業的畢業生，她在康定〔四川，藏名打折多。譯註：又曾稱打箭爐〕時與吳健禮成了好朋友。此外，李宗清的丈夫劉召公是由范明從西北帶到西藏的。范明和這三個人達成了所謂的「四君子協定」，他們來幫助范明完成這個項目，但不向外透露他在寫甚麼。張向明回憶説，他們曾經在范明家樓下的會議室聚在一起討論等等。雖然所有的寫作都是范明完成的，但西藏工委的其他人都知道他們正在寫一部小説，只是小説的內容嚴格保密。[72]范明在1958年1月底完成了初稿。

當張經武和張國華從北京回來時，立刻尋找可以用來扳倒范明的材料，他們很快找到了他們需要的東西。一天晚上，李宗清的丈夫去見張經武，並報告説范明正在寫的小説包含嚴重的政治問題。他説他的妻子〔李宗清〕收到了范明寫的一篇文章的副本，這篇文章的標題是人物志，其中詳細介紹了（小説中）每個人物的歷史和將在小説中呈現的政治特徵。當李宗清讀到這篇稿子時，她嚇壞了，因為這些人物幾乎都用非常誇張的筆法拙劣地影射西藏領導

人，而且除了一個明顯代表范明的人物之外，他們都被描繪得非常不堪。[73]

張向明進一步澄清說：

> 范明的人物志主要是寫西藏工委的領導同志，包括張經武、張國華、牙含章、王其梅、李覺等……人物志一看就很明白，誰是張國華，誰是張經武，用的雖然是編出來的名字，但所指非常清楚……牙含章在人物志中的名字是牙含劍，而且是一個反面人物，把他寫成個人野心家。王其梅在書裏叫王實衛，王實衛（譯註：中文原文如此，應為王實味）大家都知道是延安整風時的一個反革命分子，一個異己分子，後來這個人被槍斃了，范明把這麼個人的名字安在王其梅的頭上，當然是別有用心的……張國華叫作常自正，常自正的意思就是常常以為自己是正確的，……范明給自己取名黃海，當然，黃海是這部書中的英雄人物，意思是他像大海一樣，無所不包。總之，人們很容易發現在他的「人物志」裏，我們大家都是反面人物，只有他是正確的。[74]

因此，李宗清覺得她隱瞞此事太危險了，所以她讓丈夫向張經武報告情況，儘管她手上已經沒有那份人物志了，范明把文稿收回去燒掉了。張經武聽到後，立刻意識到他的機會來了，因為這顯然是一場破壞黨內和諧的反黨活動，所以他要求李宗清張貼一張關於這部小說的大字報，讓公眾了解這個問題，她第二天就這樣做了。這引起了軒然大波。[75]

大字報出現後，一些西藏工委領導人呼籲立即召開由張經武主持的「整風大會」，並逮捕（拘留）了范明和他的妻子梁楓。

整風大會

張向明解釋了會上發生的事情：

會議首先宣布，報經中央批准，范明停職檢查，交代問題。
停職檢查的同時對他進行隔離審查，封存他所有的文件和手
稿，如日記、信件等，並勒令范明交出全部材料，嚴令他不
得轉移和銷毀材料。與此同時又組織了兩個組，一個由我
〔張向明〕帶兩個秘書（張國華的秘書和周仁山的秘書），負
責清查收繳范明的小説材料和其他的全部文件資料。……

　　我們收繳了他所有的材料，又花了幾個月的時間把它
們整理出來。然而，人物志已經被他〔范明〕燒毀，因此我
們沒有拿到……。因此，我們找「四君子」中的其他三位成
員（吳健禮、黃琳和李宗清）談話，讓這三位每人根據記憶
重寫一份人物志。然後他們還要求范明也這樣做，然後比
較四個版本……[76]

　　《新西遊記》的寫作提綱是范明為《新西遊記》小説寫的
一個綱要，即小説主要寫些甚麼東西，綱要提到我們解放
西藏以後在西藏的一系列方針政策措施，工委的幾個人是
一些甚麼主張，他又是甚麼樣的一些主張，他實際上是用
這部書來宣揚他自己的政治觀點。全文四萬餘字，作了大
量的塗改。塗改有三種方式：第一種是用紅墨水或藍墨水
某一單色進行塗改；第二種是用紅藍兩色塗改；第三種是
在上面加上一層墨汁塗改。前兩種塗改後尚可依稀看出原
內容，加上墨汁的第三種塗改，往往就再也看不清原內容
了。即使是這樣，范明反中央、反工委、對西藏工作政策
方面的思想觀點，仍然能夠充分地暴露出來。

　　提綱的一開始，范明首先就用了一個典故來説明他的
用意。他説西漢時揚雄曾寫過一本書叫作《太玄法言》，揚

雄是西漢時朝廷的一位高官，他對當時朝政不滿，寫下了這
部《太玄法言》，把他所反對的東西都寫了進去，但此書一上
奏朝廷就被封了，所以這部書在他活着的時候一直沒能夠發
布，等他死了以後，該書才得以問世。范明的《新西遊記》小
説提綱，一開卷就説這個典故，意思是很明確的……因為他
的書是反對中央，反對西藏工委的，自然不可能出版問世。

　　這部四萬字的小説提綱，實際上就是寫五十年代他與
西藏工委之間政策觀點上的分歧。這時的范明已明確意識
到他同張國華之間的政治鬥爭，即究竟是扶持達賴還是扶
持班禪的這場較量的結局，是他輸了。中央在西藏的政策
是非常明確的，以爭取達賴集團為首要任務，張國華實際
上執行的正是中央的這一基本方針政策。范明的基本主張
與中央是相違背的，他主張依靠班禪的進步力量去爭取達
賴集團。其主張的實質，無非就是要用班禪集團來代表達
賴集團，這才是他主張的核心。[77]

1958年9月，在整風運動開始七個月之後，在一百天的整風會
議上，范明受到批判並被勸説坦白，范明被公開指責為反革命（གསར་
བརྗེ་ངོ་ལོག་པ）和一個反黨集團（དྲང་པོ་ཉེས་ཚོགས་པའི་གཙོ་བོ）的頭子，支持班禪喇
嘛，反對達賴喇嘛。他被戴上了西藏「大右派」（གཡས་ཕྱོགས་ཆེན་པོ）的帽
子。[78] 在這七個月的磨難中，范明説他從未承認自己錯了、或者這
部小説是反黨的。相反，他説，「他們沒有任何具體的證據來支持對
我主要罪行（ཉེས་ཆེན）的指控，所以他們胡編亂造了一些東西。」[79]

　　最後，范明被開除了黨籍和軍籍，1958年9月，他被送去勞改
七年。此後，他又被監禁了13年（1965–1978）。他的妻子梁楓、白
雲峰和其他人也被送走了。

　　范明描述了他最後被裝在一輛卡車上從拉薩驅逐出去，直到最
後，他仍然試圖讓其他幹部接受他的看法：達賴喇嘛是惡棍，並計
劃叛亂。

9月15日，當郭錫蘭通知送我走時，有一個排押送我，有
兩個人架着我。來到汽車前，看見張經武、王其梅、郭
錫蘭等在車旁，我想到記有達賴集團計劃叛亂的情報本子
還在我身上裝着，將要上車時，我對經武、其梅他們極其
誠懇地説：我還有一件事要告訴你們，個人事小，黨的事
大，不要意氣用事，要照顧全局，達賴叛國是肯定無疑
的。説着我掏出來這個情報本繼續説，這個本子裏記有達
賴叛亂的政治、軍事全部計劃，希望記取「兄弟鬩於牆，而
外禦其侮」的歷史遺訓，對達賴一夥的叛國活動，千萬不
可掉以輕心，吃虧上當。王其梅一把抓過本子，踢了我一
腳，破口大罵説，滾你右派的蛋，操你右派的心，誰和你
這個右派是兄弟，我們會同達賴團結起來，共禦你這個外
侮！反革命！我含着痛心的熱淚，在武裝押解下，心情沉
重地離開了拉薩。[80]

共產黨內部在西藏政策和權力上的分裂已經結束，毛澤東和鄧
小平的政策獲勝不足為奇，但這不會持續太久，因為西藏的叛亂將
在幾個月後發生。若干年後，1993年，當筆者採訪范明時，他相信
自己一直是正確的，如果北京聽了他的話，漢藏關係的歷史將會大
不相同。不會有起義，達賴喇嘛也不會和十萬多西藏追隨者一起流
亡，試圖消解中國對西藏主權的合法性。

與此同時，在西藏工委「整肅」范明的時候，四水六崗轉移到山
南，戰鬥已經打響，所以西藏工委對達賴喇嘛和噶廈施加越來越大
的壓力，要求他們在事態完全失控之前採取行動控制康巴人。這將
在第8章中討論。

第8章

噶廈的回應

　　從1956年年中開始，越來越多憤怒的武裝康巴人逃離四川，躲避強制性土地改革和血腥叛亂，開始抵達拉薩。中藏雙方都認為，他們的人數日益增多，在本已緊張的漢藏關係中成了一個潛在的不穩定因素。噶廈和西藏工委討論了如何處理這些問題，但沒有達成共識。噶廈認為這是漢人的問題，因為他們逃來的原因是四川強行改革，因此解決辦法是中國人（1）停止那裏的所有新的改革；（2）逆轉已經完成的改革；（3）對逃到西藏的康巴人給予全面大赦。中國人拒絕了這一建議，並反駁說這是藏人的問題，而不是漢人的問題。他們堅持認為，既然西藏政府想要對在西藏的藏人實行內部自治，這在《十七條協議》中得到了批准，那麼現在處理這些康巴人就是西藏政府的責任。儘管陷入僵局，如果康巴人只是「逗留」在拉薩而不製造麻煩，如何處理他們就不是首要問題。然而，1958年6月四水六崗在山南建立軍事基地後，開始與中國人作戰，應對這場新生的叛亂就成了中國人的當務之急，也因此成為噶廈的當務之急；噶廈最初的反應是派遣一個高級別代表團前往位於山南的康巴基地，勸說他們停止叛亂。

　　這一官方代表團由一名高級俗官（敏吉林）和一名哲蚌寺的堪布（阿巴堪布）率領，於1958年8月抵達山南，就在貢布扎西離開去奪取儲存在甘丹青柯寺的武器之後。他們發佈了噶廈的一項法令，告訴康巴人：「在那裏建立一個軍團是不行的。西藏和平解放了。你們

康巴人和安多人應該回自己的家鄉。不要糟蹋我們的土地。」法令還說，他們應該停止攻擊在西藏的漢人，應該解散。[1] 重要的是，康巴人被告知，如果他們同意停止（鬧事）並返回他們在四川的家園，漢人保證他們不會受到懲罰，無論他們在叛亂期間做了甚麼，他們還將得到經濟上的幫助。這基本上是周恩來在印度告訴達賴喇嘛的承諾。

康巴人對此嗤之以鼻。一方面，他們對自己的新軍事基地和很快得到美國軍事支援的前景感到興奮和樂觀，另一方面，他們完全反對回到中國在康區改革後實行的社會主義制度下生活。此外，他們對這一法令本身感到憤怒，因為他們認為拉薩代表團代表的是中國人的利益，而不是達賴喇嘛。拉珠阿旺解釋道，「當時，來自康區和安多的人都說西藏政府給我們發了這樣一個壞法令。所有不知道〔帕拉和四水六崗內部秘密關係〕的人對此都非常失望。」[2] 從康巴人的角度來看，他們希望西藏政府支援他們起義，向他們提供武器和物資，而不是告訴他們回到四川。因此，代表團受到敵視，很快空手返回拉薩。噶廈當然對這一失敗並不感到驚訝，而在某種意義上感到滿意，因為這使他們能夠告訴西藏工委，他們正在採取具體行動阻止四水六崗。

然而，康巴人是一個真正的問題。1958年8月下旬至9月，貢布扎西的部隊和解放軍在尼木發生戰鬥，他們對西藏政府的威脅開始升級。此外，第一場戰鬥的消息很快就傳到了達賴喇嘛那裏，因為貢布扎西派了一名信差到甘丹寺，達賴喇嘛正在那裏參加他的一部分格西考試（圖5）。

達賴喇嘛的隨從對此消息感到震驚而忐忑。他們對這些戰鬥的規模、強度和抵近程度感到震驚，並為之擔憂，因為戰鬥在康巴人離開拉薩僅僅幾個月後就已經那麼激烈。人們確實擔心這是否意味着戰鬥會很快蔓延到拉薩，威脅達賴喇嘛及其政府。尼木僅在拉薩西南150公里。一個在那裏為達賴喇嘛服務的藏人回憶起他對這個消息的反應：

圖 5　達賴喇嘛在哲蚌寺參加格西考試，1958 年 8 月 29 日。陳宗烈惠賜。(譯註：達賴喇嘛在 1958 年夏天到秋天，在三大寺即色拉、哲蚌和甘丹都進行了辯經考試。)

當我們在甘丹寺的時候，我們聽說在尼木地區發生了一場戰鬥，因為戰死的人的血流到尼木河裏，河水都變紅了……像這樣的談話很多……那是一個非常可怕的時期……人們覺得他們正坐在一堆荊棘上。[3]

不久之後，噶廈又採取了另一個步驟，意在向中國人表明，他們正試圖化解康巴問題。當時噶廈派出多隊官員，傳達了一項法令，指示各宗本不要向四水六崗提供任何援助。筆者沒有這一法令的副本，但是堅贊丹培是把這一法令帶到西藏西南部後藏地區的官員之一，他回憶起他的任務：

噶廈派我們去各宗頒布有關康巴人的法令 (བཀའ་རྒྱ)。這個法令〔大致〕說，「康巴人已經開始了一場新的騷亂 (ཟིང་ཆ)，

西藏工委就此經常批評我們，所以我們必須結束這場康巴
騷亂。如果康巴人向我們投降，自行解散，他們就可以回
家，他們過去的行為不會受到調查，也不會受到懲罰。」
〔另一位官員〕占堆巴和我一起於1958年發布了這條法令
……

問：你們的主要職責是甚麼？

答：這主要是為了把法令傳達給〔後藏的〕所有地區，其次，
如果我們遇到任何康巴人，試圖說服他們停止他們的活動
……。我們見到了日喀則的兩位宗本……並給他們法令，
他們再傳達給管轄的其他地區。我們還告訴兩位宗本，我
們奉命與康巴人討論這些問題，所以如果有康巴人，宗政
府應該送他們去日喀則與我們會面。所以我們在日喀則待
了一段時間。[4]

達賴喇嘛也提到了西藏政府面臨的處理四水六崗的壓力：

噶廈發布了一份公告 (ཙ་ཚིག)，向各宗宣布，康巴人是叛亂
分子，所以你們不能與他們建立友好關係。你們必須告訴
我們叛軍在哪裏，不允許你們支持他們。該公告已分發給
所有各宗。漢人對我和噶廈說你們必須發布這個。所以我
們別無選擇，只能發布這份公告。[5]

尼赫魯的訪問

當康巴起義在衛藏開始時，堅贊丹培正帶着公告前往後藏，此
時在印度，尼赫魯總理擬議訪問拉薩的日期將近。1957年，當達
賴喇嘛回西藏的途中在甘托克停留時，他邀請尼赫魯總理和拉達
克里希南總統訪問拉薩。尼赫魯當時回答說，那年夏天他有很多

工作要做，所以不能來，但他認為第二年 (1958年) 的時間合適。[6]
1958年1月，尼赫魯通過北京正式接受了達賴喇嘛的邀請。[7] 但是
他的訪問直到1958年夏天仍然未能成行，因為中國政府決定，最
好不要讓尼赫魯在不斷惡化的叛亂形勢中訪問拉薩，此外，中央
對印度不滿，因為後者對流亡藏人在大吉嶺/噶倫堡的反華行動袖
手旁觀。

儘管如此，由於尼赫魯已經計劃訪拉薩後回程途中到訪不丹，
他決定繼續依計劃訪問不丹，並打算從印度途經西藏亞東，於1958
年9月到達不丹 (圖6)。這意味着他將在西藏度過兩個晚上，在前往
不丹的路上經過亞東時停留一個晚上，然後在回程路上再停留一個
晚上。因此，拉薩派出了一個由噶倫索康、譚冠三將軍、拉敏·益
西楚臣 (代表班禪喇嘛) 和中國人負責、在拉薩的〔西藏〕外事〔幫辦〕
辦公室代表楊公素組成的高級官員歡迎團。[8] 1958年9月18日，該歡
迎團在亞東會見了尼赫魯總理和他的女兒英迪拉·甘地。[9]

圖6 尼赫魯總理騎着犛牛，1958年。(達蘭薩拉) 西藏博物館攝影檔案館惠賜。

為了慶祝這次訪問，亞東的中國官員在他們的總部為尼赫魯舉行了晚宴。會上沒有討論甚麼重大問題，但有趣的是，印度人非正式地試圖讓西藏人明白印度政治制度的優越性，尼赫魯在會場邊對拉敏評論道，「印度和不丹的例子將讓中國人對西藏有所思考。」[10]他的意思是，尼赫魯將公開向不丹保證印度承認其主權地位。[11]尼赫魯隨後在不丹帕羅的講話清楚而明確地表明了這一點，與中國對西藏的立場形成了鮮明對比。尼赫魯在演講中說：

> 有些人可能認為，由於印度是一個強大的國家，不丹是一個小國，印度可能希望對不丹施加壓力。因此，至關重要的是，我要向你們表明，我們唯一的願望是，你們應該保持作為一個獨立的國家，按照自己的意願選擇自己的生活方式，走上進步的道路。與此同時，我們應該帶着對彼此的善意生活。我們作為同一喜馬拉雅家庭的成員，應該像友好的鄰居一樣互相幫助。不丹和印度的自由都應得到保障，這樣外界就不會對其造成傷害。[12]

9月20日，在與尼赫魯共進晚餐後，索康和譚冠三一起坐車前往日喀則參加一個重要會議。然而，等着他們的卻是壞消息；他們一到達便被告知9月17日四水六崗在無尤伏擊解放軍車隊，所有人都被打死。康巴問題再度惡化到一個新的境地。眾所周知，譚冠三脾氣很壞，他在那次會議上表現得淋漓盡致；當天所有日喀則的藏族和漢族官員/幹部，包括班禪堪廳的官員/幹部都出席了會議，大約有1,000人出席。[13]

譚冠三首先發言。他在會上表現得非常激動，公開指責西藏政府的主要官員，儘管事實上西藏政府最高級的官員之一噶倫索康就坐在他旁邊的講臺上。譚冠三的講話內容類似於中央7月14日電報，但這次是在一個公共場合；譚冠三指責西藏上層扶植和教唆康巴人，例如，允許他們不戰而勝地佔領政府在甘丹青柯寺的軍械

庫。這次講話很重要，因為這是中國高級領導人第一次**公開**指責西
藏政府的高級官員。這事件因為譚冠三憤怒的指責和貶損的言論
而聞名，也因為索康對此作出了強烈的回應，他反駁了譚冠三的指
控。[14]那天在場的幾位藏族官員生動地回憶了這一事件，例如堅贊
丹培記得譚冠三批評說，

> 西藏政府沒有做好工作。他批評西藏政府，稱其所有工作
> 都是口是心非——「人前尊重，背後反對。」[15]……譚冠三
> 說，「西藏政府派了一些人到這裏來（處理康巴人問題）」，
> 但他們甚麼也沒做。如果這是共產黨，如果我們派人去做
> 一件事，而他們沒有做，他們就會被處決。」

　　譚冠三結束憤怒的長篇大論後，索康發表了講話，並逐條駁斥了
譚冠三的說法。然後，他指責中國人面對這個亂攤子——康巴人——
無所作為，而這是他們自己造成的，卻要求噶廈負責清理。他說：

> 自始至終，我們地方政府從來沒有違背過中央的命令。到
> 目前為止，我們一直在盡最大努力。至於康巴人，我們已
> 經多次向（西藏）工委彙報，說康巴人正在製造事端，請予
> 以清除。但是，既然中央無法消滅他們，我們有甚麼辦法
> 能夠消滅他們呢？
>
> 　　事實上，這些康巴人大多不屬於西藏自治區（譯註：
> 此時自治區還未成立，當指自治區籌委會）和西藏地方政
> 府。他們大部分是來自四川、雲南、甘肅和青海四省的康
> 巴人，所以如果我們試着給他們下命令，怎麼可能呢？因
> 此，中央必須採取一切必要的行動。你對我們橫加指責，
> 說西藏政府做得不好，但〔真實〕情況是這樣……。你應該
> 仔細考慮一下。[16]

　　另一名俗官恰白也出席了會議，同樣回顧了這一事件，

答：在會上，譚冠三說，中國除了和平解放西藏沒有別的計劃，但西藏政府一直是〔口是心非〕，在我們面前表示尊重，但在背後暗中反對我們。他批評了政府的行為，並向索康提出了一些尖銳的批評。[17]他說，〔西藏〕政府的主要代表〔個人〕來時表現得非常聰明，但他們回去後做了壞事。有些人就是這樣。如果他們繼續這樣做，以後就不好了。如果他們做出令人厭惡的行為，從他們的兄弟民族〔漢族〕身上吸血，那將是非常糟糕的。迄今為止，中央政府一直非常寬容，但其耐心是有限的。如果你們繼續這樣做，後果不堪設想。譚冠三以這種方式表達了對西藏政府高級官員的強烈批評，並威脅中國對康巴人的耐心即將耗盡。

當譚冠三以這種非常好鬥的方式站着說話時，噶倫領袖索康坐在同一講臺上。我是一名〔西藏〕政府官員，所以我看着索康，想看看他對此有何反應，我注意到他表現得好像睡着了。他表現得好像他根本沒注意譚冠三在說甚麼〔，以此蔑視譚冠三〕。然而，譚冠三講完後，索康站起來回應他的評論，說「關於康巴人的問題，達賴喇嘛和噶廈做了各種各樣的工作，比如給他們建議，派人叫他們停止。[18]但是有些人通過謊言製造麻煩。今後，我們將努力『降低中央憤怒（譯註：英文是 China's anger，但是藏語是中央的拼音轉寫，譯為中央），平息康巴叛亂』，我們將對這個〔問題〕堅持到底。[19]因此，至於〔西藏〕政府是否在做甚麼工作，今後你應該仔細觀察。」他語氣很平靜，也不強硬〔ངར་པོ་，譯註：藏語意思是強硬、倔強，英文用了 angry 一詞，意為生氣〕。他也沒有說侮辱中國的話。索康講了很長時間，對譚冠三的指控作出了巧妙的回應，〔公開〕糾正他的錯誤。他說，至於康巴人，如果我們〔西藏政府〕要派士兵去和他們作戰，我們的軍隊人數太少，〔所以我們處理不了這個問題〕。此外，當我們派一個代表團去哲古塘與他們交涉時，

他們不聽。所以我們也沒有辦法。然而，我們將〔努力〕「降低中央憤怒，平息康巴叛亂。」他說得非常巧妙。

問：人們對此有何看法？

答：大家有各種各樣的意見。有些人認為譚冠三是對的，有些人認為索康是對的。

問：人們對譚冠三的公開批評感到驚訝嗎？

答：是的。這是譚冠三第一次以如此強硬的方式公開批評他們〔西藏政府〕，所以人們感到震驚和害怕。每個人都認為現在事情不會進展順利。這給人留下了不好的印象。譚冠三在講話中說，如果你們繼續這樣，會造成〔兩個〕兄弟民族內部流血的情況。[20] 然後他又說，「你們必須懸崖勒馬。」[21] 這使我們這些聽的人感到害怕，並給我們留下了不好的印象，即一切都不會順利。[22]

另一位西藏貴族從親戚那裏聽說，這位漢語翻譯幾乎〔不敢〕翻譯索康的評論，因為他害怕對譚冠三所說的話進行如此有力的反駁。那位官員說，從那時起，噶廈和中國將軍之間的關係呈指數級惡化。[23]

達賴喇嘛本人回憶起曾聽說過這一事件並對此發表了評論：

我派索康夏卜拜去迎接尼赫魯，索康在中國軍官面前做了一個非常有效的演講……。許多藏人表示他做得很棒。通常人們認為他不是很強硬，所以人們對他表現得非常強硬有點驚訝。他沒有直接批評漢人，但我認為，他〔表現出了〕西藏人民的精神，並表明他不是〔中國政府的代表〕。[24]

另一個事件顯示了譚冠三對西藏政府的失望和憤怒程度，以及當時西藏政府和西藏工委之間的緊張關係。該事件涉及兩名西藏政府官員，他們由噶廈派出在後藏發布公告。他們一到達後藏首府日喀則，就向索康報告，索康叫他們立刻去見譚冠三，向他通告他們

的任務。索康一定認為，這將給譚冠三提供第一手證據，證明噶廈
至少採取了這一具體步驟來對付康巴人。然而，正如堅贊丹培回憶
的那樣，譚冠三並沒有被打動，

> 我們直接去見譚冠三，告訴他關於離開拉薩去後藏的事
> ……等等。然而，聽到這些後，他開始用拳頭敲打桌子
> 説：「不管是過去、現在還是未來，你們西藏政府的人都
> 是一樣的。你們當面一套，背後一套。」然後他説，「你們
> 談論中國，但我想讓你們告訴我〔西藏〕政府和康巴人之
> 間的聯繫……。康巴人拿走了所有的槍；這種情況怎麼會
> 發生呢？」〔他暗示康巴人和政府之間一定互相勾結。〕我
> 説，「我對此一無所知。事實上，當我們來到這裏時，我
> 們自己也害怕康巴人。」那天譚冠三非常生氣。他一會站
> 起來，一會坐下去，然後站起來敲桌子。我也是西藏自治
> 區籌委員辦公室的〔官員〕，所以我認識譚冠三的翻譯〔巴
> 巴‧洛桑楚臣〕，過了一段時間，他偷偷給了我離開的信
> 號。然而，當我們開始走的時候，譚冠三跟着我們，衝我
> 們大喊大叫。他大喊大叫時，我們都沒回頭，就迅速離開
> 了。[25]

問：譚冠三責備你時，你害怕嗎？

答：不。因為西藏政府仍然完好無損，我並不害怕〔，因為從職
　　權方面説我們隸屬於西藏政府〕……。那天晚上，譚冠三的
　　翻譯洛桑楚臣坐車來告訴我們，譚冠三想見我們，所以我
　　們就去了。譚冠三〔冷靜下來了，〕並讓我們把中午説過的
　　一切都告訴他。這一次，他回答得好一點，説：「你們倆現
　　在打算怎麼辦？」我們説，來自噶廈的任務是要我們傳達該
　　法令並與康巴人討論局勢，但由於日喀則沒有康巴人，我
　　們計劃去江孜，因為我們聽説浪卡子有康巴人，他們很可
　　能會去江孜。我想洛桑已經告訴譚冠三，我也是自治區籌

委會的官員，所以譚冠三這次態度和緩了一些。[26] 譚冠三接着説，「不要去江孜。明天和我一起回拉薩。」⋯⋯

　　之後，我們立即去見索康，告訴他譚冠三讓我們明天和他一起回去，索康説，「這不行。噶廈派你們去和康巴人交涉，所以你們應該在江孜等着，這很重要。如果你們兩個回去説是譚冠三叫你們回來的，你們可能會被噶廈責罵。」因此，我們兩個在這個問題上進退兩難，因為譚冠三告訴我們回去，索康説這不行。所以我們兩個討論了這事，決定既然噶廈派我們來這裏，我們就應該聽從它的命令去江孜。所以我們在江孜待了19天，儘管康巴人沒有來⋯⋯。

　　然而，江孜有一個西藏工委分工委辦公室，裏面沒有多少士兵或幹部，所以它要求我們留在那裏〔幫忙〕。那些幹部們認為，如果康巴人來了，我們會有所幫助，儘管我們真的不會有任何幫助。但是我們同意了〔，並在那個辦公室〕工作了19天。後來有一天，我們收到一封來自噶廈〔經日喀則轉送〕的電報，讓我們回到拉薩。〔當我們告訴江孜的（西藏工委）分工委這件事時，他們卻讓我們留下來。因為我們要〔應對〕兩個政府，我們的工作非常困難。

問：這是甚麼時候的事？

答：(1958年)秋天。秋收剛剛結束，所以大概是藏曆8月或9月（西曆9月至10月或11月）。[27]

　　當兩名西藏政府官員拒絕繼續幫助他們時，分工委的中國官員非常憤怒，但他們沒法強迫他們留下。他們能做的，頂多就是拒絕讓兩人使用他們辦公室的一輛車去拉薩或日喀則，以示憤怒。因此，西藏官員不得不騎馬前往日喀則，使用噶廈傳統的烏拉役通行證（བལ་ཡིག），這個證件授權他們在每個驛站（ས་ཚིགས）徵用馬匹和運輸動物。[28] 然後，他們從日喀則坐了一輛車，回到拉薩。[29]

　　這一事件清楚地表明，儘管西藏政府是中國政府的下級部門，儘管中國在西藏有辦公室和軍隊，但直到1958年底，西藏政府仍然對自己的官員和機構保持高度的內部自治。然而，雙方努力保持合作和友好的公開形象維持近八年之後，此時情況開始惡化，以致中國和西藏雙方的憤怒和沮喪漸漸打破公開的文明合作的薄紗。最近的康巴戰鬥和伏擊，以及康巴人從甘丹青柯寺奪取西藏政府武器的方式，正推動西藏工委加大對噶廈的壓力。西藏工委越來越強烈地堅持認為，阻止康巴人是西藏政府的責任，並警告他們，如果他們做不到，叛亂就會加劇，將會有嚴重的後果。

　　當時的噶倫之一柳霞回憶說，1958年，當他和同事們在拉薩訪問西藏工委，慶祝中國國慶時，一位中國軍官丁賦伍（音譯）……站起來告訴他們，信任康巴人是一個錯誤。他說，「中國共產黨人，根本不在乎康巴人，他們的總人數只有幾千，最多一萬到二萬。早些時候，我們輕鬆擊敗了800萬國民黨士兵。這就是為甚麼說，你們信任康巴人是一個錯誤。」柳霞還說，在美國1958年10月向四水六崗投放第一批武器後，中國官員告訴噶倫們，當他們與國民黨作戰時，國民黨擁有美式武器，而他們只有棍棒和石頭，後來他們打敗了國民黨，得到了所有的槍。因此他們歡迎美國人向康巴人空降武器，因為他們最終會得到它們。[30]另一名西藏官員回憶，他聽到中國人憤怒地對噶廈說了這樣的話，「如果你們能把所有垃圾從這裏清除掉，那就好了〔意思是來自四川的康巴人〕。」[31]

　　漢族高級幹部李佐民也回憶了這段時期：

當時有藏軍。他們是地方軍隊，地方政府負責西藏〔內部安全〕。所以藏軍必須負責〔平息康巴叛亂〕。這一政策已被明確提出，並已告知西藏自治區籌委會。我當時擔任翻譯。

　　當時，按照中央的政策，〔中國〕西藏軍區和工委與噶廈舉行了幾次會議，告訴他們，解放軍是保衛〔國界的〕國

防力量，目前的形勢是關於地方安全的，所以所謂的地方
政府必須負責起地方事務。你們有四五個藏軍代本團可以
做這件事。如果有邊境問題，我們會派出解放軍，但由於
這是地方安全問題，地方政府必須承擔責任。中央已經說
了很多遍了。[32]

　　一名西藏僧官扎贊也回憶，當時聽到中國給噶廈的主要信息
是，噶廈應該去和康巴人交涉。如果康巴人聽話，那就最好不過。
然而，如果他們不聽，那麼（西藏）政府應該派出軍隊並清除他們。
如果〔西藏〕政府不能單獨打敗他們，中央會派出部隊增援。中央會
毫不猶豫地這樣做。[33]另一方面，如果藏人不處理康巴的威脅，叛
亂四處蔓延，解放軍將自己鎮壓叛亂，然後實施改革。換句話說，
西藏將遭受四川一樣的命運。達賴喇嘛還說，譚冠三「要求我動員藏
軍反對『叛軍』」他說，「這是我的責任。」[34]這種情況使噶廈處於極其
困難的境地，因為如果情況變得更糟，西藏將失去一切，除非噶廈／
達賴喇嘛做些甚麼來說服或迫使四水六崗停止，否則這很可能將會
成為現實。

　　這關係到拉薩及其邊陲相對舒適的日常狀況是否能夠持續——
當然，除了四水六崗的問題。如前所述，達賴喇嘛及其政府正在管
理西藏內部事務，並且仍然擁有自己的軍隊。中國不對西藏或藏人
徵稅，也不參與任命城鄉官員。他們也沒有在農村進行重大干預，
例如試圖鼓動階級鬥爭。他們也沒有逮捕康巴人和其他支持分裂主
義的西藏人，也沒有試圖迫使噶廈／達賴喇嘛解僱所有眾所周知的反
華的西藏政府官員。同樣，中國在逮捕或起訴犯罪嫌疑人方面也沒
有發揮任何作用。噶廈也仍然能夠單方面制定稅收、貸款、地產等
方面的新法律。儘管中國已經建立了一個新的銀行體系，但西藏政
府不僅繼續使用自己的貨幣，而且仍然拒絕接受在中國其他地區使
用的人民幣（紙幣），因此中國人只能在西藏使用銀元（大洋）。

　　與此同時，雖然大多數拉薩人反對中國對拉薩／西藏的實際佔領，反對西藏被迫接受成為中國的一部分，但事實上，自1951年以來，西藏的生活變化甚微。龐大的寺院階層仍然毫髮無損，哲蚌寺、色拉寺和甘丹寺三大寺院法臺仍然像1940年或1920年一樣運作。無神論的共產黨沒有試圖干涉，更不用說限制或減少寺院的招募或收入，也沒有干涉寺院如何管理自己。因此，西藏非凡的宗教文明仍然繁榮昌盛。

　　同樣，貴族和寺院莊園領主繼續利用世襲束縛農民，無償耕種他們的土地來經營其莊園。傳統的西藏政府（དགའ་ལྡན་ཕོ་བྲང་）已經被降級為中華人民共和國的「西藏地方政府」（ས་གནས་སྲིད་གཞུང་），但西藏社會和文明仍在繼續。由於毛澤東的「大收縮」，沒有人談到必須盡快實施土地和社會改革。這當然並不是西藏在1950年享有的事實上的獨立，甚至也不是西藏在清朝時期所經歷的高度自治，但它在中華人民共和國是獨一無二的。

　　藏北總管頓蘇在1958年底對他與中國人和四水六崗的關係的描述，表明了西藏政府在治理人民方面的自治情形。他說，由於他在1958年沒有收到噶廈關於四水六崗的具體指示，所以他只能自己決定如何處理康巴人，以及如何與中國駐軍相處。

問：當時那曲駐紮了多少中國士兵？

答：那曲地區有幹部和士兵長期駐紮，但我不清楚士兵的人數。當時，士兵也來自中國，因為青藏公路經過那曲……。但是那裏沒有很多士兵，因為如果有很多，我們就會看到他們。但也不是〔少到〕像五、六、十名士兵。如你所說，可能有幾百名。我不能確定。當漢人遭到「衛教志願軍（བསྟན་སྲུང་དང་བླངས་དམག་སྒར）」〔四水六崗〕襲擊時，他們懷疑總管和四水六崗勾結，漢人總是為此騷擾我們。這很煩。然而，我們確實與他們沒有任何聯繫，我們也沒有參與他

們對漢人的攻擊。另一方面，我們也沒有必要去對付四水六崗〔，因為我們沒有收到這樣的命令〕，所以我們甚麼也沒有做。我們只是任由他們攻擊〔漢人〕，他們想做甚麼就做甚麼。

問：你通常與那曲的中國官員打交道嗎？

答：是的。有時開會時，他們會打電話給我們。

問：這些是甚麼樣的會議？你在和聯席負責人一起處理〔西藏政府的〕日常事務，對嗎？你也和漢人合作嗎？

答：不。我們沒有甚麼需要與漢人定期合作。漢人在做他們的工作，我們〔西藏政府〕在做我們自己的工作。每當有一些特別的事件發生，比如四水六崗攻擊漢人，他們就會召集我們開會，說：「康巴人在攻擊我們。你們會對此放任不理嗎？你們不是在這裏工作的地方官員嗎？你們必須給他們一個教訓。」

問：你手下有藏軍嗎？……

答：有。我們有一個排〔ཞུང་ག，大約25人〕，來自卡當扎西代本團（譯註，藏軍代本團按照藏語字母排序，卡〔ཁ〕當是第二個字母，卡當團又叫第二代本團），擔任我們的護衛。我們在那曲還有一個早年遺留下來的軍械庫。那裏有布倫槍和機關槍，可能還有加農炮。還有許多子彈和英式卡賓槍……。

問：當時漢人在做甚麼？……

答：漢人駐紮在那裏服務那些在青藏公路上往返的漢人。我不知道他們內部做甚麼。當時，四水六崗處處反對漢人，所以漢人有時召集會議，宣傳四水六崗作惡多端，搶劫財物。

問：你有沒有收到噶廈的命令，告訴你把武器交給四水六崗，或者告訴你不要把儲存在那曲軍械庫的武器交給他們？

答：我們沒有收到任何與此相關的特殊命令。四水六崗也沒來拿武器。

問：政府有沒有告訴你，如果四水六崗來了，不要交出武器，
    或者告訴你應該交出武器？

答：沒有任何特別的命令。我不確定四水六崗是否知道那曲保
    存的武器。[35]

　　因此，儘管西藏政府在1950年輸掉了戰爭及其在昌都的主要
軍隊，但往後幾乎八年，達賴喇嘛/噶廈顯然仍擁有他們極其珍視
的東西，需要他們去保護，相反，如果不能有效地解決康巴問題，
一切都會失去。四川發生的事情給西藏蒙上了悠長的陰影，噶廈和
達賴喇嘛面臨的難題是，面對四水六崗在衛藏的新叛亂，如何才能
維持當前的良好局面。然而，噶廈無法就他們應否同意遵循中國人
的建議去行動而達成共識；即利用藏軍對付康巴人。部分原因是噶
廈內部的不和，例如噶倫阿沛強烈支持使用藏軍，但另一些噶倫們
要麼反對要麼不確定，所以最後噶廈決定召集西藏民眾大會討論康
巴問題。這是噶廈在必須作出艱難或不受歡迎的決定時使用的傳統
機制，因為它將應該做甚麼的責任從四五名噶廈噶倫轉移到民眾大
會。如果民眾大會決定不使用軍隊，噶倫們可以告訴中國，這個決
定是整個西藏政府的意願，而不僅僅是噶廈的意願。

西藏民眾大會

　　根據噶廈的建議，達賴喇嘛發出命令，指示噶廈召開民眾大
會。大會在拉薩市中心的大昭寺召開。[36]通常，在舉行民眾大會時
噶廈會向八名仲孜（ དྲུང་ཆེ་བརྒྱད，音譯仲孜杰）遞交一份提案，說明
討論的主題，然後仲孜們宣讀這份提案，並共同主持隨後的民眾
大會。[37]然而這一次，噶廈想確保民眾大會精準理解他們的提案內
容，所以索康親自與會並主持會議，八位仲孜協助他組織會議。[38]

　　大約 70 名代表出席了大會，其中每個品級的官員各有僧俗兩名代表，還有來自寺院、軍隊和社會的代表。然而，正如參加會議的僧官扎贊回憶的那樣，會議在如何從政府不同品級官員中挑選代表方面採用了新做法。

〔要求僧官參加民眾大會的〕命令來自達賴喇嘛的秘書處〔ཙེ་འགག，音譯孜噶〕，並在僧官們每日的仲甲早茶儀式上宣布。此後，當人們離開仲甲茶會時，每個人都在談論即將舉行的〔民眾大會〕，說我們不應該繼續像過去〔那樣，由高級官員選擇哪些官員應該出席〕……。〔因此，〕不同品級的官員……他們私下會面，選擇誰來代表他們。這可能是西藏第一次「投票」。[39]

扎贊也解釋了這背後的邏輯：

當時有一些〔官員〕表現得好像他們被漢人控制了，還有許多人明確、完全地擁護漢人的觀點。所以據說，如果政府〔像往常一樣〕任命代表，那麼像這樣的人會〔出席會議〕，那麼〔就不可能進行適當的討論，因為代表們不會在他們面前暢所欲言〕。因此，投票的結果是沒有〔選擇〕任何在中國辦公室工作的人，或者如果有人被選中，那就是一個不相信漢人的官員……[40]在會議上，八位仲孜像往常一樣在場，但其餘的代表都是按照他們各自的類別自行選出的。[41]當俗官們聽說此事，他們也照葫蘆畫瓢，選出了他們自己的代表。[42]

當噶倫索康提出要討論的議題時，真正的會議開始了。扎贊回憶道，索康第一次說「人民（མི་དམངས，米芒）」應該有權決定如何前進。

〔索康說：〕「自從康巴組織成立以來，中央已經〔在拉薩〕修築了防禦工事，做了許多準備工作」，但不管怎麼看，

〔西藏〕政府對此無能為力。既然我們已經到了這樣一個我
們力量不足的局面，現在是所有人民〔མི་དམངས〕一起思考〔該
怎麼辦〕的時候了。只有我們一兩個人按照傳統那樣思考將
無法控制這種局面……。[43]

「按照尊者的命令，我們要『平息康巴叛亂、降低中央
憤怒』，因此這是主要的議程，不要偏離〔這一議程〕。」[44]因
此，請陳述你對這一議題的看法……。在今天的會議上，
有來自軍隊和政府職員〔དྲུང་གཏོགས〕的代表，所以現在不再是
高級官員在沒有其他人參與的情況下開會〔來決定事情〕。
因此，無論如何，這是每個人都必須參與的一個問題。特
別是，現在這是需要人民展示自己力量的局勢，因為我們
噶廈沒有辦法做任何事情。」

所以在索康的演講中，有部分內容激勵了人們。他的
講話非常有效。人們已經有了一種感覺，他們應該做些甚
麼，但是索康說的話，即使只是幾句話，卻真正地給了他
們推動力。〔回想起來，〕索康的講話推動了幾個月之後的
行動〔幾個月後的拉薩起義〕。這就像一粒種子播在人們的
腦海裏，後來這顆種子結出了果實，人們〔1959年3月〕在
羅布林卡站起來了……[45]

當會議開始時，聽取每個人的意見需要很長時間，所
以決定將會議分成小組〔ཚོགས་ཆུང〕，每個小組在內部開會討
論議題……。一共設立了〔四個〕獨立小組，每個小組由兩
名仲孜領導……。我在第四小組……[46]

我們小組的會議一開始，年輕的僧官帕西孜仲就發表
了講話，並採取了強硬路線。他的主要觀點是，問題不在
於康巴人，而在於漢人，因為是他們在四川強行推行民主
改革的決定，導致了〔在四川的叛亂〕。因此，答案是要中
國逆轉改革，回歸傳統。他說，如果中國這樣做，所有的
康巴人肯定會高興地離開並回家，中國沒有必要激動，叛

亂可以馬上平息。所以他說我們應該要求噶廈根據這一點
與漢人對話。[47]

如前所述,指責中國人造成康巴人的流入並不是一個新想法,
中國人早些時候已經否定了。在中國車隊在無尤遭到伏擊後,這種
言論肯定不足以平息中方的憤怒。那些叛亂分子正在西藏自治區(譯
註:此時自治區尚未成立)襲擊和殺害中國人,並且可以推測,他
們在未來也不會停止,中方想知道西藏政府將採取甚麼措施來對付
他們。

四品官孜本崔科是噶倫阿沛最親密的支持者之一,他認為這些
只是空洞的言辭,因此崔科不同意帕西的觀點,並強調需要現實的
建議。「現在的問題不在於漢人〔和他們在四川的所作所為〕,而在於
康巴人在西藏的所作所為。正是他們的襲擊威脅着政府的穩定和達
賴喇嘛的安全。」[48]扎贊補充,崔科還說:

> 「我們已經下令討論如何平息〔康巴人〕,這也是正是漢人
> 們所說的。此外,我們已經收到了來自山南米色〔農民〕們
> 無數的請願書,他們說,由於康巴人的過分行徑,他們正
> 經歷着巨大的困難,所以即使他們〔康巴人〕不聽我們的,
> 我們也必須考慮他們〔米色〕的需要。」〔這意味着,為了米
> 色,如果康巴人不聽噶廈/達賴喇嘛的話,應該對他們使用
> 武力。〕所以,那時有這樣的發言。[49]然後,我記得仲譯欽
> 莫嘉措扎西說,「哦,我認為我們不應該這樣做。這樣做不
> 太好。派他們〔藏軍〕去鎮壓『衛教志願軍』的藏人似乎是不
> 對的。」然後雪巴·楚臣尼瑪和〔我們小組中的〕其他人〔同
> 意〕並說,最好與康巴人討論這個問題,我們不能派藏軍去
> 打他們。[50]

著名的扎西代本團甲本格扎(格桑扎堆)是扎薩敏吉林領導下的
第三小組的成員,他回憶,他們小組在這方面也有類似的分歧:

敏吉林說，由於康巴人做了不必要的事情，造成了很多困擾，所以每個人都陷入了尷尬的境地。既然如此，現在我們必須「降低中央憤怒，平息西藏人和康巴人〔ཁམས་བོད〕之間的騷亂」。對此言論，其他人說，你在說甚麼，大人〔སྐུ་ངོ〕，你說得一點也不對。這不是衛藏人和康巴人之間的騷亂。康巴人和衛藏人沒有交戰。康巴人反對漢人，而不是衛藏同胞，所以你所說的是不可接受的，大人。其次，我們看不出有任何理由向漢人道歉。由於漢人從〔四川〕打折多（譯註：即康定）一路過來所做的一切，我們的人民無法忍受，所以現在我們有了這種情況。即使在像現在這樣的情況下，他們仍然無法忍受這種情況，出於絕望，他們站了出來。因此，局勢就是這樣，這種情況是中國一手造成的，我們沒有理由向他們道歉。情況就是這樣，我們根本不接受你說的話。

他〔敏吉林〕〔回答時〕說，如果你們不想稱之為康巴—衛藏叛亂，沒關係，但我們必須向漢人道歉。然後其他人說我們永遠不會道歉。所以在我們組裏，我們根本講不到一塊去。

然後我們考慮了一下，我們這些來自藏軍不同代本團的人討論了這個問題，並說，如果你說你不會稱之為康巴衛藏騷亂，那很好。如果你必須制服康巴人，那麼我們各代本團會去。但是中國必須提供武器。如果中國給我們武器，那麼我們將摧毀康巴人。事實上，我們想的是利用這一策略獲得大量武器，然後加入康巴人的隊伍。但是其他人說，他們比我們聰明，我們怎麼可能這麼說呢？所以據說我們不能這麼說。所以在我們小組，我們沒有達成一致意見。不管怎樣，不同小組反復討論了這個議題。最終，大多數人將矛頭指向了漢人。[51]

在大會的最後階段，組織者從各小組中收集意見，並將其綜合形成一項決議草案。此後，會議暫時休會，同時決議被提交給噶廈審查。代表們被告知，下次會議的時間將另行通知。[52]筆者沒有該決議的副本，但四個小組的壓倒性共識是不派遣藏軍。相反，西藏和中國的材料稱，該決議要求噶廈告訴中國人，既然康巴人是因為強迫改革而來，中國人需要同意向康巴人提供一個提議，促使他們放棄叛亂並返回家園。

此外，大會還決定派一個新的代表團去山南，勸說康巴人停下來。色新是一位貴族官員，也是警衛團的如本 (ར་དཔོན) 和大會代表，他解釋了大會的結論：「會議決定派堪窮土登桑覺和朗色林去哲古塘。大會還說，警衛團需要進一步改善對達賴喇嘛的保衛措施。為此，它應該召回駐紮在日喀則的該團部隊，並召集休假的士兵返回。」[53]

西藏工委領導人之一譚冠三在1958年12月對其幹部發表的講話中也對該決議的內容發表了評論。

> 官員代表會議討論的意見書上突出的表達着：康人和安多人來西藏叛亂，是因為他們的家鄉進行改革，而改革的條件不成熟，發生了叛亂，致使他們無法安居，逃來西藏。他們還強調説，康人和安多人來西藏搞叛亂，並非西藏地方政府邀請過來的，西藏地方政府更和他們沒有勾結。對於平叛問題，他們擬向工委提出對康人的叛亂問題既往不咎，並安置生活出路，則可爭取叛亂分子不亂搞而平息叛亂。[54]

民眾大會決定再派一個代表團與康巴人會談，這解決不了問題，因為西藏政府沒有甚麼新的東西可以説服康巴人停止(叛亂活動)。另一方面，和過去一樣，這允許他們告訴中國人，他們正在試圖解決這個問題。但顯而易見的是，隨着四水六崗繼續在農村遊

蕩、伏擊中國車隊並攻擊其他設施，西藏工委將繼續向噶廈施加越來越大的壓力，要求他們對付康巴人，這就像向氣球中吹入越來越多的空氣一樣，問題是它要多久才會爆炸，毛澤東將決定使用他的「終極手段」——解放軍——西藏將成為下一個四川。

1995年我在北京採訪阿沛時，他強調了這一點。我問他20世紀50年代最大的錯誤是甚麼，他毫不猶豫地回答道：

> 西藏政府最大的錯誤是，當四水六崗來的時候，西藏政府沒有阻止他們。那是最大的錯誤。噶廈必須阻止他們。中央〔向我們〕明確指出了〔這一點〕。但我們沒有掌握這個問題的主動權〔བདག་པོ་རྒྱག་གི་ཡོད་པ་མ་རེད〕。[55]

噶廈秘書格杰巴回憶，阿沛曾經說得更生動，「大量垃圾來自東部，我們必須清理它們。」[56]一位世俗貴族官員恰白也有類似的想法，

> 至於來西藏的康巴人，如果西藏政府願意，政府可以阻止他們，〔但是〕政府內部歡迎康巴人的到來。只要政府願意，西藏政府可以把他們搞定。那時，事情就像諺語所說的那樣發生了，「敵人無法估計他們的敵人。」[57]

「非官方」集會

上述提到的帕西孜仲在帕拉領導的達賴喇嘛秘書處工作，他對民眾大會的決議不滿意，因為在他看來，保衛達賴喇嘛的決議過於軟弱。這只會維持現狀，而不會改善對達賴喇嘛的保護。他認為，真正的危險是中國人正在加強他們的建築、屋頂和營地。如前所述，儘管中國方面認為這是一個防禦行動，使他們能夠抵禦藏人/康巴的攻擊，直到援軍到達，但大多數藏人，如帕西，認為這是中國準備對他們發動進攻戰爭的證據，而大會的決議沒有採取任何補救

或反擊措施。帕西特別擔心，因為中國人正在佔領和加固俯瞰大昭寺的建築。這對達賴喇嘛的安全構成了特殊的威脅，因為他即將在1959年2月的（藏曆）新年慶祝活動期間前往大昭寺參加他的格西學位考試。扎贊在一次採訪中談到藏人是如何看待中國防禦工事的：

> 無論漢人住在哪裏，他們都把沙子裝在袋子裏，放在屋頂上修築防禦牆……。他們窗户裏也有沙袋……。他們有可以射擊的孔洞，但是如果你向他們射擊，他們有沙袋〔來阻擋子彈〕。桑珠頗章〔桑頗〕的屋子就在辯經場〔གསུང་ཆོས་ར་བ，庭院〕前面，尊者在新年慶典期間在這裏講經……。漢人就住在桑珠頗章的屋子裏，屋頂和窗户外面都有沙袋。屋頂上還有兩名持槍的漢人警衛。同樣，從吉堆巴的房子裏，尊者在辯經場的寶座就像一個靶子。既然尊者要來，所有的政府官員都會去……。所以據説如果他們扣動扳機，那就不堪一擊。無論如何，這是那種只需要一根火柴就能釀成大火的情況。遍地都是乾柴，它所需要的只是一點「火花」。[58]

因此，帕西認為大會決議中有關保護達賴喇嘛的部分還不夠，他得出結論：他應該創建一個組織，承諾採取行動保護達賴喇嘛和拉薩。所以在正式的民眾會議之後，帕西邀請低級官員（孜仲級別以下）參加一次未經批准的「會議」，坦率地討論局勢並決定怎麼辦。帕西説，他排除了高級官員，因為他覺得那些高級官員有責任代表整個西藏與漢人溝通，並且過於積極地試圖與漢人保持良好關係，不會同意參與像他所想的那樣具有攻擊性的做法。於是他給所有低級官員發出了信息，告訴他們來大昭寺改革辦公室開會。除了一名「低級」代表外，所有人都來了。出席會議的官員之一色新回憶道，「我接到通知，明天要去改革辦公室開會。第二天，當我去參加會議時，我看到了三大寺的代表、藏軍代表、僧俗官員以及低級官員代表。通常，在進入大會之前，我們必須在會議室外面等待，直到像

仲譯欽莫或孜本這樣的高級官員到達。然而，這一次有人領着我們
説，『這裏太擁擠了，我們不要在這裏等。進去更好。』」[59]

帕西説，他宣布了以下聲明，於是這次非正式會議開幕，

> 召開本次會議的原因是不確定中國是否會接受大會決議中
> 的建議，因此局勢可能會越來越緊張。因此，現在是我們
> 所有人仔細思考，做好準備，把我們的想法付諸行動的時
> 候了，以便守護：(1) 達賴喇嘛的生命〔ཀུ་ལུ〕，(2) 佛教的福
> 祉，(3) 我們民族和家園〔རང་རིགས་རང་ཡུལ〕的福祉。對此，你
> 們有甚麼看法？……
>
> 　　所有人都説他們同意這一點，所以我説，「如果是這
> 樣，那麼我們必須起一個誓，説我們永遠不會放棄盡全力
> 守護這三項原則。」大家都同意了……我在桑布寫字板上起
> 草了一份誓詞草稿……讀給他們聽。他們都一致同意，孜
> 巴〔與會者之一，他是孜康的秘書〕在紙上寫了一份乾淨的
> 副本。我又〔向與會者〕讀了一遍，然後，從我開始，我們
> 所有人在達賴喇嘛的相片前在誓言上簽字。[60]

當宣誓簽字開始時，色新卻説，他對簽署這樣的誓言感到不舒
服，所以他對此直言不諱：

> 我覺得有些不對勁。通常情況下，噶倫索康、仲孜、臺吉
> 和扎薩〔等高級官員〕會出席這樣的會議，但是因為他們都
> 沒有出席這次會議，〔我想〕一定有甚麼不對勁。[61]所以我
> 説，「既然沒有高級官員出席這次會議，我們自己簽署協議
> 是不對的。我們最好今天下午通知所有這些官員，然後明
> 天早上請他們發表意見。所以我們應該再開一次會。像這
> 樣的秘密會議對我們任何人來説責任太大……。」
>
> 　　帕西對此回應説，「如果今天不是簽署協議的好時機，
> 我們可以推遲到以後。但是我們必須保守這個秘密，永遠

不要洩露給別人。所以現在讓我們在達賴喇嘛的照片前發誓保密。」…… 我覺得我應該跟着其他人〔發誓〕，所以我照做了。[62]

此後，一份通知被發送到〔高級〕官員那裏，邀請他們參加第二天的會議。帕西回憶起隨後發生的事情，

第二天，就在僧官的仲甲茶會結束後，我騎馬去了大昭寺，並上了樓。在那裏，除了夏卜拜和八名仲孜之外，所有其他代表都聚集在改革辦公室，靜靜地坐着。通常仲孜會介紹會議的主題，但在那天，因為沒有仲孜出席，也因為高級官員不知道會議的具體目的，扎薩功德林…… 他說：「今天，除了夏卜拜和八名仲孜，所有其他官員都來了。我們所有人都收到了同樣的通知，但我們不知道是誰發出的通知，也不知道這次會議的目的是甚麼。」

我〔帕西〕坐在中間一排，在我身後的僧官丹巴角‧洛桑年扎讓我告訴大家會議的目的，所以我說，「昨天，我們孜仲以下官員的代表，舉行了一次會議，討論了三項原則，我們大家都同意，我們將盡可能把這些原則付諸行動。因為你們比我們年長，有着豐富的工作經驗，也是能夠胸懷大志的人，我們一致同意邀請你們來進行深入的討論，所以我們發出了通知。我們感謝大家的到來。請仔細考慮這三項原則，並告訴我們如何才能實現它們。」

他們〔高級官員〕互相交談，最後扎薩敏吉林說，「現在，帕西告訴了我們你們民眾一直在考慮的事情，這很好，但實際上，如果你們不仔細考慮，很難知道這是否會造成巨大的傷害而不是好處。你們必須保持穩定〔བརྟན་པོ〕〔不要做威脅穩定的事情〕。」

我回答說，「正如你所說，保持穩定真的很重要，但是即使我們說我們是穩定的，不去想這件事，也不做任何事

情去實現它，即使我們只是坐在〔面前，甚麼也不做〕，他們〔漢人〕已經把沙子裝進袋子裏，並在漢人銀行所在的吉堆巴宅子的屋頂上建造了朝着我們的工事，他們已經準備好開槍了。這裏除了我們藏人沒有其他人，所以我們是他們唯一的目標。如果我們被殺死，保持穩定是沒有用的，因為那樣我們就會遭受損失。例如，如果我們必須去印度，因為那裏很遠，出發前我們必須準備足夠的食物和馬匹，因為我們不能走着去。我們還得準備槍枝來保護自己免受強盜襲擊，還要準備衣服和其他東西，因為在路上天氣會非常冷。然後我們必須能夠走出門檻〔邁出第一步〕。因此，儘管我們的目的是去印度，但如果人們總是説那裏很危險，我們必須保持穩定，那麼，實際上，如果不為旅行做好準備，就真的很危險。即使你不準備接近門檻，只是坐在你的房間裏保持身體挺直，當我們看到我們的對手是如何準備的，我們都知道我們真的在倒退，〔甚麼都不做並沒有保持穩定〕。因此，我們必須按照這種情況思考。現在是時候了，我們必須做好準備，採取行動，以堅定和穩定的方式採取行動，以實現我們的目標。所以請討論這件事。」

他們〔高級官員〕再次私下討論，之後大管家帕拉説，「謝謝你的考慮並召集這次會議。如果今天我們所有人討論這個問題，〔然而，〕由於夏卜拜和仲苾不在，這不合適。」

顯然，帕拉認為這次會議成立了一個特別的秘密組織，準備抵抗中國人，對拉薩的穩定來説太危險了，也因此對達賴喇嘛的安全構成了威脅，所以他強有力地結束了討論，並且成功了。像帕西這樣在他手下工作的下級官員不敢公開反對他，於是帕西退縮了，他説：

我説，「我們不邀請夏卜拜和仲苾們的原因是，這項工作必須持續進行，而且必須一直持續到最後。因此，我們可

能會遇到來自漢人的〔嚴重阻礙〕，所以我們認為，如果發
生這種情況，這些高級官員們肯定會在我們和漢人之間協
調，並把我們從危險中解救出來。我們從來沒有忽視和瞧
不起他們。無論如何，如果我們這些人想讓高級官員和我
們一起開會，我們一定會邀請他們。」於是大家同意讓夏卜
拜和仲孜們都來開會，我們就休會了。[63]

但正如帕西解釋的那樣，不會再有進一步的會議了，

就在第二天，僧官代表們收到了一份通知……[64]當我到達
羅布林卡的譯倉辦公室時，四個仲譯欽莫都在場，他們給
了我們以下指示：「你們這些人秘密〔ᠤᠷ·ᢢᠠᠠᠵ；非正式地、
自行〕召集了一個會議，但從今以後，你們不允許這樣
做。」[65]

扎贊補充，譯倉還說，「你們開過一次會，現在一切都結束了。
那是一項非常危險的活動。不過，既然你們是懷着極大的決心和良
好的願望這樣做的，這次不會有懲罰，但從現在起，你們就不准這
樣做了。」[66]

　　政府高層的這一行動並不奇怪，因為帕西的想法是成立一個特
別組織，積極準備在拉薩反擊中國人，在這個極其敏感的時刻，這
肯定會加劇中國人的恐懼和憤怒。由於這個組織是臨時性的，噶廈
將無法控制它的所作所為，因此噶廈和仲孜一發現正在進行這些事
情，就立即干預，在他們眼中這是一種危險的挑釁行為，不但不會
產生積極的結果，相反，很容易使局勢變得更糟或導致暴力。當
然，他們的所作所為在西藏政府體系中是完全非法的，因為他們無
權集會。

　　當帕西和其他僧官當天離開譯倉辦公室時，他們得知俗官/軍
官和僧人代表收到了相同的停止命令，帕西的想法在此刻已經打住
了。然而他不想放棄，所以帶了幾個和他一起離開譯倉的官員去大

昭寺，討論他們現在應該怎麼辦。在這次聚會上，帕西寫道，他告訴其他人：

> 「今天早上，我們接到辦公室的命令，説我們必須停止開會。所以除非有必要，我們暫時停止會面。然而，我們已經自願宣誓並簽署了誓言，因此，如果這三項原則從內部或外部有任何危險，我們永遠不會改變、也不會停止我們的宗旨和義務。因此，它就像諺語『如果鼓不敲響〔ᮥᮝ᭄·ᮞᮥᮍᮞ᭄·ᮙ·ᮟᮥᮔ᭄·ᮔ᭄〕』。[67] 所以每當三項原則有危險時，我們都會發出通知，你們應該隨時準備好參加。不僅僅是你們這些代表，你們還必須與『人民』米芒保持密切聯繫。此外，如果我們中的任何人洩露會議秘密並退出，他將被立即處決。所以你必須根據這個來思考。」他們都同意這一點。[68]

1959年3月10日，敲鼓的時候到了，拉薩居民收到一則信息，讓他們來到羅布林卡時，這群低級官員將變得至關重要。

最後，如我們所見，大會建議不要派遣藏軍，表面上是因為他們擔心士兵可能不服從命令，不去與康巴人作戰，反而拿起武器加入他們。這就是噶廈和達賴喇嘛之前給中國人的理由，當時中國人要求他們派遣軍隊去對付山南的康巴人，所以這不是甚麼新理由。然而，大會建議派一個新的代表團去山南，試圖説服康巴人停止他們的行動。噶廈和達賴喇嘛接受了這一建議。

然而，儘管發生了這種情況，歷史學家也必須考慮可能的替代方案。在這種情況下，藏軍在面對康巴人時，是否真的有可能拒絕服從指揮官的命令？更不用説叛逃加入康巴人了。噶倫阿沛認為，這只是一個藉口，因為大多數西藏政府官員確實同情四水六崗叛亂的目標。阿沛還認為，藏軍本可以對付康巴人，這方面有證據表明他大概是對的。[69] 此外，下一節將會看到，達賴喇嘛本人也表示，這不是不想動用他的軍隊的真正原因。

藏軍和康巴人

關於藏軍，第一個需要考察的問題是，1958年末，一支訓練有素、功能完好的軍隊是否仍然存在。《十七條協議》中有兩條涉及軍事。第15條說，「為保證本協議之執行，中央人民政府在西藏設立……軍區司令部。」第8條說：「西藏軍隊逐步改編為人民解放軍，成為中華人民共和國國防武裝的一部分。」然而，由於西藏代表在協議談判中強烈反對這一點，雙方達成了一項妥協，雖沒有被列入協議的公開版本中，但是被包括在一個秘密附件中；其中包含第8條內容，還規定保留3,000名藏軍，其餘藏軍予以解散。因此，儘管官方目標是藏軍在未來某個時候改編成為解放軍，但藏軍（暫時）將在噶廈和自己的軍事司令部（དམག་སྤྱི་ཁང་，音譯瑪基康）的指揮下繼續存在，而不接受中國西藏軍區的領導。因此，直到1959年起義之前，這些藏軍及其軍械庫一直完全處於西藏政府的控制之下。[70]

對藏軍地位的困惑部分，源於中國希望展示藏軍正被納入人民解放軍。為了實現這一目標，他們堅持讓兩名噶倫在西藏軍區獲得解放軍副司令員的軍職。因此，噶廈選擇了阿沛和繞噶廈，給他們配發了解放軍軍裝，並參加了1952年2月10日西藏軍區總部的正式落成典禮（以及隨後的解放軍官方慶典活動）。然而，這只是一個保全面子的安排。這兩位只是名義上的解放軍司令員，在解放軍軍事事務中沒有任何作用。[71]相反，從1951年到1959年，解放軍與藏軍的運作沒有任何關係，反之亦然。西藏政府訓練和供養自己的軍隊，提拔和降職軍官，並在內部自行調動軍隊。

1954年至1955年達賴喇嘛訪問中國內地期間，中方再次提出將藏軍納入中國人民解放軍的問題，在那次訪問中，達賴喇嘛和噶倫同意將藏軍的規模減少三分之二（從3,000人減少到只有1,000人）。其中500人將是達賴喇嘛的警衛團，其餘500人將是拉薩警察部隊。因此，著名的扎西代本團將不復存在。

　　然而，當達賴喇嘛和他的隨行人員於1955年返回拉薩時，這一計劃引起了軍隊和其他民族主義官員的強烈反對，以致達賴喇嘛／噶廈放棄計劃，並沒有實際削減軍隊。中國人不情願地同意了這一點，但是為了保全面子，噶廈不得不同意對他們的軍隊進行另一次象徵性的改變。話說中國人從到達拉薩的那一刻起就非常憤怒，因為達賴喇嘛警衛團的軍官和士兵都穿着英式軍服，所有其他代本團的軍官也是如此。儘管中國對此經常抱怨，藏軍拒絕改變，繼續使用這些軍服。新的妥協是警衛團的軍官和士兵此後將穿着解放軍式的軍裝，所有其他代本團的軍官也一樣，而其他代本團的士兵將繼續穿藏式軍服。[72]扎西代本團的兩名指揮官之一桑頗回憶說，為「慶祝」這一象徵性的變化，舉行了一個精心安排的儀式，

　　我團的藏軍士兵不穿中國軍裝。只有軍官被迫穿着中國軍裝。那發生在1956年……當中國官員陳毅來到西藏為自治區籌委會揭幕時……。

　　　那一年，彭懷德元帥給達賴喇嘛發了一封電報……請達賴喇嘛代表他頒發軍銜。達賴喇嘛接受了邀請，我們在警衛團〔團部舉行了儀式〕。

　　　達賴喇嘛坐在椅子上，向軍官分發軍裝。阿沛是那個儀式的秘書。儀式前，我們穿着英式軍服，但在那之後，我們換上了分發的中國軍裝，……。

問：當他們舉行這個儀式時，所有的士兵都參加了嗎？

答：可能沒有。不管怎樣，所有的軍官都在那裏。這是在陳毅來之前，我們必須給他看這個。那天晚上，漢人舉辦了一個晚宴，我們參加了。

　　然而，桑頗強調說，這一切都只是表面文章：

　　從那時起，每當我們去參加任何中國的活動或會議，我們都會穿上他們的軍裝。其他情況下，我們不穿。當漢人想

告訴我們〔藏軍〕一些事情時，他們和噶廈談，噶廈反過來會告訴我們，然後我們會跟着做。他們絕不會直接向我們下達命令。另外，在給我們發了軍裝之後，漢人說他們會給我們薪水，但是我們拒絕了，說我們已經從西藏政府那裏拿到了薪水。漢人回應說，我們應該停止從西藏政府拿工資，而接受漢人的工資……。我們沒有一個軍官去拿。[73]

因此，中國軍隊從未對藏軍有過任何行動控制，1958至1959年間，藏軍由拉薩的四個代本團組成，總兵力約為3,000人：位於布達拉宮和羅布林卡的警衛（ སྐུ་སྲུང་ ，音譯古松）代本團約1,000人、位於色拉山下扎基的扎西代本團約1,000人、位於沖賽康的恰當團約500人和位於洛布（譯註：此團原駐江孜，後移駐拉薩洛布）的阿當（江孜）團約500人。[74]一份中國出版刊物報道說，當時拉薩的軍隊總數為2,514人，日喀則還有570人。[75]此外，當1952年（《十七條協議》簽署後），噶廈解散了部分代本團，部分代本團減員。然而，這些部隊雖然被解散，但是他們還在服役名單上，所以噶廈可以把他們召回，用原來的武器對他們進行重新武裝（他們先前解散時，其武器被存放在各地的軍械庫）。索康在1958年在協噶爾宗就是這麼做的（後面討論）。

此外，這些部隊擁有現代武器，如布倫槍、斯登衝鋒槍、機關槍、手榴彈、迫擊炮/輕型火炮和大量彈藥。如上述中國出版刊物所載，四個拉薩團有266支斯登衝鋒槍和122支布倫槍。[76]此外，一些軍官在1950年昌都戰爭中獲得了戰鬥經驗。換句話說，剩下的藏軍雖然規模不大，但是他們的自動武器和火炮完好無損，裝備也比康巴人好。另一方面，他們因紀律不嚴、領導不善而臭名昭著。

雖然噶廈實際上擁有大約3,000名受過訓練的步兵，但這是一支可靠的部隊嗎？噶廈能指揮這些部隊向四水六崗前進嗎？這些部隊會聽從軍官的命令向其他藏人如康巴戰士發起攻擊和開火嗎？無法

確定這一點，但有歷史證據表明，如果噶廈在達賴喇嘛的批准下命令他們的指揮官採取行動，他們很可能會遵守命令。

支持這一觀點的一個暗示性證據，是1958年9月在日喀則舉行的中國大會上發生的一則事件。如前所述，此時譚冠三發表了一篇憤怒的演講，指責西藏政府和噶廈是康巴人的同謀，讓後者一槍不發就從甘丹青柯寺中得到大量武器。這使得索康不僅在會上公開駁斥了譚冠三的説法，還在幕後採取行動，阻止康巴人在西藏西南部的協噶爾宗奪取另一個政府軍械庫，[77] 儘管索康是強烈反共的政府高官之一，並在1951年和1956年試圖説服達賴喇嘛流亡國外，但以噶倫的身份，他擔心如果康巴人現在能夠不戰而勝地再奪取另一個政府軍械庫，這可能會迫使譚冠三和中國對西藏政府進行報復，所以他決定採取措施防止這種情況發生。

西藏政府負責協噶爾宗的官員洛珠群增回憶説，他突然收到了索康從日喀則寄來的一封信，涉及軍械庫和康巴人。他解釋道：

> 康巴人突襲了甘丹青柯寺，所以我接到了索康的命令，説：「我已經從日喀則派了兩百名喀當〔日喀則代本團〕的士兵到你這裏來。你們兩個〔另一位宗本〕應該擔任他們的代本〔མདའ་དཔོན་〕。康巴人從甘丹青柯寺偷了槍，所以你們不應該讓你們的槍落入康巴人手中。〔還有，你們應該〕從定日宗召回200多名士兵。你們不能給康巴人任何東西。」[78]

> 我已經對這種〔康巴人的危險〕有些擔心。因為此時崗巴宗的兩位宗本（扎什倫布寺的一名官員和敏吉林家族的一名官員）都被一些〔康巴〕商人殺害了。我的聯席宗本〔在那之後〕説，我們必須派些部隊到這裏來保護軍械庫和宗，所以我已經召集了25名士兵……。

> 此後，索康的命令下達了，接着〔從日喀則〕來了200名士兵。此外，我們按照命令從定日又徵召了200名士兵。隨後，我們向手下的七個宗下達了命令，説如果有任何康

巴問題或盜竊，每個宗都應立即通知我們，我們將派士兵驅逐他們……[79]

問：有康巴人到達你的宗嗎？

答：〔索康派的〕部隊到達後，一天晚上，來了28個康巴人……。〔但是他們〕在第二天早上日出前離開了。直到他們離開後，我才知道這件事，第二天早上，我的同事對我説，「哦，天哪。昨晚我們差點碰到麻煩。康巴人晚上來了，但他們今天離開了。」士兵們不知道康巴人已經到了……。後來，我查看了他們〔康巴人〕的活動，發現他們從我們這裏去了崔科莊園，帶走了一匹優秀的黑馬。然後他們去定結宗的時候，他們到處偷東西。於是我們派了兩名協俄〔統率25名士兵的軍官〕帶着一封信去定結宗，信中談到了〔康巴人正在去該宗的路上〕。我們告訴協俄連夜去傳遞消息。

定結宗宗本土登諾布，通過這兩名協俄給我們回覆説，二十八、九名武裝的康巴騎兵已經到達，並在路上偷了一些東西，但他們立即離開了定結宗，所以你不必擔心他們。然後，我又通過兩個人給定結發了一封信，告訴他們「一群堯西的安多人已經到達日喀則並離開了，所以如果他們來到你的地區，請告訴我，因為我們聽説他們正前往你們宗……」我們得到一個答覆，説「這五六個人已經到了這裏，但是他們從事正當的貿易。他們沒有造成任何紛擾。」……。

問：如果〔28名〕康巴人沒有離開，如果他們想要糧食之類的東西，你從政府那裏得到了甚麼命令？你會不得不攻擊他們嗎？

答：對此我們沒有收到命令。但我們不會給他們糧食或子彈，因為這些都在〔宗的〕倉庫裏，裏面蓋着許多封條，所以我們打不開，我也沒有任何私人糧食可以給他們。所以我

唯一能做的就是，說我沒有任何東西可以給你。如果他們
留下來，我們會告訴他們不要偷別人的東西。那是我們自
己的計劃。如果他們真的偷了東西，責任將落在我們的肩
上，所以我們會警告他們不要偷東西，不要搶劫。

問：如果康巴人讓你們給他們糧食，而你們拒絕，康巴人開始
　　戰鬥，你的藏軍士兵會和康巴人打仗嗎？

答：是的，他們會的。他們會照我們吩咐的做。如果我們說
　　打，他們就會開戰。

問：他們不會站在康巴人一邊嗎？

答：他們不會的。他們會聽從我們的命令，因為我們支付他們
　　的工資，給他們槍和子彈，他們會聽從我們的命令。[80]

　　這事件是一個具體的例子，當時後藏的兩位宗本不僅毫無疑問
地執行了索康的命令，而且準備在必要時部署他們指揮的藏軍部隊
對付康巴人——他們相信這些藏軍會服從他們。當然，噶倫索康也
完全預料到藏軍士兵會服從他作為噶倫的命令，阻止康巴人從協噶
爾宗拿走武器。但當他從日喀則回到拉薩後，索康不想試圖推動
噶廈命令軍隊進攻康巴人在山南的主要基地，除非政府達成廣泛共
識，所以他認為，對於如此重要的問題，應該召開民眾大會。

　　近期也有大量的歷史證據表明，藏人並不存在根深蒂固的倫
理原則——藏人不應該發動戰爭和殺害其他藏人。回顧近代西藏歷
史，藏軍在許多不同時期毫不猶豫地攻擊和殺害其他藏人，包括僧
人和康巴人。另一方面，康巴人不僅襲擊藏軍，殺傷了他們的士
兵，而且在1950年積極協助解放軍。

　　例如1947年，在色拉寺杰扎倉的僧人騷亂中，藏軍被用來鎮壓
僧人的反抗。西藏貴族官員夏扎回憶了這一事件：

僧人們不聽從政府的命令，也不接受其他人的調解，噶倫
噶雪巴和仲譯領導的政府官員就去了那裏……帶着警衛

團、江孜團和扎西代本團的部隊。他們奉命包圍色拉寺，逮捕〔色拉寺杰扎倉的〕僧人。僧人們反對政府，發射〔舊〕炮，儘管這些炮無法造成太大傷害。藏軍的三個代本團被分成了左、中、右三個單位，一些士兵也被派去從〔色拉寺後面的〕山後爬上去佔領山頂。從山頂上，這些士兵看到一些色拉寺的僧人位於山的較低位置，並向他們開火。我聽說大概有60到70名僧人在那個地方被殺。然後剩下的僧人〔從色拉山的上半部分〕逃下來進入寺院。在那之後，色拉寺的僧人投降了，領頭的被逮捕並帶到了雪勒空……。兩名〔頭目〕在雪城被鞭笞並判處無期徒刑，其他人也根據他們的罪行被判刑。[81]

與此同時，兩位噶倫（拉魯和索康）前往熱振寺，將（前攝政）熱振仁波切帶回拉薩逮捕。要做到這一點，他們必須經過色拉寺的正前方，因此人們非常擔心色拉寺的僧人可能會試圖從他們的寺院衝下來，強行搶奪色拉寺的主要轉世喇嘛熱振，並把他帶到他們寺院的安全地帶。為了防止這種情況發生，藏軍的扎西代本團在熱振仁波切周圍部署了一支由斯登衝鋒槍和布倫槍組成的部隊，他們還派了一名士兵控制着熱振騎的騾子。事實證明，色拉杰拉倉的僧人並沒有試圖抓住他，但是沒有人懷疑，如果他們試圖解救他，扎西代本團就會開火，並殺死衝鋒的僧人。[82]

另一方面，1950年當中國人民解放軍入侵昌都時，四川的康巴人僱用了數以千計的運輸牲畜和馬夫，為入侵西藏和進攻守邊藏軍運送給養。此外，一些人還幫助指導解放軍部隊。因此，不要說支持他們西藏的藏族同胞反抗中國，四川康巴人甚至幫助中國人成功入侵西藏。

這些事件表明，藏族社會並沒有特別的道德禁令，禁止藏人殺害其他藏人，或者禁止藏軍被用來對付其他藏人。此外，1950年在昌都作戰的大多數藏軍士兵對康巴人持非常消極的看法，因為他

們不僅向解放軍提供了關鍵的援助，而且在藏軍徒手返回拉薩時，一些人還襲擊了他們。[83] 因此，如果噶廈命令藏軍對康巴人發動進攻，他們不大可能不服從。

然而，達賴喇嘛反對使用他的軍隊。儘管傳統上，達賴喇嘛在處決、體罰等問題上不被徵詢意見，但西藏處於一個新的局面，如果達賴喇嘛覺得有必要動用軍隊來維護其政府的自治，他可以命令噶廈這樣做，他們也會服從。那他為甚麼不呢？

達賴喇嘛在接受筆者採訪時說：

> 所以在這個時候，漢人說我們應該派藏軍去消滅康巴人。這很清楚。〔然而，〕我們說過，如果我們派藏軍去和康巴人作戰，我們不知道他們會把槍口對準康巴人還是〔反過來對準〕我們，所以我們不能承擔這項任務。所以這是明確的，並被拒絕……。這有兩個原因。一是……這非常危險。另一個是，如果我們殺了自己的人，那也太可怕了。〔但是〕真正的內在原因是，派遣藏軍並殺死那些聲稱忠於西藏並為宗教事業而戰的人是不可想像的。但對漢人，我們不能這麼說，對嗎？我們告訴他們這非常危險。許多士兵已經叛變加入康巴人，所以即使西藏政府可以發布命令，這些士兵會向他們開火還是向我們開火還不得而知……[84]

達賴喇嘛繼續進一步解釋他的想法：

> 你心裏這麼想，你嘴裏得那麼說。所以如果康巴人反對漢人，我們表現得好像沒看見一樣。西藏政府也沒有說要〔反動叛亂〕，但在內部，我們認為如果康巴人做了，那是好事。[85]

同樣相關的是，這時候許多上層官員已經聽說美國（或者一個不知名的外國）正在幫助四水六崗，這給了他們希望——結果卻是空洞

的希望——此時與四川的戰鬥不同，康巴人可能會因為這樣的外部援助而成功。回想起來，這種觀點似乎很天真，但當時這些幫助許多人得出結論，最好給康巴人一個機會，看看他們能做些甚麼。

當然，誰也不知道藏軍是否真的能對付康巴人，正如解放軍在尼木發現的那樣，康巴人是強硬的戰士。事實上，這時的四水六崗內部力量薄弱，四分五裂。貢布扎西和大部分較好的戰士被困在遙遠的碩達洛松，正如將在下一章中看到的，不僅山南剩餘的士兵人數可能不超過1,500至2,000人，而且由德格的夏格‧南嘉多杰指揮的最大的一個團正在與四水六崗主基地爭鬥不休。他和他的團已經從山南轉移到東部的塔布—工布，他們不願返回主基地，甚至拒絕與主基地合作。

因此，雖然藏軍不太可能打敗四水六崗，但藏軍有可能迫使四水六崗離開他們的安全避難所，或因此創造出一系列新的局面，也許能進一步削弱他們並導致談判解決，特別是因為解放軍曾表示，如果藏軍遇到麻煩，解放軍將會幫助藏軍。

因此，達賴喇嘛/噶廈不願意使用藏軍，部分原因是對藏軍紀律和服從的懷疑，儘管這肯定是一個重要原因。對達賴喇嘛和大多數西藏上層來説，利用藏軍攻擊藏族叛亂分子在心理上是很難做到的，這些叛亂分子不是站起來反抗他們，而是為了他們都想要的目標——結束中國的統治——而戰鬥。

然而，統治者經常不得不作出影響歷史進程的艱難決定，而這正是達賴喇嘛作出艱難決定的時刻。他應該盡一切可能平息新生的康巴叛亂，包括動用軍隊，來鞏固自己在中國的地位和自主權？還是應該靜觀其變？當達賴喇嘛23歲的時候，他有過作出艱難決定的經歷。例如達賴喇嘛訪問印度參加佛陀誕辰紀念活動之後，儘管有巨大的壓力要他留下，但他還是決定不留在印度。他還同意了噶倫堡的抵抗力量和噶廈之間的秘密聯盟。回到拉薩後，他決定不會見中情局的兩名康巴代表。幾個月後的1959年3月，正如將要看到

的，達賴喇嘛拒絕接受其顧問的建議，不願取消他對西藏軍區總部的計劃訪問。

誠然，達賴喇嘛想要維持西藏生活方式的現狀，他和他的政府正在內部管理西藏，但他也不想阻止四水六崗、哲堪孜松和美國人合力設法驅逐中國人。尤其是在拉薩，沒有人知道，如果不採取軍事行動鎮壓康巴人，西藏會在短短幾個月內陷入譚冠三警告過的深淵。因此在1958年秋天，達賴喇嘛和噶廈沒有採取措施向山南派遣軍隊，而是告訴中國人，按照民眾大會的意願，他們將派遣另一個高級代表團去會見康巴人。第9章將討論這個代表團及其如何處理四水六崗。

第9章

朗色林代表團與四水六崗

中國對西藏政府施加壓力，要求其與康巴人打交道；由於達賴喇嘛/噶廈不願意使用藏軍對付他們，他們授權第二個代表團訪問四水六崗總部。達賴喇嘛解釋説：

> 我要求內閣（噶廈）向康巴領導人傳達一個信息，我希望〔他們不要與漢人作戰〕。他們〔噶廈〕安排了一個代表團……找到游擊隊領導人並告訴他們。同一代表團也帶去了漢人的承諾，如果游擊隊放下武器，不會對他們採取任何行動。這一承諾暗示，如果他們拒絕，行動將是嚴厲的。漢人曾想要求康巴人交出武器，作為對他們承諾的回報，但內閣（噶廈）説服他們不要提出這一要求，因為他們知道沒有康巴人會接受這一要求。[1]

> 最後是朗色林去哲古告訴山南的四水六崗解散他們的組織。我們派他去做這件事，執行噶廈的命令，調查那裏人民的情況。[2]

該代表團實際上包括五名代表。團長是孜本朗色林·班覺晉美，他是俗官代表，僧官代表是堪窮土登桑覺（來自哲康家族），團員有來自三大寺的各一名僧人代表。[3]然而，朗色林是個很奇怪的選擇，雖然他與貢布扎西關係密切，但眾所周知，朗色林在政治上並不希望康巴人停止反抗，而且恰恰相反！

　　像許多政府官員一樣，朗色林對西藏接受中國主權和中國對西藏的佔領感到憤怒，他對西藏在共產主義中國統治下的長遠未來深感擔憂。而與大多數政府官員不同的是，他選擇盡可能積極反對中國的存在，並成為最積極的反華西藏官員之一。他不僅是帕拉抵抗集團的成員，而且還秘密地向反漢「人民會議」出謀劃策，人們普遍認為他幫助「人民會議」撰寫了著名的1952年「請願書」，要求中國撤出所有軍隊。[4]更重要的是，他與四水六崗及其領導人貢布扎西有關聯。朗色林的妻子回憶說，朗色林過去經常和貢布扎西去桑益（譯註：地名）野餐。[5]朗色林自己寫道，「從貢布扎西組建康巴志願部隊時起，到與他們討論〔創建四水六崗〕，再到他們離開拉薩，我一直是該組織的一分子。」[6]

　　朗色林對政治事務的專注如此不同尋常，以致影響了他的家庭生活，令他的妻子感到沮喪，正如她解釋的那樣：

> 他對（政治形勢）非常感興趣……。他只想到政府。他從不管家裏的事。當我以前和他談及家庭開支方面的某些困難時，他會非常生氣地說，「你在說甚麼？政府處境岌岌可危。這就像諺語『門檻上的羊屎』，[7]我們就和這句話一樣。如果政府活下來，我們就活下來，如果政府死了，我們也活不了。」所以他從不關心私人事務。[8]

　　朗色林與貢布扎西的關係不僅是私人友誼，還包含政治性。帕拉秘密地支持和協助四水六崗，但不願意冒險與貢布扎西直接接觸，因為他是達賴喇嘛的大管家，因此他利用朗色林向貢布扎西傳達信息。[9]朗色林的妻子知道此事，並在一次採訪中對此發表了評論，「很可能，〔貢布扎西〕不能親自去見欽莫〔帕拉〕，所以〔朗色林〕大人去見欽莫。」[10]朗色林的康巴保鑣補充說，「我們已故的〔朗色林〕大人是他們〔康巴人與帕拉〕保持聯繫的主要人物。我們的大人與帕拉關係密切，當他〔帕拉〕來拜訪他時，我不能去聽他們的談話內容，只

好關上門離開。」[11] 達賴喇嘛自己也明白這一點，他評論説，「帕拉在這個〔康巴問題〕上最信任、最親密、最可靠的人是朗色林。」[12]

　　由於他的反華觀點以及與貢布扎西的聯繫，朗色林擔心中國人可能會突然逮捕他，或更糟糕，派一些為他們工作的西藏人/康巴人襲擊甚至暗殺他。[13] 他説，他被告知，深夜在宇妥大院（中國總部）開會的一些藏族共產黨員一直在討論暗殺19名反華西藏官員的問題，他就是其中之一。[14] 他的妻子非常擔心這種情況會發生，她向貢布扎西提到了她的關切，貢布扎西讓她不必擔心，因為他會照顧朗色林。[15] 貢布扎西這樣做了。他派出了他的一個來自理塘的年輕僕人（ཨ་ཕྱུག，音譯阿楚）頓堆，作為朗色林的全天候私人保鑣。[16] 那名年輕的理塘人頓堆，解釋了這個最初他不想承擔的任務是如何開始的，

> 一天，加多倉‧頓珠〔一個重要理塘家族的年長成員〕來看我，説恩珠金達〔貢布扎西〕想見我。當我去那裏的時候，金達説，「我們兩個有話要告訴你，你應該照我們説的做。」我説，「好的。你要告訴我甚麼？」他説，「我們希望你去朗色林那兒。」我説，「我對三寶發誓，我不認識朗色林，我〔保護不了他〕，因為我就一個人。」然後他〔貢布扎西〕説，「朗色林是一個非常重要的人物。他是我們組織的主要顧問，是一個值得學習〔དཔེ་བླུགས〕的榜樣。你是我們最好、最值得信賴的人，所以你必須去。」所以……。〔最後〕我不得不去〔保護〕朗色林。[17]

朗色林從不迴避公開表達他的反華觀點。例如，有一次在朗色林共同領導的辦公室（確晉勒空，供施辦公室）開會時，他和一群來自色拉寺的僧官和寺院官員圍坐在一起聊天。僧官扎贊是朗色林在辦公室的助手，他回憶説，他對他們坦誠地談論四水六崗感到驚訝，

> 直到每個人都到場，他們只是坐着談論各種各樣的事情。當時，四水六崗去了甘丹青柯寺，搶走了那裏的武器，所

以關於這件事和在尼木發生的戰鬥有很多談論……。然後朗色林說，「是的，這已經發生了。那很好。政府不能給他們武器，對嗎？漢人不會允許的，對吧？所以總有一天漢人會把一切都拿走，對嗎？他們不會一直持續現狀。所以康巴人所做的一切都沒問題。〔接着他還說〕……因此，就像康巴人在甘丹青柯寺一樣，三大寺也可以拿出〔存放在布達拉政府軍械庫中的武器〕。」他就這樣在所有這些寺院代表面前公開這麼說。寺院的代表們沒有回應他的聲明，但在他們的頭腦中，朗色林把這些思想灌輸到了他們的腦子裏。他播下了種子。我想，朗色林這麼說是多麼大膽，因為這很危險，漢人會聽到的。[18]

因此，當噶廈選擇朗色林時，他們選擇的是一個與貢布扎西和四水六崗關係非常密切的人，以及一個認同四水六崗反漢目標的人。朗色林顯然並未致力於政府與中國保持友好關係以維持現狀的官方政策，因此很難指望他能提出有說服力的理由去勸止康巴人剛開始發動的叛亂，並返回四川。由於包括達賴喇嘛在內的所有西藏高級官員都知道這一點，噶廈派他去的決定很奇怪。一種解釋是，噶廈只關心被西藏工委視為做了具體的事情；由於朗色林和康巴人很友好，噶廈可以告訴西藏工委，他們派朗色林去是因為他可能比前一個代表團更能說服他們，因為朗色林和貢布扎西以及四水六崗的其他康巴人有交情。

朗色林在自傳中宣稱的另一種解釋是，堅持要派他去的是中國人。

奇怪的是，拉薩的中國領導人通過噶廈向達賴喇嘛提出了強烈要求，稱有必要進行談判，讓康巴人達成協議，停止游擊隊的襲擊，達賴喇嘛不得不〔向噶廈〕提及我的名字，以完成這次〔任務〕。[19]

朗色林的理塘保鑣頓堆也聽到了朗色林同樣的解釋：

我聽説解放軍西藏軍區司令部召集我們大人參加了一個會
議，會上他們談到了四水六崗。據説達賴喇嘛警衛團的代
本大人也去參加了會議。[20] 他們很驚訝，因為在那次會議
上，漢人告訴我們大人，「你是一個做事魯莽的人。」他們
用拳頭敲着桌子，對大人説：「是你創立了四水六崗，四水
六崗和你建立了關係。」現在你面前有兩條路。你必須去和
康巴人談談，把他們帶回來，平息局勢。如果你能做到，
一切都好，我們也不會對你説甚麼。否則，你必須為此承
擔全部責任。」然後會議結束了……。因此，當時我們非常
擔心我們大人可能會被逮捕……[21]

現有的中國檔案沒有提到這一點，中國人向噶廈施壓，要求派
出像朗色林這樣的人去是極不可能的。最有可能的，那是朗色林為
了作掩護而刻意説出來的，真實情況是，朗色林和帕拉已經為制定
了一個計劃讓朗色林去加入，以便給四水六崗提供建議，並利用他
作為西藏政府高級官員的身份，幫助四水六崗與當地藏人打交道。
朗色林實際上沒有打算回拉薩。

帕拉在朗色林任務中的秘密角色在一次採訪中被明確提及，被
採訪對象包括朗色林的搭檔桑覺，

當他們〔朗色林和桑覺〕與噶廈協商時，那只是表面文章。然
而，在內部，他們與欽莫〔帕拉〕大人磋商所有的事情，無論
欽莫建議他們甚麼，他們兩個都執行了。所以他們兩個沒有
聽從噶廈的命令，而是冒着一切危險，加入了四水六崗。〔流
亡政府〕信息部1983年邀請所有〔年長的〕官員並採訪他們時
討論了這個問題。當時桑覺在場，他説事情就是這樣。[22]

因為朗色林和帕拉為他〔朗色林〕制定了一個秘密任務，與山南
的康巴人共同承擔，朗色林非常高興被任命為官方代表團的共同負
責人。[23] 他的妻子立即注意到了，

當桑覺大人和我家大人得知被安排去〔山南〕後回到家時，他們已經和平常大不一樣了。通常他們都皺着眉頭，但是那天他們很開心。他們非常高興，説政府説我們必須去印度（她指的是山南）。我説如果你要去山南，我也想去。後來他告訴我這不行。仔細想想（他説的話）。我們本來去和〔康巴人〕談判，所以如果帶着妻子和孩子，漢人就會懷疑，所以這不是一個好主意。〔然而，〕就在〔1959年〕起義前，他派〔一名信差〕到拉薩，告訴我〔朗色林夫人〕，大人希望我去山南。不幸的是，那時我去不了，因為當月我的孩子即將出生。[24]

朗色林的康巴保鑣頓堆也談到了朗色林對於去山南的積極感受，

問：當他被叫去和四水六崗交涉時，他很高興嗎？

答：是的。他對我説，「事情進展得很順利，我可以去那裏。現在一切都好了。」他告訴妻子去兑換貨幣，然後盡快去印度。他告訴她不應該待在那裏（拉薩）。然後我們離開拉薩去了山南。[25]

問：那麼從一開始，你們大人就沒有任何回來的計劃，對嗎？

答：是的。他説，「現在，事情進展順利，我真的可以做點甚麼。」那時，他認為離開〔拉薩〕比待在局面混亂的〔拉薩〕更好。[26]

在他的自傳中，朗色林説當他離開拉薩時，他無法告訴他的妻子他不打算回來了。甚至在他到達山南之後，他也沒有告訴她他不會回來了。他回憶道，「雖然我經常收到妻子的來信，〔要求我〕返回拉薩，但我別無選擇，只能放棄我的妻子和孩子。」[27]

達賴喇嘛知道朗色林支持四水六崗的觀點，所以當達賴喇嘛在朗色林去山南的「告別」儀式上會見他時有以下交談，達賴喇嘛回憶道：「關於具體的指示，我記得我説過，從表面上看，法令説他們

〔康巴人〕是反動派和叛亂分子。然而，沒有必要〔對我們這樣説〕感到失望。所以不要失望，因為你們都知道情況。我們在中國管轄之下，別無選擇，只能這麼寫。在我心中，我感謝你們犧牲生命，感謝你們為整個西藏所做的一切。我説過這樣的話。」[28] 雖然達賴喇嘛小心翼翼地解釋説，他沒有指示康巴人攻擊漢人，但他明確表示，他同情他們正在做的事情——反抗漢人。

> 我從沒説過要和漢人戰鬥，去這個地方那個地方幹些甚麼。我從來沒有説過，也永遠不能説。正在發生的是一場人民運動，所以我們同情他們，如果有機會，我們會私下表達。他們非常有奉獻精神，真的犧牲了自己的生命（冒着生命危險），因此在這方面，我們讚賞他們所做的一切，並説這是好事。[29]

達賴喇嘛還説，他知道朗色林會留下來和康巴人一起工作，

> 那時，我記得我在甘丹寺。朗色林來請我參加正式的「告別」儀式。朗色林〔對我〕説，我會全力以赴地工作。所以他所説的〔是〕，他要〔全力以赴地〕反對中國，而不是要〔全力以赴地〕勸告他們不要打仗。他不能公開明確地説他要和漢人戰鬥，他要去幫助四水六崗。所以當時，就是這樣。一個人會理解另一個人〔説的話〕是甚麼意思。他説得很漂亮〔優雅，འདྲ་ཚགས་པོ〕——「我會全力以赴地工作。」可憐的傢伙。他指明了〔他不回來的真正意圖〕，因為當他説現在我們要分別了的時候，他哭了，也許他會死，〔我們再也無法見面〕。否則，如果他真的去山南，只是為了告訴康巴人不要戰鬥，然後再回來，就沒有必要哭了。所以當時是一個非常緊急的情況。[30]

其後，朗色林將留在山南，向四水六崗提供建議，以使叛亂更加有效，特別是協調康巴人和當地人民之間的問題；這些問題可能

會破壞當地藏人對未來叛亂的支持。基本上，朗色林試圖約束一些康巴人對當地藏族人的嚴重侵害，並幫助他們與藏族村民更緊密地合作。朗色林是這方面的最佳選擇，因為正如帕拉所知，他與貢布扎西和其他康巴領導人有私交，而且他從一開始就參與了四水六崗。與此同時，由於朗色林是一名高級政府官員，他作為孜本的身份將使他成為該地區西藏官員的「領袖」，並能夠影響農民。帕拉和朗色林都認為，朗色林可以改善康巴人和民眾之間的關係。這就是達賴喇嘛在本章第一段中所說的——他說，代表團的任務之一是「調查那裏人民的情況」。

康巴戰士和當地民眾之間產生問題並不奇怪，因為在哲古塘，數千名康巴戰士和數以千計的馬匹和騾子意外到來，遇到了軍隊進入新地區時所面臨的典型問題：如何養活自己和他們的牲畜。在這種情況下，康巴戰士不是本地人，他們完全是外來者，在這個地區沒有家人、親戚或朋友。

另一方面，山南的糧食狀況很複雜，因為康巴人不只是路經該地區，而是在那裏設立了基地，並計劃在當地停留很長一段時間。更糟糕的是，康巴人來到山南時幾乎沒有食物，也沒有交易商品或錢來購買食物。山南是西藏的一個主要農業區，但這是一個典型的農民家庭被課以重稅並經常負債的地區，因此當地農民在支付差稅和自身消費的基礎上，很難持續地為康巴人提供額外的食物和乾草。更甚者，西藏政府不允許其宗本用政府儲存在當地糧倉的糧食或他們每年徵收的稅款來供給康巴人。

此外，此時的山南農民並不特別討厭中國人，也沒有立即能令人信服的理由加入反對中國人的武裝叛亂。他們贊成捍衛宗教，這是四水六崗聲稱正在做的，但根據他們的經驗，傳統的世俗和宗教生活一直延續，和1951年以前一樣，許多村民可能從未見過中國官員或士兵，也從未在中國人手中蒙受過任何損失。山南也沒有任何寺院和尼庵。因此，他們沒有接觸過任何中國人惡行的第一手資

料，以促使他們熱切支持四水六崗。事實上恰恰相反，在許多地區，中國人提供低息或免息貸款，在當地建築和築路，以銀元支付工資，提供新的工作機會，以此來幫助當地居民。無論中國人需要從當地農民那裏獲得甚麼東西，他們都慷慨地支付大洋。所以在1958年的夏天和秋天，當地的山南村民顯然沒有因為受到侵害而對中國人感到憤怒和痛苦。這與四川發生的情況有着根本的不同。在四川，起義始於中國人開始強行實施土地改革和階級鬥爭，並禁止個人擁有武器。[31]

糧食問題實際上在貢布扎西離開拉薩之前就已經出現了，當時他的幾個親密夥伴建議他們帶着大量的貿易貨物去山南，這樣他們就可以給農民一些有價值的東西來換取他們所需的糧食和其他食物，但貢布扎西不同意。正如拉珠阿旺解釋的那樣，

> 因為我們都是商人，所以我們告訴恩珠金達，我們要把幾千包茶葉和布料運到山南，這樣我們到那裏時就不用向米色要食物和飼料了。如果我們有東西要支付給米色，那就好了。我們這樣建議恩珠金達，但金達可能認為〔如果這樣做〕，可能會暴露〔他們離開的〕秘密，所以他說，「不要擔心食物和飼料，我已經為此做了一個計劃。到達山南後，我們就不用擔心食物和飼料了。」……我們都是商人，所以我們可以把成千上萬的貨物運到山南。
>
> 問：那是你們所有的私人財富，對嗎？
> 答：是的。如果我們有東西可以和他們交換，將來，人們就不會說我們從米色那裏拿走了這個那個。[32]

然而貢布扎西實際上並沒有處理好這件事。我們不知道他在拉薩有甚麼想法，但到達哲古塘後，他開始從當地西藏政府官員和宗教領袖那裏獲得自願捐款，以此從當地獲取他所需要的一切。他很快做了兩件事。首先，他為四水六崗建立了一個行政機構，其中包

括一個供應/工資辦公室（ཕོགས་ཁང）和一些專管民事的年長官員佐津，他們的職責是處理民事問題，特別是與當地人的關係。拉珠阿旺談到這一點時說：

> 在我們建立了營地之後，我們從更有名望的人士中任命了一些人來照顧米色。這些官員被稱為佐津。他們的工作是文牘工作，監督與米色相關的事務，看看戰士們是否給他們造成了困難。[33]

其次，剛到哲古塘不久，貢布扎西召集當地西藏官員開會，告訴他們四水六崗是來與漢人作戰、捍衛佛教的，所以貢布扎西需要這些官員承諾為他的士兵們提供物資。這些物資將送到新的工資/供應辦公室，然後由該辦公室分發給駐紮在不同地點的戰鬥人員。然而，由於當地西藏政府官員無法把他們徵收的稅款轉交給四水六崗，最初絕大多數食物和供應物資來自較富裕的當地家庭，因為大部分農民已經背負沉重的稅賦和債務。拉珠阿旺進一步解釋：

問：人們的食物和馬的飼料是如何安排的？

答：每位宗本都給米色下了命令，告訴他們想要多少糧食。米色按照這個命令把糧食交給了宗，宗本給了他們一張收據（借據），上面列出他們上交的青稞、糌粑、酥油和肉。〔反過來說，〕四水六崗給了宗本一張借據，上面說他們將在獨立後支付食物的費用。[34]

但是，儘管大部分糧食是通過當地官員從富裕家庭那裏獲得的，但當地的現實卻並非秩序井然，紀律嚴明，因為康巴戰鬥部隊經常在四處搜尋和伏擊時，直接從當地人那裏獲取他們需要的任何東西。在許多情況下，拿取的不僅是食物，還包括盜竊珠寶和其他貴重物品，甚至強姦當地婦女。因此，1958年當山南的夏天開始降臨時，儘管當地人普遍支持「捍衛佛教」，但康巴人和當地民眾之間

的關係變得緊張起來。結果，山南當地人普遍害怕康巴人，憎恨他們的暴力掠奪。東西被搶走卻未得到任何補償的人們是痛苦和憤怒的，而剛剛聽到這些消息和其他侵害的人們，則感到害怕和無助。

在西方和許多流亡藏人中，他們廣泛宣稱，這些康巴侵害實際上是中國人派來的幾個「假」康巴的行徑，試圖抹黑四水六崗的名聲，這當然是一些侵害的來源之一，但毫無疑問，這種侵害現象普遍存在；「真正的」四水六崗戰士也虐待當地農民，其他來自四川的康巴人也是如此，他們在山南，但不屬於四水六崗的一部分。因此，地區官員的投訴開始上報到噶廈，詢問噶廈如何保護當地居民，他們是政府的「公民」。而明顯地，隨着康巴人在山南以及鄰近的塔布和工布地區停留的時間越長，這種情況只會越來越惡化。[35]在與西藏政府官員的訪談，以及與四水六崗領導人本人的討論中，經常提到這個問題。例如齊美工布當時是塔布地區拉綏宗的聯席宗本之一，談到了他與四水六崗打交道的經歷：

> 四水六崗來到南方，組建了自己的軍團，進展順利。然而，他們有很多人，而我們，山南和塔布的宗本，必須為他們提供食物，為他們的馬匹提供飼料。當他們說要買東西時候⋯⋯他們不付錢。我們必須給他們食物⋯⋯。
>
> 當他們在哲古的時候，我們送了很多糌粑。例如，塔布和工布的四個宗，我記得，送給他們六七十頭犛牛肉。然後我們〔宗本〕要求富裕家庭提供糌粑，因為我們拉綏宗宗本不能從我們徵收的稅收中〔給他們錢〕，因為我們必須將這些收入交給〔拉薩的〕孜恰辦公室。[36]例如，我們有一個非常富有的家庭，叫做果頓⋯⋯這個家庭和名叫第波的拉綏佐扎〔ག4དq〕每家上交500藏克青稞。[37]其他富裕家庭上交20藏克、30藏克和100藏克青稞。青稞被磨成糌粑，裝在羊毛袋裏從一個驛站運送到下一個⋯⋯。然後山南的所有其他地區都同意幫助運輸。

問：那麼這個是賣給他們嗎，還是怎麼樣？

答：據說它被賣掉了，但是當它被「賣掉」的時候沒有收到錢。
他們〔康巴人〕只有人和馬〔也就是說，他們沒有田地〕，所
以除了養活他們，我們別無選擇。[38]

齊美工布還表示，他和其他宗本和官員希望與四水六崗達成正
式協議，以保護當地人。他們建議任命當地的管家 (གཉེར་པ，音譯聶
巴），專門負責向四水六崗的佐津提供糧食和其他物資，而不是讓單
個的康巴人直接與單個的村民家庭打交道。齊美工布巧妙地解釋了
這一點：

這並不是說我們不支持他們〔康巴人〕，而是為了避免康巴
人拿走東西的方式令他們〔當地藏人〕感到遺憾，〔我們認
為，〕如果宗的佐扎和莊園與康巴人合作〔，那就好了〕。所
以我們告訴他們，如果雙方的管家能一起工作，我們會滿
足你們的需求。這樣，東西就可以經濟地使用，我們就可
以避免不必要的開支〔攤派〕，農民就不會有麻煩了。[39]

然而，康巴人認為這樣束手束腳，拒絕了這個建議。[40]

另一個藏人安多結東在噶倫堡為夏格巴做生意，他也評論了康
巴人和食物，

問：從拉薩出發，很多四水六崗人都去了哲古塘和拉加里，對
嗎？那麼他們是如何獲得食物的呢？

答：他們沒有多少錢買東西，所以他們從米色那裏拿了馬和騾
子的飼料。

問：政府有通過帕拉卓尼欽莫對米色說這樣〔可以嗎〕？

答：哦，他不能這麼說。那將非常困難。

問：所以他們只是使用武力搶走了那些東西，這是對的嗎？

答：事情就變成這樣了。米色不得不給他們東西，因為米色害

怕。一方面，〔他們〕當地人害怕漢人，另一方面，當地人
害怕四水六崗，所以不得不給他們想要的東西。好的康巴
人確實做得很好，但也有假的〔ཧ་ལ་〕四水六崗，他們搶劫
了東西，做了所有壞事。這個組織的主要領導人是一個德
格人。我忘記了他的名字，但後來恩珠金達他們抓住了他
並把他處死了。[41]

　　齊美工布也對四水六崗的侵害行為發表了評論，但他並沒有把
這些行為說成是「假」四水六崗戰士所為。

有不同的人，比如騎手和騾夫，他們〔從當地人〕那裏拿走
了一些武器、馬匹和騾子，還有其他不良行為，甚至強姦
婦女，〔但是〕這些都是意料之中的，不是嗎？他們〔四水六
崗指揮部〕正在盡最大努力制止這些事情，但他們〔四水六
崗〕不可能按照〔真實價格〕付錢。所以〔只是〕說說，這些
以後付錢。[42]

　　普頓堆・卻英是邊壩宗的最高官員，貢布扎西在尼木被擊敗後
最終待在這個地方，從貢布扎西和他的戰士1958年第一次到達這一
地區時起，他就與他們有着密切的接觸。普頓堆回憶道，「當康巴人
往返於突襲各地時，他們從當地人那裏偷走了馬、騾子以及食物。
有時他們支付很低的價格，有時他們給當地人收據，上面說西藏獨
立後會支付，但大多數時候他們只是拿走了，說這是為了『衛教』。
此外，一些康巴人還偷走項鏈等貴重物品，強姦婦女。」[43]

　　同樣，拉加里的頭人，來自一個著名的貴族家族、古代藏王的
後裔，他本人也是西藏政府官員，他也討論了四水六崗康巴人的過
激行為，四水六崗把他在山南的莊園作為他們的主要基地之一，

答：當我住在拉加里的時候，四水六崗（運動）開始了，然後來
　　到拉加里地區，要我們賣給他們青稞、酥油，借給他們馬
　　和騾子。康巴人也去騷擾民眾，他們拿走了酥油、肉和諸

　　如此類的東西。有些付了錢，有些沒有。還有些更壞的人
　　也來了，搶走了民眾的金銀器皿和槍枝。

問：當時，當康巴人來的時候，民眾是否認為，他們反對漢
　　人，所以應該支持他們？

答：當康巴人來的時候，他們沒有把事情做好。當然，如果他
　　們以體面的方式來到那裏，人民會支持他們，因為四水六
　　崗的目標是反對漢人，而不是西藏政府。但是當他們來的
　　時候，他們真的是康巴人〔也就是説，他們和康巴人粗野
　　和暴力的名聲相符〕，而且他們沒有任何政治綱領；他們只
　　是強行從米色那裏拿走飼料和食物，還搶走了更好的馬和
　　騾子。他們還要米色賣槍，但他們沒有付清全部款項。因
　　此，山南地區的人們害怕康巴人，因為康巴人讓他們感到
　　不舒服／不安全……。

問：拉加里家族不是特別支持康巴人嗎？

答：是的，我們特別支持。我們給了他們青稞、酥油、馬和騾
　　子。當五六百名騎手到來時，他們拿走了五六把槍，搶走
　　了許多馬。

問：康巴人就這樣把東西拿走了嗎？

答：康巴人要我們把馬賣給他們，然後把他們疲憊的馬換給我
　　們。所以康巴人騎走了我們皮毛光亮的馬，他們只是象徵
　　性地為馬付了一點點錢，就把他們疲憊不堪的馬留給了我
　　們。他們説：「我們是衛教志願軍〔བསྟན་སྲུང་དང་བླངས་དམག〕。我
　　們不為漢人工作。」他們就像這樣，有點自吹自擂。但是人
　　們知道他們從我們那裏搶走了甚麼，他們不知道宗教在未
　　來會如何繁榮，所以他們和當地人之間存在一些問題，人
　　們很緊張〔，感到不安〕。這就是為甚麼1959年起義失敗後
　　實行民主改革時，人們突然站出來，在舉行的許多批鬥會
　　上，人們説，「西藏政府煽動的所謂衛教志願軍所做的就是
　　搶糧、強姦和毆打人民。他們不可靠。」

問：所以人們不喜歡他們，對嗎？

答：是的。當時，拉加里的所有32名僕人都有毛瑟槍和其他一些好槍，一些康巴人搶了這些槍，其中一些人只付了一點錢。[44]

我們採訪的一些四水六崗成員和領導人也對此發表了評論。例如最著名的衛藏人畢蘇（來自日喀則）曾是山南四水六崗的成員，他簡潔地説：

當我到達哲古時，甚麼也沒有；連糌粑都沒得吃。我們唯一能做的就是從米色手裏搶東西，米色非常害怕……。我們以為米色會來找我們，但他們沒有。[45]

當我們問他，四水六崗從哪裏為他們的人、馬和騾子得到食物和飼料時，畢蘇解釋説：

答：大部分是偷來的或從人們那裏徵集來的。

問：但是你不可能〔長時間〕一直這麼幹，對嗎？

答：是的，這就是為甚麼説康巴人的工作有頭沒尾(ཀ་ལུ་ག)。他們沒有任何計劃，就像閉着眼做事。[46]

一個有趣的例子是在尼木戰役中偷竊馬騾的隨意性，由來自四川大金寺的四水六崗軍官嘉瑪阿珠講述。他回憶道：

我們的一些士兵，像強盜一樣，從一個叫辛德納拉的牧場帶走了15匹牧馬。後來，我們才知道這些馬屬於〔著名的〕噶瑪巴〔喇嘛〕，所以我們必須歸還這些馬，因為我們告訴當地百姓，我們是為宗教而戰，所以我們不應該拿走噶瑪巴喇嘛的馬。恩珠金達〔貢布扎西〕告訴加多頓珠、普巴赤列和我去歸還噶瑪巴的馬，但把辛德納拉的所有其他馬都帶來了。在那之後，大約100名騎手和我們一起去了辛德納拉……商人的馬和騾子都在那裏放牧吃草。我們被告知把

在那裏吃草的所有馬都帶來，總共大約有200匹馬和騾子。我派了大約40名騎手在一邊，40名騎手在另一邊，25名騎手在後面趕馬……。第二天，當我到達團裏時，幾乎是日落時分。我告訴恩珠金達，那裏大約有200匹馬和騾子，我把它們都帶來了。金達説：「幹得好！這就像格薩爾王的故事裏寫的那樣，他們把馬帶來了〔 གེ་སར་ཏ་འབེད，譯註，這句藏語的意思是，格薩爾王的馬來了〕。[47]

當地米色遭受的最嚴重的一些侵害事件發生在工布，由夏格·南嘉多杰指揮的德格團造成。上面提到的宗本齊美工布回憶了一個第一手事件，説明了甚至像他這樣的西藏政府高級官員也遭到了夏格帶來的傷害。

德格康巴人在1958年〔藏曆〕3、4月間來到塔布，所以〔米色〕在那裏經歷了很多艱難困苦。[48]他們讓我們〔宗本〕過去，安排〔給康巴人提供物資〕的税收。我們説，不要像那樣對我們説話，管好你們自己。康巴人住在拉加里和哲古，他們進出的所有路線都經過我們〔的區域〕。我們説因為我們在路邊，你們就一直在搶劫我們的米色。我們甚至就此展開了某種爭論，因為戰士們製造了很多困難。當時，夏格·南嘉多杰和他的指揮官在那裏，他們搶劫了我們的一些米色。當我們試圖和南嘉多杰談這件事時，沒有辦法和他談。當我們告訴他，他的士兵不能這麼幹的時候，他就站起來走了出去。巴巴·強佐扎西和一些理塘人在那兒，和德格團的人〔在一起〕，所以我們問他們，你們認為我們應該怎麼做，因為當我們試圖和他説話時，他是這個德性。他們説沒甚麼可做的。有甚麼可做的？我們會盡量圓通地和他交談。在他們的隊伍裏有一些傑出的人，除非那些人開口，我們根本沒辦法和夏格·南嘉多杰説話。他會起身走開，根本不聽你講甚麼。

扎贊還回憶說，他聽說了一次遭遇，說明了夏格與當地官員／民眾在供應方面的不良關係。

> 據說，夏格‧南嘉多杰說……在塔布袞南宗，他需要500頭犛牛，500藏克酥油和那麼多的青稞。我不知道是否正好500藏克。這就是一個例子。他找了當地所有頭人，頭人們說，「是的。我們必須接濟你們，但是我們沒有那麼多可以給的。我們不能傾其所有，但我們認可這很重要，我們必須努力幫助支持作戰。」所以頭人們說希望〔只給〕一個少點的數額。就在那時，夏格‧南嘉多杰說：「你們知道，共產黨正在挖你們的根！你們知道的！所以我們在努力阻止他們砍樹。我們請求你們，把樹的果實給我們，你們就驚詫了！這是一年的果實。明年它還會長這麼多！但是如果根被挖掉了，就沒有〔更多的〕了。」所以他說的是，你們必須交出我們需要的東西，不要唧唧歪歪，否則你們會有生命危險。[49]

1958年底，曾在印度與哲堪孜松合作的藏人鄔金次仁從拉薩回到噶倫堡，並向哲堪孜松報告了四水六崗的情況，

> 在四水六崗，有一群人幹得很出色。還有另一群假四水六崗。四水六崗的組織結構不好，因為每個團隊都有自己的首領〔 དཔོན，音譯本〕。在村莊裏，不屬於主要團隊的四水六崗人強姦了這些婦女。所以當人們聽說四水六崗要來的時候，他們會把女人藏起來。用馬換食物沒問題，他們這麼做了，但是他們還做了很多強迫的事情，出現了很多問題。所以我們在噶倫堡說情況是這樣那樣的；在四水六崗的主要營地，我們需要給他們一些建議並做一些宣傳，因為他們搶劫和強姦婦女之類的行徑會搞壞名聲。所以必須有人從這裏去〔哲堪孜松從噶倫堡，告訴他們這些〕。所以

旺堆大人不得不去。有很多消息傳來，說四水六崗做了很多違法的事情。[50]

最後，一個色拉寺僧人在1959年起義後逃離拉薩的回憶也生動地傳達了一種消極情緒，那就是許多當地人民對康巴的過分行為感到不滿。

當時，四水六崗和山南的人相處得不好。在溫宗（譯註：溫是地名），有一個叫達珍的勒仲〔職員〕，他是哲康大人的親戚。我有一匹非常好的黃色駿馬，是我從那位勒仲那裏買的。然而，當我們到達溫宗時，天已經黑了，還在下雪，我們不知道去勒仲家的路。所以我告訴我的搭檔，「如果我鬆開馬的韁繩，牠會把我們帶到他家。」我這麼做了，我的馬真的帶着我們去了他家，我們在那裏過夜。

我身邊有12到13名僧人，勒仲希望我們留在那裏，〔不要去印度〕，他說，「康巴人在欺負我們〔བཙན་བཙོ〕，他們不會放過我們。」起初，我同意待在那裏，但後來當我們看到所有的人都〔從拉薩〕渡過河〔向南去印度時〕，我們不能冒險待在那裏，所以我告訴那名職員，「首先，所有的人都在過河，所以我們不能冒險待在這裏。第二，你和這一地區的人民並不打算〔與漢人打仗〕。你們只是在作壁上觀，並不打算幫助我們〔這些反對漢人的人〕。你們似乎並不認為這場戰爭是為了國家的利益。你們似乎認為這場戰爭是針對我們的，而與你們毫無關係。」

然後勒仲回答，「我這麼跟你說，但你不要告訴任何人。我們在想，如果四水六崗輸了這場戰爭會更好，因為他們一直如此凶狠地欺負我們，以致過去貴族欺凌人民的方式就像是在鬧着玩。四水六崗搶了錢、珊瑚、綠松石、琥珀、珍珠、馬匹，甚至女人。所以人民不會幫助他們發動戰爭。當他們強迫我們派人時，我們別無選擇，只能

去。沒人敢說不，但我們絕對不會自願去。」當我聽到這個消息時，我變得十分沮喪。如果那個地區的所有人心裏都和這個職員一樣〔痛苦〕，我們將無法成功挺過這場〔戰爭〕。山南的人根本不會〔自願〕幫助我們。[51]

　　無法評估這種過分行為發生的頻率，但在許多採訪中都提到過，如上面引用的，所以情況顯然並不罕見。此外，由於一些過度行為被報告給拉薩的西藏政府，帕拉和朗色林認為，朗色林將能夠充當康巴人和當地人的中間人，並制定出一個制度來滿足康巴人的需求，同時保護米色免受侵害。

　　帕拉和朗色林還談到，有必要組織當地的西藏民兵來增援康巴戰士。他們認為這一點至關重要，因為他們認為即使四水六崗得到了美國的武器和援助，幾千名康巴人也不可能在西藏打敗中國人。因此，朗色林設想從山南的村莊招募和武裝成千上萬的衛藏民兵，但他也明白，如果當地人對康巴人有負面情緒，很難在這裏招募和動員。有趣的是，雖然朗色林的任務是秘密的，但在拉薩出現了以下有關該行動的街頭歌曲：

恩珠倉‧貢布扎西

去了澤當。

護法神朗色林

請給〔貢布扎西〕一個好的神諭〔，告訴他該做甚麼〕。[52]

　　然而，坐在拉薩誇誇其談影響並組織康巴人和山南當地人，與實際上能夠對山南的人們產生任何影響相去甚遠——朗色林很快就會發現這一點。

朗色林在山南

　　1958年10月中旬，朗色林和桑覺離開拉薩，在熱瑪崗（也譯然馬崗）渡口乘小船渡過拉薩河，他們的僕人和馱畜則從新的古如橋過河。包括僕人和騾夫在內，他們的隊伍由大約30到40名騎手組成。

　　跨過雅魯藏布江後，他們到達瓊結日烏德欽，看到遠處有七八十名康巴騎手。這些康巴人不確定這一大群騎兵是敵是友，所以他們立即展開成一個戰備隊形。作為回應，朗色林停下來，讓他的理塘保鑣頓堆騎在前面迎接他們，並解釋他們是誰。頓堆帶了一些四水六崗領導人回來見朗色林和桑覺，康巴人告訴朗色林，他們的基地當時在錯那，位於哲古塘以南，他們的人正在去進攻澤當的路上，澤當是中國在山南的主要行政中心。[53]

　　朗色林告訴康巴人現在不要進攻澤當，暫時不要聲張，大概等到他能和四水六崗的主要領導人談話之後，但是他們不感興趣。朗色林的保鑣頓堆回憶，他向朗色林解釋道，「我們〔康巴人〕不太懂政治，對嗎？所以他們在想，『今天我們只需要打仗，他們就一頭扎進去』（笑）」[54]賽賽是四水六崗的一名指揮官，也是該進攻部隊的成員，他也回憶，「當他們〔朗色林和桑覺〕第一次見到我時，他們說他們是政府派來談判的，但他們不打算返回拉薩了。」[55]

　　朗色林和他的代表團繼續前往四水六崗主基地，會見了姜雜群則、昌都朵次和蔣貢強佐，他們是貢布扎西留下來負責的領導人，但朗色林沒有受到熱情的歡迎。總的來說，康巴人刻板地認為西藏政府官員軟弱，同情中國人，而朗色林不得不把噶廈的法令交給他們，這使得他的處境更加艱難，因為康巴人討厭他帶來的信息，這與第一個代表團的信息基本相同。起義正在進行，美國人正在訓練康巴人，所以康巴人對放棄這一切回到社會主義四川一點也不感興趣。基本上從一開始，朗色林和桑覺就不被信任，因為他的密友貢

布扎西不在那裏，康巴人中沒有一個有地位的人能為他擔保。拉珠阿旺解釋說：

> 恩珠金達不在那裏，所以只有幾個人知道他們。每個人都
> 不知道這兩個貴族是如何被派來的，他們是好是壞。這就
> 像諺語，「外表是白的，內心卻是黑的。」[56] 那時，西藏東部
> （譯註：拉珠指四川康區）的人民說西藏政府給我們發了一
> 條如此糟糕的法令。因此，不知道貢布扎西與帕拉和朗色
> 林之間〔內部關係的人〕再次非常失望。那時，他們說政府
> 派朗色林和桑覺來，告訴我們停止戰鬥。[57]

朗色林對他受到的待遇感到吃驚，但更令他吃驚的是他在主基地遇到的情況。他後來把所見所聞告訴著名貴族官員夏扎，「當我們去哲古塘時，我們期望找到一個戒備森嚴的軍營，但令我們驚訝的是，這就像去野餐，到處都是帳篷。沒有任何防衛。」[58]

朗色林抵達錯那後不久，由於飼料問題，四水六崗基地搬遷至拉加里。這個軍團夏天在哲古成立，這樣他們就可以在高山牧場和山坡上放牧馬和騾子，但是隨着冬天的臨近，那裏馬和騾子沒有足夠的草，所以他們必須去一個農區，在那裏他們可以得到收割的〔乾草〕。所以這個軍團轉移到了錯那，然後轉移到了拉加里。[59]

朗色林在山南南部的隆子待了大約六個月，試圖與當地官員合作組織運輸糧食，並在當地開始招募大批民兵。拉綏宗的首領齊美工布回憶說，朗色林告訴他，「我們必須幫助他們〔康巴人〕，否則他們會搶劫米色。」[60] 拉珠阿旺還回憶，朗色林和桑覺擔心康巴人的過分行為。「那時，當四水六崗從米色那裏奪走食物和其他物品時，他們兩個〔朗色林和桑覺〕告訴康巴人，這種行為不好。〔但是〕他們也告訴米色，如果你們不做好準備來滿足康巴人的需求，那也不行。〔1958年12月，〕當我〔在朗色林之後兩個月〕到達時，那兩個人在四水六崗和米色之間進行某種調解工作。」[61]

然而，康巴人並沒有在意朗色林，所以據說他已就所面臨的問題給帕拉寫了一封信。

> 我聽說朗色林給帕拉寫了一封信，上面說：「四水六崗沒有
> 很好地遵守軍紀。雖然美國已經給了阿塔和洛次小量的援
> 助，但這並沒有惠及很多人。因此，如果我們不制定一個
> 新的計劃就不妙了，但是我甚麼也做不了，因為四水六崗
> 內部不太平。」[62]

大約與此同時，在遙遠的碩達洛松，貢布扎西正在重組他原有的部隊；他在尼木的失敗迫使他放棄了從甘丹青柯寺返回山南的計劃。如第6章所述，解放軍不僅封鎖了他進入尼木附近雅魯藏布江渡口的通道，還從三個方面攻擊他，試圖包圍並消滅他。貢布扎西沿路與解放軍進行小規模戰鬥，改變了他的騎兵方向，向北然後向東穿過羊八井、納木措湖和熱振到達直貢，逃脫了解放軍的追蹤。最終，當他逃到碩達洛松地區一個叫沙丁宗的偏遠地區時，解放軍突然停止了追擊，回到了他們的營地。這應該是在10月。

以前，碩達洛松一直在西藏政府的管理之下，1950年，中國軍隊控制了整個昌都地區，成立了昌都解放委員會（ཆབ་མདོ་བཅིངས་འགྲོལ་ལྷན་ཁང）。直到起義後，它仍在昌都解放委員會而不是西藏（地方）政府的控制之下，但和那些拉薩統治的地區一樣，貢布扎西到達那裏時，它還沒有經歷民主改革，仍然由地方官員和領主按照傳統習俗管理。因此，碩達洛松的人民基本上過着1950至1951年以前一樣的生活。

問：這個時候，有沒有談論土地改革？
答：沒有。事情和以前一樣，〔漢人〕沒有造成任何損害。起
　　初，邊壩的所有人都有點喜歡漢人，因為舊社會有鞭刑和
　　稅收，但現在一切都是用大洋購買……[63]

> 他們〔漢人〕說，我們人民解放軍來自很遠的地方，沒
> 有多少馬匹和騾子，所以我們不能馬上運糧食來。然而，

我們不會對民眾徵稅〔，來無償滿足我們的需求〕。但是你
們能從你們地區賣給我們青稞和犛牛嗎？最後，他們說他
們需要200頭犛牛和4,000藏克青稞，他們為每藏克青稞支
付1塊大洋。為了最好的犛牛，他們支付13塊大洋，而小
犛牛支付7塊大洋。我回到家，賣給他們1,000藏克青稞，
而別人賣了剩下的3,000藏克。然後我們把它運到了碩般多
宗〔，那裏駐有一支龐大的解放軍部隊〕……。我做了當地
所有的工作，比如幫助解放軍購買肉類、酥油、青稞和飼
料，一共賣出了10,000多藏克青稞……[64]

普頓堆·卻英還回憶了貢布扎西的到來，

貢布扎西的部隊在藏曆9月〔西曆1958年10月13日〕來到
〔這裏〕，他已經派出200名戰士接管洛隆宗……。然後他
的部隊佔領了碩達洛松三宗的全部地區……。

問：這三個宗裏有解放軍嗎？

答：沒有，他們早些時候就離開了，把一切都交給了宗〔當地的
藏族官員〕，所以我們在負責〔管理〕宗的所有工作。正因為
如此，他們〔貢布扎西/四水六崗〕可以去做他們想做的任何
事情……。他們佔領洛隆宗後，他們〔聯繫我們邊壩宗〕，
希望我們和他們建立〔聯盟〕。這時，……我們〔宗本〕不
敢告訴民眾不要與貢布扎西有任何聯繫，因為與普通民眾
相比，康巴人非常強大。我們的米色沒有槍，不知道如何
射擊，我們也沒有統一的領導……。然而，民眾不想與貢
布扎西結盟……所以如果我們告訴他們不要與四水六崗建
立關係，他們會馬上這麼做。但是我們〔宗本〕害怕〔康巴
人〕，因為解放軍駐紮在很遠的地方。因此，我們與四水六
崗結盟。我就此會見了〔瓊布丁青的一位重要領導人〕噶如
本，然後我們和宗的民眾一起致函恩珠倉·貢布扎西，說
我們將支持你。收到信後，貢布扎西親自來到邊壩宗。

問：你〔在信中〕有沒有說要反對和驅逐中國人？

答：是的。[65]

　　正如普頓堆‧卻英進一步解釋的那樣，這解決了貢布扎西及其手下的問題，確保了所需食物和其他供應物資的穩定。

> 在我們與四水六崗建立關係後，〔我們告訴他們，〕洛隆宗和碩般多宗有一些剩餘的糧食，解放軍〔在1950至1951年間在那兒駐紮時〕沒有使用，所以四水六崗使用了這些糧食，並從民眾那裏得到了其他需求物資。我也給了他們穀物。無論如何，在那個時候，他們不僅有自己吃的青稞，而且有青稞餵養他們的1,400匹馬。

問：貢布扎西接管三個宗時，你有沒有收到昌都解放委員會的信，比如說，不要加入貢布扎西，我們會派部隊？

答：不，沒有這樣的事。我們沒有收到他們的任何消息。我們和昌都之間的通信很困難，因為我們隔得太遠——騎馬需要12天——而且我們和昌都之間沒有一個漢人。因此，我們〔宗本〕不敢就貢布扎西問題與駐昌都的漢人聯繫。我們的宗和碩般多宗都沒有和昌都建立關係。然而，在洛隆宗，代理宗本和主要堪布的姪子……與昌都建立了聯繫，並散布了解放軍要來這裏的謠言。他們認為，如果他們這樣說，貢布扎西會害怕並逃跑。貢布扎西聽到了，但他沒有逃跑，而是派了200名戰士前往昌都攔截解放軍部隊。當這支隊伍沒有遇到任何人時，他們回到洛隆宗。貢布扎西現在知道代理宗本等人所說的是謊言，所以他殺了他們並從他們家裏搶走了很多錢財……。

問：當你決定發出結盟的信，說你將與漢人作戰時，你的目標是甚麼？漢人有400至500萬士兵，而貢布扎西只有500至600名士兵？你認為一個外國會有所幫助嗎？

答：恩珠倉曾説，他們即將得到某外國的支持，外國〔已經〕在
　　山南空投了武器。

問：他是親自告訴你的，還是在信裏寫的？

答：他在我們簽署合作〔文件〕的會議上説這件事的。他們〔康
　　巴人〕隨身帶着槍和一些小手雷，他們説，這是一架飛機空
　　投下來的。他在會上給我們看了這些。

問：恩珠倉説的是團結全西藏來對抗漢人，還是他只對團結所
　　有的康巴人起來戰鬥感興趣？

答：他告訴我們，「現在，我們必須和漢人戰鬥，我們康巴人必
　　須在這方面起帶頭作用。如果我們與西藏政府合作，唯一
　　的出路就是走上改革的道路〔即政府不會與漢人對抗〕。如
　　果我們康巴人自己反對漢人，外國援助就會來幫助我們。」
　　……

問：你們邊壩宗的人對誰更忠誠？康巴人？還是西藏政府？……

答：在我們內心深處，我們並不真正信任康巴人，民眾在思
　　考，他們這麼説，〔康巴人〕沒能力作戰到底〔也就是説，取
　　得成功〕，反對〔中國〕政府是不對的。但是像我們這樣有權
　　力的人，我們只是壓制了他們〔大眾〕，他們沒有力量反對
　　我們。我們所有的宗本都沒有意識到只有康巴人在做這件
　　事，〔他們沒有外國援助〕……。我們做了很多，但運氣不
　　好。在我們簽署聯盟誓言後，我們從三個宗招募了500名
　　「士兵」……。然後我們〔貢布扎西和我們〕去了雅魯藏布江
　　大拐彎以東的波窩扎木去作戰。[66]（見地圖2）

　　與此同時，在印度，哲堪孜松繼續與印度政府開展活動，同時
也繼續努力在國際上宣傳西藏事業。1958年1月，他們獲得了一次
重要的成功，在印度與尼赫魯總理和其他印度高層領導人舉行了閉
門會談，試圖從印度獲得對他們組織和西藏事業的額外支持。

魯康娃在新德里會見尼赫魯

在錫金的政治官員阿帕‧潘特的幫助下，哲堪孜松花了幾個月的時間來商定這次訪問的細節，並最終成功地安排了前司曹 (ཆྱད་ཚོ) 魯康娃於1958年1月13日前往德里會見尼赫魯總理，與會的還有魯康娃的翻譯拉隆巴。不幸的是，對於哲堪孜松來說，這次會見並不順利。尼赫魯認為魯康娃對西藏獨立的長篇敍述是完全不現實的，他明確表示印度不會認同他們的目標。尼赫魯比一年前會見達賴喇嘛時更加消極，也更坦率。

尼赫魯基本上認為，舊社會在今天的現代世界已經過時，必須改變，他說獨立是完全不可能的。西藏必須在中國政府內部運作，在對其社會經濟制度進行重大改革的同時，僅僅尋求完全自治。魯康娃對西藏真正獨立的天真的樂觀主義與尼赫魯的現實政治觀點形成鮮明對比，這是哲堪孜松在爭取印度政府的支持方面舉步維艱的典型反映。

在同一天發給外交部長杜特的一份備忘錄中，尼赫魯簡要地解釋了他對西藏的態度，杜特第二天親自會見了魯康娃，

> 西藏前總理今晚來看我。他講了一個長篇故事，其中講述了西藏人的苦難，他們想要獨立，希望印度幫助他們獲得獨立。這本身花了很長時間，我沒有多餘的時間。我簡短地告訴他，想用武力擊敗中國是愚蠢的，印度不能提供任何武器，西藏變得如此落後以至於變革勢在必行。如果西藏人不改變自己，改變將來自外部。不可能讓時光倒流，回到西藏原來的狀態。
>
> 簡而言之，我的建議是藏人應該保持團結，要求完全自治。他們不應該挑戰中國的主權聲明。如果他們主張自治並團結一致，他們將能夠保持自己的生活方式，同時他們應該努力推行改革。我告訴他，他可以和外交部長談得更長一些。我知道他明天要見你。[67]

魯康娃的翻譯拉隆巴也回憶了這次會面，以及尼赫魯的強硬建議：

司曹和我去德里拜見尼赫魯班智達。我們談了大約兩個小
時的西藏歷史。尼赫魯仔細聽了我們的報告，然後說：

「我完全了解情況。如你所說，西藏在歷史上是一個獨
立的〔國家〕，所以它可能會再次獨立。但是從目前國際法
的角度來看，沒有人接受西藏是一個獨立的〔國家〕。所以
在法律方面〔做點甚麼〕有點困難。沒有甚麼好爭論的，因
為中國已經接管了西藏。所以現在最重要的是你們應該做
當地的工作。中國人說他們會讓你們來管理西藏。機智地
做好內部鬥爭是非常重要的。你們應該通過非暴力行動來
做這件事。如果你們使用暴力，中國人會消滅西藏人。我
們不打算給你們提供任何軍事支援。如果你們通過和平的
方式，我們將從各個方面幫助你們。」

當時，印度知道這對印度來說很困難，因為西藏已經
消失了，印度人也強烈地意識到這對他們是有害的，因為
中國已經接管了西藏。所以尼赫魯班智達說，「現在，沒甚
麼可做的了。我們必須加強我們自己的防禦，我們必須與
西藏人建立牢固的關係。」[68]

拉隆巴補充說，即使在宣傳方面，印度情報部門的負責人穆利
克也告訴哲堪孜松和流亡者低調行事。

那時，我們不能做那麼多宣傳，因為印度政府在監督着我
們。情報局長來看我們，說：「你們這些人不應該做任何在
印度和中國之間製造問題的事情。現在印度和中國的關係
很好，所以無論你們做甚麼，你們都應該機智地去做。」他
這樣警告我們。[69]

夏格巴的日記更詳細地記錄了魯康娃對尼赫魯和外交部長杜特
說的話。

1958年1月13日：晚上7點，魯康娃與翻譯拉隆巴一起去尼赫魯的家裏見他。魯康娃〔向尼赫魯〕簡單講述了漢人是如何壓迫西藏的，然後他說，「請幫助我們，這樣漢人就不會逮捕和傷害尊者領導的西藏人民，他們忠於西藏政教合一的制度。萬一發生這種情況，請按照人民的意願支持我們，不管我們的命運將把我們引向何方，甚至結局不佳也在所不惜。

「首先，由於尼赫魯有着淵博的知識，眾所周知，你們一直在為世界和平而奮鬥，你們曾經幫助並且仍然在幫助所有被大國壓制的小國。西藏也是世界的一部分，是一個與印度接壤的獨立的宗教國家。請與漢人交涉，這樣西藏才能重獲自由。

「另一個要求是，錫金政治官員已經訪問過西藏幾次，所以請讓他繼續留任，直到西藏獲得獨立。一些低級別印度官員正在騷擾〔བསུན་བཙར་〕住在印度的西藏人民，所以請命令他們讓西藏人民放鬆地待着〔སྡོད་བདེ〕。請另外指定一名印度代表，我們可以向他詳細報告漢人是如何鎮壓我們的，以及西藏是自由的情況。」

尼赫魯回答說：「我對中國的敵對行為和在康區的戰鬥瞭若指掌。過去，我曾多次與周恩來談到不要在西藏推行改革，我將繼續這樣做。關於詳細的討論，我將告訴外交部長杜特，所以請與他詳細談談。」

1958年1月14日：中午12時，魯康娃、堪仲、堪窮、夏格巴和三名代表去見杜特。阿查里亞〔·克里帕拉尼，Acharya Kripalani〕在場。魯康娃說：「西藏佛教事務協會的領導人〔བོད་ཀྱི་བསྟན་དོན་ཚོགས་པ〕讓我告訴尼赫魯有關西藏的情況。然而，由於尼赫魯班智達非常忙，我們要求他任命一名〔代表來處理我們的事務〕，他說他將要求你這樣做。我肯定他這麼做了。」

　　外交部長説，「關於西藏，去年尊者來到印度時，他
與尼赫魯總理進行了長時間的會談，尼赫魯總理告訴他，
西藏和印度可以有直接的文化關係，但如果你們不小心行
事，這可能會成為一個障礙〔འགག་རྐྱེན〕。印度政府永遠無法
對你們進行軍事援助。〔而且，〕如果其他外國幫助西藏，
中國的敵對行為將會增加。藏人不允許在印度參加政治活
動。我們同情西藏的叛亂和康區的戰鬥，但是我們對你們
在西藏的行為不予置評。尼赫魯沒有給我們任何指示。〔他
説，〕有關西藏的情況，請和阿查里亞討論，因為他負責西
藏和中國的工作。[70]

　　哲堪孜松成功地設法安排與尼赫魯和杜特等其他印度政府高級
官員的會議，這一成就令人印象深刻，但是會議本身令人非常失望
和沮喪。正如達賴喇嘛在印度時經歷的那樣，這些印度最高領導人
明確表示，印度既不願意在軍事上支持西藏事業，也不願意在政治
上支持西藏獨立。尼赫魯和杜特還警告説，不要試圖對中國使用武
力，並明確表示印度不會允許自己被用作西藏叛亂分子的避風港，
也不會被用作秘密供應和武器的通道。然而，儘管在印度遭遇了挫
折，正如在第10章中所見，1958年末，美國決定開始向四水六崗運
送武器，這給了他們一個極大的鼓舞。

四水六崗在甘丹青柯寺之後

中情局首次空投武器

1958年秋季，弗蘭克‧赫羅伯在加爾各答聽取了理塘阿塔和嘉樂頓珠的彙報（見第5章），此後，阿塔回到了山南，赫羅伯回到了蘭利，在那裏赫羅伯推動美國，開始向康巴人提供武器和供應。赫羅伯說，他用不着在蘭利強力推動，因為中情局急於支持衛藏和四川的康巴起義。他解釋道：

〔加爾各答彙報前，〕甚麼事情也沒發生，因為國務院堅持要求我們得到達賴喇嘛的援助請求。當然，阿塔和洛次並沒有得到這種請求，這一〔問題在西藏〕拖了相當長一段時間。事實上，我們不得不回去兩次〔不得不就此兩次向阿塔和洛次發出指示〕，試圖〔向達賴喇嘛〕傳達這一信息。阿塔和洛次一直與貢布扎西保持聯繫，然後通過帕拉轉達了這一請求，當然達賴喇嘛拒絕了……他沒有給我們一個請求。那很堅決……。

〔然而，〕最終貢布〔通過阿塔和洛次〕發回報告……不斷向〔我們尋求幫助〕，因為他們正在進行良好的接觸，他們需要一些幫助……[1]

　　赫羅伯的論點令人信服，由於康巴人已經在山南建立了軍事基地，無論有沒有美國的幫助，他們都會攻擊西藏的中國人，因此美國政府能夠提供的任何援助都將使他們更有效率，從而加強美國的反中共戰略。這一論點也緩解了中情局內部的諸多擔憂——這可能會演變成另一場羞辱性的匈牙利崩潰，因為中情局只能幫助已經發動的叛亂，而不能煽動叛亂。[2]因此，赫羅伯說，「我們終於得到批准〔，可以空投武器了〕，這主要歸功於德斯·菲茨傑拉德和……將軍〔名字在磁帶上聽不清楚〕，〔還有〕艾倫·杜勒斯 (Allen Dulles) 和約翰·福斯特〔·杜勒斯，國務卿〕。不管怎樣，我們就是從那時開始的。」[3]他們還獲得批准，在美國訓練第二批藏族叛亂分子。[4]

　　與最初的康巴受訓人員合作的中情局官員主張，為藏人提供新式高品質武器，但是華盛頓決定不這樣做，結果第一批物資主要包括他們已經有的李恩菲爾德步槍，而不是美國軍隊在二戰中使用、更現代化的 M-1 半自動卡賓槍。當然，這樣做是為了讓華盛頓能夠在撇清關係時作出「可信的否認」，因為這些舊武器已經在西藏使用了幾十年。[5]羅傑·麥卡錫曾是塞班島的總教練，也是康巴人的堅定支持者，他對只提供舊武器裝備的決定感到憤怒。[6]我問他，為甚麼阿富汗人如此成功，康巴人像任何人一樣勇敢，卻如此不成功，他對此有甚麼看法，麥卡錫對此發表了評論。他回答說：

> 阿富汗人非常成功，因為我們給了他們一些非常好的武器。他們和藏人一樣，非常了解自己行動的區域，並且能夠非常有效地利用這些地形，他們得到了大量的支持——與我們〔中情局在西藏項目〕得到的支援相比，簡直難以置信。當我想起這事的時候，有時我幾乎感到羞愧；當我想到我們真正為藏人提供的很少，尤其是面對中國日益增強的實力、火力和通訊。現在，你看，我們甚至沒有給他們足夠的通訊能力，除了 RS-1，使用電碼本和其他東西，它可以用莫爾斯電碼之類進行長距離短波通訊，但是我們

沒有給他們任何戰術無線電，這讓他們處於一個可怕的劣
勢。他們只能騎馬通訊。我們必須決定是否要在飛機上裝
載電池，以維持某種戰術無線電，如帶電池的PRC10，因
為他們自己沒有辦法更換電池。所以這是一個艱難的決定
……[7]

　　　回顧這一切，我想如果我們對內部發生的事情有更多
的了解，我們會做很多不同的事情。情況總是如此，但我
們真的知之不多，而且幾乎是憑感覺去做，沒有多少來自
內部的知識。直到〔阿塔和洛次兩人〕都進去了，我們才能
談談輸出的情報。我想我們本應提供（更多更好的裝備），
呃，我們有很多反對意見，甚至反對在1959年叛亂後從李
恩菲爾德步槍升級到M-1步槍。這太愚蠢了……。我大概
向中情局的人，特別是〔向國務院〕發了幾次脾氣，但都沒
有用。[8]

一旦華盛頓作出空投決定，中情局很快確定後勤安排，在1958
年10月中旬滿月期間使用了一架從東巴基斯坦起飛的無標記C-118
運輸機。[9]阿塔仍在從加爾各答返回的途中，而洛次在山南收到了
貨物。空投武器比阿塔和洛次簡單跳傘要複雜得多，因為這是一次
盲投，沒有特定的空投目標。對於空投武器，必須精確協調投放地
點，必須準備好運輸駄畜，而且地點必須在附近沒有中國軍隊的地
方。洛次解釋他如何安排第一次空投，揭示了很多這方面的細節；
與此同時，這也表明，試圖在西藏這麼大面積的土地上僅通過空運
補給來進行大規模的叛亂是多麼不現實。

當我們〔四水六崗的基地〕從〔哲古塘〕轉移到錯那再到拉加
里時，我大約有三天無法發送無線電報。然後我發了一條
無線電報，說我已經到達了某個地方，作為回應，我收到
了一條信息，說：「空運的援助要來了。」然而，無線電臺
停止了傳輸，沒有再輸出甚麼。所以第二天，當我們到達

一個叫涅囊雪夏的地方時，那天晚上我爬上一座山，發了另一條無線電報。這次的回應非常明確，說：「現在不要給我們發送無線電報。我們有很多事要告訴你，所以請聽我說。」然後他們發送了一條包含很多信息的長電報。這麼長的電報很不尋常。

我回答說現在天漸漸黑了，但是他們告訴我必須再聽一遍。所以我聽從了他們的指示，並盡力寫下他們發送的兩頁電碼。然後他們說我必須檢查電報看它是否正確，但是我不得不回答，「我沒法檢查，因為天很暗，我看不見。」……他們又說我必須收聽一段傳輸，他們發了兩長頁。從我到達西藏到那時，我還沒有收到過這麼長的電報。

之後，我去了我的帳篷，檢查了〔翻譯電碼的筆記〕……其內容說：「一架飛機會來，所以請提供援助。」它還指明了地點、日期和空投時刻，並說：「只帶一個夥伴和40隻馱畜（馬或騾子）來運送將要空投的貨物。東西一到，你就必須把它們埋在一個安全的地方……。如果這個秘密洩露出去，你，洛次，將對此負全部責任。因此，你必須好好工作，燒掉所有降落傘。」

我們的老師〔教練〕提到的地方位於哲古喇嘛塘附近，離我們住的碩般多大約有三天的路程。所以那天晚上，我安排私下會見了我們〔四水六崗〕司令部的代理領導人姜雜群則……並告訴他，「請暫停我們到拉加里的營地轉移行動，在這個地方停留幾天，因為明天我要等一條無線電報，然後我必須在收到電報的同一天回覆。所以我有很多重要的事情要做。」然後我還告訴他，我們會得到一點幫助。姜雜群則聽到這個消息非常高興，他說：「如果是這樣的話，明天我將帶領部隊去一個不遠的地方。你們這些人就說你們丟失了馬和騾子，所以留在這裏尋找牠們，然後做你們要做的任何工作。」

　　那天晚上，我工作了一整夜，沒有睡覺。當我準備無線電臺和考慮計劃時，天破曉了，那天早上姜雜群則把他的部隊轉移到了碩般多的東南面，而我和我的兄弟降央唯色、隆登、確扎和索南貢布待在那裏，瀏覽他們〔中情局〕前一天發送的無線電報，以便清楚地了解其中的內容。

　　然後我給中情局發了一個無線電報，說我們要去〔空投地點〕，但是我沒有收到任何回覆。我一發出無線電報，我們就去了碩般多，待在軍營裏。第二天，我們到達了埃曲多，在那裏我召集了姜雜群則和恩珠洛桑等人開會……我說，「我要帶六個我信賴的人去拿這些〔武器〕。我們需要40匹馬和騾子〔來運輸將要卸下的貨物〕，但我現在不需要牠們。以後我會需要牠們。」

　　姜雜群則說：「如果飛機和援助來了，你必須帶上大約300名〔騎兵，因為中國士兵也可能來，我們無法確保〔得到這些武器〕。」我告訴他們，「我得到的指示不允許我告訴很多人，所以根據我的命令，我只能帶六個人。」……姜雜群則回答說，他會準備好40匹馬和騾子，我需要的時候隨時可以拿到……。

　　所以我帶了六個人……告訴其他康巴戰士，我們丟了馬和騾子，我們要出去找。當我們到達哲古塘時，我〔給中情局〕發了一條無線電報，讓他們在這個地點投放補給物資。然而，中情局回答說，「我們將把補給物資投放在上次告訴你的地點。」

　　在那之後，我讓宗本為我們準備三個信差。然後我寫了一份通知〔བརྡ་ཡིག〕。說約有4,000名四水六崗騎兵要經過日喀則，所以你們必須為他們準備好乾草和飼料。我就派了這三個信差。因為這條信息是公開的，我知道每個人都會看到，我想如果中國軍隊看到了，即使他們已經來到山南，他們現在也會回到日喀則。

　　然後我們馬上離開，那天晚上到達了指定的空投區。我立即發了一條無線電報，説我們已經到達了那個地方，然後收到回覆，説飛機將在今晚的〔某某〕時刻到達……。

　　之後，我們六個人分頭去拿空降物資。我派了兩個人到山的一邊，兩個人到另一邊去尋找貨物空投的地點。裝載着我們的無線設備和所有其他東西的馬和騾子留給了確扎。……然後我和另一個人〔在空投區〕生火，這會向飛機發出信號，我們已經到了，準備好了……。

　　在我收到一條無線電報大約30秒後，我看到飛機發出信號，但它沒有空投，而是好像又回來了。然而，大約30秒後，它返回並投下了所有的貨物。一共空投了19頂裝載貨物的降落傘。那天晚上月光很亮，所以我們可以看得很清楚。每兩個空投點之間大約間隔500米……。

　　然後，我的搭檔們……來到我所在的地方，我們四個人收拾好貨物，派了一個人去哲古宗，告訴他們送40隻馱畜來……。我們留下一個人照看我們的馬和騾子，其他人在那裏等着。

　　去哲古宗的信差早上回來説，40隻馱畜已經在路上了。然後我們把貨物裝載到40隻馱畜身上，把牠們帶回哲古塘。[10]

　　當然，這次空投是極具象徵意義的重要第一步，但就其本身而言，它在戰術上並不重要。雖然還不清楚到底投下了多少武器，但很明顯這只是一個小數目。麥卡錫寫道，它總共只有5.4噸，[11]阿塔説，這些武器只夠裝備由150名戰士組成的一個連。顯然，它主要包括大約100支〔稱為「扎西卡林」的〕長筒步槍、外加兩支57毫米肩扛式無後座力砲、20支斯登衝鋒槍、50至60枚手榴彈、幾門60毫米迫擊炮和一些布倫槍和火箭筒，以及大約15,000發各種彈藥。[12]如上所述，這些武器都不是美國製造的，幾乎所有型號都已經在印度和西藏使用。

因此，洛次能夠毫無問題地取回武器，但是把武器分發給四水六崗卻很複雜。洛次一回到拉加里的四水六崗新基地，就把所有的武器都放在其中一間大房間裏，第二天，在四水六崗領導人面前，他一件件地移交了所有的貨物。洛次告訴領導人，「我今天交出的東西將被用來反對佛教的敵人——漢人，並保護西藏人民。絕對不允許為了私人目的買賣這些東西或用來壓迫民眾（米色）。」……我還告訴他們，「如果你們不知道如何使用武器，那麼你們必須告訴我〔，我會教你們的〕。」[13]

然而，武器的到來引發了爭論，這反映了德格的夏格‧南嘉多杰領導的部隊和四水六崗中央司令部之間嚴重的內部衝突。這場衝突很快導致夏格‧南嘉多杰的部隊在塔布/工布建立自己的軍事基地。

夏格告訴洛次，他自己的部隊應該得到大部分槍枝，因為他的團已經承擔了把貢布扎西從碩達洛松帶回來的責任。他說：「我們100名德格騎手去迎接貢布扎西。[14]〔有些自嘲地說〕如果我們300名騎手死在一個地方，那麼四水六崗的想法就實現了。」[15]南嘉多杰在與其他領導人的會議上說一些如此嘲諷的話，這說明分歧已經公開化。

然而洛次不同意，並告訴他，帶這麼多騎兵去追尋貢布扎西是個壞主意，因為很難向中國人隱藏這麼大的兵力；建議最好只派五六名信差去找貢布扎西。南嘉多杰和他的指揮官卻堅持，說將按計劃找回貢布扎西，他們需要新的武器來更好地實現這一目標；他們更威脅說，如果他們得不到就不去。因為每個人都想把貢布扎西帶回山南基地，最終洛次把大部分武器分配給了南嘉多杰。[16]

我在所有人面前把武器按不同地區分成小組。對於南嘉多杰手下的士兵……我分配了45支李恩菲爾德303式步槍和4,650發子彈，以及8支斯登衝鋒槍和40個彈夾，每支裝31

發子彈。我還給了他們4,438枚帕馬里步槍子彈，外加33枚手榴彈、4支英式卡賓槍和4罐油。他們的領導人簽署了一份收據，稱他們借走了上述武器彈藥，並將收據留在了四水六崗的辦公室。[17]

其他部隊得到的要少得多，例如，守衛瓊結地區的大金寺團只得到5支李恩菲爾德步槍和500發子彈，外加616發帕馬里子彈。[18]

此後不久，洛次的搭檔阿塔從加爾各答彙報回來，並告知四水六崗的領導人，美國人已經告訴他，將幫助四水六崗與中國人作戰。[19]因此，第一次空投雖然不大，但在當時事情不太順利的情況下，給四水六崗帶來了很大的促進。他們成功地從甘丹青柯寺獲得了武器，但由於貢布扎西受到解放軍阻止無法返回，山南的四水六崗完全依賴戰死的解放軍士兵的武器和彈藥補給，如果他們想發動重大進攻行動，這顯然不夠，更不用說他們想擴大規模，吸納成千上萬沒有自己武器的當地藏人了。

此外，如上所述，隨着貢布扎西的離去，四水六崗現任代理領導人與夏格・南嘉多杰之間發生了嚴重的內部分歧，後者認為他不服從於任何人，除了貢布扎西。更重要的是，由於貢布扎西不在場，四水六崗沒有制定全面的叛亂計劃。貢布扎西和山南的主要基地之間通過騎馬信差進行了一些通信，但距離很遠，沒法進行真正的協調，部分原因是中情局決定不向康巴人提供現代化電池供電的戰術便攜式無線電，因為這需要經常更換電池。因此，整個四水六崗沒有制定出一個詳細的計劃：在西藏打敗解放軍應該採取甚麼步驟，以及這些步驟應該以甚麼樣的順序實施。捕捉機會伏擊偶然的目標對襲擊者來說當然不錯，但如果沒有一個如何調兵遣將、在西藏嚴重打擊中國人的整體戰略，很難想像他們會獲得成功。游擊式的叛亂不僅要到處殺死幾個中國人，還要利用他們的進攻削弱敵人

的能力。儘管如此，美國在1958年10月中旬表現出的具體支持，加上阿塔關於他在加爾各答會見美國人的樂觀報告，都受到大家的歡迎，人們普遍預期這將是更多更好的大規模武器空投行動的序幕。

加多倉‧旺堆從理塘回來

　　阿塔回到山南後不久，他和洛次接待了一位不速之客——被空降回理塘的四名中情局受訓人員之一的加多倉‧旺堆突然出現在拉加里。旺堆非常艱難地逃離理塘，他的身體狀況很糟糕。他的健康狀況很差，衣服破爛不堪，鞋底都磨穿了。洛次說，當他和阿塔看到旺堆時，眼淚止不住地流下來。他們把旺堆帶到自己的住處，讓旺堆和他們待在一起，然後給了旺堆一頓美餐，並和旺堆談了他們（自己）的經歷以及誰是現任四水六崗領導人。阿塔和洛次還向中情局發送了一條關於旺堆到達的消息。[20] 然而，在他們發送這條消息的同時，他們收到了蘭利發來的與此不相關的一條消息，讓他們帶上幾名戰士，立即返回哲古塘。阿塔和洛次把這些命令告訴了旺堆，並說，他們在那裏一收到美國人的新指示就會回來。洛次回憶起接下來發生的事情，

> 我去了四水六崗的辦公室，向姜雜群則和其他領導做了內部彙報，告訴他們，根據我們前一天收到的無線電報，我們必須去哲古塘，所以我們帶了十個戰士當天晚上就出發了。當我們到達哲古喇嘛塘時，我們的無線電設備出現了問題，因此我們無法接收或發送電報，所以我不得不去取回我們〔幾天前〕埋在錯那附近一個山洞裏的備用無線電設備。在錯那我們找了一個村民家借宿，村民給我們安排了一個屋外睡覺的地方，我們假裝睡着了。當我們等到其他人都睡着之後，我們就騎上騾子，去埋藏東西的地方，拿

出我們需要的東西，然後回到屋子繼續睡在那裏……。第
二天，我們出發去了錯那宗。[21]

有了備用無線電設備，他們聯繫了中情局，但卻遭到了批評。
中情局曾計劃在1958年11月進行第二次空投，但因為洛次和阿塔花
了太多時間來回覆電報，滿月的機會之窗已經過去，所以不得不推
遲。直到1959年2月才進行。[22]

此後不久，洛次和阿塔收到了中情局關於旺堆的電報。如前所
述，旺堆是那個拒絕學習通訊的理塘學生，現在他又拒絕按照美國
人的指示去做。中情局關於旺堆的無線電報說：

> 你們必須給旺堆一整套無線電設備和馬匹／騾子，以及他所
> 需要的錢，並告訴他返回理塘，找尋他的夥伴扎西和次旺
> 多杰的下落……。當我告訴旺堆這些指示時，他回答說：
> 「我不想去，我也去不了。我想去印度，所以請通過無線
> 電報告，他們應該幫助我獲得許可，這樣我才能被允許去
> 印度。」我向中情局報告，我們得到的回答是，「你們必須
> 告訴旺堆，他必須去把他原來團隊中的另外三個人〔——次
> 旺多杰、卻布魯和扎西土登〕帶回來，不管他們現在在哪
> 裏。」[23]

> 我和阿塔討論了這個問題，還給旺堆看了無線電報，
> 但他繼續堅持說，「我肯定要去印度。」我們在一起待了一
> 夜，然後我們決定讓旺堆和〔我們的一個夥伴一起〕……去
> 印度。所以阿塔和我告訴他，當他去印度的時候，我們會
> 給他所需的西藏和印度貨幣，然後我們建議他，「你必須
> 向老師和領導〔在印度的中情局官員〕詳細彙報你所有的情
> 報。此外，你不要感到遺憾，也不要為之前發生的問題爭
> 論〔他指的是在塞班島培訓期間關於無線電培訓的爭論〕，
> 你必須認真地談談今後應該做的工作，這樣我們就不會在
> 工作中犯錯誤。這非常重要。」[24]

此後不久，旺堆前往印度，幾年後，1960至1961年冬天，他們在尼泊爾木斯塘(Mustang)建立了新基地，旺堆成為了四水六崗的最高領導人之一。

貢布扎西繼續進攻：波窩戰役

回到碩達洛松，貢布扎西領導着四水六崗的餘部安頓下來，到1958年底，貢布扎西覺得是時候向南移動，最終去山南與其餘的四水六崗部隊重新會合。他的第一步是進攻並控制波窩(扎木)地區，波窩位於芒康以西、邊壩東南的工布地區，需要在崎嶇的小道上騎馬六天才能到達。貢布扎西認為他可以輕而易舉地拿下波窩，因為在邊壩和波窩之間一個解放軍士兵都沒有，而波窩本身只有一個行政辦公室和小股部隊。此外，最近的主要解放軍基地在昌都，離該地區約550公里。[25]

貢布扎西對波窩扎木感興趣，因為它具有重要的戰略價值。它靠近印度邊境(在過去被稱為東北邊境特區，今天被稱為阿魯納恰爾邦)，所以如果他佔領了這個地區，他將獲得一個接收來自印度的空運或陸運武器和物資的絕佳位置，他也將處於切斷昌都—拉薩公路的有利位置。當然，如果事情發展不順利，他可以迅速逃到印度。[26]他也可以把他的一部分部隊向西轉移到山南，並與山南基地重新建立直接聯繫。貢布扎西於1959年1月4日襲擊了那裏的中國人。邊壩當地的宗本普頓堆‧卻英解釋了發生的事情，

> 如果我們能拿下它〔波窩扎木〕，除非有大量的解放軍來，否則他們無法對付我們。〔一旦形勢變化，從那個地方〕沒有甚麼能夠阻礙我們逃到印度。所以我們指揮500名招募的〔碩達洛松的農民〕進攻波窩扎木，這些農民有500匹馬，

但沒有槍，還有大約200名〔貢布扎西〕的戰士……。然而，波窩的漢藏幹部已經做好了準備。他們挖了地道，一直待在地道裏。四水六崗戰士認為地道裏有很多人，不敢下去，所以局勢僵持了大約五六天。[27]

與此同時，被圍困的漢人有無線電設備，所以他們給昌都發了一條電報，請求軍隊增援……。還沒等到四水六崗想出如何對付地道，他們就遇到了來自昌都的援軍，他們逃回邊壩……。解放軍追擊他們，一直追到一個叫當拉的山口下面，那兒離波窩扎木有四天的路程……但是可能有一些問題或新收到新的命令，因為解放軍在那裏停下來，就掉頭回去了。[28]

目前還不知道貢布扎西的部隊在此次襲擊中總共傷亡多少，但進攻部隊的一名排長嘉瑪阿珠(來自大金寺)說，「在我派往波窩扎木的22名戰士中，只回來了10名，其中一人受傷。因此，我們損失了12個人〔55%〕；他們或者被殺或者走散了。」[29]

中國資料也記錄了這次戰役，儘管他們的數字有些誇大：

以恩珠‧公布扎西、蔡刀為首的叛亂武裝1,600餘人，4日拂曉向我扎木中心縣委發動攻擊，我守備部隊一個排和縣委參戰人員60人，依託陣地，連續擊退三次大的攻擊，與敵奮戰十晝夜，此時我軍從昌都和拉薩東西兩面對進馳援，敵聞訊於14日晨向邊境方向逃遁，我軍分路進行追擊、圍剿。[30]

於是，貢布扎西在碩達洛松過年〔1959年藏曆新年是2月8日〕。這時，他決定直接返回山南，於是他召集了一個會議，對當地人說，「你們留在這裏保衛自己的領土。我們要去山南。我們到達那裏後，國外會空投槍枝，然後我們會把這些槍枝送給你們，所以你們需要派人〔和我們一起〕去把這些槍枝拿回來。」普頓堆‧卻英解釋

了這是怎麼回事，他說：「我從我所在地區的四個宗派了200名騎兵去拿槍……。然而，當貢布扎西才到達拉日果（譯註：又稱拉日廓）時，他得知拉薩已經爆發起義了，拉日果在拉薩東北約14天行程，於是他和他的人馬去山南，然後立即前往印度。」[31]碩達洛松的地方部隊沒有拿到槍，就這樣空着手回家了。

因此，貢布扎西和他最初的遠征軍從未能夠再次加入四水六崗的主基地，只是在達賴喇嘛已經到達印度之後才回到山南。

與此同時，與貢布扎西分開的四水六崗最高指揮官之一拉珠阿旺輾轉回到拉薩和山南，沿途進行了一次著名的伏擊行動。

拉珠阿旺的回歸

由於貢布扎西在馬雄（直貢以南）遭到伏擊，許多四水六崗戰士脫離了大部隊，不得不自謀生路。拉珠阿旺就是其中之一。正如第6章所討論的，他帶領一小隊戰士控制了一個關鍵山口，就此阻止了解放軍包圍貢布扎西，從而使貢布扎西及其主力得以逃脫。然而，拉珠受傷昏了過去，最後被貢布扎西留下等死。

拉珠阿旺僥倖地沒有死，當他醒來時，發現自己和搭檔夏洛倉·群則兩個人被留在無人居住的山口。他們不知道四水六崗的其餘部隊去了哪裏，也不能從高處下去，因為山下都是解放軍。所以他們獨自在海拔較高的地方待了六天六夜，沒有食物，直到他們遇到了一個來自直貢羊日寺的牧民，給了他們一些酥油、奶渣和糌粑，然後幫助他們到達了寺院。

寺院的堪布直貢蔣貢仁波切當時住在那裏，所以拉珠和夏洛倉請仁波切占卜，看看貢布扎西的生命是否有危險。占卜結果表明貢布扎西的生命處於極大的危險之中，仁波切指示拉珠阿旺進行各種儀式，例如通過購買要被宰殺的動物並放生來挽救許多動物的生

命。拉珠阿旺和他的夥伴不確定他們應該做甚麼，所以委託了(另一位喇嘛)占卜，這次問他們應該去哪裏。拉珠解釋道：

> 我們也不知道去哪裏……於是我們遞給喇嘛三顆鵝卵石；一顆白的，一顆黑的，一顆黃的，請他占卜一下，看看哪個鵝卵石更好。白色的意思是去恩珠金達住的地方。黑色的意思是再次去北方。黃色的是去〔拉薩以北的〕彭波〔，然後去山南〕……。結果抽中了黃色鵝卵石，所以我們決定去彭波。[32]

在彭波，拉珠和夏洛倉遇到了其他一些四水六崗戰士，和他們一樣，那些人也與貢布扎西走散了，大家都願意集合在一起，建立一個「新」團與中國人作戰。然而，拉珠阿旺首先去了拉薩，因為正如他所説，「我認為我們待在彭波是沒有用的。我們必須了解拉薩的局勢和貢布扎西的下落，我們需要向山南的主力部隊派出信差。」[33]於是，拉珠和夏洛倉與彭波的其他戰士分手，經由色拉寺出發去拉薩，他們在那裏有一些僧人朋友。為了防止被拉薩的中國人發現，他們把馬匹、步槍和康巴式的藏袍留在寺院裏，換上僧袍，然後繼續前往拉薩的小昭寺，夏洛倉的妻子和家人就住在那裏。沒有人認出他們，他們安全到達。

一到拉薩，拉珠阿旺就派信差去山南，要求基地設法與貢布扎西取得聯繫。同時他還聯繫了扎西代本團的兩位朋友格扎和旺丹扎西。在貢布扎西前往山南之前，這兩人是在拉薩參加四水六崗會議的主要軍官，他們還與帕拉及其集團密切合作。

拉珠阿旺和夏洛倉向他們講述了四水六崗戰鬥的全部故事，他們決定最好讓拉薩人民知道發生了甚麼事，所以製作了一張相關事件的壁報，並在拉薩周圍四處張貼。拉珠阿旺和夏洛倉敍述了那些事件，格扎聽了之後，為壁報撰寫了文案，而為了安全起見，他們讓僧人們幫忙抄寫，這樣就無法辨認是誰寫的。[34]

拉珠阿旺去拉薩的主要目的之一，是為他在彭波的軍團募集武器彈藥，所以他要求格扎和旺登代表他們向帕拉提出這個問題。拉珠阿旺解釋了他得到的回覆：

> 我說，我們去〔找〕恩珠金達沒有用，最好是在彭波地區把分散的戰士重新集結起來。但是我說你必須幫助我們從內部得到武器。我們向布達拉宮的政府軍械庫請求100支303口徑的英式〔李恩菲爾德〕卡賓槍、8挺布倫槍、1門大口徑火炮和6門小口徑〔迫擊炮〕以及20至30支斯登衝鋒槍。〔我們一共向他們要求〕大約200至300件武器……。當他們把這件事告訴帕拉時，他說我們應該把這件事告訴警衛團的代本〔達拉〕和〔扎西代本團的代本之一〕扎西白拉。這兩個人（通過格扎和旺丹扎西）問我們，「如果我們把槍給你們，你們打算怎麼把它們運走？」……他們說漢人看得很嚴……所以你不能〔公開〕從軍械庫拿走武器。我們告訴他們，你們可以安排一次假盜竊。我們解釋說，如果你們能做到這一點，我們在色拉寺邦波拉康村和哲蚌寺有許多可以信任的〔康巴〕僧人，他們可以把武器秘密帶出來。他們說我們的計劃很好，但是組裝武器需要幾天時間。[35]

他們還討論了自康巴人轉移到山南後拉薩發生的事情，他們告訴拉珠，儘管噶廈仍然像往常一樣管理內部事務，但拉薩的局勢正在惡化。當中國人與達賴喇嘛互動時，他們對西藏傳統習俗表現出的尊重越來越少，中國人正在建造更多的掩體並加固他們的建築。他們擔心中國人會把達賴喇嘛帶走。

然而，軍官和拉珠阿旺之間的討論不只限於抱怨中國人的行為；達賴喇嘛的安全問題出現了。拉珠阿旺解釋說：

> 所以他們告訴我關於這一切和那一切，以及拉薩變得多麼危險，然後他們問我們，〔康巴人〕從外面能〔做些甚麼〕，

以及他們能從裏面為日益惡化的局勢做些甚麼……。他〔格扎還〕說，達賴喇嘛很難〔長期留在〕拉薩，你們對此有何看法？你們有甚麼計劃？

拉珠說他回答道：

「如果是這樣的話，達賴喇嘛落入漢人手中是完全不行的，所以請把他秘密交給我，我會帶他離開拉薩。」既然這樣行不通，他們可能會嘲笑〔我的建議太天真〕……。當時，我們的思維方式非常簡單。我們說過為了遍知一切達賴喇嘛，我們可以犧牲一切。達賴喇嘛是我們的太陽，我們的如意寶，所以我們必須確保他不會落入漢人的手中。既然是這樣，相信我們，讓我們帶上達賴喇嘛（笑）。我們只有十三、四名〔戰士〕，但是我們說把達賴喇嘛交給我們。這是非常簡單的想法。沒那麼容易，對吧？他們回答說這是不可能的……[36]

然而，拉珠阿旺和貢布扎西一樣，不僅沒有從布達拉宮軍械庫得到他想要的武器，而且突然之間，他被告知必須立即離開拉薩。格扎和旺丹扎西有一天來看他，告訴他拉薩的局勢變得特別緊張，所以他們兩個必須馬上離開拉薩。他們不願詳細說明原因，但帶來一些禮物，試圖減輕對阿旺的打擊；他們說這些禮物來自達賴喇嘛本人，例如哈達、兩隻威德大金剛護身符和一些饃饃、肉，外加600發斯登衝鋒槍子彈和1,000發李恩菲爾德步槍子彈。

兩名軍官告訴拉珠，離開拉薩的指示是大管家帕拉親自下達的，**我們現在唯一應該考慮的是確保達賴喇嘛的安全**，為此，四水六崗應該在拉薩〔外面小心行事〕，而他們將在裏面小心行事。[37]換句話說，四水六崗應該小心行事，以確保山南的安全，將其作為達賴喇嘛的撤離通道。而他們將在拉薩工作，以確保達賴喇嘛的安全，到時候，他們將做好準備，能夠將達賴喇嘛撤離到山南。因

此，在1958年11月下旬，帕拉和他的抵抗集團已經關注，在適當的時候讓達賴喇嘛離開拉薩。

拉珠阿旺對這種突然的轉變感到震驚，以致他懷疑這些指示的真實性，於是請住在拉薩的著名的理塘人根卻扎（譯註：根是藏語老師的音譯，根卻扎即後文的卻扎）去和帕拉的親密夥伴孜仲格桑益西談談。卻扎說，立即離開的命令是真實的，你們兩個必須立即離開。但他沒說為甚麼。

於是，拉珠和夏洛倉服從了，離開之前，他們四個人——格扎、旺丹扎西、拉珠阿旺和夏洛倉——在達賴喇嘛的相片前宣誓，保證格扎和旺登將在內部工作，拉珠和夏洛倉將在外部工作。第二天晚上，拉珠和夏洛倉回到了彭波。[38]

拉珠阿旺其後了解到所發生的一切，那是在1959年叛亂後，當他們都逃到印度的時候，他在山南遇到了格扎和帕拉。拉珠阿旺解釋說，

> 後來我們得知，在噶廈的一次會議上，中國將軍說，他們已經抓獲了恩珠‧貢布扎西，並詢問噶廈對如何懲罰貢布扎西有何建議。卓尼欽莫〔帕拉〕說他的頭髮都豎起來了，他看着恩珠的照片，就好像在看電影。格桑益西說，[39]「你們抓住了反動派頭子，所以我們可以對他進行藏式和漢式的懲罰。但是首先，你們不應該懲罰他，而應該把他交給達賴喇嘛的政府。應該給所有反動派寫封信，說恩珠已經被捕，當所有〔叛亂分子〕都投降時，我們可以給予〔任何適當〕的懲罰。」事實上，漢人撒了個彌天大謊……五六天來，每個人都屏住呼吸，想知道貢布扎西甚麼時候會被帶到八廓街。然而，大約兩個星期過去了，一名來自碩達洛松的信差帶着一封貢布扎西致帕拉的信來到這裏，這封信被藏在一個角製鼻煙壺裏。信中說他很好，並描述了下面的戰鬥。於是，漢人的謊言被揭露了……。但這就是我不得不離開的原因。卓尼欽莫帕拉來到山南時親自告訴我的。[40]

拉珠阿旺回到彭波後，他努力組織起自己的團，並召集了大約62名與貢布扎西分離的戰士。在大約三個星期內，他們討論了下一步該怎麼做，但是情況再次發生了戲劇性的變化，在藏曆10月25日，也就是1958年12月6日的甘丹阿曲節（譯註：甘丹五供節）那天，他們收到了拉薩寄來的一封信，這封信是拉珠的哥哥索南平措和他的兩位藏軍朋友（格扎和旺丹扎西）寄來的。信中告訴拉珠，他必須馬上返回山南，因為中國人正在加強他們在山南澤當的軍事部署。拉珠阿旺解釋說：

> 信中說解放軍正在向山南〔澤當〕運輸軍隊和軍事物資。它報告，105輛卡車已經帶着武器彈藥前往山南並返回，另一個大型車隊即將離開……所以你必須回到山南加入大部隊。信中還說，他們三個就此事諮詢了護法神雄天，雄天諭示你們應該立即經由曲水去山南。[41]

格扎也回憶，他曾給拉珠阿旺發了一條消息，告訴他，根據扎西團代本扎西白拉與欽莫（帕拉）的聯合命令，他應該到山南去襲擊這一卡車車隊。

> 〔格扎說：〕最重要的是，我們告訴他們，必須盡快去消滅這個車隊。他們確實做到了。
>
> 問：這個想法肯定來自欽莫嗎？
>
> 答：是的，實際上是通過欽莫，但他沒有公開出面。從四水六崗創建時開始，它不可能在沒有欽莫聯繫的情況下〔前進〕。像輪子一樣，欽莫讓它不停地轉動……。
>
> 問：（拉珠）阿旺〔對我過〕一件事，他當時還在彭波，當時據說很多卡車從山南開往拉薩，然後滿載武器返回。你有沒有〔就此〕寫信給彭波？
>
> 答：是的，我發去了一封信，上面寫着，「你們需要馬上去」。在這個時候，卡車似乎要離開了，必須消滅它們。

問：那麼你聯繫了誰？帕拉？

答：它是通過扎西白拉來的，扎西白拉又聯繫了帕拉。就是這
　　樣。

問：然後扎西白拉告訴你，你發送了消息。

答：是的。[42]

　　伏擊一支龐大的中國車隊是一項重大任務，因為車隊有解放軍
部隊的保護，所以拉珠向護法神彭波措拉欽莫請求神諭後才作出最
後決定。護法神回答說，無論拉珠阿旺離開還是留在彭波，他都應
該在藏曆11月15日〔西曆12月15日〕之前行動。當時離那個日子只
有幾天時間，拉珠讓他的戰士很快做好準備，然後晚上出發。他們
正好在15日（西曆12月15日）到達曲水。拉珠說，「那裏一個漢人都
沒有，所以我們能夠在16日輕鬆登上渡船，穿過〔雅魯藏布〕江。在
河的另一邊，有一個屬於哲蚌寺的莊園，那裏儲存着肉和穀物，供
四水六崗巡邏隊使用，所以我們那天晚上去那裏住了下來。」[43]

貢嘎襲擊

　　拉珠阿旺和他的戰士們在寺院吃了飯，休息了一會兒，同時派
人去觀察中國車隊是否來了。其中一名瞭望員注意到河對岸有很多
灰塵揚起，朝着曲水方向過來，所以他們認為這一定是解放軍護送
的105輛卡車的中國車隊，正在前往河邊渡口。[44]拉珠的戰士們就
此舉行了一次會議，雖然有些人想在過河時向漢人開火，但拉珠阿
旺說服他們再等等，認為開火是浪費彈藥，因為這樣他們只會殺死
幾個漢人。阿旺說，這樣幹我們感覺很痛快，但不會獲得更多的武
器和彈藥。相反，他說我們應該等待並找到一個好的伏擊地點，在
那裏我們可以殺死漢人並繳獲他們的武器。這場爭論持續了一天，

到了第二天黎明時分，拉珠阿旺和他的 62 名戰士出發，在貢嘎宗進行了著名的 12 月 18 至 19 日伏擊，93 名解放軍士兵被打死，35 人受傷，9 輛卡車被摧毀。[45]拉珠阿旺回憶起這次伏擊。

> 當我們到達貢嘎時，我們與當地民眾、僧人和宗本取得了聯繫 …… 我們要求宗本安排警衛巡邏，我們還要求他不要派任何牧民從貢嘎去拉薩〔，以確保不會洩露康巴人的行蹤〕…… 如果卡車在晚上來，你們會看到卡車的前燈，一定要通知我們。我們要去宗政府睡覺 ……。他們同意了。
>
> 　我們還問他們四水六崗〔的主要基地〕在哪裏。宗本不知道，但他記得人們曾說過他們在多哇、哲古和拉加里宗。於是，我派遣了六個信差，讓他們日夜〔去聯絡〕。為了確保他們不會停下來睡覺，我們把信縫在他們的袍子腰帶裏，這樣他們就不能解開袍子睡覺了。這些信上說，拉珠阿旺在貢嘎宗，將與漢人作戰。
>
> 　第二天早上，黎明時分，當地民眾開始大喊，漢人來了。我哥哥索南次仁在那裏，所以我讓他用雙筒望遠鏡看看。他看了看，告訴我最好快點，因為 3、40 輛卡車正在快速接近。當我看的時候，我看到 37 輛卡車正一起駛過來。我們監視着所有的公路，我已經要求戰士們在哪裏等，做甚麼。我們有 62 名戰士 ……。然而，當卡車到達我們埋伏等候的地方時，領頭的卡車發出信號，然後全部卡車都停了下來，人們下了車。有一條小路從大路分岔通往山上，一名漢人士兵開始〔步行〕從那條路往上走。我等在一堆荊棘叢後面，看到了他。我告訴其他人待在原地，我說我會準備好我的斯登衝鋒槍。然而，就在這時，他〔這個漢人〕喊了一聲甚麼，轉身回去了。他離我很近，我本可以殺了他，但我更想等中國車隊進入我們的伏擊圈。我向我們的護法神祈禱一切如意。起初懷疑的漢人後來回到卡車上

……他們立刻又開始移動。他們直接開進了……第一和第二伏擊點。我們能聽到槍聲。然後兩輛卡車開過去了，第三輛也來了……朝着〔我們的一些戰士埋伏的地方〕開去。他們開火了，所以我們也開始開槍……。29輛卡車進入了我們的伏擊地點，在大約一個小時內，漢人無法還擊。然後一些人開始從卡車上下來，從他們的車下開槍……。我們〔贏了〕，並且從兩輛卡車上獲得了所有的槍和彈藥——100多支步槍和8支布倫槍。[46]

正如以下中國消息來源所顯示的，這是康巴人在山南的第一次重大進攻勝利，震驚了中國人。第一個簡短的描述來自共產黨大事記年表，列出了西藏的重要事件。

12月18日　叛亂分子在山南貢嘎伏擊我軍車隊（譯註：這是中文原文標題）。我155團3營營長杜效模率一個連護送山南分工委幹部和給澤當分隊運送物資，

18日行至貢嘎，遭到潛伏在路邊喇嘛寺和村莊的叛亂分子伏擊，我陣亡營長、分工委副部長以下幹部和士兵37人，傷22人，毀汽車七輛。我斃敵6名。

19日，155團副團長殷春和率兩個連，從澤當出發，行至扎朗，又遭叛亂分子二百人伏擊，我陣亡副團長以下幹部戰士56人，傷13人，被毀汽車2輛，我斃傷敵20名。（譯註：原文為一段，英文原著引文分為三段。）[47]

吉柚權更詳細地描述了這次伏擊。

12月16日，叛亂武裝得知解放軍的一個車隊本日將從拉薩到澤當，便調集700餘名叛匪在貢嘎設下埋伏等待這個車隊。[48]

16日，陸軍第155團命3營營長杜效模率該團一、三連護送山南分工委幹部和為澤當部隊運送物資的汽車27輛，

從拉薩出發，在車隊出發前，軍區命該團從澤當派部隊西進接應該車隊。當天，杜效模護送車隊到曲水，當晚在曲水宿營，18日，155團命杜效模率領的一連留守曲水渡口，讓杜效模率三連護送車隊前往澤當。

西藏軍區情報部在叛匪採取行動後，得知叛匪要在澤當和貢嘎之間有行動，便將這個情況通報155團，155團得到軍區的情報，在杜效模出發前，團政委喬學亭指示他要多加小心。

杜效模笑軍區大驚小怪，對喬學亭說：「嘿，幾個破叛匪就把人嚇成那樣，如果要叫打，我杜效模帶一個連保證把西藏打平。」

喬學亭知道這杜效模打仗也果真從來沒有雜過種，指揮能力也有，作戰經驗也豐富，但還是提醒他說：「是倒是，叛匪是經不住打，但你在明，他在暗，總得小心一點好。」

杜效模當然不好和政委頂牛，一拍胸口說，「政委，你放心吧，我會小心行事，完不成任務我不回來見你。」就這樣出發了。

離開曲水時，一連長提醒說，「營長，聽說貢嘎到山南之間叛匪很多，你小心一點，最好要搜索前進。」

杜效模說：「放心吧，狗日的抓不住我的蛋子。」

渡過雅魯藏布江，行駛一陣後，看見幾個老百姓從對面過來，杜效模停車問這幾個老百姓前面有沒有叛匪，老百姓告訴他有。但杜效模心中雖記下有叛匪，仍不放出尖兵，對車隊負責人說我走前面，自己便帶一臺車走前面。進入貢嘎境內，離雅魯藏布江邊上那個山頭只有幾公里了，三連長向他建議是否派出尖兵，怕中埋伏。

他當時沒有回答，停了一陣才說：「好吧，放一個班帶一挺機槍走前面。」

　　尖兵班放出去了，車隊在後面慢慢跟進，其實叛匪一直盯住他們，對尖兵班絲毫不動。叛匪也真沉得住氣，尖兵班已走近山頭，離他們只有幾十公尺，他們仍不開槍，仍然十分隱蔽，尖兵班也沒有發現叛匪。杜效模見尖兵刀班走近山腳對方還不開槍，估計山上沒有叛匪，便着急了，大聲喊尖刀班，「快快快，快回來上車，有他媽屌的叛匪，再耽誤，明天也到不了澤當，盡是些女人膽子，膽小如鼠，聽見風就是雨。」

　　尖刀班返回來了，杜效模催促他們上車後，立即命司機加速前進。

　　杜效模的車隊進入叛匪的射程內，叛匪仍未開槍，杜效模的第一臺車剛駛近山腳，山頭上叛匪的重機槍響了，駕駛員當即中彈犧牲，汽車因無人駕駛，借着慣性直衝出公路掉進雅魯藏布江，杜效模及車上所有人員無一倖存。

　　第一臺車被打進雅魯藏布江後，後面的車立即停車，叛匪的火力集中在車隊，三連長立即組織部隊對叛匪進行反擊，由於叛匪火力很猛，三連的反擊沒有效果，叛匪開始向連隊撲來。山南分工委副部長沈鳳樓協助三連長，指揮工委幹部和汽車駕駛員一道配合三連抗擊叛匪，打退叛匪撲擊，不久叛匪又發起撲擊。叛匪第二次撲擊開始時山南分工委副部長中流彈犧牲，三連也傷亡十幾人。三連長和車隊幹部分頭指揮各自的部隊在車隊前後抗擊叛匪的撲擊，不斷地給戰士做堅決反擊的思想工作，提出的口號是無論如何要保護車上物資，等待援助。

　　叛匪想盡快解決戰鬥，火力越來越猛，有七臺車油箱中彈燃燒，整個車隊面臨被火燒毀的危險，由於叛匪攻擊太猛，三連長無法抽人救火，致使七臺車被燒毀。

　　等打退叛匪的撲擊後，三連長一面派人監視叛匪，防止叛匪撲擊，一面派人把靠近燃燒的汽車的其他車輛

推開，叛匪用機槍向推車的部隊射擊，有7名戰士中彈犧牲，有12人負傷，此時叛匪又趁機進行反撲，三連長和車隊幹部立即組織反擊，要求所有的傷患一律參戰，戰鬥從中午11點一直打到13點，叛匪才退下，一小時後叛匪又組織輪番進攻，並且命射手專打汽車油箱，有六臺車油箱被打穿，但未燃燒。叛匪又向車隊發起輪番進攻，從晚上到第二天凌晨才停。天亮前，叛匪怕支援部隊趕到而主動撤退。等喬學亭從拉薩派的三個連隊趕到時戰鬥早已結束，解放軍陣亡營長、分工委副部長等以下官兵37人，傷22人，只擊斃叛匪六名，解放軍損失慘重。杜效模車隊遭到埋伏，但沒有想到來支援杜效模的部隊又遭叛匪伏擊。

155團在三營長杜效模從拉薩出發後，團黨委考慮怕杜效模保護的車隊遭叛匪伏擊，根據軍區指示命令副團長殷春和，率兩個排於16日出發沿公路向貢嘎方向前進，準備接應杜效模。但殷春和沒有作充分準備，所帶給養走到姐得秀就完了，18日被迫返回澤當。

深夜11點鐘，殷春和回到駐地剛解開武裝帶，電話來了，軍區先知155團杜效模在貢嘎遭叛匪襲擊，要155團立即救援。喬學亭立即派兩個連隊馳援杜效模，同時要殷春和率兩個連隊再次出動合擊叛匪，支援杜效模。於是殷春和立即命七連和八連連夜準備，19日7時分乘四輛運輸車前往貢嘎。

叛亂武裝在貢嘎打杜效模的伏擊，姜華亭知道解放軍肯定要救援，他分析，從拉薩來部隊是不可能的，曲水只有為數很少的一個連，這個連是不敢妄動的。最有可能派出增援部隊的是澤當，於是就準備在澤當和貢嘎之間的扎朗設伏打解放軍的增援。

19日中午，殷春和為了盡快趕到杜效模遭伏擊地點，自己帶八連一臺車走前面，後面三輛車見副團長親自走在前面，也緊緊跟隨。

　　14點30分，殷春和所帶的部隊進入叛亂武裝的埋伏圈，叛匪立即以猛烈的火力從四邊向殷春和的部隊開火，有兩臺車的駕駛員同時中彈犧牲，汽車斜滑到路溝中，其餘兩臺車也停止前進，車上人員紛紛跳下車隱蔽還擊。

　　殷春和認為眼前打他伏擊的叛匪是想阻擊他們增援杜效模，便組織部隊朝貢嘎方向衝，殷春和此時的心理一直是衝破叛匪的阻擊，盡快增援杜效模，他不知道杜效模那邊的戰鬥早已結束。

　　殷春和一個勁地往西衝，前邊的叛匪死守不讓，左右的叛匪從兩翼側擊他。衝擊兩次，殷春和受到損失，當他正在組織第三次進攻的時候，叛匪從側翼射來的槍彈擊中了他的頭部，當場犧牲。

　　殷春和犧牲後，部隊稍有混亂。叛匪趁機從四面向他們發起攻擊。有兩臺車被打中油箱。車開始燃燒。

　　七連長和八連長見叛匪四邊的火力都很猛，明白自己遭到叛匪的包圍，只好命部隊原地堅守待援。

　　叛匪就怕增援部隊趕到，想在增援部隊趕到前吃掉七連和八連。因此從四面向他們發起一次又一次的猛攻。西南角有兩個機槍陣地被突破，叛匪潮水般從這個缺口撲過來，西南角的部隊和叛匪展開肉搏，有20多人在肉搏中犧牲，七連長和八連長立即帶人支援，七連長端一挺機槍帶頭向叛匪衝擊。叛匪搶走西南角部隊機槍陣地的機槍，向後撤退，七連，八連趁機攻佔了北面的一個小山頭，叛匪立即向這個山頭發起猛攻，七連、八連漸漸支持不住，七連長對八連長說，「我們得趕快衝出包圍，要不你我兩個都得完蛋。」於是兩人商議後，覺得向澤當方向靠攏距離太遠，現在只有向貢嘎方向靠，因為知道喬學亭從拉薩方向派來三個連隊支援貢嘎，貢嘎的力量會越來越強，於是組

織部隊往貢嘎方向突圍，直到天快黑時才佔領西側另一個山頭。正當他們準備又向西突圍時，叛匪突然撤退。

七連長和八連長覺得叛匪莫名其妙的撤退，是不是發現我們的增援部隊來了，便立即組織追擊，但叛匪全是騎馬，他們是徒步，追了一陣，叛匪就跑得無影無蹤。只好返回遭伏擊點，打掃戰場，清理損失。這次遭伏擊，連殷春和在內，七連、八連共陣亡官兵56人，傷13人，差點傷亡一半，被叛匪奪去輕機槍4挺，重機槍2挺，長短槍35支，被燒毀汽車兩輛，只擊斃叛匪20人。

貢嘎至澤當的這次遭伏擊與增援復遭伏擊，傷亡100多人，損傷慘重，不但西藏軍區受到震動，連中央軍委接到西藏軍區報來的損失情況後也受到很大的震動，從解放西藏的昌都戰役起，解放軍進入西藏，從來沒有受過這麼大的損失。從9月17日遭伏擊到10月22日被圍殲，至12月18日、19日兩處連遭伏擊，損失一次比一次大。中央軍委非常重視西藏問題，公安部部長羅瑞卿覺得對西藏問題不能小看，得盡快採取措施，於12月21日把正在北京休假的西藏軍區參謀長王亢叫來，親自吩咐說：「王參謀長，我不能讓你再享清福過太平日子了。」

王亢問：「部長，有甚麼新的行動。」

羅瑞卿問，「西藏的事你知道嗎？」

王亢說：「我聽說了。」

羅瑞卿說：「所以，中央決定你停止休假，趕緊回西藏去。」

「好。」王亢回答說：「我準備一下，後天一早就回去。」

「不，」羅瑞卿非常嚴肅地說：「現在就回去，飛機已準備好了，等着你的。」

王亢說：「我給家裏打個電話。」

「上飛機吧。」羅瑞卿説：「我會告訴你家裏。」

王亢當天乘飛機到成都，第二天就乘車前往拉薩。

王亢回到拉薩，增強了西藏軍區的指揮力量，但對西藏的局勢變化沒有甚麼作用，叛亂武裝在不斷擴大，全區性叛亂已在眉睫。[49]

在接近拉薩的地方獲得如此令人印象深刻、組織嚴密的勝利，這再次顯示出四水六崗在國道上伏擊的殺傷能力，並加劇了拉薩的中國人的擔憂，他們擔心對康巴人可能很快試圖進攻城市，因此他們加強了已經非常嚴密的防禦準備工作，以防禦可能的進攻。

在這一令人印象深刻的勝利之後，拉珠阿旺和他的手下繼續沿着雅魯藏布江的南岸前進，在那裏他們得知有一個大約100名四水六崗戰士的部隊駐紮在瓊結日烏德欽，於是拉珠他們前往那裏與對方會合。

四水六崗在山南的問題

拉珠阿旺從拉薩的談話中得出結論，四水六崗必須把解放軍趕出山南，這一點至關重要。一方面，這給了他們一個可以繼續自由行動的基地，一個可以安全空投武器的廣大區域，但更重要的是，一旦達賴喇嘛不得不迅速逃離拉薩，一個安全的山南至關重要。為了實現這一目標，拉珠阿旺希望制定一個作戰計劃，雅魯藏布江以南的所有四水六崗戰士都要參與其中，因為需要很多人。然而拉珠阿旺很快了解到這將極難實現，因為目前的四水六崗基地與貢布扎西1958年8月前往甘丹青柯寺時大不相同。他一到達瓊結日烏德欽時，就開始意識到這一變化；那裏駐紮着一支四水六崗軍團。他回憶説，他親眼看到那裏的戰士對當地藏人表現出軍紀很差，尤其是

四水六崗內部的嚴重衝突，令他感到震驚和沮喪。拉珠説，當他得知這些的時候，「那一刻，我感到非常難過。」[50]

拉珠阿旺最初警告貢布扎西，如果貢布扎西個人不在總部，可能會出現紀律問題，並敦促貢布扎西留在哲古塘，讓他和其他一些指揮官去甘丹青柯寺取武器。四水六崗不是一支訓練有素的軍隊，也沒有強大的層級指揮文化，鑑於他的同胞康巴人不尊重自己家鄉以外的權威，他擔心只有貢布扎西才有足夠的威望維持秩序和紀律。然而貢布扎西卻固執己見，不以為然，堅持要親自率領遠征隊。此時拉珠阿旺發現他害怕的事情已經發生了。

拉珠阿旺在經過瓊結日烏德欽附近一個叫納繞的小地方時，親身了解到當地藏人受到的侵害。在那裏，當地頭人和農民痛苦地抱怨駐紮在瓊結的康巴人的專橫跋扈的行為。他回憶道：

> 貢嘎桑丹手下的團在瓊結地區一個叫納繞的地方待了幾天。他們説一個叫納繞倉的家庭是漢人的間諜，他們拿走了那個家庭所有的糧食和東西，就像是在搶劫他們一樣。女人們不得不逃到山裏。
>
> 問：貢嘎桑丹手下的戰士造成婦女逃跑嗎？
>
> 答：這是〔負責瓊結的〕三個指揮官手下的戰士造成的。
>
> 問：你在瓊結聽説過嗎？
>
> 答：當我經過納繞時，民眾給我看那兒的情況，他們告訴我，這都是康巴人幹的。
>
> 問：他們給你看了甚麼？
>
> 答：他們給我看，馬槽裏裝滿了穀物，儘管馬根本吃不下那麼多。四水六崗中的僧人〔戰士〕希望民眾去找小沙彌〔གྲྭ་ཕྲུག，搞同性戀活動〕。米色向我報告那些事情。我們〔四水六崗〕的 27 條軍規〔དམག་ཁྲིམས〕非常嚴格，那麼這些事情怎麼得以發生的呢？……

〔所以當我在瓊結會見領導的時候，〕我告訴他們，「衛教軍」應該保衛佛教，所以我們必須遵守我們的27條軍規。但是他們在這個地方已經做了〔像納繞〕那樣的事情，所以我要帶着我自己的60多名戰士去別的地方和漢人作戰。我不想留在這裏。[51]

他還說：

我們在瓊結會合，在會上我哭了。我說我一天也沒有想過自己，總是擔心恩珠金達（貢布扎西）的主基地進展如何。現在當我到了這裏，情況是這樣的，我不知道是因為四水六崗還是假康巴人，但是民眾現在見了我們就逃跑而不是幫忙。所以我說，在這種情況下我不會留下，我要離開。我會帶着我的戰士去別的地方戰鬥，戰死沙場。他們勸我不要這樣，我們在一起待了兩天。[52]

隨後，大家都同意拉珠阿旺的意見，即必須遵守27點軍紀，大家也都同意拉珠的作戰計劃，即把所有戰士部署到整個南部地區，以守衛雅魯藏布江各個渡口。然而，當他們開始討論攻擊中國車隊，同時重新部署部隊時，拉珠阿旺獲悉，四水六崗內部曾經發生過一場非常嚴重的分裂，這可能會妨礙他的計劃，即前面提到的夏格‧南嘉多杰團與拉加里司令部之間的爭端。他們向拉珠強調，他必須立即去拉加里司令部，詳細了解發生了甚麼事，以及可以做些甚麼來補救。

拉珠同意了，他大概於1958年12月25日（藏曆11月中旬）到達了拉加里。那裏，他只找到了幾百名戰士，以及司令部的「民事」官員（འཛིན་སྐྱོང，音譯佐津）。另有500名戰士被分散到瓊結、扎其和扎囊（譯註：又稱扎朗）等地。此外，在夏格‧南嘉多杰手下的一個團裏還有700至800名戰士，他們位於山南以東的塔布/工布地區。然而拉珠阿旺被告知，夏格拒絕服從拉加里司令部的命令。

拉珠阿旺在離開前會見了貢布扎西任命的領導人，討論了局勢，他回憶：

> 我在會上講了恩珠金達〔貢布扎西〕的想法，我們如何打了很多仗，以及我們的計劃。那時，大家非常尊重我……。我告訴他們，「我們都必須犧牲一切來對抗漢人，保衛達賴喇嘛的安全。這兩件事是我們唯一的職責。」……我們舉行會議，討論為戰爭做準備，特別是從塔布召回所有那些戰士的必要性。然而，拉加里的領導人一再告訴我，夏格團的戰士不聽從總部的指揮，基本上他們已經在塔布建立了自己的自治基地。

拉珠阿旺進一步解釋了他們對他說的話，

> 他〔夏格〕自願去尋找並帶回恩珠倉（貢布扎西），但他沒有這樣做，而是在塔布待了幾個月。〔因此〕塔布的米色頭人向司令部遞交了請願書，要求我們召回他們，因為當地民眾無法繼續向這些戰士提供這麼長時間的補給。民眾的請願書說，「我們將為你們的人和馬匹提供任何需要的食物，但是如果戰士們在塔布待很長時間，那將會給我們造成困難，所以我們請求司令部把他們召回山南。」因此，司令部向夏格‧南嘉多杰發出命令，說他要麼現在離開去找貢布扎西，要麼回到位於拉加里的基地。[53]

夏格‧南嘉多杰拒絕了這一命令，他在回信中說，「我要把恩珠金達（貢布扎西）帶回來。也許我們能把他帶回來，也許我們會徹底毀滅。但我向三寶發誓，在那之前我們不會回去。」[54]當時，貢布扎西仍在碩達洛松地區，拉珠阿旺在彭波。上一章提到的事件表明，當西藏政府的宗本向夏格‧南嘉多杰投訴他的部隊的侵害行為，夏格傲慢地拂袖而去，這說明他和他的戰士們在塔布/工布橫行霸道。

儘管聽到了凡此種種，拉珠阿旺告訴主基地的領導人，他們必須派代表到塔布把夏格的部隊帶回拉加里，因為在他看來很明顯，為了確保把漢人趕出山南，四水六崗需要所有的戰士。然而，拉加里領導人堅持認為他們做不到這一點，因為他們與南嘉多杰及其手下的關係很緊張。相反，他們勸說拉珠親自去見南嘉多杰。他回憶道：

> 領導人告訴我去和他們〔夏格和其他人〕談談……。「如果你去給他們講恩珠金達（貢布扎西）的故事，他們會聽你的。否則，如果我們去了，他們聽不進去。」當時，那些在主力團的人和夏格相處得不好，他們說「那個人〔夏格〕」是另外一回事。事實上，我們都是志願軍，沒有人得到任何薪水，所以如果人們沒有以正確的方式思考，那麼下命令就不會很好。只有恩珠金達的命令對每個人都有效。我一直在北方非常努力地工作，已經出名了，他們〔夏格部隊〕可能聽說過這個，所以拉加里的領導人說他們會聽我的。[55]

因此，拉珠阿旺和另外兩名指揮官一起前往塔布，其中包括著名的康巴領袖昌都朵次。正如拉珠在下面解釋的，他取得了成功，但是即使他聲望日隆，這也不容易。

當他們第一次到達塔布時，夏格和他的人已經去沃卡曲龍尋找貢布扎西，所以拉珠和其他人不得不往回走，在絨魯岡渡口過河，然後前往〔河的北面〕沃卡曲龍。拉珠回憶道，當他在那裏追上夏格的部隊時，

> 昌都朵次和我讓他們召集一個會議，因為我們必須討論一些事情。那次會議在沃卡曲龍寺的樓上經堂舉行……。那時，所有的大人物都在那裏。像夏格·南嘉多杰、里塘·阿洛達瓦、德格頭人普瑪日南和巴瓊本等等。有來自昌都、鄉城、芒康和察雅的人。總共大約有600到700名騎兵。

　　我詳細地告訴了他們發生在恩珠金達身上的一切，講了山南的危險，講了中國卡車和士兵到達山南〔澤當〕的情況，〔以及我的部隊的伏擊情況〕……。我還説，雖然貢布扎西很重要，但你們打算怎麼找到他呢，因為你們不知道他到底在哪裏。即使你能去〔找到他〕，你們怎麼回來，因為你們的馬匹筋疲力盡，貢布扎西已經把他的〔疲憊的〕馬和民眾的馬交換〔，這樣你們就換不到休息好的坐騎了〕。所以與其這樣做，你們應該小心，只派信差。此外，如果貢布扎西〔一個人從一條路〕回來，而你們從另一條路上去，貢布扎西將不得不派人去把你們帶回來。

　　會議持續了三天，但〔沒有取得任何進展〕，因為南嘉多杰和他的人已經發誓，在他們帶回貢布扎西或所有人死亡之前，他們永遠不會回到〔拉加里〕……。他們根本不聽我們説話，所以一天晚上我去看夏格・南嘉多杰，因為他是主要人物。我跟他説，我們出去走一會兒……。然後我告訴他，我有件事要告訴你，我甚至還沒有告訴我的親戚或者和我一起分享食物的人，甚至也沒有告訴阿洛達瓦〔拉珠在這裏的理塘同胞〕。我告訴你，你應該記住，並好好考慮一下，但是首先你必須發誓你永遠不會把〔我告訴你的〕事告訴任何人。所以我們用槍指着頭宣誓。這是康巴人的習俗。他問我怎麼了。

　　我告訴他，他應該仔細考慮我説的話。貢布扎西非常重要……但是最重要的是尊者達賴喇嘛。尊者不能再留在拉薩了，所以如果我們不能在山南制定一個好計劃，如果山南的〔四水六崗〕各團力量分散，我們很容易被打敗。如果發生了那樣的事，我們被消滅了，那麼一切都將毫無用處。因此，你應該仔細考慮一下。

　　〔在另一次採訪中説，他説他補充道，〕我告訴他，我已經和帕拉大管家談過了，〔他説〕達賴喇嘛不能再留在拉

薩了……。〔帕拉和他的人〕將會在〔拉薩〕內部小心地工作，而你們（四水六崗）必須盡最大努力，在外面做好準備。所以我告訴他〔夏格〕，「因為達賴喇嘛不能再留在拉薩，恩珠·貢布扎西更重要還是達賴喇嘛更重要？我們必須非常仔細地做這項工作。」……對此，南嘉多杰說：「你說得很好，所以明天〔在會上〕昌都朵次和你應該就〔該做甚麼提出建議〕，我會說我同意你的意見。」……

第二天，當我們舉行會議時，夏格·南嘉多杰不遺餘力地表揚我……然後他說：「今天，朵次和你應該給我們下命令，我們必須服從。我們不要考慮那些小事情。」這時，所有人都在看着南嘉多杰的臉。

對此我說，「我們沒有任何命令給你們。但你們應該發誓，無論南嘉多杰要求你們甚麼，你們都同意。」然後我取下一尊佛像，告訴他們，「昌都朵次和我來這裏是為了共同的事業，我們沒有任何私人目的。」然後，昌都朵次和我首先把佛像放到我們的頭上，然後我把佛像放到他們所有人的頭上。我們發誓要互相信任。

之後，我告訴他們，「恩珠金達很重要，但是主力團的情況非常危險。達賴喇嘛留在拉薩很危險。如果我們不能在山南制定一個好計劃，我以三寶發誓，這將導致我們自己的毀滅，也會毀滅其他人。我們知道這件事，來這裏就是為了這個目的。」然後他們都讓我下命令，但是我告訴他們我沒有命令要給你，但是我認為我們應該在山南和塔布召開一次四水六崗所有戰士和領導人的會議。你們已經以三寶發誓，你們不會回到〔拉加里的〕主力團，那我們在絨魯康渡口會合〔即在一個「中立地點」〕。每個人都同意這一點，所有的指揮官、佐津和戰士都去了絨魯康渡口。我們藏曆12月1日到6日〔1959年1月10至15日〕在魯康渡口舉行了會議……。

　　集合在一起之後，我們〔制定了一個保衛所有南部主
要地區的作戰計劃〕，並把戰士分散作戰，我們計劃在貢噶
以上轟當以下地區成立一個團。然後士兵們被派去熱瑪渡
口。阿洛達瓦被任命為指揮官，他被派往桑耶。我們派遣
了大約300至400名來自昌都、德格和芒康的騎手到沃卡
增期，在工布加興、巴拉和林芝發動游擊戰。所有這些都
完成了，所以我們會盡快開始戰鬥……。我們還派遣部隊
到浪卡子和後藏站崗警戒，因為那裏沒有太大的戰爭危險
……。我們派了察雅喇嘛阿珠、安多·列協和木雅·阿布
雲登以及大約150名騎手去浪卡子。此外，理塘·貢噶桑
丹、昌都·羌日拉結和德格·曲多本被派去防衛從貢噶宗
到轟當的地區，並對從堆龍楚布開下來的卡車發動游擊戰
……。他們有大約700名士兵……。

　　會議還決定進攻澤當。為此，我們為此集結了大約500
名騎兵，包括我、來自察雅的阿旺雲登、來自大金寺的賽
賽和巴青以及巴巴·根阿列。[56]

　　事實上，拉珠阿旺不喜歡澤當計劃，也不想參與進攻一個戒
備森嚴的營地，所以拉珠告訴他們，他正計劃制定軍事計劃，在
各地打游擊戰。然而，大會上的其他領導人和戰士堅持要這位理
塘英雄跟他們走，所以他們說，在決定之前，我們必須諮詢護法
神。結果，神諭說拉珠阿旺司令應該參與澤當戰役，因為他有
能力去完成這一任務。於是大家都說他必須去澤當打仗，他只好
去了。

　　拉珠阿旺的不情願並不奇怪。康巴戰士在四川和西藏正面進攻
防禦營地時表現糟糕，即使他們人數超過中國人。這種襲擊通常造
成某種包圍形勢，一直持續到中國援軍到達，這時康巴人只能選擇
逃跑。這種情況在四川一再發生，在西藏也是如此，例如，1959年
1月，貢布扎西進攻波窩扎木，但無法佔領這個裝備精良的營地，

當成都軍區的增援部隊抵達時，他不得不逃離。此外，這種模式在1958年10月曾在澤當發生過一次。

第一次進攻澤當

在貢布扎西前往甘丹青柯寺之前，四水六崗的軍事司令部曾討論過在澤當攻擊中國人的問題，因為澤當是山南（雅魯藏布江以南）唯一的中國分工委，但貢布扎西和其他高級指揮官如拉珠阿旺不同意。貢布扎西想等到他帶着他的戰士和新武器回來，然後計劃一次攻擊。中國人不會從那裏出發去攻擊哲古塘，所以他覺得沒有甚麼可急的。拉珠阿旺回憶：「我們說過，如果我們只採取小規模的進攻，如果我們不能在澤當打好仗並消滅漢人，那麼他們漢人，會學習如何應對我們，這不會有甚麼好處，所以我們就不管它了。」[57] 然而，兩個月後當貢布扎西不在時，四水六崗決定進攻澤當，他們於1958年10月22日這樣做了，當時朗色林正抵達山南。正如前面提到，朗色林在一些戰士去戰鬥的路上遇到了他們，並建議他們暫時不要進攻，但他們不聽，繼續前進。

澤當的中國人大多住在崗布，那裏是他們的分工委大院，位於距主城區約800米的山坡上。那兒駐紮有一個連的解放軍部隊，約100至200人，以及位於澤當鎮附近的一個排，大約有25人。然而，所有非軍事幹部都接受了如何使用武器和抵禦攻擊的培訓。此外，中國人修建了包括地道在內的堅固防禦工事，擁有良好的通訊設備，重要的是配備了輕重機槍和迫擊炮。這個營地不容易被康巴人佔領。

一份中國官方資料解釋了第一次襲擊：

叛亂武裝攻擊我澤當守備分隊。以甲馬·桑培為首的叛亂武裝700餘人，於22日夜向我解放軍駐守山南澤當鎮的守

備分隊（一個連）發起攻擊，我以火力還擊後，敵退去。23
日夜，叛亂武裝又先後向我攻擊四次，均被我打退。25日
叛亂武裝全部撤退，我共殲敵50餘人。[58]

另一份中國資料更詳細地解釋了這場戰鬥。這一記錄說明問題
所在，表明了雖然康巴人打得很好，但他們沒有足夠的重型武器，
如迫擊炮和火箭筒來壓制這些人數不多但裝備精良、防守嚴密的守
軍部隊。

根據敵人的囂張氣勢，九連和工作隊估計敵人要向九連進
攻。15日，工作隊黨委和九連幹部共同研究，決定除加強
戰備和兵力布置外，在澤當和崗布之間要加強警戒，澤當
離崗布一公里，要注意兩地聯絡，在陣地上要配置機槍值
班，要爭取盡早發現叛匪，不給叛匪以突然襲擊的機會。

17日、18日，駐在頗章、瓊結兩地的叛匪，開始向乃
東、澤當方向運動，共約700餘人，在昌珠一個村裏召開各
地頭人和叛匪內部幹部會。

22日夜4點鐘左右，叛匪向九連駐地山上運動，引起
沿途狗吠，凌晨5點鐘左右，叛匪全部佔領崗布和澤當周
圍的山頭，開始構築工事。叮叮噹噹的響聲，狗叫聲引起
九連崗布哨兵的注意，哨兵判定是叛匪後，馬上報告連指
導員。指導員立即帶領所有幹部進入陣地觀察，確定是叛
匪，即命令部隊立即隱蔽進入陣地，同時與駐澤當的二排
聯繫。但電話線已被叛匪割斷。指導員立即派通訊員通知
二排，但由於天黑，通訊員趕到澤當時戰鬥已打響。

7時50分，叛匪開始向九連陣地射擊……

叛匪300多人佔領崗布周圍山頭，利用排子槍和冷槍結
合，牽制和封鎖九連主力的機動，阻擊增援澤當二排，利
用400餘人猛攻澤當二排，想以十倍於二排的兵力吃掉二

排，再回頭來吃九連主力。由於二排奮力抵抗，叛匪的猛撲沒有成功，叛匪立即組織火力向二排發起攻擊，終因二排火力較強未攻下。天亮後，叛匪怕白天進攻會吃虧，便停止對二排的攻擊，仍用排子槍和冷槍相結合困住崗布和澤當九連的部隊。

23日整個白天叛匪都沒有進行攻擊。夜12點至凌晨1點，叛匪開始向澤當醫院的北面平地和南面比二排陣地高的多吉的住房運動，同時由東林卡利用堤埂向距此100多公尺的澤當陣地移動，凌晨2點左右，叛匪利用明亮的月光，憑藉多吉房子有利地形，用排子槍掩護想突破二排南面矮牆，突入牆內。叛匪衝擊時，二排的機槍、步衝槍火力猛烈射擊。叛匪遭到猛烈的射擊後立即後退，又轉變方向，從二排北面及東北角進行衝擊。叛匪接近圍牆幾十公尺，最近的只有十幾公尺，二排輕重機槍、步衝槍一齊向其開火，眼看叛匪支持不住，因為塵土較大，九連二排的重機槍出了故障，停止射擊，機槍手一面排除故障一面提醒副指導員戚學快調機動輕機槍掩護，一邊還朝衝擊的叛匪投手榴彈。眼看叛匪就要衝到圍牆邊了，有的只隔幾公尺，重機槍排除了故障，略略略地叫起來，終於又把叛匪打退。半小時後，叛匪重新組織兵力，以多吉的房子為隱蔽，在東林卡叛匪火力掩護下，從東北角憑藉房屋有利地形向二排進攻。此時月亮已墜下，叛匪用手電筒照着向二排衝擊，二排早已發現叛匪，待叛匪衝近時，副指導員戚學命令部隊一邊射擊一邊猛朝叛匪投手榴彈，叛匪因傷亡較重又退回，不久又組織進攻，衝到二排最近的一座民房邊，用煤油燒民房，並將澆有煤油的草捆扔到二排房腳下，並想法引燃，企圖用這個方法燒掉二排住房。但由於風向不對，叛匪這一招沒有得逞，但叛匪趁着濃煙令二排視線不好，又向二排發起猛攻。二排幹戰因視線不好，只

能憑藉火力壓住叛匪。叛匪進攻未成，又在南面將老百姓
堆在打麥場上的三堆草點燃，借着火光向二排衝擊，由於
二排火力太猛仍未成功，……。不久叛匪又發起進攻，有
兩挺機槍架在多吉的房上，對二排造成很大的威脅。

　　為了打亂叛匪的指揮和進攻。戚學向指導員請求用82
迫擊炮向圍攻二排的叛匪實施炮火壓制。指導員立即命令
炮火支援二排。戚學負責觀察炸點和指示目標，用報話機
報告炮陣地，共打了32發炮彈，多吉房上命中8發，使房
上原來大喊大叫的叛匪此時鴉雀無聲，在炮火支援下，二
排才打退叛匪的進攻。

　　凌晨5點，叛匪停止攻擊，白天一天叛匪仍未對二排發
起攻擊，借此機會，戚學和工作隊幹部一道開會，分析研
究下一步叛匪可能採取進攻的方法，並對部隊進行動員，
要求輕傷不下火線，針對紀律不嚴，有兩個戰士沒有隱蔽
好被叛匪打傷的情況而作了嚴肅的批評。……

　　叛匪由於兩夜進攻傷亡較大，所以晚上沒有向二排進
攻，因為昨天晚上二排傷亡較大，所以二排戰鬥情緒不
高，戰士也有厭戰情緒，二排長朱進雲對部隊又進行動
員，宣布了戰場紀律，如有臨陣逃脫，貪生怕死的一律執
行戰場紀律，使部隊情緒得到穩定，等待叛匪進攻。

　　24日夜至25日叛匪都沒有對二排發起攻擊，第四天叛
匪陸續隱蔽撤走，留下少數人員打冷槍掩護，九連陣地雖
未被叛匪攻破，但傷亡較大，這一仗解放軍也算吃了虧，
叛亂武裝還是佔上風，這就增強了噶廈上層反動集團叛亂
的信心。他們對西藏工委、西藏軍區的多次責成平叛置之
不理。[59]

　　參與進攻的四水六崗指揮官之一賽賽也描述了發生的事情，儘
管細節不多，

當我們進入崗哨和房子時，我們許多人都被殺了……。我
也被槍擊受傷，臥床兩個月。戰鬥持續了15天，但我們無
法攻下他們的建築，所以我們撤退了……。漢人向我們扔
手榴彈，但我們沒有任何東西可以扔回去，所以我們只是
把一些水或尿放在瓶子裏，扔向他們。我們無法佔領他們
的建築，但是我們殺了漢人，我們中的許多人也死了。[60]

賽賽説的持續時間是不正確的，但是他同意中國對戰役結果的
描述。康巴人和中國人都遭受了許多傷亡，而最終四水六崗未能在
那裏打敗中國人。藏軍的一名甲本格扎，儘管強烈支持四水六崗和
叛亂，但他對康巴人在澤當的策略非常不滿。他説：

他們在哲古塘成立之後，曾在澤當打過一兩次仗。這就像
教漢人變得聰明，因為他們發起戰鬥，然後離開，然後再
戰鬥；因此，結果是漢人做好了準備，〔學會了如何應對他
們的進攻〕。[61]

儘管攻打澤當失敗了，但在1959年1月的四水六崗會議上決
議，如果要把中國人趕出山南，他們必須再次攻擊位於澤當的中國
分工委。然而正如我們上面看到的，澤當剛剛從拉薩接收了許多卡
車的武器和補給，還得到了額外的部隊，所以這將是一項比第一次
戰役更加艱巨的任務。

第二次進攻澤當

第二次澤當戰役始於1959年1月中旬的白天，當時數百名四水
六崗戰士襲擊了崗布的分工委大院。中國人有時間做好準備，既加
固了他們的建築，又建造了精心設計的地道和地洞。儘管四水六崗
人多勢眾，但是他們還是未能佔領分工委大院。然而，與1958年

的第一次系列進攻不同，這次康巴人沒有撤離，而是包圍了中國設施，並發動了持續74天的全面圍困。[62]拉珠阿旺解釋說，這場戰役於1月19日打響，

> 於是，我們從藏曆12月10〔1959年1月19日〕開始在澤當作戰。我們已經做好了各種準備……。我們圍攻他們。
>
> 漢人準備了大量的水和食物……。我們打了三四個月。所有的戰鬥都是在晚上進行的。傷亡人數很多，但我們無法趕走他們。我們攻進了地道／地洞，在那裏戰鬥。地洞像房間那麼大。戰鬥變得很激烈。[63]

一份中國資料對此次襲擊和圍攻的描述如下：

> 山南分工委採取了迅速有力的行動：立即動員，組織全體幹部、職工、家屬，投入反擊包圍，保衛機關的戰鬥行列。除分工委南北兩側高地由部隊守衛而外，機關駐地周圍的防守任務全部由地方同志分擔。當時，分工委所屬單位男女老少加到一起不過100餘人，其中相當一部分同志缺乏戰鬥經驗。……
>
> 25日的全面包圍後，敵人迫不急待（譯註：中文原文如此，應為迫不及待）地調集兵力，於26日和27日，向我分工委兩側高地展開了猛烈攻擊。在敵眾我寡，敵強我弱的形勢下，敵人迫近了我們的前沿陣地，我們的防線被突破了。緊要關頭，我英勇的人民解放軍戰士，奮起抗擊，浴血奮戰，終於擊敗了敵人的進攻，保住了陣地，保住了機關，使敵人妄圖吃掉我們的陰謀徹底破產。
>
> 但是反革命叛亂分子的野心並沒有因為進攻的失敗而收斂，相反，野心在膨脹，陰謀在繼續，手段更加毒辣狡詐。
>
> 我們駐地周圍，敵人開始修築新的工事、戰壕、坑道。長長的坑道，像一條條毒蛇伸向我們，威脅著我們。

地面上，他們向我們發起頻繁的攻擊，有時聲東擊西，有時兩面夾擊，有時重點攻其一方。而他們的根本目的，是用地下爆破，奪取我們的據點，步步逼近。……

經過多次較量，敵人也開始懂得：用武力吃掉我們不是那麼容易的。於是，採取了新的花招，切斷了我們的水源，切斷了我們的燃料運輸，聲稱要將我們困死，餓死。我們這一支拖兒帶女的隊伍，又將面臨一場新的鬥爭。……

地上的水源斷了，但人類的母親——大地，是會用豐富的地下水源來滋養自己英雄兒女的。雖然，部隊和分工委的同志總共只有一口井，但是，大家都抱着只要有一口水，我們也要生存和戰鬥下去的決心。在保證生活需要的前提下，同志們自覺地減少用水，隔幾天才輪着在一盆水裏洗一次臉。飲水，首先照顧傷病員同志，至於洗衣服，那就免了。……

為了解決燃料問題，同志們紛紛獻策獻計，恨不得把一根火柴棍也當作一根青柄柴來使用。在指揮部統一部署下，一批批砍柴小分隊開始活躍在敵人監視下的林卡裏。在敵人眼皮下奪取燃料，需要膽量，體力，更需要機智靈活，……

外出砍柴，我們都是在夜間進行。為了確保安全，除小分隊同志隨身攜帶武器外，每次還派專門的武裝人員在敵我之間一處高地上，負責監視敵人。由於同志們的機智勇敢和嚴密的組織紀律，一般都進行得很順利，常常滿載而歸。我們的陣地上依然炊煙嫋嫋，熱氣騰騰。當然，我們也十分注意節約用柴，要是蒸饅頭，一次蒸出夠幾天吃的，切成片曬乾，餓了就啃幾片，再喝幾口涼水。

時間一長，我們的砍柴活動被敵人察覺了。有一次，他們事先搶佔了我們監視的高地，我們的小分隊剛一出

發，就和他們遭遇上了。但因我們事先作了各種充分的準
備，戰略上處於主動地位，又有了多次成功的經驗，足以
對付一小股敵人的搗亂。當時，全副武裝的同志們奮起衝
向高地，經過一場搏鬥，趕跑了敵人，小分隊安全勝利撤
回。……[64]

在北京，第二次澤當戰役是一個非常重要的事件，引起了中國
軍委主席彭懷德的注意，

當時在軍委主持工作的彭老總〔彭德懷〕指示我們：山南這
個地方要守住，堅持下去。堅持就是勝利。[65]

最後，雙方都聲稱勝利了。中國方面雖然寡不敵眾，被圍困
了兩個多月，但仍保住了澤當，得以在山南雅魯藏布江以南站穩腳
跟。西藏方面雖然未能佔領澤當，但成功地限制了中國人，不允許
他們增加在澤當的兵力和實力，也不允許他們擴展到山南的其他地
區。因此，在3月10日的示威遊行後，四水六崗能夠向帕拉保證，
山南逃亡路線對達賴喇嘛來說是安全的，因為那裏完全沒有解放軍
部隊；儘管可以肯定的是，這主要是北京下令不允許解放軍在拉薩
或山南繼續進攻的結果。

當這場戰役在澤當進行時，四水六崗其他小隊被部署保衛不同
的河岸渡口，並尋找機會伏擊中國車隊。

因此，拉珠阿旺司令在著名的貢嘎伏擊後抵達山南，對山南的
四水六崗產生了重要影響，並重建了更嚴格的內部紀律，堅持了四
水六崗總體的指揮結構。人們不禁要問，如果貢布扎西能夠按照他
的計劃，於1957年9月從甘丹青柯寺立即返回哲古塘，或者如果他
根本沒有離開，叛亂會有多大的不同。

朗色林和四水六崗代表團訪問噶倫堡

到達山南的四水六崗總部並向他們宣讀噶廈的法令後，朗色林和桑覺試圖與康巴人和地方各宗官員合作，建立一個更有組織、更有效率的系統，持續向康巴人提供食物和補給，並減少對當地藏人的傷害。朗色林和貢布扎西一樣，堅信從長遠來看，沒有當地社區的支持，在西藏反抗中國人的叛亂是不會成功的；如果康巴人在山南偷竊並蠻橫地對待當地人，這將很難維持下去。

朗色林也清楚，叛亂要想成功，就必須招募當地藏族村民，成立民兵團，大幅擴大規模，這些民兵團將與四水六崗並肩作戰。朗色林正考慮在西藏南部招募一萬名民兵戰士。然而，由於衛藏人通常沒有自己的私人武器，這意味着要獲得大量槍枝彈藥才可令他們成為一支有生命力的戰鬥部隊。此外，他們和四水六崗此後將需要穩定的武器彈藥供應。其中一些或許可從中國人那裏繳獲，但是對於四水六崗來説，找到一個安全的武器來源至關重要，這樣他們才能在西藏的多個地區持續戰鬥。

然而，正如我們所見，帕拉已經明確表示，他不能從拉薩的軍械庫提供這種武器，表面上仍然需要維持漢藏合作，因此這種支援必須來自西藏以外——來自印度、臺灣、中情局，或者假設，秘密購買軍火並走私到西藏。朗色林認為至關重要的是，四水六崗應立即派遣一個由領導人組成的小型代表團前往印度，試圖獲得美國和／或臺灣甚至私人軍火商的具體外部支持。

朗色林也開始招募當地的西藏民兵，期望獲得更多的武器。山南拉康宗的宗本強巴雲登説，朗色林指示他招募新兵，他回憶起發生的事情，

> 那時，在拉加里，孜本和堪窮（朗色林和桑覺）來了，成為了最高領導人。他們給拉康（宗）發了一份法令，告訴我們

招募18到60歲的人。我們從拉康宗招募了大約25名志願者。我們給他們做了全新的衣服和鞋子，但是他們沒有任何武器。我們釀了青稞酒，給他們舉行了一個法會，供奉了神靈，並讓神諭進入出神狀態。然後我們把他們送到拉加里，他們再從那裏去作戰需要的地方。他們只是未經訓練的民兵。後來〔起義後〕，當所有的人都逃〔到印度時〕，他們回到了家鄉……。

問：你收到朗色林和桑覺關於招募民兵的命令了嗎？

答：是的。

問：在那之後，你是如何召開會議的？你告訴誰應該來參加民兵志願軍？

答：我告訴了宗管轄的人民……「現在形勢已經到了危急關頭。如果我們繼續這樣下去，唯一會發生的事情就是被漢人吃掉。現在，四水六崗和山南各宗的所有人都在努力阻止漢人。所以如果我們不去和他們一起努力，那就不對了。政府正在走向失敗，如果政府失敗了，我們將得不到任何支持。」當我這樣告訴他們時，志願者們一個接一個地站了出來。然後，該協會籌集資金，製作衣服，給他們旅費，任命一些頭目，並把他們送到拉加里。他們不得不從拉加里得到津貼〔食品〕，但是在那之後，沒有人管他們，所以他們就回來了。[66]

1959年1月中旬，朗色林在山南和塔布等鄰近地區招募新兵時，一排藏軍正規軍被秘密「派往」後藏，在那裏幫助招募和訓練民兵。藏軍協俄〔排長〕南嘉旺堆是這隊藏軍中的一員，他回憶了這次訓練這些新招募的農民民兵的秘密任務：

我帶去了一些〔藏軍〕士兵和武器，他們需要有人秘密去哲古塘，而不涉及藏軍總部、政府或各藏軍團的參與。他們全部〔他帶去的士兵〕都有能力做教官，因為如果我們要在

南部地區發展民兵武裝，那麼他們就必須接受訓練。所以我們帶走了所有的尖兵。然而，這個秘密組織是從哪裏來的，我不太清楚。但我知道洛桑益西大人和我們的代本（繞噶廈）以及總司令都在這個組織裏。他們私下告訴我最好去〔哲古塘〕，所以我沒有徵求任何人的同意。我一個人去，這樣就沒有人會為此受到責備。如果我問了，那麼我們的工作就有危險了，所以我自己決定離開。離開前，我留了一封信說明這一點。[67]

南嘉旺堆進一步闡述了計劃這項活動的組織，

丹巴行康（譯註：地名，即丹巴）的洛桑益西是一名前僧官，他之前去過北京學習，所以他對中國的政治和政策非常了解。然後是我們的總司令江金羅果・洛格拉，還有其他政府官員。他們有一個秘密組織。從他們的角度來看，他們認為，如果我們不從各個地區招募一支強大的民兵隊伍，叛亂就搞不成。他們希望每個地區建立自己的民兵組織。當這些組織成立後，他們可以與〔西藏政府的〕司令部秘密建立聯繫，並秘密獲得武器。所以有這樣的計劃，當他們說需要政府官員、軍人和貴族〔來為此工作時〕，他們認為洛桑益西是一個合適的人選，因為他受過良好的教育，已經在這個秘密組織裏，所以他決定離開〔拉薩，去執行這個任務〕……。

問：他〔洛桑益西〕和阿旺僧格是同一個人嗎？

答：是的。所以洛桑益西和我討論了這個〔計劃〕，然後我和我們江孜團的代本〔繞噶廈〕討論了這個計劃，並告訴他洛桑益西說過這樣的話。那時，我們的代本很喜歡我們。他說這是非常秘密的談話，所以你必須確保沒有人知道這件事。如果你能去，那很好，但是你必須確保沒有問題。所以我決定要去。我是協俄（འགུལ་པོ），我帶着另外一個協俄以

及30名士兵。他們全副武裝，還帶了兩支布倫槍。洛桑益西和一些安多人和我們一起去了，我還帶了一些來自察瓦龍和居巴的康巴人，所以我們一行人秘密離開了拉薩。

我們的計劃是去和山南的貢布扎西聯繫，然後去後藏。既然四水六崗都已經在山南了，我們就打算在後藏招募民兵〔後藏當時沒有〕。當我們穿過熱瑪崗渡口，經過本扎渡口，到達貢嘎時，那裏有一些四水六崗的人，比如江日拉杰和理塘·貢嘎桑丹。他們說貢布扎西在波窩和工布，據說他很快就要到了，所以請等在這裏。既然我們要和他聯繫，我們決定留下來等着。

洛桑益西派了兩個人帶着一封信〔去找貢布扎西〕，信中說，我們已經到了，這是我們的計劃，所以我們想和你討論一下，如果你能盡快來南部地區，那就太好了。他的回答說他很快就會來，所以我們在那裏等了兩三個月。當我們在那裏逗留的時候，我們把信件和人送到了附近的地區，如曲水、轟唐和後藏，大約100名志願民兵從後藏陸續到達……但是因為我們在等貢布扎西，所以我們不能去後藏。

與此同時，在澤當崗布，許多漢人已經堅守在那兒，無法趕走，所以每天都有戰鬥發生。由於我們的藏軍士兵受過訓練並且經驗豐富，他們〔康巴人〕向〔我們〕尋求幫助，所以我派了大約10到15名士兵到他們那裏，他們一直在那裏戰鬥到1959年〔起義〕。所以有一些部隊和我在一起，一些民兵和我在一起，洛桑益西也在。後來，大約有五六十個安多人希望洛桑益西成為他們的領袖。所以我們都在一起。然後3月10日拉薩發生了起義。[68]

具諷刺意味的是，許多康巴人不僅懷疑朗色林的動機，而且懷疑中情局在山南的兩名代表阿塔和洛次的動機。拉珠阿旺解釋了康巴人不信任他們的一些原因：

當時，阿塔和洛次正在向美國發送無線電報。美國有一個長遠的看法，他們想先進行培訓，但我們的思維很短視，他們不知道這一點。在〔1958年10月的〕第一次空投中，他們投下了一些扎西卡林步槍（李恩菲爾德卡賓槍），裏面裝着五發子彈……。他們還投擲了大約20支斯登衝鋒槍和一些迫擊炮。這對於訓練來說是可以的，但是我們正在戰鬥，我們需要立即得到〔大量〕武器。

問：那麼，當朗色林說他將招募當地民兵時，你們這些人（四水六崗）在想甚麼，打算做甚麼？朗色林認為民兵和你們會一起戰鬥嗎？

答：如果我們有武器，我們會一起戰鬥。〔然而，〕朗色林不能給我們下命令，因為我們都不認識他。我們只知道他是恩珠金達〔貢布扎西〕的朋友，但我們不知道他的計劃。在四水六崗，我們有自己的頭人……我們都是志願者，自己買槍和馬〔，我們的裝備不是從西藏政府那裏得到的，我們認為朗色林代表西藏政府〕。所以朗色林沒有理由下命令並要求我們服從他的想法。我們不是一夥的。然而，朗色林告訴當地民眾，四水六崗正在捍衛我們的宗教，你們必須對他們有耐心。四水六崗從你們這兒拿東西，會開具收據，將來〔西藏〕政府會處理這些。朗色林打算組建一支民兵隊伍。如果武器來了，他們會得到武器並接受訓練。

問：康巴人同意嗎？

答：由於沒有武器支持，這個計劃是空的……。沒有武器來源，民兵沒有用。所以武器沒有來，民兵也無法招募。那時，是達賴喇嘛離開的時候了。所以他們兩個〔朗色林和桑覺〕的計劃只是巧婦難為無米之炊……。

問：當你在哲古塘的時候，你有沒有通過阿塔發電報請求美國供應你們很多武器？

答：是的，我們發了電報。

問：美國說了甚麼？

答：我們不知道阿塔是否發送了這些信息。朗色林和那些人也告
訴我們，他們必須盡快發送信息。我們還說，我們很快就需
要武器，如果我們得不到武器，那就不妙了。我們告訴他們
〔阿塔和洛次〕，我們需要武器。然而，在我們戰鬥的時候，
他們帶着15、20名〔康巴〕警衛去了山裏。[69] 所以我們真的
沒有遇到他們。他們在秘密發送無線電報，他們信不過〔我
們〕。事實上，他們應該相信我們，因為我們在和漢人打仗
……。我們急需武器，所以如果他們用緊急方式發送無線電
報，說我們有這麼多人在打仗，但我們沒有武器，他們可能
會得到武器支持。他們〔阿塔和洛次〕沒有做好他們的工作。
所以我們在這件事上也和他們打了幾場口水戰。[70]

儘管存在這些毫無根據的懷疑，但在1959年1月，朗色林說服
了三位非常重要和有影響力的四水六崗領導人專程前往印度，希望
尋求武器和資金支持；主要向臺灣，也向其他國家。對於在山南戰
鬥的叛亂分子來說，他們很高興美國已經開始提供武器，公開支援
四水六崗，但是，在1958年10月的第一次小規模空投之後，中情局
並沒有繼續投下更多更好的武器，所以四水六崗和朗色林迫切希望
找到另一個更可靠更堅定的支持者。[71]

然而，正如拉珠阿旺所解釋的那樣，朗色林提議的印度之行引
發了公開的爭議，在戰場上作戰的四水六崗指揮官，與朗色林以及
四水六崗基地的佐津民政官員們意見不一。

朗色林與〔夏格·〕南嘉多杰、桑都·洛年扎和姜雜群則
討論，並決定派他們三人去印度……。[72] 那時我從北方回
來後，在澤當打仗。他們自己討論過這個問題後，給我發
了一封信，說必須派他們三個去印度，朗色林將留在拉加

里，擔任領導人。南嘉多杰將與國民黨建立聯繫，姜雜群則將公布四水六崗的計劃，而與嘉樂頓珠關係密切的桑都・洛年扎將把整個情況告訴嘉樂頓珠，看他能否盡快得到更多的支援……。

問：他們三人是否任命朗色林為恩珠金達〔貢布扎西在司令部的〕代表？

答：是的。他們討論了這個問題並任命了他。

問：你是說朗色林讓他們三個離開，而他們三個任命了朗色林？

答：是的，朗色林告訴他們，他將是總司令，他需要20名警衛。他們在這封信中寫道，如果人們同意，請簽上名字。

問：是不是主要是他們三個讓朗色林成為總司令？

答：他們也得到了〔司令部〕所有佐津和指揮官的同意。

問：所以他們〔寫信〕給你，澤當戰役的總指揮，對嗎？

答：是的。那時，澤當大約有10到15名指揮官和甲本〔བརྒྱ་དཔོན〕。我們開了一個會，在會上讀了這封信，我們讓所有的人都發表了意見。每個人都很激動……[73]

在另一次採訪中，拉珠阿旺澄清了他們憤怒的原因：

當時，在澤當戰場上，我打電話給六名指揮官和甲本，告訴他們這封信，並徵求他們的意見。他們說，「在這個時候，我們在這打仗，他們要逃到印度，因為他們想活命。如果他們有自己的生活〔要擔心〕，我們也有自己的生活。所以他們走了不行。我們不同意這一點。」因此，我給他們寫了一封信，說我們不同意這個計劃。然而，10、15或20天後，他們三個〔不顧這一回信，〕去了印度。

理塘阿塔也談到了朗色林的計劃，以及他自己未能影響朗色林或四水六崗戰士。阿塔解釋道：

當時，據説夏格‧南嘉多杰、姜雜群則和洛年扎要去印度與
國民黨和美國建立聯繫，以便迅速獲得武器支持。他們與朗
色林舉行了一次會議，然後他們三人被派往〔印度〕。這是
朗色林制定的一個差勁的計劃，結果並不好。貢布扎西不在
的時候，他們離開的三個人是四水六崗中的好手，但他〔朗
色林〕不讓他們留下來。他〔朗色林〕本來應該自己做點甚
麼，但這也沒有成功，因為四水六崗和朗色林吵了一架。

問：朗色林知道你們〔為美國人〕做的工作嗎？

答：他知道我們兩個在那裏，因為貢布扎西和朗色林很久以前
　　就很友好了。

問：如果他知道這件事，為甚麼還要派三個人想從臺灣尋求武
　　器支持？

答：當時……我們收到了〔四水六崗〕團的來信，問我他們三個
　　是否應該去獲得武器支援。我説，「他們去是沒用的。他
　　們不應該去。他們應該堅定地留在團裏，直到貢布扎西回
　　來。如果有人想討論武器支持，嘉樂頓珠和哲堪孜松以及
　　來自西藏三省的許多人都在噶倫堡，所以他們可以和那個
　　人談談。我們兩個從這裏一直保持聯繫。你們已經看到〔第
　　一次〕空投武器支援已經到達，所以你們應該考慮一下。如
　　果他們不支持我們，他們就不會空投武器。這些武器在〔四
　　水六崗內部〕分配了。所以你們應該考慮是否應該去。」但
　　是，他們不聽我的，他們去了噶倫堡。

問：那時，他們在想甚麼？他們認為〔來自美國的〕武器來得太
　　慢嗎？

答：是的。他們説武器來得太慢，也沒有多少武器。康巴人認
　　為他們需要武器來立即與漢人作戰。然而，美國人在想，
　　如果他們這樣做，漢人會壓制我們的主力，因為我們只有
　　幾千名戰士。當時，我們〔在山南〕徵召了〔當地〕18至60

歲的人。我們説不允許任何人待在家裏。

〔此外，康巴〕藏人沒有任何軍事組織和訓練。每個人都騎着一匹馬，他們〔一大群人〕一起走。整個地區似乎無法容納這麼多人。後來，我們不得不讓〔當地〕老人和小孩〔新兵〕回家，因為這個團似乎不知道如何前進。每個人都騎着馬，還有成群的牲畜。當我們到達一個地方時，我們無法得到食物和水。

根據美國的計劃和我們的訓練，人們應該保持小隊，有時他們甚至可以把武器留在家裏，必要時去務農。如果他們需要在晚上戰鬥，戰鬥結束後回到家裏，假裝他們沒有去打過仗。這就是〔我們從美國人那裏學到的〕游擊訓練。

但是康巴人根本沒有這麼做。他們只是騎着馬，拿着槍〔，大喊大叫，大笑〕。那樣做很難獲得甚麼戰果，對嗎？當時，也很難給他們任何訓練。甚至我們的親戚同伴也不聽我們告訴他們的那些技巧。那時，我拿走了掛在馬脖子上的所有鈴鐺〔，這些傳統鈴鐺在馬走動時會發出清脆的鈴聲〕，我把它們打碎，扔進河裏。所以〔那天〕我們一起行軍時，他們沒有掛鈴鐺。但是第二天，當他們〔不帶我〕去某個地方時，他們又把鈴鐺掛在馬脖子上。藏人有點喜歡這樣做。[74]

儘管如此，雖然阿塔和洛次以及許多四水六崗戰鬥指揮官反對，擬議的噶倫堡代表團仍按計劃離開。

四水六崗代表團在噶倫堡

1959年2月，桑都·洛年扎、夏格·南嘉多杰和姜雜群則抵達噶倫堡。嘉瑪阿珠，一位與桑都·洛年扎同鄉的四水六崗領導人，說洛年扎討論了他們兩人到印度後，代表團中發生的事情。

洛年扎告訴我，他們去見嘉樂頓珠，向他要錢和武器支
持，但嘉樂頓珠不同意，並告訴他們，他沒有錢和武器。
然後他們去問拉莫次仁〔嘉樂的秘書/助手〕，但他也沒有幫
忙……因此，這三人聯繫了〔噶倫堡的〕國民黨〔特工〕。臺
灣隨後同意向他們提供一定數量的槍枝和200萬印度盧比。
洛年扎說，「然而，當我們〔正要〕去國民黨〔敲定這件事的
時候〕，我們聽說哲古塘已經失陷，所以我們沒有聯繫國民
黨。」[75]

這是康巴人第二次與臺灣聯繫，儘管兩次蔣介石都同意支持叛
亂，但都沒有結果。

代表團還試圖從富有的西藏商人和貴族那裏獲得捐贈。貴族
官員擦絨仁希是其中之一，他受過教育、思想現代，當時住在噶倫
堡，他回憶這件事。

當時，桑都・洛年扎、夏格・南嘉多杰和嘉瑪倉〔實際上是
姜雜群則〕來找我，說他們想要募集一大筆捐款。他們說，
「漢人讓人民受苦，所以我們反對漢人。」我說，「我沒有任
何東西可以捐贈，因為我1958年3月才到達〔噶倫堡〕。我
只有一棟空房子，也只有一點錢來支付我的費用，但是我
會捐5,000盧比和一些藏幣，大概200至300秤，所以我會
捐這些。」他們說，「這根本不夠。」我說過我沒法捐贈更多
了。然後他們非常生氣，說：「這沒用，所以我們不會接
受。」我說，「如果你不接受這個，我也沒有更多的東西可
以捐贈。」然後他們告訴我，「你應該寫下你捐了這筆錢，
但是我們沒有接受。」我說，「好，」我寫道，「我剛到這裏，
所以我沒法捐贈超過這個數額，所以他們沒有接受。」然後
他們非常激動地離開了。那時候，嘉瑪倉〔姜雜群則〕和洛
年扎並沒有表現出多少〔生氣的〕態度，但夏格・南嘉多杰
離開時甚至撅了撅他的屁股，以示憤怒。[76]

儘管擦絨仁希實際上缺錢，因為他剛剛在噶倫堡為這個家庭安置了一棟新房子，但同樣重要的是要認識到，一些「見過世面」的西藏人，比如擦絨仁希和他著名的父親擦絨扎薩（他在1913至1925年間嘗試現代化，並倡導向西方思想以及民用軍用技術敞開大門，但是以失敗告終）看到這些試圖將中國人驅逐出西藏的起義計劃不周，也不現實。擦絨仁希回憶說，1958年秋天，[77]有一次，嘉樂頓珠和夏格巴試圖說服他的父親擦絨扎薩不要回拉薩，留在印度領導他們的運動。擦絨扎薩的回應揭示了他對西藏和印度局勢的更深刻理解，以及真正對中國發動叛亂需要做些甚麼。擦絨仁希回憶道：

> 當你的祖父〔採訪者是擦絨仁希的兒子〕在這裏時，嘉樂〔頓珠〕大人來過幾次。有一次我父親〔擦絨扎薩，即上文「你的祖父」〕也去大吉嶺拜訪了嘉樂。那時，夏格巴和那些人來到這裏，跟我父親說，「不要回西藏。我們這裏沒有更好的領導人，所以請領導我們，因為從早期開始，你就有反對〔漢人〕的良好經驗。」他告訴他們，「我可以領導你反對他們，但我能做些甚麼？」他們說，「你將努力獲得西藏獨立。」然後我父親告訴他們，「從早些時候開始，我們就一直在尋找西藏獨立的途徑。在英國的時候，創造了所謂的〔西藏〕宗主國。無論我們使用甚麼樣的方法，我們都無法擺脫宗主權的〔標籤〕。我們已經使用了各種外交手段，但是沒有人注意到我們，我們不可能成功。唯一的方法是拿起槍枝，發動戰爭，贏得勝利。但是如果我們不得不這樣做，我們沒有人力和財力。那麼，你們有甚麼樣的想法？我們可以依靠甚麼呢？」他們說，「我們有外國支持。」然後他〔擦絨扎薩〕說：「你們說得到了外國的支持。你們有甚麼支持？給我看看你們的支持。如果支持是一二十萬盧比或者一兩百萬盧比，那沒甚麼用。你們需要幾百萬美元。給我看看這個，然後我會領導你們。我們沒有士兵和武器，

但是如果你們給我一個可靠和有力的支持者，我們可以從
歐洲、英國和世界各地招募僱傭兵。」他們只是說，「是的，
我們有支持。」然後他說，「這還不夠，我們對此無能為力。
如果你們沒有那種支持，我不會留在這裏領導你們。我要
回西藏為達賴喇嘛服務，因為達賴喇嘛在那裏。」[78]

擦絨扎薩於1958年9月19日返回拉薩，在參加1959年起義後，
於1959年瘐死獄中。[79]

朗色林試圖幫助四水六崗發展與當地民眾的良好關係，並招募
數千名衛藏農民，但這以失敗告終。康巴軍事指揮官不信任他，中
情局也沒有提供武器來武裝這些新兵。

誠然，四水六崗發動了一場目標遠大的起義，但卻沒有如何實
現這一目標的路線圖，更重要的是，四水六崗在西藏之外沒有避風
港，也沒有可靠的外部軍事物資和武器來源。實際上，直到達賴喇
嘛於1959年3月30日越境到印度，中情局僅進行了兩次空投，總共
只夠裝備大約300名戰士，而且這些武器都是舊的、品質也差。

因此，儘管中情局的內部歷史稱西藏項目為「該機構執行的最浪
漫的秘密行動計劃之一」，[80]但實際上，這一項目並未能夠協助西藏
的四水六崗起義，它間接地在促使消滅傳統西藏社會方面發揮了重
要作用。

然而，到了1958年下半年和1959年初，四水六崗在西藏不同地
區的持續伏擊和襲擊，威脅毛澤東漸進政策的成功，毛澤東和中央
對此感到不滿。這一點以及噶廈的其他行動將在第11章中討論。

第 11 章

在懸崖的邊緣

　　正如前幾章所討論的，毛澤東推翻了范明(的政策)，並實施了「大收縮」運動，以平息拉薩上層的焦慮和憤怒，從而讓他的漸進策略有更多時間贏得西藏人和達賴喇嘛的支持。然而，新的發展迅速威脅到該計劃的可行性。首先是1957年來自四川的康巴人創建了正式的起義組織四水六崗，與中國人作戰。與此同時，美國開始積極支持叛亂分子，中情局從噶倫堡秘密撤出六名康巴青年，在塞班島進行訓練，並於1957年底將他們空降回衛藏和四川。然後在1958年年中，一兩千名四水六崗戰士秘密離開拉薩，在山南建立了一個叛亂軍事基地。此後不久，從1958年8月開始，當貢布扎西前往甘丹青柯寺時，四水六崗和中國人之間的戰鬥開始了，正如第10章所述，戰鬥在此後持續進行。是故毛澤東希望透過大收縮創造的平靜受到了嚴重挑戰，因為西藏工委和噶廈都被迫將注意力集中在如何控制康巴戰士、平息剛剛萌芽的叛亂上，以避免叛亂升級。

　　如前所述，中國人認為這是西藏內部的問題，並堅持認為採取具體行動控制康巴人是噶廈(西藏政府)的責任。毛澤東和中央堅持認為解放軍不應該帶頭，因為這將把四水六崗問題變成藏人對漢人的問題，就像四川的起義一樣。取而代之，他們敦促噶廈使用藏軍來試圖減緩康巴的威脅，但噶廈和民眾大會拒絕了這一點。

　　毫不奇怪，噶廈在1958年下半年的大部分工作都與康巴人有關。噶廈的秘書/助手（ བཀའ་དྲུང，音譯噶仲）格杰巴回憶，「康巴人製造騷亂，殺害〔當地〕民眾，盜竊他們的財物，漢人一直給我們發送報告，並告訴我們制止這種行為……。噶倫們和中國官員一直在討論這種情況。」[1]

　　然而，西藏政府決定不部署藏軍，噶廈別無選擇，但仍然覺得必須繼續採取措施向中國人表明他們對這個問題的嚴肅態度。第9章中討論過的一個步驟是派遣朗色林代表團去山南；另一步是準備達賴喇嘛的主要法令。作者沒有這份法令的副本，但是我們從中國方面知道它的要點，因為噶倫阿沛在徵求西藏工委的回饋意見時給了他們一份草案。西藏工委將這份草案轉發給中央，中央在1958年11月14日的電報中對此作了評論。中央對此的回應是：

西藏工委：

　　10月7日電悉。中央同意工委對達賴集團準備發表的所謂反對在西藏搞獨立活動的文件的分析。達賴集團要發表一個反對在西藏搞獨立活動的文件，這當然是好事。但是，從這個文件的內容來看，卻在兩個根本問題上違反了十七條協議和中央關於西藏改革的方針，實際上是達賴集團在鄰省藏區反革命叛亂迭遭失敗的情況下，企圖藉以洗清自己，擺脫政治上的被動地位，並且以新的政治鬥爭的方式達到他推遲和反對在西藏地區進行社會改革的目的。

　　第一、在中央和西藏地方政府的關係上，十七條協議曾經明確地規定：「在中央人民政府統一領導之下，西藏人民有實行區域自治的權利」。可是他們在這一文件中，不但沒有強調中央的統一領導，強調西藏是祖國不可分離的一部分，反而說甚麼：「在祖國大家庭內的一切民族都是獨立自主的」，「假若西藏的全部政權為中央掌握，出現這種思想（即武裝叛亂、反對中央）尚有可說。」這顯然是在反對西

藏獨立活動的同時，又在散布西藏獨立的思想，在反對武裝叛亂的同時又包藏着將來可以實行武裝叛亂的思想，是完全錯誤的反動的。

第二、在改革問題上，中央曾經說過：「在西藏第二個五年計劃期間不進行改革，第三個五年計劃期內是否進行改革，要到那時看情況才能確定」。並且還是要同他們商量，取得他們的同意。但是中央從來沒有說過「改革的方法一定是和平的，由上層人士負主要責任」。……

現在阿沛既將這一文件稿交來工委徵求意見，我們應當表示明確態度。同時，對阿沛要採取教育幫助的態度。可以向阿沛說明他們要發表一個文件反對在西藏搞獨立活動、反對在西藏搞武裝叛亂，這是好的，但是文件的內容有一些是錯誤的，如果這樣發表出去，就會對祖國的統一和各民族的團結不利；對西藏民族的發展和繁榮不利，也對他們自己不利，對阿沛本人也不利，還是以不發表這個文件為好。如果要加以修改發表，也可以聽之。在進行這一工作時，應對阿沛本人多加解釋，以便通過他去進行工作，並且達到進一步團結阿沛的目的。

中央

1958 年 11 月 14 日 [2]

噶廈顯然是想向西藏人表明，目前實行內部自治的體制對西藏有利，所以他們不應該冒着破壞內部自治的風險，幫助叛亂分子。然而，北京覺得噶廈的這種說法過分強調西藏的自治，而未重視這種自治是**在中央領導之下**。另一方面，北京的回應顯示，毛澤東和中央此時仍在毛澤東漸進政策和《十七條協議》的框架內運作。最後，噶廈因應北京的批評意見，修訂了該法令並予以發布。

與此同時，1958 年 11 月，噶廈採取了大膽的一步，試圖繞過西藏工委；它通知西藏工委，想派一個代表團到北京，直接與中國領

導人討論西藏局勢。這是一個重大舉措，因為這含蓄地表明，噶廈
認為它需要越過西藏工委，直接向毛澤東和中央表達自己的觀點。

至於噶廈認為這樣做能取得甚麼效果，沒有這方面的記錄，但
我們既然知道噶廈根本不同意西藏工委關於誰應該負責處理康巴人
的問題，就有理由猜測，他們要麼認為西藏工委沒有準確地向北京
傳達他們的觀點和想法，要麼認為西藏工委在拉薩的態度沒有真正
反映毛澤東和中央的觀點。

和許多其他情況一樣，這一提議的唯一記錄來自中方。雖然我
們沒有西藏工委致中央的11月16日電報原件，但是黨的西藏大事記
中有一個簡短的記載，

> 11月16日：工委就噶廈動向和我對策向中央報告。報告認
> 為，噶廈最近根據達賴指示，召集「官員會議」，會議決定
> 派代表團去北京，向中央表示明確態度，以消除中央對地
> 方政府的誤會，緩和中央和地方政府的緊張關係等，其目
> 的是籠絡上層分子，以便一致對付我們；同時推卸地方政
> 府在平叛和治安問題上的責任，企圖拖我下水。我擬採取
> 的對策，總方針是大力進行分化工作，[3]他們要想達到統
> 一，我們就要使其分化，他們要想推卸責任，我們就要把
> 平叛和治安的責任全部交給他們，使其不能脫身。[4]

不足為奇的是，西藏工委堅決反對這樣做，因為他們肯定認為
代表團會試圖將目前僵局的責任推給西藏工委。鑑於西藏工委對噶
廈的描述極其負面，認為它秘密支持叛軍，只想着如何推卸責任，
同樣毫不奇怪，中央支持西藏工委的觀點，不同意噶廈派遣代表
團。然而，中央對拉薩的回應比西藏工委電報的摘要溫和得多。它
不僅讚揚了達賴喇嘛的努力，還軟化了拒絕態度，稱達賴喇嘛如果
能在幾個月後出席第二屆全國人民代表大會，就可以在北京舉行討
論。中央的答覆説：

西藏工委：

　　11月10日和16日電悉。中央同意工委對達賴集團最近的政治動向的分析和採取的對策。你們在回答噶廈的問題時，可以向他們表示：達賴喇嘛最近指示地方政府和全體官員對平叛問題採取積極態度，是很對的。但是，噶廈提出「為了消除中央對地方政府的誤會和緩和地方政府同中央的緊張關係，擬派出代表團去北京向中央表明態度」的問題，是不正確的。因為中央對西藏情況是了解的，根本沒有誤會存在。西藏地方政府在自己的工作中，如果有甚麼問題要解決，可以向工委提出，也可以向中央寫信，或者發電報，用「緩和緊張關係」為理由派代表團到北京表明態度，是沒有必要的，也是不妥當的。至於派少數人到內地了解工農業大躍進的情況，進行參觀，如果地方政府認為有所需要那是可以的。再者，全國人民代表大會第二屆第一次會議，大約在明年三月召開，（日期尚未最終確定）〔註：實際上是在4月份舉行的〕，如果達賴喇嘛本人認為方便，中央希望他出席這次會議，屆時他可以親自向中央陳述他自己的意見和提出需要解決的問題。這樣，帝國主義和反動分子的挑撥和造謠都會不攻自破。

中央

1958年12月16日[5]

　　中國社會科學院著名的藏族研究員降邊嘉措認為這個決定是一個重大錯誤，並強烈暗示，拒絕噶廈的要求實際上沒有得到毛澤東和其他最高領導人的批准。他寫道，西藏工委或「中央政府的某些部門」別有用心地阻止達賴喇嘛和噶廈此時試圖與中央直接溝通，如果毛澤東和中央知道此事，他們就會同意（代表團），**西藏的問題可能已經解決**。這是一個有趣的斷言，所以讓我們來看看他的論點。[6]降邊嘉措說：

回過頭來看，研究西藏問題、熟悉西藏問題的人都表示懷疑，為了「消除誤解」，哪個組織、哪個部門禁止「達賴集團」向中央報告？這是因為中央有關部門公布的許多文件和資料中，沒有毛澤東、劉少奇、周恩來、朱德、鄧小平等主要領導人的指示。在過去的幾十年裏。人們懷疑達賴喇嘛和西藏地方政府的意見、要求和希望是否由西藏工委和「中央有關部門」如實向毛澤東和中央報告。如果他們向毛澤東和中央報告，應該有一些〔文件表達他們的〕意見，因為在此之前，毛、劉、周、朱、鄧已經告訴達賴喇嘛、班禪喇嘛和其他西藏領導人，如果他們有任何意見和問題，可以向中央報告，中央會解決這些問題。

達賴喇嘛作為〔全國人民代表大會常務委員會〕副委員長、國務院正式任命的西藏自治區籌委會主任，有職權，更重要的是，有義務和責任向中央、毛主席、全國人大常委會以及國務院報告西藏的真實情況。

〔然而，〕一方面，達賴喇嘛和西藏地方政府被禁止以「彙報中央」的名義派人到北京向中央和國務院報告情況。另一方面，西藏工委向中央作了正式報告，稱「達賴集團『已經』在政治意義上，斷絕了與我們的聯繫」，「離正式宣布西藏獨立只有一步之遙，儘管他們已經向他們的民眾宣布了這一點。」這使西藏問題複雜化，使中央和毛澤東更難全面了解西藏形勢，正確處理西藏問題。[7]

降邊嘉措聲稱，拒絕噶廈請求的決定，是避開毛澤東、周恩來和鄧小平等高級官員而作出的，這一說法很有意思，目前還無法評估。然而，他的其餘論點並不令人信服，因為中央12月16日的指示明確邀請達賴喇嘛訪問北京，就在幾個月之後，參加1959年3月舉行的第二屆全國人民代表大會。儘管西藏工委對西藏政府持負面評價，但中央仍明確指示，「**屆時他可以親自向中央陳述他自己的**

意見和提出需要解決的問題」，所以很明顯，北京沒有拒絕討論西藏現存的問題。相反，我懷疑，中央想與之討論這些問題的對象是達賴喇嘛，而不是噶廈代表團。噶廈代表和達賴喇嘛之間的區別對北京很重要。如上所述，西藏工委認為噶廈暗中鼓勵和支援起義，拒絕使用武力甚或威脅使用武力驅散康巴人。因此可以理解西藏工委不希望噶廈選擇官員去北京，何況他們看來是為了向毛澤東等抱怨。另一方面，中央仍然認為達賴喇嘛更像是一個富有同情心的「進步人士」，所以他們希望達賴喇嘛像**他在1954年所做的**那樣，來與中國最高領導人恢復積極關係並討論懸而未決的問題，而這是有意義的。當然，這樣做也給了達賴喇嘛額外的動力，讓他同意參加第二屆全國人民代表大會，他是第二屆全國人民代表大會的副委員長。此外，不要忘記重要一點，當時似乎並沒有緊迫性要與西藏領導人在北京對話，因為任何一方都沒有想到，**不足三個月**拉薩會發生起義。

接到這些指示後，譚冠三第二天親自去邀請達賴喇嘛參加即將召開的全國人大。

> （1958年）12月17日：……譚冠三去羅布林卡會見達賴，根據中央指示精神談了達賴最近指示噶廈對平叛要採取積極態度的做法是正確的。轉達了中央希望達賴出席第二屆全國人民代表大會。達賴當即向譚冠三政委表示，一定要去參加。[8]

達賴喇嘛回憶說，他收到了邀請，並當場同意出席。

> 1958年底，有一天，張經武〔事實上是譚冠三〕來了，說明年要召開全國人大會議，毛主席不擔任主席，那麼誰是合適的替代者呢？當時，我說周恩來會很好。總之，1959年的拉薩問題還沒有出現，所以在1958年底，我同意參加第二屆全國人民代表大會。[9]

然而，達賴喇嘛自行接受邀請引起了西藏上層人士的關注和反對，當中許多人擔心北京會不讓他返回拉薩。這種恐懼源於流傳在拉薩各地的故事，傳說在四川，曾有無數次，喇嘛或頭人被漢人邀請參加會議或宴會，然後被拘留。1954年達賴喇嘛即將前往中國內地時，以及1956年中國大使在德里火車站迎接達賴喇嘛，並用大使的車送他去中國大使館會見周恩來時，都出現了同樣的恐懼。達賴喇嘛回憶道，帕拉和他的保鑣「擔心我會被綁架」。[10]而拉薩當時因四水六崗而籠罩在緊張的氣氛中，三天後，噶廈改變了達賴喇嘛與會的決定。我們再次只從中國方面知道這件事，中國共產黨的西藏大事記中記錄如下：

> 12月20日：噶廈持續召開「官員會議」。會議討論了達賴是否去北京出席第二屆全國人民代表大會的問題，決定「達賴不宜去北京出席全國人大」。並向達賴作了陳述，向西藏工委作了正式反映。[11]

實際上，噶廈不能單方面替達賴喇嘛決定像他的中國之行這樣重要的事情，所以他們必須說服達賴喇嘛不要去，然後通知西藏工委，說這是噶廈的決定，這樣可以保護達賴喇嘛免受來自中國的批評。在西藏的政治體系中，如果達賴喇嘛最終決定他要參加北京的人大會議，他有決定權。

北京與四水六崗叛亂相關的西藏政策

對北京來說，1958年是藏族事務艱難的一年。在甘孜（四川的康巴地區），人民解放軍正採取重大軍事行動結束那裏的叛亂。1958年年中，在青海，北京不得不派遣解放軍平定當地爆發的大規模叛亂。在西藏，四水六崗戰士已經開始伏擊中國車隊，諸如此類，噶

廈/達賴喇嘛似乎不願意對此採取任何決定性的行動。因此毛澤東和中央開始重新審視他們的西藏政策，並考慮是否有必要轉向他們的備用或「終極手段」政策，即利用解放軍平息西藏叛軍和強制實施改革。此時，我們看到毛澤東開始對此發表評論，並解釋説，如果這一點得以實現，西藏漸進政策的失敗將是積極的，而不是消極的，因為它將更快地帶來民主改革。這是第2章討論的毛澤東西藏政策的雙贏的另一面，也就是説，如果西藏人拒絕漸進主義的方法並反叛，(中國)將會使用武力，最後仍然是中國的勝利。另一方面，在1958年末雖然提出了軍事解決方案，但沒有作出任何決定，故此當時達賴喇嘛的政府仍然存在，改革也沒有實施。

毛澤東在1958年6月24日的一篇簡短批示中，第一次提到軍事選擇在西藏可能是必要的，這篇批示提到了青海省委寫的一份關於平息青海叛亂的報告。[12] 在這篇批示中，毛澤東認為青海發生叛亂不是壞事，反而會令改革更快開展，在這樣辯證地分析青海叛亂之後，他提到在西藏，如果發生叛亂，最好做好準備。毛澤東説：

> 青海反動派叛亂，極好，勞動人民解放的機會就到來了。青海省委的方針是完全正確的。西藏要準備對付那裏的可能的全局叛亂。亂子越大越好。只要西藏反動派敢於發動全局叛亂，那裏的勞動人民就可以早日獲得解放，毫無疑義。[13]

然而，從以下檔案中可以看出，此時北京繼續命令解放軍集中力量做好防禦準備，只在某些有限的情況下才進攻。1958年9月10日和10月11日，(北京)向西藏工委發出了關於在西藏使用解放軍的重要指示。

中央9月10日的電報説，「在用人民解放軍去消滅叛亂武裝問題上，需要慎重從事。只有在叛軍直接威脅我軍和主要交通線的時候才上馬，而且要在有把握的時候才上馬，因為如果打得不好，不如

不打。這點請注意。」[14] 一個月後，10月11日，中央又向西藏工委發出了題為〈關於當前西藏工作中的幾個問題〉的指示。這些指示第一次對**局部性叛亂**和**全面性叛亂**作了重大區分，並規定只有當局部性叛亂變成全面性叛亂時，解放軍才能對叛亂分子發動進攻。它還指示，有可能**在相當長時期內**只存在局部性叛亂。沒有甚麼是迫在眉睫的。10月11日的指示説：

西藏工委：

　　8月27日關於目前平息武裝叛亂的指示和9月6日批覆昌都分工委關於昌都地區當前形勢看法的電報均悉。

　　中央基本同意工委對當前西藏和昌都形勢的看法和採取的措施，並有如下意見：

　　一、西藏和昌都地區的形勢，有由局部性叛亂發展成全面性叛亂的可能，也有在一個相當長的時期內繼續像現在這樣只是存在局部性叛亂的可能，對這些可能都要看到。但無論形勢怎樣發展，我們都必須在政治和軍事各方面作充分的準備，以便在局部性叛亂發展成為全面性的叛亂時，堅決平息叛亂，徹底解放西藏的勞動人民。如果西藏的反動分子先在昌都地區發動全面性的叛亂，我們就可以先在這個地區堅決平息叛亂和實行全面改革。

　　二、但是，在當前只有局部叛亂的情況下，無論在西藏或是在昌都地區，在我們的武裝去消滅叛亂武裝的問題上，都應當按照中央9月10日指示的「只在叛軍直接威脅我軍和主要交通線的時候才上馬，而且要在有把握的時候才上馬」的方針辦事。在當前的情況下，我們在軍事上採取這樣的方針，就更主動，更有利於鞏固自己的陣地和最後消滅敵人。切不要採取不問情況、條件和勝利把握大小，「那裏發生叛亂，就在那裏平息叛亂」的辦法。

三、對於改革問題。如果不是西藏和昌都發生全面性的叛亂，我們六年不改的方針是不改變的。不可採取零零星星的「那裏叛亂，就在那裏改革」的辦法，否則對全局是不利的。西藏昌都反革命的毒，總是要放出來的。放任一下，讓它發展暴露出來，更容易徹底解決。零敲碎打，決不能解決問題。工委要在昌都寧靜地區進行改革的指示，應該停止執行。因為在昌都地區內現在還只是局部性的叛亂，同時現在又沒有足夠的兵力。……

以上意思請你們研究執行。最近張國華同志來京後，中央曾討論了西藏工作問題。除了這個電報中的意見外，還有些意見由鄧少東同志向工委傳達。

中央

1958 年 10 月 11 日 [15]

這一政策的必然結果是，不允許解放軍繼續進攻康巴叛軍，而是強調在拉薩 (和其他中國營地) 建立防禦陣地。許多中國資料對加固工事和提高防禦能力發表了評論，其中之一是向拉薩派遣裝甲車，以此來增強防禦能力：

為了加強駐藏解放軍的機動力量，總參謀部決定抽調裝甲車 28 輛，於 1958 年 7 月下旬進駐西藏。其中 13 輛編為裝甲連駐守當雄機場，其餘編為西藏軍區警衛營裝甲連駐守拉薩。[16]

同樣，中國人還制定了一項詳細計劃，將辦公室工作人員組織成民兵團，接受武器和培訓。《中共西藏黨史大事記》指出，這些民兵團是在 1958 年 11 月 8 日正式成立的，

11 月 8 日：拉薩機關民兵團正式成立。為了防備叛亂，實行自衛，在工委統一領導下，拉薩機關工作人員成立了民兵團，各機關分別成立了民兵排和民兵連。昌都、日喀

則、江孜、澤當、黑河等地機關也相繼成立了民兵營或民兵連。各機關採取「內緊外鬆」方式，一邊修築工事，進行軍事訓練，一邊照常進行工作。[17]

幾名中國士兵介紹了這些準備工作的詳情，例如解放軍第308炮兵團軍官王國珍回憶了他的連隊的準備工作：

1958年3月，我在炮兵308團三連當連長。

1957年和1958年這段時間，西藏上層反動集團決定發動全面叛亂的意圖，已是路人皆知了。為了盡可能教育、挽救他們，我們奉命採取忍讓政策。而叛亂分子卻視我好欺，肆意挑釁，日甚一日，時常以武力相加。

為了遵守中央的政策，面對叛亂分子的囂張氣焰，我們仍然一忍再忍，要求全體人員一般不出營區。大家憋了一肚子氣，等待着嚴懲叛匪的日子到來。

由於〔在直村的〕新營區是一片空地，我們最初主要的任務是營建。白天正課時間修築營房，課餘就搞訓練，大練兵。幾乎每個晚上都搞夜間緊急集合，就地演練或拉出去進行技術演習。部隊很辛苦很疲勞，夜夜征衣汗不乾，但士氣卻越來越高昂。不到一年的時間，我們不僅建好了營房，而且炮兵陣地的構築，目標的選擇和測地，諸元的準備，目的地區域的劃分及其彈藥、糧秣、藥品的儲備，均告完成。為了防止叛匪火力封鎖時斷我水源，我們把交通壕一直挖到了拉薩河邊。

為了保證炮兵射擊的準確，團首長還多次帶我們連以上的幹部去拉薩看地形，實地測量。每當這時我們的駕駛員就在需要偵察的地方停下車來，裝作車壞了，下來「修理」，我們也乘機下車「休息」察看，這樣，凡我射程可達的地方，尤其是叛匪正盤踞的、到過的、可供其隱蔽或逃跑的、打起來可能被其臨時利用的拉薩每一個角落、每一條

街道、每一座建築，我們都測量到精確無誤的程度了。凡
敵人活動的比較頻繁的地方，都決定好了諸元。團首長深
知我團在戰鬥中責任重大，因而很重視。[18]

另一名解放軍軍官黃少勇在運輸部門工作。他解釋了保衛軍區
總部建築的主要計劃之一是如何建造防禦工事和地下掩體，用地道
網絡連接所有建築和倉庫。然而，任何去過拉薩的人都知道，那裏
沒有樹，所以中國人不得不從西藏西南部的工布一路用卡車運輸木
材來修築工事。運輸木材極其危險，因為川藏公路上的交通有時會
遭到四水六崗叛軍的伏擊，所以只有大型運輸車隊是安全的。黃少
勇在回憶1959年初自己去採購木材時解釋了這一點：

駐拉薩部隊和工委、政府機關、單位亟待構築工事，儲存
彈藥，糧秣，所需要的大批木料，均需去東線尼西拉運。

1959年元月，軍區命令我團，並配以地方上百輛車，
出發去尼西拉木料。時值隆冬，氣候嚴寒，道路多段結
冰，尤為嚴重的是，叛匪在這一線活動猖獗，破壞了沿途
的橋樑和道班。我們僅僅守衛着格桑、松多、皮康、尼西
四個兵站，任務艱巨，是不待言的。……

由團長王洪英同志帶隊，全團近600臺車一齊出發，
地方車輛夾雜在我們車隊之中。每連的三挺機槍都架上車
頂，所有的副駕駛員都持槍站在車廂上，瞭望觀察，時刻
準備還擊，團裏的兩門迫擊炮也帶了出去，以強大的火力
為後盾。由作戰經驗豐富的六連長劉天星和五連長陳元海
分別開路和殿後。……回想起來，那大概是西藏歷史上最
大的車隊，最大的「汽車行動」了。……

剛過松多，六連就發現了叛匪，敵人一看勢頭不妙，
未等我車隊趕到就溜了。此後，沿途匪幫無不望風隱遁。
在軍區人力團的支援下，我們用了兩、三倍於以往的行車

速度，把數千方木料運回了拉薩，全團車輛無一損失。「固守待援」的方針，有了堅實的物資基礎，幾天後，明碉、暗堡、各種工事，迅速地出現在拉薩我軍區部隊和地方各單位內，[19]堅守時期的燃料也已鋸好備齊。[20]

同樣，一名中國郵局工作人員回憶了他辦公室的一些情況：

> 我所在的拉薩郵電局自己成立一個民兵連，我任連指導員。……成立了民兵組織以後，我們立即加強民兵組織的軍事訓練……這期間（1958年），拉薩街上經常出現一些不三不四的人，身別長刀，凶相畢露，遇到漢人斜眼而視，有時吐口水，撞膀子，用藏話罵人，有意挑釁。……民兵團發出了指示，叛亂分子一旦動武，各單位要各自為戰，堅守陣地，保衛自己，解放軍要運動作戰。我們單位根據民兵團的指示和自己的情況，馬上組織力量修築碉堡工事，做最壞的打算，準備好半年的糧食和燃料以及充足的槍枝彈藥，特別是要在通訊上做好準備。發訊臺設在郊區，離郵電局較遠，院內空曠，為保衛通訊的安全和暢通，西藏軍區特地派了一個班的兵力守衛。[21]

從代理第一書記譚冠三1958年12月23日對幹部的講話中，可以進一步了解西藏工委此時對西藏局勢的看法。這篇演講很有意思，因為即使在10月25日澤當被圍攻、12月18至19日中國運輸車隊及其援軍在山南貢嘎附近遭到毀滅性伏擊之後，它仍然指示幹部們利用即將到來的新年假期發展與藏人的良好關係。

譚冠三的演講開始時批評噶廈及其對康巴人的政策，但隨後改變了方向，告訴幹部們在即將到來的新年假期裏爭取藏人的支持，這個假期將於1959年2月開始。

> 西藏地區的反動分子蓄意已久、圖謀叛亂。當鄰省藏族地區反動分子煽起叛亂失敗，竄入西藏，當美蔣特務和西藏

反動分子的陰謀策劃下搞起來的叛亂，西藏地方政府內部的反動分子對叛亂分子採取了縱容支持的立場，也就使得整個政府實際上是暗中支持叛亂分子的叛亂活動（從階級利益、階級立場是一致的，是階級本質）。在此情況下，我們同西藏地方政府統治集團之間，特別是同右派之間的矛盾和鬥爭達到了非常尖銳的程度。以達到威脅我們在政治上給他們更大的讓步，長期地或永遠地不進行民主改革，維持他們的封建剝削和統治利益的目的。因此，一年來我們同噶廈之間，以平叛問題為中心進行了一系列的階級鬥爭，這是異常尖銳的階級鬥爭。

在這場階級鬥爭中，西藏地方政府實質上是站在叛亂分子的一邊，縱容、包庇、袒護和支持他們，另一方面則強調地方政府沒有力量平叛，企圖把叛亂起因及平叛責任推於中央。他們這種陰謀沒有得逞。工委曾肯定明確的指出，西藏地區發生叛亂，噶廈負全部責任。因而如何平息叛亂，噶廈也有全部責任。……

根據上述情況……，我們全黨及全軍的同志必須積極行動起來，大力開展上層統戰工作，廣泛地交朋友，促進上層分化。從今後長遠的工作來看，也必須把全黨全軍動員起來，統一步調，統一認識，統一語言，有計劃有組織地去開做統戰工作。因此，在年關時機，各單位應該通過賀年工作，積極地廣泛地開展統戰聯絡拜訪活動。把過去已經斷了線的朋友關係恢復起來，有些需要建立新的關係，應該建立起來。逐步並通過年關活動把聯絡活動堅持下去，成為經常性的工作。……

在各種統戰場合對任何朋友談話，都應該明確表示我們對達賴是尊重的，達賴責成噶廈負責處理叛亂問題的做法是對的，至於是否按照達賴的指示去執行，那完全是地方政府中官員的責任。……

這一時期，須做到廣泛聯繫，不要急於向朋友要情況，而應該主動地多向他們進行政策、時事及政治思想教育。特別是對中間派人士，更需要大力地進行爭取教育工作。從現在的情況來看，中間派的搖擺和懷疑是非常大的，而中間派是我們和右派之間爭奪的主要對象。我們爭取了中間派，對於孤立分化右派，鞏固和壯大左派是有重要意義的。從目前情況來看，左派人數少，力量小，在左派倡狂進攻的時候，他們由於看不清方向，表現有些迷糊和消沉，加之右派已採取各種辦法威脅和打擊他們。這種情況下，我們必須堅定地支持和保護他們。因此在個別拜訪談心時，對左派可以把問題談得深一些，有些問題可以談透，給他們指明方向，鼓舞他們的鬥爭勇氣，堅定他們的信心。[22]

兩周後，即1月6日，北京方面的另一份指示抵達拉薩，其中特別強烈地重申了漸進戰略，即讓西藏工委的幹部回到1957年5月14日的大收縮指示，並繼續指示西藏工委，所有與藏人相關的事務，要事先與中央協商，然後才能付諸實施。

西藏工委：

……中央認為工委幹部會議開得很好。並且基本上同意工委的兩個基本總結。[23] 過去幾年，總的說來，工委是貫徹執行了中央路線和方針政策的，因而西藏各方面的工作，都獲得了很大成就。

關於今後工作問題，中央1957年5月14日「對西藏工委關於今後工作決定的批示」中所提的五個可為四個不可為，仍然是符合西藏的實際情況的。[24] 工委可以根據中央這個指示和中央1958年10月11日「關於當前西藏工作中幾個問題的指示」，對今後一個時期的工作，加以具體安排。沒有必要再提今後四年內工作方針和任務。

　　鑑於西藏情況的複雜性，今後在方針政策和重大問題上，工委仍應特別注意堅持「大權獨攬」集中領導的原則。〔即，中央負責所有政策和工作決定，有事必須請示批准。〕25

中央

1959年1月6日 26

　　上述文件顯示，即使到了1月6日，北京也不打算強行實施民主改革，儘管事實上中國在西藏的地位是穩固的，而且這種狀態已經多年。通往中國內地的兩條國道於1954年12月竣工，拉薩機場於1956年開放，西藏境內建成了數百公里的公路，其中一條通往錫金—印度邊境的亞東，另一條從新疆通往西藏西部。因此，運送物資、軍隊和彈藥不再是一個大問題。此外，西藏和北京之間建立了通訊系統，正如前面提到的，在大收縮期間，北京實際上有足夠的信心大幅減少在西藏的軍隊和幹部總數。

　　是故毛澤東的(溫和)西藏政策之所以繼續下去，並不像許多文獻所說的那樣，是由於中國在西藏的弱點，而是因為如前所述，毛澤東相信假若西藏和藏人能夠逐漸自願地被爭取過來，中國的國家利益將加強。因此，儘管毛澤東此時在中國(內地)開展了強硬的左派運動(如反右運動和大躍進)，但他認為西藏在歷史和戰略上不同於中國其他地區，並在那裏奉行反映這些差異的溫和政策。就在拉薩起義前幾個月，毛澤東和中央指示西藏工委，除非發生**全局性叛亂**，否則不應該用解放軍來實施改革和結束舊體制，但是在1959年1月6日的指示中，**毛澤東和中央並不認為這種情況已經出現或不可避免地會出現**。因此令人驚訝的是，毛澤東，至少在治理西藏的問題上，似乎完全能夠同時「拍着他的頭，揉着他的肚子」(譯註：這是一句英語諺語，指同時做兩件不相干的事，此處指內地和西藏採取兩種似乎矛盾的政策)。

然而就在幾周之後，這立場發生了變化。變化的催化劑顯然是一系列關於更多伏擊和進攻的報道，例如1月14日從西藏軍區向北京總參謀部報告，叛亂分子在邊壩、扎木、雪喀和山南發動進攻。那封電報説，「目前叛匪在這些地區集結，伏擊我軍，圍攻守點分隊，企圖截斷交通要道，氣焰非常囂張。我守點分隊被迫進行了還擊。鑑於當前叛匪活動較前猖獗，軍區……要求各守點分隊……確保安全。」[27]看來，這些進攻使毛澤東相信叛亂此刻正在向山南以外的西藏不同地區蔓延和升級，所以是時候考慮轉向他的「最後手段」政策了。我們看到這種轉變出現在1月底，當時毛澤東對康巴襲擊事件發表了幾項非常簡短的聲明。第一條批示是毛澤東在1月22日寫的，作為〈鄧小平關於動員青壯年入藏屯墾生產的指示〉文件的補充，這揭示了他的結論，即在未來幾年的某個時候，中國將需要使用解放軍發動攻勢。

> 送劉（少奇）、（鄧）小平、（彭）德懷、（黃）克誠閲後，（楊）尚昆辦。我在尾上增了一段。
>
> 　在西藏地區，現在及今後幾年內，是敵我雙方爭奪群眾和鍛煉武裝能力的時間。幾年之後，例如三四年，五六年，或者七八年之後，總要來一次總決戰，才能徹底解決問題。西藏統治者原有兵力很弱，現在他們有了一支鬥志較強的萬人叛亂武裝，[28]這是我們的嚴重敵人。但這並沒有甚麼不好，反而是一件好事，因為有可能最後用戰爭解決問題。但是（一）必須在幾年中將基本群眾爭取過來，孤立反動派；（二）把我軍鍛煉得很能打。這兩件事，都要在我軍同叛武鬥爭中予以完成。
>
> 　　　　　　　　　　1959年1月22日，毛澤東[29]

第二個簡短的批示是毛澤東寫的，被添加到一份題為〈在西藏軍區……電報上的批語〉的文件中，上面寫着：

〔與叛軍的〕這種戰爭，很有益處，可以發動群眾，可以
鍛鍊部隊。最好經常打打，打五六年，或七八年，大舉殲
敵，實行改革的條件就成熟了。

1月22日，毛澤東[30]

兩天後，中央向拉薩發出指示，採納毛澤東1月22日的意見，
這種評估和策略轉變得到了更加明確的傳達。

1月24日：中央電示工委西藏叛亂有進一步擴大趨勢（譯註：
英文譯為 have expanded，即已經擴大）。電示指出：西藏叛
亂有進一步擴大趨勢，總要來一次總決戰，才能徹底解決問
題。電示中還指出〔引用毛澤東的話，但沒有提到他的名字〕：
在西藏地區，現在和今後幾年內，是敵我雙方爭奪群眾和鍛
煉武裝能力的時間，必須在幾年內將基本群眾爭取過來，孤
立反動派，把我軍鍛煉得既能打仗，又會做群眾工作。[31]

總的來說，1月22日和24日的電報反映了對1月6日指示的一個
重大轉向。毛澤東和中央現在已經確定，叛亂**已經上升到下一個層
次**，因此有必要轉向實施軍事解決方案，來消滅叛亂和結束西藏的
傳統社會——**但不是立即**。

大約與此同時，有消息稱，西藏發生了更嚴重的康巴襲擊。

(1959年)1月24日：……以丁青頭人呷日本為首的叛亂武裝
300餘人，於24日晨突然向丁青縣委發起攻擊，被我擊退。[32]
後敵又增加至3,000餘人，對我進行圍困，並切斷我水源，
在我航空兵火力支援下，我守備連和縣委幹部奮力反包圍，
給敵嚴重殺傷。直到4月26日，敵始撤逃，歷時90多天。

(1959年)1月24日：叛亂分子在江達地區伏擊我軍
車。我某團幹部、戰士20餘人，分乘兩輛汽車，從江達去
昌都開會、住院，至雪霽拉山下一道班附近，突遭叛亂分
子伏擊，我犧牲16人，斃敵5名。[33]

　　1月25日：叛亂武裝再次攻擊澤當，澤當保衛戰達74
天。以……甲馬‧桑培為首的叛亂武裝2,000餘人，從1月
25日起向我山南分工委和兩個守備連再次發起猛烈攻擊，
我300多名幹部、戰士連續打退敵人多次進攻，激戰到27
日。敵進攻不能得逞，……向我實行圍攻。……[34]

這些事件進一步強化了北京方面的新結論。2月2日，新華社發
表一篇文章稱西藏地區的武裝叛亂已發展成為全面性叛亂，從而公
開了中央關於叛亂已升級的評估。幾個星期後，毛澤東又作出了兩
項批示，未來將優先考慮軍事手段。[35]第一項是2月18日就〈西藏武
裝叛亂情況簡報〉作出的批示。

　　劉(少奇)、周(恩來)、陳毅、(鄧)小平閱後，退彭懷德同志。

　　西藏越亂越好，可以鍛煉軍隊，可以鍛煉基本群眾，
又為將來平叛和實施改革提供充足的理由。

毛澤東

2月18日

根據(毛澤東)手稿刊印[36]

第二天，2月19日，在總參謀部1958年12月27日提交的關於
成都、蘭州、昆明和西藏軍區(譯註：英文版漏了「軍區」)平息叛
亂情況的報告中，毛澤東加寫了一句話，並改寫了另一句話。該報
告說：

　　自1955年底開始，四川、雲南、甘肅、青海、西藏當地
的某些少數民族聚居區先後發生了較大規模的武裝叛亂。
……我軍遵照中央關於「政治爭取與軍事打擊相結合」的
平叛方針，三年來積極進行了平息叛亂的鬥爭。到目前為
止，大部分地區的武裝叛亂已基本平息。平叛中應注意的
幾個問題是：一、根據目前情況，滇、川、甘、青等地區

1959年應基本平息本地區的叛亂。西藏地區因情況複雜，
應嚴守中央關於自衛作戰的原則。二、一些叛亂分子利用
西藏目前的形勢竄入西藏，企圖與我長期周旋，為此各地
應密切組織、協同作戰，使敵無隙可乘。三、各軍區應認
真總結平叛經驗。四、其他如裝備、戰時供應和救護等問
題，由各軍區提出⋯⋯[37]

在這份報告中，毛澤東**加寫了下面一句話：**

這種叛亂，有極大好處，有練兵、練民和將來全面平叛徹
底改革提供充足理由等三大利益。

他還改寫了一句話：

我們軍事方面不但不怕叛亂，而且歡迎這種叛亂，但是必
須隨時準備和及時地平息叛亂。

毛澤東

1959年2月19日[38]

　　這種態度轉變的重要意義在於，毛澤東和中央顯然並不急於進
攻和實施改革。毛澤東不認為解放軍對叛軍的進攻迫在眉睫。根據
事態的發展，最後的戰鬥還需要幾年的時間，與此同時，幹部們應
該繼續努力鍛煉群眾，鍛煉軍隊。至關重要的是，解放軍應該繼續
遵守自衛作戰原則。因此，西藏政府和舊社會將繼續存在，直到未
來幾年，毛澤東得出結論，認為使用解放軍進攻的時機已經成熟。
而在日常交往中，中方將繼續保持正常的表面上與噶廈和西藏上層
的友好合作關係。此外，如果達賴喇嘛／噶廈突然決定認真解決康巴
叛亂，毛澤東很可能仍然願意推翻他的決定。
　　在毛澤東和中央討論和評估這些問題的時候，1959年2月初發
生了一件看似微不足道的事情，引發了改變西藏歷史的力量——一
次不經意的邀請，達賴喇嘛獲邀觀看一個新的解放軍歌舞團的演出。

達賴喇嘛和「歌舞」表演

當兩位中國官員在藏曆12月29日（1959年2月6日）來到布達拉宮參加一個重要的藏傳佛教活動——破九跳神大會時，[39] 有關這場演出的問題就出現了，也沒有表現出有甚麼危害。李佐民是熟悉漢藏雙語的漢族幹部，承擔西藏工委和噶廈之間的大量翻譯工作，同時也是統戰部的處長，他解釋說：

> 那一年我們去了那裏，就像我們來西藏後每年那樣。他們〔西藏政府〕每年都會邀請西藏工委、西藏軍區和西藏自治區籌委會的領導人參加破九跳神大會。我們去會展示我們有着良好的關係。我們將首先私下會見達賴喇嘛，然後去布達拉宮白色宮殿中看羌舞〔འཆམ〕。1959年的破九跳神大會那一天……鄧少東司令員才到西藏三四個月，他就和西藏工委秘書長郭錫蘭一起去了。[40]

在會見達賴喇嘛的過程中，中國人問他是否去觀看新的歌舞表演，達賴喇嘛解釋道：

> 一年一度的破九羌舞是一些中國官員過去常參加的活動。當時，一名中國軍官到樓上來看我……。我不記得這位軍官的名字，但他是新來西藏的。他說他們正在軍區建造一個新的大廳，一個歌舞團就要來了，所以如果我們能請你欣賞〔他們的表演〕，那就太好了。所以我說那很好，我想去看。早些時候，在羅布林卡的金色林卡宮，警衛團曾經看過一場表演。我說好。[41]

在另一次採訪中，達賴喇嘛補充道，「所以當時沒有任何懷疑。」[42] 他在回憶錄中重複了這一點。

> 我會見了張經武將軍〔此處不正確，應是鄧少東〕，按照他的習慣，帶着新年賀詞來了。他還宣布一個來自中國的

新舞蹈團抵達拉薩。我有興趣看看嗎？我回答說我會的。
然後他說，他們可以在任何地方演出，但是因為在漢人的
西藏軍區大院有一個帶底燈的合適的舞臺，所以我去那裏
可能會更好。這是有道理的，因為羅布林卡沒有這樣的設
施，所以我表示我很樂意去那兒。[43]

　　因此，**達賴喇嘛顯然不認為有任何問題，也不疑慮在西藏軍區
大院觀看這場演出**，但訪問的實際日期尚未確定。

　　一年當中這個時候主要是慶祝新年，舉行偉大的傳召法會。
1959年的藏曆新年是西曆2月8日，傳召法會在藏曆一月初四到十五
（2月11日至23日）舉行。大約有20,000名僧人會聚集在拉薩市中心
的大昭寺裏，祈禱眾生福祉。成千上萬來自西藏境內，以及來自康
區和安多的朝聖者會參加法會。1959年的傳召法會特別重要，因為
達賴喇嘛將會留在大昭寺，他將於藏曆1月13日在那裏參加最後的
格西辨經考試（གྲ་སྒྲུང་）。不然的話，達賴喇嘛在傳召法會期間通常不
會居住在大昭寺。

　　觀看表演的問題在傳召法會開始幾天後再次出現，當時兩名中
國官員來到大昭寺詢問達賴喇嘛可否確定觀看表演的日期。達賴喇
嘛在自傳中回憶了這次訪問：

> 兩名中國低級官員突然前來重複張經武將軍〔原文如此，實
> 際應為鄧少東〕的邀請，請我去看舞蹈演出。他們還問我參
> 加的日期。我回答說，我很樂意在〔傳召法會〕結束後去。
> 但是目前我有更重要的事情要考慮，那就是即將進行的格
> 西考試。[44]

　　傳召法會結束後，幾名中國官員再次請求達賴喇嘛確定訪問日
期，但他們再次被告知達賴喇嘛非常忙，這次是因為即將到來的「大
出巡」（ཆིབས་སྒྱུར་ཆེན་མོ），達賴喇嘛將乘坐轎子從大昭寺前往羅布林卡
的夏宮，隨行的還有一隊官員和其他騎馬的人。因此，中國人被告

知，他們將不得不等到出巡結束後再定日期，出巡是在藏曆1月25日（西曆3月4日）；之後達賴喇嘛將住在羅布林卡。[45]幾天後，可能在藏曆1月28日〔西曆3月8日〕，李佐民通過基巧堪布噶章與達賴喇嘛聯繫，這次確定了3月10日下午3點的時間。[46]達賴喇嘛寫道，訪問日期通過電話確定，但他說通電話的日期是3月7日，

> 兩天後，也就是3月7日，我收到了另一則來自將軍的消息。他的翻譯名叫李佐民，他打電話給基巧堪布，問我甚麼時候能去中國營地觀看演出。基巧堪布諮詢我，然後他〔基巧堪布〕告訴李佐民，3月10日可以。[47]

因此，當3月7日（或8日）即將結束時，達賴喇嘛和噶章都沒有察覺達賴喇嘛在10日觀看表演有任何問題，剩下要最後確定的是這次訪問的實際後勤安排。

在傳統的西藏社會中，達賴喇嘛在這座城市不常出行，所以每次他離開宮殿出行都是一件大事，包括一場精心策劃的、乘坐轎子的遊行。然而，在1956年自治區籌委會成立後，由於達賴喇嘛是籌委會主任，他不得不經常去籌委會辦公室參加會議和儀式，而在這些場合，不會進行盛大遊行，他通常坐車去，由20至25名警衛團士兵武裝陪同（但在籌委會大樓外等候）。

3月9日上午，中國人聯繫了達賴喇嘛警衛團的代本和負責其安全的官員達拉・平措扎西，為參觀表演作出實際安排。這次訪問並不是一個大事情，噶章、帕拉或達賴喇嘛甚至都沒有通知達拉。達拉回憶說，那天早上6點，兩名中國軍官乘坐吉普車來到他的住所，要求他立即和他們一起到西藏軍區討論訪問安排，他才知道這次訪問。他還沒洗漱，所以他告訴他們等候，然後他很快梳洗和吃早餐，跟他們一起去了。[48]

當達拉到達那裏時，鄧副司令員正在等他，告訴他翌日達賴喇嘛要來參觀軍區大院，所以他們打電話給他討論安排。達拉對此感

到驚訝，但他認為這次參觀將遵循達賴喇嘛訪問自治區籌委會的標準程序。他錯了，因為中國人告訴他，西藏軍區大院不允許武裝人員進入。[49]中國人認為這次參觀與達賴喇嘛參加籌委會會議有根本不同，因為這次參觀是在解放軍軍區內部，因此他們希望達賴喇嘛盡可能少帶隨員，尤其是不帶任何武器。他們向達拉保證，達賴喇嘛在裏面的安全不會有任何問題，因為保證安全是解放軍的責任。[50]達拉試圖向他的同行解釋，藏人會非常負面地看待這一安排，因為習慣上達賴喇嘛無論去哪裏，都會有25名警衛團的士兵陪同；所以達拉要求當達賴喇嘛去軍區總部時，必須允許警衛團陪伴達賴喇嘛。達拉說，漢人一直堅持，儘管他們最終讓步了一點，並告訴他：

> 你們可以帶兩個士兵〔進去〕，但他們不能攜帶武器。於是我〔又〕說了一遍，「這樣安排不好，我不能對此做出決定。我必須向我的上級官員彙報此事，如帕拉和噶章」……。漢人〔還〕告訴我，其他高級官員，比如噶倫……只能帶一個僕人，噶倫不能帶槍〔在藏袍裏帶手槍〕。[51]

事實上雙方都不現實。25名藏軍武裝戰士顯然不會對西藏軍區大院構成任何威脅，他們也不可能為了保護達賴喇嘛與整個中國軍營為敵。

當達拉從西藏軍區總部回來後，他向帕拉彙報了情況，然後兩人去與噶章討論。噶章認為這些限制是一個非常嚴重的問題，並決定他們都應該向達賴喇嘛報告。[52]

達賴喇嘛記得他們三個來看過他，並告訴他，「〔這樣做〕有很大的危險，我們無法預測漢人會怎麼做……所以最好不要去。」[53]然而達賴喇嘛沒有動搖。他仍然認為這次訪問沒有問題，並告訴他們，「沒關係。你們不需要對此疑神疑鬼的。」[54]

在另一次採訪中，達拉回憶道，達賴喇嘛回應，「根本沒有任何危險。我們明天肯定去〔འགྲོ〕。」[55]達拉在書中寫道，達賴喇嘛想了

一會兒，然後告訴他們三個，「這樣的壞事不會發生，所以如果我們明天不去就不好了。」此後，三位官員進一步闡述了為甚麼去那裏太危險，但達賴喇嘛再次表示，「沒有理由有這樣的疑慮。如果我們去了，不會有甚麼傷害。」然後他告訴噶章繼續為明天去西藏軍區大院的出行做安排。[56]

達賴喇嘛在採訪中對他的果斷決定發表了明確的評論：

> 起初，欽莫和噶章一起來了。那時我住在（羅布林卡）新宮。那是（藏曆）30 日〔西曆 3 月 9 日〕。他們來了，說有很大的危險，他們無法預測漢人會做甚麼。代本〔達拉〕甚至被告知不能帶警衛，如果他們帶了，那麼他們必須不帶武器。所以有很大的危險，最好不要去。現在，我說，我該怎麼做？很久以前就已經決定我要去了，所以我怎麼能在今天說我不能去？因為我早些時候已經說過我要去了，所以不可能拒絕。沒有一個很好的藉口，我怎麼能這麼說呢？這將接近於公開關係破裂。所以我說這很難做到，所以沒有別的辦法。所以這是我的立場，也是我真實的想法。[57]

達賴喇嘛認為，在這麼晚的時間取消赴會將「近乎公開破壞關係」，這表明達賴喇嘛仍然認為，為了維持現狀，他與中國保持友好關係非常重要。維護西藏政府的內部自治和整個西藏社會宗教制度的持續存在，需要與中國保持良好的關係。這就是為甚麼他在 1957 年從印度回到拉薩，所以此刻他堅持要去，儘管中國對這次訪問有「不尋常」的規定。

這一決定是西藏近代史上的轉捩點之一。如果達賴喇嘛像往常一樣接受了他的顧問們的強烈建議並決定不去，就不會有 3 月 10 日的示威遊行，不會有拉薩起義，西藏歷史也會沿着一條截然不同的軌跡前進。正如將在後面一章中看到的，達賴喇嘛本人明白這一點。[58]

然而，即使達賴喇嘛決定去觀看表演之後，如果不是他的一些**官員故意無視他的意願，秘密煽動拉薩民眾第二天來到羅布林卡示威**，阻止他前往西藏軍區大院，那也不會導致3月10日的起義。

在羅布林卡發起示威遊行

隨着四水六崗問題的惡化，拉薩的許多西藏政府官員就中國對達賴喇嘛的意圖深感擔憂和疑慮。他們覺得中國人的態度已經惡化，開始對達賴喇嘛不那麼尊重了。僧官扎贊在一次採訪中表達了這種看法：

> 起初，當像張經武這樣的大官來〔會見達賴喇嘛時〕，他們習慣於以傳統方式要求訪問，要求後天或三天後見一次面，而〔只〕帶一兩個人和過去常來的翻譯。後來，到了1958年，任何來自中國的人都說他們想要立即會見，常常有五到六個人來。有時還帶一些女人。當他們在等待〔會見〕的時候，他們馬上開始吸煙，翹起腳向後靠在椅子上。因為小吃很好吃，他們甚至帶走了一些。他們吃很多，坐着放鬆和聊天……。在〔達賴喇嘛的〕會議室裏，尊者獨自一人，只有幾個年老的僕從，下面只有兩個警衛。所以一旦進去，當門關上的時候，人們只能聽到傳喚鈴，而聽不到任何說話的聲音。有時那裏有五六個漢人，尊者只有一個人，所以如果他們想做點甚麼，那很容易……。這是在1958年。〔離起義〕非常近了。[59]

在本章和上一章中討論的中國軍事防禦的實質性加強，也對拉薩藏人的思想產生了重大的負面影響。應該說，中國人覺得他們需要這些加強，因為他們擔心西藏/康巴的襲擊。他們正處於一場叛

亂中，叛軍總部就在山南附近，而且許多武裝的憤怒康巴難民仍在
拉薩，當然，還有2,000到3,000名藏軍現役軍人可以輕鬆加入。此
外，他們正確無誤地認為西藏政府在暗中幫助四水六崗，儘管不是
他們認為的是噶廈，而是帕拉；如前所述，拉珠阿旺在貢嘎著名的
突襲事件是帕拉在背後策劃的，帕拉通過扎西代本團的軍官，秘密
地通知拉珠阿旺帶着他的手下，立刻前去山南埋伏中國後勤車隊。

　　另一方面，由於拉薩的藏人絕對沒有攻擊中國人的計劃，他們
認為這個軍事加強計劃是中國人準備攻擊藏人的證據。這些軍事警
戒的加強，成為西藏上層在傳召法會期間的焦點問題，因為達賴喇
嘛將在傳召法會期間部分時間居住在大昭寺，而中國的兩個主要行
政建築——以前的桑頗宅子和吉堆巴宅子，位於大昭寺及其松曲熱
庭院對面；駐紮在這些房子裏的中國軍隊和民兵能夠暢通無阻地俯
視大昭寺/松曲熱。達賴喇嘛也對此發表了評論：

> 因此，在松曲熱，傳召法會的一個早晨，我許下了誓言，[60]
> 並做了一些禱告。在松曲熱前面，是桑頗宅子，當時是一
> 家中國的銀行……。那時，漢人已經在窗户放置了掩體
> 〔ཨབརྫ〕，在房子的頂部和所有地方，漢人都設置了垛牆。
> 所以據說那兒非常危險的，人們討論〔我是否應該〕去松曲
> 熱。[61]

　　這一年也是達賴喇嘛數術上不吉利的一年，那時他最容易遭受
個人不幸；每12年一次（例如，當一個人12歲、24歲和36歲時）。
因此，西藏方面許多官員害怕中國人的偷襲。事實上，在1958年夏
天，當達賴喇嘛不得不離開宮殿去訪問拉薩周圍的三座寺院，參加
第一階段的格西考試時，西藏政府就在周圍的山上部署了藏軍保衛
達賴喇嘛，達賴喇嘛回憶説：

> 當時局勢非常緊張。例如，1958年當我……在哲蚌寺的措
> 欽（大經堂）裏參加了我的考試……。附近有一座小山……

在西邊……有更多的山。在山上部署了〔藏軍〕士兵。據説
漢人會來，所有人都這麼猜測。

　　然後我們從哲蚌寺經過帕日山去了色拉寺。在那座山
上也部署了士兵。通常我們在轎子旁邊沒有警衛，但現在
我們有了。我們告訴漢人的是，一些康巴人可能會來製造
麻煩。這是我們對漢人説的，〔但是〕在我們中間，我們説
漢人會來。[62]

　　漢人和藏人之間也發生了一些事件，進一步加劇了動盪的氣氛。
一個著名的事件確實發生在傳召法會期間，藏軍於2月14日逮捕兩名
涉嫌計劃暗殺達賴喇嘛的漢人。緊張的局勢隨之而來，中國要求西
藏軍隊釋放他們，並派出一名高級幹部與達賴喇嘛討論此事。最終
發現兩人不是刺客，其後被釋放。然而，正是在這種充滿猜疑、謠
言和憤怒的氣氛中，達賴喇嘛訪問西藏軍區大院的消息於3月9日上
午向僧官們宣布。噶章通知大管家帕拉，達賴喇嘛將於10日前往西
藏軍區大院，因此帕拉在9日的仲甲茶會上宣布了這一消息，當時還
宣布了將陪同達賴喇嘛出席表演的兩名孜仲 (僧官助手) 的名字。[63]

　　仲甲儀式結束後，雪嘉孜仲[64]益西倫珠把一個墊子拿到陽光底
下，他的姪子，僧官扎贊説，他好像在孜噶的記錄簿 (འཛིན་གྲྭ་) 上作
一些筆記。[65]帕西孜仲那天沒有去參加仲甲茶會，他走到益西倫珠
那裏，得知達賴喇嘛計劃第二天觀看表演的消息，他嚇了一跳，問
道：「達賴喇嘛真的要去嗎？」當益西倫珠回答是時……帕西説，「現
在，完結了……。明天這個時候一切都完了。」益西沒有馬上明白，
所以問帕西他所説的「一切都完了」是甚麼意思。帕西回答：「明天，
他們〔漢人〕會邀請他〔尊者〕去那裏，然後他們〔漢人〕會把他裝起
來。〔帕西用的動詞表示把物品放在箱子裏。〕[66]之後，他們〔漢人〕
會派士兵和卡車，把我們都裝進去，所以到明天晚上這個時候，我
們都將被關進漢人的監獄裏」……當益西發問時，帕西這麼説，「有

甚麼能做的？」他沒有給出任何答案，但他認為阻止這種情況的唯一方法是召集「人民」（མི་དམངས）來羅布林卡磕長頭阻止達賴喇嘛。在帕西看來，國家護法神乃瓊不久前給他的神諭現在變成了現實，是時候付諸行動了。[67]

到1958年底，帕西已經確信達賴喇嘛的生命和自由處於極大危險中，甚至可能沉迷於這種想法之中，而且正如第8章所討論的，他在民眾大會上發揮了積極的作用，該會議是為了討論「降低中央憤怒並平息康巴叛亂」，他強烈反對使用藏軍，但同時認為大會的最終決議太弱，噶廈不會採取足夠的措施保護達賴喇嘛，因為康巴問題很可能只會越來越嚴重，最終中國人會發動襲擊。因此，他自己召集了一次特別的、單獨的低級別代表會議，並說服他們發誓在三件事上做任何必須做的事情：保護達賴喇嘛、保護國家和保護宗教。然而，一些高級官員得知這次非法會議，噶廈遂命令帕西和其他人停止會議。他們同意了，但帕西和其他一些官員在解散之前立下了書面誓言，如果有必要保護這三項原則，他們將在未來集結起來。

隨着傳召法會開始的時間越來越近，帕西更加擔心達賴喇嘛的安全和他去傳召法會的意圖；他認為達賴喇嘛的生命將處於極大的危險之中，因為他來往於大昭寺以及在那裏過夜的時候，都將暴露在中國軍隊面前。因此，他和一些之前發過誓的同事製作了地圖，這樣他們就可以在達賴喇嘛參加傳召法會時，把自己定位為非官方的秘密警衛。功德林家族的僧官丹巴索巴是該團體的一員，他說，在傳召法會期間，他和其他成員穿着普通的僧袍〔而不是他們的正式僧官官服〕出席了大會，混在普通僧人中間，充當便衣警衛以防出現麻煩。[68]帕西還說，他已經搬到了大昭寺附近（絳央吉），在那裏他經常與該團體的其他人見面。他這麼寫道：

> 我向大管家〔帕拉〕彙報了〔我們製作的城市〕地圖，以及在傳召法會期間達賴喇嘛前往大昭寺時，我們在那裏安排了

保衛他的秘密武裝警衛……我們〔從我們的小團隊〕中挑選
了僧人和俗人，並給他們分配了在松曲熱（辯經場）和傳召
法會的位置。作為孜仲，我必須走在達賴喇嘛的前後，但
是我隨身帶着手槍，在重要的一些地點，我承擔了巨大的
責任。三寶保佑，〔達賴喇嘛〕沒有遇到大的障礙。

　　然而，在未來，他〔達賴喇嘛〕將會返回他的宮殿，而
且局勢變得越來越緊張，很明顯，有一天我們將無法保證
他的生命安全，所以我們別無選擇，只能從根本上阻止危
險。我日日夜夜都在想這件事，但我不知道〔怎麼辦〕。

　　最後，我有了一個想法，應該去諮詢國家護法神乃
瓊。傳統上，在默朗道嘉那天〔藏曆正月二十四，1959 年 3
月 3 日〕，人們焚燒供奉物品，驅趕邪魔，乃瓊的靈媒會〔習
慣性地〕在木如寧巴寺進入出神狀態。因為乃瓊護法神對達
賴喇嘛的生命安全、佛教和甘丹頗章〔西藏政府〕的政治負
責，〔我想〕他肯定會給我們一個神諭。所以我去見了下密
院扎倉的堪蘇〔卸任堪布〕阿旺倫登，他非常忠於〔西藏〕政
府……我告訴他，「明天，我要去木如寧巴請乃瓊做出神
諭，所以請跟我一起去。」他同意了，所以第二天，我在凌
晨 3 點起床，洗臉，穿上僧袍，吃早餐，在路上，我和堪蘇
會合，我們一起去了木如寧巴……。下了一點雪，所以我
認為在默朗道嘉那天下雪意味着阻斷了朵瑪的道路，這是
一個不好的兆頭。

　　我在大經堂等了一會兒，直到迎請神靈〔ﾟﾟﾟ〕〔進入
靈媒身體〕的祈禱文開始……。我和堪蘇供奉了一條哈達，
並問乃瓊的靈媒：「請給我們一個明確的神諭，有甚麼方法
徹底克服達賴喇嘛古恰（主宰生命的神靈）面臨的危險。」[69]
護法神說，「做羅漢禮供〔意思是磕長頭並供奉十六羅漢（ﾟﾟﾟ
ﾟﾟﾟﾟﾟ）〕，然後當他正要離開〔結束出神狀態〕時，我抓起
了掛在他胸前的護心鏡〔ﾟﾟﾟﾟﾟﾟﾟﾟﾟ〕，向他喊道，

> 「達賴喇嘛是佛教、西藏大地和西藏人民幸福的生命
> 線。當此之時，他的生命安全遇到嚴重危險，你，偉
> 大的護法神，必須全力以赴。你一定知道我們人類不
> 知道的事情，比如要做甚麼和不要做甚麼。所以請不
> 要含糊不清，不要像這樣疏忽大意。」
>
> 當我大聲説出我們的不滿時，護法神表現得更加激
> 動，他〔搖着頭〕揮動頭盔上的旗幟，坐在椅子上，給出了
> 以下神諭：「現在是時候勸勉我們的阿闍梨達賴喇嘛不要外
> 出。」[70]然後他站起身來離開了……。乃瓊的職員根敦在〔記
> 錄〕簿中寫下了神諭，並給了我一份蓋有護法神印章的副
> 本，我帶着它去了大昭寺……。[71]

帕西向帕拉展示了神諭，並告訴他請給達賴喇嘛看。帕拉後來告訴帕西，他已經給達賴喇嘛看過了，但帕拉只是簡單地返還了手寫的神諭副本，沒有提到達賴喇嘛對此的反應。因此，3月9日上午，當帕西得知達賴喇嘛即將要去觀看表演時，他立即想到了乃瓊的神諭「不要外出」，並確信必須説服達賴喇嘛不要去看表演。

當帕西和益西倫珠談話時，代本達拉走了過來。如前所述，達拉已經向帕拉和噶章報告了他與中國人的會面，告訴他們中國人對此次訪問的規定，然後三人去拜見達賴喇嘛。其後，達拉去了羅布林卡的警衛團總部，為第二天的訪問做準備。在回來的路上，達拉遇到帕西和益西倫珠，告訴他們中方堅持的所有對訪問的新安排。隨後，孜恰堅贊〔另一位常駐羅布林卡的官員，也是帕拉最信任的親信之一〕走了過來。當他聽到這個消息時，他説，「我的天哪！現在還能做甚麼？」然後，在秘書處囊馬崗（私人秘書辦公室，也譯朗馬崗）工作的另一名僧官達熱（ ད་རས་ ）走過去加入了他們，所以此時有五名僧官。他們都認為應該去和帕拉談談，並敦促帕拉向達賴喇嘛報告，勸誡他不要去。[72]扎贊解釋其後事情的發展：

帕拉說，「是的。達賴喇嘛去軍區總部非常危險，我們負不
起這麼大的責任。然而，當漢人發出邀請時，是通過基巧
堪布〔噶章〕，〔而不是我，〕所以我們都應該去問他⋯⋯。」
於是帕拉〔和其他人〕一起離開，去見噶章，討論〔取消觀
看表演的事〕⋯⋯。

　　〔然而，〕噶章生氣地回答說：「你們在說甚麼！達賴喇
嘛可以清楚地看到過去、現在和未來。我不可能要求達賴
喇嘛這樣做那樣做。他讓我做的，我做。他沒讓我做的，
我不做。他命令我做甚麼，我就做甚麼。從我卑微的地位
來看，我不可能要求達賴喇嘛這樣或那樣做，所以如果你
們想問這樣的問題，那麼你們應該自己去問⋯⋯。」當他
這麼說時，達熱立刻生氣了，他說：「甚麼！這關係到達賴
喇嘛的人身安全。如果你不想去問，我們會問的。我們知
道怎麼問⋯⋯。根據禮儀，我們先低著頭〔畢恭畢敬〕來找
你，我們已經向你提出了這一請求。」達熱筆直地站著〔他
本應該低著頭〕，然後開始和他爭論⋯⋯噶章變得更加憤怒
和強硬，最後帕拉跟噶章說，「很抱歉。雖然我們要求這樣
做的方式可能不太合理，但我們是因為關心達賴喇嘛的安
全，不是來製造麻煩的，所以請不要這麼生氣，也不要誤
解我們。但是達熱也不應該受到責備，所以不要做魯莽的
事情。」於是他們試圖安撫他們兩人，噶章開始冷靜下來。
然後他〔帕拉〕說，「讓我們去〔見達賴喇嘛〕吧，並請求他
不要去。」於是噶章也站起來，和他們一同去了。[73]

　　達拉寫道，只有他、帕拉和噶章再一次試圖說服達賴喇嘛，而
其他人在等待，但是無論多少人去了，最後，這也徒勞無功，因為
達賴喇嘛已經清楚地下定決心，他們的恐懼是沒有根據的，他再次
告訴他們，「我認為沒有必要這樣做。我認為不會發生任何事。此
外，我們已經同意去了〔，不能出爾反爾〕。」[74]

如上所述，中國和達賴喇嘛就此次訪問所做的安排是直接與達賴喇嘛和噶章商議的，而不是與噶廈進行的，但我們知道噶廈是在表演前一天（9日）得知此次訪問的，因為噶倫就此向他們的兩位噶仲（秘書）發出了指示。其中之一是格杰巴，他記得噶倫告訴他們，「明天沒有噶廈〔會議〕了，因為我們要和達賴喇嘛一起去軍區總部，所以你們兩個請做一些噶廈記錄簿〔ঝর্নন'ন্ন〕的工作，因為我們不來辦公室了。」[75] 當時噶倫們沒有向他們的職員表達對這次訪問的擔心或焦慮。如下所述，噶倫們後來也反對煽動大規模示威。

達拉說，在那之後，帕拉和噶章離開去執行達賴喇嘛的指示，他自己則回到了他所在警衛團的總部。然而，其他僧官帕西、益西倫珠、達熱和孜恰堅贊仍然感到不安和焦慮，因此他們繼續討論，儘管達賴喇嘛已經發出指示，但採取措施阻止他離開至關重要。此時，帕西告訴其他人他的想法——建議煽動拉薩民眾第二天一早來到羅布林卡磕長頭，懇求達賴喇嘛不要去看表演。帕西寫了那之後發生的事情，

> 然後我們……聚集在石橋外……我說：「今晚，孜恰堪窮（堅贊）和古松代本（達拉）必須負責保衛宮殿（羅布林卡），這樣那裏就不會有問題了。」關於向達賴喇嘛報告的問題，我要求堪窮達熱要麼直接向達賴喇嘛報告，要麼通過森本堪布（達賴喇嘛的一名私人侍從）報告。我和孜仲益西倫珠去拉薩和雪村向民眾傳遞信息。益西倫珠騎着騾子，所以他走在前面。我騎自行車。在路上，我去找孜仲勒參丹巴角，但他家的僧官說他去了拉薩。然後，當我走上通往布達拉的石階時，我遇到了格扎，扎西代本團的一名甲本……。然後我去了孜恰的主任辦事員恰仲的家，他的兒子阿旺群培是一名僧官，在那裏我們集會的小組成員聚集在一起，假裝打麻將。

> 我給他們看了乃瓊的神諭，簡短地提醒他們，我們是如何簽署誓言的，並告訴他們，「我們已經向達賴喇嘛報

告，我們將召集民眾集會。」[76] 因此，根據我們早些時候準
備的區劃〔每個成員都有負責的區域〕，我們今晚必須傳遞
信息，告訴人民，他們必須到羅布林卡秘書處來磕長頭，
阻止達賴喇嘛去軍區。[77]

瑪加是一名俗官和反華活動人士，他也回憶說，「那天晚上有一
個僧官，名叫〔阿旺〕群培，他來自一個主任辦事員家庭，那位辦事
員一晚上都沒有睡覺。現在我真的不知道是否可以告訴你這些，所
以我最好這樣說。他發布號召〔འབོད་སྐུལ〕，呼籲人們去示威遊行。」[78]

帕西繼續描述他那天晚上的行為：

在回來的路上，我去找了我的哥哥俊巴，他是恰當〔警察〕
團的聯合代本，也是拉薩市的兩位市長〔མི་དཔོན，音譯米本〕
之一。我讓他通過市長辦公室向拉薩人民傳遞信息。[79]

這次拜訪實際上是傳播計劃的重要組成部分。由於當時個人沒
有電話，當政府需要向民眾傳遞信息時，有一群低級別的職員，叫
做格查巴，他們從拉薩市長辦公室向各個社區傳達政府信息。作為
市長，俊巴負責管理他們，並命令他們傳遞這一信息。一位拉薩居
民赤多回憶說，「我記得格查巴到處說，我們必須封鎖道路，因為
漢人要劫走達賴喇嘛。」[80] 他還說，3月9日晚，拉薩的每個人都知
道這場演出，因為「格查巴帶來了一條消息，說達賴喇嘛要去軍區
總部，漢人會帶達賴喇嘛去中國，所以每個人都應該去封鎖道路。」
赤多補充道，「格查巴傳達了一個類似的信息，說這是政府的命
令。」[81]

同一天晚上，拉薩涅倉負責人之一的僧官納爾吉·阿旺頓珠
說，他收到了來自帕拉親信、羅布林卡的孜恰堅贊的一條秘密消
息，告訴他在全市傳播消息，第二天早上要進行示威。他說他派了
辦公室裏14名職員（ནང་གཟན，音譯朗生/囊生）到他們常去的宅子/區
域去傳達信息。[82]

　　然而，儘管格查巴和朗生參與其中，這顯然不是政府的正式命令。我們知道這一點，因為帕西寫道，在得知兩位噶倫反對這事後，他如何說服兩位僧官仍然幫助傳播消息，

> 孜仲益西達吉和阿旺群培騎自行車來到我家，說：「我們與瑪加‧次旺居美等俗官進行了交談，他們向夏卜拜索康‧旺青格勒和助理噶倫先喀娃‧居美索南多吉請示。兩位噶倫告訴他們，「因為將有人民騷亂的危險〔 མི་དམངས་ཟུར་ལངས་བྱ་རྒྱུ་ཉེན་ཁ་ ཆེ་བས〕，你們必須馬上停止這個計劃。」[83]

帕西寫道，他回答說：

> 為了西藏的基本原則，我們自願在改革辦公室宣誓。[84] 現在，你們自己決定是否與我們團結一致，並將我們在大昭寺觀世音像前許下的誓言付諸行動……。他們〔益西達吉和阿旺群培〕說，「我們肯定會保持團結，但因為我們聽到了〔噶倫的〕說法，我們來與你們討論這個問題。我們根本不想退出〔參與傳播消息〕。」[85]

　　然而，噶倫們顯然不認為這是一個嚴重的問題，因此沒有採取任何對策阻止人們來到羅布林卡。

　　雖然帕西寫達賴喇嘛已經得知他們的計劃，但這似乎不是真的。很難想像任何人甚至是帕拉，會告訴達賴喇嘛；儘管你指示要去看表演，我還是組織了一場示威遊行來阻止你去！達賴喇嘛也評論說，他第一次聽說示威是在10號。

> 〔10日早晨，〕我沐浴着寧靜的晨光在花園裏散步。突然，我被遠處的叫喊聲嚇了一跳。我匆匆回到屋裏，指示一些僕人去弄清楚這是怎麼回事。當他們回來的時候，他們解釋說，人們正從拉薩湧出，朝我們的方向走來。他們決定來保護我免受漢人的傷害。整個上午，他們的人數都在增

加。一些人成群結隊地待在〔羅布林卡〕每個入口，其他人開始繞着它轉。到中午，估計已經聚集了30,000人。[86]

另一方面，中國人在9日晚上8點左右得知示威的計劃，李佐民接到一個電話，警告他第二天早上可能有問題。[87]中國人於是討論他們應該做些甚麼，特別是他們是否應該推遲〔達賴喇嘛的〕訪問。李佐民參與了這一討論，他解釋説：

> 可能是阿沛或其他某人打電話給我説，在社會上人們流傳，「明天，當達賴喇嘛去軍區總部的時候，一架直升飛機已經準備好，他們會用飛機把達賴喇嘛帶走。」另一種説法是，這次軍區訪問是中國的陰謀，達賴喇嘛的生命處於危險之中。因此，西藏工委方面討論了改變達賴喇嘛訪問日期的可能性。於是，我打電話給政委譚〔冠三〕，問他：「我們該怎麼辦？」譚政委説，「很難告訴達賴喇嘛不要來。然而，我們必須審時度勢，並保持警惕，採取行動應對發生的一切。」……所以我們説，我們不能通知達賴喇嘛不要前來，但是我們也必須堅持自衛〔 རང་སྲུང་ 〕原則，我們應該保持高度警惕。到時候我們再看看我們需要做甚麼。[88]

因此，在9號晚上，這條消息在拉薩到處傳播。有多少人會回應，要到第二天早上才能知道，但是很明顯，無論是信息傳播者還是信息接受者都沒有想到，他們正在發動反對中國在西藏統治的起義！

一個問題？

3月10日的示威是現代西藏歷史上的重大事件之一，因此評估上述説法是否準確可信非常重要。帕西聲稱，試圖誘使拉薩居民示

威的整個行動是他的主意，他和同伴孜仲益西倫珠開始在拉薩與少數官員（主要是僧官）一起傳播警告信息，然後讓拉薩市長辦公室派他們的格查巴協助在全市傳遞信息。然而有理由相信，這個計劃的幕後策劃者不是這些低級僧官，而是他們的老闆帕拉，正如已經看到的那樣，帕拉是主要的反華官員，一個小而精悍的反華集團的首領。一位洞察力強、消息靈通的官員恰白評論了帕拉在西藏政治中的特殊地位：

> 帕拉是為達賴喇嘛工作的最重要的官員。此時達賴喇嘛還年輕，不管是甚麼問題，他都會去找帕拉，帕拉就像他的老師〔དགེ་རྒན་〕。雖然噶廈的等級比帕拉高，但他們都害怕帕拉。所以眾所周知，此時西藏政府的真正權力掌握在帕拉手中。帕拉也比基巧堪布更強大，儘管從等級上應該是相反的。當時的基巧堪布是噶章，但達賴喇嘛和帕拉有着多年的關係，非常親密，而噶章是新來的。因此，他與達賴喇嘛的關係並不牢固，也不深厚，這就是為甚麼帕拉擁有更大的實權。[89]

另一位備受尊敬的僧官功德林扎薩補充道，「欽莫大人〔帕拉〕是一個肩負重任的人，是一個能夠把事情做好的人，而不是那種支支吾吾的人——哦，我首先要問噶廈，或者我要問尊者。他是一個非常果斷的人。」[90]正如已經看到的那樣，多年來，帕拉一直願意並且能夠在沒有噶廈批准的情況下，利用他的地位和權力來幫助四水六崗和哲堪孜松。

因此，帕拉顯然是這樣一個有權力、有個性的人，他不僅有意無視噶廈，而且如果他確信達賴喇嘛錯了，他還是會違背達賴喇嘛的意願；尤其是在像將達賴喇嘛交由中國人控制這樣的關鍵問題上。帕拉的兩個壓倒一切和相關的優先考慮的事項是，迫使中國人離開西藏和捍衛達賴喇嘛的安全，所以他擔心達賴喇嘛可能落入中

國人手中，這對他來說並不是一個新的問題。自1950年以來，帕拉一直強烈主張達賴喇嘛流亡國外，在那裏達賴喇嘛將領導抵抗力量，成為爭取自由西藏鬥爭的聲音和象徵。1950年，他推動達賴喇嘛去印度，並強烈反對達賴喇嘛在1951年簽署《十七條協議》後從亞東回到拉薩。後來，在1954年，當達賴喇嘛無視他的建議，同意訪問中國內地時，他秘密地試圖阻止達賴喇嘛的訪問，聯絡人民會議主席阿樂群則，並讓對方嘗試利用他的組織成員阻止達賴喇嘛的訪問。[91] 同樣，1957年他強烈建議達賴喇嘛留在印度，不要回到拉薩。因此，1959年煽動拉薩米芒阻止達賴喇嘛訪問西藏軍區的計劃，正好符合帕拉的優先事項和過去一貫的行為。

此外，由於帕拉主管達賴喇嘛的孜噶秘書處，他是帕西和益西倫珠的直接上司，所以他很容易指示帕西，嘗試誘使拉薩米芒來羅布林卡，以阻止達賴喇嘛去看表演；或者是帕西請求帕拉批准他這樣做。一個有力的證據來自扎西代本團的格扎甲本，他說當帕西在9號晚上來到布達拉宮告訴他10號的示威遊行時，帕西特別告訴他，他是由帕拉派來的。格扎回憶：

答：當我們守衛在布達拉宮時，卓尼欽莫帕拉深夜派〔帕西〕來。

問：他〔帕西〕這麼說了嗎？

答：是的。帕拉派他來找我們。他說達賴喇嘛明天要去中國軍營，那非常危險……所以我們〔扎西代本團〕必須非常小心，保持最高警戒。他沒有寫信；他只是口頭告訴我。[92]

在另一次採訪中，格扎也說，「**卓尼欽莫〔帕拉〕派帕西孜仲來找我們。我們在孜〔布達拉宮〕，他被派到我們軍營〔那裏〕。**」[93]

此外，如上所述，涅倉辦公室負責人之一納爾吉說，他收到羅布林卡孜恰堅贊的一個消息，讓他要傳播這則消息。如前所述，孜恰堅贊是帕拉在反華活動中最親密、最受信任的合作夥伴之一，所以若孜恰堅贊告訴納爾吉要利用其朗生辦事員來傳播消息，那一定

是來自帕拉。很難相信，如果沒有帕拉的支持，孜恰堅贊會做出如此危險的事情，如此違背達賴喇嘛的命令。同樣，眾所周知，僧官丹巴角積極參與在拉薩傳播信息，丹巴角是孜恰堅贊的親密夥伴，所以如果沒有孜恰堅贊的參與，他也不會做出如此危險的事情。因此，若丹巴角深深捲入其中，這意味着孜恰堅贊也捲入其中；那麼，這意味着帕拉也一定捲入其中。丹巴角和孜恰堅贊關係非常密切，後來炮擊羅布林卡，拉薩戰役即將失敗之時，他們倆在羅布林卡互相開槍對射，同時自殺。他們多年來一直與哲堪孜松和帕拉合作，傳遞信件和傳單，並且在他們的房間裏有這方面的罪證，所以他們不想成為中國人的囚犯。

拉魯是一名前噶倫，他在起義中成為指揮官，起義失敗後因此被監禁。他説，他在監獄裏從一名同獄犯人那裏得知，消息是根據帕拉的指示傳遞的。[94]

最後，達賴喇嘛自己也指出，帕拉參與其中；對於是在事先抑或事後得知，達賴喇嘛説：

> 因此，由於別無選擇，藏曆2月30日〔西曆3月9日〕晚上，大管家（帕拉）似乎與此有關……。瑪加拉和其他許多人當晚向拉薩發出消息，説尊者明天將前往漢人的軍區大院，如果他真的去了，那將是最危險的。所以他們發動了〔སྐུ་སྲུང་〕民眾。[95]

在另一次採訪中，他還説：

> 所以決定去〔觀看表演〕，然後人民〔མི་དམངས〕來了。煽動這一切的人可能是欽莫（帕拉）。欽莫參與其中，代本〔達拉〕也知道一點。我認為瑪加和其他一些人可能也參與了。那時我不清楚。[96]

因此，有可信的證據支持這樣的論點，即帕拉在達賴喇嘛的孜噶秘書處利用他手下的一些僧官煽動示威。另一方面，也有可能從

表面來看待帕西的斷言。眾所周知，在保護達賴喇嘛的問題上，帕西是一個極端分子，他知道他的老闆帕拉反對達賴喇嘛去看表演，所以他可以決定自己試圖阻止達賴喇嘛。為了方便起見，帕西自己使用了帕拉的名義，因為他在孜噶為帕拉工作，所以這樣不會受到質疑。

由於缺乏證據，不可能確切知道這些版本中哪一個是正確的，但無論哪個是正確的，令人震驚的是，3月10日的示威遊行不是拉薩居民自發決定去羅布林卡的。相反，這是一個小集團故意煽動拉薩居民的結果，這些人大部分是僧官，很可能是由帕拉派來的，他們故意違背達賴喇嘛的意願，並採取極端措施，散布關於達賴喇嘛生命面臨嚴重危險的謠言，以煽動大規模示威，阻止他去觀看表演。如果沒有他們的干預，達賴喇嘛會在10日上午悄悄去西藏軍區大院看表演，當天下午晚些時候回來，正如將要看到的，因為中國人無意傷害達賴喇嘛。所以不會有示威和起義，至少那時不會有。[97] 3月10日的大規模示威及其後果是第12章的主題。

第12章

拉薩起義開始

隨着拉薩破曉，傳信活動的組織者不確定到底有多少拉薩人會出現在羅布林卡的門口，也不知道他們的出現能否阻止達賴喇嘛去看表演（圖7）。帕西回憶道：

〔當我回到家裏的時候，〕大約是午夜，……但是我睡不着覺，整晚都在想我們明天應該做甚麼。早上，當我洗完臉回到房間時，我看到雪村〔布達拉宮正下方的社區〕的人們已經開始去羅布林卡，所以我感到有點放鬆……。那時，大約有100名來自雪村的人已經從我們的宅子前走過，人們繼續前進，還有扎西（團）士兵拿着手槍前進。所以我披上僧袍，騎自行車直接去羅布林卡。在大門前，大約2,000人聚集在一起，高呼「尊者達賴喇嘛，請不要去中國軍營」。[1]

前一天晚上帕西在布達拉宮與甲本格扎聯繫過，格扎説，他在10號很早就醒了，騎着自行車去羅布林卡看看情況，因為他也不確定有多少米芒被通知到，有多少米芒會真正出現。格扎回憶道：

當我到達羅布林卡時，時間還早，人們還沒有來，所以我又返回布達拉宮。然而，當我到達扎閣迦膩〔布達拉宮前面西側佛塔。譯註：又譯扎果嘎尼〕時，我看到來自雪村的人們排成一隊。當我問他們要去哪裏時，他們説尊者收到漢人的邀請，

圖7　羅布林卡前面的人群，1959年3月10日。背景是藥王山。
（達蘭薩拉）西藏博物館攝影檔案館惠賜。

所以我們下午會去磕長頭並乞求他不要去。所以我想，現在
一切都好了。他們知道了，所以我掉頭跟着他們走。[2]

　　那天早上，幾千名藏族米芒來到羅布林卡，有的是一個人，有
的是兩三個人一組，有的是同一個院子或社區的人一起來；當中大
部分是拉薩居民，但許多是最近從康區（四川）和安多（青海）來的。
所有人的目標都是阻止達賴喇嘛去西藏軍區大院。每個人都非常擔
心中國的意圖和達賴喇嘛的安全，並致力於防止達賴喇嘛落入中國
人手中，他們認為這樣能夠拯救他。兩個僧官關於中國人計劃帶走
達賴喇嘛的虛假謠言已經被廣為接受，所以現在一大群人正聚集在
羅布林卡門前（圖8）。

　　羅布林卡是達賴喇嘛的夏宮。這是一個巨大的公園式建築群，
佔地約36公頃，公園設外牆環繞，開有四扇大門；最初由七世達賴
喇嘛在18世紀建造，由兩個部分組成，一是由外牆環繞的外部區

圖8　人們聚集在羅布林卡大門的石獅雕像旁，1959年3月10日。
（達蘭薩拉）西藏博物館攝影檔案館惠賜。

域，二是由黃色牆壁環繞的內部區域，包圍着達賴喇嘛的夏宮和其他一些住宅。黃牆外還有噶廈和孜恰開會的其他建築，以及孜噶官員如帕拉居住的各類住宅。通常在外牆的大門處有幾個守衛，但是羅布林卡的外部是開放的，人們可以直接走進去；而黃牆內的區域由達賴喇嘛警衛團的部隊守衛，不對公眾開放。

　　1959年3月10日，在羅布林卡的大門口，警衛團的一個小分隊駐紮在此處，指揮官是甲本斯達。[3]斯達看到一大群人朝羅布林卡走來，喊着達賴喇嘛不要去軍區總部的口號，他對此感到憂慮，關上大門阻止人群進入，然後給代本達拉打電話彙報情況。達拉立即去和帕拉以及噶章討論該怎麼辦。他們一致認為，應該阻止到達的人群進入宮殿區域，他們讓達拉派一些部隊守衛所有的四個大門，不要讓任何〔民眾〕進入。[4]在這個時間點，大量聚集的人群僅為了阻止達賴喇嘛計劃中的出行，沒人抗議漢人的佔領，更不用說甚麼起義或叛亂。[5]

來到羅布林卡參加每日仲甲茶會的僧官扎贊回憶道，「人們聚集在大門前，好像是來聆聽佛教法會的。他們無處不在，把路堵得水洩不通。」[6]他還說，在大門處大約有20個僧官，他們讓官員和職員，甚至一些他們認識的米芒進來。

噶廈的秘書/助手格杰巴回憶說，他感到困惑，「我覺得這一切都很奇怪，因為噶倫前一天告訴我們，達賴喇嘛和噶倫們10號要一起去看演出，所以他們那天不會來噶廈的辦公室。」[7]這並不是甚麼危險的事情，事實上，他們被告知10號到辦公室來，努力完成他們落下的文書工作。因此，當噶倫和達賴喇嘛本人顯然不認為達賴喇嘛的訪問是危險或冒險的行為時，格杰巴驚訝地看到這麼多人大喊大叫，說達賴喇嘛去軍區是對他生命的威脅。[8]

與此同時，達賴喇嘛訪問的準備工作已於當天清晨開始。達賴喇嘛禮儀舞蹈隊（གར་ཕྱུག་པ，音譯喀珠巴）成員平措宇杰解釋說，像他這樣的喀珠巴，傳統上在達賴喇嘛出行時要承擔各種任務，因此他在早上6點左右收到了他的老闆（གར་དཔོན）的消息，告訴他到羅布林卡上班。

> 我和其他一些人應該在達賴喇嘛的出行隊伍要走的〔土路上灑水〕。我們還被告知在路邊放置一排石頭〔རྡོ་བསྒྲར〕，畫上白線〔དཀར་ཐིག〕，路上〔等待迎接達賴喇嘛的〕所有人都必須站線上後面……。那裏還有漢人士兵，使用金屬探測設備檢查達賴喇嘛要經過的道路〔，以防隱藏的炸彈〕。[9]

如前所述，羅布林卡的一大群人收到警告，達賴喇嘛如果進入西藏軍區大院將面臨危險，他們對此感到心煩意亂。然而，關於中國計劃綁架達賴喇嘛的言論也加劇了對中國人已有的憤怒和仇恨，他們在拉薩仍被普遍視為不受歡迎的西藏佔領者。因此，不足為奇的是，當人群中一些較活躍的政治人物開始喊叫反華口號並呼籲中國人離開西藏時，其他許多人也跟着喊。與此同時，民眾的不滿也

指向了噶倫，他們錯誤地認為，噶倫在處理與漢人的關係方面不夠強硬，因此允許達賴喇嘛前往西藏軍區大院，從而讓局勢達到了他們認為的這一危險關頭。這一觀點早在1952年就已存在，當時第一個「人民會議」成立，支持司曹的對抗策略，即推動中國重新談判部分協定，特別是將漢人的軍隊送回家。然而在這種情況下，儘管許多米芒示威者（和一些像帕西這樣的政府官員）提出了這樣的批評，實際上正如第11章所討論的，是達賴喇嘛自己堅持要去看表演，是他的最高僧官基巧堪布在沒有噶廈參與的情況下為此做出了所有的安排。

　　10日的正式計劃是，噶倫們將在羅布林卡會面，然後陪同達賴喇嘛前往西藏軍區大院，因此噶倫在上午8:30到9:00左右開始逐個抵達。柳霞和夏蘇是第一批到達的，穿着他們與眾不同的黃色緞子噶倫官服。孜噶的孜仲僧官洞波站在大門前，回憶起群眾對他們大喊侮辱的話，比如，「你們用達賴喇嘛換（漢人的）大洋，這太可怕了。」但是群眾並沒有試圖阻止噶倫們進入羅布林卡。[10] 之後，噶倫索康也穿着他的黃色緞子官袍抵達。他是乘坐一輛中國汽車和司機來的，當他看到巨大的人群擋住大門時，他告訴司機在遠處路上停下來，然後一個人很快走到大門口。[11] 洞波說，群眾也對他大喊：「小心不要用達賴喇嘛換大洋。」但是索康只是說，「是，是，是〔ལགས་ལགས་ལགས〕」，並順利進入大門。[12] 然而，當新任噶倫桑頗（‧次旺仁增）到達時，他受到了人群的攻擊，人群已經開始變成憤怒和不守規矩的暴民。哲蚌寺僧人班丹嘉措生動地回憶起這一幕，「一大群人聚集在大門前。人群失去了控制。每個人都在大喊大叫。人們變成了一群暴徒。」[13]

　　桑頗也穿着他的噶倫官服，但他和一名中國司機以及**兩名身穿軍服的中國士兵**一起坐在車裏，正如第11章所討論的，因為他擁有解放軍副總司令的象徵性軍銜，這意味着〔在正式場合〕他總是有幾名解放軍士兵作為警衛員。當汽車碰到堵塞道路的一大群人時，桑

頗開始下車，但人群中的一些人開始向汽車投擲石塊，其中一枚擊中桑頗的頭部，將他擊倒在地，昏迷不醒。站在大門外的僧官看到這一幕，立即向他跑去，當場決定開車帶他去附近的印度領事館德吉林卡，那裏有一名西醫。後來，中國人從那裏把桑頗帶到他們的軍隊醫院，在那裏他完全康復了。

達賴喇嘛解釋了對噶倫桑頗的襲擊，説人群可能是對車裏的中國士兵作出反應，而不是針對桑頗，並暗示如果桑頗是一個人的話，他很可能可以毫無困難地進入大門。[14] 這有可能，但是洞波作出了不同的詮釋。「民眾知道他是誰，」他説，「桑頗沒有穿中國幹部服裝。他穿着一件黃色團龍緞〔མངོན་གོས〕製成的西藏官服」[15] 換句話説，不管他們怎麼看他的解放軍警衛，從桑頗的服裝來看，民眾知道他們在向西藏政府的一名高級官員投擲石塊。[16]

當西藏政府僧官昌都堪窮（索朗降措）到達時，羅布林卡面前的情況很快變得更加糟糕。他是重要的昌都（親漢）喇嘛帕巴拉仁波切的哥哥，被暴徒襲擊並毆打致死。幾名藏人目睹了堪窮之死，其中之一是僧官拉烏達熱，他説：

> 昌都堪窮⋯⋯〔那天早上早些時候〕來參加〔仲甲茶會〕⋯⋯。仲甲結束後，他似乎回到了拉薩，換了衣服，然後再回到〔羅布林卡〕，他騎着自行車，穿着一件俗人的衣服，戴着白口罩〔，漢人經常戴口罩〕⋯⋯。米芒開始懷疑那是誰，有些人大叫説那一定是漢人間諜，因為他戴着口罩，騎着自行車，顯得非常可疑。所以他們追着他⋯⋯開始打他。他掏出手槍〔向空中開槍〕，⋯⋯每個人，俗人和僧人，男人和女人，一起攻擊並殺害了他。[17]

這時，越來越明顯的是，示威正演變成一場危險的政治抗議。除了大聲批評噶倫等西藏政府高級官員的工作，人群中開始公開喊反漢口號，如「西藏獨立」、「漢人回家」和「西藏是藏人的西藏」。

雖然群眾內部沒有權威結構，更不用説有組織的反對中國的起義計劃，但是人群中有一些像瑪南阿布、達東娃和郭本聶巴這樣的米芒，他們參與了以前的反漢組織人民會議，並以直言不諱的反漢觀點而聞名。除了阻止達賴喇嘛的訪問之外，他們似乎發揮了作用，將民眾的憤怒焦點擴大到整個政治局勢，也就是説，把西藏從中國人手中解放出來。

與此同時，隨着和平示威演變成反漢抗議，部分人認為，他們可以去附近的印度領事館表達他們對中國統治的擔憂，將抗議國際化，這是有益處的。中國檔案對此報道，「反動分子們在10日早晨即派〔政府官員〕堪窮喇嘛拉和仁希沙龍〔原文如此；薩龍巴〕2人帶領10名代表去印度領事館，聲明西藏歷來就是獨立國，從今天起，他們即正式搞起『獨立運動』。據説印領館對此沒有表態。」[18]尼赫魯總理在1959年5月對印度議會的講話中解釋了此事：

> 3月11日，我們第一次收到來自駐拉薩總領事的消息，説拉薩城有些躁動，許多人來拜訪他，包括公眾代表/米芒和一些西藏官員、僧人、寺院堪布等。他們帶着一系列對中國當局的抱怨來找他，説他們非常沮喪。現在我們駐拉薩總領事自然很為難。他該怎麼辦？他不想干涉；這不關他的事，他告訴他們：「好吧，我不能為你們做任何事」，然後他向我們報告。[19]

因此，3月10日最初的和平示威，其目的只是阻止達賴喇嘛前往西藏軍區大院，但瞬即轉變為對中國佔領西藏的情緒化、無計劃的抗議，在某種程度上，民眾也批評了噶廈，後者被視為執行對中國的溫和路線，民眾認為這是因為噶廈受到了中國大洋的影響。

然而，儘管許多米芒對噶廈持批評態度，噶廈試圖與中國保持友好合作關係的政策並非由於給中國人收買了，而是出於遵從統治者達賴喇嘛的政策。正如所討論的那樣，1957年，達賴喇嘛接受了

尼赫魯總理的強烈建議，與中國合作，根據《十七條協議》維護西藏的內部自治。

正如第2章所見，尼赫魯在德里會晤時毫不含糊地告訴達賴喇嘛，試圖在軍事上反對中國是魯莽的。他說：

> 我告訴他，既然他〔達賴喇嘛〕已經同意十七條協定，西藏成為中國的一部分，同時享有自治，他不能輕易破壞協定。實際上，任何嘗試都會給西藏帶來衝突和苦難。在一場武裝衝突中，西藏不可能戰勝中國。我也指出，我們與中國簽署了有關西藏的協定。我們一直以來的立場是，中國擁有主權，但是西藏應享有自治。因此，達賴喇嘛的最佳路線是，接受中國主權，但是堅持對內部事務的完全自治。他應該為此建立堅強的基礎，他要將西藏人民團結在他的領導之下。[20]

達賴喇嘛回憶起這個建議，他說，「尼赫魯同意我的觀點，試圖與漢人作戰是沒有用的。如果我們嘗試，漢人可以很容易地引入更多的力量來徹底粉碎我們。尼赫魯建議我回到西藏，和平地努力執行《十七條協議》。」[21]

因此，達賴喇嘛回到拉薩，計劃和噶廈一起努力，恢復與中國人的良好關係並與之合作。是故與中國合作並保持友好關係是噶廈和達賴喇嘛對其弱勢地位的務實反應，他們希望，這將使他們能夠維持西藏在《十七條協議》中獲得的內部自治，保護西藏龐大的宗教體系。

此外，雖然許多西藏官員從中國人那裏領取工資，但這與他們在自治區籌委會的工作有關。自1956年成立自治區籌委會後，西藏政府不得不派官員到籌委會的各個辦公室工作，他們都從中國領取工資。然而，因為很少有西藏政府官員想為籌委會工作，噶廈不得不命令其許多官員在那裏上班，他們雖領取中國大洋作為工資但並不代表他們親漢。事實上，這些官員們保留了他們在西藏政府中的

職位，並且普遍渴望回到原來的崗位。也就是說，他們當中大多數人只不過是被借調到籌委會。

　　然而，當拉薩米芒看到主要政府官員與漢人親切互動時，很容易指責他們對中國佔領拉薩和西藏一事無動於衷，成千上萬的中國軍隊和官員駐紮西藏，他們卻無所作為。鑑於西藏自1913年以來一直是一個事實上的獨立國家，人們也很容易理解藏人希望西藏恢復獨立，但這不僅對大多數米芒如此，對政府官員亦然。但大多數高級官員都明白，在目前的條件下這是不現實的，也是不可能的。1950年，西藏的全部軍隊輕而易舉地就被人民解放軍打敗了，因此達賴喇嘛同意了《十七條協議》，接受了中國主權，因為這將給予他在中華人民共和國內部一定程度的政治和文化自治。因此，對達賴喇嘛和噶廈而言，他們的策略是繼續管理西藏，盡可能少地受到漢人的干涉，而不中斷西藏的風俗、語言和宗教。所以在1959年3月10日，他們的當務之急是**防止大批群眾/暴徒做一些無意中將西藏變成下一個四川的事情**，如果他們不能巧妙地管理事務，情況很容易一發不可收拾。這是個危險和動盪的局勢，達賴喇嘛在採訪中的評論表明，他清楚地理解這一點：

> 我確信，如果他們繼續下去，他們的所作所為只會導致災難，作為國家元首，我必須想方設法抑制他們的情緒，阻止他們在中國軍隊的重壓下造成自己的毀滅。[22]

　　儘管第11章提到，中國人實際上前一天晚上8點左右就已經知道了有人呼籲在羅布林卡舉行示威，但他們還是決定達賴喇嘛的訪問如期進行，10日上午仍在為演出做準備。王貴描述了其中的一些準備工作：

> 3月10日，軍區文工團做好了演出的準備。軍區禮堂打掃得乾乾淨淨，達賴喇嘛的座位是絨布軟椅，招待員準備了各色茶點。應邀陪同觀看演出的藏漢族幹部提前到齊，準

備歡迎。……譚冠三將軍等負責人也提前到會場等候。在
軍區禮堂門口準備迎接達賴喇嘛的幾位軍區首長，議論着
達賴喇嘛可能讓重演哪幾個節目。演員們在後臺已經化妝
完畢。[23]

一名在那裏的漢族士兵也回憶起等待達賴喇嘛：

〔9日〕，工委已發出通知，要熱烈隆重地接待達賴來軍區看
戲，並祝賀他考取「格西」。通知要求歡迎作陪的黨政軍幹
部一律着裝整齊，精神飽滿，不准攜帶槍枝武器，與10日
上午11時到達軍區禮堂等候。

……突然機關民兵團部來了命令，説拉薩街上出現騷亂，
藏軍六代本的士兵（即拉薩市的警察）正在驅趕市民群眾，
情況異常，叫民兵們立即進入各自的戰鬥崗位。

……在掩體裏（即戰鬥崗位）待了個把小時，團部才通知撤
下來。工委也跟着來電話，叫各單位去軍區歡迎達賴方面
來看戲的人（快去），我想還是趕快到軍區禮堂去。[24]

李佐民給出了他們準備歡迎的更多細節：

3月10日，開始時，在軍區司令部，他們用漢語和藏語寫
了一張歡迎達賴喇嘛的橫幅標語，上面寫着「熱烈歡迎達賴
喇嘛參觀軍區觀看演出」，[25]藏語寫在漢語的上面。9日中
午，我得知當年早些時候達賴喇嘛通過了格西拉讓巴的考
試，所以我告訴譚冠三，他讓我把歡迎大字報換成「熱烈慶
祝達賴喇嘛獲得格西拉讓巴稱號」。[26]

然而，在羅布林卡，襲擊桑頗、殺死堪窮以及高喊的反華口號
向噶倫表明，民眾的行為就像一群不守規矩的政治暴徒，他們有能
力攻擊中國的辦公室和人員，並可能很快將拉薩變成一個血腥的戰
場，威脅達賴喇嘛的安全和當前的現狀安排。因此，如上所述，達

賴喇嘛和噶廈(以及兩個主要的僧官帕拉和噶章)此刻必須決定他們應該如何應對並讓民眾平靜下來，和/或迅速驅散人群，然後向中國人解釋這一切，以維持藏漢關係。

西藏政府採取的第一步，是阻止數千名在圍牆外遊蕩的米芒將示威活動轉移到羅布林卡園內，因此他們關閉了全部四個園門。僧官丹巴索巴說，秘書處朗馬崗的達熱命令他和另一名僧官，與三名僧人一道鎖上所有通往外園的門，每個門都已經有五六名警衛團士兵在那裏執勤。門關好之後，他說：

> 我們回來告訴達熱，我們已經鎖上大門，並把鑰匙還給他……。就在那之後，他〔達熱〕派了〔像我們這樣的〕年輕政府官員和士兵們一起在大門口站崗。我被派去守衛黃牆〔內園〕的東後門〔ཕྱག་སྒོ་ནར〕。[27]

噶廈和高級僧官曾擔心，如果一大群憤怒的米芒湧入羅布林卡，無法預計他們會對那個地方和政府辦公室做些甚麼。例如1921年，一大群來自哲蚌寺洛色林扎倉的僧人對十三世達賴喇嘛的決定感到憤怒，他們闖入羅布林卡的內園(「黃牆」以內)，跑到達賴喇嘛居住的宮殿，對他大喊抗議，同時摧毀他的花，在他的花園裏拉屎。[28]

與此同時，噶倫索康、柳霞和夏蘇正在等待第四位噶倫阿沛，但是阿沛並沒有去，他解釋原因如下：

> 下午6、7點，我接到代理噶倫柳霞・土登塔巴的電話說，3月10日上午10點達賴喇嘛到軍區看演出，要全體噶倫於9時到羅布林卡集合，研究好達賴喇嘛去的辦法後隨同達賴喇嘛一起前往。因為首席噶倫索康・旺欽格勒家沒有電話，要我轉告索康・旺欽格勒。
>
> 3月10日上午正值自治區籌備委員會的政治學習〔སློབ་སྦྱོང་ཆུ་ཡོན་ལྦུན་ཁང〕時間，我就沒直接去羅布林卡，而是帶着官服先去籌委會主持政治學習。[29]

阿沛實際上是在自治區籌委會等待羅布林卡情況的消息，

> 〔我〕等待羅布林卡的電話。想觀察一下動靜，看有甚麼情況。不到10點鐘……桑頗……被石頭打傷……10點鐘以後，〔我得知〕堪窮索朗降措被叛匪打死在羅布林卡門口。[30]

阿沛擔心如果他去那裏會有危險，所以直接去了西藏軍區大院。羅布林卡的另外三位噶倫等了一會兒，但隨後決定單獨去和噶章討論局勢，並和他一起去見達賴喇嘛，達賴喇嘛回憶了他們的訪問：

> 這三位噶倫穿過人群，意識到必須盡快採取措施來避免危機；他們認為人群可能試圖攻擊漢人西藏軍區……。因此，他們三人與基巧堪布〔噶章〕開了個會，然後來見我。[31] ……他們告訴我，人們已經決定，我不能去西藏軍區大院，因為害怕我會被綁架並帶到漢地。人群已經選出了一個由六七十名領導人組成的委員會，並發誓如果漢人堅持要我去，他們會封鎖宮殿，阻止我被帶出宮殿。內閣〔噶廈〕告訴我，人群是如此的震驚和堅決，如果我要去，那真的不安全。[32]

達賴喇嘛在他後來的傳記中補充道：

> 〔示威遊行暴力的消息令〕我非常震驚。必須採取措施緩和局勢。在我看來，人群似乎處於一陣憤怒之中，他們甚至可能會試圖攻擊漢人駐軍。[33]

達賴喇嘛當時還年輕，24歲，但他比1950年15歲親政時更加熟悉世俗事務，他曾在北京和中國內地的其他城市逗留了一年，會見了毛澤東和中國所有的最高領導人，並與他們一起決定西藏的政策。1956至1957年末，他更在印度待了三個多月，會見了尼赫魯和其他印度最高領導人，然後在1957年1月，他作出了從印度返回

西藏的艱難決定。此外，在過去的八年裏，他一直擔任西藏「地方」政府的首腦，和他自己的最高官員一起與西藏工委領導人就漢藏事務進行交涉，因此，試圖維持漢藏關係以增進他所理解的西藏利益並不是甚麼新鮮事。事實上，他有過像此刻這樣艱難作決定的經歷——如何化解夏宮外的危險和動盪局勢。

如前所述，達賴喇嘛已於3月9日確切地決定，拒絕帕拉、噶章和達拉的強烈建議，因為他不相信關於中國不良意圖的謠言，也因為他相信他的存在將加強他與西藏工委的關係。他當然是對的。中國人並不打算綁架他到北京，而是打算給他一個熱烈的歡迎。因此，如果像帕西這樣在帕拉手下工作的少數僧官不作出無視達賴喇嘛意願的決定，不以「保護」達賴喇嘛不受漢人傷害的名義故意煽動大規模示威，3月10日就不會發生任何事情，西藏歷史也會大不相同。

相反，他們現在面臨的是一場大規模示威，示威民眾逐漸變成了一群危險的暴徒，他們圍着宮牆大喊反華口號，並說不會允許他們的統治者達賴喇嘛離開羅布林卡、去觀看一場他想去看的表演。這一刻，西藏突然出乎意料地來到了譚冠三曾警告噶倫索康的懸崖邊上，並有越過懸崖的危險；但是駕馭這匹馬的不是山南的康巴起義，而是拉薩米芒。此時的問題是，達賴喇嘛和噶廈，連同帕拉和噶章以及其他主要官員，能否想出一種方法，通過控制示威者來快速馴服那匹馬，並在此過程中說服中國人相信他們在《十七條協議》下將繼續合作。

在這種危險而動盪的形勢下，達賴喇嘛及其顧問採取了最簡單的行動。他們建議達賴喇嘛立刻改變赴會的決定，取消他去西藏軍區大院的行程，而不是直接與人群對抗。希望當人群被告知這一點時，米芒的恐懼會得到解決，他們會同意迅速回家。

但他們首先必須通知中國人，示威不是達賴喇嘛所為，而是為了阻止他去觀看表演。因此，噶章立即通過一條直線電話將這一變化通知了李佐民。達賴喇嘛解釋説：

當內閣成員〔噶倫〕來看我的時候，我能聽到人們在喊甚麼：「漢人必須離開。」「把西藏留給西藏人。」他們所有的口號都要求結束中國的佔領，終止中國對達賴喇嘛統治的干涉。聽到喊聲，我能感覺到這些人的緊張……。

暴力事件的爆發〔帕巴拉堪窮被謀殺，桑頗的受傷〕令我極度痛苦。我讓我的內閣告訴中國將軍，我不能參加這次演出，軍區的任何人現在來羅布林卡都是不明智的。我的高級管家〔基巧堪布噶章〕打電話給將軍的翻譯〔李佐民〕，並向他傳達了這一信息，我深表歉意和遺憾。翻譯同意我的決定是正確的，並說他會把這個消息轉告給〔譚冠三〕將軍。[34]

李佐民回憶說，他接到了噶章的電話，

上午9點左右，噶章打電話來說，「雖然我們已經證實達賴喇嘛〔今天〕會來，但現在的局勢很奇怪，很多人，包括男性和女性，從拉薩來的米芒，眼裏含着淚水來到羅布林卡。有許多人聚集在大門和北門附近，〔康巴〕叛亂分子帶着槍枝，製造騷亂。因此，為了達賴喇嘛的安全，仁波切無法前來。請向〔譚冠三〕政委報告。」

所以就在上午10點前，我把這件事報告給了我們的〔譚〕政委，他說：「不要管他說甚麼。我們必須仍然做好準備，就好像他〔達賴喇嘛〕要來一樣。」……我回電話給噶章，但是電話線被切斷了。我相信那是叛亂分子幹的。[35]

李佐民補充說，噶章告訴他，達賴喇嘛「希望很快恢復正常，並勸說人群散開。」[36]換句話說，達賴喇嘛和他的高級顧問試圖告訴中國人，他們與這次示威無關，他們正在努力勸說群眾盡快回家。

達賴喇嘛通知中國人他不能出席之後，他們決定，由首席噶倫索康通過大門上一個房間裏安裝的揚聲器，向聚集的人群通告這一新情況。[37]僧官扎贊當時就在那兒，他回憶了索康說的話。

索康爬上狹窄的樓梯，來到大門頂上，向民眾發表講話：
「今天你們，米芒來了，因為你們非常擔心尊者今天要去，
但現在你們都可以鬆口氣了。剛才尊者本人説他今天不會
離開，他讓我們〔噶倫〕去西藏軍區向漢人傳達這個信息。
他還説，來到這裏的米芒不應該製造這樣的騷動，應該回
家。所以我們要去〔軍區總部〕，你們都應該滿意，因為你
們一直要求的已經實現了。尊者今天不會離開這裏。你們
可以放鬆一下，然後離開。」[38]

　　然而，索康的講話遭到了嘲笑和侮辱，這在一天前對於一位噶
倫來説是不可思議的。平措宇杰回憶説：

當索康對人群説話時，人們大喊〔着類似的話〕：「嘿，你們
不要撒謊！」〔ཀས་མ་ཟེན་མ་ནོད〕[39] 他們不聽他説，大聲喊道，
……「你們全部〔政府官員〕都被大洋〔中國銀元〕收買了。」[40]

示威者沒有採取行動離去！
　　扎贊回憶説，就在索康講話結束後，他目睹三名噶倫和一些被
允許進入羅布林卡的米芒「領導人」之間的非正式會晤。這時，大門
內大約有30名這樣的米芒代表。扎贊説，當索康〔向人群〕講話的
時候，噶倫夏蘇和柳霞正在等着他……靠在一棵樹上。索康〔講完
後〕，他走到他們那兒，然後八九位人民代表來到三位噶倫站着的地
方，在他們面前的地上放了一條哈達，以示尊敬。其中一些代表，
如郭本聶巴拉、功德林達東娃和瑪南阿布，比較能説會道；他們直
言不諱地告訴噶倫，除非噶廈滿足某些條件，否則他們不會散去。

剛才你們要去西藏軍區談話，從〔大門上面的〕屋頂，你剛
剛告訴米芒，他們應該滿意回家，因為他們的要求已經達
成，尊者不去看演出了。所以，對於今天來的米芒，你讓
他們回家。但是如果尊者明天去〔軍區大院〕看演出怎麽
辦？我們應該每天這樣來這裏嗎？所以請不要説那些旨在

欺騙米芒的話。如果你們現在要去與漢人談話，那就告訴
他們，尊者〔將來〕應該像他傳統上那樣，在布達拉宮和羅
布林卡以及大昭寺之間來往〔，而不是去其他地方開會，等
等〕……。尊者被稱為西藏的「如意寶」，所以從今天開始，
當尊者不得不從一個結噶〔ﾂﾞﾏﾞﾏﾞﾏﾞ〕到另一個結噶（從一國到
另一國〔註：這也包括中國〕）旅行的時候，沒有米芒的同
意，你們不能對此作出任何決定。所以關於這一點，你們
應該和他們〔漢人〕討論，如果你們能和他們達成這樣的協
定，那麼米芒就會回家。但在達成一致之前，米芒不會離
開，即使你們讓我們這麼做。」……他們説的就是這些話，
因為我在那裏並且聽到了。[41]

達賴喇嘛補充説，米芒領導人也希望得到保證，保證達賴喇嘛
今後永遠不會接受任何去軍區大院的邀請。[42]

這是對噶廈、達賴喇嘛和西藏政府權威前所未有的挑戰，這樣
做通常會導致拘留；或者如果民眾不服從就會受到拘留威脅，隨後
會進行調查。例如噶廈已經終止了前兩屆「人民會議」，就在幾個月
前，還停止了帕西的臨時會議。但是在3月10日這天，當米芒違抗
噶廈，不服從噶廈的命令時，噶廈接受了他們的要求，從這時起，
他們將留在羅布林卡，作為一支「志願」部隊「保衛」達賴喇嘛。毫不
奇怪，這種反應進一步增強了米芒的權力感，並促使他們認為有必
要保護達賴喇嘛，確保噶廈和其他主要官員不會將達賴喇嘛「出賣」
給中國人。

帕西解釋了他和其他人是如何辯解不服從達賴喇嘛的行為，他
説，「所以我告訴一些代表『達賴喇嘛會號召我們，他會告訴我們不
要做〔這些事情〕，不要看〔或追隨壞人〕〔ﾏﾞﾏﾞﾏﾞﾏﾞﾏﾞ〕。〔註：父母教育
孩子通常會這麼説。〕他別無選擇，只能這麼説。然而，我們不能放
棄我們的工作。如果我們退出，那將是可恥的。這一次，我們必須
努力到底，接受任何可能受到的責罵。』」[43]

所以那些有槍的人，主要是康巴人，留下來守衛宮殿，其他人開始寫海報，寫着「漢人滾回去」之類的話，張貼在城市裏。隨後，數百名示威者將帕巴拉堪窮的屍體拖回拉薩市，並在那裏組織民眾抗議示威，從而擴大了抗議活動。索白下午3、4點和這群人一起回來，他說：

答：示威始於羅布林卡，在那裏他們高呼，「西藏從今天起獨立了。」……我們和他們在一起。在回來的路上，在功德林，漢人有一塊布告牌，他們過去在上面張貼報紙，人群把它燒掉了。當人群到達張國華住的宇妥宅子時，他們朝……站在門兩邊的警衛吐唾沫。

答：衛兵們說了甚麼？

答：他們甚麼也沒說。那時，他們甚麼都不會做。然後，人們走到大昭寺前面，那裏有一幅高鼻樑高顴骨、戴着鐐銬的美帝國主義者的巨大畫像，人群把它撕了下來。[44]

扎西代本團的甲本格扎也目睹了這一點。當數百名示威者將堪窮的屍體帶到拉薩時，他正從布達拉宮回到羅布林卡。「米芒正一隊隊地向拉薩走來，」他說，「他們拖着帕巴拉堪窮的屍體高呼，『藏人是西藏的主人』，『漢人滾回去』」[45]功德林扎薩補充說，當他們把屍體拖回去時，「米芒穿過拉薩所有的小巷，大喊『漢帝國主義者入侵西藏是不對的』，『漢人軍隊必須回家』，『西藏是藏人的』，『漢人滾出去』。」達賴喇嘛也對此發表了評論：

人群開始離開〔，一部分示威者離開去拉薩抗議〕，儘管大門周圍仍然有很多人。我們後來了解到，那些離開的人已經進城舉行公開會議，並舉行反對漢人的大規模示威。在會議上，他們譴責了《十七條協議》，理由是漢人違反了協議，他們再次要求漢人撤軍。[46]

因此，在索康通知示威者達賴喇嘛取消了他的訪問之後，民眾／暴徒仍然很活躍，現在他們關注的焦點是中國在西藏的統治，以及他們在捍衛達賴喇嘛安全方面的作用。米芒想幹甚麼就幹甚麼，達賴喇嘛及其政府無法控制他們。達賴喇嘛所説的話值得重複：

> 我確信，如果他們繼續下去，他們的所作所為只會導致災難，作為國家元首，我必須想方設法抑制他們的情緒，阻止他們在中國軍隊的重壓下自我毀滅。[47]

由於這事件是西藏歷史上的一個關鍵時刻，達賴喇嘛／噶廈還有別的選擇嗎？換句話説，達賴喇嘛真的像他説的那樣想盡一切辦法來遏制他們嗎？客觀地説，答案是否定的。達賴喇嘛／噶廈可以選擇的一種應對方式是，命令駐紮在羅布林卡的藏軍驅散人群，然後繼續在那裏執勤，阻止他們返回。一旦被驅散，達賴喇嘛本可以去觀看表演。

還有一種方式是，在達賴喇嘛的車周圍部署藏軍，迫使人群讓他的車離開。應該強調的是，那天清晨當米芒離開他們的房子去羅布林卡時，他們的目的只是通過他們在大門前的出現來説服／阻止達賴喇嘛去看表演。因此，儘管群眾情緒高漲，憤怒不已，**但他們並沒有生達賴喇嘛的氣**。相反，他們之所以來到這裏，是因為他們對達賴喇嘛的佛法無邊和他代表藏傳佛教以至西藏「民族」的東西深信不疑，這是一群完全忠於達賴喇嘛的人，他們認為西藏的成功取決於達賴喇嘛在西藏的安全。所以人群中沒有人敢扔石頭或者攻擊達賴喇嘛的車。他們頂多會躺在達賴喇嘛的車子前方，擋住道路。

如果達賴喇嘛的警衛團強行為達賴喇嘛的車開路，然後當達賴喇嘛安全返回，民眾會直接看到中國人並沒有打算傷害達賴喇嘛或把他帶到北京，以此説服他們離開或驅散他們會更容易。但是這些或其他替代方案真的可行嗎？

這就提出了一個問題，達賴喇嘛在羅布林卡有可靠的軍隊隨時可以使用嗎？他有。警衛團駐紮在羅布林卡南門附近，大約有600、

700名士兵在執勤。這些部隊是訓練有素的士兵，裝備有現代步槍、布倫槍、斯登衝鋒槍和機關槍。此外，他們的代本是達賴喇嘛的姐夫達拉，他完全忠於達賴喇嘛。因此，如果達賴喇嘛決定坐他的車離開，而一些米芒仍然試圖阻止汽車，達拉可以在達賴喇嘛的車周圍部署部隊清場。

此外，扎西代本團的成員已於當天清晨被派往羅布林卡保持警戒，也就是說監視情況，所以如果出現問題，他們也會隨時待命。協俄（ཅྭཨི）甲布負責一個排，回憶他在10日早晨收到的命令：

> 第二天〔10號〕，當我們起床的時候，人們已經開始去羅布林卡了。之後，我帶着一支由大約10名士兵組成的〔先鋒隊〕到羅布林卡，帶着步槍、布倫槍和彈藥箱……。那時，我們在所有的小巷裏都駐紮了軍隊，我守衛在朗康的屋頂上……位於羅布林卡大門附近的一所房子。[48]

因此達賴喇嘛/噶廈本可以在羅布林卡迅速集結大量武裝部隊。相比之下，人群雖然不是完全沒有武器，但基本上只有一些手槍、步槍和刀——當然還有石頭。

協俄甲布還提到了一種有趣的小型的「驅散人群」的方法；就在幾天後當達賴喇嘛乘渡船穿越雅魯藏布江逃離拉薩前往山南時，甲布使用了這種方法。一大群藏族村民聽到達賴喇嘛要來的流言，於是聚集在河的南邊，尋求機會朝拜並得到他的祝福。甲布當時陪同着達賴喇嘛，他解釋說，「當我們到達河的另一邊時，有許多人，當我叫他們離開時，他們沒有離開，所以我只是在人群中策馬飛奔，他們就逃走了。」[49]

然而，噶廈要麼認為他們無法強行穿過人群，要麼不想冒險製造一種局面，軍隊可能被迫作為最後手段向人群開火，因此他們沒有與達賴喇嘛討論替代方案，只是讓人群隨心所欲，儘管這對漢藏關係構成明顯威脅。當然，達賴喇嘛也沒有要求他們作出選擇。

噶倫們訪問西藏軍區大院

　　達賴喇嘛和噶倫們決定，除了打電話，最好是三個噶倫親自去向中國人解釋發生了甚麼，並試圖說服他們，示威不是西藏政府所為。這不是一個微不足道的步驟，因為他們不知道中國對示威者高呼的反華、藏獨口號的憤怒程度。然而在出發前，噶倫們首先要面對仍在羅布林卡前面阻擋道路的焦慮人群。儘管索康向他們解釋了達賴喇嘛的決定，而且噶倫在羅布林卡與米芒領導人進行了談話，但人群並沒有給噶倫的汽車讓路，直到他們徹底搜查，以確保達賴喇嘛沒有藏在車裏。政府最高官員噶倫服從了搜查，完成後才被允許離開。當然，這種羞辱進一步鼓舞了群眾領袖，他們已經謀殺了一名堪窮，嚴重傷害了一名噶倫，而沒有任何後果。

　　西藏方面對噶倫會見譚冠三有幾份記錄，中國方面有一份記錄。所有這些基本上都是相似的，儘管有些具體細節不同。一份記錄來自達賴喇嘛：

> 當部長們那天下午回來時，他們告訴了我在中國〔西藏軍區〕總部發生的事情。他們到達時，譚冠森將軍〔原文如此，實為譚冠三〕並不在那裏，但另外十名軍官正在等着他們，顯然正在進行嚴肅的談話……。阿沛和軍官們坐在一起，但他似乎沒有參加他們的討論。部長們進去時，他沒有離開座位去加入他們。
>
> 　　有一段時間，雙方對當天發生的事情隻字未提。中國官員似乎漠不關心，他們禮貌地詢問部長們的健康情況。但是當譚冠森將軍進來主持會議時，氣氛突然改變了。
>
> 　　部長們告訴我，將軍走進房間時似乎很生氣。他的外表令人生畏，部長們緊張地從座位上站起來向他表示敬意。有幾分鐘，譚冠森似乎氣得說不出話來，也沒有向部長們打招呼。索康首先告訴他，我派他們去解釋，發生了

甚麼事情阻止我參加這場歌舞表演。索康說我很想來，但是民眾強烈反對，所以我不得不放棄這個想法。另外兩位部長也補充了他們的解釋。翻譯結束時，將軍的臉明顯漲得通紅。他從座位上站起來，開始在房間裏踱來踱去，顯然氣得發狂。經過一番努力，他終於控制住自己，又坐下了。然後，經過深思熟慮和緩慢的講話，他開始對部長們和「西藏反動派」進行長篇大論，儘管他似乎在努力控制自己的脾氣，但他的聲音經常急劇上揚，他醞釀的憤怒以粗魯和辱罵的語言爆發出來。他用的是任何有禮貌的漢族社會都不會說的漢語。他的長篇大論的總的觀點是，西藏政府一直在秘密組織煽動民眾對抗中國當局，並協助康巴人叛亂。西藏官員違抗了中國的命令，拒絕解除拉薩康巴人的武裝，現在必須採取嚴厲措施鎮壓對中國統治的反抗。另外兩位將軍也發表了類似的長篇大論。其中一人宣稱「消滅所有這些反動派的時候到了⋯⋯。到目前為止，我們的政府一直是寬容的，」他說，「但這是叛亂。這是一個轉捩點。我們現在就要行動，所以要做好準備！」

我的部長們很困惑，把這些長篇大論視為軍事行動的最後通牒，如果民眾的騷動不立即停止的話。他們確信前景是危險的，涉及達賴喇嘛的人身安全；他們覺得如果我出了甚麼事，西藏就甚麼都沒有了。他們試圖勸告對方耐心。夏蘇告訴將軍，漢人應該努力理解普通西藏民眾，要有耐心和寬容。他們不應該訴諸報復，使嚴重的局勢惡化。夏蘇向他保證，可能會有民眾魯莽無知，試圖挑起與中國佔領軍的武裝衝突，內閣將盡一切可能防止康巴人或任何西藏人的此類非法行為。但是中國的將軍們不接受這個保證，也沒有聽取這個建議。[50]

僧官洞波說，會後噶倫夏蘇告訴他，害怕（自己）在會上被中國人逮捕，

夏蘇告訴我的⋯⋯漢人責罵他們很久，他認為他們可能無
法離開那個地方。他認為漢人可能會抓捕他們。然後是一
名高級幹部，可能是譚冠三⋯⋯他用手指着他們說：「記住
尊者就在你們手中。」〔他那麼說的時候，〕夏蘇知道他們不
會被逮捕，感到非常放鬆。[51]

　　噶倫們當然理解中國人為甚麼如此憤怒，並同意在情況進一步惡
化為漢藏暴力之前，必須停止這種混亂局面，因此他們向譚冠三保證，
他們正在處理此事。然而，噶倫們也知道處理這種情況困難重重。他
們甚至連開車去西藏軍區都必須接受人群/暴徒搜查汽車，所以儘管他
們有外交辭令和樂觀的承諾，但現實是，由於他們和達賴喇嘛當天早些
時候沒有採取行動驅散人群，情況變得越來越糟，在拉薩與中國人發生
臨時和無計劃的衝突之可能性是實實在在的，而且還在不斷升溫。

　　一位重要的僧官功德林扎薩回憶說，當時人們情緒高漲，但同
時沒有任何計劃和準備來發動起義，

就人數、軍事裝備和許多其他因素而言，我們根本沒有〔為
發動反對漢人的起義〕做好準備。但他們〔人群〕非常生氣，
似乎甚麼話都聽不進去。那時，昌都堪窮已被打死，桑頗
頭部也被石頭砸傷。人群變得憤怒了。[52]

　　當噶倫返回羅布林卡時，他們再次試圖通過與米芒領導人的討
論而驅散人群，恢復平靜。他們告訴領導人，漢人已經同意達賴喇
嘛可以不去他們的總部，並告訴他們，既然達賴喇嘛不再有任何危
險，米芒們現在應該回家了。然而不管噶倫們說甚麼，米芒領導人
都拒絕同意，群眾也不離開。噶倫隨後決定，控制米芒的最佳方式
是邀請他們參加當晚召開的西藏政府緊急會議，以討論局勢。米芒
領導人被告知，從米芒的隊伍中挑選更多的代表，並於當晚6時在
羅布林卡參加會議。[53]功德林扎薩是起義和達賴喇嘛逃亡的重要人
物，他評論說：

最後，噶廈說，這樣和人群說話是浪費時間，你們都應該
組織起來，不管是按城市中的〔地理區域〕，還是按院子或
其他方式，但要成立一些小組〔ᚅ〕，每個小組任命一名領導
人，這些領導人應該進入羅布林卡，然後我們可以交流。
所以他們任命了自己的領導人。[54]

西藏歷史上第一次，米芒選擇自己的代表並參加正式的民眾大會。

緊急民眾大會

羅布林卡向拉薩的政府官員發出通知，告訴他們來參加這次集
會。例如，扎贊的信息說，所有仲朵（辦事員）及以上級別的人都應
該參加緊急擴大民眾大會（ང་དག་ཆོགས་འདུ་རྒྱས་འཛོམས）。[55] 因此，3月10日
當天，一系列西藏民眾大會的第一次會議在羅布林卡的夏卜旦經堂
召開。因為這次大會有自行推選的米芒作為正式代表參加，所以這
次大會有時被稱為「人民民眾大會」，但它實際上是一次定期的西藏
政府大會，像往常一樣，由八名仲孜（四名孜本和四名仲譯欽莫）主
持，包括政府官員、職員、軍官、寺院代表以及四五十名**新的「人
民」代表**。幾乎所有在採訪中談到這些的西藏政府官員都使用傳統的
名稱來表示不同規模的會議，例如全體民眾大會（ཆོགས་འདུ་རྒྱས་འཛོམས，
音譯春都杰措）或機要民眾大會（ཆོགས་འདུ་དག་བསྡུས，音譯春都莎堆）；10
日這天的第一次大會是全體民眾大會。[56]

會上提出了各種觀點。米芒的代表表達了一系列不滿，包括他
們的願望，如上所述，要求制定新的規則，限制達賴喇嘛在宮殿外
的旅行。他們主張，無論何時中國官員想要與達賴喇嘛溝通，都必
須像20世紀50年代初那樣去做。也就是說，對方必須通過噶廈進行
溝通，而不是像最近發生的那樣直接去見他，而且會見必須提前發
出通知。

　　許多代表，特別是米芒的代表還說，現在我們必須徹底決裂，反對漢人。甲本格扎回憶説，「會上米芒説我們必須作戰，必須發動戰爭，必須驅逐漢人。像這樣的談話很多。代表們在反復討論……。那天每個人都很憤怒。」許多人説，「我們想要的是，西藏是西藏，中國是中國。」「從今天起，西藏獨立了。」[57] 一名職員代表的解釋揭示了，對許多人來説，這是由情感和欲望驅動的，而不是現實的規劃，

問：你們熱衷於與漢人作戰，但他們〔漢人〕有大量〔軍隊〕和許
　　多武器，那麼你們都有甚麼策略來打敗他們？

答：我們對此沒有想法。藏人信仰佛教，所以我們相信三寶會
　　給我們指路〔佛教將幫助我們打敗漢人〕。我們是這樣想
　　的。沒有人想過我們會失敗……。我們以為我們會在拉
　　薩戰鬥，然後四水六崗會從外面進來，我們會贏。每個家
　　庭都有一個計劃，把他們的財產暫時轉移到寺院或布達拉
　　宮。沒有人想到會失敗。[58]

　　然而，並不是所有的與會者都認為在拉薩與解放軍開戰是有意義的。一些西藏政府官員認為，現在必須通過對話緩解當前的緊張局勢，因為訴諸針對中國的暴力將導致戰鬥和殺戮，並將危及達賴喇嘛的生命。他們主張把重點放在修復與中國的關係上，以便在局勢惡化為血腥戰爭之前回到過去的狀態。

　　扎贊回憶説，一位高級貴族官員敏吉林就西藏獨立的歷史作了一次特別冗長的演講，回顧了1912年的漢藏戰爭等過去的事件。擦絨扎薩是1912至1925年間著名的(失敗告終)現代化運動的設計師，他站出來，試圖集中討論如何應對當前的危機。

「現在，如果我們像〔敏吉林〕那樣長篇大論地説下去，那就
太久了，我們沒有時間了。漢人……的手就在扳機上，當
他們下命令的時候，除了子彈，甚麼都沒了。如果我們只是

聚集在這裏發表這些冗長的演講,而不〔提供行動的〕路線,就沒有時間了。現在只有兩件事可談。你們是要和漢人談一談,解決問題,還是要和那些站出來說中國政策不好的米芒談一談?既然你們反抗了,你們到底要不要繼續戰鬥!你們決定。只有這兩種方式……。如果決定(談判)解決問題,那就堅持那個政策,談談,達成協議。如果你們要戰鬥,那就決定並做好準備。僅僅發表長篇大論是沒有用的……。你們必須決定這兩個選項中的一個。如果你們想和漢人談判,我們不需要擔心準備情況,但是如果你們想戰鬥,那麼你們必須準備好戰爭物資。所以決定吧!」這就是擦絨所說的……。〔擦絨還說〕:「如果我們決定戰鬥,那麼尊者必須考慮〔為了他的安全〕去印度。」這就是擦絨說的話。[59]

扎贊解釋了接下來發生的事情:

然後,有一個叫功桑拉的覺拉(職員),他被稱為噶廈埃仲功桑拉。職員(仲朵)〔和軍隊的〕所有代表都討論了對擦絨這兩個選項的看法……然後功桑拉站起來說,「〔我們都〕討論過這個問題,我們有一個明確的看法:關於和漢人談判的問題,我們絕對不會接受。所以首先,請考慮帶尊者去一些歐洲國家。我們將徵召所有18到60歲的人,組成一支強大的軍事力量,戰鬥到所有的男人和女人都死了,直到雙手垂到肩膀。在我們實現目標之前,我們只想戰鬥。因此,從所指出的兩個政策選擇來看,我們這些職員對此進行了討論,並完全一致地認為與漢人談判沒有任何好處。」這些評論贏得了雷鳴般的掌聲,當時的氣氛就是這樣。現在已經到了他們準備開始做軍事準備的時候了。[60]

然而,達喇嘛覺登,一位廣受尊敬的譯倉(這是僧官最重要的機構)高級仲譯欽莫,強烈反對並試圖壓制代表們對抗中國人的激情(圖9)。大會茶務員平措宇杰回憶了覺登的演講:

圖9　達喇嘛覺登，20世紀50年代。覺登家族惠賜。

覺登首先向代表們鞠躬，然後說，他要告訴你們達賴喇嘛自己的命令。他〔達賴喇嘛〕說，你們所有人都不應該製造騷亂／起義〔ཟིང་ཆ〕。所有人都應該回家。當你們回去的時候，你們應該告訴其他人不要在羅布林卡製造騷亂／起義。覺登說這話時臉上流下了淚水。我就在他旁邊，可以看到。然而，米芒不聽。相反，他們〔侮辱地〕叫道，「嘿，你，不要說謊！〔ཀས་མ་བེན་མ་ཤོད〕。達賴喇嘛沒有這麼說。」沒人聽他說話。

〔來自昌都地區的康巴米芒代表〕瑪南阿布然後站起來說，「你們都保持安靜，因為我想說點甚麼。以前，在康區，有一個著名的喇嘛叫佐欽白馬仁增，他被漢人帶去開會，再也沒有回來。我們沒人知道他去了哪裏。所以今

天，如果達賴喇嘛去了軍區總部，同樣的事情也會發生。
所以我們決不能接受他去軍區總部，必須完全反對。」……

問：當瑪南阿布說完後，達喇嘛說了甚麼？

答：沒甚麼？但是所有的代表都喊着「是的。沒錯。」[61]

接着，僧官拉丁，也是四大仲譯欽莫之一，同時也是拉薩富有
的策墨林拉章的管家，提出如果決定反對漢人，他願意奉獻策墨林
所有的財富。扎贊回憶拉丁的說話，

> 現在擦絨這麼說了，職員也發表了意見。如果我們要和漢
> 人談判，那麼所有這些都是不必要的，對嗎？但是，如果
> 我們要準備好戰爭物資，如果你們要按照這些思路思考，
> 那麼我想說的是，策墨林拉章有許多莊園，也有許多遊牧
> 部落。即使在拉薩，我們也儲存了很多穀物……。所以我
> 想說，如果你們要準備戰爭物資，無論你們從我們策墨林
> 拉章的哪個莊園，無論你們想如何徵集穀物，如何使用，
> 從今天開始，你們想怎麼用就怎麼用。[62]

拉丁受到了熱烈的歡呼，代表們的情緒再次轉向對抗中國人。[63]
會議結束時，大會仍沒有就戰鬥還是對話達成共識，因此大家同意
翌日在同一地點繼續討論。但一些重要問題已經決定，其一就是必
須意識到米芒應在保衛羅布林卡和達賴喇嘛方面發揮作用；這意味
着在外牆的所有大門都會有一支志願的米芒警衛隊，而俗官和僧官
將被任命領導志願警衛隊。[64]俗官瑪加說，他率領着一隊來自安多
的志願者，被派去「守衛」西門。[65]此外，僧官和俗官被任命為內圍
黃牆大門的編外警衛。

另一個重要的決定是建立一個「指揮中心 (ব্মম্ব্দ্মীঁদ্দ্দ্)」，該中
心設在羅布林卡，負責米芒志願警衛隊，他們留下來保衛達賴喇嘛
和羅布林卡。[66]功德林扎薩被會議選為指揮中心的兩位最高領導人
之一，他向會議解釋了該中心的職能，

一個組織〔民眾大會〕將與中國討論政治問題，比如我們是
要與他們和平對話，還是要與他們對抗。另一個組織〔指揮
中心〕將會看看〔羅布林卡周圍的〕成千上萬的人該幹些甚
麼，這些人說他們將繼續當警衛。他們說不想要工資，會
照顧好自己，但這還不夠。從這一天開始，必須有某種通
訊渠道，從那裏發出命令並收集請求。因此據說應該建立
一個指揮中心。[67]

建立指揮中心的另一個原因，是人們認為漢人若看到噶廈直接
組織和提供米芒志願者警衛，而不是像噶倫和達賴喇嘛告訴漢人那
樣把他們送回家，那就不妙了，這將被視為噶廈實際上支持起義的
進一步證據。參與其中的一名官員解釋說：「現在這是作為一項緊
急措施。並不是噶廈和其他人不可信，而是因為他們在和漢人討論
事情，我們從內部着手準備。噶廈必須與漢人交談並拜會尊者，對
嗎？所以這些活動被放到一邊，而在另一邊，我們成立這個〔指揮中
心〕，為戰爭做準備……我們〔在指揮中心〕的工作是供應食物，並
維持紀律，管理自願守衛〔在羅布林卡周圍的〕士兵〔武裝米芒〕。因
此，這裏是拉薩起義的指揮中心。」[68]同民眾大會一樣，指揮中心也
在夏卜旦經堂開會。

功德林補充說，雖然指揮中心成立最初的任務是組織為米芒衛
兵提供食物和物資，但後來也用於組織戰爭物資。[69]幾天後，噶廈
授權將政府武器從布達拉宮的軍械庫分配給米芒和其他人，例如僧
人，指揮中心的工作開始涉及武器。事實上，許多接受採訪的官員
稱這個中心為軍事司令部 (དམག་བཀོད་དམག་སྒྲིག་ཁང་)，並稱其負責人為總司
令 (དམག་སྒྲི，音譯瑪基)。

瑪加，一位著名的俗官評論了他們工作的軍事性質：

指揮中心的工作是處理和分發武器。這就像一個軍事總部
……。他們的工作是管理武器〔གོ་ལག་བདག་གཉེར〕；也就是說，

看看應該給誰武器，把人送到哪裏。所以這就像是在做軍事準備。所以他們的工作與戰爭有關。[70]

最初，指揮中心有五名負責人，他們都是著名的、受人尊敬的僧俗官員：功德林扎薩、堪窮達熱、堪窮格桑阿旺、孜本雪苦巴和拉恰拉丁色。[71]此外，還有其他 15 人在指揮中心工作。

噶廈、民眾大會和指揮中心之間的關係還不太清楚。傳統做法是將大會的簡要建議提交噶廈審查，這種做法似乎還在繼續。功德林回憶的下述事件表明，民眾大會和指揮中心並沒有完全與噶廈分離，噶廈也在羅布林卡開會。功德林説：

3 月 13 日，噶廈向我們，羅林警衛指揮總部的領導人，發出了如下通知：

在負責羅林警衛指揮總部的政府官員中，由於功德林扎薩、堪窮達熱、堪窮格桑阿旺、孜本雪苦巴和拉丁色必須到羅林警衛指揮總部工作，他們也沒有時間作為代表出席民眾大會。但是，由於在雪村的民眾大會非常重要，你們必須參加該會議，並且將通過民眾大會的選拔任命新的指揮中心領導人。

我們對此進行了討論，並確認我們將遵守這一命令，從明天起，我們〔五人〕將出席大會。我們的接替者是：

1. 噶蘇〔卸任噶倫〕拉魯·次旺多杰

2. 堪窮洛桑丹增

3. 吞巴堪窮·絳巴凱珠

4. 帕拉頗本·多杰旺堆

5. 仁希夏江蘇巴·阿旺堅贊

然而，第二天，當新的領導人來到⋯⋯指揮中心開始工作，許多民眾志願警衛的領導人聚集在一起，問為甚麼

我們的老領導人被改變了？他們說我們米芒不信任新領導人。他們對此進行了討論，並發表了不同的意見，但最終他們的一些領導人去了噶廈，並報告說，他們希望噶廈像以前一樣讓老領導人留在原地，他們不願意接受新任命的領導人。與此同時，康巴志願警衛隊的三名領導人直接去見其中一名新領導人拉魯，並告訴他，老領導是由人民選出的，所以他們必須像以前一樣留下來，所以請你們這些新領導回家……。

因此，當天晚上，噶廈給我們發了一份新的通知，說羅林警衛指揮部的老領導們不再需要參加大會了，你們可以像以前一樣繼續履行你們的職責。所以我們像以前一樣繼續履行我們的職責。[72]

這一事件具有啟示性，因為它表明噶廈顯然仍在運行。另一方面，任命問題也表明噶廈不願意將其意願強加給米芒。自帕西的臨時會議被噶廈迅速終止以來，情況發生了很大變化。

第一天的大會有了另一個重要成果。許多代表，特別是那些來自米芒的代表，感到不安；有許多政府官員被質疑對西藏政府的忠誠度，因為他們在籌委會辦公室裏與中國人一起工作或者表示支持中國人。當反對中國這嚴肅問題被討論時，米芒代表不希望這些官員在場。然而，這個問題很複雜，因為如前所述，在自治區籌委會於1956年成立後，噶廈命令許多政府官員在籌委會辦公室工作，因此大多數在那裏工作的官員只是被噶廈派遣去的，他們完全忠於西藏政府，仍然保留在西藏政府的職位。因此，會議決定每個人都必須簽署效忠西藏的誓言，那些在籌委會工作的人必須同意停止去那裏上班，並從翌日開始停止拿中國人的工資；他們必須找到擔保忠誠的保證人。由於大多數與會成員都想透過建立一個他們稱之為「乾淨」的民眾大會來向前推進，這個會議只由「吃糌粑的人」代表，誓言的目的是清除那些同情中國的人、那些「吃大米的人」。這份誓言

沒有副本，但功德林扎薩回憶道，誓言中寫道：「我們將團結一致，造福西藏政教事業，我們將竭盡全力實現這一目標。」[73]俗官夏扎補充説：

> 在大會上，每個人都簽署了一項協定。所有從漢人拿工資的人都將停止工作，從現在開始，「吃大米的人」和「吃糌粑的人」將會分開。對於那些簽署誓言的人來説，不會有任何麻煩，即使他們〔之前在自治區籌委會〕與漢人一起工作過，並且參加過／曾在其他組織工作過，如青年團和婦聯。所以包括我在內，所有説他們與漢人決裂的人都簽署了保證書，並找到了擔保人。[74]

因此，西藏民眾大會此刻已經朝着撕毀《十七條協議》邁出了重要一步，公開地表示，除非有意識地宣誓效忠西藏而不是中國，否則任何人都不能成為民眾大會的一員。這是將騷亂進一步推向有意識的反對中國統治的起義的重要一步。

毫不奇怪，中國人在同一天晚上知道了這一點，並擔心同情他們的西藏官員會受到傷害，中國人告訴這些官員，為了他們的人身安全，他們應該和家人一起住在自治區籌委會大樓。對於一些像阿沛這樣想留在自己家裏、舉足輕重的親漢官員，中國派出了解放軍武裝特遣隊在那裏保護他們。[75]

如此，米芒的代表在集會的第一天就得到了他們想要的一些東西。他們這時成為了政府決策過程的一部分，並與西藏軍隊一起正式守衛達賴喇嘛的夏宮。另一方面，他們現在受到更多的約束，來自主持民眾大會的西藏政府官員以及許多出席會議的更保守的政府官員，這些政府官員認為軍事對抗中國沒有意義。因此，關於到底要戰鬥還是與中國人談判，還沒有達成共識。

這些米芒是誰？「米芒」一詞實際上並不是傳統的西藏術語，它指的是大多數底層的藏人，也就是那些不是貴族、喇嘛或僧官的藏

人。傳統上，所有這些非上層藏人都被稱為米色 (ঐ་མེར)。然而，當中國共產黨在1949年至1950年上臺時，藏人不得不翻譯「群眾」和「人民」等漢語術語，所以他們從傳統的寺院術語扎芒 (གྲྭ་དམངས，普通〔དམངས，音芒〕僧人〔གྲྭ，音扎〕) 中選取了音節「芒」，而與米 (人) 搭配，創造了新詞米芒 (ঐ་དམངས)。意思是「普通人」或「大眾」。[76]

「米芒」一詞與反對中國佔領的藏人特別相關，因為中國人總是在宣傳和演講中談論「米芒」的重要性，這是他們新國家名稱的一部分，因此西藏反華分子認為，通過稱自己為「西藏米芒」，他們將更有能力影響中國人，作出他們所尋求的改變。因此，在1951至1952年和1956年，西藏成立了米芒組織 (人民會議)，試圖以「西藏人民」的名義説服中國人從西藏撤軍。

然而，這些「人民組織」的領導人並非真正的共產主義意義上的群眾，因為他們大多來自介乎上層和普通人之間的藏族中間階層；這些中間階層包括為貴族和拉章工作的管家和經理，以及商人和政府中的小官員，如職員等。與絕大多數真正的藏族民眾不同，他們有文化，並認識許多政府官員，因為他們為上層工作。事實上，1952年和1956年人民會議中的許多積極分子，正是1959年的積極分子。[77]不過，1952年和1956年的人民會議與1959年的米芒也有很大不同。在1952年和1956年，這些中層人士首先秘密會面，然後有意識地組織一個協會來影響中國人；在1959年，最初只有拉薩居民的無組織示威，事實上他們大多數是真正的普通百姓。最後，當從眾多的示威者中選出民眾大會代表時，幾乎所有被選中的人都來自西藏的中間階層。

應當指出的是，除了拉薩的常住居民之外，還有許多來自四川的康巴難民住在拉薩，他們要麼是在1958年6月四水六崗轉移到山南後才來到西藏，要麼是決定不與四水六崗一起轉移。與普通的拉薩米芒不同，他們有武裝，所以他們成為保衛羅布林卡以及後來設置路障等活動的重要成員。

當3月10日的事件正在展開時，當晚達賴喇嘛意外地收到了西藏工委代理書記譚冠三的一封信。接下來的一周，兩人開始了著名的六封信的交流。

譚冠三和達賴喇嘛的早期信件

在噶章打電話給李佐民並解釋達賴喇嘛不能出席表演後，中方決定，與達賴喇嘛保持良好關係是有益的，並由譚冠三向達賴喇嘛發出友好和諒解的信函，表示他們沒有生氣。李佐民撰寫並翻譯了這封信，並安排將其秘密傳遞給達賴喇嘛。他解釋道：

> 我用中文寫了這封信，並給譚政委看，他對幾個字做了改動，然後我用藏語再寫了一遍，並給阿沛看，以檢查這封信是否符合規範，因為寫給達賴喇嘛的信必須非常小心。在他對措辭等做了一些修改後，我抄寫了一份乾淨的版本。然後要把它發出去，但是誰去送信呢？這是我的職責，因為政委說過，「既然你熟悉西藏地方政府的所有官員，你就必須找一個可靠的人去送信，然後通過他把信送到。所以我打電話給嘉措林〔仁波切，譯註：又譯江措林〕……他是達賴喇嘛的主要辯經夥伴（མཚན་ཞབས，譯註：即侍讀）、〔中國佛教協會西藏分會副會長，〕我和他非常熟悉。他是個喇嘛，但是當他和俗人交談時，很有幽默感。
>
> 我告訴他，「仁波切，我碰到了困境，你能幫我嗎？」他說，「告訴我甚麼困難。」然後我告訴他，「這是政委寫給達賴喇嘛的信。」……「請親手把這封信交給達賴喇嘛，請非常小心。不要通過任何人傳遞它。尤其是，不要通過帕拉・土登維登傳遞，甚至不要讓他知道這件事。你是達賴喇嘛的侍讀，請親自送去。」他有權去達賴喇嘛的住處。

　　我還告訴他，「如果你能親自送去，你必須給我一個消息〔，這件任務已經完成了〕」。然後我們討論了如何發送這個信息⋯⋯。根據他自己的想法，我們決定，如果他能把這封信遞送成功，他會把〔之前演出的〕通行證還給我，然後我就可以放鬆了，因為這將是他能把這封信親手交給達賴喇嘛的標誌。他說，「我這樣做是因為也許我再也不能〔從羅布林卡〕出來了」。所以，如果你在晚上8至9點左右沒有收到我的通行證，這意味着我沒法遞送這封信，我會把它燒掉。」

問：仁波切知道信的內容嗎？

答：是的，我給他看了信。我沒有對他保密，因為裏面沒有任何秘密。他說，「這封信寫得非常好。譚政委真是個了不起的人。」[78]

　　嘉措林仁波切在中國接受採訪時回憶此事，這篇採訪1995年發表如下：

　　嘉措林活佛說，⋯⋯他隨即從家裏騎馬去羅布林卡。當他前往羅布林卡時，從布達拉宮以西到羅布林卡沿途一帶，到處是武裝的叛匪，將羅布林卡層層圍住。嘉措林活佛說，羅布林卡的大門緊緊關着，⋯⋯在羅布林卡裏面，也有很多的叛匪。

　　嘉措林活佛說，他是在一座叫做達旦頗章的宮殿裏將譚冠三將軍的信交給達賴喇嘛的。[79]他說：「我在這座宮殿左邊的一間屋子裏碰見了達賴喇嘛，達賴喇嘛非常憂愁，坐在椅子上，雙手扶着額頭。我向達賴喇嘛報告了去軍區的情況，說譚政委帶來了一封信。達賴喇嘛看過信後，很憂慮地對我說：『他們（指叛亂分子）說為了我的安全，實際上是在危害我。』達賴喇嘛問我：『據說帕巴拉堪窮（即堪窮索朗降措）被打死了，你知不知道是甚麼原因？』他還問我有沒有膽量再到軍區去，要我把他的處境和我看到的羅布林卡裏外的情況，都向軍區談一下。」

　　嘉措林活佛説，他本來準備當天下午6時就離開羅布林卡的，達賴喇嘛也要他向軍區談些情況，可是他離開達賴喇嘛以後，叛匪已不讓他再出羅布林卡。叛匪到處都站着崗，他只好派了他身邊一個名叫丹巴的18歲孩子將軍區送給他的戲票送到自治區籌委會去，説明他已不能離開羅布林卡。他説，由於孩子把戲票藏在帽子裏，出門時雖然周身都被叛匪查了，仍未被發覺。[80]

　　譚冠三的信很短，但傳達了支持和友好的態度，儘管這也使人覺得取消訪問的決定似乎是中方作出的。

敬愛的達賴喇嘛，

　　您表示願意來軍區，這是一件很好的事，我們表示熱烈的歡迎，但是由於反動分子的陰謀挑撥，給您造成很大的困難，故可暫時不來。

　　此致

　　敬禮並祝保重

譚冠三

1959年3月10日[81]

　　這封信對達賴喇嘛/噶廈來説是意想不到的好消息，因為它的語氣似乎證實了噶廈的印象，即中國人會等着看達賴喇嘛和噶廈怎麼辦。達賴喇嘛反應迅速，第二天給譚冠三寫了一封信，希望能進一步説服中國人，起義不是達賴喇嘛所為，他也不支持。在下面引用的這封信中，達賴喇嘛顯然試圖表現出一種「進步」的姿態，以平息中國人對這一動蕩局勢的憤怒。

親愛的譚政委同志：

　　昨天我決定去軍區看戲，但由於少數壞人的煽動，而僧俗人民不解真相追隨其後，進行阻攔，確實無法去訪，

使我害羞難言，憂慮交加，而處於莫知所措的境地。您毫
不計較，送來的信出現在我眼前時，頓時感到無限的興奮。
反動的壞分子們正在藉口保護我的安全而進行着危害我的
活動。對此我正設法平息。幾天以後，情況安定了，一定
同您見面。您對我有何內部的指示，請通過此人（指阿沛·
阿旺晉美）坦率示知。

達賴喇嘛親筆呈

1959 年 3 月 11 日 [82]

與此同時，同樣在 3 月 11 日，民眾大會在羅布林卡的夏卜旦經
堂召開了第二次會議。

第二次民眾大會

在大會第二天，功德林扎薩告訴代表們，和策墨林拉章一樣，
功德林拉章將貢獻它所擁有的一切物資來幫助這項事業。因此，指
揮中心此刻有大量的食物和其他非軍事物資，即使戰鬥爆發，藏人
們被困在羅布林卡，他們的物資供應也是充足的。[83]

11 日大會繼續討論核心問題，即應該與中國人作戰還是對話。
拉魯回憶說，人們說着「我們想獨立」、「我們應該站起來，我們願意
犧牲自己的生命」之類的話。拉魯說，米芒的大部分發言是由大約八
名米芒代表發表的，例如瑪南阿布、貢覺仁青（堯西家族的強佐），
特別是雪巴·達東巴，他是一位非常雄辯的發言人。拉魯不同意
眾人的觀點，並說，他認為號召與漢人戰鬥是魯莽的，因為如果西
藏人試圖公開與漢人戰鬥，肯定會失敗。他認為與其進行公開的戰
爭，應該試着在幕後工作，為了西藏的利益用計謀來影響中國人。
拉魯用一句藏語來表達自己的觀點：「要設法取雞蛋不驚雞。」[84]

拉魯的評論得到了達喇嘛覺登的支持，如前所述，覺登是譯倉的高級負責人，也是達賴喇嘛朗馬崗的負責人。他說，「拉魯的評論很好。與漢人作戰對我們來說是非常危險的。如果他們真的向我們開火，我們會像豆子一樣被打散。」[85]儘管如此，拉魯說大多數米芒代表仍然支持與漢人作戰。但說這話的不僅僅是米芒的代表。扎贊回憶起一個例子，當時他親耳聽到帕拉說，現在是戰鬥的時候，而不是吵吵嚷嚷的時候。

> 因此，會議討論的是我們是要和漢人對話還是要和他們戰鬥，氣氛朝着和漢人談判轉變。大家的想法是盡快進行〔談判〕，因為一旦〔漢人〕扣動扳機，就沒有甚麼可談的了。所以會議的氣氛變得傾向於和漢人談判。
>
> 　　在這個當口，欽莫帕拉說：「如果大會代表與漢人開啟談判／關係〔འབྲེལ་བ〕，我不會留在這裏。我會直接去山南。」這就是他的想法。像朗色林一樣，他也在考慮去山南戰鬥。漢人那邊已經把我們標記為反動派……因此，如果與漢人達成了某種協定，那麼，我們將逐漸被排除在外，就像發生在兩位原司曹身上的情況一樣。[86]不管怎樣，欽莫冒着風險說，如果要與漢人進行談判，那麼我將前往山南。[87]

3月10日的事件使噶廈和達賴喇嘛面對中國人時處於困境。他們告訴中國人將處理騷亂，驅散示威者，但事實上羅布林卡已經成為反華活動（用中國人的話來說是「反動活動」）的中心。由於噶廈／達賴喇嘛沒有在10號甚至11號採取堅決行動驅散示威者，示威者更加大膽了。噶廈／達賴喇嘛擔心中國人可能會突然決定鎮壓新生的起義，並向起義的中心——羅布林卡開炮。顯然，任何這樣的舉措都會給達賴喇嘛的生命帶來巨大的危險，因此噶廈、帕拉和噶章決定，他們必須將民眾大會移出羅布林卡。[88]但由於不能確定米芒代表是否會服從噶廈，他們請求達賴喇嘛親自向米芒下達這一命令。

於是達賴喇嘛召集了民眾大會成員，告訴他們從現在開始，最好將民眾大會移到雪巴康(雪村印經院)。[89]達賴喇嘛回憶道：

> 我召集他們〔會議代表〕到新宮殿〔ཕོ་བྲང་གསར་པ〕的大廳。我告訴他〔們，如果你們都聚集在羅布林卡，這是非常危險的，所以不要這樣。你們現在這樣〕完全沒有必要。以前噶廈告訴過你們，最好你們都去自己的地方〔家〕，在這裏留下幾個必要的代表。像這樣待着不好，這沒有任何幫助。可憐的人們。因此，據說保持這種狀態是不好的，因此，〔民眾大會〕搬到了雪村。[90]

米芒翌日去雪村開會，但堅持讓他們的武裝志願警衛留在羅布林卡，繼續控制人員進出。據達賴喇嘛說，他們甚至採取措施阻止噶倫離開羅布林卡，

> 到⋯⋯3月11日，拉薩人民顯然變得更加難以控制。那天，他們在羅布林卡的內閣辦公室附近派駐了六名警衛，並警告部長們不允許離開。據推測，他們懷疑內閣可能會與漢人達成某種妥協，從而挫敗民眾要求漢人離開西藏的要求。[91]

第三天會議轉移到雪村，這降低了中國炮擊羅布林卡的風險，因為羅布林卡不再是起義的中心，而且正如將在後面的章節中看到的，這允許達賴喇嘛稍微誇張一點地告訴中方，他已經做了一些事情來解散集會。然而，中國人在拉薩有龐大的間諜網絡，所以他們不會花很長時間就知道大會並沒有被解散，只是**被轉移了**。因此，這顯然不是有效方法去解決達賴喇嘛和噶廈與中國人面臨的嚴重問題，但人們希望藉此給噶廈贏得更多時間。

除了仍然難以解決的「四水六崗」問題之外，這些拉薩米芒的事態發展讓帕拉和索康得出結論，由於他們無法控制拉薩混亂而危險

的局勢，應該盡快將達賴喇嘛轉移到山南的安全地帶，然後如果需要的話，轉移到印度是最安全的。

在這關頭，噶廈聯繫阿沛尋求建議，因為他們認為阿沛最能理解中國人的想法——也確實如此。當時阿沛住在家裏，所以噶廈（羅布林卡的另外三個噶倫）派秘書格杰巴去那裏送一封信給阿沛。格杰巴回憶了他的訪問和阿沛的反應：

> 我傳達的消息是，「達賴喇嘛已經將大會從羅布林卡轉移，噶廈正在盡一切努力平息騷亂／起義。所以我們想知道你有甚麼想法和建議。」……
>
> 　　然而，阿沛含糊地用一個深奧的比喻回答，「這種情況非常糟糕，但達賴喇嘛下令〔有關（轉移）集會〕非常好。然而，無論你撞一個堅硬的東西多少次，都很難把它打碎成小塊／小顆粒。〔達賴喇嘛〕最好能夠有針對的一一指導。」[92]
>
> 　　〔然後，〕他給了我一條哈達，讓我獻給達賴喇嘛，並說，「我今天不去〔辦公室〕，我要休假一周。」我把阿沛説的話一字不差地告訴了噶廈。[93]

阿沛的評論含義模糊不清，但他顯然警告他的噶廈同事，他們不可能打敗中國〔「堅硬的東西」〕，並警告他們告訴達賴喇嘛，在下達任何命令之前，他應該仔細檢驗每一個相關因素。基本上，阿沛總的建議是不要試圖與中國人作戰，這意味着他們應該採取行動控制米芒。

雪村機要民眾大會

在起義的第三天，即3月12日，一個較小規模的民眾大會在雪村印經院召開，這次會議被稱為機要民眾大會（ཚོགས་འདུ་ཉུག་བསྡུས），其

代表是前一天由全體民眾大會選出的，只有大約80人，他們全部都是「吃糌粑的」。換句話說，所有傾向可疑的官員都被排除在外。此外，正如茶務員平措宇杰解釋的那樣，他們已經採取了其他措施來保密和排除間諜。

> 外面有扎西代本團的士兵在守衛，當我們給代表們端茶時，他們為了保密而停止談話。我們可以來回走動，因為我們戴了一枚身份徽章（一塊底部有缺口的布）。[94]

儘管場地不同，安保措施也很好，但話題是一樣的——他們仍在討論是與中國人作戰，還是試圖與他們談判。此外，全部80名代表很難一塊兒討論重要問題，並保證每個成員都有時間發言，因此機要大會分成了更小的分組（ཚོགས་ཆུང），其中一個小組的任務是調查證明西藏獨立的檔案。瑪加是這個小組的一員，他回憶其小組討論對漢人採取非暴力的方式：

> 據說我們需要向漢人發表一份聲明，所以為此撰寫了一份聲明……。這個由擦絨薩旺欽莫領導，我們當中也有不少人在那裏。我也被選入這個小組。我們在另一個房間，大威德經堂開會，我們撰寫了一份聲明，首先討論了漢人第一次來的方式以及他們當時所說的話。我們要做的就是檢查漢人說的話。很少有人談論獨立等等，因為《十七條協議》已經實施。所以這是從和平的角度來做的。這份聲明首先說，這樣那樣的情況已經出現，西藏人民認為像他們自己的生命一樣的達賴喇嘛現在處於危險之中，把他帶到漢地是不行的。現在局勢已經到了緊要關頭，我們西藏人民必須向漢地人民表達我們的關切，無論中國需要說甚麼，我們都需要和平地討論這個問題。不管我們人民有甚麼希望，我們都會表達出來。所以我們說討論需要和平進行……。我們〔這個小組〕不斷開會，努力促進和平談判。[95]

　　拉加丹巴回憶起軍事方面的討論，「在一次機要會議上，一些人說他們將負責軍餉。還有人被任命為司令〔དམག་སྤྱི〕……。他們還安排一些人檢查表明西藏完全獨立的檔案……。我們在會上討論事情，同時與噶廈協商。會議本身不做決定。」[96]

　　另一名政府僧官鏹欽说，「擦絨扎薩〔薩旺欽莫〕認為，我們這些反漢群體不應該留在〔拉薩〕城內」，因為如果這樣，一通掃射我們可能就全部完蛋了。所以我們都必須搬到〔拉薩〕城外，並且讓這裏看起來沒有任何反對漢人的事情發生。他提出了一個很好的建議，但是當他這麼說的時候，其他人回答說，『哦！建議尊者和所有人離開拉薩到外面去是完全不合適的。』所以他們從來沒有聽從過他的建議……。這些反對意見主要來自米芒代表。」[97]當然，儘管會議地點改到雪村，大量武裝米芒志願警衛仍然守衛在羅布林卡，這也沒有改變新指揮中心仍然留在那裏的事實。這對羅布林卡和雪村以外的米芒活動也沒有任何影響。例如，12日和13日，有一場大型婦女示威遊行，其中包括去印度領事館抗議。尼赫魯總理後來對此發表了評論，稱拉薩總領事向德里方面報告说，14日（他搞錯了日期），

> 5,000名藏族婦女帶着同樣的抱怨來到總領事館，並請總領事陪她們去拉薩的中國外交辦公室見證她們所說的話。這時，可憐的總領事又一次感到非常尷尬。他和這事毫無關係，他说：「我不能去。」尼赫魯補充道，「非常好。他向我們報告了這件事。我們起草了一份電報——隨時準備發送——说，『不要捲入拉薩已經發生和正在發生的事情。』」[98]

　　雖然大多數米芒贊成在拉薩站起來反對漢人/解放軍，但噶廈認為這很危險，而且不現實；對抗肯定會導致生命和財產的重大損失，最終更可能失敗，結束西藏的內部自治，並促成民主改革。由於藏軍在對拉薩漢人的任何進攻當中都是核心力量，西藏政府試圖保持對拉薩四個代本團的控制就不足為奇了，大約2,500名士兵幾乎

沒有人叛逃加入 3 月 10 日的起義，也沒有任何部隊叛逃加入山南的四水六崗——除了 1958 年底的一個小規模但有趣的例外。

在西藏政府的反華活動人士中，有人擔心沒有足夠的四水六崗戰士在西藏各地有效對抗中國人，隨着事態的發展，招募、訓練和武裝大批衛藏農民作為民兵與四水六崗一起作戰至關重要。正如已經討論過的，朗色林在山南的目標之一就是從當地藏人那裏招募並武裝 10,000 名新兵。

另一個類似的計劃，是在朗色林代表團幾個月後由一群軍官和政府官員實施的，其中包括扎西白拉（扎西代本團的代本）、總司令江金羅果·洛格拉和一些下級軍官，例如甲本格扎。他們安排向山南秘密派遣藏軍一個排的部隊，由一位名叫南嘉旺堆的協俄 (ཆྱ◌ིསྐྱོ) 與一位名叫洛桑益西的前僧官一起領導。他們的主要任務是與山南的四水六崗取得聯繫，然後前往後藏，在那裏他們將開始招募數千名的後藏當地人，組成一支由軍隊訓練的新民兵。當這一切完成後，計劃利用拉薩政府軍械庫的武器來武裝他們，讓他們與四水六崗並肩作戰。

這個軍事組織還有一個重大的次要目標：通過結束侵害行為來改善康巴人—衛藏人關係。激進僧官帕西解釋了秘密軍隊任務的這一方面：

> 在藏人中，許多人出去打游擊戰。然而，其中有一些是漢人派去的假貨。事實上，游擊隊戰士和人民之間應該有良好的友誼，以加強我們的力量，但相反，他們搶劫馬匹和糧食，強姦婦女。因此，許多人認為他們比漢人更糟糕。所以我們必須清理漢人派出的人，教育犯了錯誤的人……。游擊隊員和人民之間必須有良好的友誼，必須建立士兵和人民的統一戰線……。已故的洛桑益西很有能力也很善於與人交往，所以我們決定把他送到四水六崗那裏去承擔這個任務，因為他是合適的人選……。我們的目的是把洛桑益西送到四水六崗去克服康巴人的錯誤。[99]

南嘉旺堆領導着這個排，正如第10章所述，他解釋了他的任務：

我是那個要去的軍官。我是一名協俄，我還帶了另一名協俄。我帶了大約30名士兵，全副武裝，帶着兩支布倫槍。除了洛桑益西和一些安多人，我還帶了一些來自察瓦龍和居巴的康巴人。所以我們秘密離開了拉薩。

我們的計劃是去山南，與恩珠金達〔貢布扎西〕建立聯繫，然後制定計劃，開始在後藏招募〔和訓練〕民兵。從拉薩出發……我們到達位於雅魯藏布江以南的貢嘎，在那裏我們遇到了一些四水六崗人，比如江日拉杰和理塘貢嘎桑丹。他們説貢布扎西在波窩和工布，但據説他很快就會到達，所以請在此期間留在這裏。因為我們應該和他聯繫，所以我們決定在那裏等。

洛桑益西派了兩個人帶着一封信〔去找貢布扎西〕，説我們已經到了，這是我們的計劃和工作，所以我們想和你討論一下，如果你能盡快來南部地區，那就太好了。他回答説，他很快就會來，所以我們在那裏等了兩、三個月。

當我們在那裏逗留的時候，我們給附近地區的村民發了信，比如曲水、聶唐和後藏，結果大約有100名志願民兵到達……陸陸續續……。然而，因為我們在等貢布扎西，所以我們沒有去後藏。

與此同時，在澤當崗布……每天都有戰鬥發生，四水六崗於1月25日〔發動了一次進攻〕。我們藏軍的士兵受過訓練並且經驗豐富，他們〔康巴人〕向〔我們〕尋求我幫助，所以我派了大約10到15名士兵到他們那裏，他們在那裏直到1959年戰鬥開始。我還有一些部隊和農村民兵，還有洛桑益西。後來，大約有五六十個安多人希望洛桑益西成為他們的領袖。所以我們都在一起。然後3月10日拉薩發生了起義，一切都變了。[100]

譚冠三給達賴喇嘛的第二封信

話題回到拉薩，3月12日，也就是雪村大會召開第一次會議的同一天，達賴喇嘛收到了譚冠三的第二封信（日期是11日）。內容明顯不那麼友好，更具威脅性；信中告訴達賴喇嘛，米芒不再只是封鎖羅布林卡，而是已經嚴重地破壞了國防公路。

1959年3月11日譚冠三將軍給達賴喇嘛的信

達賴喇嘛：

現在反動分子竟敢肆無忌憚，公開地狂妄地進行軍事挑釁，在國防公路沿線（羅布林卡北面的公路）修了工事，布置了大量的機槍和武裝分子，已經十分嚴重的破壞了國防交通安全。

過去我們曾多次向噶廈談過，人民解放軍負有保衛國防，保衛交通安全的責任，對於這種嚴重的軍事挑釁行為，實難置之不理。因此，西藏軍區已去信通知索康、柳霞、夏蘇、帕拉等，請他們通知反動分子，立即拆除一切工事，並撤離公路。否則由此引起惡果，完全由他們自己負責。特此報告，您有何意見，亦請盡快告知。

此致

敬禮並祝保重

譚冠三

1959年3月11日 [101]

譚冠三的回應明顯是一個警告，當地局勢出現了嚴重的負面變化，如果達賴喇嘛/噶廈本身不採取行動，解放軍將不得不應對青藏公路上新的「軍事挑釁」。這一問題的嚴重性可以從西藏軍區總部就此事致噶倫和帕拉的信中看出。信中威脅，解放軍「當然不能對這一

嚴重的軍事挑釁行為無動於衷」，儘管如此，信函仍然向達賴喇嘛伸
出了手，沒有以最後通牒結束，而是將這些情況通知了他，並要求
他「請盡早讓我知道你的觀點」。

雖然沒有譚冠三寫給噶倫和帕拉的信的副本，但是達賴喇嘛描
述了信的內容：

> 給內閣〔噶廈〕的信……說叛軍已經在拉薩北面通往中國的
> 道路上設置了路障，並讓內閣下令立即拆除。它警告內閣
> 說，如果不這樣做，「將會產生嚴重後果，〔如果未能處理
> 好米芒，〕這將由索康、柳霞、夏蘇和卓尼欽莫〔帕拉〕負
> 責。」

> 　　內閣再次派人去找人民的領袖，建議他們拆除路障，
> 這樣漢人就找不到藉口進行更多鎮壓。但是這個建議的效
> 果正好相反，領導人完全拒絕拆除路障。他們說，他們在
> 那裏設置路障是為了保護羅布林卡，不讓漢人援軍進入這
> 座城市。如果漢人希望移除路障，顯而易見的結論是，他
> 們打算進攻這座宮殿並抓捕達賴喇嘛。他們還說，漢人自
> 己已經在寺廟前設置了路障，並採取了類似的預防措施來
> 保護他們的藏族支持者，比如〔待在家裏的〕阿沛。他們
> 問，如果漢人可以用路障保護阿沛，那麼漢人為甚麼要反
> 對拉薩人民保護這座宮殿？這是一個不幸的邏輯，但不能
> 說服領導人以任何其他方式看待中國的命令；不愉快的結
> 果是他們更加擔心我的安全，拒絕驅散人群。人民變得更
> 加不妥協，從他們當中任命了六名指揮官來加強宮殿的防
> 禦，並宣布無論發生甚麼，他們都不會離開宮殿。[102]

米芒拒絕服從噶廈的命令，這將漢藏關係進一步推向了危險的
下行軌道，也促使他們趕快考慮帕拉和索康的結論：唯一的解決方
案是讓達賴喇嘛盡快離開拉薩。於是，他們召喚國家護法神，請求
〔護法神〕賜予神諭，達賴喇嘛是否應該留下。達賴喇嘛回憶說：

大約在這個時間點，我諮詢了乃瓊護法神，他被匆忙召喚而來。我應該留下還是應該試着逃跑？我該怎麼辦？護法神明確表示，我應該繼續保持與漢人的對話。這一次，我不確定這是否真的是最好的行動方案。我想起了魯康娃的話，當神也絕望時，他們會撒謊。所以我花了一下午時間進行「莫」卜，這是另一種形式的占卜。結果是一樣的。[103]

作為對 12 日收到的譚冠三來信的回應，達賴喇嘛向譚冠三發出了第二封信，他在信中試圖安撫中國人，並自稱對局勢的理解與中國一致，以此來阻止他們發動任何攻擊。例如他談到「反動派的非法活動」。

親愛的譚政委同志：

昨天（按：即 3 月 11 日）經阿沛轉去一信，想已收到了。今早您送來的信收到了。反動集團的違法行為，使我無限憂傷。昨天我通知噶廈，責令非法的人民會議必須立即解散，以保衛我為名而狂妄地進駐羅布林卡的反動分子必須立即撤走。對於昨天、前天發生的、以保護我的安全為名而製造的嚴重離間中央與地方關係的事件，我正盡一切可能設法處理。今天早晨北京時間 8 點半鐘，有少數藏軍突然在青藏公路附近鳴了幾槍，幸好沒有發生大的騷亂。關於您來信（按：指譚冠三將軍 11 日致達賴喇嘛的信）中提的問題，我現正打算向下屬的幾個人進行教育和囑託。

您對我有何指示的意見，請知心坦率的示知。

達賴喇嘛

3 月 12 日呈[104]

達賴喇嘛在信中提到藏軍士兵在北部國道上開槍，並表示他理解過去兩天發生的事件「嚴重破壞了」北京和拉薩之間的關係，但他也試圖樂觀起來，向中國人傳達，他已經採取具體步驟結束騷亂／起義，要

求噶廈「命令解散人民會議，並命令所有在羅布林卡的反動分子……
離開。」他最後説，他計劃就譚冠三提出的問題向幾名下屬提出建議。

當然，達賴喇嘛沒有下令解散集會，也沒有採取任何措施來結
束起義，所使用的進步語言並不代表他真正的想法。達賴喇嘛在自
傳中解釋説，這些信「意在掩飾我的真實意圖。」[105]

與此同時，米芒警衛抱怨説，如果沒有更好的武器，他們無法
在羅布林卡充分保護達賴喇嘛，所以他們敦促噶廈從布達拉宮的西
藏政府軍械庫給他們發放武器。噶廈和達賴喇嘛起初並不想提供這
些武器，但由於中方加固了他們的防禦工事，他們讓步了，如前所
述，(噶廈)讓指揮中心管理這些武器。僧官洞波在指揮中心工作，
他回憶起收到命令，將武器從布達拉宮的軍械庫轉移到羅布林卡。
他解釋了這一行動：

答：我們必須負責槍枝。組裝好布倫槍，把新槍用熱水煮沸，
　　諸如此類。他們已經啟動了指揮中心，所以他們告訴我們
　　〔要分發這些槍〕……。

問：那麼當槍枝彈藥從布達拉宮運過來時，是誰幹的？

答：他們把它們從藏軍總部送過來，存放在我們待的地方。

問：這些槍已經鎖〔存放〕了很長時間了，它們還能用嗎？

答：……所有的步槍都能工作。有很多新布倫槍。

問：新的？

答：還沒開封。但也有許多已經〔開包了〕……。

　　　　新的槍塗了油，裝在盒子裏。為了把它們取出來，它
　　們必須煮沸，然後組裝……。槍身上塗滿了〔槍油〕。[106]

然而給米芒提供武器是有問題的，因為他們沒有受過訓練，也
沒有嚴格的指揮結構，所以有些人使用武器不僅為了防禦，也想向
中國人開火。我們從達喇嘛覺登的言論可以看出對這一點的擔憂。

一天，在覺登離開仲甲茶會後，他去了〔羅布林卡〕夏卜旦經堂附近存放槍枝的地方……在他的僕人幫助下，覺登站到一個高處，雙手合十地〔做了一個懇求的手勢〕，他警告那些得到武器的人不要輕率地與解放軍開戰，否則我們將會失敗。扎贊回憶起覺登的話：

> 你們，米芒，有這樣的決心。如果有甚麼叫做善意的東西，比海螺殼更白，那就是它。在這樣一個政教事業以及尊者人身安全的危險時刻，你們米芒，以如此堅定的決心志願前來是令人吃驚的。這種決心比雪山還要白。然而，就在剛才，即使武器正在分發，使用它們的方法是，當命令下達給你時使用它們，而不是當你被激怒，或在某個地方看到漢人時不必要地開槍。這種行動是絕對不能容忍的，因為這些武器是給那些沒有受過軍事訓練的人的，這就是發表這種聲明的原因。
>
> 　許多漢人都在江塘那卡地區四處走動，所以僅僅想着你可以去他們所在的地方，開始向他們開槍〔是不好的〕。因為他們會説，藏人首先舉起手，首先開槍。不要忘記，漢人已經準備好扣動扳機，他們這樣做不會有任何困難。如果他們開始從四面八方開火，將會有一團團灰塵，所以你們甚至很難看到對方，你們所能做的就是説，「現在怎麼辦？」「現在該怎麼辦！」這就是你們那時能説的了。尊者還在這裏，你們怎麼保證他的安全。還有，你們打算如何挑戰他們，因為他們是訓練有素的士兵，包圍了我們，準備好了所有的武器彈藥。所以對我們來説，一旦拿到武器，我們就不應該引起任何騷動。正如我説過的，你們的意圖和決心比雪山還要白，但是「想法」〔བསམ་པ〕和「行動」〔བྱེད་བ〕必須一致，否則即使你們有好的意圖，你們也會犯錯誤。伸出兩個大拇指〔他做了個乞求的手勢〕，我請求你們，米芒，要非常警惕和小心，因為尊者的安全處於危險之中。」

他說完後就下來了，代表們立刻開始爭吵並大喊：「是的。這些傢伙〔這些老政府官員〕真了不起。他們還能那樣說話。」其他人開始對喇嘛大喊：「還那樣說話？」所以他靜悄悄地離開了。發表講話反對政府官員的時候已經到了，但是洞波〔原文如此，正確是達喇嘛〕說的話是絕對正確的，在形勢嚴峻的時候，這些指導和建議對他們非常有用。後來，當漢人真的開始開火，這個地方變成了一團灰塵，人們開始想，「哦！像洞波〔原文如此，正確是達喇嘛〕這樣的人，雖然他們無法〔超自然地〕看到未來，但似乎他們確實能夠，並且運用了他們的智慧，似乎他們能夠未卜先知。」[107]

與此同時，扎西的西藏造幣廠的錢也被帶到了羅布林卡。在造幣廠工作的僧官鏘欽說：「當時我在扎西辦公室（造幣廠）工作，所以我習慣於去民眾大會，開會到下午2點，然後去上班。我會從扎西辦公室拿錢，並把它送到需要的地方。」[108]

在大會上，大多數代表強烈主張西藏是獨立的，西藏人不能再生活在漢人的統治之下。這些代表認為《十七條協議》不再有效，因此人民會議必須與噶倫堡的哲堪孜松聯繫，幫助在國際上傳播拉薩事件，並為此與聯合國聯繫。中國檔案稱，3月16日和17日叛亂集團通過印度駐拉薩領事館向噶倫堡發送了兩條無線電報（電報內容將在第13章仲介紹），由此建立了聯繫。他們還以「西藏獨立國人民會議」的名義寫信給西藏所有的宗和莊園，呼籲西藏獨立。以下是來自中國檔案中對該信的摘錄：

「西藏獨立國人民會議」向各宗、溪（譯註：即谿卡，莊園）
發布的命令

土豬年（1959年）

廣大的各宗、溪：

漢方先後在西藏實行種種迫害。他們陸續在甘孜日報上攻擊眾生的導師釋迦牟尼，把我們的佛教說成是欺騙人民

的。這是一種沒有絲毫宗教氣味的毀滅思想。他們屠殺西
康、安多（青海）地區的活佛喇嘛、有產者，毀滅寺廟，致
使人民群眾沒有屬於自己的一針一線的財產，他們不分日夜
地像馬驢一般的做奴隸。漢人拿着炸彈到布達拉宮，當達賴
喇嘛出行時，漢族穿着藏裝帶着槍枝、炸彈秘密接近。特
別是這次，藏曆2月1日（西曆3月10日），在司令部的軍營
中，漢方預先準備了炸彈、作戰工事，名義上說是請達賴喇
嘛看戲，暗地裏以作惡的手段，決定劫走達賴。全體僧俗知
道後，不能擔負這個責任。僧俗人民，男女老幼全體自動到
羅布林卡達賴住所前，叩首呼訴，阻止此次出行。為了從不
信教的侵略者統治之下，使我們的佛教昌隆，西藏政教獨立
國得以維持下去，人民呼喊着「西藏已獨立」的口號，進入
八角街，張貼標語，到印度政府、尼泊爾政府、不丹政府代
表處去告訴他們、請他們作見證人，……

目前重要的是，各寺廟、政府的僧俗官員、西藏全體
人員要堅定地，團結一致地，為使西藏仍同以前一樣得到
獨立的權利，以和平方式繼續掀起徹底實現真理的規模巨
大的運動。並立即向各地的僧俗官員宣傳上述問題，使
其了解我們的民族、宗教、語言、文字等特點是不能廢棄
的。西藏獨立運動的遊行要繼續下去，廣泛地進行宣傳教
育，過去在漢方工作的藏族人員要劃清界限，站穩立場。
有關以上情況有何好的意見送給我們，並立即選出符合人
民會議代表條件的人前來拉薩，切記為要。[109]

儘管如此，在試圖用武力驅逐中國人的問題上，大會仍然沒有
達成共識，因此也沒有計劃對拉薩的中國人發動協同攻擊。然而，
由於米芒和西藏軍隊害怕中國人攻擊他們，所以採取了設置路障和
加固關鍵地點等措施，致使中國人擔心藏人正計劃攻擊他們。第13
章將考察中方對此情況的看法。

中國的回應與達賴喇嘛的逃亡

中國的回應

我們將審視在拉薩的西藏工委和毛澤東以及中央之間的一系列電報，來研究中方對3月10日事件的反應。這些事件表明，儘管所有人都認為漸進主義政策不奏效，必須用武力鎮壓康巴人在山南的叛亂，但中方對如何處理拉薩局勢卻出奇地謹慎。

第一封電報是西藏工委3月10日給中央的一份簡明扼要的報告，闡述了西藏工委對所發生的一切的最初看法：

> 達賴原決定今日下午3時來軍區看戲，上午11時左右，反動上層煽動拉攏市民，包圍了羅布林卡，向達賴請願阻攔達賴來軍區。當時柳霞、夏蘇、索康三人平安穿過蜂擁的人群進入羅布林卡，而桑頗乘車至羅布林卡門口時，汽車被打，頭部中石受傷，由於其身體較弱，曾兩次昏暈不醒，經治療無危險。及下午2時左右，在蜂擁的人群中有二人被打喪命，其中有帕巴拉活佛的哥哥堪窮索郎堅贊（靠近我們）被殺死，後將其屍首綁在馬尾巴上拖着遊行，由羅布林卡拖至拉薩市區。下午5時左右，約有五六百群眾在潛伏拉薩的叛亂分子帶領下，繞八角街遊行，並喊：我們勝利了，漢人請出來！西藏獨立萬歲！達賴喇

嘛萬歲！漢人滾出去，你們不滾出去，我們也有力量趕走你們！

　　我們了解群眾包圍羅布林卡請願阻攔達賴來軍區的情況後，當即用冠三同志名義給達賴送去一信，說明他願意來軍區是一件非常好的事情，我們表示熱烈歡迎。但由於反動分子陰謀挑釁給他造成了很大的困難，可暫時不來。

　　下午2時半左右，柳霞、夏蘇、索康三人由羅布林卡來軍區稱：昨天(9日)下午、達賴近侍機構的人員中，有五個人曾向達賴本人提意見反對達賴來軍區，達賴曾責成帕拉副官長通知提意見的人說他去軍區已經決定，不能改變。今日群眾包圍羅布林卡請願事件發生的同時，三大寺的堪布(部分)及地方政府僧俗官員卻在羅布林卡內向噶廈提意見要噶廈轉達賴，請求達賴不來軍區，達賴考慮到事實上已來不成，故派他們三人來向工委同軍區談此事。

　　「冠三同志向柳霞等人表示：

一、 幾年來達賴多次指示噶廈要執行中央的政策，維護民族團結，搞好這方面的各項工作。我們是支持達賴、尊重達賴這些做法的。但噶廈一直違背達賴的指示，不執行達賴的指示，甚至使達賴連看戲的自由也沒有。今天的事件，顯然是一個有計劃的陰謀，實際上是地方政府內部的反動分子搞的。從今天的事件看來，我們懷疑以下兩個問題：

1. 達賴本人再三表示要來軍區看戲，西藏政府內部的反動分子煽動群眾不讓他來，並製造了今天的事件，因此我們懷疑是達賴領導噶廈，還是噶廈領導達賴？是噶廈在達賴的領導下執行達賴的指示呢，還是違背達賴的指示，反對達賴？……(譯註：英文版此處省略內容為：達賴自己決定要來軍區，已一個多月了。而且當

　　　　　　時鄧少東同志曾向噶廈講過，現在噶廈又説不
　　　　　　知道此情況，特別是説不知道反動分子今天的
　　　　　　陰謀。我們更加懷疑。)

　　　2. 責令他們要負責保護達賴的安全，如發生任何
　　　　　問題，由他們負全責。

　二、要他們徹底追查今天這一事件的主謀人，並答應
　　　追查法辦殺人的凶手。

　三、對於已死的人員家屬撫恤及後事安置，由噶廈做
　　　妥善處理，並將結果向工委和軍區報告。」

　　根據以上情況，我們除在軍事上加強準備以外，擬採
取以下措施：

　　1. 在爭取達賴、支持進步力量、揭露反動分子的陰
　　　　謀的原則下，按上述冠三同志談的內容，在官
　　　　員、群眾、幹部中揭露反動分子的陰謀(口頭的，
　　　　不用文字，亦不登報)。

　　2. 對於已被害的進步人士舉行追悼會，對其家屬加
　　　　以撫恤。

　　　　　　　　　　1959年3月10日〔沒有具體時刻〕[1]

　　幾個小時後，11日凌晨2點，西藏工委向中央提交了第二份關
於10日事件的更詳細的報告。報告中說：

10日下午、反動上層在煽動群眾阻止達賴來軍區後，隨即
在大喇嘛絨朗色(譯註：即達喇嘛覺登)、堪仲土登降秋、
孜本雪苦巴、孜本凱墨等人主持下，在羅布林卡開會。參
加會議的有全體僧官，一半俗官，三大寺堪布七、八人，
另有攜帶長短槍的叛亂分子40至50人，以所謂人民代表的
名義參加了會議。會上決定：西藏人民從10日就正式站起
來，同中央決裂，為爭取「西藏獨立」而搞到底。為了領導

獨立運動。會上提出由孜本雪苦巴、達熱堪窮（達賴近侍機構的秘書），再加上基巧堪布噶章、索康噶倫二人或副馬基洛珠格桑、凱墨扎薩二人，領導「獨立」。但此項人選尚未最後決定。會上還決定從哲蚌寺抽50名喇嘛，住羅布林卡西北角；從色拉寺抽50名喇嘛住羅布林卡東邊，並在羅布林卡內住一批武裝叛亂分子（由康區竄來的，用所謂人民警衛隊名義）；擔任達賴的警衛。

會上還決定：在籌委會工作的官員，從11日起一律不准去籌委會工作。……[2]

另外據我們了解，截至10日下午，三大寺的喇嘛已有1,400多人進入拉薩市區、原散布拉薩周圍的叛亂分子，在天黑後陸續小股（20至30人一股）向拉薩市區運動。估計加上藏軍2,500至3,000人，現在拉薩的叛亂力量總共有6,000至7,000人。從一系列的情況看來，反動分子當前的主要陰謀是設法劫走達賴。而達賴被劫走有可能也確實是存在的。

根據以上情況，工委、軍區決定目前採取在軍事上守、在政治上徹底揭露的方針。[3]

由此可見，西藏工委最初建議只採取非常溫和的政治行動，揭露反叛分子的陰謀，他們聲稱叛亂分子想「劫走達賴」，甚至沒有任何迹象表明要使用解放軍來恢復平靜，或者給噶廈一個控制反漢示威者的最後期限。相反，它表示，他們將執行「在軍事上（防）守」，但在政治上進攻的政策；也沒有迹象表明這可能會很快演變成拉薩的嚴重叛亂。有趣的是，他們提出誰真正掌權的問題，達賴喇嘛還是噶廈，它揭示了拉薩的中國人對西藏方面的真實情況知之甚少。

中央於3月11日晚上11點對這兩份西藏工委的電報作出了答覆，這是森楚（ཟིང་འཁྲུག，譯註：見第12章註5，藏語騷亂的音譯）的第二天。

西藏上層公開暴露叛國反動面貌，是很好的事。我們的方針應是：讓他們更加囂張，更加暴露，我們平亂的理由就更為充分。中央軍委正在積極進行軍事準備，但是甚麼時候開始平亂行動，要看形勢發展才能決定。因此，你們應切實做好堅守防禦的一切措施，隨時準備迎擊敵人的進攻，如果敵人在拉薩向你們進攻，而你們又能堅守一兩個月或者更長一點時間，事情就好辦了。根據上述意圖，你們的具體措施如下：

（一）同意將譚冠三通知向柳霞表示的各點，普遍在官員、群眾、幹部中傳播，着重揭露他們挾持達賴進行叛國的陰謀。

（二）明確告訴阿沛和一切靠近我們的人，西藏永遠是中國的地方，任何反動力量都改變不了這個事實。如果反動派叛國，中央將採取堅決的行動予以平定，希望他們鎮定對待，努力工作，團結更多的人。對於他們的安全，要切實保障，可勸他們靠近軍區，或遷入自治區籌委會內。

（三）對達賴本人仍多方做爭取工作，但是不要怕反動派把達賴劫走，敵人這樣做，不論是否達賴本人的決定，對我們毫無壞處。

（四）對拉薩四周的反動武裝進入拉薩市，不要阻擋，因為增加一兩千人，並不可怕。如先阻擋，則在形式上是我們先打，這樣在政治上不利。至於藥王山，目前不要控制，只在正式開打之後再行佔領。[4]

（五）注意收集對方叛國反動的各種證據，片紙隻字都是有用的。

中央

1959 年 3 月 11 日 23 時[5]

在這份指示中，我們了解到中央軍委正在積極進行軍事準備以平息叛亂，但尚未確定何時開始進攻，因此拉薩的西藏工委/人民解放軍應該繼續加強防禦，以便他們在受到攻擊時能夠堅守防禦幾個月的時間。為了遵守這項政策，西藏工委/人民解放軍被明確告知不要試圖控制拉薩最重要的軍事陣地藥王山，也不要試圖阻止任何叛亂分子進入拉薩。這樣做的原因是，如果要阻擋，中國人將不得不發起戰鬥以將叛亂分子拒之門外，而北京仍未準備好打響第一槍。**關鍵的是，中央說如果西藏人把達賴喇嘛帶走，即使這樣做違背了他的意願，中方也不必擔心，因為他們估計達賴喇嘛離開「對我們毫無壞處」。** 在拉薩起義第二天末，北京指示在拉薩/西藏的幹部和部隊在政治上採取主動態度，而在軍事上繼續集中精力防禦。

然而中央還透露，他們知道這會產生國際影響，因此希望藏人被視為挑釁者，並讓拉薩（西藏工委）收集所有能夠支持該結論的信息/證據。在以下的毛澤東的批語中，這一論述更加明確。

3月10日示威遊行開始時，毛澤東不在北京，而在武昌（武漢市），但他與中央保持聯繫，並從那裏發了三封有關西藏的電報（其中兩封出現在下文中；第三封筆者沒有得到）。毛澤東給中央的第一封電報是第三天（3月12日）上午發出的指示。在指示中，毛澤東同意中央的指示，並就應如何對待森楚提出自己的想法，他第一次暗示，以前曾被視為傾向進步的達賴喇嘛，現在似乎是叛亂的一部分。

> 中央：
>
> 　　西藏工委3月10日、11日兩次來報及中央11日給工委的指示，請達賴等人大代表早日來京出席的指示，今已收到。中央的方針，完全正確。照此形勢發展下去，西藏問題有被迫（這種「被迫」是很好的）早日解決的可能。[6]看來，達賴是和其他人同謀的，達賴是反動派的首領。達賴反革命集團的策略是：
>
> （一）以羅布林卡為據點，在拉薩搞暴亂，將我軍驅走。這種策略是會被他們首先想到的，他們從我們長期「示

弱」,[7] 只守不攻這一點,看出「漢人膽怯」,「中央無能」。他們想,漢人被轟走是「可能的」。

(二) 這一批人實際上已與中央決裂,很大可能將不得不繼續幹下去。一種可能是繼續在拉薩示威騷擾,以期把漢人嚇走,在若干天或若干個月之後,他們看見漢人嚇不走,就會向印度逃走,或者,向山南建立根據地。兩者的可能性都有。

在達賴訪問印度時期,尼赫魯的政策是勸達賴回來,以為達賴返藏較之留在印度當寓公,對印度較為有利。這個政策可能現在變了,也可能現在仍然未變。尼赫魯已經察覺西藏反動派的動向。……〔省略有關尼赫魯對西藏策略的評論〕

西藏工委目前策略,應是軍事上採守勢,政治上採取攻勢,目的是:(1) 分化上層,爭取盡可能多的人站在我們一邊,包括一部分活佛、喇嘛在內,使他們兩派決裂;(2) 教育下層,準備群眾條件;(3) 引誘敵人進攻。如果敵人進攻時,在初期,不要多殺傷,更不要出擊,最好使他們先得一些小勝利,使他們感到驅漢有望,才有大打一仗的可能,否者只會小打一陣,倉皇逃走。當然這樣也不壞,但不如爭取大打一仗更為有利。

達賴及其一群,他們的心理是矛盾的,覺得勝利有望,又怕打而不勝,逃不出去。他們逃走時,我以為我軍一概不要攔阻,無論去山南,去印度,讓他們去。最好能逃走喇嘛與其他反動分子一、二萬人至三、四萬人,[8] 這樣,印度、不丹,可能還有尼泊爾,當然吃不消,但除不丹、尼泊爾外,印度是自作自受,怨不得我們。我們現在就應該考慮,在他們逃亡時,我們對達賴在政治上取何態度的問題。

毛澤東

1959 年 3 月 12 日上午 11 時於武昌[9]

　　毛澤東在向中央的指示中，開篇即說，「照此形勢發展下去，西藏問題有被迫早日解決的可能。」可見他準備接受漸進主義政策走向失敗，達賴喇嘛可能與叛軍有牽連，並且有必要使用軍事力量。

　　此外，毛澤東沒有承認對拉薩的混亂有任何責任，他還暗示說，過去八年他所採用的溫和而耐心的漸進方式可能讓藏人錯誤地認為中國很弱，從而鼓勵了他們認為不必害怕中國或同意改變。這種承認對毛澤東來說是頭一回，但當然，這是范明從一開始就對漸進主義政策提出的批評。有趣的是，儘管毛澤東仍然不願意下令開始軍事行動，可是他顯然認為這很有可能發生，因為他提出了「示弱誘敵」之計來引誘叛亂分子大打一仗、一戰定鼎；雖然12日的政策仍然是軍事防禦和政治進攻。

　　同一天（3月12日）晚些時候，中央向西藏工委轉達了指示和毛澤東的意見。

中央對西藏平亂的指示

（一）……總之，我們的方針是讓敵人更囂張些，更瘋狂些，讓他們先攻我們，以便在政治上居於主動，為全面的軍事平叛和實行民主改革取得更充分的理由。你們切不要性急，切不可採取軍事上先發制人的方針，[10]以免在政治上限自己於不利的地位，並給敵人以藉口去動員更多的藏族人民和我們對抗。你們要利用一切機會，利用敵人的叛國罪行，向各界人士和群眾進行揭露，既表明中央希望叛亂分子及早回頭的仁至義盡態度，又表明中央決心懲罰叛國分子的嚴正態度，以便孤立和分化敵人，爭取更多的人中立或靠近我們。

（二）中央和軍委正在研究全面平亂的軍事計劃，並且考慮結合平亂實行民主改革問題，請工委和軍區對這些問題仔細研究，提出你們的具體意見。

（三）你們在同敵人打交道的時候，除事務性的事情外，盡
　　　量避免用文字傳達的方式，必須用文字傳達的文件，
　　　應先報中央審核批准。

（四）毛主席對西藏問題有重要的分析和指示，現轉發給你
　　　們，望切實研究，遵照執行。

中央

1959年3月12日22時 [11]

　　所以拉薩起義三天後，北京的指示仍然既不緊急，也不激進。
西藏工委被告知，〔中央和軍委〕正在研究全面平亂的軍事計劃和實
行改革的問題，因此他們現在不要性急，不要在軍事上先發制人，
發動任何軍事進攻，「給敵人以藉口去**動員更多的藏族人民和我們對
抗。**」北京顯然不是如一些著述的斷言那樣，急於用3月10日起義
作為發動軍事進攻的藉口。[12]事實上，正如第14章中詳細說明的那
樣，甚至在「拉薩之戰」開始的3月20日，中央軍委最初仍然拒絕了
譚冠三的進攻請求。

　　然而在3月15日，即達賴喇嘛逃亡的前兩天，西藏工委向北京
方面提供了對拉薩不斷升級／惡化的局勢更加負面的評估。

中共西藏工委關於執行中央3月11日指示的意見

（1959年3月15日）

　　（一）根據最近幾個月來，特別是近兩天來的情況看，
西藏反動派搞全面叛亂的象徵（徵兆）日益明顯的表現出來
了。

　　1. 反動派內部幾種不同的主張（大打、小打、早打、遲
打、主文鬥、主武鬥）經過鬥爭在10日已經基本上統一起
來了，政治上他們先揭開和我們破裂的蓋子，軍事上逼着
我們先打，各方面的反動力量（藏軍、三大寺、鄰區逃來的
叛亂分子）已經公開結合在一起。但從3月12、13、14日等

幾天看來，敵人又採取了軍事上積極準備、政治上麻痺我們的手法；

2. 地方政府的官員和所謂人民代表於3月10日已秘密通過印領事館宣布「西藏獨立」，反動分子威脅群眾公開向印領事館請願；

3. 政治上軍事上的準備同時加緊進行，政治上已與我們斷絕來往，雖未正式宣布西藏獨立，但向群眾已公開宣布，[13] 軍事上已加強羅布林卡、藥王山、布達拉宮的防禦工事和控制羅布林卡北面到拉薩一段國防公路，並積極組織武裝志願軍和威脅群眾參加，積極調集各地叛武到拉薩集中等等；

4. 達賴的羅布林卡已經成為反動分子的指揮中心；

5. 反動派已公開威脅和殺害進步人士。

剩下的只是由反動組織正式向我公開宣布破裂的問題了，敵人現在是弓上弦，刀出鞘，只要拉薩反動派公開宣布叛亂或者向我發起武裝進攻，全面叛亂的號角就響了。

目前的形勢是一直緊下去、還是緩一下更緊下去呢？這要看情況的發展而定。

(二)根據中央指示，目前要集中力量作好以下工作。

1. 進一步作好軍事準備，確守據點，隨時準備回擊敵人，拉薩和各分工委所有守備據點都要進一步加強守備碉堡工事，經常儲備半年以上的糧草彈藥，準備長期固守(具體兵力部署由軍區安排)。地方機關有些分散的和防禦力量薄弱的據點要立即撤回或合併。加強政治思想教育，向所有部隊和地方工作人員講清目前的形勢，一方面要他們認識西藏反動派所進行的叛亂正在一天天的擴大，全面叛亂的象徵(徵兆)已經明顯的表現出來。我們要動員起來，作好準備，滿懷信心，準備追擊敵人的進攻；另一方面還要

認識敵人是狡猾的，雖然目前敵人很瘋狂，但暴露得還不夠，再讓他們更加囂張、更加暴露，這樣對我們徹底消滅反動派、徹底解決西藏問題更有好處。對於藏族幹部和學員要教育他們，保持高度的革命警惕，作好一切準備。同時對於他們的安全要切實加以保護。

2. 進一步展開政治攻勢，利用各種辦法，大力開展口頭（不用文字的）宣傳活動，充分揭露敵人的陰謀和罪惡事實，在宣傳方法上，有條件的地方要充分利用有線廣播，凡是在交通要道和人多的地方都要設法安置喇叭筒，及時的和反復的進行廣播，材料組要及時的研究分析和擬定宣傳內容（對外不要文字宣傳）。

對藏族工人、農牧民和一般市民，除了一般的宣傳外，在可能的情況下，可組織一個二、三十人的短小精幹的武裝工作隊，有重點有計劃的在拉薩市郊進行宣傳。

決定在最近兩天分別召開機關幹部、藏族幹部和藏族學員、部隊、上層人士的座談會，由工委負責同志報告目前西藏形勢和我們的對策。

為了促進統治階級內部的分化，要切實支持和壯大進步力量，揭露反動上層的陰謀。

3. 統戰工作仍然要繼續加強，凡是我們力量能達到的都要積極去進行工作，廣泛開展聯絡活動，了解情況。對進步人士和積極分子要加以保護，並根據不同情況分別對待：

（1）已經公開暴露並和敵人對立了的要他們轉移地方，確保安全（主要是集中到籌委去，各機關亦可自行安置一些）；

（2）兩面派的要竭力爭取，並有意識的留在社會上一部分，轉移一部分；

（3）靠近我們的但還未暴露的人，可以留在敵營中繼續為我們工作。

4. 加強收集敵人叛國活動的證據工作，片紙、隻字、照片等都要收集，社會部等有關部門應將近兩天來的經驗加以總結，以使這一工作做得更好。

各級黨委領導幹部當情況緊張、鬥爭日益複雜尖銳的情況下，就更要冷靜沉着掌握情況，精心研究材料，判斷情況，準確而及時的揭露敵人的罪惡事實，分化上層，和積極地向群眾進行宣傳教育工作。不斷地鼓勵士氣，堅定信心，目前既要防止麻痹思想，同時也要防止急躁情緒和某些人的恐懼心理，只有這樣才能取得勝利。各分工委及青管局黨委可按這一精神結合當地情況布置執行。[14]

這份報告揭示，西藏工委仍然認為，他們尚未處於一場全面的叛亂之中，正如我們所知，這是毛澤東放手讓解放軍發動進攻的標準。相反，他們只報告說「西藏反動派搞全面叛亂的象徵（徵兆）**日益明顯**的表現出來了」，並說「只要拉薩反動派公開宣布叛亂或者向我發起武裝進攻，全面叛亂的號角就響了」，但在此之前，他們應加強防禦準備，並儲存足夠的糧草彈藥，以維持半年以上。另一方面，中國人已經在談論收集證據來證明他們最終使用軍隊是正當的；相反，他們給達賴喇嘛送去的東西要小心。

同一天，3月15日，毛澤東批示了譚冠三給達賴喇嘛的第一封信。

中央：

14日以譚冠三名義，答覆達賴的一封信，很好，政治上使我處於主動，看他如何。如有覆信，不論態度怎樣，均應再覆一封。以後禮尚往來，可再給信。這些信，準備在將來發表。為此，要準備一封信歷述幾年以來中央對

諸大事件寬大、忍耐的目的，無非等待叛國分子、分裂分子悔悟回頭。希望達賴本着十七條及歷次諾言，與中央同心，平息叛亂，杜絕分裂分子，歸於全民族團結，則西藏便有光明前途，否則，將貽害西藏人民，終遭人民棄絕。以上請考慮。

毛澤東

1959年3月15日下午4時 [15]

3月15日，毛澤東在武昌和西藏工委的兩位最高幹部——張經武和張國華，他們都在北京休假〔被毛澤東召到武昌〕——進行了有關西藏問題的討論，從討論報告中可以看到毛澤東對其漸進主義政策失敗的更多思考。毛澤東這時告訴他們，反動派是不能被爭取過來的，這種情況就像一句老話：「天要下雨，娘要改嫁。階級本性決定他們〔西藏上層〕要鬧事。」[16]毛澤東還告訴他們：

> 「我們確定西藏在第二個五年計劃期間甚至更長的時間不進行改革，是真的，但他們總是聽不進去，因為他們從根本上是反對改革的，壞事變好事。我早就説過，只要西藏反動派敢於發動全面叛亂，我們就要一邊平叛，一邊改革，要相信95%以上的人民是站在我們一邊的。」[17]

在另一篇文章中，文鋒説毛澤東還告訴張經武和張國華，「在談到西藏上層反動集團公開叛亂後，達賴及其一群有可能逃跑的問題時，毛澤東説：**『如果達賴及其一群人逃走時，我軍一概不要阻擋。無論去山南，去印度，讓他們去。』**他又説，『叛了也好，先叛先改，後叛後改，不叛緩改嘛。現在已經叛亂，就只好邊平邊改。總的方針是軍事打擊、政治爭取和發動群眾相結合。少數反動分子的武裝叛亂，其結果帶來了大多數勞動人民的比較徹底的解放。』」[18]

毛澤東的這些評論表明，他現在已經清楚地得出結論，給予達賴喇嘛的讓步、特殊待遇和推遲改革適得其反，並鼓勵西藏上層得

出錯誤的結論，認為中國很弱，可以戰勝。儘管如此，由於毛澤東在西藏的政策被認為是一個有後備計劃的雙贏政策，即使中國現在不得不使用解放軍鎮壓叛亂，終止達賴喇嘛的政府，實施土地改革和階級轉化，但這不是失敗，而是成功，因為這將更快地改變西藏。然而，儘管有這樣的合理化說法，可是毛澤東在他的漸進政策上投入巨大，這一定被視為毛澤東最明顯的失敗之一。

幾天後，即3月17日，**達賴喇嘛逃離拉薩的當天晚上**，劉少奇主持了為期三天的政治局會議，黃克誠在會上報告了毛澤東從武漢發來對西藏的指示。[19]

關於這次會議，有幾份中國記錄，其中一份總結了會議的結論，記錄中寫道：

> 3月17日，黨中央根據毛澤東的來信，在劉少奇的主持下，召開了政治局會議，討論了藏軍積極準備叛亂的緊急情況和毛澤東的建議。會上比較一致的意見是：最好設法讓達賴留在拉薩，他若硬是出走，這也沒有甚麼不得了。因為我們現在工作的立足點已不是等待原來西藏政府一些上層分子覺悟，而是堅決平叛，全面改革。周恩來還指出，這次事件與印度當局有關，英國和美國在幕後很積極，支持印度當局，把印度推到第一線。叛亂的指揮中心在印度的噶倫堡。[20]

政治局會議的一個更詳細的記錄如下：

> 下午3時政治局在西樓開會，討論1959年第一季度生產和第二季度安排。
>
>   〔黃〕克誠等已由漢口回來。主席對西藏問題有如下指示：
>
>   一、同意中央方針，搞下去，好形勢，總算在政治上爭取了主動；

二、盡可能不讓達賴走，將來要放也容易，反正在我
們手裏，萬一跑了也不要緊；

三、進藏軍隊保衛拉薩，包起來有利，可以分化，「圍
而不攻」，爭取4月10日前到達，如拉薩不打，即先以一個
團進山南，控制要點，斷後路；[21]

四、平叛重點放在拉薩、山南，其他地區慢一步；

五、說平叛，不提改革，在平叛下改革，區別對待：
先叛先改，後叛後改，不叛不改；

六、同意軍委對於軍隊入藏的布置；……[22]

第三份中國資料對17日政治局會議記錄道：

3月17日，西藏叛亂分子悍然將達賴劫出拉薩。同日，劉
少奇召開中共中央政治局會議。會議討論西藏叛亂的緊急
情況和毛澤東於12日至15日連續三次打電報向中央提出的
建議。……

劉少奇和鄧小平說，當前首先是準備堅決平息叛亂，
改組西藏地方政府，改組藏軍，實行政教分離，然後實行
民主改革……[23]

因此，北京對10日至17日拉薩起義的反應表明，毛澤東和中央
已決定使用解放軍平息叛亂，儘管他們也表示，在所有軍事準備工
作完成之前，不應發動進攻。與此同時，解放軍應該專注防禦，佔
據政治主動，例如透過努力教育群眾，因為在上層被驅逐後，留下
的都是群眾。

關於達賴喇嘛，毛澤東在3月12日說，當達賴喇嘛和他的追隨
者逃跑時，「我軍一概不要攔阻」，另一方面，他們說最好設法讓達
賴喇嘛留在拉薩，但與此同時，中方領導人也一致認為，如果達賴
喇嘛離開，不管是他自己的自由意志還是被「叛亂分子」強行帶走，

都沒甚麼大不了的；正如將在後面一章中看到的，當時實際上採取了這一策略。3月17日（譯註：英文版誤為5月），當西藏工委致電中央軍委，通知他們達賴喇嘛當天晚上就要離開時，北京幾乎立即作出回應，回覆說讓他走。

　　然而，關於藏人進攻的威脅，我們看到，拉薩的中國人錯誤地確信拉薩的西藏叛亂分子即將進攻他們，而事實上，西藏方面既沒有軍事計劃要進攻在拉薩的中國陣地，也沒有聯繫四水六崗讓他們加入拉薩的起義。因此，雙方的憤怒和誤解正把噶廈的馬拽向深淵。

規劃達賴喇嘛的逃亡

　　在西藏方面，3月10日之後幾天混亂而危險，因為噶廈對局勢的控制，特別是對米芒示威者的控制繼續乏力。噶廈對恢復秩序無能為力，因為他們（和達賴喇嘛）選擇不使用藏軍驅散米芒，也不阻止該市的示威活動，更不用說試圖逮捕那些殺害帕巴拉堪窮和傷害噶倫桑頗的人了。將米芒領導人納入西藏民眾大會讓政府可以影響他們，但這並沒有阻止激情燃燒的米芒部分成員設置路障、切斷電話線、向中國陣地開槍等等。尤其令人不安的是，3月12日，噶廈要求米芒拆除在青藏公路上設置的路障，米芒領導人公然拒絕服從。因此，如果不動用藏軍，顯然沒有辦法回到3月10日之前的控制局面，而這被認為是一個禁忌。可是噶廈無法確定米芒不會做得太過火而招來解放軍的軍事反應，我們看到解放軍一直在為應對襲擊做大量準備。戰鬥一旦爆發若達賴喇嘛還在拉薩，藏人真的有可能失去他——要麼被中國人殺死，要麼被中國人控制。正是這種恐懼使得帕拉、噶章和索康領導的噶廈平靜地得出結論：事件將以暴力結束的可能性是如此之大，以致他們的首要任務是必須盡快組織達賴喇嘛逃亡。

　　噶廈相信，此事絕對保密至關重要，因為若中國人知道了，對方會試圖阻止。他們得出結論，只能授權一個人組織並實行這次逃亡；為了完成這項任務，噶廈求助於大管家帕拉。作為達賴喇嘛最信任的顧問之一，帕拉與達賴喇嘛有着長期而密切的關係，如前所述，由於他的紀律、精明和能力，他在西藏官員中廣受尊重，因此索康和其他噶倫相信帕拉能夠設法成功地執行一個逃跑計劃，特別是因為他作為達賴喇嘛的大管家，能夠在不引起過多關注的情況下密切接觸達賴喇嘛。僧官扎贊回憶，他曾聽索康〔代表噶廈〕對帕拉説：

> 今天你〔必須〕完全負責。你應該做這一切。噶廈將全權授權給你，我們之間不要就此來回爭論不休。就像諺語説的，「兩個人之間容易碎陶罐子。」[24]〔噶廈、噶章和帕拉之間〕沒有時間進行討論。所以現在你必須説，做這個或做那個，我們就跟着做。所以完全由你負責。[25]

　　於是，帕拉將組織這次逃亡，而噶廈將繼續努力爭取時間，通過民眾大會和羅布林卡指揮中心約束米芒領導人。噶廈還試圖説服中國人不要發動攻勢，為達賴喇嘛起草假的進步信件，寄給譚冠三，例如上面提到的12日的信件，這讓西藏工委猜測達賴喇嘛是否仍然是進步人士。

　　帕拉和噶廈努力保守這個計劃的秘密，因為中國間諜和同情者無處不在，所以也必須對守衛羅布林卡的西藏米芒保密；他們擔心如果米芒知道了這樣的計劃，會試圖阻止達賴喇嘛離開。功德林是一名僧官，他在帕拉的計劃中扮演了重要角色，他對此發表了評論，「在外部，我們必須對漢人保密，在內部，如果西藏僧俗知道此事，他們可能會大吃一驚，並有可能製造麻煩。所以我們也必須避免這種危險。」[26]

　　為安全起見，將達賴喇嘛轉移到印度（或西藏南部）的想法並不新鮮。事實上，多年以來這一直是帕拉和索康這些西藏領導人的

想法，甚至可以追溯到1950至1951年，當時美國和許多西藏高級官員敦促達賴喇嘛拒絕中國的《十七條協議》，流亡到印度，並在美國的支持下反對中國接管西藏。[27]然而，當時他們決定回到西藏，在《十七條協議》的條件下生活，該協議提供內部自治，沒有強制改革，而相比之下，美國對西藏的承諾程度並不確定。索康對歷史和國際政治了解更多，因為他的弟弟懂英語，為他翻譯廣播和文章，所以他理解毛澤東的共產主義代表甚麼，從一開始就知道像他這樣的人(貴族)在共產主義治下沒有未來。索康相信中國人最終會剝奪一切，所以當達賴喇嘛和大多數其他官員在1951年回到拉薩時，索康假裝身體不好，留在噶倫堡。直到1952年，在父母的巨大壓力下他才返回拉薩。

這個問題也在1956至1957年再次出現，當時達賴喇嘛參加完印度的佛陀涅槃慶典，準備回到西藏。像索康、帕拉這樣的高級官員和哲堪孜松流亡組織的領導人希望達賴喇嘛留在印度，並從那裏領導抵抗運動；[28]但達賴喇嘛再次被說服返回，以充分利用西藏有限的內部自治。然而那時索康更加確信，傳統制度以及像他這樣的人是沒有長遠未來，所以當他和達賴喇嘛一起去印度參加慶祝活動時，他不僅帶走了他的獨生子(江巴澤登)和弟弟(索康堪窮)，還帶走了家族的許多貴重物品，然後當1957年初他和達賴喇嘛回到拉薩時，把一切留在噶倫堡。而翌年，他更秘密將女兒和姪女偽裝成錫金王室的僕人，從拉薩送到噶倫堡。可見索康和帕拉都堅信，從長遠來看，西藏和達賴喇嘛最大的希望，是讓達賴喇嘛安全離開去印度。

達賴喇嘛的姐夫達拉，警衛代本團的代本，也有類似的想法。1958年9月，就在康巴與解放軍第一次尼木系列戰役的消息傳到拉薩後，達拉拜見了在甘丹寺參加第一階段格西考試的達賴喇嘛。達拉擔心解放軍和康巴人之間的戰鬥會迅速升級，危及拉薩和達賴喇嘛，因此他敦促達賴喇嘛**立即離開，直接從甘丹寺前往山南**。[29]達

賴喇嘛不同意這種看法，回憶起來，他當時認為無計劃的離開沒有任何意義。[30]

五個月後的這一刻，索康和帕拉得出結論，達賴喇嘛必須立即離開拉薩。帕拉的計劃有許多要素，其中之一是逃亡路線。去印度的主要路線是經過江孜和帕里到亞東，然後到印度的錫金；另一條路線是穿過羊八井到日喀則再到尼泊爾。這些路線眾所周知，也相對容易，但是沿途有幾個中國的辦公室和駐軍，還有很多中國的運輸車隊。因此帕拉選擇了一條不太常見的路線，在熱瑪崗渡口穿過拉薩河，然後繼續向東南穿過雅魯藏布江到達山南，四水六崗的主要基地就在那裏。一旦到達那裏，危險是最小的，因為只有一個小的中國駐軍在雅魯藏布江南岸的澤當，而且他們被四水六崗戰士包圍着。此外，在雅魯藏布江以南，沒有供解放軍快速行進的公路。一旦達賴喇嘛進入山南，他將能夠轉移到印度邊境附近的山南南部，而不必面對那裏的解放軍駐軍，儘管仍然有人擔心解放軍部隊會在他們身後從拉薩追來，或從昌都、後藏（日喀則）出發，在他們到達印度之前向西／向東移動切斷他們的去路。他們不知道，北京已經指示解放軍讓達賴喇嘛離開。

誰來陪同達賴喇嘛逃亡是另一個重要問題。最終，達賴喇嘛將由大約20至30名官員、家人和僕人陪同，他們都需要馬。因此帕拉需要安排20至30匹馬，每匹馬必須附帶馬鞍和馬鞍袋，在拉薩河南岸等候，這樣一旦達賴喇嘛和他的隨行人員過了河，他們就可以立即騎馬經過切拉山口前往山南。獲取這些馬匹最輕而易舉的地方是羅布林卡的大型政府馬廄，裏面有大約200匹馬。但帕拉確信中國人和西藏人都在密切關注這個馬廄，注意一些不尋常的徵兆，比如20至30匹馬被關在一起，因為這可能是達賴喇嘛即將離開的信號。

因此，帕拉求助於僧官、拉薩功德林拉章的高級管家功德林扎薩。他不僅能幹可靠，而且拉章位於羅布林卡和熱瑪崗渡口之間。此外，功德林有一個叫擦庫的莊園，離渡口很近。在發誓保守秘密

後，帕拉告訴功德林「『把你們拉章的馬準備好，但只告訴人們這些馬聚攏在一起，要送往擦庫莊園放牧。』帕拉説任何品質的馬都可以，即使它們是低品質的鄉村馬……。帕拉讓功德林在每匹馬的馬鞍下放一兩條毯子，並在馬鞍袋裏放上所有必需的食物，這樣每個騎手都可以有一些食物，以備他脱離馬隊。」[31]

　　一旦安全抵達山南，帕拉和索康的基本想法是在山南南部隆子宗這樣的地方停留一段時間，如果可能的話，他們會嘗試作為一個「行轅政府」(ཕྱག་གཞུང) 運作，就像1951年他們在亞東所做的那樣，並可能與中國展開新的談判。然而，此時的情況與1950至1951年大不相同。當時解放軍在昌都，離 (亞東) 1,600公里或更遠，這意味着他們步行需要幾個月，而在1959年，他們只需幾天的路程，而且現在他們在拉薩附近也有一個正常運行的軍用機場。即使在像隆子宗這樣偏遠的地區，堅守領土聽起來也不錯，但是如果沒有保衛領土的詳細計劃，這只是一廂情願的想法。達賴喇嘛在一次採訪中提到了這一點，他説：「即使逃離羅布林卡，也沒有合適的計劃。只是穿過吉曲 (拉薩河)，我們再觀望一下。至少有一件事我們知道，西藏南部除了澤當之外，其他地方沒有中國士兵。否則大家就沒主意了。」[32]

　　帕拉、功德林和一些值得信任的官員能夠迅速有效地組織這次逃亡，但還有最後一個難以克服的障礙——讓達賴喇嘛同意離開。正如我們在去欣賞表演的問題上所看到的，達賴喇嘛，儘管只是一個24歲的年輕人，已經表明他可以否決其高級官員的建議作出自己的決定。噶倫和帕拉希望達賴喇嘛盡快離開拉薩，但達賴喇嘛最初並不同意。一方面，達賴喇嘛在權衡1957年決定是否留在印度時所考慮過的得失——如果他留下來，目前的內部自治可以繼續下去，至少在接下來的6到11年裏不會有強制改革；另一方面，如果米芒和解放軍之間的戰鬥突然在拉薩爆發，他可能永遠無法去印度。在這種困難的情況下，藏人通常會向神尋求神諭，所以達賴喇嘛諮詢了國家首席護法神乃瓊。此事被非常嚴肅地對待，達賴喇嘛命令乃

瓊靈媒在3月10日之後留在羅布林卡，這樣他可以被迅速召喚進入出神狀態，並允許通過他直接諮詢乃瓊護法神。[33]此外，還有另一個類似的習俗，即在神像前以抽籤（ɒʑ·ŗɐ）的形式請求神的建議，決定選擇哪一個選項。因此，說服達賴喇嘛離開不僅要說服達賴喇嘛，還要說服西藏的護法神。

我們不知道帕拉在3月10日之後和達賴喇嘛討論了多少次離開的問題，但是關於正式詢問乃瓊護法神，達賴喇嘛說：「我諮詢了乃瓊大約三次。開始，乃瓊說從羅布林卡離開並不好。他就是這麼說的。」[34]由於達賴喇嘛不想在沒有護法神的祝福下離開，他沒有作出決定。

隨着日子一天天過去，拉薩的局勢日益惡化，即使達賴喇嘛沒有同意，帕拉仍然繼續計劃逃亡，因為帕拉相信達賴喇嘛最終會屈服，他希望那時一切都已準備就緒。

與此同時，自3月10日以來，噶廈沒有與西藏工委的中國官員會面或直接對話，因此他們試圖第二次聯繫噶倫阿沛，以此來了解中國人的想法。噶廈的秘書格杰巴回憶，他把他們的信息帶給阿沛。

> 3月12日或13日，我再次被派去找阿沛。這次，他們讓我帶去一個由數字和字母組成的密碼本，用來發送電報。[35]這是為了讓噶廈和阿沛能夠交換私人電報。他們讓我詢問阿沛，就當時的局勢對噶廈有甚麼看法/建議。
>
> 　　當我見到阿沛時，他說，「如果噶倫已經下定決心，那就這樣了〔他的意思是如果他們決定反對中國，他無能為力〕。」他的表情表明他不喜歡那樣。然後，當我代表噶倫問他，中方將會做甚麼時，他說，「我住在大橋附近，晚上睡覺的時候，我整晚都聽到連續不斷的汽車噪音，所以他們〔漢人〕似乎正在做大量的準備，噶倫應該好好考慮一下。」然後我回來告訴了噶倫阿沛說的話。我再也沒有帶口信去了。[36]

阿沛的回應進一步加劇了索康和帕拉對戰爭爆發迫在眉睫的擔憂，增強了他們讓達賴喇嘛同意立即離開拉薩的決心。隨着帕拉的準備工作加速進行，他意識到他需要親自了解穿過雅魯藏布江進入山南的渡江點的情況。因此，帕拉和功德林扎薩告訴指揮官扎西白拉，召集扎西代本團的幾名最信任的軍官（格扎和確隆囊巴），並派他們去山南把洛桑益西帶來，正如第12章所討論的，洛桑益西在1958年12月與大約40名藏軍士兵一起加入了四水六崗。

洛桑益西和他的團隊仍在貢嘎等待貢布扎西回來，所以當他和手下聽到3月10日起義的消息時，他們召集了一次會議來決定該做甚麼。和他在一起的藏軍士兵南嘉旺堆回憶説：

> 在此期間，我們的一些士兵被部署守衛甲桑渡口，而我本人則駐紮在博拉周圍保衛那個地區。然而，一聽到拉薩的消息，我馬上去貢嘎和洛桑益西討論這個問題。我們吹響軍號，召集會議〔སྐད་བཏང་〕，所有的領導人都聚集在一起。以前，當我們在貢嘎的時候，我們已經給四水六崗士兵進行了很多訓練，包括教他們很多軍號。所以我們都聚集在一起，説這就是拉薩發生的事情，那麼我們現在該怎麼辦？有人説我們應該去聶塘，但有人不同意。由於沒有達成共識，我們在吉祥天女面前進行了一次抽籤儀式。結果説去〔河以北〕的聶塘是個好主意，所以我們去了那裏，並立即派我們的兩個士兵去通知羅布林卡，告訴他們，洛桑益西和我們已經到了聶塘，所以有任何命令請下達給我們。我們通過〔江孜團代本〕饒噶廈將請求發送〔給羅布林卡〕，並立即收到了一個偽裝成村民的人帶來的答覆，告訴我們，明天他們將派代表過來。[37]

其中一名代表是扎西代本團的甲本格扎，他回憶了接下來發生的事情：

我去了聶塘，見到了洛桑益西和其他人。洛桑益西那裏大約有六、七十個人。我告訴他們羅布林卡一片混亂，所以每個人都必須做好一切準備。然後，當我問他們做了甚麼時，他們說他們甚麼也沒做。所以〔我〕說，「你們應該摧毀橋樑和公路，讓解放軍難以追蹤我們。如果還有其他東西，比如河邊〔高處〕的隘口〔ཁུང〕，這些也應該毀掉。」當時，河水水位很高，但仍有一些地方〔可以〕讓卡車通過。〔我對他們說，〕「如果有漢人的卡車通過，如果那個地方離聶塘近，就通知四水六崗。但是如果離羅布林卡更近，那就通知羅布林卡的指揮中心。」我們把這個消息留給了他們，然後我們帶着洛桑益西回到拉薩，把他送到了〔位於羅布林卡的〕帕拉家⋯⋯。那天是6號（3月15日）。[38]

南嘉旺堆也記得格扎的到來，

第二天，格扎和碓隆囊巴來了。他們沒有甚麼具體的話要說，但是讓洛桑益西和〔四水六崗的〕貢嘎桑丹回到羅布林卡。〔自從森楚開始以來，〕已經有兩三天了。還有命令要求我們在雅魯藏布江的北岸和南岸都要保持警戒，所以我們在那裏駐紮了軍隊，照他們說的做了。[39]

當洛桑益西最後見到帕拉時，他告訴帕拉，四水六崗控制着雅魯藏布江沿岸的各個渡口以及山南的其他地方。唯一的中國駐軍在澤當，目前被一支四水六崗部隊包圍，所以通往山南的道路是安全和開放的，達賴喇嘛可以馬上離開。帕拉試圖利用這一信息說服達賴喇嘛當晚離開，但達賴喇嘛仍然猶豫不決，正如他解釋的那樣：

一天晚上，欽莫帕拉來找我。翻譯阿旺僧格〔替洛桑益西取的化名〕早前曾去北京學習，後來加入了四水六崗。一天晚上，阿旺僧格穿過熱瑪崗渡口，去見了欽莫。於是，欽莫來看我，說如果尊者現在離開，一切都準備好了。康巴人

在雅魯藏布江的另一邊，沒有漢人。然而，我說我現在不能去。沒有進行神佛占卜。我認為護法神說過，如果尊者此時離開羅布林卡那不好，那將很可怕。所以我說我不能走。[40]

達賴喇嘛還在另一次採訪中補充道，「早些時候，一天晚上，〔帕拉〕來看我，說現在我們準備好出發了，但我拒絕了！我還沒有最終決定。我需要兩三天，然後我就走了。從我這方面來說還沒有最後確定。」[41]

由於達賴喇嘛仍然拒絕離開，他們決定洛桑益西應該返回山南，從政府軍械庫帶走一些武器和彈藥，以便那裏的士兵和康巴人能夠更好地保衛雅魯藏布江沿岸的渡口。參與這次武器轉移的甲布「少校」解釋了事情的經過：[42]

藏曆2月6日（西曆3月15日），洛桑益西從羅布林卡帶走了10支步槍、2支布倫槍和10箱彈藥。我和他一起去了，把這些帶到轟塘諾布崗，並把它們交給了四水六崗的貢嘎桑登，他來自理塘。那天晚上，本來計劃帶走達賴喇嘛，但我們做不到。因此，我被派去帶着七名士兵和洛桑益西的僧兵僕人一起把武器帶到轟塘。[43]

就在這之後，達賴喇嘛在藏曆7日（西曆3月16日）收到了譚冠三的最後一封信。這是迄今為止最嚴厲的一封信，威脅說達賴喇嘛最好採取行動平息叛亂，否則中國將會採取行動。但信中仍將達賴喇嘛視為進步人士，並告訴他，如果他能夠離開，想去西藏軍區大院，他可以帶着他的工作人員去那兒尋求安全。

信上還說，第二屆全國人民代表大會將於一個月後在北京召開。這意味着，如果達賴喇嘛選擇留下來，他很快就能與毛澤東和周恩來等高層領導人親自討論西藏問題。然而，譚冠三在15日寫的信中附有一封來自阿沛的令人不安的信。[44]

譚冠三的信説：

敬愛的達賴喇嘛：

　　您11日、12日兩信均敬悉。西藏一部分上層反動分子所進行的叛國活動，已經發展到不能容忍的地步。這些人勾結外國人，進行反動叛國的活動，為時已久。中央過去一向寬大為懷，責成西藏地方政府認真處理，而西藏地方政府則一貫採取陽奉陰違的態度，實際上幫助了他們的活動，以致發展到現在這樣嚴重的局面。現在中央仍然希望西藏地方政府改變錯誤態度，立即負起責任，平息叛亂，嚴懲叛國分子。否則，中央只有自己出面來維護祖國的團結和統一。

　　您來信中説，對於「以保護我的安全為名而製造的嚴重離間中央與地方關係的事件，我正盡一切可能設法處理」。對於您的這種正確態度，我們甚為歡迎。

　　對於您現在的處境和安全，我們甚為關懷。如果您認為需要脱離現在被叛國分子劫持的危險境地，而且又有可能的話，我們熱忱地歡迎您和您的隨行人員到軍區來住一個短期，我們願對您的安全負完全的責任。究竟如何措置為好，完全聽從您的決定。

　　另外，第二屆全國人民代表大會第一次會議已決定於4月17日舉行。特此告訴您。

　　此致

　　敬禮並祝保重

譚冠三

1959年3月15日 [45]

　　筆者沒有得到阿沛的信，但是達賴喇嘛説這封信很可怕，因為它暗示解放軍現在將要用大炮向羅布林卡開火。達賴喇嘛解釋説：

阿沛的信與將軍的信放在同一個信封裏。自危機爆發以來，他沒有參加過任何內閣〔噶廈〕會議。現在他寫信警告我，他認為和平的機會不大。他建議我應該「摧毀反動派的敵對計劃，切斷我同人民（會議）領袖的一切聯繫」。他説他推測人們有一個「邪惡的計劃」要把我從羅布林卡帶走。如果這是真的，那對我來説將是非常危險的，因為漢人已經採取了最嚴格的措施來阻止我逃跑。他説，即使我逃脱了，在目前的國際形勢下，我也永遠無法回到拉薩。然後他説：「如果尊者和幾個值得信賴的警衛〔團的軍官〕能留在羅布林卡的〔內牆內〕並在那裏佔據一個位置，並通知譚冠三將軍你將待在哪座建築，他們當然希望不要損壞這座建築。」[46]

他〔阿沛〕也寫信給內閣，或多或少重複了他寫給我的內容，同時敦促他們讓〔米芒〕離開宮殿，或者至少讓他們〔米芒〕待在〔黃〕牆以外。他説他理解這很困難，如果他們〔內閣〕不能讓人民離開，他們〔內閣〕應該為了我自己的安全，試圖把我帶出宮殿，帶到中國營地。與此同時，他們〔內閣〕應該發送一份宮殿的草圖，顯示我所佔據的建築的位置。[47]

在達賴喇嘛後來的自傳中，他補充説：

阿沛的〔信〕……清楚地驗證了我和每個人模糊地得出的結論，即漢人正計劃進攻人群並炮轟羅布林卡。他想讓我在地圖上標明我會在哪裏，這樣炮兵就可以被告知瞄準時遠離我標記的任何建築。真相大白之時，那是一個可怕的時刻。不僅我自己的生命處於危險之中，而且成千上萬的我的人民的生命現在似乎註定要失去。要是能説服人群離開，回到自己的家就好了。人民肯定能看到他們已經向漢人展示了他們感情的力量？但是這些沒用。人民用野蠻的

方法向這些不受歡迎的外國人傾瀉怒火，沒有甚麼能撼動他們〔人群〕。他們會一直待到最後，至死守護他們珍貴的怙主。[48]

達賴喇嘛給譚冠三發了另一封假信，試圖爭取更多時間，他說幾天後他就可以到西藏軍區大院避難。信中說：

親愛的譚政委同志：

您15日的來信，方才三點鐘收到。您對我的安全甚為關懷，使我甚感愉快，謝謝。

前天藏曆2月5日（西曆3月14日）我向政府官員等的代表70餘人講話，從各方面進行了教育，要大家認真考慮目前和長遠的利害關係，安定下來，否則我的生命一定難保。這樣嚴厲地指責之後，情況稍微好了一些。現在此間內外的情況雖然仍很難處置，但我正在用巧妙的辦法，在政府官員中從內部劃分進步與反對革命的兩種人的界線。一旦幾天之後，有了一定數量的足以信賴的力量之後，將採取秘密的方式前往軍區，屆時先給您去信。對此請您亦採取可靠的措施。您有何意見，請經常來信。

達賴喇嘛3月16日呈[49]

關於這些假信，達賴喇嘛解釋說：

我勉強地開始回覆阿沛和譚將軍，說了一些我對拉薩民眾中反動分子的可恥行為感到沮喪的話。我向他們保證，我仍然認為我應該前往中國總部避難，這是個好主意，但目前這非常困難；我希望他們也能有耐心熬過騷亂。任何能贏得一點時間的東西！畢竟，人群不可能無限期地待在原地。我小心翼翼地不說我在哪裏，希望缺乏這一信息會造成不確定性，並推遲〔他們炮轟羅布林卡〕。[50]

達賴喇嘛在他後來的自傳中再次對此發表了評論：

> 我回覆將軍的信和我以前給他寫的差不多。在我看來，說服他不要攻擊人群和宮殿的唯一機會是，我假裝順從他的願望。我沒有告訴他我在哪個建築物裏。我仍然覺得，只要漢人不知道我在哪裏，他們還是有可能不使用大炮；如果我們告訴他們，似乎可以肯定的是，羅布林卡的其餘部分將會成為廢墟。我再次告訴他，我會盡快去他的大院。我沒有這樣的意願，但我希望這一承諾能說服他推遲進攻的命令，使我們能及時把人們帶走。那是我給他寫的最後一封信。[51]

在收到達賴喇嘛16日發出的信後，譚冠三為達賴喇嘛準備了第四封信，但在這封信發出之前，形勢發生了巨大變化。

達賴喇嘛還描述了當時羅布林卡日益惡化的氣氛：

> 那時宮殿周圍的氣氛非常緊張。在其〔黃色〕內牆外是一大群激動憤怒的人。他們中的大多數人都拿着棍子、鐵鍬或刀子，或者他們能找到的任何其他武器來武裝自己。其中有一些士兵和康巴人，他們拿着步槍、幾挺機槍、甚至14或15門迫擊炮。用拳頭或刀肉搏，一個藏人能抵十幾個漢人——最近在東部省份的經歷證實了這一古老的信念。但是很明顯，他們的力量對漢人用來消滅他們的重型裝備毫無用處。實際上，除了他們自己保護我的決心，他們沒有甚麼可以拿來戰鬥。
>
> 但是在內牆之內，在宮殿的鄰近區域，一切都顯得平靜祥和。沒有任何不愉快的迹象。花園像往常一樣安靜。孔雀趾高氣揚地昂首闊步，對人類的混亂漠不關心；唱歌的鳥兒在樹林間飛來飛去，它們的歌聲和岩石花園附近噴泉的音樂聲混合在一起；溫順的鹿、魚、赤麻鴨和白鶴都

和以前一樣平靜。一隊穿着制服的警衛甚至在給草坪和花壇澆水。這種氣氛仍然是典型的西藏式的，幾個世紀以來，那裏的人們一直尋求內心的平靜，並通過他們的宗教致力於尋找擺脱悲傷和痛苦的道路。

3月16日，消息開始傳來，漢人做了更多準備工作，要摧毀這個和平的地方。人們向內閣報告，然後又向我報告，該地區的所有大炮都被運到能射到拉薩城內目標的地點，特別是羅布林卡。一名在拉薩以東約13公里處正在建設的水電站工作的男子報告説，通常在那裏保存有4門山炮和28挺重機槍，14日晚，幾輛載有中國士兵的卡車護送它們秘密運到拉薩。拉薩以東24公里的邦堆的一名地區官員告訴我們，有20門重炮被送往城裏。13日晚，然後在15日晚，在宮殿北門附近發現2輛巨大的中國軍車，每輛車上各有3名士兵，車上裝有機械儀器，顯然是在測量。當他們看到人們在看着他們時，他們趕緊開車走了，看到他們的人民警衛很快得出結論，他們正在測量距離，以便用重炮轟炸宮殿。晚上，人們看到100輛嶄新的中國卡車緩慢地向布達拉河駛去，並從那裏駛往中國營地。第二天早上，看到15或20名穿着便服的漢人坐在電線杆上，顯然在修理電線，但人們斷定他們是進行更多的測距。

我們的人民對大炮了解不多，他們可能是錯的，但那是他們所相信的。這些被藏人解讀為中國準備攻擊藏人陣地。

除了所有這些觀察之外，還有從中國空運來新部隊的傳言……[52]

中國的檔案清楚地表明，中國確實在大力加強軍事準備，但在他們看來，這仍然只是防禦性的。例如，一份中文資料提到，16日，一支由三輛裝甲車組成的車隊繞過布達拉宮和羅布林卡，查看防禦工事

並測量射擊距離。坐在其中一輛車裏的單超解釋道，「我們還是決定到羅布林卡去看看情況，那裏的叛匪正在修築作戰工事。三輛裝甲車出動了，我們坐在中間的大裝甲車上，前後還有小的保衛。」[53]

如前所述，這很容易看出當時不打算發動襲擊的藏人是如何將這些行動解讀為中國向他們發動進攻的準備工作。

中國資料報告説，也就是在16日，孜恰土登列門被派往印度領事館，以「西藏獨立會議」，即在雪村的民眾大會的名義向噶倫堡的夏格巴（致哲堪孜松）發了一份電報。電報通知夏格巴，3月10日宣布西藏獨立，並要求他和哲堪孜松的西藏幸福事業會將此事通知國際社會。電報中説：

> 噶倫堡夏格巴，轉西藏幸福事業會全體：
>
> 　藏曆2月1日〔西曆3月10日〕西藏獨立國已經成立，請向大家宣布。並請於西曆3月18日至甘托克聽電話。
>
> 　　　　　　　　　　　　　　　　　　西藏獨立會議上
> 　　　　　　　　　　　　　　　　藏曆2月7日〔西曆3月16日〕
> 　　　　　　　　　　　此電由孜恰堪窮〔即土登列門〕發送[54]

3月17日（藏曆2月8日），達賴喇嘛實際離開的當晚，第二份更詳細的電報被發送給夏格巴，這次是以西藏獨立國人民代表大會的名義。不知道是誰把這條信息帶到了印度領事館，但它是在達賴喇嘛離開後發出的。電報中説：

> 噶倫堡孜本夏格巴轉交駐印度西藏幸福事業會：
>
> 　近於藏曆2月1日，藏族尊卑僧俗全體心意一致，已經宣布了自漢人紅色共產黨的強權之下起而成立獨立國家，在你那個地方亦應宣傳此事。漢政府已在拉薩周圍地區準備大規模鎮壓，似此為免以大吃小，請向鄰國印度政府、佛教會議、聯合國報告，立即派代表來此地觀察真實

情況，並請設法電印度駐拉薩代表應於事先了解情況等。
總之，用甚麼方法謀求支援為好，請本過去熟悉情況的精
神，努力進行。並賜告內情。

　　　　　　　　　　　　　西藏獨立國全體人民大會簽字

　　　　　　　　　　藏曆二月八日〔1959 年 3 月 17 日〕[55]

　　然而，以上這封由中國公開的電報省略了一個關鍵句子：告訴
夏格巴達賴喇嘛已經離開拉薩。中國情報部門的幹部王貴同時也
是譚冠三的秘書，他在接受作者採訪時說，整封電報中還包含一句
話，「那個人已經走了〔མི་དེ་ནོར་བུ་གླིང་ཀ་ནས་ཐོན་སོང་〕（譯註：藏語字面意思
是，那個人從羅布林卡離開了）〕」。所以中國人對此進行了分析，
並猜測「那個人」指的是達賴喇嘛。王貴進一步解釋說：

問：解放軍是如何得到電報的？
答：我們可以用我們的電臺收到這條電報。因為它是明碼電
　　報，而不是密碼電報。
問：你們大約甚麼時候收到電報的？
答：大約是午夜 12 點或凌晨 1 點。[56]

　　因此，這一定是在達賴喇嘛離開後發出的。與此同時，噶廈向
阿沛發送了另一封欺騙性的密信，試圖以此來贏得時間，該密信告
訴他（以及中國人），達賴喇嘛正準備秘密來到西藏軍區大院。作者
沒有得到這封信，但達賴喇嘛解釋了它的內容：

到 16 日晚上，人們確信漢人將要炮擊宮殿，這種危險隨時
都可能毫無預警地到來。人群的情緒逐漸升級，進入恐慌
狀態，但他們仍然不願離開羅布林卡，拋棄我和宮殿。所
有政府官員都試圖安撫他們，但他們無法控制對漢人的憤
怒。對於人群，對於我的大臣和我，那是一個非常不安的
夜晚，所有人都睡不着。

當〔3月17日〕清晨來臨，謠言仍在不斷湧現，四處傳播，毀滅似乎即將降臨。在我和我的內閣〔噶廈〕看來，形勢似乎已經完全絕望了。我們舉行了一次會議。只有一個問題需要討論：我們如何才能防止〔羅布林卡〕宮殿的破壞和周圍數千人被屠殺？我們只能決定再次呼籲中國將軍不要使用武力驅散人群，等到內閣再次試圖勸說他們平靜地離開。因此內閣匆忙給阿沛寫了一封信，大意如此：他們說，人們在感情的壓力下愚蠢地行動，但最終還是有希望說服他們離開宮殿。他們還建議阿沛應該幫助內閣帶我去中國軍營。他們指出這將非常困難，因為宮殿周圍的整個地區都被人民控制着，但是他們說他們會盡最大努力。他們隨信發送了一個特殊的密碼，並要求阿沛用它來回覆，因為宮殿周圍的人民警衛已經開始審查他們手中的任何信件。那封信的唯一目的當然是為了安撫中國將軍。事實上，我不可能去中國軍營。如果那能阻止對我的人民的屠殺，我真的願意去把自己交託給中國人；但是人民絕不會讓我這麼做。

這封信很難寄出，因為人民〔米芒〕警衛處於戒備狀態，不允許官員離開宮殿。但是夏蘇部長的一個隨從假裝要去城裏購物，成功地溜了出去，他設法把信送給了阿沛。[57]

3月17日，帕拉決定是時候與印度領事館聯繫，並通知他們，達賴喇嘛可能需要逃往印度，因此他派親信僧官哲康（也譯徹崗）堪窮去見印度總領事，S. L. 芝伯（S. L. Chhibber）少校，哲康堪窮當時與功德林住在一起，他是在噶倫堡的孜本夏格巴的弟弟。

哲康回憶說：

3月17日上午，我參加了在雪村公園舉行的大會，會議已經持續了幾天。在那裏，一名信差抵達，說我應該在中午12點以後立即趕到羅布林卡的帕拉家。當我到達那裏時，

帕拉對我說，「我要給你一個非常重要的任務。你以前在帕里工作過，所以你很了解印度的政治官員，現在我需要你去德吉林卡去見印度總領事，他是我的老朋友。」[58]

　　我在帕里的時候就認識芝伯少校了。我們以前在亞東一起吃飯，也一起賭博。我也曾經去德吉林卡看過他。芝伯少校也知道功德林和卓尼欽莫。當帕拉召喚我時，我去見他，他告訴我，「如果可以的話，請今晚去見芝伯少校。羅布林卡可能會發生騷亂，如果達賴喇嘛繼續留在羅布林卡，我們不能承擔這個風險，所以我們認為最好帶他去山南。如果他〔達賴喇嘛〕不能留在山南，請告訴芝伯少校向印度政府申請許可，允許達賴喇嘛去印度。」……

　　當他〔芝伯〕看到我時，他笑着邀請我進來喝茶。我說不用了，謝謝，並告訴他，「我有一個重要的消息要告訴你，所以請叫雅巴拉〔他的翻譯〕來吧」……。然後我告訴雅巴拉，「卓尼欽莫帕拉派我來告訴你，局勢已經變得非常緊張。因為四水六崗在山南，帕拉要帶達賴喇嘛去山南。但是萬一山南不穩定，他可能得帶達賴喇嘛去印度。因此，請向印度政府申請許可達賴喇嘛去印度。他說：『好的，我會馬上通過無線電報請求許可。』」[59]

也是在17日，噶廈收到了阿沛的一份簡短的回覆，他確認了收到噶倫的密信，在回信中「他說，他對內閣提議將我轉移到中國軍營感到高興，並承諾稍後會發送一份詳細的回覆。」[60]大約4點鐘，當達賴喇嘛和噶倫正在討論阿沛的回信時，他們聽到附近一個中國營地發射兩枚迫擊炮彈的隆隆聲，以及炮彈落在北門外沼澤的聲音。[61]

　　如前所述，官員們懇求達賴喇嘛趁早離開，這次爆炸使有關請求顯得更為緊迫。對達賴喇嘛來說，幸運的是這並非中國進攻的開始，而只是在附近運輸站工作的一名中國幹部未經授權的行為。王貴解釋了這一情況：

青藏公路拉薩運輸站位於拉薩西部，在羅布林卡和布達拉宮之間。[62] 那裏有許多我們的民兵。他們沒有穿軍裝，但因為局勢緊張，他們也分到了步槍和機槍。還有許多復員軍人在運輸站工作⋯⋯。他們的職責是自衛，並防守他們自己的單位。他們不允許進攻⋯⋯。

運輸站位於一個非常關鍵的地點，就像羅布林卡和拉薩城之間的咽喉，所以四水六崗想把它消滅掉，因為叛軍必須經過這個運輸站，他們在那裏行動不方便⋯⋯。

在運輸站辦公室，有一名叫曾惠山的保安員警，違反了紀律〔ཁྲིམས་འགལ〕。因為四水六崗在3月16日和17日向那裏開了很多槍，運輸站的油罐有着火的危險。他們〔藏人〕從布達拉宮開了幾百槍。因此曾惠山很生氣，違反了紀律；紀律規定我們不能向他們開火，但他〔無視紀律〕，向羅布林卡發射了兩枚小（60毫米）迫擊炮彈⋯⋯。[63] 這發生在17日下午2點至3點之間。

問：他是不是擅自開火的？

答：是的。這是違反規定的，因為西藏軍區司令部曾説不允許（向藏人）開火，但他還是開火了。這兩發迫擊炮彈沒有打到羅布林卡園內，而是落在牆外約30米處。然而，正因如此，索康、夏蘇、柳霞和帕拉説，「現在，漢人已經向羅布林卡發射了炮彈，所以達賴喇嘛處於危險之中」，所以他們堅持達賴喇嘛在17日離開。[64]

這兩枚炮彈成為戲劇性證據，催促達賴喇嘛必須在為時已晚之前離開，他原則上同意了。然而，儘管危險越來越近，大家也達成了逃亡的共識，但這仍然是在西藏，即使在這些炮彈發射事件之後，達賴喇嘛仍然不得不就他是否應該離開的問題諮詢國家護法神。功德林解釋了乃瓊的神諭：

8日〔西曆3月17日〕，達賴喇嘛再次召喚了乃瓊護法神，並進行了一次占卜。現在兩項活動都説可以走了。〔乃瓊的〕最後神論深刻而明確，它提到，「現在，是我偉大的上師，尊者，離開羅布林卡的時候了，」它還提到離開的日期和時間，以及他應該選擇的路線……[65]

實際上他們還秘密諮詢過另一位強大的護法神雄天。在達賴喇嘛離開拉薩的前幾天，當他和他的兩位經師討論去留的時候，有人建議諮詢龐隆（即雄天）護法神，這可能是個好主意，龐隆護法神位於拉薩以北的娘熱山谷。兩位經師同意了，但問題是如何在沒有人知道的情況下秘密地諮詢護法神。赤江仁波切，或者是兩位經師都建議派他們的學生惹堆仁波切去請教護法神。惹堆仁波切同意了。當惹堆和他的管家（ཕྱག་མཛོད，音譯強佐）到達那裏時，其他很多人正等着諮詢護法神，所以惹堆請所有其他人離開並關上了門。然後靈媒進入出神狀態，回答説尊者應該在10日（3月19日）之前離開。惹堆仁波切當晚回來報告了這件事。[66]

因此，在8日（3月17日），護法神和占卜結果最終都同意達賴喇嘛逃離拉薩；晚上10點，達賴喇嘛逃亡計劃開始實行。帕拉在沿途的關鍵地點和渡口駐紮了一些扎西代本團的部隊。他還擔心，如果達賴喇嘛使用熱瑪崗的大木船，他將不得不與許多人、馬和騾子一起渡河，這將花費更多的時間，而且更加混亂、更加危險，所以他準備了一艘全新的小筏子、一名船夫和一名警衛，並把他們安排在渡口上游180米的地方，那裏沒有人經過。[67]接着，儘管達賴喇嘛仍然對應否逃亡持保留態度，他還是帶着隨從離開了拉薩。

逃亡

　　帕拉已經把逃亡人員分成了三組。第一組包括達賴喇嘛的母親、姐姐和弟弟。他們當時待在警衛團總部，就在羅布林卡南牆外。他們是最容易被帶走的，因為他們不必穿過羅布林卡宮殿的庭院。帕拉告訴功德林，讓帕拉信任的僧官/同伴孜恰堅贊來負責這一組。他們坐汽車到功德林的家，在那裏換上普通的民間服裝，等待其他隨行人員到達，屆時他們都將經過最後的短途旅行去熱瑪崗渡口。[68]

　　第二組由達賴喇嘛、帕拉、噶章和達拉組成。帕拉擔心，如果這些知名人士在8日（3月17日）晚上突然被人看到穿着普通衣服而不是華麗織錦官袍離開羅布林卡，那裏的人們會很快得出結論：他們要逃跑。因此，在之前的幾天裏，每天晚上10點他和噶章都穿上普通的衣服，和一些士兵一起去檢查羅布林卡宮牆內外各處的警衛；羅布林卡的其他人已習慣這些高級官員在晚上不穿錦衣官袍四處走動，待他們真正要逃跑時，就不會惹來任何聯想。第二組人可以不引人注目地離開。

　　第三組包括兩位經師，三位噶倫，他們各帶一名僕人，森噶（僧人警衛）和達賴喇嘛的三位私人侍從，每人也有一名僕人。由於這群人太多，帕拉決定用西藏政府的一輛卡車把他們從羅布林卡帶到功德林的家。這看起來並不奇怪，因為幾天來，這種卡車一直從布達拉宮的軍械庫向羅布林卡運送武器。在這次旅行中，他們確保卡車有帆布覆蓋，這樣人們就看不到裏面，認為只是另一批武器或補給物資。

　　達賴喇嘛詳細描述了他逃亡的實際情況：

> 當一切都準備好了，〔就要走了，〕我去了大黑天佛殿。當我長途旅行時，我總是去那個佛殿告別，僧人們仍然在那裏，不斷地祈禱，他們不知道將要發生甚麼；但是我在佛

龕上獻了一條哈達，作為告別的象徵。我知道他們會奇怪我為甚麼這麼做，但我也知道他們永遠不會表達他們的驚訝。

當我走出佛堂的時候，我遇到了卓尼欽莫大管家〔帕拉〕、基巧堪布〔噶章〕和古松代本〔達拉〕。大管家和堪布已經穿上了普通的俗人衣服。他們這幾天每次出去的時候都這麼穿，但我以前從未見過他們穿成那樣。我們已經約定10點鐘在內園〔黃〕牆的門口見面。我們對了手錶。然後我去了其他幾個佛堂，祝福他們，然後回到了我們自己的房間；我獨自在那裏等着。

在我等待的時候，我知道我的母親、我的姐姐和我的弟弟將要離開：我們已經同意他們應該先走。對他們來說，離開宮殿比我們其他人更容易，因為他們一直住在宮殿的黃色內牆之外。我的母親和姐姐將打扮成康巴人。接下來是我，內閣大臣、我的經師和其他幾個人將加入第三個也是最後一組。

他們為我準備了一件士兵的衣服和一頂皮帽，大約9點半，我脫下僧袍換了衣服。然後，穿着一件陌生的衣服，我最後一次去了我的經堂。我坐在我通常的寶座之上，打開面前的佛陀經書，我讀給自己聽，直到讀到佛陀告訴一個弟子要有好的勇氣的一段話。然後我合上書，祝福房間，關燈。當我出去的時候，所有的情感已經抽離了我的大腦。我意識到自己尖銳的腳步聲敲打在地面上，寂靜的空氣中迴蕩着時鐘的滴答聲。

在我房間的內門，有一個士兵在等我，另一個在外門。我從其中一個人身上拿了一支步槍，把它掛在肩上，偽裝成一名戰士。士兵們跟着我，我穿過黑暗的花園，裏面有我一生中最快樂的諸多回憶。

　　在花園的大門和內牆的大門，古松代本〔達拉〕已經叫警衛們散開。他在第一個門口與我會合，我的另外兩個同伴等在第二個門口。當我們經過大黑天佛堂附近的藏經閣時，我們脫帽表示敬意和告別。我們一起穿過公園，朝着外牆的〔南〕門走去，堪布〔噶章〕、大管家〔帕拉〕和警衛團代本〔達拉〕在前面，我和另外兩個士兵在他們後面。我摘下眼鏡，心想沒有眼鏡，人們幾乎認不出我的臉。

　　大門緊閉。大管家走在前面，告訴警衛他要去視察。他們向他敬禮，並打開了巨大的鎖。

　　平生第一次，我沒有舉行遊行儀式就走出了羅布林卡的大門。當我們到達那裏的時候，我在黑暗中隱約看見我的一群人民還在看着它，但是他們沒有一個人注意到那個謙卑的士兵，也沒人盤查，我默默地向遠處的黑暗道路走去。

　　在我們去河邊的路上，我們經過一大群人，我的大管家停下來和他們的領導人交談。他們中有幾個人被警告說我那天晚上要離開，但當然普通人都不知道。他們說話的時候，我站着等着，努力讓自己看起來像個士兵。天沒有全黑，但是我不戴眼鏡看不清楚，也不知道人們是否好奇地看着我。談話結束時，我很高興。

　　我們來到熱瑪崗渡口的岸邊，不得不走在點綴着黑色灌木叢的白色沙灘上。堪布〔噶章〕是個大個子，他選擇攜帶一把巨大的刀，我確信他準備好了用它來毀滅——至少，他對每一片灌木都採取了非常危險的態度。但是它們都沒有隱藏敵人。

　　我們乘小筏子渡河。在河對岸，我們遇見了我的家人。我的部長們和經師藏在卡車油布下從羅布林卡出來，在那裏也和我們會合。大約30名康巴士兵在等着我們，

他們有3名領導人：貢嘎桑丹、丹巴達吉和一個只有20歲的勇敢男孩，名叫旺楚次仁。還有一個名叫洛桑益西的男孩。他曾被帶到北京上學，但在那裏的整整五年裏，他一直在抵制漢人的灌輸。兩天後，他戰死了。

　　我們和這些領導人交換了哈達。在那種情況下，他們已經盡可能安排好了一切。寺院管家〔功德林〕為我們所有人準備了小馬，儘管他未能得到任何好的馬鞍。低聲匆匆問候後，我們立即上馬出發了。最初的幾公里可能是最危險的。[69]

帕拉和噶廈也採取措施說服留在羅布林卡的人們，達賴喇嘛和噶廈仍然在那裏，一切運作如常。噶廈的秘書格杰巴回憶，就在達賴喇嘛和他的隨行人員離開之前，他從噶倫索康那裏得到了有關此事的指示。索康非常秘密地告訴格杰巴，達賴喇嘛要離開，但是他必須留在羅布林卡，就像噶倫還在那裏一樣。格杰巴解釋了他得到的指示：

在9日〔，他指的是8日，因為達賴喇嘛在8日逃跑〕大約晚上10點鐘，噶倫告訴我，「現在無論發生甚麼，像這樣被米芒包圍在這裏是不行的。尚不確定中國是否會製造事端〔，發動進攻〕。如果騷亂爆發，中國將向這裏發射炮彈。那就完了。炮彈不長眼睛，所以目前達賴喇嘛和噶廈正在把首都遷到山南。達賴喇嘛的所有隨從都必須發誓不把這件事告訴任何人。我們本應該帶你一起去，但是我們必須把你留下，這樣人們不會意識到我們噶倫們已經走了。如果人們意識到我們已經走了，那就有很大的危險，所以你必須暫時留在這裏。我們很快就會做些甚麼。前任司曹洛桑扎西會像噶廈還在這裏一樣來主持事務，你應該向他報告並傳達命令。」這是在8號。我說，「無論發生甚麼，請帶我一起走。我有責任帶上並保管噶廈的印章。如果事情

變成就像諺語說的，主人可以通過〔離開〕但僕人不能通過
〔離開〕，那就根本不行了。[70]所以請帶我走吧。」然而，索
康堅持告訴我，「這是一項至關重要的任務，所以你必須留
在這裏。如果這個秘密洩露出去，那就完了。」所以我說，
「如果是這樣，我會留下來。」因此，當許多人在9日〔西
曆3月18日〕來見噶倫或向其提出請求時。我們說他們〔噶
倫〕去向達賴喇嘛報告了。由於我在那裏，人們就相信了這
一點。[71]

中國人和達賴喇嘛的離開

儘管極力保密，中國人還是從阿沛那兒知道，達賴喇嘛將於17
日離開。在此之前，扮演重要角色的李佐民解釋說，由於達賴喇嘛
在給譚冠三的最後一封信中表示他想去西藏軍區大院，中國人不確
定達賴喇嘛是否真的準備好去他們那裏，他們討論這個問題。李佐
民解釋道：

在他〔達賴喇嘛〕寫給譚冠三的第三封信中，他寫道：「在羅
布林卡，我正在召集一群聽命於我的人，當情況變得可靠
時，我會帶着這些人去一個安全且靠近羅布林卡的地方。
屆時，我會在適當的時候向解放軍發出信號，所以請派人
到外面保護我。」這封信欺騙了〔我們〕。當他逃跑時，已經
是3月17日午夜12點了。[72]他離開羅布林卡，穿過熱瑪崗
渡口，乘小筏子過河。這就是我們看到的。當他〔達賴
喇嘛〕叫我們派人去接他〔到我們的軍區總部大院〕時，我們
還在猶豫是否相信。實際上，在3月17日晚上9點左右，我
知道達賴喇嘛將在當天晚上12點逃走。

問：你怎麼知道的？

答：我在政府官員（ སྐུ་དྲག ，音譯古扎）中有朋友。[73]

在另一次採訪中，李佐民進一步解釋說：

問：你說過……在一名西藏官員向你發出達賴喇嘛要逃跑的消息
　　後，你才知道〔達賴喇嘛逃走了〕。你收到電話還是信件了嗎？

答：……阿沛打電話到我的辦公室說，「剛剛有一個值得信賴的
　　人告訴我，『老人今晚會被送走。』」[74]這意味着這個孩子將在
　　午夜離開。阿沛說，「這可能是真的，在他離開後，戰爭將
　　立即開始，因為他們〔叛軍〕將進攻我們。所以盡快向〔譚〕
　　政委彙報。」後來，我得知向阿沛傳遞信息的人是〔進步貴
　　族官員〕貴香巴。[75]

李佐民也解釋了他收到這個信息後發生的事情：

不管怎樣，晚上10點我就知道了。當時，從我的辦公室到
譚冠三在軍區總部的住所，已經修建了一條地道，所以當
我從辦公室出來時，我到達了軍區大院西門……。我花了
大約7、8分鐘穿過地道，到達了譚冠三辦公室門口附近。
我不需要給他打電話，因為我可以去那裏告訴他，我聽到
〔達賴喇嘛離開的消息〕。

問：你這麼說的時候，譚冠三說了甚麼？

答：那時，譚冠三的宿舍有電話，但他不在那兒。他在一個大
　　廳裏舉行軍事會議，因為那時騷亂已經開始了。當時拉薩
　　只有解放軍三個團，他召集了團長和政委開會。當我報告
　　那個信息時，所有的軍官都在那裏。

問：有多少人參加了會議？

答：那裏有不到20個人……。然後譚冠三告訴我，「你必須向
　　中央軍委報告你所知道的一切。你報告這件事，會〔比我〕

更清楚、更確定。」當時，譚冠三辦公室有一部連接〔北京〕中央軍委的直線電話，我一拿起電話就接通了。然後我就發生的事情做了報告。

問：這份報告是你親自寫的嗎？

答：是的。我寫的。他們〔中央軍委〕問，「這可靠吧〔ཐོས་འཛིན་པོ་རེད་པས/གཏན་གཏན་རེད་པས〕？」我說，「確定可靠。」然後他們讓我在電話上等10分鐘，我們會答覆你。僅僅過了7、8分鐘，他們就說「放他走〔ཁོ་འགྲོ་རུག/ཁོ་གཏོང་ཞོག〕！」[76]

這與我們之前在電報中看到的相吻合；也就是說，達賴喇嘛離開沒關係。李佐民繼續講述了在那個災難性夜晚中國方面的情況：

他們〔中央軍委〕說，「派人密切監視，看看達賴喇嘛往哪個方向走。監視就可以了。不要採取〔任何行動〕。明天我們會給你發一份書面的4A級的命令。」[77]根據國家規定，如果軍委4A級別發一封電報，這意味着使用專線，屬於特級機密……。這些是通過電話説的。中央在電話裏説的。[78]

李佐民説，當達賴喇嘛前往渡口時，他隨後去秘密觀察，通過雙筒望遠鏡可以看到他。[79]他繼續敍述：

問：第二天他們收到〔絕密電報〕了嗎？

答：是的，他們大約在7、8點鐘收到電報。我沒看見。後來，譚冠三簡短地告訴我，命令説，「讓他走。不要阻止他。」[80]

問：這是中央的命令，對嗎？

答：是的。[81]

李佐民補充説，電報解釋了毛澤東和中央讓達賴喇嘛離開的原因：

一方面，如果我們去阻止達賴喇嘛，因為西藏古扎〔貴族〕很狡猾，他們可能會先殺了他，然後把責任推到我們身上，

説是解放軍殺了他。如果發生了這種情況，無論我們〔以後〕宣傳100次還是1,000次，群眾都會認為是漢人和共產黨幹的，不會認為是他們自己幹的。群眾不會原諒我們。這是發展西藏、為西藏做好一切工作的關鍵問題。這會〔對我們今後的工作〕造成損害。這是主要原因。[82]

儘管西藏古扎〔貴族〕殺死達賴喇嘛的想法很荒謬，但北京方面擔心達賴喇嘛逃跑時遭到傷害，這種擔心當然是正確的。如果達賴喇嘛在中國人試圖阻止時被殺，藏人肯定會責怪中國人，這不僅會在上層中，而且會在所有群眾中造成不可阻擋的仇恨。因此，當達賴喇嘛和他的隨行人員從拉薩逃到山南時，中國人奉北京的指示，靜靜地看着他們離開，並且按照指示，沒有採取任何措施阻止他逃亡。

第14章中將討論達賴喇嘛逃亡印度的經歷。

第14章

越過懸崖

去山南

3月17日深夜，達賴喇嘛及其隨行人員渡過拉薩河，他們騎上功德林準備好的馬，向南出發前往山南。到目前為止，他們沒有遇到任何問題，但正如達賴喇嘛解釋的那樣，他們仍然感到不完全安全。

那裏沒有〔向南的〕公路，只有一條狹窄的石子路，蜿蜒穿過〔拉薩河〕河邊的一座小山。在右邊，我們可以看到中國營地〔位於第澎的河對岸諾朵林卡〕的燈光。我們很容易進入〔他們的〕射程，也不知道他們在我們下方黑暗的河岸上部署了甚麼巡邏隊。再走近些，我們經過一個小島，漢人經常開卡車從那裏的採石場運石頭——甚至在晚上也不休息。如果有卡車經過，我們會被車前燈照着。當我們沿着這條小路騎行時，幾乎看不見路。馬蹄鐵在石頭上的叮噹聲似乎很大。我們以為巡邏隊會聽到，但我們不得不快點。我一度迷失了方向，不得不掉轉馬頭往回走。然後我們看到身後閃爍的火炬，有一段時間漢人似乎就在我們後面追上來了。但那是西藏士兵，試圖引導我們中一些走錯路的人，那些人完全迷路了。

圖 10   達賴喇嘛逃離西藏（和四水六崗一起），1959年。
（達蘭薩拉）西藏博物館攝影檔案館惠賜。

但是我們都成功地通過了那個危險地點，並在下游大約五
公里的河岸上再次會合。在這一處下面，河水很淺，卡
車都可以駛過，如果漢人得到警告，他們可能會開車到對
岸，在那裏切斷我們的路線。所以其中一名軍官和幾名士
兵被留在那裏殿後。我們其餘的人穩步前進，遠離城市，
進入寧靜空曠的鄉村。[1]

如前所述，達賴喇嘛和他的官員不知道北京已經指示譚冠三放
他走。

達賴喇嘛和其他人騎了一整夜的馬，18日清晨到達了切拉山口
（「沙丘山口」）（圖 10）。他們從那裏往下走到雅魯藏布江，穿過這
條江之後到達山南。就在他們開始南向騎行後不久，達賴喇嘛停下
來給羅布林卡寫了一封信。逃亡隊伍中的僧官丹巴索巴回憶，在他
們到達「沙丘山口」之前，他的親戚功德林讓他把達賴喇嘛的一封信

交給指揮中心的最高領導人之一達熱堪窮。所以其他人繼續向前，
而丹巴索巴留在內鄔宗過夜，第二天一早就出發去羅布林卡，在那
裏他把信交給了達熱。這封信沒有副本，但丹巴索巴説這封信沒有
密封，所以他讀了信，他回憶，信中説達賴喇嘛將在隆子宗停留，
並任命了一名噶曹（譯註：代理噶倫）和一名司曹〔在達賴喇嘛遠行
時作為代理首長，負責拉薩政府〕。這封信還告訴他們，你們應該繼
續〔與漢人〕進行和平談判。[2]功德林也讀了這封信，他記得信中沒
有提到隆子；相反，信中説，「我將留在邊境地區，與漢人討論〔局
勢〕。」[3]這封信的收信人達熱也含糊地回憶，信中説了這樣的話：
「目前，尊者要去山南，他會從那裏向你們提出建議。不要訴諸任何
形式的暴力，盡可能平息局勢。」[4]

　　因此，這封信告訴參與逃亡準備的一小批西藏政府官員和米
芒，達賴喇嘛和他的隨行人員已經安全逃離，正在前往西藏南部的
路上。達賴喇嘛成功逃脱是個好消息，但這提出了一個難題：應
否將此事通知羅布林卡和雪村的所有其他人？如果通知，在甚麼時
候？瑪加是知道這次逃亡行動的俗官之一，他説，民眾大會領導人
對此有不同意見。他解釋道：

> 幾位代表……説，我們現在坐在這裏開會，但是如果漢
> 人攻擊我們，羅布林卡和布達拉宮將被摧毀。因此，與
> 其在這兒等待悲劇發生，我們倒不如宣布尊者已經離開拉
> 薩，這樣，那些希望趕上尊者隊伍的人可以這樣做，那些
> 希望回家的人也可以那樣做。他們説，這也可能使局勢更
> 加和平。然而，其他人説這是絕對不可接受的，因為尊者
> 正在騎着馬逃走，漢人或將乘汽車或飛機〔，這樣他們也
> 許能追上他〕。因此，如果我們現在洩露這個秘密，他的
> 生命將處於危險之中，所以直到尊者〔完全〕離開，即使
> 他不在這裏，我們也必須假裝他還在。我們不能透露這個
> 秘密。[5]

這種觀點佔了上風，所以沒有人知道達賴喇嘛已經成功逃脱。因此，民眾大會代表和指揮中心繼續開會，噶廈和達賴喇嘛的秘書處假裝正常運作。達賴喇嘛在接受採訪時對此表示了一些遺憾：

> 我告訴欽莫〔帕拉〕和噶章，如果可能的話，在我離開後，如果你能把羅布林卡的人轉移到河岸，那就好了。如果可能的話，這應該從今晚〔17日〕開始，〔或者〕如果不行，從第二天晚上開始。
>
> 　但沒人通知他們任何人。對此我還是有點後悔。如果他們能在〔17日〕那天晚上，或者至少從第二天晚上開始轉移，一、二千人可能會被轉移到藏布〔拉薩河〕，那麼漢人〔準備向羅布林卡開火〕的加農炮隊會落空。[6]

達賴喇嘛解釋説，在他離開拉薩後，他成立了一個由高級官員組成的特別委員會，這些官員每天晚上都與他會面，討論局勢（圖11）。委員會包括噶倫柳霞、夏蘇和索康，以及噶章、帕拉、覺登、平措扎西和達賴喇嘛的隨從森本堪布。[7]儘管達賴喇嘛考慮通知那些留下的人，其他人卻認為達賴喇嘛逃亡一事繼續保密更為謹慎，所以他們沒有指示達熱通知大家這個好消息。因此，當3月20日拉薩戰役開始時，羅布林卡到處都是受到中國炮火重創的守軍。如果有人通知這些守軍，達賴喇嘛18日或19日在山南，他們很可能已經離開了羅布林卡，因為那裏已沒有人需要被保衛，不僅這些傷亡可以避免，緊張局勢也可以大大緩解，拉薩之戰或許得以避免，因為羅布林卡若沒有「叛亂分子」，中國人可能不會開火。[8]

這裏存在一個問題：中國如何決定、為甚麼決定在3月20日開火。中國方面的材料稱，他們只是在遭到西藏叛軍的全面攻擊後才開火，雖然這明顯是中國軍隊和軍官的想法，但這肯定是不正確的。

正如第13章所討論的，從達賴喇嘛逃亡到拉薩之戰開始的三天之間，拉薩的緊張和焦慮程度極高，雙方都認為對方處於進攻的邊

圖11　一些高級官員在逃亡印度途中，1959年。
從左到右：噶倫柳霞、噶倫索康、噶倫夏蘇、基巧堪布噶章和達喇嘛覺登。
（達蘭薩拉）西藏博物館攝影檔案館惠賜。

緣。雖然許多（若非大多數的話）藏人確實希望把中國人趕出拉薩（最終趕出西藏），但現實情況是，拉薩的藏人包括藏軍，沒有計劃在拉薩發動軍事進攻來實現這一目標，也沒有安排將數千名四水六崗戰士調到拉薩發動協同進攻。此外，正如我們所看到的，達賴喇嘛發回羅布林卡的信指示羅布林卡和雪村的人們採取和平行動。因此，藏軍雖派遣了一些軍隊佔領和保衛重要的軍事地點，如藥王山、布達拉宮、羅布林卡和大昭寺，但他們並沒有坐下來制定進攻的作戰計劃。

　　此外，拉薩的許多官員對抗擊中國人的可行性持非常消極的態度。例如當時羅布林卡的僧官拉加丹巴回憶：

> 形勢如此嚴峻，我們得做點甚麼，對嗎？但我們無事可做。
> 從一開始，我們甚麼都沒有，對嗎？所以在一兩天內，即使
> 我們想做點甚麼，我們能做甚麼？我們得做點甚麼，對嗎？
> 我們只是走走過場，但沒甚麼可做的。所以我們盡力了。
> 〔另一方面，〕漢人從一開始就一直做好了準備。[9]

　　羅布林卡指揮中心的負責人之一功德林，對打敗解放軍的軍事選擇的看法更為模糊：

　　自然會有〔對與中國作戰的人〕抱有希望和不抱希望的人。我一點希望都不抱。我認為，如果我們能悄悄地到達印度，然後開始腳踏實地，四處看看，說些甚麼〔採取政治行動〕，那就太好了。如果我們〔和漢人〕打仗，很多人會被殺，屍橫遍地。他們會俯衝下來，一下子撲向我們。這正是我過去的想法。〔雖然〕我帶着槍和士兵去保護尊者，但我從未想過要和漢人作戰。[10]

　　然而，儘管許多人對**西藏單打獨鬥**能否成功表示懷疑，但他們希望美國能夠干預。一位年輕的貴族官員次旺南嘉回首往事，他回憶：

　　我不認為他們〔四水六崗〕能對付解放軍〔，最後取得勝利〕。那時，我們認為他們發動戰爭是件好事，我們對美國的幫助抱有渺茫的希望。我一直抱着希望，直到被關起來。那真是一個空洞的希望。

　　3月10日，示威遊行開始了。當時，儘管中國還沒有完全吃掉〔接管〕西藏，但局勢已經變得非常緊張。那時，我曾經多次仰望天空，希望有一架美國飛機從南方飛來。後來，我們知道美國人甚麼也沒提供。許多藏人並不認為四水六崗能獨立打敗漢人，而是抱着一個空洞的希望，希望我們能得到美國和英國的支持。[11]

　　同樣，這種想法在噶倫堡的藏人中也很普遍，例如20世紀50年代中期被派往噶倫堡共同領導貿易辦事處的一位著名僧官也認為，哲堪孜松（JKTS）與外國的合作能夠帶來外國的軍事援助。當被問及「那些在噶倫堡的人真的相信他們能夠獲得獨立嗎，還是只是為了反對漢人，給他們製造困難？」他回答說：

是的，有這樣的期待。即使我們所有藏人的力量聚在一起，也沒有希望，對嗎？但是當哲堪孜松從外面工作的時候，我記得我曾設想過會有一些軍事援助從外部來。當時，我們沒有想過，一個國家可以多大程度上介入另一個國家，或者被允許這樣做。即使有一個國家參與進來，那麼從實用政治方面，他們想得到甚麼好處呢？我記得我認為軍事援助會到來。[12]

另一邊廂，中方對藏人自3月10日以來的行為有不同的解釋。會說藏語的情報官員王貴敘述了中國人對拉薩局勢的看法：

> 3月18日，叛亂分子明目張膽地在拉薩市區貼出了「西藏獨立國」的布告。該布告落款為「西藏獨立國人民擴大會議」，氣焰極為囂張。
>
> 　3月19日白天，叛亂分子一面繼續強迫拉薩市區婦女「示威遊行」，一面大肆破壞電話線，斷絕交通，封鎖機關。當時公路上行人極少，居民家家閉戶。西藏軍區只能使用報話機同西郊〔中國〕機關聯繫。天黑以後，街上行人絕迹，拉薩籠罩在一片恐怖氣氛之中。[13]

但更重要的是，中國人感到脆弱，因為他們認為對手的人數遠遠超過自己。當時，拉薩大約有2,500名藏軍正規士兵，但中國人認為，把米芒（拉薩居民和拉薩的康巴人）也計算在內的話，該市的「叛亂分子」總數增加到約7,000人。[14]當然，山南附近還有數千名武裝的、經驗豐富的四水六崗游擊隊，他們可能被徵召參加進攻，所以中國人認為他們可能會受到約10,000名叛亂分子的進攻。

相比之下，中國檔案稱，解放軍只有兩個步兵團，第155團和第159團，而且這兩個團的兵力並不充足，因此總共只有大約1,300名作戰部隊，而如果他們全部滿員的話本應有6,000人。此外，拉薩還有第三個團，即第308炮兵團，以及一些附屬於軍區總部的小

型部隊，如警衛營。[15]其他還有一個裝甲連和一個爆破排，但這些部隊都很小。[16]因此，解放軍在拉薩的總兵力可能只有大約2,000至2,500人。[17]是故中方認為自己會被數以千計的憤怒藏人包圍，他們想把漢人趕出西藏，並在俯瞰這座城市的藥王山上，以及附近的布達拉宮和羅布林卡駐紮了藏軍和叛亂分子。中國人擔心，他們可能無法抵禦如此多的藏族「叛亂」軍事力量突如其來的協同進攻。如前所述，這些藏人從布達拉宮西藏政府軍械庫得到了武器，所以在拉薩當地的其他中國人普遍認為，最好的軍事戰略是積極行動，先發制人。[18]然而這是不可能的，因為北京已經明確指示解放軍堅守陣地，只進行大量的防禦準備，以便他們能夠抵抗任何藏人的進攻，等待援軍到達，即使這需要好幾個月的時間。因此，中國人大力加強防禦，同時持續擔心被突如其來的大規模進攻擊垮。

此外，在另一個層面上，就像大多數藏人討厭中國軍隊駐紮在他們的城市一樣，大多數中國軍隊和幹部也討厭不得不對西藏上層（他們認為西藏上層是剝削人民的封建分子）和拉薩居民（在街上騷擾他們，推搡他們並向他們吐痰的藏人）表現友好；他們渴望能夠給藏人一個教訓。雙方都累積了憤怒的情緒。

3月19日晚些時候，局勢動盪不安，解放軍拉薩總部接到報告稱，藏人向熱瑪崗渡口附近的解放軍部隊開火，這是將他們趕出拉薩的全面軍事進攻的開始。一份中國檔案解釋：

3月19日上午〔是指20日（譯註：中文原文19日上午是正確的）〕，西藏軍區總部召開了駐拉薩獨立營以上單位負責人參加的緊急會議。此時，全西藏地區公開參加叛亂的人員已達40,000餘人，聚集在拉薩的叛亂武裝已達7,000餘人，藥王山、羅布林卡、布達拉宮和大昭寺，均在他們控制之下，西藏工委各單位及西藏軍區機關，已被叛亂分子分割包圍，形勢一觸即發。（譯註，英文版把「此時……一觸即發」誤移到下一段「全藏叛亂武裝」之後）

　　會議在譚冠三政委的小會議室舉行，由軍區鄧少東副司令員主持，譚冠三通報了拉薩叛亂情況後作了作戰動員，並要求各部隊散會後立即進行作戰動員。他強調：我們決不打第一槍，要充分暴露其罪行，喚起西藏人民支持，在軍事上採取守勢，要等條件成熟，要利於全殲叛亂武裝。

　　譚冠三、鄧少東指示：要封鎖拉薩渡口，叛亂分子只准進不准出。爾後決定由159團副團長吳晨率一個連當晚就進駐拉薩河然巴〔然瑪崗〕渡口附近的牛尾山。[19]

　　當天深夜12點，吳晨率3營7連向牛尾山進發。譚冠三、鄧少東，軍區副政委詹化雨等人則一直在地下作戰室靜靜地等待消息，隔壁屋裏作戰部全體參謀正在交談情況，擬定作戰預案和接受各點敵情彙報，答覆下面請示的問題，直到20日凌晨2點50分整個作戰室的電話才稍稍得到喘息。

　　3點40分，突然河對岸傳來槍聲，在寧靜的深夜，槍聲特別清脆，整個拉薩市都聽得很清楚。鄧少東從椅子上一下彈起來，衝到電話機旁抓起電話，接通了吳晨，劈頭就問：「怎麼打響啦？」吳晨報告說：「叛匪向我們開槍了。」

　　「誰開的第一槍？」話筒裏傳來鄧少東急促的聲音。

　　「叛匪。」吳晨肯定地說。譚冠三接過電話，用濃重的湖南口音說：「吳晨啊，我告訴你，這個問題很重要，我馬上要向中央報告，是誰打的第一槍，是怎麼打的。你馬上去調查，弄清情況，抓緊向我報告。」

　　到了山頂，3排長向吳晨報告，他們正向山頂摸索前進，離敵人十幾公尺時，叛匪朝他們大聲吼，3排長聽不懂，也沒有理會，繼續前進。這時叛匪就朝他們開槍了。

　　吳晨立即向譚冠三彙報，並報告說：牛尾山已被佔領，整個渡口也被我軍控制。[20]

就在牛尾山打響一兩分鐘內，盤踞在拉薩市區內的叛亂武裝，幾乎是同時向被圍困的我黨、政、軍機關和企事業單位發起全面進攻，槍炮聲響徹雲霄。⋯⋯

凌晨5點鐘，譚冠三在未接到中央答覆前主持召開了緊急會議，中心議題是現在叛匪已向我們開了第一槍，我們到底是打還是不打？多數同志堅決主張打，不打更被動，目前敵我力量懸殊，有被敵人吃掉的危險；但同時也提出了一個問題：一旦打起來，不能殲滅敵人主力怎麼辦？我軍反而有被叛軍包圍切割的危險。經過分析，大家一致認為：叛亂武裝人數雖多，但力量分散，烏合之眾，各自為政，缺乏統一指揮，協同作戰能力差，只要我們充分利用這個弱點，一個個地吃掉敵人是有把握的。關鍵是我軍行動要迅速，各部隊要配合好。[21]

譚冠三用商量的口氣問鄧少東：「您看怎麼樣？」

鄧少東說：「您是書記，您下決心吧！部隊的指揮調動，我來負責，請你放心。」

譚冠三沉思片刻，又環視會場，同志們都在用焦急的目光看着他。再不能猶豫了，譚政委的拳頭在桌子上輕輕砸了一下，看來，一個重大的決策，已醞釀成熟。他站起來，帶着一種少有的感情憤怒地說：「剛才大家講得都很好。看來，西藏的這場武裝衝突是想避也避不了的，想躲也躲不過去的事。不是我們想打，而是他們逼着我們『上梁山』。[22]對於西藏地方政府的上層反動集團挾持年輕的達賴喇嘛，以他的名義所做的種種壞事，對叛亂分子所犯下的傷天害理的種種罪行，我們是百般忍耐，一讓再讓，曉之以理，動之以情，希望他們放下屠刀，立地成佛，可以說做到了仁至義盡。但是，他們就是不給我們面子，把我們的忍讓視為軟弱可欺，偏偏要用槍炮來同我們較量，把我們逼向絕路。這就不要怪我們不客氣了。目前唯一的選擇就是反擊，堅決地反擊。」

隨後，譚冠三詳細分析了拉薩敵我雙方的態勢，他說：「目前叛匪儘管有近萬餘眾，但他們是一群烏合之眾，是沒有戰鬥力的，我們雖然只有兩個團不滿員的13個戰鬥連隊，不過千餘人，但都是經過戰鬥考驗的堅強部隊，衝破他們的包圍圈，各個殲滅，是有把握取得全勝的。」

接着，鄧少東作了具體部署。譚冠三最後說：「我軍作戰原則歷來都是：不打則已，打則必勝。一定要乾淨徹底全部地消滅盤踞在拉薩的叛匪。」[23]

應該指出的是，解放軍不同於西藏叛軍，他們已經制定了一個完整的進攻計劃，一直在訓練和收集情報，所以在戰術上，如果接到命令，他們已準備好向藏人發動進攻。他們的進攻計劃有三個總體階段：

第一階段以159團二營在〔駐直村的〕308〔炮兵〕團的炮火掩護下，首先攻佔藥王山，切斷羅布林卡與市區的聯繫；第二階段以155團（欠三營）主力從東西兩面對羅布林卡實施夾擊，消滅叛亂武裝主力……；第三階段以155團（欠三營）、第159團（欠一營）和警衛營機動兵力包圍殲滅市區之敵。[24]

早上6點，譚冠三向北京中央軍委提交了他的計劃，請求批准發動全面進攻。然而令人吃驚的是，幾個小時都沒有收到任何答覆，到了上午10時05分，譚冠三決定不再等待，並自行下令解放軍發動全面進攻。[25]文鋒繼續敍述：

這是一個決定性的時刻。在西藏工委、軍區其他主要領導都不在拉薩的情況下〔這篇文章指的是張國華和張經武在北京〕，譚冠三負起了政治領導和軍事指揮的全部責任。

……譚冠三和他的戰友們當時可能並沒有意識到，他們的這個決定，在一定程度上改變了當代西藏發展的歷史

進程。幾個小時後在古城拉薩響起的隆隆炮聲，成了埋葬黑暗、落後、殘酷的封建農奴制度的喪鐘，也為民主、自由、繁榮、幸福的新西藏的誕生，鳴響了禮炮！……。

1959年3月20日上午10時05分，紅、綠、白三色信號彈從軍區司令部騰空而起，照亮了古城拉薩上空。早已嚴陣以待的炮兵部隊朝叛匪佔領的藥王山猛烈開炮，一排排炮彈準確地落在藥王山上，閃射出道道白光，散發出層層煙霧。隆隆的炮聲向拉薩人民宣告：平叛戰鬥開始了。

戰鬥進展順利，11點56分，我軍一舉攻佔了藥王山，拔掉了這個瞰制西藏軍區指揮機關的制高點，切斷了西郊叛亂武裝與市區的聯繫，反擊作戰初戰告捷。[26]

一名中國陸軍士兵寫的一篇文章補充道，「3月20日上午10點05分……，我炮兵部隊對藥王山開了炮。……炮擊1小時20分鐘後，我步兵159團二營於11時25分開始衝擊，11時56分順利地佔領了藥王山。」[27]

第308炮兵團第三連指揮官王國珍也描述了他所在的團於拉薩戰役中的首次轟炸：

〔藥王山非常重要，〕它與布達拉宮南北對峙，可封鎖從中間穿過的青藏公路，切斷軍區機關和西郊部隊的聯繫；山後是我軍區機關和自治區籌委機關駐地，可清晰地觀察到我領導機關的活動，並實施炮擊，對我軍威脅極大。（譯註：英文版沒有「山後……威脅極大」一句。）我們若奪取它，叛匪巢穴羅布林卡、布達拉宮、大、小昭寺將被我分割控制。在這裏設觀察哨，叛匪的任何行動都逃不脫我炮火的打擊，……因此，軍區首長對拉薩戰役的部署，第一步就是攻佔藥王山。

10點鐘到了！我連和留在營區的兄弟連隊共計42門火炮，同時發出了驚天動地的怒吼，突然，猛烈、準確的炮火

射擊開始了！我在觀察所裏清楚地看到，每群炮彈都準確地落在目標區〔根據他們事先採集的數據〕及其周圍。藥王山頭煙火飛騰，塵土彌漫，亂石崩雲，……叛匪們無處藏身，一哄而散。我毫不留情地指揮着炮火隨着叛匪的移動而移動。陣地上，我們的戰士一邊打炮、一邊怒吼「叫你叛亂！」……

　　炮擊持續了一個多小時，……爾後，步兵發起了衝鋒……我159團二營四連，以極其迅捷、勇猛的動作，僅幾十分鐘，便一舉攻佔了藥王山。前後不到三小時，我們就把紅旗插上了山頂。

　　我登上藥王山頂，察看炮擊情況。只見敵工事蕩然無存，……

　　此時舉目四望，叛匪末日前的一切行動，都在我們的眼皮底下。[28]

王國珍解釋了他們接下來做了甚麼：

我軍攻佔藥王山後，我便迅速將連觀察所轉移到該山西側〔朝向羅布林卡〕……開始了對羅布林卡的炮擊。……

　　據情報表明，現在這裏〔羅布林卡〕聚集着5,000以上叛匪。……

　　戰前，我團早已把羅布林卡內的全部地面按連劃分了射擊地段。現在，全團炮火有條不紊，以急促、準確的火力從南往北打。每營三個連的彈群相互交叉，進行着密集的轟擊。

　　據守在這裏的叛匪，多是從青、甘、康、滇竄入的騎兵，頑固強悍，是一批很有戰鬥力的亡命之徒。他們自恃人多槍多，羅布林卡牆高寨厚，眼見藥王山失守後，仍想頑抗，與我較量一番。沒想到這樣剛好成了甕中之鱉，被我們炮兵關起門來打狗。

　　隨着第一批槍彈落下，霎時間，叛匪的陣腳全亂了。在炮火的猛烈打擊下，匪巢如同湯澆蟻穴，火燎蜂房。驚恐萬狀的匪徒們發瘋似地四下逃命，但不論逃到甚麼地方，不是肢裂，就是屍分，任憑他們鬼哭狼嚎，也無處躲藏。

　　我在藥王山上一面指揮，一面目睹着這大快人心的場面。突然間我觀察到，由於我團是從拉薩河南岸由南向北打，由於牆高，此時在南面的圍牆下，形成了一個射擊死角。大約 1,000 多名叛匪騎兵龜縮在那裏，暫時逃避了正義的懲罰。我當即下達命令：「從東向西打，將火力集中在南側牆內，四發急促射放！」……他們突然打開南門，吶喊衝擊，冒死向老渡口方向突圍。我即命令炮火迅速地轉移到叛匪衝擊方向之前，猛烈地進行攔阻射擊。叛匪懼怕這死亡的火牆，又轉變方向往回跑。我又將火力轉移到他們回跑的方向，下令：「四發急促射放！」……受傷的馬匹亂竄，驚慌了的匪徒狂奔，好容易竄回林卡，我又將炮火集中到叛匪集中地區狠打。叛匪受不了，無奈又奪路南逃。可是無論怎樣逃，也逃不過炮彈的追擊。我們又依前法對其實施殺傷。……經過兩個多小時的炮擊，林卡內聚集的叛匪已被我震撼殺傷，基本失去了戰鬥力。我步兵攻入林卡時，除聽到零星槍聲外，叛匪已無法進行有效的抵抗。

　　這時，我又發現突圍逃竄到北面的部分叛匪，正在接官亭附近集結，不知是要反擊還是要逃跑。我不管三七二十一，一頓炮火，照樣「前打後擊」，把他們就地消滅得乾乾淨淨……。

　　羅布林卡拿下來後，我軍區機關和西郊部隊已連成一片，叛匪已無法對我構成嚴重威脅，徹底平息拉薩叛亂的時候到了！黑夜中，我連和全團的炮口，又指向了小昭寺、西滴寺〔譯註：英文版作策墨林。西滴寺即喜德林，是熱振活佛在拉薩的拉章〕和大昭寺……

> 拉薩戰役已進行了兩畫夜。……在戰役中，我們〔炮兵團〕先後打擊了17個目標。[29]

說回藥王山的戰鬥，在進行了一個小時後，上午11時03分，譚冠三突然收到了一封來自北京的電報，回覆他上午6時要求允許發動全面進攻的請示。[30]文鋒解釋了譚冠三看到電報內容時的震驚之情：

> 譚冠三急忙接過電報，掃了一眼，忽然看見「不要動」三個字。他感到震驚，彷彿不相信自己的眼睛，仔細看了看，還是三個字：「不要動！」[31]
>
> 譚冠三極力抑制自己的情緒，繼續往下看：由於敵我力量對比懸殊，如果發生正面武裝衝突，我方很可能出現被動局面，所以不同意你們打。你們可依託堡壘工事，就地堅守。盡量縮小防區，等待內地增援部隊進藏。落款是赫赫然三個大字：彭德懷。
>
> 這是國防部長彭德懷元帥親自簽發的命令，誰都能清楚地意識到它的分量。
>
> 半小時後，譚冠三又收到中央及中央軍委的覆電，得知毛澤東的意圖是不讓他打，而是要他牢牢地吸住叛亂武裝，不讓它離開拉薩，要他做出兵力單薄，急待增援難以支持的樣子，不但要吸住拉薩之敵，而且要促使叛亂集團下定吃掉拉薩解放軍的決心，將全區叛匪統統吸往拉薩，配合周邊部隊對其合圍，一網將西藏、雲南、青海、四川、西康幾省竄到西藏的叛匪全部殲滅，減少今後在各地進行零星清剿的困難。毛澤東擔心，一旦打響會把叛亂武裝打散到西藏全區，到那時難以收拾殘局。
>
> 接到彭德懷和中央的電報，譚冠三急了，頭上直冒冷汗，他知道自己闖禍了，打亂了毛澤東的戰略計劃，將給打開西藏局勢帶來極大的困難，這件事很難向毛主席交

代。可是現在已經打響，現在該怎麼辦呢？是不是暫時停下來呢？鄧少東、詹化雨也愣住了，心裏感到沉甸甸的。

　　一陣沉思過後，譚冠三又仔細分析了形勢，當然，我軍示弱，停止反擊，繼續憑藉工事防守各要點，叛亂武裝肯定是吃不掉我們的。可是，這樣做究竟能否將全區叛匪統統吸往拉薩，以利我軍聚殲，卻是一個未知數。根據軍區掌握的情報，自從達賴喇嘛出逃之後，從外地趕來拉薩的叛亂分子並沒有增加多少，他們是否一定要在拉薩同我軍決戰到底，誰也沒有把握。而且這些叛匪均係烏合之眾，一旦他們獲悉我人民解放軍增援部隊到達，必成驚弓之鳥，屆時一定會四散逃竄，到那時更難收場。

　　譚冠三覺得，目前最好的辦法，就是繼續打下去，儘量全殲拉薩叛亂之敵，不使其漏網或儘量減少其外竄。但現在敵我力量還懸殊很大，究竟能不能達到這個目的，還難以判斷。鄧少東和詹化雨都表示支持譚冠三的意見，同時表示：一切後果由他們共同負責。[32]

於是，譚冠三向中央和中央軍委報告了拉薩局勢，告訴他們，由於情況緊急，他於3月20日上午10時開始對拉薩叛軍發動全面反擊。他說，這些戰鬥進行得很順利，我們佔領了叛軍指揮部——藥王山，所以我們控制了拉薩的局勢。吉柚權描述了毛澤東對此消息的反應：

毛澤東一看譚冠三亂了他的計劃，氣憤地說，這個譚冠三越來越糊塗了。但戰幕已經拉開，停止是不利的，但一定要取勝，於是回電同意打，但指示譚冠三只准勝不許敗。這就意味着打不勝，譚冠三將要聽從毛澤東的處置。[33]

譚冠三隨後在下午2時收到了總參謀部的回覆，回電稱：「〔我們〕同意還擊。」並同意了〔西藏〕軍區司令部的作戰方案。譚冠三、鄧少東和詹化雨懸着的心終於放了下來。[34]

在北京得知戰鬥已經開始，毛澤東試圖吸引大量叛軍進入拉薩以促成一場大規模決戰的想法不再成立之後，中央軍委採取行動派遣增援部隊，使軍事行動能夠在西藏全境展開。3月20日發出的一系列指示對此作了解釋：

中央軍委關於平叛部隊的行動部署及指揮關係（節錄）

（1959年3月20日）

遵照中央指示精神，入藏部隊決定提前行動，爭取時間，迅速解決拉薩地區的叛亂。同時，為了有效地配合拉薩地區部隊的行動，川、甘、青、滇地區部隊的平叛作戰行動亦應當提前。

一、入藏部隊行動時間：

134師到達噶（格）爾木稍事集結後，即行出發，限3月30日到達拉薩地區。

11師到達敦煌稍事集結後，即行出發，限4月2日前到達拉薩地區。

162團於3月31日由甘孜地區出發，於4月2日到達昌都。

130師由雅安出發，先到甘孜集結，於4月10日前，到達昌都地區。

昆明軍區之42師126團限於4月15日前進至昌都以南的鹽井地區。

三、為保證第134師的行動，總後青藏辦事處應挑選條件最好的汽車部隊擔任輸送部隊，務須保證該師能按計劃於3月30日到達拉薩。

四、指揮組織：

134師、11師待丁指到達噶（格）爾木後即歸丁指指揮；同時丁指即歸西藏軍區指揮。

130師、昌都警備區、42師指揮所於4月15日起均歸黃
指指揮，目前黃指仍歸成都軍區指揮。

以上請各有關單位立即布置執行。[35]

這些增援部隊總數可能超過五萬人。[36]

中央還於3月20日向西藏工委發送了另外兩封電報。其中一封
告訴他們暫時隱瞞達賴喇嘛的逃亡：

中央關於達賴逃跑暫不向外宣布等問題給西藏工委的指示
（節錄）

（1959年3月20日）

噶廈集團公開叛國，達賴逃跑，叛匪攻擊我軍據點，
西藏政治局勢完全明朗，這是極好的事。對於達賴逃跑暫
不向外宣布，暫時不把達賴放在叛國頭子之內，只宣傳叛
國分子挾持達賴。這對打擊敵人利用達賴名義號召群眾叛
亂，可能有些好處。[37]

與此同時，在拉薩的第一天戰鬥結束，文鋒對拉薩剩下的短暫
戰鬥總結如下：

〔3月〕20日傍晚，叛匪大本營羅布林卡被我軍一舉攻佔，
叛匪主力大部被殲。21日晨，我軍對市區叛亂武裝形成合
圍，盤踞在小昭寺的頑抗之敵也被全殲。在此情況下，大
昭寺、布達拉宮的叛亂武裝開始動搖。22日上午9時，在
強大的政治攻勢和嚴厲的軍事打擊下，大昭寺的叛亂武裝
舉着哈達繳械投降。接着，布達拉宮的叛亂武裝也繳械投
降。至此，拉薩的平叛鬥爭勝利結果，歷時46小時55分
鐘，共計殲滅叛匪5,300餘名，約佔其總數的70%，取得了
平息西藏叛亂初戰的勝利。[38]

另一份中國資料也報道説，「1,000多名叛軍被殺，4,300多名叛軍被俘。」[39]還有另一份中國資料也説，總共有5,300多名叛軍被殲滅，但其中只有545人死亡，4,800多人受傷或被俘。[40]很難找到列出解放軍傷亡情況的中國檔案，一份材料引述，解放軍陣亡官兵63人，傷210人。[41]

西藏流亡政府公布了1959年3月至1960年10月（衛藏全境）拉薩起義中87,000名藏人死亡的數字。這是根據1960年人民解放軍題為〈西藏形勢與任務教育的基礎〉的檔案中提到的一個數字得出；該檔案是西藏叛軍1966年截獲的。[42]但是眾所周知，其中的關鍵術語是「殲滅」，意思是包括傷殘或退出戰鬥，而不是殺死。[43]然而，即使考慮到殲滅的含義，這個數字也不可能這麼高。目前仍不可能準確知道拉薩有多少藏人被殺，但根據目前的數據，500至1,000人似乎是可能的。

在中國方面，儘管北京方面評估稱，在解放軍增援部隊到達之前，發起進攻行動平息拉薩叛亂風險太大，但譚冠三方面違反北京方面的指示，表明北京方面的謹慎並不合理。平息叛亂和全面控制拉薩的戰鬥結果非常容易而迅速，這是解放軍在拉薩的一個偉大勝利。反觀藏人，組織混亂，領導不善，沒有現實的軍事計劃。事實上達賴喇嘛間接談到了這一點，後來印度（駐拉薩領事館）德吉林卡的總領事來印度看望達賴喇嘛時，領事提到了這一點，他（領事）對拉薩之戰評論説：

> 「『所以一切都沒有計劃〔འཆར་གཞི་མེད་པ〕。他們打了一場非常糟糕的戰役，沒有任何準備〔དམག་སྒྲོ་པོ་ཞི་བུ་ཅིག་རྒྱབ་སོ་ག་གིག་རྒྱ་བས་མེད〕。』他〔領事〕是這樣表述的。」[44]

與此同時，解放軍與位於日喀則的另一個主要西藏代本團的戰鬥更加容易，因為後者於21日不戰而降，江孜和亞東的小部隊也是如此。當時在日喀則擔任西藏官員的恰白回憶了那裏的情況：

問：當起義在拉薩開始時，日喀則發生了甚麼？

答：當拉薩發生叛亂時，所有的郵政通信都被切斷了，他們
　　這樣做是為了讓我們收不到〔拉薩〕地方政府的任何消息
　　……。叛亂的頭四天，我們在日喀則甚麼都不知道。後來
　　有一天，當我們起床的時候，我們看到扎什倫布寺院後面
　　的山上到處都是解放軍，他們還包圍了喀當〔日喀則〕代本
　　團的總部。這時，漢人告訴日喀則宗本和該團代本，你們
　　最好投降。如果你們試圖製造麻煩，那就不好了。你們（喀
　　當團）必須上交所有的槍枝彈藥。中國官員打電話給他們，
　　告訴他們這些。我們當時不知道發生了甚麼。正是在這一
　　時間點上，我們得知帕巴拉〔堪窮〕已被殺害，並發生了
　　叛亂……。漢人打電話給兩位宗本和喀當團代本努瑪。宗
　　本甚麼也沒說，代本同意交出武器，保證不會有騷亂。因
　　此，根本沒打仗，所有的士兵都很困惑。

問：有多少士兵？

答：當時該團大約有六七百名士兵。他們的子彈還在〔存儲在〕
　　軍械庫裏。他們甚麼都不知道，也沒有時間分發。我聽說
　　一些協俄已經開始拿出槍和子彈，暗示他們要戰鬥，但最
　　後啥都沒幹，正如〔代本〕努瑪說的那樣，投降更好，因為
　　試圖戰鬥並失去許多生命是沒有意義的。當藏軍代本團上
　　交武器後，〔寺院後面〕山上的解放軍撤退了，因為寺院不
　　打算打仗，所以沒有麻煩。[45]

　　於是，譚冠三的魯莽行為對西藏歷史產生了重大影響。如果他
聽從命令，不開火，很可能就不會有「拉薩之戰」。西藏方面當然沒
有計劃對中國在拉薩的陣地發起協同攻擊，所以不管譚冠三凌晨時
分從解放軍軍官那裏得到甚麼樣的被攻擊報告，到20日中午，他就
會知道這些槍擊事件是孤立事件，而不是大規模全面攻擊的開始。
但是他沒有等。譚冠三和部隊基本上渴望給藏人一個教訓，他做到

了。然而，如果他聽從毛澤東和中央的指示，拉薩的起義可能在十天以後抵達的解放軍增援部隊到來之前就已經平息了。當西藏官員和拉薩居民最終得知達賴喇嘛已經逃到印度時，他們將不再有理由「保衛」羅布林卡，那些圍着羅布林卡的人很可能會回到自己的家園，逃離這座城市跟隨達賴喇嘛，或者試圖去山南加入四水六崗。[46]這樣的話，從軍事上解放軍不再需要轟炸藥王山和羅布林卡以及其他地方，西藏仍將經歷社會主義改革，但所有傷亡都將避免。

　　戰鬥結束後，解放軍拘留了數千名在戰場上被俘或投降的藏人，將他們關押在許多不同地點，例如一兩個地點關押參與叛亂的貴族和僧官，另一個地點關押米芒，還有一個地點關押康巴人，同時他們開始評估哪些人參與了叛亂以及參與程度。解放軍還挨家挨戶在拉薩收繳所有武器，拘留幾乎所有他們懷疑可能與叛軍有牽連的人。那些從羅布林卡和布達拉宮戰場上被帶走的人受到了嚴厲的對待，對於那些被認為是積極參與叛亂的反動派來說，這是15、20年監獄和勞改營生活的開始。著名貴族官員擦絨的經歷，正如他的孫子所寫的，提供了他們這些經歷的一角：

> 3月20日早上炮擊開始時，我的祖父——一位老戰士——已經接管了布達拉宮下面的下層社會抵抗力量，並下令挖掘戰壕。但是挖這些戰壕已經太晚了，漢人連續不斷的火力網和優勢根本無法匹敵。布達拉宮被擊中了幾次，不時籠罩在它自己的紅色油漆粉塵雲之中。為了避免宮殿被進一步炮擊，以及在無可救藥的情況下死亡，祖父讓抵抗部隊揮動哈達投降了……。
>
> 　　祖父，連同許多高官和其他人，一共大約40人，被帶到西藏軍區。在那裏，他們被搜查，所有隨身物品都被沒收，鋼筆、手錶、官帽和護身符、念珠等等，戴上鐐銬，被囚禁起來。藏王後裔拉加里·南杰嘉措和前部長扎西林巴銬在一起。首相洛桑扎西與僧官江熱堪窮共用一副手

銬。他們每個人都戴着腳鐐，被鎖在一起。事實證明腳鐐
對一些人來說太重了，所以他們在中間綁了一根繩子，邊
走邊用手拉着⋯⋯。所有人都戴着手銬腿鐐，鎖在一個大
廳裏。[47]

　　許多人已經好幾天沒吃東西。功德林家的僧官丹巴索巴積極參
與起義，腿部受重傷，他寫自己在羅布林卡被捕，

在門口，我看到許多持槍的中國士兵和一名身着文職衣服
的官員⋯⋯。他只是把手指指向大門，讓我去那裏。我
慢慢向大門爬去。大約有兩三百名藏人被中國士兵包圍。
我爬進他們中間，得知他們前一天被包圍。大約一個小時
後，文職官員來了，將西藏政府官員與其他人分開，並告
訴我們在那裏等候⋯⋯。我們五個〔官員〕在那裏等了一
整天。我們不得不在坐着的地方小便，因為士兵不讓我們
移動⋯⋯。清潔工⋯⋯把我背在背上，帶到經堂，那裏
顯然已經變成了傷患的臨時衛生所。雖然房間很大，但是
受傷的人太多了，沒有地方可以伸展。地板上是一灘血，
房間裏充滿了惡臭和呻吟⋯⋯。我冷得發抖，我的身體
失去了感覺。我環顧四周，發現受傷較少的人正在脫死者
的衣服。我注意到我附近有一個老人，他呼吸急促，看起
來受了重傷。大約午夜時分，他去世了，我脫下了他的大
衣。然而，當我穿上它時，我發現它被血浸透了，因此沒
甚麼用。

　　第二天早上，受傷者每人得到一隻綠色搪瓷杯、紅茶
和糌粑⋯⋯。我的手被血染紅了，沒有水洗手。我把紅
茶和糌粑混合在一起揉成團，但它因血液而變紅了。因為
我已經兩天多沒吃東西了，所以我不得不吃那染血的紅麵
團。[48]

丹巴索巴活了下來並被監禁了20年。

調查譚冠三

譚冠三為自己的決定性勝利感到歡欣鼓舞，但同時也感到憂慮，因為他知道自己公然違背了北京最高級別的明確命令，所以在拉薩戰役勝利後的第二天，他向北京發去了如下的檢討：

> 報中央、軍委：
>
> 　　拉薩戰役反擊開始前，3月20日6時我們擬制了作戰計劃報軍委，建議集中兵力、火力首先攻佔藥王山，尚未收到軍委批覆，我即令部隊按預定計劃於20日10時零5分開始行動。3月20日11時零3分收到軍委「軍區部隊今天不應攻佔藥王山，應全力固守現在所有據點，並相機派兵佔領張國華19日電報中所說5點，爾後堅決固守之。」的電報後，部隊已打了一半，仍未按軍委指示堅決停止。這是嚴重的無組織、無紀律行為，嚴重地違背了中央1952年4月8日「西藏工委凡與藏方發生交涉事件，均應每事報告請示，方能辦理。」和1952年8月16日中央「凡需請示報告者，必須及時請示報告，不要在中央未同意前即採取行動」的指示，錯誤是嚴重的。為吸取歷史經驗教訓，特作此深刻檢討，並願接受黨組織給予的任何處分和處理。
>
> 譚冠三
> 1959年3月23日呈[49]

可是譚冠三的檢討不足以讓北京方面滿意。中央軍委想弄清楚到底發生了甚麼事，所以派出了一個由洪學智將軍率領的高級別小組到拉薩調查譚冠三的抗命行為，並撰寫報告，建議如何最好地處理。王貴當時在拉薩，他回憶了調查組的調查：

> 當他們開始調查時，楊政委開始……說：「中央軍委問，『你們有沒有遵守中央軍委要堅守〔不進攻〕的指示？[50]有沒

有這個堅守的條件？[51] 不打仗行不行？[52] 等到 134〔師〕來行不行？』」[53]

　　這次〔調查〕會議持續了兩個小時，我全程都在……。戰鬥結束後，有一個月的時間，我的工作是收集我們從羅布林卡、功德林和其他地方的叛軍那裏得到的文件……。

問：中央軍委甚麼時候進行調查的？

答：……總後勤部部長洪學智將軍帶領了一個來自北京的〔工作〕組，其中也包括作戰處的楊處長。當他們來到拉薩時，他們問我們為甚麼不聽從中央的指示，而是提前開火。我們有條件堅守陣地〔不打嗎〕？他們〔還〕批評我們炮擊〔17日向羅布林卡發射兩枚迫擊炮彈〕，這是錯誤的，並對此進行了調查。當時，我們已經〔因此〕受到了懲罰和批評。我陪同他們視察了羅布林卡外面的地方。即使在今天，達賴的宣傳説，他們的逃亡是由於向羅布林卡發射了兩枚炮彈。漢人襲擊了羅布林卡，所以我們不得不逃離。據説這兩枚炸彈落在羅布林卡內，但實際上落在外面。我去看了。

〔另一位接受採訪的人問〕：有多少調查組被派往西藏？

答：中央派了一個非常大的工作組去西藏進行調查……。過去有「六年不改」和「適度收縮」的〔大收縮〕政策，但現在的政策是平息叛亂和進行土地改革。這是一次非常大的軍事行動，所以穩定的後勤保障很重要。所以〔總後勤部部長〕洪學智將軍親自來了。同時，他帶了其他幹部一起來調查。總參作戰處楊處長也來了。因為他的戰鬥立場，他（譚冠三）被問到，「你們有沒有堅守〔陣地〕的條件？」

答：當時，拉薩戰役期間不在拉薩的〔西藏〕軍區參謀長王亢在戰鬥結束後與張國華一起回到拉薩。他主持了會議。作戰部主任周紅明（音譯）、情報局副局長蔣文琪（音譯）等其他人也參加了會議。他們回答問題時，我在場。

問：他們問他甚麼？

答：調查組的楊處長問了一些問題，比如，「不打行不行？」[54]
　　「你為甚麼不等〔增援〕部隊來就打呢？」王元和周主任回
　　答說：「看，〔叛軍〕已經下令要求18歲到60歲的人來〔打
　　仗〕，那麼我們怎麼可能不打呢？我們認為譚冠三政委的
　　〔作戰〕決定是正確的。〔中國有句古話：〕將在外，君命有
　　所不受。」[55]

問：這三個人是在和楊處長談話，還是有一群人？

答：他們只和楊處長談話。洪學智沒有出席會議。

問：會議持續了多長時間？

答：兩個小時，其間他們在爭論是否有可能不打。最後，楊處
　　長安靜下來。起初，他在質疑和批評我們，但最終，他再
　　也無法爭辯了。他不太了解拉薩的〔局勢〕。我們對局勢做
　　了非常詳細的報告。

問：他只和三個人談過話嗎？

答：不，他和七到九個人談過，包括我在內。

問：他們兩個小時都在問甚麼？

答：我們爭論。起初，他〔楊處長〕認為我們不應該戰鬥，應該
　　堅守待援。但是我們覺得不開戰是不可能的。

問：這兩個小時是每個人兩小時，還是所有人一共兩小時？

答：所有人。直到兩個月後，也就是5月下旬，中央軍委終於
　　宣布譚冠三的決定是正確的，拉薩戰役是合理的，這件事
　　才得以解決。正因此，當我們書寫歷史的時候，譚冠三總
　　是受到高度讚揚，說他有很大的主動性，因為他對人民負
　　責，並願意承擔開戰的責任。儘管他可能犯了一個錯誤，
　　但他勇於承擔風險和責任。他是正確的，直到今天一直受
　　到高度讚揚。這是他的成就。[56]

　　因此，北京最後決定，由於譚冠三的不服從使得拉薩叛亂被迅速平定，他們沒有懲罰他，或者批評他的不服從，相反，他們讓譚冠三成為英雄，然後繼續下一個，也是更困難的任務——平定西藏各地的叛亂，在西藏實施民主改革，建立新的政府管理制度。這將需要數年才能全部完成。

第 15 章

舊西藏的終結

改革

一旦「拉薩之戰」結束，北京方面必須作出的關鍵決定之一，就是應否以某種形式維持《十七條協議》。例如西藏工委應否讓仍在拉薩的兩位更「進步」的噶倫——阿沛和桑頗——留下來經營一個新的、更合作的噶廈，並與他們合作實施民主改革？或者，西藏地方政府應否完全解散，由班禪喇嘛以新主任身份管理自治區籌委會取而代之？民主改革應該在西藏各地立即開始還是有選擇地開始？北京很快解決了這些問題，並就戰後的政治局勢作出了重大決定。他們的決定分別於3月21日、3月22日和3月28日發出的一系列重要電報中傳達給西藏工委。

第一封電報是在解放軍於拉薩開火並開始戰鬥的一天後發出的。這份電報篇幅很長，堅持黨性原則，這是中國政府對剛剛發生的事情向自己官員作出的內部解釋，以及一套關於如何進行的總體指示，尤其是新的操作指南：「**邊打邊改**」。它提供了一個有用的窗口，讓我們了解在西藏的中國官員將要遵循的指導方針。

中國人民解放軍總政治部關於堅決平定西藏叛亂的
政治工作指示

（1959年3月21日）

西藏上層反動集團，已經公開背叛祖國宣布獨立。3月10日，他們捏造藉口說漢人要扣留達賴，煽動群眾在拉薩舉行遊行示威，高呼漢人滾回去、解放軍撤出西藏、西藏獨立萬歲等反動口號。20日，拉薩叛亂武裝，開始從東、西、北三面，向我西藏軍區駐地進行攻擊。至此，西藏上層反動集團已公開暴露了他們的反動面貌，實行全面的武裝叛亂。

他們這種反革命行動，是蓄謀已久的。……兩年來，他們不但或明或暗地支持川、甘、青等省藏族地區的叛亂，而且還在西藏的昌都、山南、丁青等地不斷策動新的武裝叛亂，破壞交通，襲擊我軍哨站和運輸車輛、逮捕和殺害地方幹部及藏族進步分子。

我們對於西藏統治集團的爭取，是仁至義盡的。遠在1951年5月，中央人民政府代表曾和西藏地方政府代表簽訂了關於和平解放西藏辦法的協定。這個協議，除了要求西藏地方政府堅決擺脫帝國主義羈絆、積極協助我軍開入西藏地區、以保護祖國的領土和主權的統一以外，對於西藏內部事務的處理，本着中央既定的民族政策和西藏地區的實際情況，採取了極為寬大的辦法。八年來，我進藏部隊和黨政工作幹部堅決執行了這個協議，並在團結藏族人民和爭取西藏統治集團方面做了很多工作。1956年，為了照顧西藏的歷史條件和現實情況，中央又明確規定在西藏地區再度推遲民主改革，即從那時起六年以內不進行改革。對於局部的叛亂活動和藏軍某些挑釁行為，我們始終採取忍耐的態度，在軍事上只是採取防禦行動，沒有實行大規模的進剿和反擊。由於這些正確的方針、政策的實

施，使西藏地區廣大人民對我黨我軍逐漸有了認識，漢藏兩族間長期形成的民族隔閡，逐步有所改變；西藏地方政府的某些僧俗官員，也逐步向我靠攏。但是，西藏統治集團的多數上層人物，卻始終堅持反動立場，把中央這些方針、政策、措施，看作是「無能」和「軟弱可欺」。終於公然撕毀和平解放西藏的協議，走上背叛祖國的罪惡道路。

西藏反動集團的叛國活動，是在美國等帝國主義和國外其他反動勢力的慫恿、支持和援助之下，有計劃、有組織的反革命行動。它的實質是西藏反動集團在民族和宗教的旗幟掩護下，為維持其封建統治和農奴制度，違背西藏人民意志而進行的一場尖銳的階級鬥爭。過去，中央的打算是在適當的時期，採取和平的、逐步改革的方法解決西藏問題。現在，由於西藏反動集團撕毀了和平解放西藏的協議，公開背叛祖國，就迫使我們不得不改變原來的方針，並且提前來解決西藏問題。為此，中央決定，對西藏的叛亂，堅決予以平定；並在平亂的同時，採取「邊打邊改」的方針，按照先叛先改、後叛後改、不叛的暫時不改的原則，有步驟地、徹底地進行民主改革，以摧毀西藏的封建統治和農奴制度，解放西藏廣大勞動人民。……

為了較快地、徹底地平定西藏叛亂，必須把軍事打擊和政治爭取、發動群眾三者緊密結合起來。要把參加叛亂的分子和一般的藏族人民嚴格區別開來；在叛亂的反動集團中，又必須把堅決反動的骨幹分子和脅從分子區別開來，以利於爭取群眾，分化和孤立敵人。

西藏廣大人民長期遭受封建統治和宗教欺騙，加上歷史形成的漢族與藏族之間的民族隔閡，他們中的大多數人還缺乏政治覺悟。在叛亂開始，必然有一部分，甚至可能是一大部分的群眾，被迫或不自覺地參加叛亂。必須注意多方爭取他們。凡在戰鬥中手執武器與我對抗者，堅決予以消滅；但

當他們放下武器以後，就應當實行優待；嚴格禁止打罵、侮辱、虐待和殺害俘虜；受傷的給以治療；投誠的一律歡迎、優待。對於被脅迫逃走的人民群眾、特別是婦孺老幼，應當進行艱苦的工作，爭取他們脫離反動派、回家生產。對於喇嘛寺，除了為反動派所佔領，作為對抗我們的據點的那些寺廟，難免要在戰火中遭到一些破壞者外，一律加以保護（包括一切文物古迹）。不可藉口戰鬥，任意加以破壞。對於喇嘛，也應按照他是否參加叛亂，以及他在反動集團中所處的地位，分別對待。必須把宗教問題和叛亂問題分別開來、必須尊重人民的宗教信仰自由，對於宗教問題、寺廟問題必須非常謹慎，以免傷害藏族人民的宗教情感，致被反動派利用，增加我們在平叛中的困難。

參加叛亂的西藏統治集團，有很多是堅決反動的分子，也有不少是猶豫動搖的。這些反動集團的上層人物之間、寺院之間，大小喇嘛之間，部落之間，外來的叛匪與當地的叛匪之間，都存在着不同程度的利害矛盾。特別是在我們給了有力的軍事打擊後，這種矛盾就會發展擴大起來，這就必然促使他們內部更加動搖和分化。因此，應該注意巧妙利用，抓住時機，對他們進行瓦解和爭取工作。在這方面，除了充分利用藏族幹部和上層的統戰關係進行工作外，還要注意對俘虜軍官及被俘僧俗官員的爭取，以便利用和通過他們，向叛亂武裝進行工作。

西藏外僑較多，拉薩有印度、尼泊爾的領事館，某些地區，還有外國的商務代辦機構。外事關係比較複雜。各部隊在平叛鬥爭中必須注意外交政策問題。要注意保護外僑。一切涉及到外交事務的問題，都須請示上級處理，不得擅自行動。

充分發動群眾，依靠群眾，是我們平定西藏叛亂、徹底摧毀西藏封建統治和農奴制度、解放藏族人民的根本辦

法。……各部隊必須按照中央「邊打邊改」的方針和改革方案，(我們的方針是在平亂的口號下，進行實際的民主改革；故在宣傳上，只提平亂，不提改革。)在地方黨委的統一領導下，密切協同地方幹部，大力進行發動群眾的工作。把對敵鬥爭和發動群眾緊緊結合起來。

為了瓦解敵人，爭取群眾，必須教育我軍官兵，隨時隨地注意遵守群眾紀律，尊重藏族人民的宗教信仰及風俗習慣，以模範的行動去影響和爭取西藏人民。要號召每一個官兵學會日常生活的西藏話，哪怕是幾句也是好的，以便向藏民進行宣傳工作。要以極大的熱情，團結愛護和幫助藏族幹部及藏族中的進步青年，通過他們去團結廣大西藏人民。對於愛國的西藏上層人士，應積極進行統戰工作，爭取他們進一步靠近我們，以利平叛和徹底解放藏族人民的工作。

平定西藏叛亂，徹底解放西藏人民，是一個十分光榮的任務、也是一個極其艱巨的任務。由於西藏人民，長期受着封建統治和宗教欺騙；漢族與藏族間，存在深重的民族隔閡；而西藏這次的叛亂，又是在帝國主義和國外反動勢力的支持下發動起來的，在地理上他們背靠外國等等原因；因此，這個鬥爭，可能要有幾年時間，才能徹底解決問題。西藏地處高原，地廣人稀，交通不便，語言不通，也必然會帶來一些困難。對於這些，應當有足夠的估計。但是，這些困難是完全可以克服的。西藏反動集團和西藏廣大勞動人民之間，由於存在深刻的階級矛盾，當他們公開背叛祖國，宗教的假面具被揭破以後，群眾就會迅速覺悟起來，叛亂的反動上層分子，在政治上就會迅速陷於孤立。我們在西藏地區，經過八年來的工作，在廣大群眾和某些上層人士中，已產生了一定的良好影響。因此，我們相信，只要大家英勇作戰，堅決執行政策，嚴格遵守群眾

紀律，努力發動群眾，西藏地區的叛亂一定會得到徹底平
息；西藏人民，一定會得到徹底解放；西藏反動派和帝國
主義的陰謀一定會徹底失敗！[1]

3月22日，張經武從中央向西藏工委發去了更多指示，其中包
含如何進行土地改革的更多詳細指令，並揭示了已經解決的內部分
歧的一些細枝末節。

中央關於在西藏平息叛亂中實現民主改革的若干政策問題的指示

　　西藏地方政府已經撕毀了《十七條協議》，背叛祖國，
發動西藏的全面叛亂。局勢迫使我們提前同西藏上層反動
分裂分子進行決戰。進行一次徹底解決西藏問題的平息叛
亂的戰爭。在這種情況下，中央原來決定的六年不改的政
策，自然不能再繼續執行下去。為了發動西藏廣大勞動人
民積極參加平息叛亂的鬥爭，並且保證叛亂平息後，不再
死灰復燃，中央認為在這次平息叛亂的戰爭中，必須同時
堅決地放手發動群眾，實行民主改革，以便徹底解放藏族
人民群眾，引導西藏地區走上社會主義道路，從根本上消
除叛國分裂活動的根源。這是一場長期的（大體需要二、
三年或者更多的時間）和艱苦的鬥爭，同時也是一項光榮的
任務。

　　為了充分利用我們現在在政治上處於完全主動地位的
有利條件，最大限度地孤立敵人，我們現在公開的口號，
只提平息叛亂，不提實行民主改革。民主改革在平息叛亂
的口號下充分進行。我們的方針是「邊打邊改，叛亂地區先
改，未叛亂的地區暫時緩改」。現在看來，拉薩地區可以首
先進行改革，接着是山南、昌都和丁青等地，班禪地區應
該放在後面進行，昌都由帕巴拉管轄的幾個宗，如果不發
生叛亂，也要放在後面。[2]

在西藏實行民主改革的階級路線，是依靠勞動人民，團結一切可以團結的力量，有步驟有區別地消滅封建農奴制度。有關平息叛亂和改革的政策，盡量與靠近我黨我軍的愛國進步上層人士進行協商。

對於西藏的封建農奴制度，西藏地方政府擁有的耕地必須分給農民所有，其債務、烏拉和差役應予廢除。對於貴族的封建佔有制也要一律廢除，但在做法上應根據他們的政治情況，加以區別對待：凡參加叛亂的分子，他們所有的耕地、房屋、耕畜、糧食和農具一律沒收，分給農民；其債務、烏拉和差役一律廢除。對沒有參加叛亂的分子，應該經過和他們協商，將土地和多餘的房屋、耕畜和農具分給農民；廢除其債務、烏拉和差役。對於在平息叛亂和民主改革中表現進步並且政治上還有較大影響的進步分子，可採取贖買的辦法，[3] 在他們放棄了封建剝削之後，在政治上加以適當安排，並在生活上予以補助。

繼續堅持保護宗教信仰自由政策，對紅、黃、白、花、黑等教派一視同仁。參加叛亂的寺廟的土地、房屋、耕畜、農具和糧食一律沒收，分配給農民；債務、烏拉和差役一律廢除。沒有參加叛亂的寺廟的土地和多餘的房屋、耕畜和農具，應經過與寺廟協商，分配給農民；其多餘糧食不予沒收，但可經過協商，借一部分給農民，由農民在收穫之後歸還。至於他們的債務、烏拉和差役，同樣應予廢除。今後所有寺廟必須愛國守法，不得違反國家的政策法令和干涉政府的行政事項；不得私藏槍枝；不得強迫群眾當喇嘛，群眾有當喇嘛的自由，喇嘛也有還俗的自由。對寺廟財產，可由寺廟僧眾組織管理委員會民主管理，取消寺廟間的隸屬關係。[4] 在平定叛亂中，要注意保護名山大寺和文物古迹。

叛亂分子、叛亂區和寺廟的槍枝彈藥一律收繳，沒有

參加叛亂的人民原有的私槍，暫時不動，將來可以在組織人民武裝工作中，用槍換肩的方式加以解決。進步上層的槍枝不動。

在西藏農奴階級中有一部分上層分子，他們或者是領有封建主大量土地，然後將這些土地出租給農民的富裕差民；或者是領主莊園的代理人（總管等）。他們是農村中的當權派，直接統治農民，民憤很大。對於這些人應作為封建農奴制度的一部分來處理。但是對於他們當中政治上確實進步的，或者只有少量土地出租而又民憤不大的，應當分別情況，從寬處理。

牧區不進行民主改革，牧主的牲畜仍然歸牧主所有，牧民的牲畜仍然歸牧民所有。叛亂分子的牲畜沒收歸牧民所有。

工商業一律不動，無論貴族經營的或者寺廟經營的都一律不動，但是要廢除商業中的封建特權（例如不上稅和派烏拉運輸等等規定）。對外貿易統一由國家經營。

外國僑民的土地和財產暫時不加處理，以後研究解決。

在平息叛亂分子的民主改革中，要放手發動群眾，領導群眾進行訴苦運動，對叛亂分子應當展開面對面的說理鬥爭。

在民主改革中，要成立農民協會或牧民協會。實行一切權利歸農會。農會的領導權應當掌握在貧苦農民手裏。我們將在這個基礎上逐步地建立各級人民民主政權。在平亂過程中，凡我們進入的叛亂地區，立即宣布解散原來的政府機構另行委任行政人員，組織新的政府機構。原有官員表現進步的，可以重新任命和留用。

在平息叛亂和民主改革中，對捕獲的叛亂大小頭子，除個別罪大惡極、非判死刑以平民憤者外，一般應判處勞

動改造，送到內地墾荒；確有必要判處死刑的，必須經過
西藏工委批准，有代表性的主要人物還需經過中央批准。

　　要教育全軍堅持黨的民族政策，遵守在平息叛亂與民
主改革中的各項政策。必須分清叛亂分子和人民的界限，
對於人民群眾，必須堅決保護，對於俘虜和其他放下武器
的敵人，一律不加報復、殺害。

　　要注意在平息叛亂和民主改革中，逐步建立一支可靠
的藏族武裝。

　　為發展生產，逐步提高人民群眾的生活水平，在改革
以後除宗以下民政機構所需少量開支應當就地籌集以外，
國家在三年內免徵農業稅。

　　為着進行平息叛亂和改革工作，必須注意從積極參加
鬥爭的藏族勞動人民中，培養和提拔大量的藏族幹部。至
於所需少量領導骨幹，中央決定由四川、青海、甘肅等省
負責解決。……以上各地所需領導幹部數字，另行規定。[5]

　毛澤東和中央也作出了不立即成立公社的重大決定。來自安
多的藏語翻譯彭哲回憶了1959年5月7日毛澤東、周恩來、班禪喇
嘛、阿沛和計晉美之間的一次會議，會上討論了這個問題。

　在西藏，有人說我們應該在西藏成立（公社）。這時毛澤東
　和周恩來與阿沛和班禪開會，我擔任翻譯。周恩來首先發
　言說，「不要匆忙成立公社生產隊。首先把土地分給農民。
　讓他們種地，體驗農業的收成。過去他們沒有土地。」然後
　毛澤東說，「不要太快開始集體生產。如果你把土地給那些
　過去沒有土地的人，讓他們種地，他們的思想就會非常具
　有革命性，產量也會增加。」因此，雖然公社在中國各地都
　存在，但直到1968年和1969年文化大革命之後，公社才在
　西藏成立。[6]

3月28日，周恩來總理發布國務院令，以西藏自治區籌備委員會取代西藏地方政府，「新」西藏正式成立。自治區籌委會成立於1956年，但現在成為西藏的新政府，班禪喇嘛取代達賴喇嘛擔任代理主任委員。該法令宣布：

> 查西藏地方政府多數噶倫和上層反動集團，勾結帝國主義，糾集叛亂分子，進行叛亂，殘害人民，劫持達賴喇嘛，撕毀關於和平解放西藏辦法的十七條協定，並且於3月19日夜間指揮西藏地方軍隊和叛亂分子向駐拉薩的人民解放軍發動全面進攻。這種背叛祖國、破壞統一的行為，實為國法所不容。為維護國家統一和民族團結，除責成中國人民解放軍西藏軍區徹底平息叛亂外，特決定自即日起，解散西藏地方政府，由西藏自治區籌備委員會行使西藏地方政府職權。[7]

在上述1959年5月7日的會議上，毛澤東還對他溫和漸進政策的失敗發表了評論，「索康、帕拉等人發動叛亂，他們把形勢估計錯了，把我們對西藏的方針、政策也估計錯了。**我們的方針，你們知道是六年不改革，六年以後是否改革，還可以根據情況決定。決定六年不改革以後，我們從西藏撤走了兩、三萬多部隊，這樣做的目的是團結他們，使他們有所進步。但是，他們卻利用這一形勢，組織康巴人在山南等地發動叛亂**⋯⋯。這些人和英國人搞得太久了，已經陷在裏邊，一心想搞獨立國。他們計劃很久了，調動康巴人在山南建立根據地就是他們計劃的。這也是為着準備退路，準備叛亂失敗後，他們好從那裏跑。」[8]

結果，在幾位僧官煽動3月10日在羅布林卡的示威遊行18天後，傳統西藏被終止，取而代之的是新的社會主義制度。用中國共產黨的術語來說，傳統社會或「舊社會」正在變成「新社會」。

另一個方面，隨着拉薩局勢的惡化，在山南，四水六崗從中情局獲得了新的空投武器。

美國和四水六崗，1959年

1958年10月，中情局第一次給四水六崗空投武器，同時決定將第二批西藏人接出去進行準軍事訓練，這次是在美國。四個月後，第二次空投武器在藏曆1月15日（西曆1959年2月23日），也就是拉薩起義前的兩個星期，空降給山南的阿塔和洛次。[9]當時，阿塔和洛次收到了第二批空投武器，並用無線電發回空投成功的消息，中情局告訴他們在某個地點等待，因為另一架載有更多武器的飛機正準備起飛。然而，這從未實現。

> 我們在那裏又等了三天〔第二次空投〕，但是甚麼也沒到。然後我想，「如果我們把〔第一次空投到〕這裏的武器留在這兒太長時間，漢人會注意到它們，這很危險。」因此，阿塔和我決定，阿塔將在這裏等候〔帶來更多武器的飛機〕，而我將〔把已經收到的武器裝上馬和騾子〕去一個叫洛多的地方，我將在那裏等候阿塔。我按計劃離開了，但是僅過了兩天，阿塔也過來了，他說他收到了另一條消息，說另一架飛機不會來了。[10]

大概，那個月的滿月窗口已經結束了。

阿塔和洛次當時住在山南南部的隆子宗，他們在那裏打開了武器包。就像上一年10月的第一次空投一樣，這批貨物包含的武器只夠裝備一個約100至150人的連，另包括同樣類型的老舊英式李恩菲爾德步槍，還有一些老舊斯登衝鋒槍和布倫槍，以及一些小型迫擊炮和其他武器。當中沒有像M1卡賓槍這樣的現代美國武器。[11]

當洛次和阿塔正在整理這些武器和空投的其他物品時，一名騎手突然趕來，他是帕拉派來的，帶來了一條緊急消息：

> 「拉薩發生了起義，達賴喇嘛準備逃跑。他正在路上，所以請就此與美國人聯繫。此外，你們兩個必須盡可能〔向我

圖12　達賴喇嘛逃離西藏（四水六崗戰士和帕拉、達賴喇嘛和功德林），1959年。
（達蘭薩拉）西藏博物館攝影檔案館惠賜。

們〕靠近〔向北移動，在他們（達賴喇嘛逃亡隊伍）向南移動
時與他們會合。〕」這份命令是從離這兒很遠的四水六崗
的總部傳來的，當我們收到它的時候，〔距離消息發出〕已
經過了大約四天了。[12]

阿塔立即聯繫了中情局，中情局告訴他們立刻去達賴喇嘛所在
的地方，盡可能詳細地了解他們〔達賴喇嘛和他的隊伍〕的情況。阿
塔説，中情局還告訴他，「如果達賴喇嘛逃跑，你們兩個必須盡最大
努力為他服務，讓我們知道一切，這樣我們就可以看看我們這邊能
做些甚麼。」[13]可見直到這個時候美國人才第一次得知達賴喇嘛正在
逃亡。他們與逃跑的計劃、時機或成功無關。

阿塔解釋了接下來發生的事情：

我一收到消息⋯⋯我告訴我的搭檔（洛次），「不管我們有
甚麼武器，我們都不應該像以前一樣把它們分發浪費掉〔也
就是説，把它們分發給很多四水六崗軍團〕。我將去〔見帕
拉〕，你應該帶着所有的武器來與我會合。我會〔從四水六

崗總部〕派出大約100名沒有武器的康巴人到你這裏來，你〔用那些武器〕武裝他們，然後再來。如果達賴喇嘛逃跑了，而漢人在追捕他們，如果我們沒有足夠的武器，我們將很難阻止那些漢人，所以跟着我。我要去看看達賴喇嘛在哪裏。」我立即帶着七名騎兵離開了。達賴喇嘛那時已經〔渡過雅魯藏布江，〕來到瓊結日烏德欽……。

當我們到達〔位於日烏德欽南部的〕牙堆扎拉山口，就在我們從山口下來之前，我們遇到了達賴喇嘛的兩位經師和他的母親，他們正走向山口。我們的一名理塘戰士作為他們的僕人和……他告訴我們達賴喇嘛要來了……。

當我到達通往瓊結的隘口頂端時，達賴喇嘛已經上來了，但是卓尼欽莫〔帕拉〕和他不在一起，所以我留在山口下面〔等他〕……。當帕拉和其他領導人到達時，帕拉說，「幹得好。〔你們來了，〕真是太好了。」[14]我把一切都告訴了他，然後我們跟他和其他人一起走了……。

當我們穿過牙堆扎拉山口到達埃曲多岡時，100名沒有武器的康巴士兵來了，我的搭檔洛次也帶着新空投的武器到了。我們在那裏碰頭，把武器分發給這些士兵，並為他們護送達賴喇嘛做好準備。達賴喇嘛讓我們兩個去〔他的帳篷〕，我們跟他講了我們〔訓練和任務〕的全部故事……。我們還聯繫了美國人，告訴他們，「我們剛剛見過達賴喇嘛，他們在地圖上的某個地方。漢人目前對他們沒有任何威脅。」所以我們做了一份全面的報告。他們〔美國人〕回答說，「祝賀達賴喇嘛脫離危險，安全抵達埃曲多岡。無論你們需要甚麼幫助，請直接告訴我們。」我們把這件事告訴了達賴喇嘛。[15]

圖13　逃亡中的達賴喇嘛騎着馬，和索康、帕拉在一起，1959年。
（達蘭薩拉）西藏博物館攝影檔案館惠賜。

　　如前所述，達賴喇嘛和噶廈的最初想法是留在山南南部某個地方，比如隆子，然後基本上觀望中國如何回應，以及甚麼是可行的，比如新的談判。然而，在向南旅行了大約一周之後，達賴喇嘛和他的隨行人員從短波廣播中得知，中國正在實施民主改革，並徹底解散了西藏政府。正如達賴喇嘛解釋的那樣，這一結局讓他們清醒地認識到他們決定離開的現實，因此他們現在決定作出大膽的回應，建立一個新政府。

　　我們聽說中國宣布解散了我們的政府，對此我們可以採取
　　行動……。既然他們已經宣布了，我們認為在一些偏遠地
　　區的藏人可能會認為，這是在我的默許下進行的。在我們
　　看來，最好的辦法是，我們不只是簡單地否認這一點，而
　　是建立一個新的臨時政府，我們決定，等我們抵達隆子宗
　　就立刻行動，當時我們離隆子宗還有兩天路程。[16]

圖14　噶倫索康正要在隆子宗宣讀公告，宣布成立新政府，1959年。
（達蘭薩拉）西藏博物館攝影檔案館惠賜。

隆子宗間歇期

　　3月26日，即離開拉薩九天後，達賴喇嘛及其隨行人員抵達隆子，舉行了一次公開儀式/慶祝活動，在儀式上，噶倫索康宣讀了達賴喇嘛簽署的一項法令，該法令闡述了西藏獨立的理由，並宣布成立新政府。[17]這份重要的長篇法令從概念上闡述了新政府統治西藏的地域，包括政治西藏和民族西藏。法令寫着：

事由：自上千年以來，雪域西藏被廣泛認為是一個獨立的國家，由政教合一的制度統治。然而，一段時間以來，由於與中國滿族皇帝的供施關係，產生了西藏僅僅領屬於中國的爭議〔ཁོངས་གཏོགས་ཚམ་ཡིན་ཁུལ〕。然而，甘丹頗章〔達賴喇嘛的西藏政府〕一直〔在西藏〕行使其政教統治。

我們有軍隊保衛我們的國家，我們製造武器，使用我們自己的由金、銀、銅製的硬幣和紙幣，這些貨幣仍然被所有的人使用。我們還在信件／信封上貼郵票，並直接與外國聯繫。除了大國和小國之間的區別之外，我們有與世界上獨立國家相似的獨立的依據和全部條件。

然而，在1950年，紅漢人共產黨強行派出了他們的武裝軍隊，在人口、武器等各方面，我們無法與他們匹敵，所以在未與西藏政府徵討意見的情況下按紅漢人自己的意願，被迫在漢藏間簽署了一份有十七條款項的協定。

從那以後，偉大的怙主達賴喇嘛、甘丹頗章西藏政府、西藏的僧俗民眾，都盡了最大努力與漢人合和遷就，但紅色中國政府和駐紮在西藏的漢人官兵違反了協議，摧毀了康區的許多寺院。此外，他們把宗教、喇嘛和僧人視為他們的主要敵人。他們甚至歪曲和褻瀆，把佛陀稱為反動派，並在報紙上公開發表這些東西。

因此，對所有追隨佛陀的從教者，特別是西藏僧俗、男女、權貴老弱不得不極度厭惡。加之他們〔漢人〕非法鎮壓，嚴重壓迫一年比一年越演越烈，事實從正面和側面愈發證明，他們打算徹底摧毀藏人視為比命還重要的佛教和傳揚者。

因此，西藏僧俗在宗教、語言、食物和服裝習俗方面〔與漢人〕不同，他們沉浸在失望、沮喪和無法忍受的憤怒之中。然後，最近，在藏曆繞迴933年2月1日〔西曆1959

年3月10日〕，怙主達賴喇嘛，西藏政教之主，以及掌管政治的噶廈官員代表，被邀請到〔中國〕西藏軍區司令部的大院觀看演出。他們〔漢人〕還發了一條信息，說不允許達賴喇嘛的古松（警衛）攜帶武器。雖然我們不知道他們在想甚麼樣的陰謀，但由於實力不同，漢方說甚麼我們都別無選擇，只能確定去看演出。

此時，三大寺的上師僧官、普通僧人和〔政府的〕僧俗官員，以及住在拉薩和雪村的萬餘僧俗民眾都對邀請怙主達賴喇嘛去漢人西藏軍區的方式表示懷疑，因為這是漢人到達西藏以來的八年中前所未有的。〔所以〕人們聚集在羅布林卡的大門前，磕長頭並呼喊阻止達賴喇嘛去漢人西藏軍區。

同時，漢藏在宗教和制度等各方面水火不相容，所有心結（སེམས་ནད）同時爆發，宣說從今起所有民眾從漢人統治下獨立了，並舉行了遊行，獨立鬥爭從而達到了高峰。怙主達賴喇嘛為了實現最大化的漢藏互無侵擾的平靜，向人民代表發出了盡有的深刻指示，但是僧俗民眾的心結難以消除，所以他們不聽指示，大量武裝志願者在布達拉宮、羅布林卡和大昭寺周圍站崗。突然間，漢人和藏人的關係嚴重破裂。

儘管如此，達賴喇嘛希望漢人和藏人之間保持友好，並盡最大努力使漢人和藏人之間友好和諧，但中國駐拉薩代表沒有伸出友誼之手，試圖鎮壓〔人民〕並做了大規模的軍事準備。藏曆2月8日〔西曆3月17日〕下午4點，紅漢衛軍從北方向達賴喇嘛居住的羅布林卡發射了兩枚迫擊炮彈。炮彈落在離宮牆24米的地方，但沒有爆炸。否則，它可能會對達賴喇嘛的生命造成嚴重傷害和危險。因為真實發生了這種危及大尊者古恰（生命）的可悲的情況，西藏的僧俗民眾真誠地呼籲，達賴喇嘛暫時為了躲避古恰（生命）的危機，請去國外。

正是這種真誠的呼籲，在那天晚上，大尊者怙主達賴
喇嘛、兩位上師、負責政治的噶廈和譯倉，以及少數隨從
不得不突然秘密離開，現在他們已經到達了山南地區。然
而，由於目前還在起義時期，主持政務的僧俗官員和人民
難忍達賴喇嘛放鬆地留在西藏，同時，為了西藏和大西藏
（བོད་དང་བོད་ཆེན་པོ）的根本利益——教政，以及所有眾生的眼前
和長遠的福祉，需把達賴喇嘛帶到一個合適的外國。

雖然現在在拉薩等少數城鎮有紅漢人軍隊，但甘丹頗
章〔西藏政府〕仍然統治着衛藏（དབུས་གཙང），堆（སྟོད，譯註：
阿里地區）和康區。因此，現在我們將會重建徹底獨立的甘
丹頗章國家〔རྒྱལ་ཁབ〕，按照政教合一的制度進行治理。由於
首都拉薩正處於起義狀態，一個〔臨時〕首都將在玉吉隆布
子〔即隆子〕成立。我們已分別向前司曹洛桑扎西和德卡娃
〔魯康娃〕發出命令，任命他們為司倫〔總理〕。在藏曆繞迥
33土豬年2月17日〔西曆1959年3月26日〕，星期四，星相
時辰圓滿之時，為了開啟第一扇門吉祥之門，政教之主大
尊者怙主達賴喇嘛祈禱佛教繁榮昌盛，祈求眾生幸福，特
別是西藏的僧俗民眾，享受永恆的圓滿福祉。這個地區的
僧俗和領主百姓都無比喜悦，他們歡欣鼓舞，升起吉祥的
旗幟，舉行了盛大的歡慶儀式。

你們這些人一看到這條法令，關於已重建了一個新的
獨立國家——甘丹頗章的好消息，就必須向你們地區的所有
僧俗宣傳這條法令，並確保他們已經知曉。並要所有的男
女着盛裝舉起吉祥的旗幟慶祝，神區必須舉行吉祥的比丘
慈悲法會，供奉三寶。人區務必要焚香，跳舞唱歌，熱情
慶祝自由回到了自己的手中。

往後無論你們必須報告甚麼公私事務，你們必須向首
都玉吉隆布子報告，服從遵守他們的命令。對西藏佛教的
短期和長期福祉要理解無誤，從現在開始，你們可以自由

地享受宗教和財富圓滿幸福時代。記住這些內容。

　　　土豬年某月某日，噶廈，自玉吉隆布子宮[18]

　　達賴喇嘛將在隆子停留多長時間，取決於中國是否、或何時向山南派兵。一名高級僧官擦多熱堪窮和其他幾名拉薩官員抵達並彙報了拉薩戰役，解釋了中國人如何轟炸羅布林卡和布達拉宮，並殺害了許多人時，他們很快作出了決定。[19]當隆子的官員們第一次聽到拉薩戰役的詳情，他們嚇壞了，害怕解放軍突然出現，轟炸他們。於是他們決定，為了達賴喇嘛的安全，他應該立即離開，到印度尋求庇護。[20]

　　一旦決定離開西藏去印度，問題立刻變成：尼赫魯會允許達賴喇嘛進入印度嗎？正如第13章所討論的，帕拉預料到事情可能會發展到這一步，所以在達賴喇嘛離開的當天，3月17日，他通過印度駐拉薩領事館聯繫了尼赫魯。然而，帕拉在收到答覆之前就離開了拉薩，所以當他到達隆子時，他不知道印度政府是否同意給予庇護，儘管實際上尼赫魯已經在19日指示外交秘書通知拉薩總領事，如果達賴喇嘛發出請求，印度政府將給予庇護。[21]帕拉當然不知道這一點，所以他告訴阿塔，請美國人聯繫印度政府並為達賴喇嘛請求庇護。一直向中情局發送達賴喇嘛每日活動報告的阿塔回憶：

> 大約在凌晨1點左右，我被叫來〔見帕拉〕。他說，「沒希望了。」我說，「怎麼了？」他說，「我們不能讓達賴喇嘛就這樣待在這裏，所以已經決定他將會離開。」當我問，「你們要去哪裏？」他說，「我們要逃往邊境，去印度，所以請向美國政府尋求幫助，請美國人聯繫印度政府並請求他們允許我們進入印度。」
>
> 　此時，還有兩名藏人，強曲金巴和江熱列協〔與隆子的隊伍在一起〕，他們此前曾被嘉樂頓珠作為信差送到山南，

並拍攝了四水六崗行動的照片和電影，所以我說，〔也〕請他們去比鄰印度領土門達旺（譯註：中印爭議地區）的邊境尋求許可。他們有印度通行證，所以我們把他們送到了一個叫曲當莫（ཆུ་དྭངས་མོ）的地方，那裏有一個印度邊境檢查站……。

　　然後我對帕拉說，「請把〔對美國的要求〕全部寫下來。」當他給我的時候……我說，「好吧……。你們明天一定要走嗎？」〔帕拉〕說：「是的，我們不能冒險。」我說我懷疑明天不會馬上出現危險。如果他們在拉薩發射炮彈，為甚麼你們這些遠在隆子的人一定要逃跑？我說我認為沒有那麼大的危險，但是帕拉說，「哦，不，我們不能冒這樣的風險。」然後我說，好吧，就這樣……。沒甚麼可做的。我們立即為達賴喇嘛的離開做好了準備，我去屋頂安裝無線設備並發出了電報。[22]

阿塔還說，他告訴帕拉，達賴喇嘛和政府現在應該通知美國，他們想要軍事援助來對抗中國。帕拉同意了，我把這一點寫進了信裏。[23]美國人回答說：

「好的，我們會盡力做到的。我們將與印度政府討論這個事情，所以你們按照自己的決定行事。」所以這是最後的話。

　　中情局也〔對我們〕說，你們兩個不會離開，對吧？你們兩個需要為西藏的游擊戰爭〔盡最大努力〕，所以你們兩個不能離開。我們告訴他們，我們從未打算離開。貢布扎西還沒回到〔山南〕，我們不會拋棄四水六崗的人，所以別擔心，我們不會逃跑。我們只打算護送達賴喇嘛去邊境，然後回來。[24]

正如阿塔回憶的那樣，達賴喇嘛和他的小隊第二天出發前往邊境，此時他們仍然不知道印度政府的決定。

圖 15　印度官員在印度邊界迎接達賴喇嘛，1959 年。
（達蘭薩拉）西藏博物館攝影檔案館惠賜。

當我們到達〔邊境〕時，仍然沒有收到〔請求許可〕的回電，
所以⋯⋯我們只能在那裏等。然而，那天晚上，中情局
發來消息説，印度政府説達賴喇嘛可以來印度，所以請繼
續，印度政府將在邊境為你們做好一切必要的準備。當我
步行去告訴帕拉的時候，我們早些時候派出的兩個人也回
來了，他們也從印度人那裏得到了肯定的回答。因此，我
們準備前往印度。

阿塔和洛次意識到，所有這些人進入印度時，他們需要很多現
金來支付費用，但是當他環顧四周的馱畜時，他們似乎甚麼也沒
帶。他知道拉薩的西藏政府很富有，有錢、有金銀，但是無論他多
麼努力地觀察那裏的貨物，他都沒有看到他們帶着這樣的東西，所
以他對帕拉説：

「你們這些人身上有甚麼？你有鑽石、黃金、白銀或錢嗎？
　我沒看到任何裝在馱畜上的東西。所有的馬都有人騎着，
　騾子揹着馬料、糌粑、麵粉和村民給的一些衣服。你們有

甚麼？西藏政府一行共有37人前往印度。」帕拉説，「我們
一無所有。」所以我説，「那太沒希望了。」他回答説，甘
托克有些黃金，是達賴喇嘛〔1950–1951年〕在亞東時留下
的⋯⋯但是除此之外甚麼也沒有。所以當我問他如何支付
他們在路上的費用時，他説他們有一些章噶噶布（西藏銀
幣），但僅此而已。那時，我碰巧從2月份的空投中得到了
20萬印度盧比，所以我説你最好帶上這些，我告訴他，我
會立即給美國人發電報，看看這是否可行。我告訴他，這
筆錢是為了讓我們派人去印度培訓，但是在西藏，我們幾
乎不需要這筆錢，所以用這筆錢是明智的。他説，「謝謝
你。那太好了。」然後我聯繫了中情局，美國人説，給他們
想要的任何東西。如果你需要的話，我們會立即安排一架
飛機給你送錢，所以請把錢交給他們。所以⋯⋯我當着所
有人的面把錢給了他們。[25]

　　最終，3月31日，在離開羅布林卡14天後，經過一次非常艱難
的旅行，達賴喇嘛翻越了白雪皚皚的山口，抵達了印度的土地，從
那以後他一直流亡印度。阿塔和洛次回到拉薩，試圖幫助四水六崗
和藏軍的成員與中國人作戰。

達賴喇嘛逃亡後的解放軍

　　當達賴喇嘛和他的隨行人員穿越山南逃到印度邊境時，中國人
民解放軍正趕往拉薩增援，準備發動攻勢鎮壓叛亂。一份中國資料
報道説：

1955年3月11日23時，中共中央電令第54軍組織一個小型
指揮所（簡稱丁指），由軍長丁盛率領入藏執行平叛作戰任
務，統一指揮步兵第134師、第11師作戰。⋯⋯

3月19日，丁指機關由重慶乘火車赴蘭州。20日，軍
委令步兵第134師沿青藏公路向拉薩開進，限3月30日到達
拉薩地區；……[26]

3月27日，丁指成員由蘭州乘飛機抵拉薩。28日，
步兵第134師先頭部隊到達拉薩，30日，該師如期趕到拉
薩、當雄地。……

步兵第402團於4月7日拂曉，在曲水東、西三路渡過
雅魯藏布江〔，打響山南的戰鬥〕。[27]

因此，解放軍花了將近一個月的時間才把一切準備就緒，所以
他們的山南攻勢直到4月7日才開始。此後，在接下來的三個星期
裏，解放軍的不同部隊攻擊了山南四水六崗各團，包括那些包圍澤
當的隊伍。中國資料稱，22天後，即4月29日，他們在山南地區平
息叛亂的所有軍事活動均告結束。中國人控制了山南。[28]

與此同時，阿塔、洛次以及與他們一起的四水六崗戰士從邊境
返回山南，和中國人作戰，護送達賴喇嘛的藏軍部隊也是如此。他
們有一個想法，他們應該努力保住一些西藏的領土。這是中情局一
直在告訴阿塔的。「努力守住〔西藏的土地〕，」他回憶，「這是永遠的
命令。」[29]嘉樂頓珠的助手、1958年前往美國的第二訓練小組成員拉
莫次仁也回憶説，這是中情局的一個重要問題，

如果所有的土地都失去了，那麼美國人就不能阻止漢人，
對嗎？即使他們幫忙，也沒用。所以我認為情況就是這
樣。所以他們肯定説要保住一些土地……。他們説無論在
哪裏都要堅守陣地，不要去印度。[30]

這是有道理的。美國在這一點上的基本目標是讓四水六崗繼續
叛亂，從而繼續給中國製造麻煩，所以他們在西藏持續叛亂的時間
越長，對美國的中國政策就越有利。

然而，堅守西藏領土、反對解放軍從來都不是現實可行的選

擇。雖然在華盛頓看來，**從1958年年中開始，四水六崗就能夠從中國人手中奪取和控制山南地區**，但實際上，四水六崗在西藏南部（和邊壩）公開活動，正如前面所討論的，只是因為解放軍奉命不在那裏進攻。否則，康巴人不可能像那樣漫不經心地待在那裏，想去哪裏就去哪裏。回想一下，1958年10月朗色林第一次到達山南的四水六崗總部時，他感到震驚，因為這裏看起來像郊遊場地，而不像軍營。當然，四水六崗也不需要大量的警衛人員，因為周圍沒有中國人。

四水六崗的戰士們擅長打了就跑的戰術，非常勇敢，但是他們在正面進攻防守目標，以及在遭到攻擊時防守作戰方面很差。例如他們兩次試圖佔領波窩扎木和澤當的中國營地，但都失敗了。當他們面對強大的解放軍進攻時，就像貢布扎西的尼木戰役一樣，他們的戰略不是打進去佔據一個位置，而是利用他們騎兵的機動性逃跑，在他們有優勢的時候再打。因此，如果解放軍在山南襲擊他們，他們很可能會那麼做。

四水六崗當時也比他們最初建立基地時更弱，因為最好的戰士當中有一半仍然與貢布扎西一起，與主基地相距甚遠，剩下的戰士被分成一兩百人的小組，被派往雅魯藏布江沿岸的不同地點保衛渡口。由於中情局決定不為康巴人提供電池供電的戰術無線電設備，在解放軍於4月7日開始他們的山南攻勢後，每個康巴小隊基本上都是獨立作戰。阿塔和洛次回來幫助山南其餘的叛亂分子與中國人作戰，他們的經歷說明了達賴喇嘛離開後的混亂局面。阿塔解釋道：

> 1959年4月中旬，當恩珠·貢布扎西〔最終〕抵達〔雅魯藏布江以南的〕拉加里時，漢人正以我們猝不及防的速度前進。我們無能為力。我們試圖重建一個團，人們從拉薩來，但是，〔因為那是〕達賴喇嘛離開之後，人們看到了逃生路線，他們知道有一條路，於是三大寺院的僧人，古扎〔貴族〕和各種俗人開始逃跑。然後我們的〔四水六崗〕戰士也

看到了逃跑的路線，這些人不靠譜〔ﾍﾞﾍﾞ本ﾍﾞﾍﾞﾍﾞ〕，他們會説今晚要去某個地方戰鬥，但是第二天我們得知他們已經逃到印度了。就這樣，最後我們的領土保不住了，每個人都被迫到了印度。[31]

同樣從邊境返回戰鬥的扎西代本團部隊的經歷相似。這支扎西部隊返回隆子，從那裏回到拉薩繼續戰鬥，並試圖阻止藏人和康巴人逃到印度。然而，正如一名下級軍官甲布解釋的那樣，當他們到達曲多岡時發現，這是不可能的。

幾天後，……就在我們到達曲多岡之前，有個人來告訴我們的指揮官一些事情，所以我們被告知在那個地方停下來，然後開了一個會。指揮官説，「現在我們不能再回去〔拉薩了〕，因為漢人已經到達雅隆地區了。」……在曲德貢，我們看到許多四水六崗戰士和其他人〔正在南下〕，所以我們的指揮官告訴我去那裏，告訴那些人，他們不准離開〔西藏〕，因為我們必須〔留下來〕戰鬥。

　　我去了那裏，對他們説，「你們要去哪裏？他〔我們的指揮官〕説，你們不能離開，你們必須回去戰鬥。」他們問，「這是誰下的命令？」我説，「這是我們指揮官的命令。」然後他們咒罵我説：「父母屍體！〔ﾍﾞﾍﾞﾍﾞﾍﾞ；大致相當於『去你媽的！』〕你到底在説些甚麼？」他們馬上拔出槍。那時，我也有槍，所以如果他們想開槍打我，我可不會站着挨打。我告訴他們，「你們最好規矩點，否則要你好看。」就在那個時候，有人開了兩三槍，兩個拔出槍的人當場斃命，他們的槍也被打碎了。我還以為這是怎麼回事？我沒有開槍打他們。後來我才知道，當我們的士兵看到他們拔出槍時，他們從〔所在的房子的〕窗户向他們開槍。其餘的人逃跑了。這以後，……我們無法控制人們離開〔，所以甲布和他的人也回到了印度〕。[32]

當我問拉莫次仁這件事時，他説：「這是心理問題……。很可能，士氣已經沒了。達賴喇嘛已經離開了，山南也丟了，所以他們可能認為這沒有用。像阿塔這樣的人在那裏試圖阻止他們，但他們無法阻止人們離開。」[33]

具有諷刺意味的是，隨着達賴喇嘛抵達印度，四水六崗在山南的抵抗力量土崩瓦解，中情局最終決定開始向叛亂分子**空投大量美製武器**。拉莫次仁説，阿塔告訴他，當他從隆子與美國人聯繫時，對方告訴他，現在他們肯定會提供幫助，所以留在西藏，不要去印度。[34]

然而，為時已晚。正如1957年受訓人員被空投到理塘時一樣，阿塔回憶説，他無法長時間守住地盤〔留在一個地方〕，確保安全的空投區，而且無論如何，不再有軍事基地和使用武器的統一部隊。阿塔解釋道：

> 在東巴基斯坦……準備空投武器裝備一支2,000人的部隊……但是當他們通知今晚或者明晚要空投時，我們丟掉了第一個空投區，然後是第二個，然後是第三個。所以我們讓他們今晚不要空降任何東西……。所以我們不讓他們空投。否則，東巴基斯坦的一切都準備好了。兩架飛機每架都載有可裝備1,000名士兵的武器。我們兩個……不讓他們空投……。我們找不到人阻止士兵逃跑。你知道，在戰爭中，一旦他們開始逃跑，就會繼續逃跑下去，這是無法阻止的。如果你不能阻止他們兩天，我們就不能給他們武器。這樣，由於存在這種危險，他們〔美國人〕就無法空投武器。[35]

因此，大部分留在山南地區的四水六崗和藏軍很快跟隨達賴喇嘛到達印度，包括阿塔和洛次，中情局因此在西藏失去了線人。貢布扎西也去了山南，幾周後又去了印度。然而，大約在山南局勢瓦解的同時，科羅拉多的新一批西藏受訓人員已經完成了他們的項

目，所以局裏急於將他們送回西藏，去聯繫一個據說仍在更偏遠地區戰鬥的叛亂團體。他們的想法是，將提供支援幫助維持叛亂活動。[36] 問題是把他們送到哪裏去。

最初，中情局試圖透過將幾名藏人帶回印度來解決這個問題，這些藏人之前因健康問題無法接受中情局的訓練，所以在其他人去美國時被留在沖繩（出於安全原因，他們不能被立即送回印度）。其中三人與嘉樂頓珠和拉莫次仁合作，經陸路被派往西藏，進入後藏地區，以評估局勢，尋找備選地點。然而，他們幾乎立即遇到了解放軍巡邏隊，在隨後的槍戰中，兩人喪生。第三人逃跑了，但他直到幾個月後才回到大吉嶺。[37]

儘管沒有可靠的情報，中情局仍然想把他們的藏族學員送回西藏，所以他們從1959年秋季到1960年5月初把這些畢業生小組派到一些地區，這些地區是根據逃到印度的四水六崗軍官的報告選擇的。然而，這些空投都以徹底失敗告終，大部分跳傘的人都遇難了。第一組是一個由九名畢業生組成的小隊，他們被派往西藏北部的納木措湖地區，據說那裏有一大群叛亂分子仍在活動，領導人是一個名叫那倉波窩的牧民。中情局首先在該地區上空使用U-2進行了三次偵察飛行，然後於1959年9月19日將特工空降到納木措湖以西。然而，當特工着陸時他們變得緊張起來，**沒帶走沉重的無線電設備**，就立即去了他們預定的目標村莊，所以華盛頓的中情局從來沒有收到他們的消息，以為他們被殺了，或者可能是被錯誤地空降到湖裏淹死了。事實上，中情局的藏族特工到達了他們的指定目的地，卻得知他們要幫助的叛亂分子早已離開該地區，更重要的是，當地藏族村民似乎懷有敵意。由於擔心會被報告給中國人，他們步行離開，通過羌塘高原的遊牧區向西走了很遠，預計在那裏遇到解放軍巡邏隊的機會較小。幾個月後，他們經過尼泊爾的木斯塘回到了印度。[38]

那邊廂，中情局並沒有被這兩次失敗嚇倒，而是將16名特工空投到邊壩——貢布扎西在1958年最後停留的地區。其中，只有五人

回到了印度。1960年5月5日，U-2間諜飛機在蘇聯被擊落，艾森豪威爾政府結束了在共產主義國家的所有飛行，其後，這一空投藏族特工返回西藏的滲透計劃也隨之結束。[39]

在這個項目上一直與中情局合作的拉莫次仁，解釋中情局對於應該如何叛亂的想法與當地藏人的想法之間存在巨大分歧，提供了一些對於這些失敗的重要見解。

問：為甚麼他們〔在1959年至1960年間在美國訓練的多名藏族特工〕沒有獲得更多成功？

答：我們對此也非常失望。我們的目標是讓西藏人民不要參加大規模的戰鬥。〔這些失敗的〕原因是，我們的人沒有經驗……。無論我們在哪裏訓練〔他們〕，他們都會問，「你們説只送這幾個人？而不是100個？」他們不喜歡那樣，因為他們沒有經驗。由於他們的教育水平低，他們很難理解。他們説，「如果我們只有幾個人，那麼我們就會被殺死。你們要讓我們去〔送〕死。」他們不會聽我們的。他們説我們採用漢人的策略。

　　説真的，我們有〔在美國〕訓練的藏人，也有新的〔美式〕武器，土地還在那兒〔解放軍還沒來，也沒有改革〕……當地人不聽。計劃是減少〔在戰鬥單位〕的人數，但是沒有人喜歡這樣。然後，我們還説，我們不應該擠在一起〔聚集在一個地方〕，而是應該分開。對此，他們説，如果他們這樣做了，那麼他們將會真的如此〔意思是完了，被消滅了；དག་དག་བཟེ་གི་རེད〕。[40]

隨着空投的取消，1960年秋天，中情局和四水六崗在尼泊爾北部的木斯塘建立了一個新的軍事基地，目的是繼續西藏西部偏遠地區的叛亂。

然而，嘉樂頓珠和拉莫次仁也認為，叛亂分子試圖控制西藏境內的一些土地非常重要，因此他們着手為白馬崗（譯註：位於墨脱）

的四水六崗建立一個新的基地，這是波窩西南的一個偏遠地區，解放軍在那裏仍然沒有駐軍。拉莫次仁解釋了他們的理由：

> 我們在想，不管怎樣，木斯塘是尼泊爾的領土。這是不可靠的。如果我們能去西藏，那就好了。如果不行，我們在尼泊爾境內是違法的。所以我們聽說墨脫是一個乾淨的地區〔沒有被解放軍或中國官員佔領〕，所以我們〔嘉樂頓珠和他〕派人〔去那裏〕……。首先，我們從一個四人無線通訊小組開始。其中不僅有康巴人，還有衛藏人和安多人。這些無線發報員來自我們（中情局）的隊伍，我們在那裏成立了一個組織……。有許多人從西藏逃到那裏，比如游擊隊員，他們被重組……。我們在想，如果我們能〔在那裏〕站穩腳跟，那麼我們會向〔中情局〕要武器，說我們這樣那樣做，我們有那麼多人。如果沒有計劃，他們〔中情局〕不會提供幫助。我們必須給他們看些東西，讓他們相信〔我們〕。這是一個森林地帶，我們砍伐樹木，建立空投區。然而，當事情進展順利時，1962年〔中印〕戰爭突然在邦迪拉（Bomdila）爆發，印度人摧毀了所有的橋樑，我們的補給線被切斷。所以我們不得不撤退，然後漢人派出士兵〔接管了這個地區〕。[41]

與此同時，中國人民解放軍將西藏劃分為一個個戰區，並有組織地逐一進行清理。按照毛澤東和中央的指示，戰鬥與強制實施的民主改革結合在一起，新的社會主義制度幾乎立即取代了傳統社會，因為每個地區都被控制了。莊園制度結束，領主的土地和財產被沒收，分給最貧窮的農民，就像前面引用的中國文件所指示的那樣。此外，西藏獨特的大規模僧院制度很快結束，因為幾乎所有寺院都不再作為宗教機構運作。這些迅速的變化對西藏獨特的宗教文明意味着甚麼？一位夏魯寺的貧窮僧人1959年時18歲，對他進行的口述歷史採訪生動地揭示了答案。[42]他的敍述說明了西藏著名的寺院制度和

傳統生活方式戲劇化的隕滅。那些能夠跟隨達賴喇嘛的人在流亡中有許多困難要克服，但是對於大多數留下來的藏人，世界一夜之間天翻地覆。一些人受益，但許多人遭受了苦難。因此，儘管拉薩之戰僅在兩天內就結束了，但其影響立即被感受到，並持續了數十年。

夏魯寺，1959 年

　　1959 年達賴喇嘛逃亡以後，工作隊〔ལས་དོན་རུ་ཁག〕來到夏魯寺組織實施改革，有一天，他們召開了寺院所有僧人的會議。隊長叫出了高級僧人的名字，包括堪布諾顏喇嘛、措欽翁則（祈禱法會的領經師）索西喇嘛等等。並要求他們參加為期七到十天的政治教育。這些級別較高的僧人被要求住在〔一個叫夏魯固雄〕的大房子裏。每個人都必須帶自己的寢具和床墊……。他們的食物必須由他們自己僧房〔ཤག〕提供。儘管他們被告知要參加學習，但事實上他們被逮捕了。每個人都被關在一個房間裏……。

　　像我這樣的普通僧人每天都去參加學習班，而不是我們以前參加的每日集體祈禱法會。白天，我們會領到酥油茶，晚上我們會回到自己的僧房。通常上午的會議介紹討論的主題，午飯後，我們會討論和學習這些主題。這些主題主要是「三反雙減」〔ངོ་རྒོལ་གསུམ་དང་ཆག་ཡང་གཉིས〕，以及術語纏永〔བྲན་གཡོག，最窮的農奴階層〕和領主〔མངའ་བདག〕的意思。[43]我們學習了寺院中貧窮僧人的〔地位〕，以及三大領主〔傳統的西藏政府、貴族和寺院〕進行的剝削和壓迫。雖然我參加了學習，但我希望他們讓我回家，因為我的糌粑〔རྩམ་པ〕快吃完了。那時我很年輕，一切對我來說都很新鮮，所以我不知道在學習班上該說些甚麼。

　　直到我離開夏魯寺，只有一次批鬥會持續了一天。在此之前，工作隊舉辦了幾天的培訓班，教我們如何開展這樣的批鬥。很難學會如何批鬥那些〔前寺院的〕領主。

我們僧人被分成幾個小組。在這些小組中，〔官員〕説我們將批鬥這個人那個人，我們舉行了學習會。在學習中，小組成員坐成一圈，中間放着幾大袋糌粑排成一行。據説每個糌粑袋代表一個特定的高級喇嘛。每個僧人都必須站起來，指着那些糌粑袋排練，練習針對這些級別更高的僧人的控訴。在控訴中，人們會説，「在過去的一千年裏，你們領主站在普通人和貧窮僧人的肩膀上剝削和壓迫我們。現在，在共產黨的領導下，你們落到我們手裏了，應該被打倒。」

在小組訓練後，我們必須和其他僧人在更大的會議上練習。在此期間，那些勇敢而善於説話的僧人從小團體中被挑選出來。他們會排練和練習控訴。我沒有被選中去練習。練習結束時，工作隊告訴我們實際鬥爭的日期。與此同時，他們告訴我們誰會先發言，誰會第二個發言，依此類推。

在實際批鬥的那一天，所有的僧人都必須和附近村莊的群眾一起參加。當解放軍士兵把高級僧人／喇嘛帶到會議的前面時，一個觀眾開始喊口號，比如「打倒某某」，其餘的觀眾舉起拳頭，回應説「打倒，打倒」。氣氛變得如此緊張，我真的很害怕。我們那裏有幾個喇嘛，像熱蘇仁波切和布頓仁波切，他們分別六十多、七十多歲了。

由於這些高級僧人從未聽説過或經歷過批鬥，當士兵們帶他們參加會議時，他們中的一些人有點害怕，但其他人不知道會發生甚麼事情。他們在舞臺前排成一隊，並被告知站着，把頭和身體彎到腰部。起初，他們中的一些人不知道甚麼是批鬥，所以他們一直站直了，四處張望。他們很困惑，不知道該怎麼辦。他們中的一些人並不害怕，而是直視着觀眾的臉。

一些活躍的僧人和村民走上舞臺，大聲叫他們低下頭。活躍分子告訴他們，「你們為甚麼要四處看勞動人民？從現

在開始，對你們來説，抬着頭的日子已經過去了。」農村群眾的行為方式讓我覺得，他們接受了和我們類似的訓練。

那是一次可怕的經歷，我無法抬頭看那些喇嘛的臉。那些喇嘛是僧俗民眾的領主，他們也是我的領主。他們不是被別人任命的，而是通過自己的能力成為這個地區的領主。

當綵排持續15到20天時，每個人都可以〔對着糌粑袋〕叱責或者説些甚麼。但是在實際會議的那一天，儘管據説人們可以自願站起來控訴喇嘛，但在最初的一段時間裏，沒有人有勇氣站起來當面控訴他們。等了一會兒，工作小組的領導説：「今天，有幾百個貧窮的僧人和群眾想批鬥和控訴領主，但由於時間不夠，我們只能讓少數人批鬥和控訴他們。」然後他叫了第一個控訴他們的人的名字。第一個僧人花了一段時間才從觀眾中站起來。我想他一定害怕成為第一個控訴他們的人。觀眾不得不靜靜地等了一會兒。

當僧人站起來時，開始他看起來有點緊張，但是後來平靜下來，開始對着那些喇嘛大喊大叫，命令他們低下頭。他根據自己在學習課上學到的知識一個接一個地控訴他們。一些喇嘛仍然抬起頭，試圖看看那個僧人是誰。我猜他們仍然沒有意識到情況有多嚴重。那個曾經是當地貴族領主的人，被僧人打得比誰都慘。我認為那是因為在過去他有權力欺負人，人們利用這個機會報復。在控訴了他們每一個人之後，僧人結束了他的演講，他説：「現在我想停止我的演講，因為還有許多其他人也想控訴他們。」

僧人講完之後，工作隊叫〔村子裏〕一個年輕的女孩。她站了起來。我不知道她來自哪裏。那個女孩在會議期間非常活躍，而且非常嚴厲。她很擅長説話，並且控訴他們每個人很多事情。有時當她生氣的時侯，她會把膝蓋放在喇嘛的腰上，迫使他們進一步彎下去。有時她説話時，她

用雙手抓住喇嘛的衣服。一些喇嘛的衣服被撕成碎片。這時，那些喇嘛意識到批鬥會是甚麼，他們都非常害怕。

女人們結束後，有很長的休息時間，人們沒有上臺。隨着時間的推移，工作隊的領導一定覺得沒有人會站出來控訴他們，所以他宣布，「今天，批鬥會就此結束。從現在起，我們必須逐月、逐年與這些領主鬥爭，直到他們被徹底打倒。」然後，解放軍士兵把所有喇嘛帶回了同一個地方。諾顏喇嘛一定被這場批鬥會嚇壞了。我看到他的僧衣在會上被撕成了碎片。

第二天早上，我聽到一些人在外面大喊，有人從跳樓了。我出去看是誰，我看到是諾顏喇嘛。他躺在地上，鋪着大塊扁平的石板。他還沒有死，當我到達那裏時，他仍然呼吸微弱。過了一會兒，他停止了呼吸，死了。諾顏喇嘛從房子的四樓跳了下來。那天所有的喇嘛都被移到了房子的一樓。他們沒有再接受任何批鬥會，都被送到日喀則的一所監獄。

此後不久，因為我是一個年輕人，他們讓我回到了我的家鄉。當時，工作隊宣布所有僧人都可以自由選擇繼續留在寺院還是離開。然而，如果一個人繼續當僧人，待在寺院裏，沒有人會維持他的生計，他也不會像以前那樣得到〔青稞作為〕工資。此外，由於大多數僧人在學習班結束時已經吃完了食物，他們沒有食物可以留在寺院裏。大多數年輕的僧人被允許較早離開，年長的僧人被允許較晚離開。[44]

因此，夏魯寺幾乎立即停止了寺院的功能。同樣，在西藏各地，當解放軍控制了平叛的不同地區的莊園、寺院和村莊時，類似的場景也在上演。例如當這位僧人回到他的村莊時，那裏也在舉辦同樣的學習班，同時進行的還有他所說的、與前領主的「激烈批鬥會」，他們的財產被沒收並重新分配給窮人。

第16章

一些最後的想法和假設

要充分了解20世紀50年代中藏關係的複雜歷史，我們不僅需要考察參與各方所選擇的道路，還要考慮那些未選擇的道路。在1959年拉薩起義和隨後強制實行的民主改革的情況中，未選擇的道路與所選擇的道路一樣重要。假設20世紀20年代十三世達賴喇嘛允許擦絨使軍隊現代化，並將西藏向現代世界開放，20世紀的西藏歷史將大不相同。類似地，在1957年至1959年期間，達賴喇嘛和毛澤東面臨着一系列的選擇；雙方的許多轉捩點當中任何一個都可能產生不同的結果。

如前幾章所述，1957年至1959年時期開局良好。毛澤東和中央委員會於1956年9月4日的指示和1957年3月的「大收縮」倡議，再加上達賴喇嘛於1957年4月1日返回拉薩，似乎為親密合作的漢藏關係新起點奠定了基礎。毛澤東推翻了范明1957年開始改革的計劃，並在接下來的6年或11年中取消了民主改革；如果達賴喇嘛及其上層仍未準備接受當時的和平民主改革，甚至可以推遲到更長時間。他們仍然認為，對中國的長遠國家利益和戰略目標更為重要的策略，是贏得達賴喇嘛和西藏上層，而不是迅速結束西藏的封建莊園剝削制度。毛澤東和中央委員會顯然不希望過早地推行改革，並在西藏重演四川敗局。他們認為，只要達賴喇嘛給予支持和合作，假以時日，西藏能夠最好地融入中國。因此當達賴喇嘛決定從印度

返回，這是毛澤東在西藏的漸進政策的重大勝利；同樣地，達賴喇嘛也贏得了勝利，西藏在可預見的未來取消了改革。

由是達賴喇嘛回到拉薩，打算遵循尼赫魯總理的建議，根據《十七條協議》的條款與中國建立合作關係，以最大限度地實現其內部自治。雖然協議中規定的自治水平不是獨立，也不是西藏在清朝帝國時期作為鬆散的被保護地所擁有的高度自治，但它與四川或新疆、內蒙古等少數民族地區的既有政策相比，則仍然是天壤之別。在可預見的未來，西藏繼續成為人民共和國的一部分，而達賴喇嘛在很大程度上將依靠西藏官員、法律和習俗管理其內部事務。

然而，對於達賴喇嘛和大多數西藏上層來説，這種安排仍有遺珠之憾。一方面，他們認為在某種程度上，即使是30年後，西藏也必須改革其社會經濟制度並採用社會主義制度。另一方面，達賴喇嘛和大多數上層人士仍然懷有希望，西藏能夠回到過去，沒有成千上萬的解放軍和幹部駐紮在他們的國家。西藏在昌都戰爭失敗，並且未能獲得國際支持，但《十七條協議》的條款是可以接受的；而且西藏上層並沒有放棄希望，他們可以做得更好，在某個時間以某種機緣恢復完全獨立，或至少恢復清朝的高度自治，沒有或很少中國軍隊駐紮西藏。

故此達賴喇嘛返回拉薩傳遞出某種誤導的信息，因為他並沒有完全致力於成為中國的一部分，如同尼赫魯總理所強烈建議和毛澤東所希望的那樣。表面上，他計劃遵循尼赫魯的建議，與中國人合作，努力確保他的內部自治，但在思想上和情感上，他也支持在印度和西藏的反華勢力，他們努力（從美國、臺灣或印度）尋求外部援助，以迫使中國人離開西藏。本質上，達賴喇嘛希望保持兩條路或兩扇門敞開——在公開場合，他支持西藏作為中國的一部分，積極地與毛澤東合作；同時暗地裏，他會讓噶倫堡和拉薩的反華分子繼續運作，看看他們能做些甚麼。對於達賴喇嘛來説，只要他認為他們有一絲機會可能成功，他就不會承諾與中國人充分合作。所以他

雖然認為積極支持反華勢力的抵抗活動風險太大，**但他也不會按照中方的希望，採取措施壓制他們〔反華勢力〕，即使這是《十七條協議》條款的一部分**。例如達賴喇嘛的大管家帕拉是拉薩秘密抵抗集團的中心，並且暗中協助康巴抵抗軍領導人和噶倫堡反華流亡團體哲堪孜松，但達賴喇嘛沒有想過換掉他或者切斷這些聯繫。達賴喇嘛既想保持與毛澤東和中央公開合作的所有好處，同時也不採取果斷措施來限制或阻礙那些正在努力恢復西藏獨立或完全自治的人；也許在未來的某個時間，這些反華勢力在美國的幫助之下能夠取得成功。

這個策略很誘人，很容易理解為甚麼腳踩兩條船的做法有吸引力，因為這給了達賴喇嘛最多的選項。然而，從1956年中開始，成千上萬憤怒的康巴武裝分子從四川起義逃離，開始流入拉薩，這種做法變得無以為繼。他們來到西藏並不是真正開始新的生活，而是想從達賴喇嘛的政府或外國勢力獲得武器，試圖重組以打擊中國並重新控制家園，因此他們很快於1957年4、5月份成立了一個激進抵抗組織（四水六崗），隨後於1958年6月搬遷到西藏南部（山南），他們在那建立基地，開展軍事行動。

此刻的四水六崗不再是四川叛亂失敗逃到西藏的幾千康巴人，而是一個基地在山南的正式的反叛組織，他們的反抗開始得到美國的支持。然而應該指出的是，正如第2章所討論的那樣，蘭利的中央情報局官員知道藏族叛亂分子沒有機會擊敗中國人。回想一下，約翰·羅蘭在一次採訪中坦率地說，「如果沒有來自外界的巨大承諾，沒有辦法真正幫助游擊隊進行戰鬥。沒有這個你提供不了多少幫助。西藏的情況是，1962年〔中印戰爭〕之前沒有援助通道。阿富汗人有沙特、巴基斯坦、中國和美國的幫助。由於喜馬拉雅山的海拔很高，航空運輸很艱難，印度人也不合作……如果我們想全力以赴，我們就不得不與中國開戰，可是我們並不打算為西藏而進行戰爭……我們試圖讓中國人時刻不安……我沒有聽說或讀過從中國治

下『解放』西藏的任何準軍事行動計劃——我們會給予足夠支援，以幫助他們進行騷擾——真正支持藏人解放西藏是不可能的。」[1] 當然，這個信息並沒有傳達給與他們在印度或西藏打交道的藏人，也沒有傳達給他們在塞班和美國培訓的藏人。

在西藏，這種動蕩的局勢自1958年下半年起進一步升級，當時發生了激烈的戰鬥和襲擊。正如我們所看到的，貢布扎西和解放軍在1958年秋天進行了一系列的戰鬥，當時貢布扎西的大部隊正前往甘丹青柯寺，解放軍伏擊了他們，然後窮追不捨，從尼木穿過西藏北部，一直追蹤到昌都地區西北部碩達洛松的邊壩。這是貢布扎西的一次重大失利，但與此同時，這也是解放軍的失敗，他們無法摧毀貢布扎西的力量。貢布扎西受到阻擋，無法返回四水六崗在山南的新基地，因此他無法恢復對全部叛亂部隊的指揮，但他和剩下的三四百名部隊能夠繼續在邊壩戰鬥。此外，西藏南部其他地區的四水六崗戰士開始攻擊通往中國內地兩條國道上的中國車隊和公路道班，於是中國政府很快就明白不能袖手旁觀，讓新生的康巴叛軍擴大勢力範圍，任其發展壯大。到1958年秋末，北京的領導人得出的結論是，必須嚴肅對待四水六崗，要麼說服他們停止叛亂返回四川（或印度，或者和平地留在西藏），要麼在軍事上打擊他們。然而，毛澤東和政治局希望西藏政府親自對付康巴叛亂分子，並多次向達賴喇嘛和噶廈抱怨四水六崗繼續發動攻擊，告訴他們必須採取措施平息山南的叛亂，否則局勢會失控。達賴喇嘛/噶廈同意康巴人是一個嚴重的問題，但他們與西藏工委在一個根本問題上有分歧，即誰應該負責解決康巴問題。

中方堅持認為，由於這種情況發生在西藏，達賴喇嘛政府負責內部事務管理藏人，他們有責任處理這種騷亂，就像他們處理任何其他內部事端一樣。毛澤東和中央堅持認為，《十七條協議》規定人民解放軍只應該用來保護國道暢通和邊防，所以除特殊情況外，他們不會命令人民解放軍繼續進攻康巴叛軍。相反，他們希望將康巴

威脅作為藏族與藏族之間的關係來處理，而不是像四川那樣的漢族與藏族之間的鬥爭。

可是達賴喇嘛和噶廈回應說，由於中國政府在其管轄區域內的不當政策，這些康巴人逃到西藏。他們認為，中國人開始在四川強制實施改革，從而引發了反抗。因此，這些康巴人雖然身在西藏，但他們實際上屬於四川，中國政府應該負責清理自己造成的混亂。他們還建議，最好的方法是讓北京停止在四川進行改革，扭轉已經完成的所有改革，並讓四川的康巴人擁有類似與達賴喇嘛在西藏行使的自治權。他們認為，如果能夠做到這一點，西藏的康巴人將迅速返回四川，問題就會得到解決。

然而，毛澤東和中央已經考慮過這選項，並得出結論，認為在完成改革的地區扭轉改革將會太困難，政治上也很痛苦。他們認為，那些徵收的土地和房屋已經被分給了貧農家庭，他們不能收回並將之歸還給原來的領主。[2] 回顧歷史，如果他們深謀遠慮，以其他某種方式阻止四川的叛亂，並扼殺還處在萌芽狀態的西藏康巴叛亂，那將會更加有效；但他們沒有。於是中方繼續向噶廈和達賴喇嘛施加壓力，敦促他們利用藏軍來鎮壓康巴人，甚至暗示如果遇到麻煩，解放軍可以幫助他們。如前所述，達賴喇嘛、噶廈或西藏民眾大會不接受這一點。對於達賴喇嘛來說，與中國人合作只能有這麼多。這不包括關閉第二條「民族主義」道路的大門。達賴喇嘛和大部分西藏官員贊同康巴人的目標，並欽佩康巴人為保衛藏傳佛教而戰鬥和犧牲的意願，即使他們並不真的相信康巴人能夠成功。所以他們拒絕用自己的軍隊力量平息起義，並以種種藉口告訴中國人他們為甚麼不能這樣做。達賴喇嘛在接受採訪時坦率地談到了這一點（第8章首次引用）：

> 所以在這個時候，漢人說我們應該派遣西藏軍隊並摧毀康巴人。這很清楚。我們說如果我們派遣西藏軍隊與康巴人

作戰，我們不知道他們是否會將槍對準康巴人或〔反過來〕
對着我們自己，所以我們不能承擔這種風險。所以這一點
已經明確並被拒絕了……這有兩個原因。一個就是那個
……這非常危險。另一個是，如果我們殺死自己的人民，
那也太可怕了。〔但〕真正的內在原因是，派遣藏軍殺死那
些說他們忠於西藏並為宗教事業而戰的人是不可想像的。
但對漢人，我們不能那麼說，對嗎？我們告訴他們的是，
這非常危險。許多士兵已經逃往康巴人那一邊，所以即使
西藏政府可以發布一項法令，他們是會向他們開火還是對
我們開火還不得而知。[3]

達賴喇嘛進一步評論說：

你內心深處這麼想，可是你口上卻不得不那麼說。因此，
如果康巴人反對漢人，我們視而不見。西藏政府也沒有
叫〔他們〕那樣做，但在內部我們認為，如果他們那樣做是
好的。[4]

由於達賴喇嘛和幾乎所有的西藏上層都希望西藏獨立或恢復到
類似的狀態，這個立場是可以理解的。但現實情況是，中國人威
脅，如果達賴喇嘛政府無法平息康巴人的叛亂，他們將會打倒西藏
政府並強行在西藏實施改革，所以當中的利害關係就非常嚴重了。
如果達賴喇嘛／噶廈沒有採取果決行動處理四水六崗，在不久的將來
某個時候，西藏似乎註定要成為下一個四川。因此，不採取行動對
抗康巴人是非常危險的，因為這最有可能給達賴喇嘛、他的政府和
西藏的佛教文明帶來災難性的後果。

所以達賴喇嘛和噶廈都明白，需要向中國人展示他們正試圖化
解山南的局勢；但他們同時自我設限，僅採取象徵性的行動，例如
派代表團試圖說服康巴人回到四川，同時頒布一些法令。他們知道
這些行動不會成功，噶廈不過是以此為託辭，說明他們正在試圖對

付康巴人的反抗。於是，到了1958年底和1959年初，康巴人發動了越來越多的襲擊，而中國人對西藏政府越來越憤怒，並篤信噶廈實際上在暗中支持和協助四水六崗 。這導致了噶廈和西藏工委之間頻繁的會面，中方指責噶廈與敵為謀，並且一次又一次地威脅，如果西藏政府不果斷處理康巴人，解放軍會處理，然後強行實施民主改革。

儘管中方這樣威脅西藏方面，實際上毛澤東和中央並沒有做好準備讓人民解放軍轉為進攻，而是指示拉薩的中國人開始實施應急方案，建立防禦工事。如果西藏方面突然對他們全面攻擊，北京希望他們能夠堅守數月，直到來自中國內地的增援部隊到達。然而，中方加強防禦工事本身對拉薩的藏人產生了非常不利的影響。他們本身沒有攻擊中國人的計劃，可是他們得出的結論是，拉薩的漢人實際上準備攻擊他們，這對於達賴喇嘛來說是一個極嚴重的危險。因此自1959年開始以來，雙方都存在着不信任和恐懼的氣氛，儘管毛澤東已經取消了改革，但漢藏關係正迅速惡化。

到了1959年1月中下旬，這些事件使毛澤東得出結論，現在是時候從他偏好的漸進政策轉向他的後備軍事政策了。毛澤東和中央一直不斷增加對噶廈和達賴喇嘛的壓力和威脅，希望這會刺激他們採取行動，但現在他們得出結論認為，康巴人的叛亂在規模和力量上都有所增長，所以這應該被視為一場大規模的叛亂，正如所討論的那樣，這是毛澤東從漸進政策轉向軍事政策的轉捩點。這意味着解放軍不僅將摧毀四水六崗的叛亂，而且還會結束達賴喇嘛的內部自治，並強行實施民主改革。然而，毛澤東仍然認為解放軍主動進攻並不是一個迫在眉睫的選項，並且在內部表示可能幾年內都不會發動進攻，但此期間解放軍應準備好軍事進攻的計劃。

2月份迎來1959年的藏曆新年，在一年一度的活動中，一位中國官員邀請達賴喇嘛到西藏軍區大院觀看新的解放軍歌舞團表演。達賴喇嘛接受了，最終他的訪問日期定於3月10日。然而，3月9日

當帕拉得知中國人不允許達賴喇嘛的武裝警衛陪同他進入軍區大院時，帕拉試圖說服達賴喇嘛這是不可接受的，如果他〔達賴喇嘛〕在此條件下赴會，他將處於危險之中。儘管帕拉敦促達賴喇嘛取消或推遲訪問，但達賴喇嘛強烈反對。他認為中國人不會做任何不利於他的事情，並且堅持沒有危險，所以他指示10日的訪問應按計劃進行。正如前面所討論的那樣，達賴喇嘛秘書處孜噶的僧官因此秘密煽動拉薩居民10號發起示威。他們散布謠言，說中國人要在軍區大院綁架達賴喇嘛並將他帶到北京，以此煽動拉薩居民在10號上午去羅布林卡進行大規模示威，以「拯救」達賴喇嘛，阻止他去觀看表演。這次示威很快失去控制，演變成為反華示威，在某種程度上也反對噶廈，所以達賴喇嘛及其高級政府官員發現已無法控制示威者，他們不服從噶廈或達賴喇嘛的解散命令。

最終，達賴喇嘛政府和西藏獨特佛教文化如閃電般落幕，這不是因為山南的四水六崗叛亂，而是因為3月10日的示威演變成為一場突如其來的反華起義。從本質上而言，這就是西藏為達賴喇嘛和噶廈未能成功地管理/控制拉薩米芒在羅布林卡的示威所付出的代價，如前所述，達賴喇嘛對此了然於心，這是一場正在進行的災難，

> 我確信他們所做的事只會導致災難，如果他們繼續下去，
> 作為國家元首，我必須盡一切努力遏制他們的感情並阻止
> 他們在中國軍隊的壓力下自我毀滅。[5]

但事實上，達賴喇嘛和噶廈並沒有「盡一切努力」阻止他們，他們所做的事情，正如所看到的那樣，只會進一步鼓勵示威者，將其轉變為反對中國統治的無計劃「起義」。七天後，達賴喇嘛被說服從拉薩逃往西藏/印度南部，四天後，中國人開火，「拉薩之戰」開始了。這是一次潰敗，解放軍只用了46小時55分鐘就打敗了拉薩藏人，之後他們解散了西藏政府，羈押了那些參與起義的人，並實施了土地和階級改革。正如我們從夏魯寺的例子中看到的那樣，舊社會戛然而止。

考慮到3.10事件對西藏歷史的巨大影響，1994年我詢問達賴喇嘛，他是否認為拉薩起義本可以避免。他的回答很有啟發性。

我認為3.10事件本可以推遲。比方說，如果我決定不去看表演，那麼很可能3月10日的起義不會發生……

然而，南部四水六崗的情況非常糟糕。漢人不會置之不理，對吧？他們會不斷鎮壓。如果有人問拉薩的情況是否可以推遲一段時間，那也許是可能的。如果它被推遲，然後如果有人問，那會有甚麼好處，那麼這很難說。

無論如何，〔四川發生了叛亂，〕現在看來，我們對此無能為力。事情發生在康區，這是我們無法控制的。這就像洪水氾濫。它從來就不是我們計劃中的東西，也不是我們可以控制的東西。它發生了，我們所能做的只是看着它並問：「怎麼辦？」

我們在1959年來到印度之後，噶章〔基巧堪布〕曾經說，他希望這樣的事情沒有發生過。〔他說〕有時，我認為，如果你繼續留在西藏而不斷向〔西藏工委/漢人〕抱怨，也許不會死這麼多人。〔然而，〕當文化大革命發生時，我所有的後悔都消失了。我們所做的並不是一個錯誤。無論起義是否發生在拉薩，這場動蕩都將發生在中國自身。當這樣的事情發生時，那麼這是一種完全沒有希望的情況。不是嗎？文革不是我們帶給他們的東西。那肯定會來〔到我們西藏〕。

如果沒有發生文化大革命，那就是另一種情況。如果西藏起義沒有發生，那就不同了。所以噶章說他現在根本沒有遺憾。在此〔文化大革命〕之前，他確實回憶起，有時他疑惑達賴喇嘛來印度是否是一個錯誤。所以這就是他所說的。[6]

流亡的其他重要官員，如達賴喇嘛私人秘書辦公室主任堪窮達熱，也有這種感覺。[7]

正如達賴喇嘛所解釋的那樣，如果他在3月9日接受其官員的強烈要求並同意第二天不去觀看表演，就不會有拉薩起義。同樣地，如果他自己的僧官9日沒有故意煽動示威活動——可能是在他的大管家帕拉的指示下——也不會有示威，因此也不會爆發起義。但是，即使示威者10日在羅布林卡集結之後，也還有其他選項。例如，假設達賴喇嘛部署了他的六七百名警衛部隊，要麼迫使人群給他的車讓路，去觀看表演，要麼讓他們完全驅散人群，那也就不會有拉薩起義。達賴喇嘛本可以立即下令，因為警衛代本團的兵營位於羅布林卡，這些部隊已準備就緒，他們的代本是達賴喇嘛的姐夫。此外，在羅布林卡附近的街道上也部署了扎西代本團，可以迅速從拉薩召集更多的部隊。如果命令這些人驅散示威者，達賴喇嘛去觀看演出並隨後返回羅布林卡，達賴喇嘛及其政府將繼續像以前一樣行使內部自治權。

但是這會持續多久？達賴喇嘛認為驅散示威者不會有太大的不同，因為當文化大革命於1966年來到西藏時，無論如何所有一切都會被摧毀。也許。**但也許不會。**

噶倫阿沛與中國人關係最為密切，並且對中國政策最為了解；在這一點上，他強烈不同意達賴喇嘛的看法。他強調說：「如果達賴喇嘛一直留在拉薩，如果1959年西藏沒有發生叛亂，那麼文化大革命就不會 (譯註：在西藏) 發生⋯⋯如果達賴喇嘛留在西藏，我可以保證西藏不會發生文化大革命。西藏沒有理由進行文化大革命。中國不允許在邊境地區開展文化大革命。在中國內地，那是有原因的。」[8]

阿沛進一步引申這一點，並推斷，如果拉薩起義得以預防，如果達賴喇嘛當時致力於積極與中國人合作，如果他像阿沛建議的那樣向中國人展示他願意為了改善貧困農民的福祉，採取具體的漸進步驟，西藏政府將能夠繼續發揮作用。因此，阿沛爭辯說，如果

達賴喇嘛願意逐漸消除不合時宜的世襲莊園制度，釋放世世代代被束縛在土地上的依附農民力量，他將能夠創造一個更加可接受的社會，並藉此維持對西藏的內部自治。[9]像尼赫魯一樣，阿沛認為西藏的佛教社會可以繼續下去，僧人和寺院不依賴莊園，而是以其他方式獲得資助；而他過去經常説，自己剪裁帽子給自己戴〔改革〕，比戴別人做的帽子好。如果達賴喇嘛成為助力藏人融入中國的積極力量，阿沛認為達賴喇嘛領導的自治西藏，其西藏文化和宗教的精髓能完好無損，可以在文化大革命之後持續下去。

如果阿沛是正確的，考慮到毛澤東對其漸進政策成功的投入，他很可能是正確的，那麼當鄧小平在1978至1979年上臺時，達賴喇嘛及其政府很可能仍然領導着內部自治的西藏。如果達賴喇嘛的內部政府自治已經持續了那麼長時間，那麼它可能會在此後繼續下去，而在達賴喇嘛的統治下，西藏地方政府或許至今仍然對西藏實施自治。當然，這是那些永遠無法得到充分回答的歷史假設之一，但如果達賴喇嘛及其重要官員採取果斷措施制止意外騷亂/起義，而不是迅速逃往印度。那麼今天會發生甚麼事情，這是個引人入勝的問題。

但是，四水六崗問題呢？

正如達賴喇嘛所説，即使3.10事件得到及時處理，達賴喇嘛仍繼續內部自治，拉薩的局勢仍然不穩定，因為康巴叛亂問題懸而未決。但要是達賴喇嘛重新評估解決四水六崗問題各種選項的利益得失，決定優先維護其內部自治和西藏佛教制度，他本可以下令採取切實行動制止四水六崗。此外，由於達賴喇嘛將在短短幾周內 (4月份) 前往北京參加第二次全國人大會議，到時候他很可能已經與毛澤東達成了一些安排，例如人民解放軍和藏軍合作平息康巴人叛亂，但由解放軍領頭。

當然，這沒有發生。當拉薩於3月10日開始起義時，帕拉和索康並沒有採取強硬措施驅散示威者，而是盡快讓達賴喇嘛離開拉

薩，這既是為了他的安全，也是因為任何流亡抵抗運動都需要達賴喇嘛作為其在國際舞臺上的領導者和發言人。然而，達賴喇嘛仍對離開西藏的效力感到矛盾。早些時候，當他在1956/57年參加佛陀誕辰慶祝活動時，許多官員曾試圖說服他放棄西藏並留在印度，結果他們失敗了。但是這一次，到了1959年，噶廈/達賴喇嘛無法控制正在對中國加強攻擊的康巴人，對拒絕服從的民眾們也無能為力，他們終於成功地說服達賴喇嘛逃到印度流亡，此後他一直留在那裏。

最終，1957至1959年期間作出的種種決定導致了達賴喇嘛或毛澤東都不想要的結果。在中國方面，雖然毛澤東希望西藏在某個時間點實施民主改革，但他並不希望以這種方式進行。由於不得不訴諸武力，毛澤東和中央此時發現自己面對的是1950至1951年間他們竭力想要避免的情況，即國際舞臺上出現了「西藏問題」：達賴喇嘛領導着一場運動，挑戰（並且仍然挑戰）着中國合併西藏的合法性及其對西藏的主權主張。毛澤東漸進主義政策失敗的後果一直持續到現在。這一失敗也驗證了范明等人的觀點，他們認為漸進政策過於寬鬆。如果採用像范明所倡導那種強硬政策，那麼就不會起義，沒有流亡的達賴喇嘛，也沒有國際舞臺上的西藏問題。[10]

而在西藏方面，儘管1957年初的形勢非常有希望，似乎達賴喇嘛的內部自治和西藏的佛教生活方式將在未來數年繼續存在，但兩年後這一切都結束了，西藏獨特的佛教文明幾乎在一夜之間結束。

因此，當達賴喇嘛和噶章回憶過去，對於他們如此迅速逃離拉薩的決定感到遺憾也就不足為奇了。他們不僅失去了西藏，而且在流亡期間，在政治上獲得的也很少。儘管印度的西藏流亡團體，特別是他的哥哥嘉樂頓珠先前說，國際社會和美國將會接受西藏獨立的權力，但這種情況並未發生，這並不奇怪。

從20世紀40年代美國與西藏的關係開始，美國只承認中國之下的西藏自治，這一政策延續到達賴喇嘛於1959年抵達印度之後。美國政府當然會幫助流亡的達賴喇嘛，為他提供資金並組織/資助四水

六崗在尼泊爾木斯塘新成立的軍事基地，[11]但這對達賴喇嘛的關鍵問題無濟於事：確保國際承認西藏獨立和承認達賴喇嘛領導的西藏流亡政府。

例如當達賴喇嘛於1959年4月向美國發出照會，要求「美國承認自由西藏政府並影響其他國家這樣做」，華盛頓拒絕了。

美國國務卿在致艾森豪威爾總統的備忘錄中如是回應：

> 承認是一種政治行為，當公開被問及這一步驟是否符合國家利益時，我們可以給予承認。當1949至1951年間達賴喇嘛詢問時，我們避免承諾承認西藏是一個獨立的國家。我們繼續同時承認中華民國對西藏的宗主權主張和西藏的事實自治主張。[12]

國務卿還警告艾森豪威爾，美國必須「避免採取可能鼓勵達賴喇嘛尋求國際承認的立場。」[13]此外，在西藏歷史的這個關鍵時刻，艾森豪威爾政府迫使達賴喇嘛在對聯合國的呼籲書中以人權為理由，而非政治理由，也就是說，不提中國入侵和征服西藏，也不提西藏現在是一個「被佔領國家」。我在之前的一篇文章曾寫關於艾森豪威爾政府：

> 限制藏人向聯合國(UN)提出一個政治議案，其中指責中國侵略一個獨立國家。相反，美國向達賴喇嘛施壓，要求他們在對中國提起訴訟時提到西藏人民的苦難和人權。中央情報局局長艾倫·杜勒斯於1959年9月10日在美國國家安全委員會(NSC)會議上強調了這種區別。會議記錄表明「杜勒斯先生講到西藏……美國認為他(達賴喇嘛)在向聯合國的發言中不應強調侵略，因為西藏多年來一直是中國的一部分。我們認為，他的議案以人權為基礎會更加強大。」[14]

於是，流亡的達賴喇嘛成為世界知名的精神領袖；然而作為政治領袖，他則遠沒那麼成功。他能夠在國際上保持西藏問題的存

在，但離開西藏60年後，與他逃離前相比，他並沒有更接近於國際
承認西藏獨立於中國的權力，甚至可能更遠。這在很大程度上是因
為美國對華政策所固有的基本限制。因此，具有諷刺意味的是，達
賴喇嘛在1957至1959年間的決定恰好把他置於他最不想要的境地，
也就是說，「山那邊沒有牛糞，山這邊沒有背簍。」

　　總而言之，20世紀50年代的中藏關係史表明，1959年的拉薩起
義及其後果並非不可避免，有一些重要的選擇可以改變這種結果。
從某種意義上說，已選擇的道路廣為人知，而這些未選擇的道路也
是20世紀50年代歷史的一部分。

附錄一

藏語術語名詞對照表

英語讀音轉寫	藏語	漢語
Abo Yontan	ཨ་པོ་ཡོན་ཏན་	阿布雲登
Ali	མངའ་རིས་	阿里
Alo Chöndze	ཨ་ལོ་ཆོས་མཛད་	阿樂群則
Alo Dawa	ཨ་ལོ་ཟླ་བ་	阿洛達瓦
Amdo	ཨ་མདོ་	安多
Amdo Lekshey	ཨ་མདོ་ལེགས་བཤད་	安多列協
Amdo Nyingpo	ཨ་མདོ་སྙིང་པོ་	安多寧布
Amdowa	ཨ་མདོ་བ་	安多娃，安多人
Andru Gombo Tashi	ཨ་འབྲུག་མགོན་པོ་བཀྲ་ཤིས་	恩珠·貢布扎西
Andrug Jinda	ཨ་འབྲུག་སྦྱིན་བདག	恩珠金達
Andrutsang (Gombo Tashi)	ཨ་འབྲུག་ཚང་ ⁄ མགོན་པོ་བཀྲ་ཤིས་ ⁄	恩珠倉·貢布扎西
Angula	ཨ་འབུག་ལགས་	阿古拉，阿古是藏語叔叔的意思，拉是敬稱
Abo Rabgye	ཨ་པོ་རབ་རྒྱས་	阿布繞杰
Aptru	ཨ་ཕྲུག	僕從，音譯阿楚
Athar	ཨ་ཐར་	阿塔
Atsong	ཨ་ཚོང་	阿蔥
Baba	འབའ་པ་	巴巴，人名前綴，指來自巴塘的人

Baba Gen Ale	འབའ་པ་རྐུན་ཨ་ལེ	巴巴·根阿列，巴巴·阿列老師
Baba Gen Yeshe	འབའ་པ་རྐུན་ཡེ་ཤེས	巴巴·根益西，巴巴·益西老師
Bachung Pön	སྦ་ཆུང་དཔོན	巴瓊本
badzalaga	བར་ཚ་ལག་ག	中間階層
bagchen	བག་ཆེན	巴青，一種遊戲
Bala	བ་ལ	巴拉，地名
Baligyesum	འབའ་ལི་རྒྱལ་གསུམ	巴理建松
Barkokali	བག་སྒོ་གར་ནེ	扎閣迦膩，連接布達拉山和藥王山間的四門塔名。又譯扎果嘎尼
barkor	བར་སྐོར	八廓（街），也叫八角街
Barshi (tsendrön) (jedrungla)	བར་གཞིས〔ཚ་མགྲོན〕〔རྗེ་དྲུང་ལགས〕	帕西（孜仲）（杰仲拉），杰仲舊譯濟曨，大貴族出家後的尊稱
Batang	འབའ་ཐང	巴塘
Began Lotsawa	དཔལ་ཁང་ལོ་ཙ་བ	貝康譯師
Benza (drukha)	བན་ཚ	本扎（渡口）
Bisu (Jola)	སྦེལ་བྱུར〔རྗོ་ལགས〕	畢蘇（碻拉）
Böd mimang	བོད་མི་དམངས	西藏人民
bögü or bökü	འབོད་སྐུལ	號召
Bombora	སྦོམ་པོར	邦波拉
Bon	བོན	苯教
bugbu	སྦུག་པ	沉默寡言
bugbug	སྦུག་སྦུག	？（譯註：作者也不清楚此詞何意，下同）
bugdam	སྦུག་དམ	內宮印，達賴喇嘛的私章
Butön	བུ་སྟོན	布頓
Bumtang Chömpe Thubden	འབུམ་ཐང་ཆོས་འཕེལ་ཐུབ་བསྟན	波唐·碻培土登
Buthug Chödrag	བུ་ཐུག་ཆོས་གྲགས	布圖碻扎

chabu	ཕྱག་སྒྲུག	恰布，一種寺院管家
chada	ཕྱག་ད	?
Chadang	ཅ་དང	恰當（代本團）
Chagdrung	ཕྱག་དྲུང	恰仲
Chagdrung Lodrö Phuntso	ཕྱག་དྲུང་བློ་གྲོས་ཕུན་ཚོགས	恰仲洛卓平措
chagya garpo	བྱ་སྐྱག་དཀར་པོ	白色鳥糞
chaknang	ཕྱག་ནང	布達拉宮管家和朗生的合稱
Cham	འཆམ	羌舞
Chamba Yönden	བྱམས་པ་ཡོན་ཏན	強巴雲登
Chamdo	ཆབ་མདོ	昌都
Chamdo Dortse	ཆབ་མདོ་རྡོ་རྗེ	昌都朵次
Chamdo jingdrü uyön lhengang	ཆབ་མདོ་བཅིངས་འགྲོལ་ཨུ་ཡོན་ལྷན་ཁང	昌都解放委員會
chandzö	ཕྱག་མཛོད	管家，音譯強佐
chang	བྱང	羌塘
chang namtsokha	བྱང་གནམ་མཚོ་ཁ	（羌塘）納木措
Changchub Jimpa	བྱང་ཆུབ་སྦྱིན་པ	強曲金巴
Changji	བྱང་སྒི	北方軍
Changkyim	ཆང་ཁྱིམ	鏘欽，又譯強欽
changmag	བྱང་དམག	北方軍
Changra Khenchung	ལྕང་ར་མཁན་ཆུང	江熱堪窮
Chantreng (pa)	ཆ་འཕྲེང་(པ)	鄉城（巴），鄉城人
Chape	ཆབ་སྤེལ	恰白
charshi mepa	འཆར་གཞི་མེད་པ	沒有計劃
Che Jigme	ཅེ་འཇིགས་མེད	計晉美
Chela	བྱེ་ལ	沙丘，音譯切拉
chemmo	ཆེན་མོ	大的
cheshung	བྱེས་གཞུང	行營政府
chibgyur chemmo	ཆིབས་སྒྱུར་ཆེན་མོ	大遊行

Chimed Gombo/Chimi Gombo	འཆི་མེད་མགོན་པོ	齊美貢布
Chö Bulü	ཆོས་བུ་ལུས	卻布魯
Chödegön	ཆོས་སྡེ་དགོན	曲德寺
Chödrag	ཆོས་གྲགས	曲扎
Chöjin legung	མཆོད་སྦྱིན་ལས་ཁུངས	確晉勒空，供施辦公室
choley namgye	ཕྱོགས་ལས་རྣམ་རྒྱལ	？
Chölung	ཆོས་ལུང	曲龍
Chölung Nanga (Chölungnanga)	ཆོས་ལུང་ནང་པ	曲龍囊巴
Chömphel	ཆོས་འཕེལ	群培
Chongye	འཕྱོང་རྒྱས	瓊結
Chongye Riudechen	འཕྱོང་རྒྱས་རི་བོ་བདེ་ཆེན	瓊結日烏德欽
Chönkorgye	ཆོས་འཁོར་རྒྱལ	曲科杰
chöpön khembo	མཆོད་དཔོན་མཁན་པོ	卻本堪布
chösi nyiden	ཆོས་སྲིད་གཉིས་ལྡན	政教合一
chösi sungdrel	ཆོས་སྲིད་ཟུང་སྦྲེལ	政教合一
Choying Wangmo	ཆོས་དབྱིངས་དབང་མོ	瓊英旺姆
Chudo Pön	ཆུ་རྡོ་དཔོན	曲多本
Chupa	ཕྱུ་པ	藏服，藏袍，音譯楚巴
Chudangmo/Chu dangmo	ཆུ་དྭངས་མོ	曲當莫
Chumbi	ཆུ་འབི་	春丕
Chundokyang	ཆུ་མདོ་ཀྱང	曲多岡
chundru	ཆུ་འབྲུག	春都
chundru mimang thrötsog	ཆུ་འབྲུག་མི་དམངས་གྲོས་ཚོགས	春都米芒杰錯
Chushigandru	ཆུ་བཞི་སྒང་དྲུག	四水六崗，音譯曲細崗珠
Chushul	ཆུ་ཤུར	曲水
Dagden phodrang	དྲག་བརྟན་པོ་བྲང	達旦頗章
Dagkong Jigyab	དྭགས་ཀོང་སྤྱི་ཁྱབ	塔工基巧，塔布和工布地區的總管

dago shar	སྒོ་ཕྱོགས་ཤར	東後門
Dakpo	དྭགས་པོ	塔布
Damba	དན་འབག	丹巴
Dambag Shanggo	དན་འབག་ཞང་གོ	丹巴香柯
Damba Simkhang	དན་འབག་གཟིམ་ཁང	丹巴行康
Damba Lodrö	དམ་པ་བློ་གྲོས	丹巴羅卓
damsang	གཏམ་བཟང	好消息
Damshung	འདམ་གཞུང	當雄
Dartsedo	དར་རྩེ་མདོ	打折多，康定，舊稱打箭爐
dayig	བརྡ་ཡིག	通知書
Dedön tsogpa	བདེ་དོན་ཚོགས་པ	得東措巴
Dekharwa	བདེ་མཁར་བ	德卡娃
Dekyilingka	བདེ་སྐྱིད་གླིང་པ	德吉林卡
denbo	བརྟན་པོ	穩定
denshu	བརྟན་བཞུགས	長壽永生
densung tanglang mag	བསྟན་སྲུང་དང་བླངས་དམག	衛教志願軍
depön	མདའ་དཔོན	代本
Derge (Sey)	སྡེ་དགེ（སྲས）	德格（色）
dingkha	ཏྲིང་ཁག	（藏軍的）排
Dingri	དིང་རི	定日
dobdo	ལྡབ་ལྡོབ	僧兵
dodar	རྡོ་བསྲ	石頭路
döde	སྟོད་བདེ	輕鬆，舒適（？）
dogjen	འདོགས་ཅན	下加字
dogtab	བཟློག་ཐབས	設法遣返
doji	མདོ་སྤྱི	多基，多麥基巧的簡稱
Dokham	མདོ་ཁམས	多康，也譯朵康，安多和康區的合稱
Dokhar	མདོ་མཁར	多卡
Dokharsumdo/ Dokarsumdo	མདོ་མཁར་སུམ་མདོ	多卡松多

Dombor (Kyenrab Wangchuk)	གདོང་པོར་ (མཁྱེན་རབ་དབང་ཕྱུག)	洞波・欽繞旺秋，即扎西林巴
Dombor (Ngawang Rigdrol)	གདོང་པོར་ (ངག་དབང་རིག་གྲོལ)	洞波・阿旺日卓
dor	སྟོར	搶劫（？）
Dorje Tseden	རྡོ་རྗེ་ཚེ་བརྟན	多杰才旦
dotse	རྡོ་ཚད	秤，舊制藏幣單位，一秤合藏銀五十兩
dra chagbo	འདྲ་ཆགས་པོ	像樣，冠冕堂皇
Drakten	བྲགས་བཙན	扎贊
Dranang	གྲ་ནང	扎朗
dra tsö drey malönpa	དགྲ་ཚོད་དགྲས་མ་ལོན་པ	敵人無法估計其敵人
Drepung	འབྲས་སྤུངས	哲蚌寺
Drewa	འབྲེལ་བ	連接，關連
Drichu	འབྲི་ཆུ	治曲，長江上游，也叫金沙江
Drigu (thang)	གྲི་གུར་ (ཐང)	哲古（塘）
Drigu Langmothang	གྲི་གུར་གླང་མོ་ཐང	哲古朗馬塘
Drigung	འབྲི་གུང	直貢，又譯止貢
Drigung Kyamgön Rinpoche	འབྲི་གུང་སྐྱབས་མགོན་རིན་པོ་ཆེ	直貢蔣貢仁波切
Drigung Lungshö	འབྲི་གུང་གྱུང་ཤོད	直貢龍喜
Drigung Thil	འབྲི་གུང་ཐིལ	直貢梯
Drigutang	གྲི་གུར་ཐང	哲古塘
Drigutso	གྲི་གུར་མཚོ	哲古措（湖）
drogyang	འགྲོ་རྒྱུང	只管去
drönteb	མགྲོན་དེབ	噶廈記錄本
drönyerchemmo	མགྲོན་གཉེར་ཆེན་མོ	卓尼欽莫，大管家，也譯副官長、大知賓等
drukha	གྲུ་ཁ	渡口
drungja	དྲུང་ཇ	仲甲（茶會）
drungtog	དྲུང་གཏོགས	仲朵，政府職員

dü	བདུད	魔鬼
düjung	དུད་ཆུང	堆窮
Dündül (Chöying)	བདུད་འདུལ་ཆོས་དབྱིངས	頓堆曲英
dung	དུང	海螺
Dunggar	དུང་དཀར	東噶(寺)
Dzachu	རྫ་ཆུ	雜曲，即瀾滄江
dzadra tsondu gyendzom	རྫ་དྲག་ཚོགས་འདུ་རྒྱས་འཛོམས	緊急擴大民眾大會
dzasa (Minkyiling)	རྫ་སག (སྨིན་སྐྱིད་གླིངས་པ)	敏吉林扎薩
dzingra	འཛིང་ར	工事壁壘
dzögö	མཛོད་གོས	黃色團龍緞
Dzogchen Pema Rindzin	རྫོགས་ཆེན་པད་མ་རིག་འཛིན	佐欽白瑪仁增
dzong	རྫོང	宗
dzongpön	རྫོང་དཔོན	宗本
Dzomtang	འཛོམས་ཐང	宗塘
dzüma	རྫུས་མ	假的
E Chundogyang	ཨེ་ཆུ་མདོ་གྱང	埃曲多岡
Edrung	ཨེ་དྲུང	埃仲，噶廈文員名稱，來自山南埃地
ga	ག	結古(今玉樹)的略稱
Gaba	སྒ་པ	結古人
Gadang	ག་དང	喀當(代本團)
Gadrang	དགའ་བྲང	噶章
gadrukpa	གར་ཕྱུག་པ	跳舞隊
gadrung	བགའ་དྲུང	噶仲，噶廈秘書
gagkyen	འགག་ཀྱེན	障礙
gagökang	བགའ་བགོད་ཁང	指揮部，司令部
gagö magjikhang	བགའ་བགོད་དམག་སྒྱི་ཁང	司令部
gagteb	འགག་དེབ	孜噶記錄本
gagya	བགའ་རྒྱ	法令
Gambala	གམ་པ་ལ	崗巴拉
gambo	སྒམ་པོ	內向

Ganden	དགའ་ལྡན་	甘丹（寺）
Ganden Chöngor	དགའ་ལྡན་ཆོས་འཁོར་	甘丹青柯（寺），也譯香甘丹曲科（林）
Ganden Ngamjö	དགའ་ལྡན་ལྔ་མཆོད་	甘丹安雀（寺），現稱安覺寺
Ganden Phodrang	དགའ་ལྡན་ཕོ་བྲང་	甘丹頗章
Gangbu	སྒང་བུ	崗布
Ganzi	དཀར་མཛེས	甘孜
Garpön	གར་དཔོན་	樂舞領隊官
garthig	དཀར་ཐིག	白線
Gartok	སྒར་ཐོག	噶大克
Ge mabin ma shö	གས་མ་ཕིན་མ་མོད་	嘿，不要撒謊！
gegen	དགེ་རྒན་	老師
gekyen	འགལ་རྐྱེན་	逆境、障礙
Gelek Phüntso	དགེ་ལེགས་ཕུན་ཚོགས་	格勒平措
Gelong	དགེ་སློང་	比丘
Gelugpa	དགེ་ལུགས་པ	格魯巴
Gempe Utse	དགེ་འཕེལ་དབུ་རྩེ	格培山頂（？）
Gen Chödrak	རྒན་ཆོས་གྲགས་	根卻扎
Gendün	དགེ་འདུན་	根頓
Gerwa Drugu	སྒྲེར་བ་གྲུ་ཁ	格爾瓦渡口
geshe	དགེ་བཤེས	格西
geshe lharamba	དགེ་བཤེས་ལྷ་རམས་པ	格西拉讓巴
Gesar	གེ་སར	格薩爾（王）
Getö	དགེ་སྟོད	格堆（地名）？
Giamda	རྒྱ་མདའ	（工布）江達
go debo	མགོ་བདེ་པོ	不靠譜
Gökhar La	ཁོད་འཁར་ལ	郭卡拉
gojen	མགོ་ཅན	上加字
golag dangnyer	གོ་ལག་བདག་གཉེར	管理武器
Gombo Chödrag	མགོན་པོ་ཆོས་གྲགས་	貢布確扎

Gombo Tashi	མགོན་པོ་བཀྲ་ཤིས	貢布扎西
Gombo Tsering	མགོན་པོ་ཚེ་རིང	貢布次仁
Gonggar	གོང་དཀར	貢嘎
gongda thuten shü	དགོངས་དག་ཐུགས་བདེན་ཞུ	請原諒
Gonjo	གོ་འཇོ	貢覺
Gönyer	དགོན་གཉེར	經堂管家
Gopön Nyerpala	གོ་དཔོན་གཉེར་པ	郭本聶巴
Göshampa	གོད་གཤམ་པ	貴香巴
gucha	གུ་ཕུ	古恰，主宰生命的神靈
gülung	སྒུལ་སློང	發動，動員
Gungru Khentrü	གུང་རུམ་ཁན་སྤྲུལ	貢如肯楚
gusung	སྐུ་སྲུང	警衛，音譯古松
Gutor	དགུ་གཏོར	破九跳神大會，又稱驅鬼節
Gyadotsang	རྒྱ་རྡོ་ཚང	加多倉
Gyadotsang Lagen	རྒྱ་རྡོ་ཚང་བླ་གནན	加多倉‧拉甘
Gyadotsang Wangdü	རྒྱ་རྡོ་ཚང་དབང་འདུས	加多倉‧旺堆
gyagpön	བརྒྱ་དཔོན	甲本，藏軍官職，相當於連長
Gyagpön Kedram	བརྒྱ་དཔོན་སྐལ་དགྲམ་ལགས	甲本格扎
Gyalo La	རྒྱ་ལོ་ལགས	嘉樂拉
Gyalo thondup	རྒྱ་ལོ་དོན་གྲུབ	嘉樂頓珠
Gyalrong khembo	རྒྱལ་རོང་མཁན་པོ	嘉絨堪布
Gyama ngüchu	རྒྱལ་མོ་རྔུལ་ཆུ	怒江
Gyambumgang	རྒྱ་འབུམ་སྒང	嘉本岡
Gyamgön	སྒྱབས་མགོན	蔣貢
gyami ngönbo	རྒྱ་མི་སྔོན་པོ	藍漢人
Gyamtso Tashi Thubten Changchub	རྒྱ་མཚོ་བཀྲ་ཤིས་ཐུབ་བསྟན་བྱང་ཆུབ	嘉措扎西土登強曲
Gyamtsoling (Rinpoche)	རྒྱ་མཚོ་གླིང་（རིན་པོ་ཆེ）	嘉措林（仁波切），也譯江措林
Gyantse	རྒྱལ་རྩེ	江孜

Gyarong Khembo	རྒྱལ་རོང་མཁན་པོ	嘉絨堪布
gyashog	བརྒྱ་ཤོག	甲校
Gyeda	དགེ་སྒྲུག	格達
Gyegyepa	དགེ་རྒྱས་པ	格杰巴
gyekhab	རྒྱལ་ཁབ	國家，邦
Gyeltang	རྒྱལ་ཐང	建塘（今香格里拉）
Gyentsen Tempel	རྒྱལ་མཚན་བསྟན་འཕེལ	堅贊丹培
Gyetong	རྒྱས་སྟོང	結束
gyidu tsongka jigdri	སྐྱིད་སྡུག་རོང་ཁ་གཅིག་སྒྲིལ	一起使用鑿子鑿同一個點，藏語諺語
gyümey	རྒྱུད་སྨད	下密院，音譯居麥
injungla	ཨིན་རྒྱུང་ལགས	？
Jabo	སྦྱར་པོབ	甲布（巴）
Jagö Namgyal Dorje	བྱ་གོད་རྣམ་རྒྱལ་རོ་རྗེ	夏格·南嘉多杰（康巴音）
Jagsam Drukha	ལྕགས་ཟམ་གྲུ་ཁ	賈桑渡口
Jama Ngagdrug	བྱ་མ་དག་དྲུག	嘉瑪阿珠
Jama Samphel	བྱ་མ་བསམ་འཕེལ	甲馬·桑培
Jambey Gyatso	འཇམ་དཔལ་རྒྱ་མཚོ	降邊嘉措
Jangjenlogo Lokela	ལྕང་ཅན་ལོ་ཁོག་ལོ་སྐྱལ་ལགས	江金羅果·洛格拉，全名是江金羅果·洛珠格桑
Jangji Lhagye	བྱང་རི་ལྷ་རྒྱལ	羌日拉結
Janglocen Wanam	ལྕང་ལོ་ཅན་དབང་ནམས	江樂金·旺南
Jangra Lekshe	ལྕང་ར་ལེགས་བཤད	江熱列協
Jangra Tashi	ལྕང་ར་བཀྲིས	江熱扎西
Jangri Lhagye	ལྕང་རི་ལྷ་རྒྱལ	江日拉結
Jangtsa Chöndze	འཇང་རྩ་ཆོས་མཛད	姜雜群則
Jawdang	ཁྱོག་སྟེང	覺登，又稱絨朗色
Jayang Wöser	འཇམ་དབྱངས་འོད་ཟེར	降央唯色
Jayangkyil	འཇམ་དབྱངས་དཀྱིལ	絳央吉
Jayangshar	འཇམ་དབྱངས་ཤར	絳央夏爾

Jedeshöl	ཇེ་བདེ་ཞོལ	姐得秀
jedey	རྗེས་བཤུད	斷後的，音譯結迪
jendren	སྤྱན་འདྲེན	迎請
Jenkhentsisum	གཉེན་མཁན་རྩིས་གསུམ	哲堪孜松
Jenselingga	སྤྱན་གསལ་གླིང་ག	金色林卡，也譯堅色林卡
Jewa	བྱེད་པ	行動
Jigje mahe	འཇིགས་བྱེད་མ་ཧེ	大威德金剛，མ་ཧེ是水牛的意思，大威德金剛常常站在或騎在水牛上，故有此名
Jigje Lhagang	འཇིགས་བྱེད་ལྷ་ཁང	大威德佛殿
Jigme Dorje	འཇིགས་མེད་རྡོ་རྗེ	晉美多吉
Jigyab Khembo	སྤྱི་ཁྱབ་མཁན་པོ	基巧堪布
Jimpa Gyatso	སྦྱིན་པ་རྒྱ་མཚོ	金巴嘉措
jiso	སྤྱི་སོ	計蘇，寺院管理公共財務的管家
jitso nyingpa	སྤྱི་ཚོགས་རྙིང་པ	舊社會
jitso sarpa	སྤྱི་ཚོགས་གསར་པ	新社會
Jo Rinpoche	ཇོ་བོ་རིན་པོ་ཆེ	覺沃仁波切，即大昭寺供奉的佛祖12歲等身像
Jogpori	ལྕགས་པོ་རི	藥王山
Jogtsela	ལྕོག་རྩེ་ལ	覺孜拉
Jokhang	ཇོ་ཁང	音譯覺康，供奉佛祖12歲等身像的佛殿，也引申稱大昭寺為覺康
Jüba	འཇུས་པ	居巴（康區地名？）
jü ngen	རྫུས་ངན	奸計
Jünpa	འཇུན་པ	君巴
Jyekundo	སྐྱེ་རྒུ་མདོ	結古都，今玉樹
Kadam	བཀའ་དམ	噶廈的印章
Kadrung	བཀའ་དྲུང	噶仲

Kagyüpa	བཀའ་བརྒྱུད	噶舉巴
Kalön	བཀའ་བློན	噶倫
Kandrön	བཀའ་མགྲོན	堪仲
Kangyur	བཀའ་འགྱུར	甘珠爾
Kanting	མཁན་པོ་ཏིང	堪廳
Kapshöba	གཀོཤོད་པ	噶雪巴
Kargang	བཀར་ཁང	嘎崗
Karmapa	སྐར་མ་པ	噶瑪巴
Karupön/Karu pön	དཀར་རུ་དཔོན	噶如本
Kashag	བཀའ་ཤག	噶廈
Kashag shöba	བཀའ་ཤག་ཤོད་པ	噶廈雪巴
Kasur	བཀའ་ཟུར	噶蘇（卸任噶倫）
Kasur Lhalu (Tsewang Dorje)	བཀའ་ཟུར་ལྷ་ཀླུ ཚེ་དབང་རྡོ་རྗེ	噶蘇拉魯·次旺多吉
Katsab	བཀའ་ཚབ	噶曹
Kedram	སྐལ་དགྲ	格扎，全名格桑扎堆的略稱
Kesang	སྐལ་བཟང	格桑
Kelsang Chönzin	སྐལ་བཟང་ཆོས་འཛིན	格桑群增
Kelsang Dramdü	སྐལ་བཟང་དགྲ་འདུལ	格桑扎堆
Kelsang Ngawang	སྐལ་བཟང་ངག་དབང	格桑阿旺
Kelsang Wangchug	སྐལ་བཟང་དབང་ཕྱུག	格桑旺楚
Kelsang Yeshe	སྐལ་བཟང་ཡེ་ཤེས	格桑益西
khadang	ཁ་དང	卡當（代本團），即扎西代本團
khagbo shetra rey	ཁག་པོ་ཞེ་དྲག་རེད	極其困難
Kham	ཁམས	康區
Khamba	ཁམས་པ	康巴
Khambe amjo gubla yö	ཁམས་པའི་ཨམ་ཅོག་རྐུབ་ལ་ཡོད	康巴人的耳朵長在屁股上
khambey singja jagthab dang zhongyang gomba dangthab	ཁམས་པའི་ཟིང་ཆ་འཇགས་ཐབས་དང་གཞུང་དབུང་གོང་པ་དངས་ཐབས	平息康巴叛亂，降低中央憤怒

khamtsen	ཁང་ཚན	康村
Kharchen Chandzö	མགར་ཆེན་ཕྱག་མཛོད	客占強佐，客占是松贊林寺的一個活佛系統，也譯卡千或卡青
khata	ཁ་བཏགས	哈達
khe	ཁལ	藏克，西藏重量和容量單位，約14公斤
Khembo	མཁན་པོ	堪布
Kheme (Dzasa) (Tsewang Thöndrub)	མཁེ་སྨད་ [ཛ་ས།] ཚེ་དབང་དོན་གྲུབ།	凱墨扎薩·次旺頓珠
Khence	མཁན་ཆེ	大堪布，堪欽
Khendrung	མཁན་དྲུང	堪仲
Khenjung	མཁན་ཆུང	堪窮
Khenjung Kelsang Ngawang	མཁན་ཆུང་སྐལ་བཟང་ངག་དབང	堪窮格桑阿旺
Khenjung Lobsang Tenzin	མཁན་ཆུང་བློ་བཟང་བསྟན་འཛིན	堪窮洛桑旦增
Khenjung Tara	མཁན་ཆུང་ཏ་ར	堪窮達熱
Khenjung Thubden Samdo	མཁན་ཆུང་ཐུབ་བསྟན་བཟང་པོ	堪窮土登桑頗
Khensur	མཁན་ཟུར	堪蘇，卸任堪布
kho dongsho/ ma ga	ཁོ་གཏོང་ཤོག་མ་བཀག	讓他走，不要阻止他
khyebar mindu	ཁྱད་པར་མི་འདུག	沒有區別
Khyungpo Tengchen	ཁྱུང་པོ་སྟེང་ཆེན	瓊布丁青
ko drochug/ ko dongsho	ཁོ་འགྲོ་ཆུག/ཁོ་གཏོང་ཤོག	讓他走
Könchog Rinchen	དཀོན་མཆོག་རིན་ཆེན	貢覺仁欽
khongdog tsam yin khül	ཁོངས་གཏོགས་ཙམ་ཡིན་ཁྱུལ	假裝是領土
Kongpo	ཀོང་པོ	工布
Kongpo Gyashing	ཀོང་པོ་རྒྱ་ཞིང	工布加興
korchagpa	སྐོར་འཆག་པ	格查巴，舊拉薩市政府（朗子廈）的衙役
Koshang Khamtsen	སྒོ་ཤང་ཁང་མཚན	郭香康村
kudrak	སྐུ་དྲག	貴族，音譯古扎

Kunga Samden	གུན་དགའ་བསམ་གཏན	貢嘎桑丹
Kunga Wangdü	གུན་དགའ་དབང་འདུས	貢嘎旺堆
Kumbum	སྐུ་འབུམ	塔爾寺
Künam	གུན་ནམ་	貢南
Kundeling (dzasa) (Wöser Gyentsen)	གུན་བདེ་གླིང་ རྫ་སག འོད་ཟེར་རྒྱལ་མཚན	功德林（扎薩）（唯色堅贊）
Kundeling Tatongwa	གུན་བདེ་གླིང་ཏ་གཏོང་བ	功德林 · 達東娃
kungö	སྐུ་ངོ	大人，對貴族的敬稱，音譯古俄
Kungö Trekhang	སྐུ་ངོ་བཀྲས་ཁང	哲康大人
Künsangla	གུན་བཟང་ལགས	貢桑拉
Kuruku	གུ་རུ་གུ	？
Kusung	སྐུ་སྲུང	音譯古松，意為警衛
Kyangthang Naga	རྐྱང་ཐང་ན་ཁ	江塘那卡
Kyamgön	སྐྱབས་མགོན	蔣貢
kyamra	ཁྱམས་ར	走廊圍成的院子
Kyichu	སྐྱིད་ཆུ	吉曲，即拉薩河
kyidu	སྐྱིད་སྡུག	苦樂
Kyitöpa	སྐྱིད་སྟོད་པ	吉堆巴
la	ལ	坡
Labrang	བླ་བྲང	拉章
Laja Lheding Sey	བླ་ཕྱག་ལྷ་སྡིང་སྲས	拉恰拉丁色
Laja Tempa	བླ་ཕྱག་བསྟན་པ	拉加丹巴
lamrim (Chenmo)	ལམ་རིམ་ ཆེན་མོ	菩提道次廣論
Lamathang	བླ་མ་ཐང	喇嘛塘
lamyik	ལམ་ཡིག	烏拉證
laso laso	ལགས་སོ་ལགས་སོ	是，是
ledrung	ལས་དྲུང	職員，音譯勒仲
leydön ruga	ལས་དོན་རུ་ཁག	工作隊
legjö	ལེགས་བཅོས	改良、改善
legjö legung	ལེགས་བཅོས་ལས་ཁུངས	改革辦公室

lha	ལྷ	神
lhagang	ལྷ་ཁང	佛殿，音譯拉康
Lhagyari	ལྷ་རྒྱ་རི	拉加里
Lhalu	ལྷ་ཀླུ	拉魯
Lhalungpa	ལྷ་ལུང་པ	拉隆巴
Lhamo	ལྷ་མོ	拉莫
Lhamo Tsering	ལྷ་མོ་ཚེ་རིང	拉莫次仁
Lhamön, Yeshe Tsultrim	ལྷ་སྨོན་ཡེ་ཤེས་ཚུལ་ཁྲིམས	拉敏·益西楚臣
lhapsö	ལྷ་གསོལ	祈神
lharamba	ལྷ་རམས་པ	拉讓巴
Lharigo	ལྷ་རི་འགོ	拉日果，又稱拉日廓
Lhasa	ལྷ་ས	拉薩
Lhautara	ལྷའུ་ཏ་ར	拉烏達熱
Lhautara Thubden Tenthar	ལྷོ་ཏ་ར་ཐུབ་བསྟན་བསྟན་དར	拉烏達熱·土登丹達
Lheding (sey)	ལྷ་སྡིང་（སྲས）	拉丁（色）
lhendung	ལྷན་དུང	會議
Lho Dzong (Lhodzong)	ལྷོ་རྫོང	洛（隆）宗
Lhoji	ལྷོ་སྤྱི	洛基，洛卡基巧的簡稱，即山南總管
Lhoka	ལྷོ་ཁ	山南，音譯洛卡
Lhorong	ལྷོ་རོང	洛隆
Lhotö	ལྷོ་སྟོད	洛多
Lhüntse	ལྷུན་རྩེ	隆子
Ling (Rimpoche)	གླིང་（རིན་པོ་ཆེ）	林仁波切
Linga sarpa	གླིང་པ་གསར་པ	新林卡
Lingga	གླིང་ག	林卡
Lingor	གླིང་སྐོར	林廓
Litang	ལི་ཐང	理塘
Litang Athar (norbu)	ལི་ཐང་ཨ་ཐར་（ནོར་བུ）	理塘阿塔（諾布）
Litang Kunga Samden	ལི་ཐང་ཀུན་དགའ་བསམ་གཏན	理塘貢嘎桑丹

Litangba	ལི་ཐང་པ	理塘人
Liushar	སྙེའུ་ཤར	柳霞
lobjong uyön lhengang	སློབ་སྦྱོང་ཨུ་ཡོན་ལྷན་ཁང	政策研究委員會
Lobsang Palden	བློ་བཟང་དཔལ་ལྡན	洛桑帕登
Lobsang Phüntso	བློ་བཟང་ཕུན་ཚོགས	洛桑平措
Lobsang Rigdzin	བློ་བཟང་རིག་འཛིན	洛桑仁增
Lobsang Samden	བློ་བཟང་བསམ་གཏན	洛桑三旦
Lobsang Tashi	བློ་བཟང་བཀྲ་ཤིས	羅桑扎西
Lobsang Tsültrim	བློ་བཟང་ཚུལ་ཁྲིམས	洛桑楚臣
Lobsang Yeshe	བློ་བཟང་ཡེ་ཤེས	洛桑益西
Lobsang Yönden	བློ་བཟང་ཡོན་ཏན	洛桑雲登
Lodrö Chönzin	བློ་གྲོས་ཆོས་འཛིན	洛珠群增
Lodrö Kesang	བློ་གྲོས་སྐལ་བཟང	洛珠格桑
Lodrö Phüntso	བློ་གྲོས་ཕུན་ཚོགས	洛珠平措
logag	ལོ་སྐག	本命年，凶年
lökhebo rebey/ denden rebey	བློས་འཁེལ་པོ་རེད་པས/གཏན་གཏན་རེད་པས	可靠吧
Londen	བློ་ལྡན	隆登
Lonphel Tsultrim	བློ་འཕེལ་ཚུལ་ཁྲིམས	隆培楚臣
Loseling	བློ་གསལ་གླིང	洛色林
Lotsa Ngawang Senge	ལོ་ཚ་ངག་དབང་སེང་གེ	洛匝阿旺僧格
Lotse	བློ་ཚེ	洛次
Lukhang	ཀླུ་ཁང	魯康
Lukhang Drukha	ཀླུ་ཁང་གྲུ་ཁ	魯康渡口
Lukhangwa (Tsewang Rabden)	ཀླུ་ཁང་བ（ཚེ་དབང་རབ་ལྡན）	魯康娃（澤旺繞登）
ma che ma da	མ་བྱེད་མ་ལྟ	不要做，不要看
Machu	རྨ་ཆུ	瑪曲，黃河
magdön lengü	དམག་དོན་ལས་འགུལ	軍事行動
magji	དམག་སྤྱི	司令
magji gagökang	དམག་སྤྱི་བཀའ་བཀོད་ཁང	司令部

majikhang	དམག་སྤྱི་ཁང་	司令部
magjikhang	དམག་སྤྱི་ཁང་	司令部，音譯瑪基康
magsi legung	དམག་སྲིད་ལས་ཁུངས་	軍政辦公室
Magsi uyön lhengang	དམག་སྲིད་ཨུ་ཡོན་ལྷན་ཁང་	軍政委員會
magtrim	དམག་ཁྲིམས་	軍規
Mala	མ་ལ་	馬拉（山）
Manang Abo	མ་ནང་ཨ་པོ་	瑪南阿布
mang	དམངས་	芒（音譯）
mangja	མང་ཇ་	祈禱誦經法會
Markham	སྨར་ཁམས་	芒康
Mashung	མེ་གཞུང་	馬雄
Maya	མེ་རྒྱ་	瑪加
mejar	མེ་ཅར་	英文 Major 音譯，藏軍中指協俄
mendredensum	མན་དྲ་ལ་ཏེན་གསུམ་	曼扎，獻給喇嘛的供養
Mi de nor bu gling ga thon song	མི་དེ་ནོར་བུག་གླིང་ག་ཐོན་སོང་	那個人已經走了。藏語字面意思是，那個人從羅布林卡離開了
mibo	མི་བོགས་	人頭稅
migbe dasa	མིག་དཔེ་ལྟ་ས་	榜樣
mimang	མི་དམངས། མི་མང་	人民，音譯米芒
mimang tanglangtshö göjü tangdzin	མི་མང་དང་བླངས་ཚོའི་བཀོད་ཁྱབ་ལྟ་ངས་འཛིན་	人民志願軍司令部
mimang thrötso	མི་དམངས་གྲོས་ཚོགས་	音譯米芒杰錯，人民會議
mimang thrötsog	མི་དམངས་གྲོས་ཚོགས་	音譯米芒杰錯
mimang tsogpa	མི་དམངས་ཚོགས་པ་	音譯米芒措巴，人民團體
mimang tsondu	མི་དམངས་ཚོགས་འདུ་	音譯米芒春都，人民會議
Minkyiling/Mingyiling	སྨོན་སྐྱིད་གླིང་	敏吉林
Minyag	མི་ཉག	木雅

Mipön	མི་དཔོན	市長，音譯米本
miser	མི་སེར	米色，民眾，百姓
mitsa yüügaw	མི་རྩ་ཡུལ་འགུག	把屬民強行召回原籍
Mönlam	སྨོན་ལམ	音譯默朗，原意為祈願，引申為祈願大法會（傳召法會）的簡稱
mönlam torgyag	སྨོན་ལམ་གཏོར་རྒྱག	默朗道嘉，傳召法會結束時舉行的驅鬼節
Mön Tawang	མོན་རྟ་དབང	門達旺
Muru	མེ་རུ	木如（寺）
Muru Nyingma	མེ་རུ་རྙིང་པ	木如寧巴（寺）
Nagchu	ནག་ཆུ	那曲
Nagchuka	ནག་ཆུ་ཁ	那曲卡，那曲
Namgyal Dorje	རྣམ་རྒྱལ་རྡོ་རྗེ	南嘉多杰
Namgyal Gyatso	རྣམ་རྒྱལ་རྒྱ་མཚོ	南杰嘉措
Namgyal Wangdü	རྣམ་རྒྱལ་དབང་འདུས	南嘉旺堆
Namling	རྣམ་གླིང	南木林
Namru	གནམ་རུ	那木如
Namseling	རྣམ་སྲས་གླིང	朗色林
Namseling Panjor Jigme	རྣམ་སྲས་གླིང་དཔལ་འབྱོར་འཇིགས་མེད	朗色林・班覺晉美
Namtso	རྣམ་མཚོ	納木措
Nangkartse	སྣང་དཀར་རྩེ	浪卡子
Nangmagang	ནང་མ་སྒང	朗瑪崗，漢語稱堪廳
nangsen	ནང་གཟན	朗生/囊生
Narag	ན་རག	納繞
Naragtsang	ན་རག་ཚང	納繞倉
Narkyid	སྣར་སྐྱིད	納爾吉
Nechung	གནས་ཆུང	乃瓊
neden changjö	གནས་བརྟན་ཕྱག་མཆོད	羅漢禮供
neden jutrug	གནས་བརྟན་བཅུ་དྲུག	十六羅漢
Nedong	སྣེ་གདོང	乃東

Neu	སྣེའུ	內鄔（宗）
Ngabö	ང་ཕོད	阿沛
Ngachen	ང་ཆེན	納金
Ngadag	མངའ་བདག	領主
Ngadang	ང་དང	阿當（代本團）
ngala yugü ma nünna	ང་ལ་དབྱུ་གུས་མ་སྲུན་ན	如果鼓不敲響
ngagpa	སྔགས་པ	阿巴
Ngari	མངའ་རིས	阿里
ngarpo	ངར་པོ	倔強、強硬
Ngawang Chömphel	ངག་དབང་ཆོས་འཕེལ	阿旺群培
Ngawang Dadrag	ངག་དབང་བྲ་གྲགས	阿旺達扎
Ngawang Legden	ངག་དབང་ལེགས་ལྡན	阿旺列登
Ngawang Rigdrol	ངག་དབང་རིགས་གྲོལ	阿旺日卓
Ngawang Senge	ངག་དབང་སེང་གེ	阿旺僧格
Ngawang Temba	ངག་དབང་བསྟན་པ	阿旺丹巴
Ngawang Thondrup	ངག་དབང་དོན་གྲུབ	阿旺頓珠
Ngawang Yönten	ངག་དབང་ཡོན་ཏན	阿旺雲登
ngogösum dang chayag nyi	ངོ་རྒོལ་གསུམ་དང་ཆག་ཡང་གཉིས	三反兩減
ngöndzi goggey	མངོན་བཙི་སྒོག་འགས	當面一套，背面一套
ngöndro	སྔོན་འགྲོ	先行（隊）
ngönju	སྔོན་འཇུག	前加字
Norbulingka/Norbulinga	ནོར་བུ་གླིང་ཁ	羅布林卡
Norling	ནོར་གླིང	羅林，羅布林卡的簡稱
norling gusung gagökang	ནོར་གླིང་སྐུ་སྲུང་བཀའ་བཀོད་ཁང	羅布林卡警衛指揮中心
Nortölinga	ནོར་སྟོད་གླིང་ཁ	諾朵林卡
Noryon lama	ནོར་ཡོན་བླ་མ	諾顏喇嘛
Numa	ནུ་མ	努瑪
Nyango Drukha	ཉ་མགོ་གྲུ་ཁ	年郭渡口
Nyara	སྐྱུང་རལ་ཉག་དབེ	娘熱
Nyarong (ba)	ཉག་རོང་（པ）	新龍（巴）

nyechen	ཉེས་ཆེན	大罪
nyegö	བཅུས་བཀོ	欺辱
Nyemo	སྙེ་མོ	尼木
Nyemo Shuyaga	སྙེ་མོ་གཞུ་ཡ་གག	尼木雪雅噶
Nyemo thil	སྙེ་མོ་མཐིལ	下尼木
Nyenang Shoshar	གཉལ་ནང་ཕོ་ཤར	涅囊雪夏
nyerpa	གཉེར་པ	管家，音譯涅巴
nyertsang	གཉེར་ཚང	倉庫，音譯涅倉
Nyetang	མཉེས་ཐང	聶塘
Nyingma (pa)	རྙིང་མ་（པ）	寧瑪派
Nyingpo	སྙིང་པོ	寧布
Nyintri	ཉིང་ཁྲི	林芝
Palden Gyatso	དཔལ་ལྡན་རྒྱ་མཚོ	班丹嘉措
Palden Lhamo	དཔལ་ལྡན་ལྷ་མོ	帕登拉姆，又稱帕登拉媄，意譯吉祥天女
Panchen Rinpoche	པན་ཆེན་རིན་པོ་ཆེ	班禪仁波切
Panglung Gyalchen	སྤང་ལུང་རྒྱལ་ཆེན	龐隆杰欽
Pari	ཕག་རི	帕里
Pashö	དཔའ་ཤོད	八宿
pecha	དཔེ་ཆ	經書
Pejö	དཔལ་ཆོས	？
Pemagö/Pemokö	པད་མ་བཀོད	白馬崗
Pembar	དཔལ་འབར	邊壩
Pharo maro	ཕ་རོ་མ་རོ	父母屍體，口語，罵人的話
Phagpalha	འཕགས་པ་ལྷ	帕巴拉
Phala Chandzö Pegong	ཕ་ལ་དུ་ཕྱུག་མཛོད་སྤྱེལ་གོང	帕拉·強佐白貢
Phala (Thubten Wönden)	ཕ་ལྷ་（ཐུབ་བསྟན་ཝོན་ལྡན）	帕拉·土登維登
Phala Phogpön (Dorje Wangdü)	ཕ་ལ་དུ་ཕོགས་དཔོན་（རྡོ་རྗེ་དབང་འདུས）	帕拉頗本（多杰旺堆）
Phara Jiso	ཕ་ར་སྤྱི་བསོ	帕熱計蘇
Phari	ཕག་རི	帕里

Phempo/Phembo	འཕན་པོ	彭波，地名，又譯澎波
phö dang phö chembo	བོད་དང་བོད་ཆེན་པོ	西藏和大西藏
phodrang sarpa	ཕོ་བྲང་གསར་པ	新宮殿，音譯頗章薩巴
phokhang/phogang	ཕོགས་ཁང	工資辦公室
phögi tendon tsogpa	བོད་ཀྱི་བསྟན་དོན་ཚོགས་པ	西藏佛教事務協會
Phu Dündül	བྲུ་བདུད་འདུལ	普頓堆
Phuma Rignam	ཕུ་མ་རིག་རྣམ	普瑪日南
Phundra	ཕུན་བཀྲ	平扎（拉薩音）、彭哲（安多音）
Phünkang Lhajam	ཕུན་ཁང་ལྷ་ལྕམ	彭康拉姜，彭康夫人
Phüntso Gyatso	ཕུན་ཚོགས་རྒྱ་མཚོ	平措嘉措
Phüntso Tomden	ཕུན་ཚོགས་སྟོབས་ལྡན	平措刀登
Phüntso Wangyal (Wangye)	ཕུན་ཚོགས་དབང་རྒྱལ	平措旺杰
Phuntsog Yügye/Phuntso Yügye	ཕུན་ཚོགས་གཡུ་རྒྱལ	平措宇杰
Phünwang	ཕུན་དབང	平汪，平措汪杰的略稱
phusum pharma	བུ་གསུམ་བར་བ	三個兒子中間一個
Phurba Trinley	ཕུར་པ་འཕྲིན་ལས	普巴赤列
po	པོ	？
pö, Pöba	བོད，བོད་པ	藏人
Pome	པོ་སྨད	下波密
pön	དཔོན	頭人，音譯本
pön tharne yog mathar	དཔོན་ཐར་ནས་གཡོག་མ་ཐར	主人解脫後僕從不能解脫
Potala	པོ་ཏ་ལ	布達拉宮
Powo	སྤོ་བོ	波窩，即波密
Powo Tramog	སྤོ་བོ་ཁྲ་མོག	波窩扎木
Powogang	སྤོ་བོ་སྒང	波窩岡
Poyü	སྤོ་ཡུལ	波隅，波密古名
rabjung	རབ་བྱུང	繞迴，藏曆紀年法，以60年為周期

Radru Ngawang	དབ་ཕྱུག་ངག་དབང་	拉珠阿旺
Ragashag (Phüntso Rabgye)	རག་ཁ་ཤག ⎰ཕུན་ཚོགས་རབ་རྒྱས⎱	饒噶廈 (平措繞杰)
Rama	ར་མ	熱瑪
Ramagang	ར་མ་སྒང	熱瑪崗
Ramba Theji	རམ་པ་ཐའི་རྗེ	然巴臺吉
Ramba (Thubden Gungyen)	རམ་པ ⎰ཐུབ་བསྟན་ཀུན་མཉེན⎱	然巴 (土登貢堅)
Ramoche	ར་མོ་ཆེ	小昭寺
rangrig rangyü	རང་རིགས་རང་ཡུལ	本族和家鄉
rang gyong jong	རང་སྐྱོང་ལྗོངས	自治區
rangsung	རང་སྲུང	自衛
rang 'gul	རང་འགུལ	主動
Rara	རག་ར	拉熱
Ratö Rimpoche	ར་སྟོད་རིན་པོ་ཆེ	惹堆仁波切
Ratö Labrang Chantsö	ར་སྟོད་བླ་བྲང་ཕྱག་མཛོད	惹堆拉章強佐
Rawa	དབ་བ	?
Reting (Rimpoche)	རྭ་སྒྲེང ⎰རིན་པོ་ཆེ⎱	熱振 (仁波切)
Rimshi Shagjang Surpa (Ngawang Gyentsen)	⎰ངག་དབང་རྒྱལ་མཚན⎱	仁希夏江蘇巴 (阿旺堅贊) (譯註：原文如此，缺部分藏文人名)
Rinchengang	རིན་ཆེན་སྒང	仁欽崗
Rinpoche	རིན་པོ་ཆེ	仁波切，俗稱活佛
Rong Lukhang	རོང་ཀླུ་ཁང	絨魯康 (渡口)
Rongnamse	རོང་རྣམ་སྲས	絨朗色
rupön	རུ་དཔོན	如本，藏軍官職，管250名士兵
Sagadawa	ས་ག་ཟླ་བ	薩噶達瓦節
sagor	ས་སྐོར	巡視
Sakya (pa)	ས་སྐྱ ⎰པ⎱	薩迦派
Salungpa	ས་ལུང་པ	薩龍巴
Samada	ས་མ་མདའ	薩瑪達

Sambo	བསམ་པོ	桑頗
Samdra	བསམ་གྲ	桑布扎
Samdru Phodrang	བསམ་གྲུབ་པོ་བྲང	桑珠頗章
Samjog	བསམ་མཆོག	桑覺
Samye	བསམ་ཡས	桑耶 (寺)
Sandu (Rinchen)	ས་འདུལ (རིན་ཆེན)	桑都仁欽
Sandu Lo Nyendra	ས་འདུ་བློ་སྙན་གྲགས	桑都・洛年扎
sane sishung	ས་གནས་སྲིད་གཞུང	地方政府
Sangyib	གསང་ཡིབས	桑益
Sangye Yeshe	སངས་རྒྱས་ཡེ་ཤེས	桑結益西
Sarchung Sey	གསར་ཆུང་སྲས	薩瓊色
sarje ngologpa	གསར་བརྗེ་ངོ་ལོག་པ	反革命
sashing cügyur	ས་ཞིང་བཅོས་བསྒྱུར	土地改革
Sateng	ས་སྟེང	沙丁 (宗)
satsig	ས་ཚིགས	驛站
Sawangchemmo	ས་དབང་ཆེན་མོ	薩旺欽莫，對噶倫的敬稱
semney	སེམས་ནད	心結，心病
senriy	ཟན་རིལ	糌粑丸子
Sera (Je)	སེར་ར (བྱེས)	色拉 (寺) 杰 (扎倉)
Seshin	ཟས་ཞིམ	?
Seshing	སེག་ཤིང	色新
Sexin	སེག་ཤིང	色新
Seysey	གསེར་གསེར	賽賽
Shabden lhagang	ཞབས་བརྟན་ལྷ་ཁང	夏卜旦佛堂
Shakabpa	ཞྭ་སྒབ་པ	夏格巴
shag	ཤག	僧房，僧舍
Shalu (Kushang)	ཞ་ལུ་སྐུ་ཞང	夏魯固雄
Shang Ganden Chöngor	ཤངས་དགའ་ལྡན་ཆོས་འཁོར	甘丹青柯寺，也稱香甘丹曲果林寺
Sharlotsang Chöndze	ཤར་ལོ་ཚང་ཆོས་མཛད	夏洛倉・群則

Shasur	བཤད་ཟུར	夏蘇
Shatra	བཤད་སྒྲ	夏扎
Shelkar	ཤེལ་དཀར	協噶爾
Shelling	ཤེལ་གླིང	協林
Shengo	ཞལ་ངོ	協俄，藏軍職位，相當於排長，管理25名士兵
Shenkawa	གཤན་ཁ་བ	先喀娃
Shenkawa Gyurme	གཤན་ཁ་བ་འགྱུར་མེད	先喀娃·居美
Sherab Gyatso	ཤེས་རབ་རྒྱ་མཚོ	喜饒嘉措
Shide	བཞི་སྡེ	喜德林 (寺)
shiga	གཞིས་ཀ	莊園，音譯谿卡
Shigatse	གཞིས་ཀ་རྩེ	日喀則
shiwei jingdrü	ཞི་བའི་བཅིངས་འགྲོལ	和平解放
Shöl (pa)	ཞོལ〔པ〕	雪村 (巴)
Shöl Parkhang	ཞོལ་པར་ཁང	雪村印經院
Shölpa Tatonga	ཞོལ་པ་རྟ་གདོང་པ	雪巴·達東巴
shöpa	ཤོད་པ	雪巴
Shopando	ཤོ་པ་མདོ	碩般多
Shopashar	ཤོ་པ་ཤར	碩般多的另一個名字
Shotarlhosum/ Shotalhosum	ཤོ་སྟར་ལྷོ་གསུམ	碩達洛松
Shugola	ཤོག་བུ་ལ	雪布拉 (山口)
Shukja Tsendrön	བཤུགས་བྱ་ཆན་མགྲོན	雪嘉孜仲
Shukhupa (Jamyang Khedrub)	ཤུད་ཁུད་པ〔འཇམ་དབྱངས་མཁས་གྲུབ〕	雪古巴·加央凱珠
shugu	གཞུ་གུ	尾巴
shung ganden podrang	གཞུང་དགའ་ལྡན་ཕོ་བྲང	甘丹頗章政府
Shundongkar	ཤུན་གདོང་དཀར	迅東噶 (宗)，也稱新東噶宗
Shungden	ཤུགས་ལྡན	雄天，也稱雄登、修丹等
Sidar	སྲིད་དར	斯達

Silön	སྲིད་བློན	司倫
Simbö Khembo	གཟིམ་དཔོན་མཁན་པོ	森本堪布
simjung thagor	གཟིམ་ཆུང་མཐའ་སྐོར	寢宮周圍
	གཟིམ་ཆུང་སྐོར་སྲུང་དམག	寢宮周圍守衛
Simpön Khembo	གཟིམ་དཔོན་མཁན་པོ	森本堪布
singga	གཟིམ་འགག	音森噶，(最高統治者)的內寢侍衛
singdru	ཟིང་འཁྲུག	騷亂，音譯森楚
singja	ཟིང་ཆ	戰亂，騷亂
Sitsab	སྲིད་ཚབ	司曹
Sonam Gombo	བསོད་ནམས་མགོན་པོ	索南貢布
Sonam Gyatso	བསོད་ནམས་རྒྱ་མཚོ	索南嘉措
Sonam Phuntso	བསོད་ནམས་ཕུན་ཚོགས	索南平措
Sonam Tomden	བསོད་ནམས་སྟོབས་ལྡན	索南刀登
Sonam Tobgye	བསོད་ནམས་སྟོབ་རྒྱས	索南多杰
Sonam Tsering	བསོད་ནམས་ཚེ་རིང	索南次仁
Söpel	བསོད་དཔལ	索白
Söpön Khembo	གསོལ་དཔོན་མཁན་པོ	索本堪布
srungdö/sungdö	སྲུང་མདུད	護身結
sulu	སུ་ལུ	蘇盧。一種灌木
sumjupa	སུམ་ཅུ་པ	三十頌
sungjöra (ba)	གསུང་ཆོས་ར༼བ༽	松曲熱(辯經場、講經園)
sungjü rawa	གསུང་ཆོས་ར་བ	松曲熱哇(辯經院子、講經園)
süntser	བསུན་བཙེར	騷擾，欺凌
Surkhang	ཟུར་ཁང	索康
Surkhang (Wangchen Gelek)	ཟུར་ཁང༼དབང་ཆེན་དགེ་ལེགས༽	索康(旺欽格勒)
surtsog	ཟུར་ཚོགས	非正式、自行？
Surshi lama	ཟུར་བཞི་བླ་མ	索西喇嘛
Ta lama	ཏ་བླ་མ	達喇嘛

Ta Lama Rong Namse Thubden Norsang	ཏ་བླ་མ་རོང་རྣམ་སྲས་ཐུབ་བསྟན་ནོར་བཟང་	達喇嘛絨朗色・土登諾桑
Taklha (Phüntso Tashi)	སྟག་ལྷ〔ཕུན་ཚོགས་བཀྲ་ཤིས〕	達拉・平措扎西，也譯彭措扎西
Takste Rimpoche	སྟག་འཚེར་རིན་པོ་ཆེ	當彩仁波切，也譯當采、塔澤等
Taktruka	སྟག་གྲུ་ཁ	達竹卡
Tamdrin Tashi	རྟ་མགྲིན་བཀྲ་ཤིས	達珍扎西
Tamdrin Wangyal	རྟ་མགྲིན་དབང་རྒྱལ	達珍旺杰
Tang ngogö tshogpa'i tsowo	དང་ངོ་རྒོལ་ཚོགས་པའི་གཙོ་བོ	反黨集團頭目
Tanglang Tensung Magar	དང་བླངས་བསྟན་སྲུང་དམག་སྒར	衛教志願軍
Tara	ཏ་ར	達熱
Tara Donga Tharching	ཏ་རའི་དོ་བསྒགས་མཐར་ཕྱིན	達熱・多噶塔欽
Targye Gomba	དར་རྒྱས་དགོན་པ	大金寺
Tashi Bera	བཀྲ་ཤིས་དཔལ་རབ	扎西白拉
Tashi Gelek	བཀྲ་ཤིས་དགེ་ལེགས	扎西格勒
Tashi Kharing	བཀྲ་ཤིས་ཁ་རིང	扎西卡林（步槍）
Tashi Lingpa	བཀྲ་ཤིས་གླིང་པ	扎西林巴
Tashi Tomden	བཀྲ་ཤིས་སྟོབས་ལྡན	扎西刀登
Tashilhunpo	བཀྲ་ཤིས་ལྷུན་པོ	扎什倫布
Tashidrag (Teesta)	བཀྲ་ཤིས་བྲག	扎西扎河（提斯塔河）
Tatonga	ཏ་གཏོང་བ	達東巴
Temba[ma] jog Lobsang Nyendra	བསྟན་མ་ལྕོག་ལྦོ་བཟང་སྙན་གྲགས	丹巴角・洛桑年扎
Temba Söpa	བསྟན་པ་བཟོད་པ	丹巴索巴
Tempa Targye	བསྟན་པ་དར་རྒྱས	丹巴達吉
Tengchen	སྟེང་ཆེན	丁青
Tenmajog	བསྟན་མ་ལྕོག	丹巴角
tensi mirig	བསྟན་སྲིད་མི་རིགས	政教民族
tensung danglang magar	བསྟན་སྲུང་དངས་བླངས་དམག་སྒར	衛教軍
tensung tanglang magar	བསྟན་སྲུང་དངས་བླངས་དམག་སྒར	衛教軍

Tenzin Thundrup	བསྟན་འཛིན་དོན་གྲུབ	丹增頓珠
Thamdzing	འཐབ་འཛིང	批鬥會
Tharchin (pa)	མཐར་ཕྱིན（པ）	塔欽（巴）
theiji	ཐའི་ཇི	臺吉
Thrip	གྲིབ	直村，拉薩南部治曲河對岸的村莊
thogong powo dringgire	དོ་དགོང་སྤོ་བོ་སྐྱིང་གི་རེད	老人今晚會被送走
Thöndrub Norgye	དོན་གྲུབ་ནོར་རྒྱས	頓珠諾杰
Thöndrup Gyentsen	དོན་གྲུབ་རྒྱལ་མཚན	頓珠堅贊
Thonsur	ཐོན་ཟུར	頓蘇
thönja	ཐོན་ཕྱག	告別禮
Thönpa Khenjung (Jampa Khedrub)	ཐོན་པ་མཁན་ཆུང（འཇམ་པ་མཁས་གྲུབ）	吞巴堪窮（絳巴凱珠）
Thowa	དོ་བ	多哇
thragor	གྲ་སྒོར	辯經
thrüche sarbey rig	འཕྲུལ་ཆས་གསར་པའི་རིགས	現代武器（？）
Thubden Changchub	ཐུབ་བསྟན་བྱང་ཆུབ	土登強曲
Thubden Gyalpo	ཐུབ་བསྟན་རྒྱལ་པོ	土登杰布
Thubden Lengmön	ཐུབ་བསྟན་ལེགས་སྨོན	土登列門
Thubden Norbu	ཐུབ་བསྟན་ནོར་བུ	土登諾布
Thubden Nyinji	ཐུབ་བསྟན་ཉིན་བྱེད	土登寧吉
Thubden Ramyang	ཐུབ་བསྟན་རབ་དབྱངས	土登繞央
Thubden Samjog	ཐུབ་བསྟན་བསམ་མཆོག	土登桑覺
thukdam	ཐུགས་དམ	卜卦
thuksam dzarbang	ཐུགས་གསམ་འཛར་པང	腰裙上的護心鏡
tö	སྟོད	堆，指阿里
Tölung Tsurphu	སྟོད་ལུང་མཚུར་ཕུ	堆龍楚布
Töpa Jamyang trinley	སྟོད་པ་འཇམ་དབྱངས་འཕྲིན་ལས	堆巴·嘉央赤列
torgyag	གཏོར་རྒྱག	音譯道嘉，驅鬼用的朵瑪
torma	གཏོར་མ	朵瑪

tragshug che	དག་ཤུགས་ཆེ	戰爭氣氛（？）
tramang	གྲ་དམངས	普通僧人
Tramo	སྤྲ་མོག	扎木
trangga garpo	ཊྃ་ཀ་དཀར་པོ	章噶噶布，西藏銀幣
trang	འཕྲང	隘口，險關
Trapchi	གྲ་བཞི	扎西（代本團）
Trapchi Gomba	གྲ་བཞི་དགོན་པོ	扎基寺
Trapchi Lhamo	གྲ་བཞི་ལྷ་མོ	扎基拉姆
tratru	གྲ་ཕྲུག	小沙彌
Traya	བྲག་གཡབ	察雅
Traya Lama Atru	བྲག་གཡབ་བླ་མ་ཨ་ཕྲུ	察雅喇嘛阿珠
treba	ཁྲལ་པ	差巴，領有差地，支差的依附農民
treden	ཁྲལ་རྟེན	差頓
Tregang	ཁྲལ་ཀང	哲康，也譯徹崗
trema	སྲན་མ	扁豆
trenön	ཁྲལ་སྣོན	差役附屬
Trendong	མཁས་མཐོང	？
trenyog	བྲན་གཡོག	奴隸，音譯纏永
Tri Ralpchen	ཁྲི་རལ་པ་ཅན	赤·熱巴巾
Trijang Rimpoche	ཁྲི་བྱང་རིན་པོ་ཆེ	赤江仁波切
trimgey	ཁྲིམས་འགལ	違紀
Trimon	ཁྲི་སྨོན	赤門
Trinley Dorje	བཀྲིན་ལས་རྡོ་རྗེ	赤列多杰
Trip	གྲིབ	直村
tripa	ཁྲི་པ	首席，音譯赤巴
Trojikhang	གྲོ་ཕྱི་ཁང	卓基康
Tromo (ch. Yadong)	གྲོ་མོ	卓木，亞東
Tromsigang	ཁྲོམ་གཞིགས་ཁང	沖賽康
trug	འཁྲུག	爭端
trunggyü	དྲུང་དགྱུས	仲居，普通下級俗官

Trungja	དུང་ཇ	仲甲
Trungyik Küncho Dorje	དུང་ཡིག་དཀོན་མཆོག་རྡོ་རྗེ	仲譯貢曲多杰
Trungla yarsö	འཁྲུངས་སྐྱ་དབྱར་གསོལ	達賴喇嘛生日（？）
Trungtsi	དུང་རྩིས	仲孜
Trungtsigye	དུང་རྩིས་བརྒྱད	仲孜杰，八仲孜
Trunyichemmo	དུང་གཉེར་ཆེན་མོ	仲譯欽莫
Tsadora	ཚ་རྡོར་བ	擦多熱
Tsakur	ཚ་ཁུར	擦庫
tsamba	རྩམ་པ	糌粑
tsame	ཙ་མེད	徹底清除
tsang	གཙང	後藏
Tsang pa	གཙང་པ	藏巴
Tsangpo	གཙང་པོ	藏布（江）
Tsari	ཙ་རི	扎日
Tsarong Dzasa	ཚ་རོང་ཛ་སག	擦絨扎薩
Tsarong Rimshi	ཚ་རོང་རིམ་བཞི	擦絨仁希
Tsarong Lodrö	ཚ་རོང་བློ་གྲོས་ཕུག་ཕྱུག་བླ་མ་ཨ་ཕྱུག	擦絨洛珠
Tsarong Shape	ཚ་རོང་ཞབས་པད	擦絨夏卜拜
tsatsig	ཙ་ཚིག	布告，告示
Tsawarong	ཚ་བ་རོང	察瓦龍
Tse	རྩེ	孜，原意頂端，常指布達拉宮
Tsecholing	ཚེ་མཆོག་གླིང	策覺林，也稱次角林
tse ga	རྩེ་འགག	孜噶，達賴喇嘛秘書處，充當傳達室功能
Tseden Gombo	ཚེ་བརྟན་མགོན་པོ	宮保慈丹，十四世班禪大師原名
Tseja	རྩེ་ཕྱག	孜恰
Tseja Gyentsen	རྩེ་ཕྱག་རྒྱལ་མཚན	孜恰堅贊
Tselabdra	རྩེ་སློབ་གྲྭ	孜拉扎
Tsendrön	རྩེ་མགྲོན	孜仲
tsenju	རྗེས་འཇུག	後加字

tsenshab	མཚན་ཞབས	辯經師，侍讀
Tsetang	རྩེད་ཐང	澤當
Tsewang Dorje	ཚེ་དབང་རྡོ་རྗེ	次旺多杰
Tsewang Gyurme	ཚེ་དབང་འགྱུར་མེད	次旺居美
Tsewang Namgyel	ཚེ་དབང་རྣམ་རྒྱལ	次旺南嘉
Tsewang Rinzin	ཚེ་དབང་རིན་འཛིན	次旺仁增
tsepa	རྩེག་པ	上加字
Tsipön Shakabpa	རྩིས་དཔོན་ཞྭ་ཁ་པ	孜本夏格巴
Tsetang	རྩེ་ཐང	？
Tsongpön Abag	ཚོང་དཔོན་ཨ་དཔག	孜本阿巴
tsho	ཚོ	部落、群
tshog	ཚོགས	集團
Tshomöling	ཚེ་སྨོན་གླིང	策墨林
Tshurpu	མཚུར་ཕུ	楚布 (寺)
Tsidrung Letsen Tenmajog	རྩེ་དྲུང་ལས་ཚན་བསྟན་མ་ལྕོག	孜准勒參丹巴角
tsigang	རྩིས་ཁང	孜康
tsigyag	རྩིས་རྒྱག	會計 (？)
tsipa	རྩིས་པ	音譯孜巴，會計師
tsipön	རྩིས་དཔོན	孜本
tsodrag	གཙོ་དྲག	佐扎，莊頭鄉吏
Tsogchen (Umdze)	ཚོགས་ཆེན་དབུ་མཛད	措欽翁則，措欽是大經堂，翁則是誦經時的領誦僧人
tsogchung	ཚོགས་ཆུང	小組
Tsögo	མཚོ་སྒོ	崔科，也譯措果
Tsögo Sey Thöndrub Tsering	མཚོ་སྒོ་སྲས་དོན་གྲུབ་ཚེ་རིང	崔科色·頓珠次仁
Tsomönling Labrang	ཚེ་སྨོན་གླིང་བླ་བྲང	策墨林拉章
Tsöna	མཚོ་སྣ	錯那
tsondu	ཚོགས་འདུ	春都，民眾大會
tsondu gyendzom	ཚོགས་འདུ་རྒྱས་འཛོམས	全體民眾大會，音譯春都杰措

tsondu hragdu	ཚོགས་འདུ་ཧྲག་བསྡུས	機要民眾大會，音譯春都莎堆
tsondu hragdu gyepa	ཚོགས་འདུ་ཧྲག་བསྡུས་རྒྱས་པ	擴大民眾大會
tsondzin	འཚོ་འཛིན	佐津
Tsongjö	ཚོགས་མཆོད	措曲（法會）
Tsuglagang	གཙུག་ལག་ཁང	音譯祖拉康，即大昭寺
Tsultrim Nyima	ཚུལ་ཁྲིམས་ཉི་མ	楚臣尼瑪
Ü	དབུས	衛
ula	ཨུལ་ལག	烏拉
Urgyen Tsering	ཨོ་རྒྱན་ཚེ་རིང	鄔金次仁
Ütsang	དབུས་གཙང	衛藏
Wangchuk Tsering	དབང་ཕྱུག་ཚེ་རིང	旺楚次仁
Wangden Tashi	དབང་ལྡན་བཀྲ་ཤིས	旺丹扎西
Wangdü	དབང་འདུས	旺堆
Wangye	དབང་རྒྱལ	旺杰
Wangye Phüntso	དབང་རྒྱལ་ཕུན་ཚོགས	平措汪杰
Wölga Zingche/Wölkha Zingche	འོལ་ཁ་རྫིང་ཆེ	沃卡增期
Wölkha	འོལ་ཁ	沃卡
Wölkha Chunjug	རྒྱ་འཇུག	沃卡曲巨
Wölkha Chöling	འོལ་ཁ་ཆོས་གླིང	沃卡曲龍
Wön	འོན	溫（宗）
Wöse	འོད་ཟེར	維色
Wuyug	ཝུ་ཡུག	無尤（宗）
Yaba	ཡ་པ	雅巴
Yabshi	ཡབ་གཞིས	堯西
Yamdro	ཡར་འབྲོག	羊卓
Yamdrotso	ཡར་འབྲོག་མཚོ	羊卓措，即羊卓雍措
Yangbachen	ཡངས་པ་ཅན	羊八井
Yangki	གཡང་སྐྱིད	央吉
Yangpajen	ཡངས་པ་ཅན	羊八井

yangsane ta kha gagore	གཡང་ས་ནས་རྟ་ཁ་བཀག་དགོས་རེད	你們必須懸崖勒馬
yar	གཡར	借
Yarlung Phodrang	ཡར་ལུང་ཕོ་བྲང	雅礱頗章
Yarlungtsangpo	ཡར་ལུང་གཙང་པོ	雅魯藏布（江）
Yartö Dragla	ཡར་སྟོད་བྲག་ལ	牙堆扎拉
yechog	གཡས་ཕྱོགས	右派
yechog chemmo	གཡས་ཕྱོགས་ཆེན་པོ	大右派
Yeshe Lhündrup	ཡེ་ཤེས་ལྷུན་གྲུབ	益西倫珠
Yeshe Thargye	ཡེ་ཤེས་དར་རྒྱས	益西達杰
Yeshe Tsultrim	ཡེ་ཤེས་ཚུལ་ཁྲིམས	益西楚臣
yeru	གཡས་རུ	右翼，音譯葉如
yeru magji	གཡས་རུ་དམག་སྒི	右翼司令
yigtsang	ཡིག་ཚང	譯倉
yogpo	གཡོག་པོ	僕人
yongdzin	ཡོངས་འཛིན	轉世喇嘛的經師
Yönru	གཡོན་རུ	左翼，音譯雍如
Yönru magji	གཡོན་རུ་དམག་སྒི	左翼司令
Yügye Lhünpotse	གཡུལ་རྒྱལ་ལྷུན་པོ་རྩེ	玉吉隆布子
Yünphug	ཡུན་ཕུག	雍普
Yuthok	གཡུ་ཐོག	宇妥

附錄二

噶廈從隆子宗發出的法令
（1959年3月26日）

噶廈，自玉嘉隆布子宮，土豬年某月某日[1]

བོད་གངས་ཅན་གྱི་ལྗོངས་འདི་མི་ལོ་སྟོང་ཕྲག་གི་གོང་ནས་ཆོས་སྲིད་གཉིས་ལྡན་རྒྱལ་ཁབ་རང་དབང་རང་བཙན་ཡོངས་གྲགས་ཀྱང་ཁར་སྐབས་རྒྱ་ནག་མན་ཏུ་གོང་མ་དང་མཆོད་ཡོན་གྱི་འབྲེལ་བའི་རྐྱེན་གྱིས་བོད་རྒྱ་ནག་གི་ཁོངས་གཏོགས་ཚམ་ཡིན་ཁུལ་ཚོད་བསྲུང་རུ་བོད་རང་དབང་རང་བཙན་གྱི་ཆོས་སྲིད་དང་ལུང་གཡུང་དགའ་ལྡན་ཕོ་བྲང་ཆེན་པོ་ནས་མཛད་ཕྱུས་ཀྱི་རྒྱལ་ཁབ་སྲུང་བའི་དུག་པོའི་དམག་དཔུང་དང་དུག་ཆས་བཟོ་བསྐྲུན་གསར་དཔལ་འབྱོར་གསུམ་གྱི་དུ་ག་ག་དང་ཁོག་བོད་བཙན་མི་ནང་ཆེ་མས་སྲོག་ལེན་འགྲོ་རྒྱགས་ཀྱི་ཡིག་སྐྱེལ་གོག་པོ་ཕོག་ལ་ཏེ་ག་སི་སྐྱར་བཀའི་རྒྱལ་དང་བན་དང་འཕེལ་གཏུགས་སོགས་རྒྱལ་ཁབ་ཆེ་ཆུང་གི་དཔྱ་བ་ཚམ་ས་གཏོགས་འཛམ་སྐྱིང་རས་བཙན་རྒྱལ་ཁག་དང་འདི་བའི་རང་བཙན་གྱི་ཆེ་རྟགས་མཐུན་རྐྱེན་ཆ་ལག་ཆང་བ་ཞིག་ཡོན་འང་གྲི་ལོ་༡༩༥༠་ལོ་རྒྱ་དམར་སྲུང་ཕྲན་དད་ནས་བཙན་བཅད་ཀྱིས་བོད་དུ་དག་པོའི་དམག་དཔུང་བཏང་བར་མི་འཕོར་གོ་ལག་གང་ཚ་ནས་ཡ་ལན་མ་འཕྲོང་པས་རྒྱ་བོད་དམར་མཐུན་དོན་ཆ་བཅུ་བདུན་འཕོང་པ་བོད་གཞུང་ལ་འདི་བསྲུར་ཆམས་མེད་པར་རྒྱར་རང་གི་འདོད་མོས་ལྟར་དང་མེད་བསྒོལ་འཛིག་བྱེད་དགོས་བྱུང་བ་ནས་ནས་བཟུངས་ལྷག་ལ་སྐྱབས་མགོན་ཆེན་པོ་མཆོག་དང་གོ་གཏན་དགའ་ལྡན་ཕོ་བྲང་ཆེ་པོའི་འོགི་སེར་སྐྱ་མི་དམངས་བཅས་ནས་མཐུན་ལམ་རོ་བསྒུར་འགྱོང་མེད་གང་ཡོན་ཚེ་ཟངས་གནན་དུ་གྲུ་གམར་གཞུང་དང་བོད་སྲོང་རྒྱ་དམར་དཔོན་དམག་ནས་གྱིས་མཐུན་མི་གནན་པའི་ཁམས་ཕྱོགས་དགོན་ཁག་ཁ་ར་ཙ་བསྟོར་བདད་ར་བ་དང་ལྔག་པར་ཆས་དང་ཁ་ད་གེ་འདུན་ལ་སྲང་དགུའི་གར་བོར་བཟུངས་སྟེ་མངོན་སྒོལ་བ་ཕྱགས་ཏེ་ཙན་སངས་རྒྱས་བཅོམ་འཕན་འདགས་ལ་ཡང་ལོག་སྒྱོང་པར་རས་འཇིགས་གྱིས་ལོག་ཐོགས་སྐྱར་འདབས་ནན་སྐུལ་ཚོར་མེད་ཀྱིས་ཡོངས་ཁྱབ་ཆགས་པར་བོག་འཁམས་སྐྱེལ་བྱར་པ་བོ་ནཏ་སྟོང་པ་སངས་རྒྱ་བའི་རྗེ་སུ་ལུགས་པའི་ཆོས་ཕྱེ་ཀྱི་དང་ལྷག་པར་བོད་མི་སེར་པོ་མོ་སྐྱ་དག་ཞན་ཆང་སམ་ཞེན་པ་གཏིང་ནས་མི་ལོག་དང་མེད་དམར་ཁྲིམས་འཕལ་བཙན་གཞིན་མནར་ཚད་གཏུག་རྒྱུ་ལོ་ན་ར་བཞིན་ཆོང་ད་མེད་དེ་ཆེར་བདང་རྗེ་བོད་མིའི་སྲོག་ལམས་འཚངས་པ་སངས་རྒྱས་ཀྱི་བསྟན་པ་རིན་པོ་ཆེ་དེ་འཇིང་དང་བཙས་པ་རྒྱ་མེད་ཕྱལ་ལྷག་གཏོང་རྒྱུ་

དངོས་ཕུགས་ནས་ར་འཕྲོང་ལ་བརྟེན་ཆོས་དང་།སྐྱད་ཡིག།ཟབས་གོས་ཆ་ལུགས་ཀྱིས་འདྲེ་བའི་བོད་སྟོངས་སེར་སྐྱ་མི་དམངས་
ཡོངས་རྫོགས་ནོ་ཕམ་ཡིན་ཅན་སྤུག་བསྒུལ་བོང་ཚི་མི་བརྗོད་པའི་དང་དུ་སྟོད་སྨུར་ཏེ།ཆར་བོད་རབ་ལོ་༣༣་ཟླ་ར་ཚེས་༠
ཉིན་བོད་སྟོངས་ཆོས་སྲིད་གཉིས་ཀྱི་བདག་པོ་ལྭོང་ས་སྐྱབས་མགོན་ཏུ་འི་བླ་རིན་པོ་ཆེ་མཆོག་དང་།སྲིད་ཀྱི་འབྱུར་
འཛིན་བཀའ་ཤག་གི་མཆོག་དཔོན་རིགས་བཅས་བོད་དམག་ཁུལ་ཁང་དུ་གཟིགས་མོར་ཕེབས་དགོས་གདགས་ལུ་བྱུས་ཏེ།
ཡོང་ས་ཆེན་པོའི་སྐུ་སྲུང་ནས་གོ་མཆོན་འཁྱེར་མི་ཆོག་པའི་བརྫ་བསྒྲེལ་བྱས་པ་ནང་ནན་དོན་བསམ་འནང་རྗེ་ཡོད་མི་ཏོག་
ཀྱང་།གནས་སྐབས་བཅན་ཕུགས་ཆེ་ཆུང་གི་རྒྱུ་ཕྱོགས་ནས་ཅི་ལབ་དུང་ས་ལེན་མ་བྱས་ཐབས་ལྭ་ལྭ་བྱས་གཟིགས་མོར་
ཕེབས་རྒྱུ་གདན་འབེལ་མཚམས་གདན་ས་གསུམ་གྱི་བླ་ལས་སྟེ་དང་དགེ་འདུན་དམངགས་ལྔང་ཞབས་སེར་སྐྱ། ཀུ་གཞིལ་
ཁྲལ་དུ་གནས་པའི་སེར་སྐྱ་མི་དམངས་ཁྲི་ཁྲག་བཀལ་བའི་ལྭོང (此處原文換行寫有兩個ལྭོང，
應該是重複的) ལྭོང་ས་སྐྲབས་མགོན་དུ་འི་བླ་མ་མཆོག་རྒྱུ་མིའི་དམག་སྲར་ནང་གཟིགས་མོར་ཕེབས་རྒྱུ
ཞེས་པ་ད་ཐབ་རྒྱ་དམག་བོད་དུ་འབྱོར་ནས་ལོ་བཅད་རིང་མ་བྱང་མ་སྲིད་པའི་གནས་སྟོས་ལ་དོགས་གནས་ཀྱིས་དོར་
སྲིང་པོ་བྱང་གི་གཉིས་སྐོབེའི་འབག་དུ་ད་འབོད་ཕུག་འཆལ་གྱི་གདང་དགག།ཞུས་པ་དང་ཆབ་གཉིག (應該是ཆབས
ཉིག) རྒྱ་བོད་གཉིས་ཆོས་དང་ལམ་ལུགས་གང་ཆེ་ཆ་གུང་ལ་འབག་ས་སྟོད་གཉིག་དུ་སྟོད་ཐབས་མེད་པའི་སེམས་ནད་ཆང་
མ་དུས་གཉིག་དུ་བཟོང་ཏེ།ད་རིང་ནས་མི་དམངས་ཡོངས་ནོ་ཆོགས་རྒྱ་འོག་ནས་སྟེར་ལངས་ཐེན་ལུགས་ཉིལ་བསྒྲུགས་ཁྲིམ་
ནོར་བསྒྲོད་པ་སོགས་སྟེར་ལངས་འཛུག་འཛིང་གནས་ཆུལ་ཕུར་ལངས་ཆེན་པོ་དོར་སུ་བྱུང་བར་ལྭོང་ས་སྐྲབས་
མགོན་ཆེན་པོ་མཆོག་ནས་རྒྱ་བོད་དགོག་ཀྱེན་མེད་པའི་སྲིང་ཆ་གང་ཆེ་ཡོང་ཐབས་མི་དམངས་ཀྱི་འཕུལ་མིར་ལེགས
ཆའི་བཀའ་འ་སློབ་ཐབས་མོ་གང་ཡོང་སྨལ་རུང་སེར་སྐྱ་མི་དམངས་ཆང་འི་སྲིང་ནད་སོས་ཐབས་མེད་པ་ཉན་འཛིགས་ལུ
མིན་གྱི་དུག་ཆས་སྤྲས་པའི་དུས་སྡུང་དམག་མི་ཁྲིན་ཆེ་པོ་བྱང་ཡས་མས་དང་གཅུགས་ལག་ཁང་བཅས་པར་མཐབ་སྟོར
སུང་འདེས་བྱས་ཏེ།རྒྱ་བོད་འབེལ་ལས་སྒོ་བུར་ཞིག་རབ་ཆབ་ཆེར་བྱར་སོང་ཡང་ད་དུང་ལྭོང་ས་སྐྲབས་མགོན་ཆེན་
པོ་མཆོག་ནས་རྒྱ་བོད་མཐུན་ལམ་འཛམ་ཆག་ཡོང་རྒྱའི་ཐུགས་རེས་མཐུན་ལམ་ཐབས་མགས་གང་ཡོང་མཛད་སོར་དུང་
ལྭ་སྟོད་རྒྱ་དམར་དཔོན་རིགས་ནས་མཐུན་ལམ་ལག་སྟོང་མེད་པར་དུག་གནོན་གཏོར་ཆེས་ལོ་ནས་དུག་པོའི་དམག་གི
གྲ་སྒྲིག་རྒྱ་ཆེ་དང་འཛིག་དྲོད་བླ་ར་པའི་ཆེས་འ་ཉིན་གུང་ལྭའི་རྒྱ་ཆོང་པོའི་ཕོག་དང་སྲུང་དམག་ནས་ལྭོང་ས
སྐྱབས་མགོན་ཆེན་པོའི་བཞུགས་གནས་ཕོ་བྲང་གི་བྱང་ཕྱོགས་ནས་ཁ་གདད་ད་མི་སྟོགས་གཉིས་འཕངས་པ་ཕོ་བྲང
ལྷགས་རེའི་ཕྱི་ངོས་སུ་ཕུ་དུ་བརྐྱད་བརྒྱའི་བར་བབས་འདུག་པ་གས་འཚོར་མ་བྱང་བ་མ་གཏོགས་ལྭོང་ས་ཆེན་པོའི་སྐུ
ཕྱར་འཕག་ལ་སྐྱེན་ཉིན་ཆབ་ཆེ་ཆེ་ཡོང་གཉིའི་གནས་ཆུལ་ཐབས་ཧྲུག་དོང་སུ་བྱུང་བར་བརྟེན་བོད་སྟོངས་སེར་སྐྱ་མི་མང
ཆང་མས་ལྭོང་ས་སྐྱབས་མགོན་ཆེན་པོ་ར་ཞིག་སྐུ་ཕྱུའི་འ་གཡོལ་དུ་ཕྱི་རྒྱར་གདན་ལུ་དགོས་རྒྱུ་ལུ་ནན་ཆེ་བ་ལྱུག
བསམ་གྱི་དགེ་སྐྱེན་ལུ་འབོད་དངོས་འཛིལ་ལ་སོང་གཉིགས་ནེ།ཕུབ་མཆན་མོ་རང་ལ་སྒྲོ་བྱར་དུ་ལྭོང་ས་སྐྱབས་མགོན་ཆེན
པོ་མཆོག་དང་།ཡོངས་འཛིན་རྣམ་གཉིས།ཆབ་སྲིད་ཀྱི་འབྱུར་འཛིན་བཀའ་འ་པག།གནན་ཡང་ཡིག་ཆང་བཅས་ཞབས་འབྲེང
ཏུང་བསྒྲུབ་ཐིག་གསང་ཕེབས་གནང་དགོས་བྱུང་བ་དང་ད་ཆ་སྟོ་ཁ་ཁྱལ་ཞབས་སེར་འཕོད་དུང་དུ།ཀྲ་ཞིང་འཐུག་གིས

གནས་སྐབས་ལ་སོང་གཞིས་སྟི་ནོར་ལྭོང་ས་སྐབས་མགོན་ཆེན་པོ་བོད་སར་སྟིང་བཞུགས་མཛད་རྒྱ་ཆབ་སྲིད་ཀྱི་
འཕུར་འཛིན་སེར་སྐྱ་དང་བཅས་བོད་མི་དམངས་ཚང་མས་བློས་ཀྱི་བཞེས་མིན་ཕོག་བོད་དང་བོད་ཆེན་པོའི་ཕན་བདེའི་
རྩ་བ་རྒྱལ་བསྟན་ཆབ་སྲིད་དང་སྐྱེ་འགྲོ་ཡོངས་ཀྱི་འཕུལ་ཕུགས་བདེ་དོན་རྣམས་ཆེའི་སྐྱེད་དུ་ཕྱི་རྒྱལ་ས་ཕོག་གང་དོས་སུ་
གདན་ཞུ་ཕྱེ་རྒྱ་ཡིན་ཅིང་ཁྲི་སས་མཆོན་པའི་གྲོང་ཁྱེར་རེ་བུར་ལ་རྒྱ་དམར་གྱི་དཔུང་དམག་ཡོང་པ་མ་གཏོགས་དབུས་
གཙང་སྟོང་སྐུད་བར་གསུམ་གྱི་ཆབ་སྲིད་ཀྱི་དང་ལུང་གཞུང་དགའ་ལྡན་ཕོ་བྲང་པ་ཆེན་ཕོས་འཛིན་སྐུས་ཕོག་ཆ་སྣར་
ཡང་སྐྱེར་ཡང་རང་བཅན་གཙང་བའི་ཕུགས་གཉིས་རྒྱུ་སྐུད་ཀྱི་དགའ་ལྡན་ཕོ་བྲང་པའི་རྒྱལ་ཁབ་གསར་དུ་འཛུགས་རྒྱུའི་
རྒྱལ་ས་ལྷ་ས་ཁུལ་ཞིང་འཕུགས་ལ་བརྟེན་གནས་སྐབས་གཡུལ་རྒྱལ་ལྭན་པོ་ཆེའི་ཕོ་བྲང་པ་གཏན་འཁེབས་ཀྱིས་སྲིད་
ཆབ་ཟུར་པ་ལྡོ་བཟང་བཀྲ་ཤིས་དང་སྲིད་ཆབ་ཟུར་པ་བདེ་མཁར་བ་གཞིས་འབང་སྲིད་སྟོན་རོ་ལ་བསྐོ་གནས་བཀོད་རྒྱུ་
ཟུར་བཞིན་ས་དང་འཇིགས་རང་ལོ་གསུམ་བརྒྱ་སོ་གསུམ་པ་ས་མོ་ཕག་གི་ལོའི་བོད་ཟླ་༢་པའི་ཆེས་༡༧་རེས་གཟའ་ཕུར་བུ་
བཟང་སྐར་ཕུན་སུམ་ཚོགས་པའི་ཉིན་ཁག་གིས་ཀྱི་སྐྱ་འཕར་དང་པོ་དགེ་སྐུད་ཆོས་སྲིད་གཉིས་ཀྱི་བདག་པོ་ཡོང་ས་
ལྨུབས་མགོན་རྒྱལ་བའི་དབང་པོ་མཆོག་ནས་རྒྱལ་བསྟན་དང་ཞིང་འགྲོ་ཀུན་བདེ་བ་བཁྱབ་པར་བོད་ལྭོང་ས་ཀྱི་སེར་
སྐྱ་མི་དམངས་ཆབ་མ་བདེ་སྐྱེད་རྟོགས་ལྭན་གྱི་དཔལ་ལ་ཧྭག་ཏུ་ལོངས་སུ་སྤྱོད་པའི་ཕུགས་ལྭན་བདེན་ཆིག་བཟང་མོ་
བཀང་ལྡེན་བསྐུངས་པར་ཁྱུལ་འདིའི་སེར་སྐུ་མི་དག་མི་དམངས་ཡོངས་རྟོངས་ལ་མ་གོ་ཕོ་མ་མེད་པའི་རིལ་བསྐུལགས་དང་འཕེལ་བའི་ཕོ་མོ་ཆང་མས་
བཟབས་འཆོར་གྱིས་ཡང་ནས་བཀྲ་ཤིས་པའི་དར་སྟི་འཕུར་བ་དང་ལྡུ་སྟེ་རྣམས་ནས་བཀྲ་ཤིས་གསོ་སྟོང་དང་དགོན་
མཆོག་གསུམ་གྱི་རྟེན་ལ་མཆོད་འབུལ་མི་སྟེ་རྣམས་ནས་བསབས་གསོང་དང་ཀྱུ་ལྡོ་ཁག་གནས་སོགས་རང་དབང་རང་
ལག་ཏུ་སོན་པར་དགའ་སྟོན་རྟེན་འབྲེལ་ཟབས།（應該是གཟབ）　རྒྱས་དགོས་རྒྱ་དང་ད་ཕྱིན་གཡུང་སྐྱེར་གྱི་ལས་
དོན་སྐྱེ་སེར་ལུ་འོས་ཅི་མཆེས་འདི་ག་གཡུལ་རྒྱལ་ལྭན་པོའི་རྒྱལ་སར་ཞུས་ཏེ་བཀོད་དོན་ལ་བརྩི་བཀུར་དང་ལེན་
སོགས་ཕོད་སྟོང་ས་བསྟན་པ་སྟི་དོན་གྱི་འཕུལ་ཕུགས་བདེ་དོན་ཕན་ཆེ་བསམ་ཤེས་འཛོལ་མེད་དགོས་རྒྱ་མ་ཟདད་ནས་
རང་དབང་ཆོས་འབྱོར་བདེ་སྐྱེད་རྟོགས་ལྭན་གསར་བའི་དགའ་སྟོན་ལ་ཅི་དགར་ལོངས་སུ་སྤྱད་ཆོག་པ་བཅས་དེ་དོན་ཡིད་
འཛིམས་ཀྱིས་གཡུལ་རྒྱལ་ལྭན་པོ་ཆེའི་ལྭོང་བཀའ་ཕག་ནས་པག་ཚེས་ལ།

ཕྱི་ལོ་༡༩༤༠་ཟླ་༣་པའི་ཚེས་༢༦་ཉིན་བཅལ་བ་རྩ་ཆེའི་བཀའ་ཡིག་དེ་བཅུས་པའི་དེ་ནི་སྤྱི་བུར་ཞབས་ཟུར་བ་སྐལ་
བཟང་དབང་གྲགས་པས། ༢༠༡༢་ཟླ་༤་ཚེས་༡༡་ལ་ཕུལ།

註釋

前言

1　藏族人也居住在印度(拉達克、錫金、阿坎德邦〔Uttarakhand〕北部、喜馬偕爾郡〔Himachal〕北部和阿魯恰納爾邦〔譯註：中國和印度爭議地區，中國稱藏南〕)、尼泊爾和不丹的部分地區。

2　西康省多數是康巴人，康巴人是藏族主要的亞族群之一。1939年，中華民國成立了西康省，到1955年被併入四川省，成為甘孜藏族自治州。對於1950年代西康省的詳細討論，參見《現代西藏史(卷三)》，戈爾斯坦(Goldstein)，2014年。譯註：西康省解散後，成立了甘孜藏族自治州和涼山彝族自治州。西康省中漢族是人口最多的民族，而甘孜藏族自治州中藏族是人口最多的民族。

3　黎吉生(Richardson)，1984年，1頁(加着重號)。對於這些發展變化的詳細討論，參見網頁「西藏是甚麼(What Is Tibet)」，地址http://case.edu/affil/tibet/tibetanSociety/social.htm，或戈爾斯坦(Goldstein)，1994年，76–111頁。

4　逐字引自FO317/84454，英國聯合國代表團給外交部的電報，日期為1959年11月14日(加着重號)。(譯註：原文如此，應為1950年。)

譯序

1　Melvyn C. Goldstein, 2019, *A History of Modern Tibet: Vol. 4, In the Eye of the Storm: 1957–1959* (Berkley: University of California Press), p. xv. 本文多處引用《現代西藏史(卷四)》，不再一一指出。

2　Dalai Lama, 1962, *My Land and My People: Memoirs of the Dalai Lama of Tibet* (New York: Potala Publications), pp. 164–167.

3　Tsering Shakya, 1999, *The Dragon in the Land of Snows* (New York: Columbia University Press), p. 196.

4　同上。199頁。有趣的是，戈爾斯坦在卷四(12頁)中也記錄，當朗色林1958年底離開拉薩去四水六崗時，他對索本堪布說，達賴喇嘛性格不堅強，擔心他屈服於漢人。

5　Melvyn C. Goldstein, 2019, *A History of Modern Tibet: Vol. 4, In the Eye of the Storm: 1957–1959* (Berkley: University of California Press), p. 191. 這部分引自范明(1987年，《護送十世班禪大師返藏紀實》)對中央1950年9月23日指示的摘錄，「所提西藏政教組織方案的意見很好，是合乎愛國與團結的精神。……」此處范明原文省略，省去的內容是「待西藏解放後，作最後決定」。班禪集團的〈西藏政教組織方案〉實際上提出了三個方案，戈爾斯坦文中引述的「組織一行政區而將前後藏分別自治」只是方案一。

6　例如：就在范明上述引文12天之前，1950年9月11日〈中央對班禪集團所提要求的處理意見〉中說，「政教組織方案值得參考，但目前還不到處理時機。」

7　鄧小平，《鄧小平軍事文集》第二卷，軍事科學出版社2004年7月第1版。295–296頁。

8　毛澤東，1992年第2版，〈目前抗日統一戰線中的策略問題〉，《毛澤東選集　第2卷》(北京：人民出版社)，745頁。

9　老子，《道德經》第8章。

10　Yang Wang, 2019年11月5日對問題 "Why Isn't China Doing Anything to Stop the Riots in Hong Kong?" 的回答。網址：https://www.quora.com/Why–isn–t–China–doing–anything–to–stop–the–riots–in–Hong–Kong/answer/Yang–Wang–490。

第1章

1　戈爾斯坦(Goldstein)，1989年，542–543頁。西藏民眾大會致蔣介石的信，由洛桑拉隆巴翻譯，1946年。

2　對「文明工程」的討論，參見哈雷爾(Harrel)，1993年。西藏文明工程的現代實例是我稱之為「反向文化」的過程，這一過程發生在中國(漢族)的一些地區，其中文化傳播的方向不是從主體民族(漢)到非主體

民族（藏），而是相反的方向，漢族逐漸接受藏傳佛教。在中國，這通常被稱為「藏密東漸」。有關此問題的討論，參見魏德東，2010年。

3　中華人民共和國文件（DPRC），「西藏軍區關於人口的報告，1958年6月10日」。

4　坦比亞（Tambiah），1976年，266–267頁。

5　戈爾斯坦（Goldstein），2009年。

6　在藏語中，這被稱為 བུ་གསུམ་བར་བ（三個兒子的中間那個）。

7　儘管西藏寺院實施獨身戒律，但這只規範異性性關係，通常不計較同性性關係，只要不插入軀體的孔洞中。

8　對這一現代化運動的詳細討論，請參見戈爾斯坦（Goldstein），1989年，89–138頁。

9　毛澤東在1959年4月15日第十六次最高國務會議上的講話。收入《毛澤東文集》第八冊（北京：人民出版社，1999年）。

10　對這一制度的研究可參見戈爾斯坦（Goldstein），1971年。

11　西藏政府在藏語中被稱為 སྲིད་གཞུང 或 དགའ་ལྡན་ཕོ་བྲང（音譯甘丹頗章），其雙重政府制度被稱為 ཆོས་སྲིད་གཉིས་ལྡན 或 ཆོས་སྲིད་ཟུང་འབྲེལ，字面意思是政教合一。

12　達賴喇嘛（Dalai Lama），採訪，印度，2004年，H.0019.08。英語未糾正。

13　對於認定十四世達賴喇嘛過程中的爭議，請參見戈爾斯坦（Goldstein），1989年，333頁。

14　達賴喇嘛，採訪，印度，2004年，H.0019.08。

15　同上。ངོ་ཚ་སྙིན་པོ 很難翻譯，但基本上指一個人太敏感或羞澀，難以對他人說不。

16　拉魯（Lhalu），採訪，拉薩，1993年。H.0002.01。

17　他們是負責飲食的索本堪布（གསོལ་དཔོན་མཁན་པོ），負責衣物的森本堪布（གཟིམ་དཔོན་མཁན་པོ）和負責佛事的卻本堪布（མཆོད་དཔོན་མཁན་པོ）。

18　達賴喇嘛秘書處還有四名「警衛」稱作森噶（གཟིམ་འགག），他們都是僧官；秘書處也有一個由僧官任職的辦公室叫朗瑪崗，或私人秘書室。

19　達賴喇嘛，採訪，印度，1993年，H.0019.01。

20　達賴喇嘛，採訪，印度，2004年，H.0019.08。英語未修正。

21　五名正式噶倫是然巴（僧官）、索康、繞噶廈、拉魯和阿沛。三名代理噶倫是土登繞央（僧官）、夏蘇（先喀娃）和洞波。

22　噶廈的助理包括兩名噶仲，兩名堪仲和三名噶廈雪巴。

23　這個例子是由前噶廈部長索康薩旺欽莫虛構的。

24　藏克是（西藏）傳統度量單位，相當於約14公斤（青稞）。

25 戈爾斯坦 (Goldstein)，1968年，175–176頁。

26 噶廈的印章被稱為噶丹。達賴喇嘛有他自己的印章，稱為布丹 (內宮印)，他以自己名義發布法令時會蓋上此印章。

27 達賴喇嘛，採訪，印度，2004年，H.0019.08。

28 在西藏被併入中國之後，人們使用中國內地這個詞來表示除西藏以外的中國部分，因為對於藏人來說，政治上不方便說從西藏去中國。在其他語境中，人們也使用中國「大陸」這個詞，例如說到臺灣時。

29 對於此事件的詳細記錄，請參見戈爾斯坦 (Goldstein)，1989年，333–340頁。

第2章

1 戈爾斯坦 (Goldstein)，1989年一書中深度研究了從1913年到1951年的西藏歷史。

2 參見戈爾斯坦 (Goldstein)，1989年，613–614頁。

3 參見戈爾斯坦 (Goldstein)，1989年，619–622頁，其中討論西藏試圖購買武器，並嘗試其他方式準備與中國對抗。

4 吉列爾馬斯 (Guillermaz)，1976年，165頁。

5 戈爾斯坦 (Goldstein)，1989年研究了所有這些細節。

6 戈爾斯坦 (Goldstein)，2014年。

7 當時毛澤東和中央得出結論：不可能贏得西藏農村群眾的支持。因為他們認為藏民對喇嘛和宗教過於虔誠，不容易被宣傳鼓動起來反對「剝削」。因此當一些中國工作隊去農村時，他們通常只提供無息貸款，宣講《十七條協議》，放映電影和表演，而不被允許宣傳階級鬥爭 (多杰才旦，採訪，北京，1993年〔H.0074.02〕)。

8 這些詞彙的官方藏語翻譯，「(當) 人民提出改革要求時」是「མི་དམངས་ནས་ལེགས་བཅོས་བྱེད་དགོས་ཞུ་དུས」(加着重號)。注意其中沒有使用土改「ས་ཞིང་བཅོས་བསྒྱུར」一詞及其隱含的所有含義，而是使用了「ལེགས་བཅོས」一詞，泛指「改革」。本書中使用的協定的藏語和漢語版本來自 https://en.wikisource.org/wiki/The_Agreement_of_the_Central_People%27s_Government_and_the_local_government_of_Tibet_on_Measures_for_the_Peaceful_liberation_of_Tibet (2019年4月11日讀取)。

9 對於協定談判過程的詳細研究，參見戈爾斯坦 (Goldstein)，1989年，698–814頁。

10 李佐民 (Li Zuomin)，採訪，北京，1993年，H.0053.02。

11 達賴喇嘛，採訪，印度，2004年，H.0019.08。特殊待遇指簽訂協定和保持內部自治。

12 拉魯，採訪，拉薩，1992年，H.0002.01。

13 同上。

14 同上。

15 達賴喇嘛，採訪，印度，2004年，H.0019.08。

16 戈爾斯坦（Goldstein），2007年，249頁中引用。

17 張國華，1983年，212頁。這句評論在藏人中很有名，許多人都提到。

18 戈爾斯坦（Goldstein），2007年，188頁中引用。

19 降邊嘉措（Jambey Gyatso），採訪，北京，1993年，H.0060.01。

20 吉柚權，1993年A：395–396頁中引用。

21 對於重大議題，拉薩周圍三大寺的堪布（和卸任堪布），還有一些非上層藏人，例如政府職員和手工業領袖，也會參與到全體民眾大會中，這一會議偶爾會召開，討論一些重大議題，例如十四世達賴喇嘛的認定，批准《十七條協議》，或者討論一些困難的議題，例如衛藏發生的康巴叛亂。不管怎樣，現實中，普通人在政治事務中沒有話語權。

22 這個組織在藏語中有幾個相關聯的名字，例如：མི་དམངས་ཚོགས་འདུ，མི་དམངས་ཚོགས་པ，མི་དམངས་གྲོས་ཚོགས，或ཆུ་འབྲུག་མི་དམངས་གྲོས་ཚོགས。這些名字基本意思是人民會議或人民集會，或其最後的名字，水龍年人民會議。

23 南杰旺堆（Namgye Wangdü），採訪，印度，1993年。H.0020.01。這些「大眾」的代表實際上是少數一類人，藏語中有時會稱為「中間階層」（བར་ཚལགག）。這一中間階層主要包括為上層——寺院、轉世喇嘛拉章、貴族家庭甚至政府部門——工作的管理人或管家，所以他們不是上層的一部分，但是也不是普羅大眾的一部分。

24 中共西藏自治區黨史資料徵集委員會，1990年，1951年11月25日條目。

25 達賴喇嘛，1990年，73頁。

26 藏語是བདུད。

27 楊一真（ཡང་དབྱི་གན），1986年，75–76頁。

28 降邊嘉措，採訪，北京，1993年，H0060.01。

29 達賴喇嘛，採訪，印度，1995年，H.0019.06。

30 同上。

31 達賴喇嘛，採訪，印度，1993年，H.0019.01。

32 在四川藏彝地區，中國內地1950–1951年實施的土改和階級鬥爭還沒有開始，所以毛澤東的政策是先進行自願的民主改革，其中康巴領主會

失去土地和財產，同時得到政府的補償。參見戈爾斯坦 (Goldstein)，
2014年，105頁。

33 阿沛 (Ngabö)，採訪，北京，1995年，H.0040.04。這兒的「右」意思
是，等到藏人願意才開始改革。

34 1951年解放軍奪取昌都之後，成立了昌都解放委員會來管理該地區；
因此范明相信這一地區更容易同意開始改革。譯註：康巴人大致分布
在今四川甘孜、雲南迪慶、青海玉樹、西藏昌都，以及西藏那曲林芝
的部分區域，傳統上稱為康區。

35 這一叛亂於1956年11月在芒康發生，芒康宗在昌都南部。叛亂的領導
人是次旺多杰。

36 中共中央辦公廳秘書處負責發送所有黨的內部文件和指示，這是為這份指
示和其他幾乎所有給拉薩西藏工委的指示上都署名中央，而不是毛澤東或
中央政治局。但是，辦公廳實際上是為政治局及其最高領導人毛澤東服務
的，而不是整個中央委員會，控制西藏政策的是毛澤東。因此，「毛澤
東和中央」實際是意味着毛澤東和政治局。參見Tsai和Liao，2018年。

37 這兒中央講的是全國的五年計劃，不是西藏的始於1956年的演算法。

38 中華人民共和國文件 (DPRC)，〈〔中共中央給西藏工委〕關於西藏民主
改革問題的指示〉，1956年9月4日 (加着重號)。

39 當彩仁波切 (Taktse Rinpoche)，採訪，美國，1993年，H.0071.01。當
彩剛從美國回到印度，特地與達賴喇嘛會面，他還把中情局重要官員
約翰‧雷根 (John Reagan) 介紹給嘉樂頓珠。

40 達賴喇嘛，採訪，印度，1994年，H.0019.03。

41 達賴喇嘛，採訪，印度，1995年，H.0019.06。

42 達賴喇嘛 (Dalai Lama)，1962年，148頁 (加着重號)。

43 達賴喇嘛 (Dalai Lama)，1990年，117–118頁。

44 哈桑 (Hasan)，2005年，617頁 (加着重號)。

45 同上，尼赫魯給外交部長N. R. 皮萊 (Pillai) 的備忘錄；R. K. 尼赫魯，
印度駐北京大使；阿帕‧潘特 (Apa Pant)，錫金政務官，在《與周恩來
的談話——四》，1957年1月1日，618–619頁 (加着重號)。

46 達賴喇嘛，採訪，印度，1995年，H.0019.06。

47 夏格巴日記，1956年8月18日記錄。

48 達賴喇嘛 (Dalai Lama)，1990年，119頁。

49 對於周恩來的訪問，以及他和尼赫魯以及藏人開會的詳細討論，請參
見戈爾斯坦 (Goldstein)，2014年，335–382頁。

50 達賴喇嘛 (Dalai Lama)，1977年，152–153頁 (加着重號)。

51 古德曼 (Goodman)，1986年，249頁。來自1980年對達賴喇嘛母親的採訪。

52 這一小節是戈爾斯坦 (Goldstein) 2014年第12章的簡寫。

53 美國人的行動在戈爾斯坦 (Goldstein)，1989年，782–813頁中有詳細討論。

54 艾森豪威爾政府這方面的很多信息來自維爾納 (Willner) 1995年的論文。

55 NSC 5412/2引自威廉・C・吉布斯 (William C. Gibbons)，《美國政府和越南戰爭：行政和立法機關的角色和關係，第一部分，1945–1961年》308–310頁，由國會圖書館國會研究服務處為參議員外交關係委員會準備 (華盛頓特區：美國政府印刷辦公室，1984年)，2010年2月19日在Ratical網站讀取www.ratical.com/ratville/JFK/USO/appC.html (加着重號)。

56 赫羅伯，採訪，美國，1993年。

57 錫金當時是一個小王國，由王儲的父親扎西南嘉 (譯註：也譯扎西南杰) 統治。錫金是印度的進貢國 (tributary)，後者控制其國防和外交。譯註：錫金到1975年才成為印度的一個邦。在本書涉及的歷史時期，文中所謂「印度的錫金」是不嚴謹的說法。

58 美國國家檔案，793.B.11/8/2836，電報編號351，加爾各答總領事致美國國務卿，1956年6月28日。

59 達賴喇嘛，採訪，印度，1994年，H.0019.03。

60 噶倫堡抵抗運動的藏人如哲堪孜松不能直接給帕拉發送政治信件，由於帕拉和達賴喇嘛的親密關係，這樣做過於危險，他們一般把信件發送給孜恰堅贊，所以王儲知道他是誰，當王儲在拉薩時和他見過幾面。

61 夏格巴日記，1956年6月18日條目。

62 戈爾斯坦 (Goldstein)，2014年。

63 夏格巴日記，1956年7月13日條目。

64 英國外交辦公室記錄，FO371/121145, 1956，給英國女王的 (英文) 信件。

65 美國國家檔案，23號電報，從國務院到加爾各答，1956年7月24日，引用在793b.00/11-157，第403號研究報告，1957年11月，《美國對西藏法律地位的政策，1942–1956》(加着重號)。

66 夏格巴日記中記錄這段重要文字的藏語是： བོད་མི་རྣམས་ནས་དེང་དུས་ཁམས་ཕྱོགས་རྐོལ་འཛིན་དུས་གཉིས་ལ་གཏུན་ནས་བོད་ལ་རོགས་རམ་གནང་རྒྱུ་དགོངས་བཞེས་ཀྱིས་དེང་སང་བཀའ་མོལ་གནང་སྐབས་ལ་རྒྱ། གསུམ་ཁོངས་བཀའ་ལན་ངེས་པར་འཕུལ་རྒྱུ་དང་རོགས་རམ་ཇེ་དགོས་བཀའ་གནལ་གནང་ངེས་དགོས་གྱལ་ཤེད་བདུན་ཕྱག 1-2ཁོངས་བྱུང་ན་ལམ་སེང་རོ་སྐྱེད་ལ་ཕྱག་བྱིས་འབྱུལ་རྒྱུ་ [里姆斯的話結束] མཚན་དང་ཕྱག་བྱིས་རྒྱ།

ཕྱོགས་སྣོར་གསང་བའི་ཕྱུག་ཉིས་བཟོ་གནང་མཛད་པ་དང་རྫོགས་རམ་སྣོར་དཔལ་དང་གོ་ལག་ལོད་ནས་མི་རིགས་འབྱོར་རྒྱུ་

ཆྱུའོད་པ་དེ་དག་ག་ལོ་ལག་སྟོབ་སྟོང་གནང་རོགས་སོགས་ལུ་གནང་མཛད་པ་དདུལ་དང་གོ་ལག་རོགས་རམ་ཡོང་འགྲོ་ཞིང་

ཁོ་ལག་སྟོབ་སྟོང་﹝འའི﹞ སེམས་ལ་བདང་ན་﹝詞語·བདང་ན﹞ 在這沒有實意 ﹞འཕྲལ་དུ་ཡོང་གི་རེད་

སོགས་ཟེར་འདུག་ཅེས་དང་། 夏格巴日記，1956 年 7 月 31 日條目。

67　夏格巴日記，1956 年 8 月 18 日條目。

68　克瑙斯 (Knaus)，1999 年，139 頁。

69　夏格巴日記，1956 年 10 月 18 日和 23 日條目。

70　夏格巴日記，1956 年 10 月 26 日條目。

71　康博伊 (Conboy) 和莫里森 (Morrison)，2002 年，35–36 頁。

72　約翰·雷根，採訪，美國，1993 年。

73　拉里·史密斯 (Larry Smith)，2008 年，〈《中情局罪與罰》書評〉：www.
bahamapundit.com/2008/01/americas-cia-le.html, 2013 年 4 月 5 日讀取。

74　引自韋納 (Weiner)，2007 年，144 頁。

75　弗蘭克·赫羅伯，採訪，美國，1993 年。當伊文·湯瑪斯 (Evan
Thomas) 寫作《一時俊彥》(The Very Best Men，1995 年) 時，中情局允
許他在蘭利閱讀這份部門歷史，但是不能作筆記。然而後來，他們拒
絕了我根據信息自由法案作出的同樣請求。人們只能疑惑中情局想要
保護或者隱藏甚麼。

76　康博伊 (Conboy) 和莫里森 (Morrison)，2002 年，55 頁。ST 指的是中
情局的中國專案。

77　約翰·雷根，採訪，美國，1993 年。

78　同上。

79　弗蘭克·赫羅伯，採訪，美國，1993 年。

80　約翰·羅蘭，採訪，美國，1993 年。

81　肯·克瑙斯 (Ken Knaus)，2003 年，68 頁。

82　阿塔 (Athar)，採訪，印度，1993 年，H.0007.05。

83　同上。

84　拉珠阿旺 (Radru Ngawang)，採訪，印度，2002 年，H.0012.05。

85　阿塔，採訪，印度，1993 年，H.0007.05。

86　噶倫堡兩個重要的理塘家族是加多倉和恩珠倉的旁支。加多倉家族的
家長是一名年長的僧人加隆，恩珠倉家族支系的家長是貢布扎西的親
戚洛珠平措。

87　阿塔，採訪，印度，1992 年，H.0007.01。

88　同上。

89 當彩仁波切,採訪,美國,1993年,H.0071.01和H.0071.03。

90 赫羅伯,中情局西藏項目負責人,在採訪中談到此事,被引用於鄧納姆(Dunham),2004年,216–217頁中。赫羅伯談到他1957年成為西藏項目負責人的事情,他說,「我記得我們每年給嘉樂頓珠18萬美元,他設立了一個帳號。財務人員處理這些事情。他們把錢打到一個帳號,嘉樂可以隨意使用,我們信任他會做正確的事。」

91 密切參與此事的另一位理塘康巴人,正確地解釋,嘉樂頓珠沒有明確地說美國,只是提到一個非常強大的國家。嘉樂頓珠與美國政府的聯繫是個秘密,所以他不會對這些野性十足的康巴青年提及美國(拉珠阿旺,採訪,印度,H.0012.05)。

92 阿塔,採訪,印度,1992年,H.0007.001。

93 其中之一,洛次寫道,「在加多倉·格隆資助下,哲堪孜松派出了22名康巴青年去德里,他們穿着嶄新的傳統藏袍,佩着劍和其他裝飾,當達賴喇嘛到達時擔任他的非正式警衛。所以他們和達賴喇嘛在菩提伽耶時在一起(洛次〔ྫོ་ཚེ〕,2001年,5頁)。

94 阿塔,採訪,印度,1992年,H.0007.05。然而,當彩把所有這一切都告訴了帕拉,後者說這很好,他會幫忙(當彩,採訪,美國,1996年,H.0071.03)。

95 達賴喇嘛,採訪,印度,1995年,H.0019.06。(英語未糾正。)達賴喇嘛和大多數西藏上層不能清晰地理解,美國和英國、印度一樣,只承認西藏在中國宗主權之下的自治。

96 達賴喇嘛,採訪,印度,1994年,H.0019.05。

97 阿樂群則(Alo Chöndze),採訪,美國,1993年,H.0004.03。

98 魯康娃得到中國人許可去印度朝聖,並得到西藏工委交通上的幫助。當達賴喇嘛到甘托克時,他也到了那兒。

99 達賴喇嘛,採訪,印度,H.0019.03。

100 達賴喇嘛,採訪,印度,H.0019.02。

101 達賴喇嘛,採訪,印度,1994年,H.0019.03。

102 藏語是:པ་རེའི་ཤྲི་བ་མེད་པ་ཀྱར་རེ་ཤྲེ་པོ་མེད་པ།

103 達賴喇嘛,採訪,印度,1995年,H.0019.06。英語未修正。

104 李佐民,採訪,北京,2009年,H.0053.03。

105 幾個月後,印度駐拉薩領事館官員終於得知此事,他們通過錫金政治專員阿帕·潘特通知了哲堪孜松。夏格巴日記1958年1月28日的條目證實此事,記錄如下:「波色來,說他15號去甘托克時,錫金政治官員

告訴他，『關於哲堪孜松和噶廈通訊使用的密碼本，後者已經把密碼本交給了漢人。這一信息是我們印度駐拉薩代表電報通知〔我的〕，他讓我通知〔哲堪孜松〕。因為〔目前〕在噶倫堡沒有人，我告訴你，〔等他們回來的時候告訴他們〕』波色問，『誰還有這份無線密碼本……為甚麼噶廈要交出密碼本？』我〔夏格巴〕回答，『其他人沒有副本。我們用這個與噶廈保持聯繫，這樣他們和漢人討論時，可以立即把信息傳送過來。但是內部沒有其他〔副本〕。』」

106 阿樂群則，採訪，美國，1993年，H.0004.03。

107 中國西藏自治區黨史資料委員會編輯，1990年，1957年2月〔沒有日期〕條目。

108 與會的西藏工委幹部有張經武、張國華、范明、周仁山、王其梅、牙含章和慕生忠(同上，1957年3月5日條目)。

109 對於大收縮和大下馬的詳細討論，參見戈爾斯坦(Goldstein)，2014年，445–466頁。

110 中文(譯註：略，下同)。中華人民共和國文件(DPRC)。〈中央首長接見張國華同志的講話記錄〉，無日期。

111 戈爾斯坦(Goldstein) 1989年中論證了，在1913年到1951年期間，西藏不存在「名義上的隸屬」關係。

112 儘管這聽上去在英文中是「do(要做)」，實際意思是不要進行民主改革的準備工作。

113 中華人民共和國文件(DPRC)，《中央對工委〈關於今後基本工作決定〉的批示》，1957年5月14日(加着重號)。這份文件得到了政治局的批准。

114 中華人民共和國文件(DPRC)，〈中央書記處討論西藏工作的簡報(二)，一九五七年三月六日〉。

115 中共西藏自治區黨史資料徵集委員會，1956年4月22日條目。

116 中華人民共和國文件(DPRC)，〈中央書記處討論西藏工作的簡報(二)，一九五七年三月六日〉。

第3章

1   索康(Surkhang)，採訪，美國，1967年，H.0235.07。

2   阿塔，採訪，印度，1993年，H.0007.04。

3   藏語： བ (འབའ་ཐང་)、ལི (ལི་ཐང་)、གི (རྒྱལ་ཐང་)、སུམ (གསུམ)。鄉城以前是理塘的一部分。

4   參見戈爾斯坦(Goldstein) 2014年，41–74頁，討論阿樂群則的新人民會議。

5 這是由康巴商人(四水六崗)和安多人金巴嘉措共同贊助的,後者向達賴喇嘛作出了類似的法會請求。(四水六崗中部多康福利會〔Welfare Society of Central Dhokham Chushi Gangdrug〕,1998年,2頁);阿塔,採訪,印度,1992年,H.0007.03。

6 拉珠阿旺,採訪,印度,1992年,H.0012.09。印度流亡的四水六崗組織説,藏曆2月(西曆1957年4月),達賴喇嘛批准了修造寶座的請求,藏曆3月(西曆5月),建造工作開始(四水六崗歷史編輯委員會〔ཆུ་བཞི་སྒང་དྲུག་ལོ་རྒྱུས་རྩོམ་སྒྲིག་ཚོགས་ཆུང་〕,2000年,51頁)。

7 四水六崗歷史編輯委員會(ཆུ་བཞི་ལོ་རྒྱུས་རྩོམ་སྒྲིག་ཚོགས་ཆུང),2000年,69頁。需要指出的是,此時這只是一個純粹的康巴組織,儘管哲堪孜松1956年10月底給恩珠倉(貢布扎西)寫了一封信,告訴他「康區和博〔西藏〕米芒應該團結起來。」(夏格巴日記,1956年10月30日)。

8 頓堆(Dündül),採訪,印度,1994年,H.0058.01。

9 這六個人是恩珠倉·貢布扎西、帕拉計蘇、建塘客占強佐、商人擦絨洛珠、察雅喇嘛阿珠和拉珠阿旺(མདའ་ཟུར་ལི་ཟང་དགུ་ཕྱུག་དག་དབང〔拉珠阿旺(譯註:藏語的意思是前司令拉珠阿旺)〕,2008年,168頁)。

10 阿塔,採訪,印度,1992年,H.0007.03。

11 拉珠阿旺,採訪,印度,1992年,H.0012.09。

12 拉珠阿旺(མདའ་ཟུར་ལི་ཟང་དགུ་ཕྱུག་དག་དབང),2008年,1:168頁。

13 拉珠阿旺,採訪,印度,1992年,H.0012.09。

14 阿塔,採訪,印度,1992年,H.0007.02。

15 中共西藏自治區黨史資料徵集委員會編輯,1990年,1957年5月20日條目(72頁)。

16 同上。

17 阿沛,採訪,北京,1995年,H.0040.04。

18 桑頗(Sambo),採訪,印度,1981年,H.0205.25。

19 這個日期來自阿塔(ཨ་ཐར་ནོར་བུ),2004年。中情局自1957年7月起負責這一任務弗蘭克·赫羅伯,給出的離開日期是1957年4月(赫羅伯,採訪,美國,1993年)。康博伊(Conboy)和莫里森(Morrison)沒有給出離開的日期,但是在書中寫道,1957年2月,〔在加爾各答的〕霍斯金斯收到華盛頓的命令,「立即確定參加訓練的八個藏族候選人」(2002年,39頁),後來,「隨着達賴喇嘛返回拉薩,3月初工作重點轉向將六名康巴人偷渡出印度」(2002年,41頁)。另一位四水六崗領導人給出的偷渡事件是在一個月後的藏曆3月20日,即西曆1957年5月,但是

他明顯搞錯了(拉珠阿旺〔མདའ་ཟུར་ལེ་ཐང་དུ་ཕྱུག་དག་དབང་〕，2008年，200頁)。克瑙斯(Knaus，1999年，138頁)給出的離開時間是1956年12月，此時達賴喇嘛還沒有離開印度去拉薩，所以這肯定也是錯誤的。

20 康巴人稱他們使用的李恩菲爾德(Lee–Enfield)卡賓槍為305式，但是我只找到李恩菲爾德303式步槍的記錄。所以儘管我在書中寫305式，注意那實際上是李恩菲爾德303式。

21 阿塔，採訪，印度，1992年，H.0007.01。

22 約翰‧雷根是偷渡行動的負責人，他回憶堅贊秘密離開新澤西，過了一段時間，他的房東擔心他失蹤了，聯繫聯邦調查局，後者對此進行了調查(雷根，採訪，美國，1993年)。

23 阿塔，採訪，印度，1992年，H.0007.01。這位中情局特工是愛德華‧麥卡利斯特(Edward McAllister)。他是中情局駐卡拉奇的官員(康博伊〔Conboy〕和莫里森〔Morrison〕，2002年，42頁)。

24 中情局給他們每人一套白色的服裝，前後都有武裝士兵保護，所以他們看起來就像要被押送到某地的犯人(洛次〔བློ་གྲོས་〕，2001年，6頁)。

25 他們六個和堅贊以及約翰‧雷根乘坐美國空軍322中隊的一架C-118飛機，該中隊的基地在沖繩的嘉手納(Kadena)空軍基地。飛機的窗戶都被關上，機組人員不知道他們運送的旅客是誰。有關這一飛行行動的更多細節，參見康博伊(Conboy)和莫里森(Morrison)，1993年，44–45頁。

26 阿塔，採訪，印度，1992年，H.0007.01。當彩仁波切(採訪，美國，1996年)說他們告訴別人，這些藏人來自菲律賓。

27 阿塔(ཨ་བར་ནོར་བུ)，2004年，24–25頁。

28 麥卡錫(McCarthy)，1997年，240頁。對於這款無線收發機的更多情況，參見http://www.militaryradio.com/spyradio/rs1.html，2019年3月11日讀取。

29 阿塔，採訪，印度，1992年，H.0007.01。

30 《無線電發報使用指南(電碼編碼本)》(རླུང་འཕྲིན་གཏོང་དེབ་ཨེས་བྱ་ཀུན་ཁྱབ་དག)〔手寫木版印刷〕，1949年。

31 阿塔，採訪，印度，1992年，H.0007.03。弗蘭克‧赫羅伯在一次採訪中證實了這一點：「通訊時使用一本藏英詞典中的詞，每個對應一組數字」(採訪，美國，1995年)。

32 這本字典的名字是བོད་དག་མིང་ཚིག་གསལ་བ་བཞུགས་སོ།།。這一節來自戈爾斯坦(Goldstein)，1991年。

33 康博伊(Conboy)和莫里森(Morrison)，2002年，48、52頁。阿塔(ཨ་བར་ནོར་བུ)，2004年，26頁。

34 拉珠阿旺，採訪，印度，2003年，H.0012.08。

35 洛次 (ﾘﾌﾟﾋ)，2001年，8頁。

36 同上。

37 同上。

38 同上。

39 康博伊 (Conboy) 和莫里森 (Morrison)，2002年，269頁註17。

40 康博伊 (Conboy) 和莫里森 (Morrison)，2002年，53頁。

41 麥卡錫 (McCarthy)，1997年，245頁。

42 克瑙斯 (Knaus))，2012年，315頁。克瑙斯說這一信息來自「瘦子」2004年5月5日的一封電子郵件。

43 阿塔 (ﾟﾟﾟﾟﾟﾟ)，2004年，26頁。 阿塔， 採訪， 印度，1992年，H.0007.01。

44 阿塔，採訪，印度，1992年，H.0007.03。這段引用被重新調整，使其文字更符合邏輯。

45 洛次 (ﾘﾌﾟﾋ)，2001年，48頁 (加着重號)。

46 阿塔，採訪，印度，1992年，H.0007.03。

47 當彩仁波切對美國提供的訓練也很生氣。當他離開噶倫堡時，他「希望有了美國的幫助，我們能夠做點甚麼，」但是後來他的想法發生了變化，他解釋「我應該坦誠地說，他們愚弄了我們……這只是為他們自己收集情報。這對我們沒有用……所以我們被愚弄了。我們〔就像〕鄉巴佬。」(當彩仁波切，採訪，美國，1993，H.0071.01)。羅杰·麥卡錫提到，當彩仁波切生氣之至，塞班訓練之後，他和他僕人拒絕和中情局繼續合作。(電話交談，1995年12月13日)。

48 洛次 (ﾘﾌﾟﾋ)，2001年，9頁。

49 阿塔 (ﾟﾟﾟﾟﾟﾟ)，2004年，24–25頁。

50 很難確定他們訓練的準確持續時間。麥卡錫說四個半月，洛次說四個月，阿塔說，從他們離開印度到他被空投會西藏，他確信有六個月之久。這些不同說法顯然取決於訓練僅限於塞班，或者包括塞班和沖繩，是否包括返回東巴等待空投到西藏的時間。

51 阿樂群則的「拘留」實際上是假拘留。該事件的詳情參見戈爾斯坦 (Goldstein)，2014年，207–221頁。

52 阿塔，採訪，印度，1992年，H.0007.01。阿塔，採訪，印度，1992年，H.0007.03。洛次 (ﾘﾌﾟﾋ)，2001年，9–10頁。

53 羅杰·麥卡錫，電話交談，1995年12月13日。同時參見麥卡錫 (McCarthy)，1997年，241頁。

54　阿塔，採訪，印度，1993年，H.0007.05。

55　阿塔，採訪，印度，1992年，H.0007.03。然而，洛次説當彩強調達賴喇嘛的福祉：「我不能告訴你你應該這樣或那樣做，但現在尊者達賴喇嘛就像在鱷魚的嘴裏，如果鱷魚閉上它的嘴，那麼一切都完了。在這個極其危險的時刻，請你們兩個考慮一下，然後做出決定」（洛次〔ﾖﾚﾅ〕，2001年，10頁）。他大概使用了這兩個論點。

56　藏語是：ཁམས་པའི་ཨམ་ཅོག་རྒྱབ་ལ་ཡོད།

57　達賴喇嘛流亡之後，就像美國人、中國人或印度人一樣，整個西藏（譯註：民族西藏）需要一個現代意義上的名詞，博巴開始被用來指代所有的藏人。

58　阿塔，採訪，印度，1992年，H.0007.01。

59　阿塔，採訪，印度，1992年，H.0007.03。

60　同上。

61　阿塔，採訪，印度，1993年，H.0007.05。

62　弗蘭克·赫羅伯，採訪，美國，1993年。

63　洛次説他們跳了六次，晚上三次，白天三次（洛次〔ﾖﾚﾅ〕，2001年，11頁）。

64　應該指出，並非所有來自理塘的康巴人都有這種感覺。一位1959年拒絕去美國培訓的康巴人解釋説，「政府告訴我，如果我願意，他們會把我送到美國。我也想過去美國，但那時我收到一封來自當時在美國的人的信，信中説，『不要來美國。他們從天上往下扔人。這就像從天上扔石頭，人們就這麼消失了。』所以我説我不去美國，我要留在噶倫堡」（洛桑帕登〔Lobsang Palden〕，採訪，印度，1992年，H.0034.01）。

65　阿塔，採訪，印度，1992年，H.0007.01。麥卡錫（McCarthy，1997年，241頁）給出了一個略有不同的列表，但是區別不重要。加多倉曾告訴噶倫堡的哲堪孜松，他剛從西藏得到的消息，並提到他們攜帶氰化物藥片（夏格巴日記，1957年12月3日的條目）。

66　阿塔，採訪，印度，1992年，H.0007.01。

67　同上。

68　里克（Leeker），2006年，1頁。 也參見康博伊（Conboy）和莫里森（Morrison），2002年，55–65頁。

69　羅杰·麥卡錫，電話採訪，1995年2月13日。

第4章

1 阿塔，採訪，印度，1992年，H.0007.01。 洛次 (ཀློུ་མཚ)，2001年，13 頁。里克支持這一日期，稱第一次飛行於1957年10月初起飛 (里克 〔Leeker〕2006年，1頁)。康博伊 (Conboy) 和莫里森 (Morrison) (2001 年，71頁) 沒有給出具體的日期，但他們的一般討論與阿塔和洛次一 致。對應的西曆日期來自 www.kalacakra.org/calendar/tdate/pl_1957.txt 的 日曆 (2013年7月1日訪問)。

2 次旺多杰，計劃去理塘的第四位康巴人，在沖繩試槍意外走火打傷了 自己，還沒有痊癒，所以他留在了東巴基斯坦 (洛次〔ཀློུ་མཚ〕，2001年， 11頁)。

3 阿塔，採訪，印度，1992年，H.0007.01。

4 拉珠阿旺，採訪，印度，1992年，H.0012.02。

5 阿塔，採訪，印度，1992年，H.0007.03。

6 中情局別無選擇，只能使用秘密空投，因為印度政府不允許美國通過 其領土向西藏運送武器和物資。

7 阿塔，採訪，印度，1993年，H.0007.04。

8 拉珠阿旺，採訪，印度，1992年，H.0012.02。

9 克瑙斯 (Knaus)，2012年，116–117頁。

10 裝備包隨第一個降落傘落下，兩名康巴人緊隨其後。它通過一條「可延 展的線」連接到第一頂降落傘上 …… 以確保被找到 (麥卡錫〔McCarthy〕 1997年，241頁)。

11 洛次 (ཀློུ་མཚ)，2001年，13–14頁。

12 阿塔，採訪，印度，1992年和1993年，H.0007.01, .04, .06。在這些不 同的採訪中，阿塔給出了讓他們待在拉薩之外的不同時間長度：一個 月、一個月十八天和三個月。

13 洛次 (ཀློུ་མཚ)，2001年，15–16頁。

14 同上，15頁。

15 同上。

16 洛次 (ཀློུ་མཚ)，2001年，16頁。

17 同上。

18 同上，16–17頁。

19 同上，17–18頁。

20 阿塔 (ཨ་ཐར་ནོར་བུ)，2004年，38頁。

21 拉珠阿旺，採訪，印度，2002年，H.0012.05。

22 阿塔，採訪，印度，1992年，H.0007.01。1958年夏天，他們都轉移到了山南，終於能夠償還這筆債務；當時嘉樂頓珠從印度派來一名康巴人，給他們帶來了3,000印度盧比作為他們的開銷。阿塔說，他們用這3,000盧比償還債務，然後現金再次短缺，只剩下200盧比了！

23 阿塔（ཨ་ཐར་ནོར་བུ），2004年，38頁。阿塔，採訪，印度，1993年，H.0007.04。也參見拉珠阿旺，採訪，印度，2002年，H.0012.05。

24 巴克一直在學習藏語，並用字典試圖翻譯電報。他後來編輯出版了一本藏英詞典（巴克〔Buck〕) 1969年)。

25 第3章詳細討論了這一點。

26 赫羅伯，採訪，美國，1995年。

27 雷根，採訪，美國，1993年。

28 赫羅伯，採訪，美國，1995年。

29 赫羅伯，採訪，美國，1993年。

30 赫羅伯，採訪，美國，1995年。

31 阿塔和洛次沒有給出第一次面對面會談的日期，但夏格巴在1957年12月3日的日記中寫道，加多倉（他是貢布扎西在噶倫堡的聯絡人）通知哲堪孜松，阿塔和洛次最近已抵達拉薩。

32 阿塔，採訪，印度，1993年，H.0007.04。

33 同上。

34 拉珠阿旺（མདའ་རུར་ལི་ཐར་དུག་ཕྱུག་དག་དབང），2008年，218頁。

35 這一節中的部分信息來自加多倉曾對哲堪孜松的堪窮所作的解釋，他說拉薩的一名信差告訴他，這是他們兩人告訴恩珠倉的話（夏格巴的日記，1957年12月3日的條目）。

36 阿塔（ཨ་ཐར་ནོར་བུ），2004年，38–39頁。藏語是：དེ་མཚམས་ཨ་འབྲུག་ཕྱིན་བདག་དང་མགྲོན་གཉེར་གཉིས་བཀའ་མོལ་བྱུང་རྗེས་གོང་ས་མཆོག་མཇལ་ཁ་གནང་གི་ཡིན་གསང་སྐྱ་བར་འབྱིད་གོང་གསུང་འབྱུང་པ་བཀའ་དགོང་བཞིན་ནོར་སྐྱིད་པོ་དང་བཅར་སྐབས་དེ་རིང་མཛད་བྱེལ་ཆེ་བས་སྐུ་བཅར་ཞུས་མེད་ལུགས་ཀྱི་ལོ་རྒྱ་མང་དུ་ཅིག་གསུང་དེ་མཇལ་ཁ་མ་ཐོབ། 譯註：這段藏語直譯是：這時貢布扎西得以與管家會面討論，被指示可明日帶到營地拜會達賴喇嘛。〔我們〕就按指示到羅布林卡卻被告知今日事業繁忙無法會見云云，就此未能拜見。

37 阿塔（ཨ་ཐར་ནོར་བུ），2004年，40頁。藏語是：རོ་གཉིས་ནས་ཁལ་མཇལ་ཆས་མ་ཟད་ཆབ་སྲིད་ཀྱི་ཐོག་ནས་བཅར་རྒྱུའི་རེད། རྩ་བའི་ཨ་རེའི་གཞུང་གིས་རོ་གཉིས་གོང་ས་མཆོག་གི་སྐུ་མདུན་ཆེན་བཅར་ཀྱིས་གནས་ཚུལ་ཆ་ཚང་ཞུས་ཏེ་ལས་དོན་སྒྲུབ་དང་མི་བསྐུལ་བཀའ་འཇུ་དགོས་གསུངས་ཡོད། 譯註：這段藏語直譯是：我們倆不僅是為了拜見，更重要的是要在政治上接觸，

根本是美國政府要我倆親自接觸達賴喇嘛並彙報一切情況，問清楚 (事情) 辦或不辦的態度。

38　洛次 (ᦴᦱ)，2001 年，35 頁。也參見阿塔，採訪，印度，1992 年，H.0007.01。

39　阿塔 (ᦱᦵᦶᦵᦷ)，2004 年，39–40 頁。

40　阿塔，採訪，印度，1992 年，H.0007.01。

41　阿塔 (ᦱᦵᦶᦵᦷ)，2004 年，39–40 頁。

42　阿塔，採訪，印度，1992 年，H.0007.01。

43　阿塔，採訪，印度，1993 年，H.0007.04。阿塔，採訪，印度，1995 年，H.0007.06。

44　阿塔，採訪，印度，1992 年，H.0007.01。

45　護身結是用特殊方法編織的繩子，由喇嘛念經加持過。

46　大威德金剛護身符是大威德明王 (ᦵᦶᦵᦶᦵ) 的一個泥塑小佛像，腳踏水牛。這種護身符受過達賴喇嘛加持後，被認為極其強大，可以防護子彈。事實上，中國對達賴喇嘛提出的指控之一是，他把這些金剛護身符給了康巴人，以此鼓勵他們反抗中國人。

47　但是如上所述，事實上他們對此回應感到震驚和憤怒。

48　帕拉，手稿，藏人採訪筆錄，1983 年，新聞辦公室，印度達蘭薩拉。這次採訪是西藏流亡政府組織的，作為口述歷史項目的一部分，以記錄老官員的回憶。

49　阿塔，採訪，印度，1993 年，H.0007.05。

50　寺院生活中的格西學位是僧人能獲得的最高學位。它包括與博學的僧人就課程所涵蓋的主題公開辯論，並要求候選人記住大量書面材料並辯論其內容。

51　達賴喇嘛，採訪，印度，2004 年，H.0019.09。

52　達賴喇嘛，採訪，印度，1994 年，H.0019.03。

53　同上。

54　這指的是哲堪孜松和代理噶倫宇妥，如第 3 章 (譯註：英文原文如此，應為第 2 章) 所述，當達賴喇嘛從印度返回西藏時，宇妥受達賴喇嘛 / 噶廈的指示留在噶倫堡，代表噶廈行事。

55　夏格巴日記，1957 年 12 月 6 日的條目。藏語是：ᦵᦶᦵᦶᦵᦷᦵᦶᦵᦶᦵ。

56　第二次世界大戰期間，西藏和中國瀕臨戰爭邊緣，當時西藏政府拒絕允許軍事物資通過西藏運輸。隨着緊張局勢的加劇，1943 年 5 月，控制青海省的軍閥馬步芳將幾千名士兵部署到西藏邊界附近，噶廈派部

隊布防那曲 (其北部邊境)。有關這一事件的更多細節，請參見戈爾斯坦 (Goldstein)，1989年，385–390頁。

57　恰白 (Chape)，採訪，拉薩，1992年，H.0009.01。恰白於1958年時是南木林宗的聯席宗本。

58　拉珠阿旺，採訪，印度，2002年，H.0012.05。

59　拉珠阿旺，採訪，印度，1992年，H.0012.09。

60　達賴喇嘛，採訪，印度，1995年，H.0019.07。

61　拉珠阿旺，採訪，印度，2002年，H.0012.05。

62　維達爾 (Vidal)，2016年，3頁。

63　桑頗，採訪，印度，1985年，H.0205.25。

64　《中共西藏黨史大事記 (1949–1966)》，1990年，1958年4月1日條目，75頁。

65　扎贊 (Drakten)，採訪，印度，1992年，H.0001.02。

66　同上。

67　康巴人到達後，山南農村的少數中國工人和職員撤回了澤當。

68　藏語是：ཨ་འཐུག་ཚང་གི་བཀའ་འགྱུར་ལྷ་ཁང་ནང་དམག་ལངས་ཐྱེད་རྒྱུ་དང་དམག་ཁྲིམས་བཙེ་སྲུང་མཛད་གན་བཞག་པ། (拉珠阿旺〔མདའ་ཟུར་ལི་ཟིང་དྲུ་ཕྱུག་ངག་དབང〕，2008年，234頁。) 譯註：這段藏語直譯是：在貢布扎西的甘珠佛閣裏起誓起義並遵守軍紀。

69　同上。

70　中共西藏黨史大事記編委會，1995年，1958年4月20日條目，80頁。

71　拉珠阿旺 (མདའ་ཟུར་ལི་ཟིང་དྲུ་ཕྱུག་ངག་དབང)，2008年，235頁。

72　同上。

73　拉珠阿旺，採訪，印度，2002年，H.0012.05。

74　拉珠阿旺 (མདའ་ཟུར་ལི་ཟིང་དྲུ་ཕྱུག་ངག་དབང)，2008年，238–239頁。

75　同上，238頁。

76　阿塔，採訪，印度，1992年，H.0007.02。

77　阿塔，採訪，印度，1995年，H.0007.06。

78　同上。

79　拉珠阿旺，採訪，印度，1992年，H.0012.06。

80　拉珠阿旺，採訪，印度，1992年，H.0012.02。

81　拉珠阿旺，採訪，印度，1992年，H.0012.06。

82　阿塔，採訪，印度，1995年，H.0007.06。

第5章

1　拉珠阿旺（ᨆᨆᨆᨆᨆᨆᨆᨆᨆᨆᨆ），2008年，244頁。

2　拉珠阿旺，採訪，印度，1992年，H.0012.01。

3　拉珠阿旺，採訪，印度，2002年，H.0012.04。

4　格桑扎堆，或格扎（ᨆᨆᨆᨆᨆᨆᨆ），2001年，173頁。

5　格扎（Kedram），採訪，印度，1995年，H.0041.04。

6　同上。譯註：扎基寺、扎基拉姆、扎西代本團都是同一個藏語詞ᨆᨆᨆ，
　　讀音扎西。

7　格扎，採訪，印度，1995年，H.0041.04。

8　達賴喇嘛，採訪，印度，1994年，H.0019.03。還有一位中國戰士也叛
　　逃到四水六崗，但並非通過扎西代本團。我們後面會討論他的故事。

9　拉珠阿旺，採訪，印度，1992年，H.0012.01。

10　拉珠阿旺，採訪，印度，2002年，H.0012.05。隨着更多康巴人、安多
　　人和僧人來到哲古塘，這個數字逐漸變多。

11　前述有關四水六崗軍事基地一節來自拉珠阿旺，採訪，印度，2002年
　　（H.0012.04和05），以及拉珠阿旺，採訪，印度，1992年（H.0012.01）。

12　拉珠阿旺，採訪，印度，1992年，H.0012.02。

13　阿布繞杰（Abo Rapkye），採訪，印度，1992年，H.0029.02。

14　拉珠阿旺，採訪，印度，1992年，H.0012.03。

15　阿塔，採訪，印度，1992年，H.0007.02。

16　阿塔，採訪，印度，1995年，H.0007.06。

17　同上。

18　阿塔，採訪，印度，1992年，H.0007.02。

19　阿塔，採訪，印度，1995年，H.0007.06。

20　同上。

21　赫羅伯，採訪，美國，1995年（加着重號）。

22　洛次（ᨆᨆ），2001年，36頁。

23　同上，36–37頁。

24　吉柚權，1993年B，46頁。

25　拉珠阿旺，採訪，印度，1992年，H.0012.03。

26　洛次（ᨆᨆ），2001年，34頁。

27　阿塔，採訪，印度，1995年，H.0007.06。

28　赫羅伯，採訪，美國，1995年。如前所述，中情局拒絕公布西藏項目
　　的檔案，包括赫羅伯的電報。

29　阿塔，採訪，印度，1995年，H.0007.02。

30　從第6章可以看出，這是不正確的（譯註：貢布扎西不打算去羌塘）。
　　貢布扎西最終來到了碩達洛松，因為解放軍阻止他返回山南，並迫使
　　他越逃越遠，直到他到達碩達洛松，在那裏解放軍才停止了對他的追
　　擊。

31　拉莫次仁（Lhamo Tsering），採訪，印度，1995年，H.0054.04。

32　拉莫次仁，採訪，印度，1995年，H.0054.06。

33　拉莫次仁，採訪，印度，1995年，H.0054.04。

34　赫羅伯，採訪，美國，1993年。

35　參見赫羅伯（Holober），1999年。

36　赫羅伯，採訪，美國，1995年。

37　阿塔，採訪，印度，1995年，H.0007.02。他聯繫的不丹人是晉美多吉
　　和他的母親拉尼楚尼（卻英旺姆）多吉。

第6章

1　戈爾斯坦（Goldstein）等，2004年，222頁。

2　解放軍戰士也大量投入到修路和建築工程。

3　中華人民共和國檔案（DPRC），中央給西藏工委的電報，日期1958年7
　　月14日（加着重號）。

4　西藏自治區黨史資料徵集委員會和西藏軍區黨史資料徵集領導小組
　　編，1995年，125–128頁（加着重號）。

5　夏格巴日記，1958年2月2日和9日的條目（加着重號）。

6　仲甲儀式是西藏政府僧官的每日集會，會上提供茶，但與僧人在寺院
　　的祈禱法會不同，毋須集體念誦祈禱。活動大約在上午九點開始，持
　　續大約一個小時。拉薩的所有僧官都有應出席，會議由掌管秘書處（孜
　　噶）的大管家帕拉主持。

7　扎贊，採訪，印度，1992年，H.0001.03。

8　中共西藏自治區黨史資料徵集委員會，1990年，1958年7月18日條目。

9　吉柚權，1993年A，42頁（譯註：原文如此，實為1993年B）。

10　〈中央軍委同意解決拉薩至林芝沿公路一線的叛亂武裝的意見（1958年
　　7月28日）〉，引用於西藏自治區黨史資料徵集委員會等，1995年，66
　　頁。

11　同上。

12　一份中國資料稱他離開的日期是8月15日。我沒有理由認為那是不正確的。中共西藏自治區黨史資料徵集委員會，1990年，1958年8月15日條目，78頁。

13　拉珠阿旺，採訪，印度，2003年，H.0012.08。

14　嘉瑪阿珠（Jama Ngagdrug），採訪，印度，2003年，H.0229.01。

15　嘉瑪阿珠，採訪，印度，2003年，H.0229.01。拉珠阿旺，採訪，印度，1992年，H.0012.03。

16　嘉瑪阿珠，採訪，印度，2003年，H.0229.03。

17　吉柚權，1993年B，40–41頁（譯註：原文如此，這段在46頁）。另一名中國解放軍逃兵和貢布扎西在一起，勇敢地戰鬥，最終成為印度難民，被分配到卡納塔克邦（Karnatake）名為比拉庫佩（Bylekuppe，也譯拜拉庫比）的藏人安置營，與妻子一起作為農民生活在那裏。

18　吉柚權，1993年（譯註：原文如此，應為1993年B），41頁。此前引用的一份文件稱，總數已降至13,000人。

19　參見戈爾斯坦（Goldstein），2014年，445–466頁，對大收縮進行了詳細研究。

20　1斤等於1.33磅（譯註：1斤等於0.5公斤，約1.1磅。作者誤把大陸的市斤和香港用的斤混淆了，雖然他們的英文都是catty。原文英文版用磅作單位，故有此註）。

21　引自降邊嘉措，2004年，184–189頁。這份文件署名西藏軍區政治部、後勤部、幹部部和財務部，日期為1957年2月20日。譯註：文中括弧中註釋來自原中文引文。

22　吉柚權，1993年（譯註：1993年B），46頁。

23　拉珠阿旺，採訪，印度，2002年，H.0012.05。

24　同上。

25　嘉瑪阿珠，採訪，印度，2003年，H.0229.01。

26　拉珠阿旺，採訪，印度，2002年，H.0012.06。

27　藏語是：ཆུ་ཁར་སྨེ་བས་དུས་ཏ་འབེན།

28　在另一次採訪中，他說他們戰鬥了三天三夜，第四天才離開。

29　拉珠阿旺，採訪，印度，2002年，H.0012.01和H.0012.03。

30　拉珠阿旺，採訪，印度，2002年，H.0012.03。拉珠阿旺在另一次採訪中說，有132人傷亡。貢布扎西估計有200名漢人死亡，受傷人數不詳，而康巴人則有40人死亡，68人受傷，並損失了大約50匹馬和騾子。（恩珠倉·貢布扎西〔Gompo Tashi Andrugtsang〕，1973年，73

頁)。四水六崗組織的歷史記載,有55名指揮官和士兵被殺,61人
受傷(四水六崗歷史編輯委員會〔ཆུ་བཞི་བོ་རྒྱུས་ཚོགས་སྒྲིགས་ཚོགས་ཆུང,2000年,
109–110頁。)

31　楊一真,2010年,41頁。

32　吉柚權,1993年B,47頁。

33　中華人民共和國文件(DPRC),中央給西藏工委的電報,1958年9月10日。

34　他說「妥善保管」時使用的藏語詞是「བདག་པོ་ཡག་པོ་རྒྱབས」(拉珠阿旺,採訪,
印度,1992年,H.0012.01)。

35　拉珠阿旺,採訪,印度,1992年,H.0012.03和05。

36　拉珠阿旺,採訪,印度,1992年,H.0012.01和03。

37　帕拉,手稿,採訪的藏文抄本,1983年,印度達蘭薩拉新聞辦公室。

38　拉珠阿旺,採訪,印度,1992年,H.0012.01。在採訪的另一部分,他
提到有495支英式卡賓槍和126隻金屬箱子,每隻箱子裏有2,500發子
彈。他還說兩門大炮是16毫米口徑的(譯註:原文如此,似有誤)。

39　拉珠阿旺,採訪,印度,1992年,H.0012.01。

40　四水六崗歷史編輯委員會 (ཆུ་བཞི་བོ་རྒྱུས་ཚོགས་སྒྲིགས་ཚོགས་ཆུང),2000年,126頁。

41　拉珠阿旺,採訪,印度,2002年,H.0012.05。

42　四水六崗歷史編輯委員會(ཆུ་བཞི་བོ་རྒྱུས་ཚོགས་སྒྲིགས་ཚོགས་ཆུང),2000年,120–121頁。

43　同上,121–125頁。

44　同上,126頁。

45　吉柚權,1993年B,46頁。

46　四水六崗歷史編輯委員會 (ཆུ་བཞི་བོ་རྒྱུས་ཚོགས་སྒྲིགས་ཚོགས་ཆུང),2000年,130頁。

47　同上,126–127頁。

48　拉珠阿旺,採訪,印度,1992年,H.0012.03。駐拉薩解放軍副司令
員鄧少東說,他們是16名醫生和護士,去日喀則醫院工作(鄧少東,
1985年,41頁)。

49　吉柚權,1993年B,56–58頁。(譯註:中文來自原書,未修正。)

50　堅贊丹培 (Gyentsen Tempel),採訪,印度,1993年,H.0014.01。

51　四水六崗歷史編輯委員會 (ཆུ་བཞི་བོ་རྒྱུས་ཚོགས་སྒྲིགས་ཚོགས་ཆུང),2000年,130–139
頁。嘎崗位於山口以南、羊八井的上半部。從嘎崗向東到達楚布,向
南到達尼木雪雅噶,向北可抵達羊八井。

52　拉珠阿旺,採訪,印度,1992年,H.0012.01。

53　四水六崗歷史編輯委員會 (ཆུ་བཞི་བོ་རྒྱུས་ཚོགས་སྒྲིགས་ཚོགས་ཆུང),2000年,139頁。

54　吉柚權,1993年B,48–49頁。

55 阿布繞杰，採訪，印度，1992年，H.0029.01。

56 這個日期來自中共西藏自治區黨史資料徵集委員會，1990年，1958年8月15日條目，78頁。

57 拉珠阿旺，採訪，印度，1992年，H.0012.06。

58 同上。

59 同上。

60 同上。

61 嘉瑪阿珠，採訪，印度，2003年，H.0229.03。

62 拉珠阿旺，採訪，印度，1992年，H.0012.06。

63 嘉瑪阿珠，採訪，印度，2003年，H.0229.03。

64 碩達洛松是昌都以北的一個大行政區，由三個宗組成：碩般多、邊壩（譯註：舊名達爾宗）和洛隆。

65 嘉瑪阿珠，採訪，印度，2003年，H.0229.02。

66 普敦堆，採訪，拉薩，1993年，H.0005.01。

67 吉柚權，1993年B，50–51頁。（譯註：應為51–52頁）

68 同上，53–55頁。（譯註：應為54–55頁）

第7章

1 毛澤東，1969年，72頁。（這是毛澤東在1958年北京中共八次二大會議上的講話。）譯註：中間省略了「我們鎮反，還沒有殺掉一些反革命知識分子嘛！」毛澤東在整風和反右運動中的政策是「一個不殺，大部不抓」，所以並沒有判處「右派」死刑，更沒有活埋，即他說的「沒有殺掉」知識分子。毛澤東用「坑」這個字一方面是漢語用詞與秦始皇對應，另一方面漢語「坑」也有損害的意思。英文都用了 "buried live（活埋）" 翻譯這兩個「坑」，而且省略了中間部分，容易誤導。但是客觀上，反右運動中部分知識分子被發配到生活條件惡劣的地方勞改，從事重體力勞動，以及隨後發生全國大饑荒，一些人死亡。

2 參見 www.uglychinese.org/AntiRightists.html（2015年1月1日讀取）。

3 西藏的整風反右運動只針對黨的官員，不涉及西藏政府官員，他們並不知道這種運動正在發生。

4 中共西藏黨史大事記編委會，1958年4月4日條目，75–76頁。

5 當時中國被劃分為六個地理大行政區（華北、東北、中南、華東、西北和西南），每個大區都有一個軍政委員會（ དམག་སྲིད་ཀྱི་ཡོན་ལྷན་ཁང་），解放軍通

過它來管理該地區，直到「人民政府」成立。西南局和第二野戰軍負責
雲南、四川、貴州、西康和西藏。西北局和第一野戰軍負責青海、新
疆、陝西和甘肅。1950年1月，「解放」西藏的主要任務交給了位於四
川的第二野戰軍/西南局，由劉伯承和鄧小平領導。昌都戰役的主力部
隊是張國華領導的二野第18軍，儘管也得到了一野/西北局部隊的支
援，其騎兵部隊在戰役中發揮了重要作用。

6   范明的歷史已經在第二卷和第三卷詳細介紹過了，所以這裏只給出了
     過去事件的簡短總結。

7   李佐民，採訪，北京，2011年。

8   雖然在西藏的大部分軍隊和幹部都來自西南局，但當時西北局及其一
     野在中國影響力很大，因為一野的司令員/政委彭德懷是朝鮮戰爭中
     的中國志願軍總司令，回到北京後，他成為中國國防部長 (1954年至
     1959年)，並兼任中央軍委第一副主席。彭德懷也是政治局委員。

9   1946年至1950年間，張經武先後在賀龍、習仲勳手下擔任西北局參
     謀長，隨後與賀龍、李井泉、王維舟一起去了西南局，並在那裏擔任
     參謀長。隨後，他調到北京，被提拔為中央軍委辦公廳主任，是中國
     政府在《十七條協議》談判中的代表之一 (車明懷和張華川，2009年，
     12–16頁)。

10   參見戈爾斯坦 (Goldstein)，2007年，296–300頁，其中討論了第一任西
     藏工委。

11   以下部分來自戈爾斯坦 (Goldstein)，2007年，265–300頁，詳細討論了
     中國人和班禪喇嘛之間的早期關係。

12   降邊嘉措，1989年，11頁。

13   戈爾斯坦 (Goldstein)，2007年，265–273年。

14   同上，273–274頁。

15   英國外交部記錄，FO371/83325，南京附件，發給英國外交部，日期為
     1949年12月27日。附件摘自1949年11月25日南京《新華日報》。

16   同上。

17   范明，1987年，5頁；范明，採訪，北京，1993年。

18   英國外交部記錄，FO371/83325，引自南京《新華日報》。

19   范明，1987年，8至19日。

20   范明，採訪，北京，1993年。

21   范明，採訪，北京，1993年。雖然這種區別在一些清代地圖上標
     明，但實際上從來都不是真實的。班禪喇嘛的領地一直在達賴喇嘛

政府的政治權力之下。有關這方面的更長討論，請參見戈爾斯坦（Goldstein），2007年，422–453頁。

22 范明，採訪，北京，1993年。

23 同上。

24 范明，1987年，6頁。

25 引自范明，1987年，6頁。中文（譯註：略）。

26 范明，1987年，6頁。

27 引自范明，1987年，6–7頁。

28 趙慎應，1998年，46頁。

29 降邊嘉措，採訪，北京，1993年，H.0060.02。

30 崗巴拉山口就在雅魯藏布江南面，是西藏衛（前藏）和藏（後藏）的傳統分界線。

31 范明，1987年，2–3頁。譯註：中文原文為一段，分段為英文版所分。

32 引自范明1987年，24頁；以及中共西藏自治區黨史資料徵集委員會，1990年，1950年11月9日條目。

33 工委是主要行政單位。其下有許多辦公室，如組織部、宣傳部、統戰部、民運部、秘書處、總務處、研究室、青委（青年事務委員會）和婦委。工委下還有各種工作隊，如新華社、文工隊、攝影隊、電影隊、衛生隊、社會事務辦公室和聯絡處。

34 范明，1987年，24頁。

35 范明，採訪，北京，1993年，H.0230.01。

36 趙慎應，1998年，46頁；中共西藏自治區黨史資料徵集委員會，1990年，1950年12月14日條目，20頁。

37 對於平措汪杰的生活和經歷的自傳記錄，參見戈爾斯坦等（Goldstein et al.），2004年。

38 趙慎應，1998年，46頁。中共西藏自治區黨史資料徵集委員會，1990年，1950年12月14日條目，20頁。

39 這個報告團的成員包括范明、傅生、劉士元（聯絡辦公室）、汪鋒（〔西北局〕統戰部部長）和江平。

40 范明，1987年，26頁。

41 范明，1987年，28–29頁；以及中共西藏自治區黨史資料徵集委員會，1990年，1951年2月13日條目。

42 中共西藏自治區黨史資料徵集委員會，1990年，1951年2月27日條目。牙含章被任命為助理代表。

43 范明，1987年，37頁。

44 代表團團長阿沛於1951年4月22日抵達北京，就在班禪喇嘛到達幾天前。

45 范明 (Fan Ming)，採訪，北京，1993年，H.0230.01 (加着重號)。

46 達拉·平措扎西 (Taklha, Phüntso Tashi，也譯彭措扎西)，採訪，英國，1997年，H.0037.05。也見 སྒྲག་ལ (達拉)，1995年，2:40。

47 桑頗的意思是，他是談判代表團中前去的唯一正式代表，其他兩位 (達拉和桑都仁欽) 是代表團的翻譯。

48 桑頗，採訪，印度，1981年，H.0205.20。

49 這些論點是由范明和計晉美提出的，例如他們給阿沛看了達賴喇嘛重慶辦事處主任出席班禪喇嘛坐床典禮的照片。

50 桑頗，採訪，印度，1981年，H.0205.20。達拉當時在場，他也在採訪中報告，印度，1992年，H.0037.03。也見 སྒྲག་ལ (達拉)，1995年，2:40–44。

51 達拉·平措扎西，採訪，印度，1992年，H.0037.03。桑頗，採訪，印度，1981年，H.0205.20。

52 阿沛說，這是凱墨扎薩說的，他說，如果是這樣的話，那就撕毀協議 (採訪，北京，1989年，H.0040.02)。

53 阿沛，採訪，北京，1989年，H.0040.03。

54 戈爾斯坦 (Goldstein)，1989年，766頁。

55 戈爾斯坦 (Goldstein)，2007年，290頁。對於這一爭端及其後續發展的詳細討論，參見戈爾斯坦 (Goldstein)，1989年，110–138頁；以及戈爾斯坦 (Goldstein)，2007年，265–300頁。

56 板門店是朝鮮戰爭停戰委員會談判地點。1953年7月27日，參與各方簽署停戰協定。

57 李佐民，採訪，北京，2011年，H.0053.06。這段時期的衝突以及這次會議在戈爾斯坦 (Goldstein)，2007年，422–453頁中討論。

58 參見戈爾斯坦 (Goldstein)，2007年 (譯註：應為2014年，即本系列卷3)，318–325頁，其中敍述了在拉薩附近進行改革試點的例子。

59 更多細節參見本卷第2章，以及戈爾斯坦 (Goldstein)，2014年，306–334頁和445–466頁所作的全面分析。

60 范明，採訪，北京，1993年，H.0230.03。

61 范明，2009年，373–374頁。

62 同上，374頁。

63 范明不想批評毛澤東，所以他把毛澤東的政策歸咎於鄧小平和張經武及張國華。

64　張向明，未出版，71–72頁。

65　同上，72頁。

66　范明，2009年，379頁。

67　他的右派帽子直到1980年才被摘掉(平反)。范明，2009年，520–521頁。

68　范明，2009年，379–381頁。

69　這本蘇聯小說的中譯本1951年在上海出版。

70　范明，2009年，381頁。

71　自從范明從西北進軍西藏以來，黃琳就一直和他有曖昧關係。來到拉薩後，他們的關係成了公開的秘密，范明的妻子梁楓也知道。當時，黃琳嫁給了一個在統戰部工作的年輕人；那個年輕人也知道范明和黃琳之間的情人關係，但是為了留住黃琳，他甚麼也沒做(張向明，2006年，72頁)。

72　張向明，未出版，72頁。

73　同上，72–74頁。

74　同上，73–74頁。

75　同上，73頁。

76　同上。譯註：張向明這段原文並未提到讓這四個人重寫人物志。據戈爾斯坦，這個信息來自張向明。

77　同上，73–74頁。

78　范明，採訪，北京，1993年，H.0230。

79　同上。

80　范明，2009年，403頁。

第8章

1　拉珠阿旺，採訪，印度，1992年，H.0012.02。本書(作者)沒有得到這份法令的副本。

2　同上。

3　頓珠諾杰(Döndrup Norgye)，採訪，拉薩，2002年，OR.0331.01。

4　堅贊丹培，採訪，拉薩，1993年，H.0014.01。

5　達賴喇嘛，採訪，印度，1995年，H.0019.07。

6　夏格巴日記，1957年12月6日條目。達賴喇嘛從拉薩寄的一封信中提及此事。

7　1958年1月27日給外交秘書杜特的備忘錄，在穆克吉(Mukherjee)和穆

克吉 (Mukherjee)，2010年，671頁〈給尼赫魯的電報〉註腳中的説明。「尼赫魯讓他通知印度在甘托克和拉薩的代表，周恩來已經通過印度駐北京大使向尼赫魯轉達了達賴喇嘛的邀請。周恩來説，如果尼赫魯能去那裏，他會非常高興，〔他〕打算與尼赫魯在拉薩會合，因為他以前從未去過西藏」(穆克吉〔Mukherjee〕和穆克吉〔Mukherjee〕，2010年，672頁)。

8　新華社 (NCNA，New China News Agency)，1958年9月19日〔《南華早報》，1860期，1958年9月24日〕。

9　克勞德 · 阿爾皮 (Claude Arpi)，「尼赫魯在西藏：部分實現的訪問 (Nehru in Tibet: The Visit that Partially Materialized)，」http://claudearpi.blogspot.com/2012/10/nehru-in-tibet-visit-that-partially.html.

10　江樂金 · 旺南 (Canglojen, Wanam)，採訪，拉薩，1993年。旺南説，這是孜本崔科告訴他的。

11　歷史上，1949年8月8日，印度政府和不丹政府在大吉嶺簽署了一項友好條約，同意不丹的主權。該條約第2條説，「印度政府承諾不干涉不丹的內政。不丹政府同意在對外關係方面遵循印度政府的建議。」尼赫魯重申了這一點。聯合國難民署難民世界網站，refworld.org/docid/3ae6b4d620.html，於2015年3月16日讀取。

12　瓦里庫 (Warikoo)，2009年，141頁 (加着重號)。

13　堅贊丹培，採訪，拉薩，1993年，H.0014.02。

14　甚至1951年至1952年間，兩位司曹和中國官員之間的激烈爭論也發生在小型閉門會議上。

15　藏語：མཚན་བཅུ་ལྷོག་འགས།

16　堅贊丹培，採訪，拉薩，1993年，H.0014.02。

17　譚冠三並沒有特別點出索康的名字，但每個人都知道他指的是索康，因為索康是那裏唯一的西藏高官。當時索康是首席噶倫 (ཁྲི་པ，音譯赤巴)。

18　索康指的是本章前面討論過的敏吉林代表團。

19　藏語是：ཁམས་པའི་ཞིང་ཆ་འདགས་ཐབས་དང་ཀུང་དཔྱད་གོང་པ་དུངས་ཐབས།

20　藏語是：སྲུན་རླ་མི་རིགས་ནད་ཁྱལ་ལ་ཁབ་ཐོན་ཨས་གི་གནས་ཆལ་ལྱག་གི་རེད།

21　藏語是：གཡང་ས་ནས་ཏུ་ཁ་བཀག་དགོས་རེད།

22　恰白，採訪，拉薩，1992年，H.0009.03。

23　江樂金 · 旺南，採訪，拉薩，1992年。

24　達賴喇嘛，採訪，印度，1995年，H.0019.07。

25　堅贊丹培，採訪，拉薩，1993年，H.0014.02。

26 他的意思是，他是一名西藏政府官員，被噶廈派往自治區籌委會的某個辦公室工作。

27 堅贊丹培，採訪，拉薩，1993年，H.0014.02。

28 這個傳統的運輸站網絡遍布西藏大部分地區。相鄰的驛站距離約半天的路程，所以服役的人和動物可以運輸貨物，並在當天晚上回家。居住在每個驛站區域的農民被要求滿足持烏拉證旅客的需要。

29 堅贊丹培，採訪，拉薩，1993年，H.0014.02。

30 柳霞，手稿，1983年採訪筆錄，印度達蘭薩拉信息辦公室。

31 格杰巴 (Gyegyepa)，採訪，拉薩，1992年，H.0011.02。他是一位噶仲，即噶廈秘書。

32 李佐民，採訪，北京，2011年，H.0053.06。

33 扎贊，採訪，印度，1992年，H.0001.08。

34 達賴喇嘛，1990年，127頁。

35 頓蘇，採訪，印度，1995年，H.0035.01。

36 大昭寺的一部分是西藏政府辦公室，這次會議是在西藏政府改革辦公室 (ཞིབས་བཅོས་ལས་ཁུངས) 舉行的。中國記錄談到了11月份在羅布林卡舉行的一次西藏政府會議，但這次會議可能是在10月中旬在大昭寺舉行的。在這次事件中，民眾大會的類型是擴大民眾大會 (ཚོགས་འདུ་ཕུག་བསྡུས་རྒྱས་པ)。

37 「仲孜」是一個縮寫，由仲譯欽莫 (譯倉的四個負責人) 和孜本 (孜康的四個負責人) 的首音節組成。此時的仲譯欽莫是達喇嘛絨朗色·土登諾桑·波塘·群培土登、拉烏達熱·土登丹達和嘉措扎西。四位孜本是朗色林·班覺晉美、凱墨·次旺頓珠、雪古巴·加央凱珠和崔科·頓珠次仁。

38 扎贊，採訪，印度，1993年，H.0001.11。

39 實際上，沒有使用紙選票或舉手表決，這裏的「投票」是指通過協商一致作出的決定 (扎贊，採訪，印度，1993年，H.0001.11)。噶倫索康在一次採訪中說，這種方法也曾在1933年十三世達賴喇嘛死後召開的民眾大會上使用過 (索康，採訪，美國，1967年，H.0235.01)。

40 許多西藏官員被噶廈借調到自治區籌委會辦公室，與中國官員、扎什倫布官員和昌都官員一起工作，所以僅僅在那裏工作並不意味着官員同情中國人。

41 扎贊，採訪，印度，1993年，H.0001.11。

42 扎贊，採訪，印度，1992年，H.0001.01。

43 扎贊，採訪，印度，1992年，H.0001.08。

44 此處引用的短語被廣泛使用，作為這次會議的名稱。其藏文參見註釋19。

45 扎贊，採訪，印度，1992年，H.0001.08。

46 扎贊回憶，他的小組中的一些高級官員有然巴臺吉、仲譯欽莫嘉措扎西、孜本崔科、堪窮鏘欽和雪巴‧楚臣尼瑪拉。其他成員有薩瓊色、甘丹寺代表洛貢協桑、色拉寺杰扎倉堪布、格達大人、帕西杰仲拉（譯註：即帕西孜仲，孜仲是官名）和僧官群培拉（他是孜噶的職員〔ཕྱག་མཛོད〕，音譯恰仲〕）。扎贊，採訪，印度，1992年，H.0001.08。

47 扎贊，採訪，印度，1992年，H.0001.08。參見帕西杰仲（བར་ཞེ་རྗེ་དྲུང），2004年，162–165頁。

48 儘管崔科與阿沛和中國人關係密切，但是民眾大會無法排除他，因為他是八孜仲之一，自動成為大會主席之一。

49 噶廈的秘書／助手格杰巴回憶，「當時，噶廈收到了來自各宗的大量請願書，抱怨收到民眾報告康巴人的盜竊等行為，所以這讓達賴喇嘛很困擾。」（格杰巴，採訪，拉薩，1992年，H.0011.04）

50 扎贊，採訪，印度，1993年，H.0001.11。

51 格扎，採訪，印度，1995年，H.0041.04。

52 帕西杰仲（བར་ཞེ་རྗེ་དྲུང），2004年，162–165頁。

53 色新，2007年，81頁。

54 中華人民共和國檔案（DPRC），譚冠三1958年12月23日對幹部的講話。

55 阿沛，採訪，北京，1995年，H.0040.04。

56 格杰巴（Gyegyepa），採訪，拉薩，1992年，H.0011.04。

57 藏語是：དག་ཚོད་དགས་མ་བོན་པ，在這裏的意思是：「關於到來的康巴人，漢人不知道他們的敵人（西藏政府）真正想做甚麼。」

58 扎贊，採訪，印度，1993年，H.0001.11。

59 色新，2007年，81頁。

60 帕西杰仲（བར་ཞེ་རྗེ་དྲུང），2004年，167–168頁。

61 通常噶倫不參加民眾大會，但由於這一次索康參加了正式會議，帕西在這裏提到了他。

62 色新，2007年，78–83頁。

63 帕西杰仲（བར་ཞེ་རྗེ་དྲུང），2004年，169–171頁。

64 譯倉負責僧官和宗教事務。孜康和瑪基康（譯註：藏軍司令部）分別向俗官和藏軍軍官做了同樣的事情（譯註：發出了類似的通知）。

65 帕西杰仲（བར་ཞེ་རྗེ་དྲུང），2004年，171頁。

66 扎贊，採訪，印度，1993年。(H.0001.11)。

67 這句諺語的第二部分是：ད་རྒྱུད་གནའན་དང་ཁད་རྗེ་ཞེན。所以合起來，這個諺語的意思是「如果鼓不敲響，那就沒必要做甚麼」——也就是説，如果你們沒有被召喚抵抗漢人，保衛達賴喇嘛，那就沒必要做甚麼。

68 帕西杰仲 (བར་ཞེ་རྗེ་དང)，2004年，172頁 (加着重號)。

69 阿沛，採訪，北京，1995年，H.0040.04。他説，「此後，〔康巴叛亂〕變得越來越嚴重。内部沒有人平息他們，實際上並不是這樣，平息 (ཞིས) 叛亂並非不可能。」

70 戈爾斯坦 (Goldstein)，1989年，767頁。

71 平措汪杰，採訪，北京 (引用在戈爾斯坦、道幃喜绕、司本石初〔Goldstein, Sherap, and Siebenschuh〕，2004年，174–176頁)。也見戈爾斯坦 (Goldstein)，2007年，301–305頁。

72 戈爾斯坦 (Goldstein)，2007年，37–41頁。

73 桑頗，採訪，印度，1981年，H.0205.25 (加着重號)。

74 格扎，採訪，印度，1995年，H.0041.04。

75 陳炳，2007年，265頁。

76 同上。

77 它們實際上存放在曲德寺，與協噶爾宗相鄰。

78 事實上，協噶爾宗本之一收到了來自印度夏格巴的來信，信中寫道：「我們人多武器少，所以偷偷把協噶爾的武器交給康巴人吧。」這就是這位宗本後來被捕的原因。這封信是在洛珠群增到達之前收到的。然而，索康並不知道這一點 (洛珠群增〔Lodrö Chönzin〕，採訪，印度，1993年，H.0032.01)。

79 洛珠群增，採訪，印度，1993年，H.0032.01。

80 洛珠群增，採訪，印度，1993年，H.0032.02。

81 夏扎 (Shatra)，採訪，印度，1981年，H.0023.02。

82 對於熱振仁波切和色拉叛亂的詳細討論，參見戈爾斯坦 (Goldstein)，1989年，424–521頁。

83 中國解除了被俘藏軍士兵的武裝，給了他們一些旅費，並吩咐他們回家、去拉薩或衛藏。

84 達賴喇嘛，採訪，印度，1995年，H.0019.07。

85 同上。

第9章

1　達賴喇嘛（ཏཱ་ལའི་བླ་མ），1963年，160–161頁。

2　達賴喇嘛，採訪，印度，1995年，H.0019.07。着重號的句子以後會很重要。

3　三位僧人代表是，哲蚌寺的嘉絨堪布，色拉寺的堆巴‧嘉央赤列，和一位來自甘丹寺的高級僧人。

4　甚至在中國共產黨到來之前，朗色林就負責識別拉薩的國民黨漢人，西藏政府1949年將這些漢人驅逐出境（戈爾斯坦〔Goldstein〕，1989年，613–614頁）。

5　朗色林夫人（Mrs. Namseling），採訪，印度，1994年，H.0064.01。野餐是藏人的一種常見做法，他們藉此談論一些敏感話題，而在野餐時討論這些話題不會引起人們的注意。

6　朗色林（རྣམ་གླིང），1988年，95頁。

7　藏語：ཤེས་པའི་སྦྱང་གི་རིལ་མ。這句諺語表達像羊屎一樣不確定，可能輕易被撞飛。

8　朗色林夫人，採訪，印度，1994年，H.0064.01。

9　朗色林和帕拉是表親，他母親是帕拉父親的親姊妹。

10　朗色林夫人，採訪，印度，1994年，H.0064.01。

11　頓堆，採訪，印度，1994年，H.0058.01。

12　達賴喇嘛，採訪，1995年，H.0019.07。

13　駐西藏的解放軍中有一些來自巴塘的康巴人。有關巴塘最著名的中國共產黨幹部平措汪杰的傳記，參見戈爾斯坦、道幃喜饒、司本石初（Goldstein, Sherap, and Siebenschuh），2004年。

14　扎贊，採訪，印度，1992年，H.0001.06。

15　朗色林夫人，採訪，印度，1994年，H.0064.01。

16　阿楚是一類年輕壯漢，康巴商人和富裕家庭僱來作保鏢，特別是在貿易旅行時。然而，他們實際上要做「老闆」吩咐的任何事情。他們和被保護的家庭一起生活，一起吃飯，關係非常親密，經常像親戚一樣。

17　頓堆，採訪，印度，1994年，H.0058.01。

18　扎贊，採訪，印度，1992年，H.0001.07。

19　朗色林（རྣམ་གླིང），1988年，95頁。

20　朗色林在他的自傳中沒有提到這次會議。

21　頓堆，採訪，印度，1994年，H.0058.01。

22 扎贊，採訪，印度，1993年，H.0001.11。扎贊是採訪的組織者。

23 朗色林本來可以獨自去山南（「逃跑」），但由於他是一名政府官員，如果這樣做，有可能失去他的財產，朗色林家族也會失去作為貴族政府官員的地位，因此被任命為噶廈代表團的聯合團長為他提供了完美的掩護。

24 朗色林夫人，採訪，印度，1994年，H.0064.01。

25 頓堆，採訪，印度，1994年，H.0058.01。

26 同上。

27 朗色林（ཚལ་ཁྱུང），1988年，96頁。

28 達賴喇嘛，採訪，印度，1994年，H.0019.03。

29 同上。

30 達賴喇嘛，採訪，印度，1995年，H.0019.07。

31 這在戈爾斯坦（Goldstein），2014年有討論。

32 拉珠阿旺，採訪，印度，2002年，H.0012.05。

33 拉珠阿旺，採訪，印度，1992年，H.0012.01。

34 拉珠阿旺，採訪，印度，2002年，H.0012.05。

35 塔布和工布屬於塔工基巧（總管），而哲古塘、錯那和拉加日是山南的一部分，屬於洛基（譯註，即洛卡基巧〔山南基巧〕的簡稱）。

36 此處可見前面關於帕拉通知當地宗本秘密把政府糧食給四水六崗的說法不是真的。

37 佐扎是重要的地方家族，其成員在宗作官。

38 齊美工布（Chimi Gombo），採訪，印度，1993年，H.0022.02。譯註：此人不同於在昌都叛亂的江達頭人齊美公布。

39 同上。

40 同上。

41 結束（Gyetong），採訪，印度，1993年，H.0026.01。

42 齊美工布，採訪，印度，1993年，H.0022.02（加着重號）。

43 普頓堆·卻英（Phu Dündül Chöying），採訪，拉薩，1993年，H.0005.01。譯註：一說普頓堆是邊壩宗本秘書。

44 拉加里（Lhagyari），採訪，印度，1992年，H.0025.02。

45 畢蘇（Bisu），採訪，拉薩，1993年，H.0063.03。

46 同上。

47 嘉瑪阿珠，採訪，印度，2003年，H.0229.01。

48 從第10章可以看出，德格團拒絕聽從哲古和拉加里軍事司令部的指揮，因此當時作為一個獨立的軍事單位運作。

49　扎贊，採訪，印度，1992年，H.0001.04。

50　鄔金次仁 (Urgyen Tsering)，採訪，尼泊爾，1994年，H.0051.01 (加着重號)。也見第10章的評論，由於貢布扎西困在尼木無法返回，四水六崗的指揮體系每況愈下。

51　阿旺丹巴 (Ngawang Temba)，採訪，印度，1994年，H.0061.03。

52　賽賽 (Seysey)，採訪，印度，1991年，H.0042.01。阿旺丹巴，採訪，印度，1994年，H.0061.03。藏語是：ཨ་འབྲུག་མགོན་པོ་བཀྲ་ཤིས་ཆེད་ཐང་གཞུང་ལ་ཡིབས་སོ་ནགཆས་སྐྱོང་རྣམ་སྲས་སྐྱིང་པ་ལྷུང་བསྒྲུན་ཡག་པོ་སྐྱོན་རོག །

53　頓堆，採訪，印度，1994年，H.0058.01。

54　同上。

55　賽賽，採訪，印度，1991年，H.0042.01。

56　拉珠阿旺，採訪，印度，1992年 (H.0012.01)。藏語是：ཕྱི་ཕྱི་མེ་དཀར་ནང་ནང་མེ་ནག །這是一句諺語，指的是有人外面看着光鮮，裏面很壞。在這兒指政府官員內心是黑的 (實際上很壞)。譯註：這句諺語的字面意思是：外表又不白，裏頭又不黑。這個諺語常用來形容黑白難辨，譯者的理解與作者不同。

57　拉珠阿旺，採訪，印度，1992年，H.0012.02。

58　夏扎，採訪，拉薩，1992年，H.0023.06。

59　阿塔，採訪，印度，1995年，H.0007.06。

60　齊美工布，採訪，印度，1993年，H.0022.03。

61　拉珠阿旺，採訪，印度，1992年，H.0012.01。

62　阿布饒杰，採訪，印度，1992年，H.0029.01。

63　普頓堆・卻英，採訪，拉薩，1993年，H.0005.01。

64　同上。

65　同上。

66　同上。

67　1958年1月13日給外交秘書杜特的備忘錄，在穆克吉 (Mukherjee) 和穆克吉 (Mukherjee)，2010年，671頁引用。

68　拉隆巴，採訪，美國，1994年，H.0082.01。

69　同上。

70　夏格巴日記，1958年1月13日和14日的條目。

第10章

1　弗蘭克·赫羅伯，採訪，美國，1993年。

2　同上。

3　羅傑·麥卡錫，電話談話，美國，1995年。

4　麥卡錫 (McCarthy)，1997年，242頁。

5　赫羅伯，採訪，美國，1993年。譯註：「可信的否認」意思是，華盛頓可以否認與此相關，而這種否認站得住腳 (是「可信的」)，因為無法證明這些西藏已有的舊武器類型來自美國。

6　羅傑·麥卡錫，電話談話，美國，1995年。

7　同上。

8　麥卡錫 (McCarthy)，1997年，243頁。在1959年2月的第二次空投中也沒有M–1步槍。在達賴喇嘛於1959年3月31日抵達印度之後，也就是說，在西藏的叛亂基本結束之後，才開始空投M–1。這將在後面的章節中討論。

9　庫珀 (Cooper)，2008年。也見阿塔，採訪，印度，1995年，H.0007.06。

10　洛次 (ཀླུ་ཚེ)，2001年，39–42頁。

11　麥卡錫 (McCarthy)，1997年，242頁。

12　洛次 (ཀླུ་ཚེ)，2001年，42頁。麥卡錫 (McCarthy)，1997年，242頁。

13　洛次 (ཀླུ་ཚེ)，2001年，43頁。

14　其他人例如拉珠阿旺說，南嘉多杰的團有700名戰士。

15　洛次 (ཀླུ་ཚེ)，2001年，44頁。藏語是：ང་ཚོ་སྟེ་དགེ་བ་རྒྱ་ ༣༠༠ ལ་འཐུག་མགོན་པོ་བཀྲིས་ བསུ་བར་འགྲོ་གི་ཡིན།། ས་ཁུལ་གཅིག་ལ་ ༣༠༠ ཡི་ཆར་ན་རྒྱ་བཞི་སྲང་དྲུག་གི་བསམ་པ་རྟོགས་ཀྱི་རེད། །

16　洛次 (ཀླུ་ཚེ)，2001年，44–45頁。

17　洛次 (ཀླུ་ཚེ)，2001年，45頁。筆者不知道甚麼是帕馬里步槍。

18　洛次 (ཀླུ་ཚེ)，2001年，45頁。

19　同上。

20　洛次 (ཀླུ་ཚེ)，2001年，46頁。

21　同上。洛次評論說，一路上，他們遇到了一些德格戰士，那些德格戰士吹噓南嘉多杰在四水六崗的重要性。他們的話進一步說明，沒有了貢布扎西，四水六崗內部衝突非常嚴重。洛次說，「一個〔德格戰士〕告訴了一些讓我們發笑的事情，『如今，四水六崗的軍事基地非常好，最近，一架飛機來了，扔下了人和東西。建立這些關係的人是 (夏格·) 南嘉多杰。他首先與臺灣建立了關係，然後與美國建立了關係。飛機

來自臺灣。』那麼當我們問，現在誰是四水六崗的首領時？他們說，『首領是夏格‧南嘉多杰。』」

22 洛次 (ཀོ༷)，2001年，48頁。康博伊 (Conboy) 和莫里森 (Morrison) (2002年，78頁) 稱，第二次空投發生在11月，在註腳中，他們不同意克瑙斯的說法，後者在其書中寫道，第二次空投發生在1959年2月22日 (克瑙斯〔Knaus〕，1999年，153頁)。克瑙斯無疑是對的；在達賴喇嘛逃亡前，中情局只進行了兩次空投，而不是三次，即1958年10月和1959年2月。關於空投次數的爭議明顯是因為擬議中的11月空投沒有真正成事。

23 這三個人，實際上在理塘作戰時被中國人殺死了。

24 洛次 (ཀོ༷)，2001年，48頁。

25 普頓堆‧卻英，採訪，拉薩，1993年，H.0005.01。

26 同上。

27 鄧少東 (1985年，41頁) 說，有200名來自貢布扎西的匪徒，以及1,000多名邊壩和洛隆的叛亂分子襲擊扎木中心縣委，圍困了十多天。

28 普頓堆‧卻英，採訪，拉薩，1993年，H.0005.01。

29 嘉瑪阿珠，採訪，印度，2003年，H.0229.02。

30 中共西藏自治區黨史資料徵集委員會，1990年，1959年1月4日條目，82頁。貢布扎西逃回碩達洛松而沒有逃往印度。

31 普頓堆‧卻英，採訪，拉薩，1993年，H.0005.01。

32 拉珠阿旺，採訪，印度，1992年，H.0012.06。拉薩向北，過了一個山口就到了彭波。

33 拉珠阿旺，採訪，印度，1992年，H.0012.03。

34 同上。

35 同上。

36 拉珠阿旺，採訪，印度，1992年，H.0012.03。格扎 (採訪，印度，1995年，H.0041.04) 不記得這段對話，但正如將要看到的，拉珠阿旺的記錄令人信服，這一點在四水六崗內部政治起了作用，特別是因為我們從其他來源知道，讓達賴喇嘛離開拉薩是帕拉和達賴喇嘛周圍的人的想法。

37 拉珠阿旺，採訪，印度，2003年，H.0012.08。

38 這大概是藏曆10月13或14日 (西曆1958年11月24或25日)。

39 格桑益西不是噶廈成員，所以他一定是重複某位噶倫說的話。

40 拉珠阿旺，採訪，印度，1992年，H.0012.03。帕拉擔心，如果像拉珠阿旺這樣的四水六崗戰士留在拉薩，他們可能會採取一些激進的行動

來解救貢布扎西，這可能導致拉薩爆發嚴重的戰爭，威脅達賴喇嘛的安全。

41　拉珠阿旺，採訪，印度，1992年，H.0012.03。

42　格扎（格桑扎堆），採訪，印度，1995年，H.0041.04。

43　拉珠阿旺，採訪，印度，1992年，H.0012.03。

44　鄧少東，1985年，41頁。護送車隊的是155團3營。

45　貢嘎是現在拉薩機場的位置。

46　拉珠阿旺，採訪，印度，1992年，H.0012.03和H.0012.04。

47　中共西藏自治區黨史資料徵集委員會，1990年，1958年12月18日條目，81–82頁。

48　這支反叛部隊看起來可能有700人，但是我們從拉珠阿旺（見上）那裏知道，他的部隊只有62名戰士。

49　吉柚權，1993年B，64–69頁（加着重號。譯註：分段按照原中文）。

50　拉珠阿旺，採訪，印度，2002年，H.0012.07。

51　同上。

52　同上。

53　同上。

54　拉珠阿旺，採訪，印度，2003年，H.0012.08。

55　拉珠阿旺，採訪，印度，1992年，H.0012.03。譯註：原文有誤，這段引文來自H.0012.07。

56　同上。

57　同上。

58　中共西藏自治區黨史資料徵集委員會，1990年，1958年10月22日條目，79頁。

59　吉柚權，1993年B，60–63頁。

60　賽賽，採訪，印度，1991年，H.0042.01和H.0042.02。

61　格扎，採訪，印度，1992年，H.0041.03。

62　趙俊文，1989年；趙俊文，2014年。

63　拉珠阿旺，採訪，印度，H.0012.09。

64　趙俊文，1989年，79–83頁。

65　趙俊文，1989年，85頁。

66　強巴雲登（Chamba Yönden），採訪，印度，1993年，H.0017.04。

67　南嘉旺堆（Namgyal Wangdü），採訪，印度，1993年，H.0020.03。

68　南嘉旺堆，採訪，印度，1993年，H.0020.02。

69 中情局已經告訴他們，要和四水六崗分開，這樣如果中國人襲擊了四
     水六崗的營地，他們不會被殺或被俘。

70 拉珠阿旺，採訪，印度，2002年，H.0012.04 (加着重號)。

71 嘉瑪阿珠，採訪，印度，2003年，H.0229.03。

72 直到1958年10月下旬，桑都·洛年扎才從印度返回加入作戰。他在
     不丹遇到了阿塔，當時阿塔在彙報完情況返回西藏的路上 (理塘阿塔
     〔Litang Athar〕，採訪，印度，1992年，H.0007.02)。

73 拉珠阿旺，採訪，印度，2002年，H.0012.07。

74 理塘阿塔，採訪，印度，1995年，H.0007.06。

75 嘉瑪阿珠，採訪，印度，2003年，H.0229.03。

76 擦絨 (Tsarong)，採訪，印度，1991年，H.0043.01。

77 1958年9月2日，擦絨扎薩離開噶倫堡，經甘托克返回拉薩。他於9月
     19日離開甘托克前往拉薩，所以這次會面可能發生在1958年8月 (擦絨
     班覺，個人通訊)。

78 擦絨，採訪，印度，1991年，H.0043.01。這次談話的被採訪者是擦絨扎
     薩的兒子擦絨仁希，採訪者是他的兒子擦絨班覺 (即擦絨扎薩的孫子)。

79 擦絨 (Tsarong)，2000年，135頁。

80 湯瑪斯 (Thomas)，1995年，276頁。

第11章

1 格杰巴，採訪，拉薩，1992年，H.0011.02。

2 中華人民共和國文件 (DPRC)，〈〔中央〕覆〔西藏工委〕關於達賴擬發
     表一所謂反對在西藏搞獨立活動的問題的請示〉，1958年11月14日 (加
     着重號)。譯註：第二條省略的文字是「因為和平改革雖然是中央既定
     的方針，但是和平改革能否在西藏實現並不完全取決於中央，還取決
     於西藏統治階級和上層人士對改革所持的態度。他們在這一文件中説：
     『改革的方法一定是和平的，由上層人士負主要責任』，片面強調六年
     不改，這就曲解了中央關於西藏改革的方針。」

3 其意圖是鼓勵更多藏人轉向「左派」或者「中間派」，孤立右派「反動分子」。

4 中共西藏自治區黨史資料徵集委員會，1990年，1958年11月16日條
     目，81頁 (加着重號)。

5 中華人民共和國文件 (DPRC)，〈〔中央〕關於達賴集團擬派代表團來京
     問題的批覆〉，1958年12月16日 (加着重號)。

6　降邊嘉措1951年來到西藏，當時他13歲，是18軍歌舞團的成員，後來成為西藏工委和中國領導人的重要翻譯。

7　降邊嘉措，2008年，197–198頁。

8　中共西藏自治區黨史資料徵集委員會，1990年，1958年12月17日條目，81頁。降邊嘉措（2008年，208頁）中錯誤地寫道，直到1959年3月11日，中央才指示西藏工委邀請達賴喇嘛去北京參加第二屆全國人民代表會議。

9　達賴喇嘛，採訪，印度，1995年，H.0019.07。

10　達賴喇嘛（Dalai Lama），1990年，119頁。

11　中共西藏自治區黨史資料徵集委員會，1990年，1958年12月20日條目，82頁。

12　這是1958年6月18日青海省委給黨中央、中央軍委、蘭州軍區司令部、青海各區縣黨委、柴達木工委、西寧市黨委的報告。

13　〈〔毛澤東〕對青海平叛問題的指示〉，1958年6月24日，引自中國藏學研究中心科研處出版，1993年，34頁（加着重號）。

14　中共西藏自治區黨史資料徵集委員會，1990年，1958年9月10日條目，79頁。

15　中華人民共和國文件（DPRC），〈〔中央〕關於當前西藏工作中的幾個問題的指示〉，1958年10月11日（加着重號）。

16　總參謀部裝甲兵編輯部，1990年，227頁。當雄是拉薩的第一個機場。它位於拉薩以北大約155公里，比鄰青藏公路。

17　中共西藏自治區黨史資料徵集委員會，1990年，1958年11月8日條目，80頁。

18　王國珍，1989年，38–45頁。

19　"Local government"這兒可能指自治區籌委會。譯註：英文版把中文「地方各單位」譯為"Local government（地方政府）"，故有此註。這兒的地方單位主要指西藏工委、政府機關、辦公室等非軍事單位。

20　黃少勇，1989年，46–54頁。

21　龐力（Pang Li，音譯）和張雲興（Zhang Yunxing，音譯），《親歷1959年西藏平叛》（*Eyewitness to the 1959 Lhasa Rebellion*），中國互聯網信息中心，2009年3月9日。http://www.china.org.cn/china/tibet_democratic_reform/content_17411918.htm。

22　中華人民共和國文件（DPRC），〈關於噶廈的政治態度及我們的對策講話〉，譚冠三於1958年12月23至24日下午的講話（加着重號）。

23　筆者沒有得到這兩份總結。

24　原引中文，略。第2章全文引用了這份5/14指示。

25　這意味着西藏工委在處理與藏人有關的事務時，必須得到中央批准。

26　中華人民共和國文件 (DPRC)，〈中央關於西藏工委今後問題的批示〉，
　　1959年1月6日 (加着重號)。

27　這封電報包含在毛澤東〈在西藏軍區關於邊壩等地叛匪活動的電報上的
　　批語〉一文的註腳中，此文收入《建國以來毛澤東文稿》，1993年，第8
　　卷：8–11頁。(譯註：此處頁碼錯，應為12頁。此處的電報和批語與
　　註30的是同一篇文章。)

28　毛澤東此處一定包含了在西藏的康巴武裝，因為藏軍常備軍只有3,000
　　人。

29　《建國以來毛澤東文稿》，1993年，第8卷：10頁。中央1959年1月24
　　日正式下發了這一指示。

30　《建國以來毛澤東文稿》，1993年，第8卷：12頁。

31　中共西藏自治區黨史資料徵集委員會，1990年，1959年1月24日條
　　目，82頁。

32　丁青是昌都地區北部的一個縣。

33　中共西藏自治區黨史資料徵集委員會，1990年，1959年1月24日條
　　目，82頁。

34　同上。1月24日和1月25日條目，82–83頁。

35　〈在西藏武裝叛亂情況簡報上的批語〉一文的註腳，此處的簡報是中共
　　中央辦公廳1959年2月14日編印的《情況簡報》第16號。毛澤東的批
　　語收入《建國以來毛澤東文稿》，1993年，第8卷：46頁。

36　〈在西藏武裝叛亂情況簡報上的批語〉一文的註腳 (譯註：原文如此，似
　　有誤，這段話是批語正文，而不是註腳)。毛澤東的批語收入《建國以
　　來毛澤東文稿》，1993年，第8卷：47–48頁。(譯註：應為46頁) 中央
　　1月24日下發了這一指示。(譯註：原文如此，有誤，據註腳，應為2
　　月14日。)

37　此處引用的12月27日的報告，引用在毛澤東《建國以來毛澤東文稿》
　　1993年，第8卷：47–48頁 (譯註：英文版誤為46頁) 中，〈對總參作戰
　　部關於評判情況報告的批語和修改〉的註腳3中。

38　〈對總參作戰部關於評判情況報告的批語和修改〉，收入毛澤東《建國以
　　來毛澤東文稿》1993年，第8卷：47–48頁 (譯註：英文版誤為46頁)。

39　破九跳神儀式的功能是清除過去一年不好的東西，迎接新年。這個儀

式在布達拉宮南側德央夏大院舉行。譯註：中國著作及《龍在雪域》中記錄這一儀式和相關事件發生在2月7日，經查西藏日曆，土狗年12月29日的確是西曆1959年2月6日。

40　李佐民，採訪，北京，2011年，H.0053.04。

41　達賴喇嘛，採訪，印度，1994年，H.0017.03。

42　達賴喇嘛，採訪，印度，1995年，H.0019.07。

43　達賴喇嘛 (Dalai Lama)，1990年，130頁。

44　同上。

45　同上，131頁。

46　中共西藏自治區黨史資料徵集委員會，1990年，1959年3月1日條目。也參見達賴喇嘛 (Dalai Lama)，1990年，131頁。譯註：《西藏黨史大事記》中給出的日期是西曆3月8日。作者給出的藏曆1月28日，實際上是西曆3月7日。

47　達賴喇嘛 (Dalai Lama)，1977年，165–166頁。

48　達拉·平措扎西，採訪，英國，1997年，H.0037.05；達拉 (སྒྲག་ལྷ)，1995年，255–256頁。

49　達拉 (སྒྲག་ལྷ)，1995年，255–256頁；達拉·平措扎西，採訪，英國，1997年，H.0037.05。

50　達拉 (སྒྲག་ལྷ)，1995年，255–256頁。中國人認為這是一個普遍規範的立場，大體上是正確的，但在國際上，領導人保鑣在其他國家可以攜帶的武器 (如果有的話) 是可以協商的。

51　達拉，採訪，英國，1997年，H.0037.05；達拉 (སྒྲག་ལྷ)，1995年，258–259頁 (加着重號)。

52　達拉，採訪，英國，1997年，H.0037.05。

53　達賴喇嘛，採訪，印度，1995年，H.0019.07。

54　同上。

55　達拉，採訪，英國，1997年，H.0037.05。

56　達拉 (སྒྲག་ལྷ)，1995年，260頁。

57　達賴喇嘛，採訪，印度，1995年，H.0019.07。

58　達賴喇嘛，採訪，印度，1994年，H.0019.04。

59　扎贊，採訪，印度，1993年，H.0001.11。

60　他指的是比丘戒。(譯註：有誤，達賴喇嘛1954年19歲時受比丘戒，此處是一般的誓言)

61　達賴喇嘛，採訪，印度，H.0019.07。

62 同上。

63 孜仲是在孜噶任職的五品僧官，也是帕拉的助理；共有八名以上孜仲。

64 雪嘉孜仲是孜噶24小時值班的孜仲。當不同的人（中國人、外國人、
    其他人）來拜見達賴喇嘛的時候，雪嘉孜仲給他們端茶倒水，當達賴喇
    嘛敲響他的雙面傳喚鼓（ཕུག་ཟ）時，他負責回應。在仲甲茶會結束後，
    達賴喇嘛回到他的房間，雪嘉孜仲像僕人一樣會留下來。

65 扎贊，採訪，印度，1992年，H.0001.02。

66 藏語是：གཅུ་ཉིལ་དེ་བསྦ་གསོག་རྒྱག་གི་རེད།

67 帕西孜仲（བར་ཞེ་རྗེ་མགྲོན），手稿，未出版，100頁。

68 丹巴索巴，採訪，印度，1994年，H.0038.02。

69 藏語是：གོང་ས་སྐྱབས་མགོན་ཆེན་པོའི་སྐུ་ཕུའི་ཉེན་འཇགས་གདན་གྲོལ་ཐུབ་པའི་ཐབས་ཤེས་ཏེ་སྐར་ཞུ་འགག་བཀག་
    ལུང་གསལ་སྟོན་ཡོང་བ་ལྦ།

70 藏語是：དེ་ཀྱི་སྐོ་དཔོན་མཐོང་བ་དེན་ལྦན་ཕྱིར་བསྐོང་མེད་པའི་སྐྱལ་མ་འདེབས་རེ་རར། 譯註：此處
    按藏語意思譯出。

71 帕西杰仲（བར་ཞེ་རྗེ་དྲུང），2004年，177–178頁。

72 帕西孜仲（བར་ཞེ་རྗེ་མགྲོན），未出版，39頁。帕西杰仲（བར་ཞེ་རྗེ་དྲུང），2004
    年，182頁。

73 扎贊，採訪，印度，1993年，H.0001.11。

74 扎贊，採訪，印度，1992年，H.0001.07。也見帕西孜仲（བར་ཞེ་རྗེ་མགྲོན），
    未出版，182–183頁。

75 格杰巴，採訪，拉薩，1992年，H.0011.02。

76 達賴喇嘛否認了這一點（見下面的敘述）。

77 帕西孜仲（བར་ཞེ་རྗེ་མགྲོན），未出版，183–184頁。

78 瑪加（Maya），採訪，印度，1995年，H.0039.08。瑪加猶豫要不要講出
    這個，因為這和流亡藏人的現有敘述矛盾，現有敘述稱3月10日的示
    威是自發的。

79 帕西孜仲（བར་ཞེ་རྗེ་མགྲོན），未出版，183–184頁。

80 赤多，在採訪格杰巴（採訪，拉薩，1992年，H.0011.02）時評論。

81 赤多，在採訪平措宇杰（Phüntso Yügye）時說的（採訪，拉薩，1992
    年，H.0033.01）。赤多還回憶，「後來漢人詢問一些拉薩市民，是誰煽
    動叛亂，他們說是格查巴」（赤多，在採訪格杰巴，拉薩，1992年，
    H.0011.02時的評論）。

82 納爾吉·阿旺頓珠，藏語採訪，美國之音，2017年2月17日，https://
    www.voatibetanenglish.com/a/3729122.html。

83　帕西杰仲 (པར་ཞི་རྗེ་དྲུང་)，2004年，183–185頁。

84　此事在第8章討論。

85　帕西杰仲 (པར་ཞི་རྗེ་དྲུང་)，2004年，183–185頁。

86　達賴喇嘛 (Dalai Lama)，1990年，133頁。30,000這個數字有點誇張。根據照片，我估計10日大概有2,500至3,500名示威者。

87　李佐民，採訪，北京，2011年，H.0053.05。

88　同上。

89　恰白，採訪，印度，1993年，H.0009.03。噶章直到1957年才被任命為基巧堪布。

90　功德林 (Kundeling)，採訪，印度，1992年，H.0067.02。

91　戈爾斯坦 (Goldstein)，2007年，482–483頁。

92　格扎，採訪，印度，1995年，H.0041.04。

93　格扎，採訪，印度，1992年，H.0041.02。

94　拉魯，採訪，北京，1993年，H.0002.01。

95　達賴喇嘛，採訪，印度，1995年，H.0019.07。

96　達賴喇嘛，採訪，印度，1994年，H.0019.03。

97　非上層拉薩居民赤多告訴作者，起義後，當他在獄中時，在漢人為囚犯舉辦的「學習會」上，漢人問的主要問題之一是「誰發動了這次起義？」他說，他認為作者有興趣知道，漢人最初沒有得到他們想要的答案：「許多人不知道正確的答案是噶廈，他們說，是格查巴發動的 (赤多，個人通信，拉薩，1990年)。」

第12章

1　帕西杰仲 (པར་ཞི་རྗེ་དྲུང་)，2001年 (原文如此，應為2004)，183–185頁。

2　格扎，採訪，印度，

3　警衛代本團有1,000名士兵，但是3月份似乎只有大約600名士兵 (甲布〔Jabo〕，採訪，印度，1993年，H.0028.02)。他們駐紮在羅布林卡南門外一個有圍牆的軍營裏。

4　達拉 (སྟག་ལྷ)，1995年，263–264頁。

5　拉薩起義在藏語中被稱為 ཟིང་འཁྲུག (音譯森楚)。這個詞有一系列的含義，從大規模的騷亂到暴力起義或有組織的叛亂，比方說，四水六崗在山南的 ཟིང་འཁྲུག。由於拉薩事件在英語中通常被稱為拉薩起義，我也使用了這個術語，但它實際上開始時只是一個示威，後來轉變為反對

中國在西藏統治的騷亂，然後在「拉薩之戰」爆發時演變成一個組織鬆
散的ཤིང་འབྲུག།。

6　　扎贊，採訪，印度，1992年，H.0001.07。

7　　格杰巴，採訪，拉薩，1992年，H.0011.02。

8　　同上。

9　　平措宇杰，採訪，拉薩，H.0033.01。李佐民也提到這事，他說，「從
3月9日深夜12點到早晨，大約30名解放軍戰士拿着輪子一樣的設
備，檢查路兩邊30米範圍內是否埋有炸彈。路兩邊每隔5米布置了警
衛。同時還有解放軍隱藏在公園裏。」李佐民，採訪，北京，2011年，
H.0053.05。

10　洞波·阿旺日卓 (Dombor, Ngawang Rigdrol)，採訪，印度，1991年，
H.0031.01。

11　同上。

12　同上。

13　班丹嘉措 (Palden Gyatso)，1997年，50頁。

14　達賴喇嘛 (Dalai Lama)，1977年，171頁。

15　洞波·阿旺日卓，採訪，印度，1991年，H.0031.01。

16　有人說，人群把桑頗誤認為噶倫阿沛，他是最親漢的噶倫，但我對此
表示懷疑，因為如果是這樣的話，這將成為眾所周知的事情。

17　拉烏達熱 (Lhautara)，採訪，印度，1992年，H.0021.02。譯註：這段
引文中的「拉薩」僅指八廓街一帶，由朗孜夏管轄的區域。布達拉宮和
羅布林卡都不屬於「拉薩」老城。下文同。

18　〈中央關於西藏反動上層公開暴露叛國面貌之後應採取措施給工委的指
示〉，收入西藏自治區黨史資料徵集委員會等，1995年，77–78頁。(譯
註：原註標題有誤，這份檔案是《中共西藏工委向中央報〈西藏反動上
層正式搞「獨立」活動的情況〉》)

19　〈尼赫魯總理1959年5月4日對聯邦院討論的答覆〉(Prime Minister
Nehru's Reply to the Debate in the Rajya Sabha on 4 May 1959)，引自森·
恰納卡亞 (Sen Chanakya)，1960年，198–199頁。

20　尼赫魯的備忘錄，致外交部長N.R.皮萊 (N.R.Pillai)，印度駐北京大使
R.K.尼赫魯和錫金政治專員阿帕·潘特，在《與周恩來的談話——卷
四》中，1957年1月1日，引用於哈桑 (Hasan)，2005年，618–19頁。

21　達賴喇嘛 (ཏཱ་ལའི་བླ་མ)，1963年，148頁。

22　達賴喇嘛 (Dalai Lama)，1977年，187–188頁。

23 王貴（Wang Gui），2003年，183頁。

24 宗子度，1989年，124–125頁。

25 藏語是：སློ་སེམས་འགྲོལ་བའི་དང་ནས་དུ་ལའི་བླ་མ་བོད་དམག་ཁྲལ་ཁང་ལ་གཤེགས་མོར་ཡིབས་པར་དགའ་བསུ་ཨུ།

26 李佐民，採訪，北京，2011年，H.0053.05。藏語是：སློ་སེམས་འགྲོལ་བའི་དང་ནས་དུ་ལའི་བླ་མ་དགོ་བཤེས་ལྷ་རམས་པའི་མཆན་ཕོབ་བྱུང་བར་ཏེན་འབྲེལ་གྱི་ཚོགས་ཞེན།

27 丹巴索巴，採訪，印度，1994年，H.0038.02。

28 有關該事件的討論，請參見戈爾斯坦（Goldstein），1989年，105–109頁。在此事件中，十三世達賴喇嘛命令洛色林扎倉交出此前針對政府之騷亂的頭目，當他們拒絕的時候，達賴喇嘛派擦絨扎薩率領藏軍前去，藏軍在哲蚌寺前搭建帳篷營地，並威脅說，如果洛色林不交出騷亂頭目，他們將發動攻擊。洛色林最終順從了。

29 阿沛除擔任噶倫外，還是西藏自治區籌委會的秘書長。

30 阿沛，1988年，3–4頁。

31 chikyab khempo是jigyab khembo的不同拼法。譯註：漢語都譯為基巧堪布。

32 達賴喇嘛（Dalai Lama），1977年，71–72頁。

33 達賴喇嘛（Dalai Lama），1990年，133頁。

34 達賴喇嘛（Dalai Lama），1977年，172–173頁。

35 李佐民，採訪，北京，2011年，H.0053.06。

36 同上。

37 洞波‧阿旺日卓是一名僧官（孜仲），當他在印度時，他幫助達賴喇嘛〔政府〕購買了25輛塔塔牌卡車，後來他負責這些卡車。這些卡車在印度被拆卸，然後運往西藏，重新組裝起來，用來運輸貨物。3月10日，他計劃派一輛卡車去亞東，但示威阻止了這輛車，所以他去羅布林卡看看發生了甚麼。當噶廈想向人群講話時，他們讓洞波安裝揚聲器系統。阿旺日卓，採訪，印度，1993年，H.0031.02。

38 扎贊，採訪，印度，1992年，H.0001.07。

39 ཀས（譯註：音格。也譯為克）是一個極其貶損和侮辱的詞語，平民永遠不會對政府官員說，更不用說對首席噶倫。若對政府官員說話，མ་བིན་མ་འོང་也是一個非常貶損和粗魯的方式。

40 平措宇杰，採訪，印度，1993年，H.0033.01。

41 扎贊，採訪，印度，1992年，H.0001.07。

42 達賴喇嘛（Dalai Lama），1977年，174頁。

43　帕西孜仲 (པར་ཞི་རྩེ་མགྲོན་)，手稿，未出版，118頁。

44　索白 (Söpel)，採訪，拉薩，1993年，H.0083.01。

45　格扎，採訪，印度，1995年，H.0041.04。

46　達賴喇嘛 (Dalai Lama)，1990年，185頁。

47　達賴喇嘛 (Dalai Lama)，1977年，187–188頁。

48　甲布，採訪，印度，1993年，H.0028.01。

49　甲布，採訪，印度，1993年，H.0028.02。

50　達賴喇嘛 (Dalai Lama)，1990年，174頁。

51　洞波‧阿旺日卓，採訪，印度，1991年，H.0031.01。

52　功德林扎薩，採訪，印度，1992年，H.0067.02。

53　達拉 (སྟག་ལྷ)，1995年，273頁。

54　功德林扎薩，採訪，印度，1992年，H.0067.02。

55　扎贊，採訪，印度，1992年，H.0001.06。

56　夏扎，採訪，拉薩，1992年，H.0023.02。

57　扎贊，採訪，印度，1992年，H.0001.06。

58　索白，採訪，拉薩，1993年，H.0083.01。

59　扎贊，採訪，印度，1992年，H.0001.04和H.0001.05。 拉魯 (ལྷ་ཀླུ，1993年，291頁) 卻表示，擦絨的話是在第二天 (11日) 的民眾大會上説的。

60　扎贊，採訪，印度，1992年，H.0001.04和H.0001.05。

61　平措宇杰，採訪，印度，1993年，H.0033.01。

62　扎贊，採訪，印度，1992年，H.0005.04。

63　藏人傳統上用鼓掌來表示反對，但是在1950年代，中國人用 (西式) 鼓掌表示同意的習俗也在拉薩的會議上流行起來。

64　功德林 (བཀའ་བློན་ཀུན་བདེ་གླིང་)，2000年，185–187頁。

65　瑪加，採訪，印度，1995年，H.0039.08。

66　功德林 (བཀའ་བློན་ཀུན་བདེ་གླིང་)，2000年，185頁。這有時也被稱作「羅林〔羅布林卡〕警衛指揮中心」(ནོར་གླིང་སྲུ་སྲུང་བཀའ་བཀོད་ཁང་) 和「人民志願軍司令部」(མི་མང་དང་ལེངས་ཚོའི་བཀོད་ཁྱུས་སྤྱང་འཛིན་བཀའ་བཀོད་དམག་ཁྱི་ཁང་)。

67　功德林，採訪，印度，1992年，H.0067.02。

68　阿旺日卓，採訪，印度，1994年，H.0031.07。

69　功德林，採訪，印度，1992年，H.0067.02。

70　瑪加，採訪，印度，1995年，H.0039.08。

71　功德林 (བཀའ་བློན་ཀུན་བདེ་གླིང་)，2000年，199–203頁。

72 同上，200–202頁。

73 同上，184頁。

74 夏扎，採訪，拉薩，1992年，H.0023.02。

75 鏘欽 (Changkyim)，採訪，美國，1995年，H.0036.02。

76 後來在流亡中，詞 མང (音也是芒)，意思是「許多」也被用在米芒這個詞中，替代原來的 དམངས，成為 མི་མང。

77 瑪加，採訪，印度，1995年，H.0039.09。

78 李佐民，採訪，北京，2011年，H.0053.06。

79 達旦頗章是羅布林卡中最新的宮殿，建於1956–1957年。

80 西藏自治區黨史資料徵集委員會，1995年，196–197頁。譯註：這篇採訪發表在1959年4月8日的《人民日報》上，後收入1995年出版的《西藏的民主改革》一書。

81 北京週報 (*Peking Review*)，13期 (1959年3月31日)：10頁。Tan Kuan–San是譚冠三 (Tan Guansan) 的舊式羅馬拼法。

82 同上，10–11頁 (加着重號)。達賴喇嘛説，這些信大多由噶廈撰寫，尤其是噶倫索康。達賴喇嘛2005年接受作者採訪時評論。

83 功德林，採訪，印度，1992年，H.0067.02。

84 藏語是：བྱ་འདྲོགས་པའི་འོག་ནས་སྐྱོང་ལོན་ཐབས་བྱ་དགོས།

85 拉魯，採訪，拉薩，1993年，H.0002.02。

86 正如第2章所討論的那樣，達賴喇嘛告訴司曹，由於他們在1951年至1952年與中國領導人的持續爭鬥，他們必須辭去代理總理這一權力大的職務。

87 扎贊，採訪，印度，1992年，H.0001.04。

88 拉烏達熱，採訪，印度，1992年，H.0021.02。

89 功德林扎薩，採訪，印度，1992年，H.0067.02。雪村是緊鄰布達拉宮下面的一個小村子，村子周圍有圍牆。

90 達賴喇嘛，採訪，印度，1995年，H.0019.07。

91 達賴喇嘛 (དྲ་ལའི་བླ་མ)，1963年，188頁。

92 藏語是：ཏོག་ཙོག་གཅིག་གི་སྐྱང་ལ་ག་ཚད་གལུས་ན་ཡང་དེ་སེལ་ཐུབ་ཏུ་ཅང་འགྲོ་ཁག་པོ་རེད་འདི་ཚོ་མི་རེ་རེ་གནས་དོན་བཀྱོལ་བྱས་བཀྱག་སྐྱོང་གནང་ན་ཡག་པོ་ཡོད་རེད།

93 格杰巴，採訪，拉薩，1992年，H.0011.02。

94 平措宇杰，採訪，印度，1993年，H.0033.01。拉薩人赤多説，羅布林卡有相同的身份識別系統，使用相同的徽章。

95 瑪加，採訪，印度，1995年，H.0039.08。

96　拉加丹巴（Laja Tempa），採訪，印度，1993年，H.0018.03。

97　鏘欽，採訪，美國，1995年，H.0036.02。

98　〈尼赫魯總理1959年5月4日對聯邦院討論的答覆〉（Prime Minister Nehru's Reply to the Debate in the Rajya Sabha on 4 May 1959），引自森・恰納卡亞（Sen Chanakya），1960年，198–199頁。

99　帕西孜仲（པར་ཞེ་རྗེ་མགྲོན），手稿，未出版，32–34頁。

100　南嘉旺堆，採訪，印度，1993年，H.0020.02。

101　《北京週報（Peking Review）》13期（1959年3月31日）：10–11頁。

102　達賴喇嘛（Dalai Lama），1977年，188–189頁。

103　達賴喇嘛（Dalai Lama），1990年，135頁。

104　《北京週報（Peking Review）》，13期（1959年3月31日）：10–11頁（加着重號）。

105　達賴喇嘛（Dalai Lama），1977年，188頁。

106　洞波・阿旺日卓，採訪，印度，1993年，H.0031.04。

107　扎贊，採訪，印度，1992年，H.0001.08。

108　鏘欽，採訪，印度，1992年，H.0036.01。

109　〈「西藏獨立國人民會議」向各宗、溪發布的命令〉，收入西藏自治區黨史資料徵集委員會等，1995年，186–187頁。這項命令沒有註明日期。

第13章

1　《中共西藏工委向中央報〈反動上層煽動群眾請願阻止達賴來軍區〉》，收入西藏自治區黨史資料徵集委員會，1995年，74–76頁（加着重號）。

2　省略的段落講了一些示威者去印度領事館的事情。第12章已經討論過。

3　《中共西藏工委向中央報〈西藏反動上層正式搞「獨立」活動的情況〉》，西藏自治區黨史資料徵集委員會，1995年，77–78頁（加着重號）。

4　藥王山，是拉薩的制高點，也是最重要的軍事位置。

5　中華人民共和國檔案（DPRC），〈中央「關於上層公開暴露叛國面貌之後應採取措施」的指示〉，1959年3月11日（加着重號）。

6　原引中文，略。這裏的「早日」意指使用軍事手段。

7　原引中文，略。

8　原引中文，略。

9　中華人民共和國檔案（DPRC），〈毛澤東給中央的批示〉，1959年3月12日。

10　原引中文,略。

11　中華人民共和國檔案,〈中央對西藏平亂的指示〉,1959年3月12日。

12　例如李江琳,2016年。

13　自10日下午三位噶倫訪問西藏軍區後,他們未試圖與西藏工委會面。

14　〈中共西藏工委關於執行中央3月11日指示的意見(1959年3月15日)〉,西藏自治區黨史資料徵集委員會等,1995年,85–87頁。

15　中華人民共和國檔案(DPRC),毛主席給中央〈關於以譚冠三名義答覆達賴的一封信的意見〉,1959年3月15日。

16　文鋒,《文韜武略——毛澤東與1959年平息西藏叛亂》,中國共產黨官方網站,http://cpc.people.com.cn/GB/85037/85038/7492047.html,(讀取於2017年3月25日)。文鋒沒有說明這些引語的來源。

17　同上。

18　文鋒,2009年,4–13頁。

19　黃克誠是人民解放軍總參謀長和中央軍委秘書長,他也是中共中央委員會成員。

20　文鋒,2009年,4–13頁。

21　當然,這一條與毛澤東前面「放所有叛亂分子離開西藏」的指示矛盾,軍事上更合理。我們將在後面的章節中看到,拉薩之戰在增援到來之前就發生了,當(1959年4月7日)增援部隊到達拉薩後,他們隨即向山南進軍。

22　楊尚昆,2001年,366頁。這本書由中共中央文獻研究室編輯,出版說明中表示,為了「保持日記文字原貌」,他們只修改文字錯誤和其他小地方。楊尚昆是一位老革命和軍事領導人,1946–1956年間擔任中央軍委秘書長,1959年時也擔任中共中央辦公廳主任(加着重號)。

23　〈中央政治局會議(1959年3月17日–20日)〉,http://dangshi.people.com.cn/GB/151935/176588/176596/10556168.html(2017年3月25日讀取)。

24　藏語是: མི་གཉིས་བར་ལ་ཇ་ཆག 。這句諺語常用來表示兩個人一起做一件事,結果令事情做不好。

25　扎贊,採訪,印度,1992年,H.0001.05。

26　功德林(བཀའ་བཟུར་ཀུན་བདེ་སྐྱིང),2000年,217頁。

27　對於這一早期嘗試的詳細討論,參見戈爾斯坦(Goldstein),1989年,特別是773–811頁,以及戈爾斯坦(Goldstein),2007年,114–168頁。

28　參見戈爾斯坦(Goldstein),2014年,345–444頁。

29　達賴喇嘛,採訪,印度,2004年,H.0019.09。

30　同上。

31　扎贊，採訪，印度，1992年，H.0001.05。

32　達賴喇嘛，採訪，印度，2004年，H.0019.09（英文未修正）。

33　功德林（བཀའ་ཤར་ཀུན་བདེ་གླིང་），2000年，215頁。乃瓊通常住在他自己的寺廟裏，就在哲蚌寺東側，踞拉薩約八公里。

34　達賴喇嘛，採訪，印度，1995年，H.0019.07。

35　對於此類密碼本的解釋，參見第3章。

36　格杰巴，採訪，拉薩，1992年，H.0011.02。

37　南嘉旺堆，採訪，印度，1993年，H.0020.02。

38　格扎，採訪，印度，1995年，H.0041.04。

39　南嘉旺堆，採訪，印度，1993年，H.0020.02。兩三天似乎太近了。這可能發生在藏曆2月5日（西曆3月14日）。

40　達賴喇嘛，採訪，印度，1995年，H.0019.07。

41　達賴喇嘛，採訪，印度，1995年，H.0019.06（英語未修正）。

42　在藏軍中，英語的 Major（少校。譯註：被音譯為藏語 མེ་ཅར），用來指協俄品級的軍官，負責一個排25名士兵。

43　甲布，採訪，印度，1993年，H.0028.01。

44　達賴喇嘛（Dalai Lama），1990年，135頁。

45　《北京週報》（Peking Review），1959年3月31日：11（加着重號）。

46　達賴喇嘛（Dalai Lama），1977年，190–191頁。

47　同上，191頁。

48　達賴喇嘛（Dalai Lama），1990年，135頁。

49　《北京週報》（Peking Review），1959年3月31日：11頁。

50　達賴喇嘛（Dalai Lama），1990年，135–136頁（加着重號）。

51　達賴喇嘛（Dalai Lama），1990年，191頁。

52　達賴喇嘛（Dalai Lama），1977年，191頁。實際上，拉薩河南岸直村主炮團的大炮不必移動，因為它們的炮彈可以輕鬆打到羅布林卡。

53　單超，1959年，22頁（譯註：英文版誤為1950年）。

54　〈噶倫堡：連接西藏叛亂分子和印度擴張主義分子〉（Kalimpong: A Link between Tibetan Rebels and Indian Expansionists），載於《北京週報》（Peking Review），第18期（1959年5月5日）：7頁。

55　同上。

56　王貴，採訪，北京，2012，H.0012.01（加着重號）。在中國採訪中說的是北京時間，（比西藏時間）早兩小時（譯註：1949年以後，西藏直到

1970年底一直使用東六區時間，比北京時間〔東八區〕晚兩個小時。例如，北京時間3月17日凌晨1時是西藏時間3月16日晚上11時。）。

57 達賴喇嘛 (Dalai Lama)，1977年，193–194頁。

58 擦絨·班覺，1997年與鏘欽 (哲康) 的電話交談。

59 鏘欽 (哲康)，採訪，美國，1992年，H.0036.01。鏘欽在電話中澄清，他沒有特意向印度人提出達賴喇嘛的避難申請 (鏘欽〔哲康〕，電話交談，1997年5月17日)。

60 達賴喇嘛 (Dalai Lama)，1977年，194頁。

61 同上。

62 藏語是： མཚོ་བོད་མོ་ཏྲིའི་འགྲོ་ལམ་ལྷ་སའི་འགྱིམ་འགུལ་ལས་ཁུངས། 這個運輸站位於羅布林卡東北，靠近現在的拉薩中學。譯註：青藏公路拉薩運輸站中「拉薩」是根據藏語補譯。

63 六〇迫擊炮是解放軍最小口徑的炮。

64 王貴，採訪，北京，2012年，H.0120.01。

65 功德林 (བཀའ་ཤར་ཀུན་བདེ་གླིང་)，2000年，220頁。

66 惹堆拉章強佐 (Ratö Labrang Chantsö)，採訪，印度，1992年，H.0049.01。雄天是一個非常敏感的話題，因為達賴喇嘛在流亡中已經禁止了尊奉雄天，所以當這個問題在採訪中被提出時，惹堆仁波切的強佐 (管家) 要求我們在他談到這個問題時關掉答錄機，因為正如他所說的，「這不完全符合達賴喇嘛的願望。」當我們問達賴喇嘛這個問題時，他說聯繫雄天是兩位經師的主意，而不是他的。達賴喇嘛解釋道，「還有另一個神。我與此事無關。這與赤江仁波切有關，我想是龐隆杰欽〔雄天的另一個名字〕或甚麼的……。在這則神諭中，很可能主要是關於赤江仁波切的離開。它說赤江仁波切不應該留下來，如果他留下來，那將是非常危險的 (達賴喇嘛，採訪，印度，1995年，H.0019.07)。」無論這個想法來自何處，達賴喇嘛顯然沒有告訴他的經師**不要**聯繫雄天。

67 功德林 (བཀའ་ཤར་ཀུན་བདེ་གླིང་)，2000年，220–221頁。

68 功德林 (བཀའ་ཤར་ཀུན་བདེ་གླིང་)，2000年，224頁。

69 達賴喇嘛 (Dalai Lama)，1977年，197–200頁。

70 藏語是：དཔོན་ཐར་ནས་གཡོག་མ་ཐར。

71 格杰巴，採訪，拉薩，1992年，H.0011.02。格杰巴在起義後被捕，接着在拉薩被監禁大約20年。

72 如我們前面說到，達賴喇嘛實際上是拉薩時間10點鐘離開的，這是北京時間午夜12點。

73 李佐民，採訪，北京，2011年，H.0053.04。

74 藏語是：ངོ་དགོང་སློ་པོ་སྤྲིང་གི་རེད།

75 李佐民，採訪，北京，2011年，H.0053.06。

76 同上。

77 藏語是：དུ་ལའི་བླ་མའི་འཕྲོགས་གང་ཝིན་སྦྱང་པོ་ག། སྦྱོག། སྦྱོག་ལ་གཏོགས་འགུལ་སྐྱོད་གཏན་ནས་མ་རྒྱག། སང་ཉིན་ཝིག་ཐོག་གི་བགའ་ལེ་བཞི་ཡོང་པ་ཞིག་བཏང་ཡོང་། 譯註：「書面的」是根據藏語補譯。

78 李佐民，採訪，北京，2011年，H.0053.06。

79 同上。

80 李佐民用藏語：ཁོ་གཏོང་གོག་ལ་བཀག།

81 李佐民，採訪，北京，2011年，H.0053.06。一份中國資料，楊尚昆（2001年，367頁）中，3月19日的日記記錄「……據西藏工委報告：達賴已在16日或17日向南逃走。」換言之，這暗示政治局不知道達賴喇嘛已於17日逃走。我懷疑，楊尚昆寫日記時記不清確切日期，所以説了兩個日子，抑或是日記多年後編輯時出錯。其他所有的證據顯示，中國人知道達賴喇嘛17日逃走了。

82 同上。

第14章

1 達賴喇嘛（Dalai Lama），1977年，201頁。

2 丹巴索巴，採訪，印度，1994年，H.0038.02。

3 功德林扎薩，採訪，印度，1992年，H.0067.01。

4 達熱的回憶是在一次與達賴喇嘛的採訪時説的。

5 瑪加，採訪，印度，1995年，H.0039.08。

6 達賴喇嘛，採訪，印度，1995年，H.0019.07。

7 達賴喇嘛，採訪，印度，1994年，H.0019.03。

8 例如一名年輕的貴族官員在戰鬥開始時在家，他在拉薩戰役的第三天才得知達賴喇嘛已經逃脱了；當時一名被捕的官員敏吉林按要求在中國廣播中講話，告訴大家「達賴喇嘛已經離開了」（協林〔Shelling〕，採訪，美國，2003年，H.0430.02）。

9 拉加丹巴（Laja Tempa），採訪，印度，1993年，H.0018.03。

10 功德林，採訪，印度，1992年，H.0067.01。

11 協林，採訪，美國，2003年，H.0430.01。

12 興薩（Shingsar），採訪，印度，1993年，H.0069.07。

13　王貴，2003年，193頁。

14　王貴，採訪，北京，2012年，H.0120.01；文鋒，1999年，194頁。

15　王貴，採訪，北京，2012年，H.0120.01。

16　陳炳，1989年，20頁。

17　王貴，採訪，北京，2012年，H.0120.01。當然，還有一些武裝民兵。

18　同上。

19　不清楚中國人說的「牛尾山」指的是哪座山，因為在熱瑪崗附近沒有同名的山。渡口附近唯一的一座著名的小山，叫做「白色鳥糞」(ཀྱི་སྒུག་དཀར་པོ)。

20　據吉柚權(1993年B，94–107頁)敘述，控制渡口的一場戰役花了些時間。

21　文鋒，2009年，9–10頁。

22　「逼上梁山」是一句古老的中國諺語。這意味着發生了一些無法忍受/不公正的事情，所以有些人不得不做一些不尋常的事情來抵抗/反抗。

23　文鋒，2009年，10–11頁。

24　陳炳，1989年，21頁。譯註：欠某營為中文引文原註。

25　〈譚冠三的自我檢討(1959年3月23日)〉，中共西藏自治區委員會黨史研究室，2011年，248–249頁。

26　文鋒，2009年，11頁。

27　陳炳，1989年，21頁。

28　王國珍，1989年，38頁。譯註：這段引文在英文版中的翻譯比較平實，只是敘述了情況，有些段落前後順序也有改變，譯者對照英文從中文原文摘抄，有省略的部分用省略號表示，文字順序及分段都依照中文原文。下同。

29　同上，王國珍文中羅布林卡內藏人的數目太高。類似的，他稱1,000名騎兵似乎也有誇張。

30　中共西藏自治區委員會黨史研究室，2011年，248–249頁。

31　文鋒，2009年，11頁。

32　同上，11–12頁。

33　吉柚權，1993年B，115頁。

34　文鋒，2009年，12頁。

35　西藏自治區黨史資料徵集委員會編輯，1995年，91頁。

36　1959年10月22日，毛澤東在接見班禪喇嘛和阿沛時，給出了包括阿里和昌都在內全西藏五萬到六萬軍隊的數字。中華人民共和國文件(DPRC)，〈毛主席和班禪、帕巴拉和阿沛的談話〉，1959年10月22日，勤政殿(中南海的一座建築，毛澤東經常在此會見重要的來訪者)。

37　西藏自治區黨史資料徵集委員會編輯，1995年，89頁。

38　文鋒，2009年，12頁。

39　王中興和劉立勤，2003年。

40　中共西藏黨史大事記編委會，1995年，1959年3月22日條目。

41　吉柚權，1993年B，121頁。

42　西藏流亡政府信息和國際關係部（DIIR），1993年；英格拉姆（Ingram），
　　1990年，356–357頁。

43　沙伯力（Sautman），2006年，245頁。

44　達賴喇嘛，採訪，印度，2004年，H.0019.09。

45　恰白，採訪，拉薩，1992年，H.0009.01。

46　如果18日或19日宣布達賴喇嘛成功逃脫，西藏人民將會有這些選擇。

47　擦絨，無日期手稿。

48　丹巴索巴（Tenpa Soepa，同 Temba Söpa），2008年，39–40頁。

49　中共西藏自治區委員會黨史研究室，2011年，248–249頁（加着重號）。

50　原引中文，略。

51　原引中文，略。

52　原引中文，略。

53　原引中文，略。

54　原引中文，略。

55　原引中文，略。

56　王貴，採訪，北京，2012年，H.0120.01。

第15章

1　西藏自治區黨史資料徵集委員會編輯，1995年：93–98頁。譯註：括
　　弧中均為中文引文原註。

2　班禪喇嘛和帕巴拉強烈支持中國人。

3　這指的是對於〔這部分〕上層/領主，對其沒收的財產予以補償的制度。

4　小部分大型寺廟作為「母」寺或法臺（གདན་ས），其下有一些小的子寺。

5　中華人民共和國文件（DPRC），〈中央關於在西藏平息叛亂中實現民主
　　改革的若干政策問題的指示〉，1959年3月22日（加着重號）。這些指
　　示註明還只是草案。譯註：文中的括弧是中文原引文所有。

6　彭哲（Phundra），採訪，北京，1993年，H.0056.02。譯註：此人名拉
　　薩音讀平措扎西，簡稱平扎，安多音讀彭哲。

7 西藏自治區黨史資料徵集委員會編輯，1995年，136–137頁（1957年3月28日）（加着重號）。

8 中華人民共和國文件（DPRC），〈毛主席和班禪、阿沛、計晉美談話紀要（1959年5月7日在懷仁堂）〉。前面已討論過，中國人從來也沒有理解，積極支持叛亂的人是帕拉而不是索康。

9 阿塔，採訪，印度，1995年，H.0007.06。

10 洛次（ཀློ་ཚེ），2001年，50頁。

11 直接參與訓練藏人的中情局官員之一麥卡錫（McCarthy）寫道，「從1958年末開始，美國的M-1卡賓槍取代了英式303步槍；除提供60毫米迫擊炮和57毫米無後座力機槍外，又增加了80毫米迫擊炮和75毫米無後座力機槍」（1997年，243頁）。然而，根據阿塔和洛次的敍述以及與麥卡錫的電話交談，（麥卡錫寫出的時間）1958年是錯誤的，M-1卡賓槍等更好的武器，直到1959年達賴喇嘛到達印度後才開始提供給康巴人。

12 阿塔，採訪，印度，1992年，H.0007.02。

13 同上。

14 噶倫索康和帕拉在日烏德欽逗留了一段時間，調解了先前提到的四水六崗和朗色林之間的糾紛，因為許多康巴人錯誤地認為朗色林是為中國人工作的。

15 阿塔，採訪，印度，1992年，H.0007.02。

16 達賴喇嘛（Dalai Lama），1977年，211頁。

17 達賴喇嘛（Dalai Lama），1977年，212頁。同一天，為了將四水六崗納入「新政府」，貢布扎西被任命為總司令（དམག་སྤྱི）和扎薩，儘管此時他仍在雅魯藏布江以北，遠離山南。

18 2012年8月18日，噶倫索康的前僕人格桑旺楚（現已去世）向作者提供了該法令的手抄副本（加着重號）。附錄A（譯註：原文如此，應為附錄B）中附上了藏文版本。譯註：這篇法令是參考藏文版本譯出的。分段也依照藏文版。

19 阿塔，採訪，印度，1992年，H.0007.02。

20 阿塔，採訪，印度，1992年，H.0007.02。如下文所述，解放軍實際上直到4月7日才進攻山南。

21 戈帕爾（Gopal），1984年，88頁。他引用了外交秘書1959年3月19日給印度駐拉薩總領事的電報。

22 阿塔，採訪，印度，1993年，H.0007.05。

23 同上。

24 阿塔，採訪，印度，1992年，H.0007.02（加着重號）。

25 阿塔，採訪，印度，1992年，H.0007.02。

26 齊心，2009年，216頁。

27 同上，218頁（加着重號）。其他部隊，如第130師，被派去平息昌都地區的叛亂。

28 齊心，2009年，218頁。

29 阿塔，採訪，印度，1992年，H.0007.02。

30 拉莫次仁，採訪，印度，1995年，H.0054.04。

31 阿塔，採訪，印度，1992年，H.0007.02。

32 甲布，採訪，印度，1993年，H.0028.02。

33 拉莫次仁，採訪，印度，1995年，H.0054.04。

34 同上。

35 阿塔，採訪，印度，1992年，H.0007.02。

36 康博伊（Conboy）和莫里森（Morrison），2002年：115頁。

37 同上。

38 康博伊（Conboy）和莫里森（Morrison），2002年：115–119頁。拉莫次仁（ཚེ་ཁ་བླུ་མོ་ཚེ་རིང་），1998年，116–117頁。

39 康博伊（Conboy）和莫里森（Morrison），2002年：133頁。關於1959–1960年中情局所有失敗潛伏的更詳細的記錄，見康博伊（Conboy）和莫里森（Morrison），2002年，115–144頁；拉莫次仁（ཚེ་ཁ་བླུ་མོ་ཚེ་རིང་），1998年，104–123頁。

40 拉莫次仁，採訪，印度，1995年，H.0054.05。

41 拉莫次仁，採訪，印度，1995年，H.0054.01。

42 夏魯寺是後藏一個著名的中型格魯派寺院。

43 「三反雙減」運動1959年在西藏展開，包括：反對叛亂、反對烏拉差役、反對奴役和減租減息。

44 這次採訪是線上西藏口述歷史和檔案項目收藏（TOHAP）的一部分，由（美國）國會圖書館亞洲分部戈爾斯坦教授編輯，OR.0004.01。它是2000年8月2日在江孜和日喀則之間日喀則市的一個村莊裏錄製的。

第16章

1 約翰·羅蘭，採訪，美國，1993年。

2 戈爾斯坦（Goldstein）2014年一書詳細討論了整個四川起義的情況；可參見266–277頁。

3　達賴喇嘛，採訪，印度，1995年。H.0019.07。

4　同上。

5　達賴喇嘛（Dalai Lama），1977年，187–188頁。

6　達賴喇嘛，採訪，印度，1994年，H.0019.04。

7　擦絨·班覺，個人通信，2018年2月，基於他和達熱的談話。

8　阿沛，採訪，中國，1995年，H.0040.04。

9　同上。達賴喇嘛曾經支持阿沛的主意，1952年成立了自己的改革辦公室，這辦公室實際上實施了一些好的改革措施，例如關於老債和收稅方式，但是無法解決更基本的問題——莊園制度。

10　范明，採訪，西安，1993年。

11　例如1964年，中情局提供了總額為1,735,000美元援助，其中500,000美元支持尼泊爾的2,100名藏族游擊隊員；180,000美元對達賴喇嘛的津貼；255,000美元用來支付設備、運輸和訓練；400,000美元支付科羅拉多的秘密訓練（《特情組備忘錄》〔*Memorandum for the Special Group*〕），1964年1月9日，參見《美國的對外關係》〔*FRU*〕，1964–1968年，卷30，731頁）。

12　戈爾斯坦（Goldstein），2006年，150頁。

13　同上，151–152頁。

14　參見戈爾斯坦（Goldstein），1997年，97–99頁。

附錄二

1　2012年8月18日，噶倫索康的前僕人格桑旺楚，向（作者）戈爾斯坦教授提供了噶倫1959年3月26日頒布的法令的抄本；翻譯於第14章。譯註：原英文版的威利轉寫中有不少錯誤，這是根據抄本影印件錄入的，未修正可能的錯誤。其中括弧為譯者所加。

參考書目

英文書目

Alo Chöndze, ed.（阿樂群則編輯）. 1958. *The Political Testament and Warning by H. H. the 13ᵗʰ Dalai Lama to His People in 1932 and an Advice by H. H. the 14ᵗʰ Dalai Lama to His People in 1955*（十三世達賴喇嘛尊者的政治遺言和警告，十四世達賴喇嘛尊者 1955 年對其人民的建議〔原文藏語；譯註：作者引用英譯本〕）. Kalimpong: Tibet Mirror Press.

Andrutsang, Gompo Tashi（恩珠倉‧貢布扎西）. 1973. *Four Rivers, Six Ranges: Reminiscences of the Resistance Movement in Tibet*（四水六崗：西藏抵抗運動回憶錄）. Dharamsala: Information and Publicity Office of H.H. the Dalai Lama.

Barnett, Robert and Shirin Akiner eds. 1994. *Resistance and Reform in Tibet*（西藏的抵抗和改革）. London: Hurst and Company.

Buck, Stuart H. 1969. *Tibetan–English Dictionary with Supplement*（增補藏英詞典）. Washington, D.C.: Catholic University Press.

Chen, Jian, 2006. "The Tibetan Rebellion of 1959 and China's Changing Relations with India and the Soviet Union"（1959 年西藏叛亂以及中國與印度和蘇聯的關係變化）, *Journal of Cold War Studies* 8 (3), pp. 54–101.

Chen, Qingying（陳慶英）. 2003. *Tibetan History*（藏族歷史）. Beijing: China Intercontinental Press.

Conboy, Kenneth and James Morrison. 2002. *The CIA's Secret War in Tibet*（中情局秘戰西藏）. Lawrence: University Press of Kansas.

Cooper, Tom. 2008. "Tibet, 1950–1974"（西藏，1950–1974 年）, *ACIG (Air Combat Information Group) Journal*, 10 February 2008.

Dalai Lama（達賴喇嘛）. (1962) 1977. *My Land and My People: Memoirs of the Dalai Lama of Tibet*（我的土地，我的人民）. New York: Potala Publications.

———. 1990. *Freedom in Exile: The Autobiography of the Dalai Lama*（流亡中的自在：達賴喇嘛自傳）. New York: HaperCollins.

DIIR（Department of Information and International Relations, Tibetan Government in Exile〔西藏流亡政府信息和國際關係部〕）. 1993. *Tibet: Proving Truth from Facts*（西藏：用事實證明真相）. Dharamsala: DIIR.

Dunham, Mikel. 2004. *Buddha's Warriors: The Story of the CIA–Backed Tibetan Freedom Fighters, the Chinese Invasion, and the Ultimate Fall of Tibet*（佛陀的勇士：中情局支持的西藏自由戰士，中國入侵和西藏的最後陷落的故事）. New York: Tarcher/Penguin.

Dutt, S. 1977. *With Nehru in the Foreign Office*（和尼赫魯在外交部）. Calcutta: Minerva Associates.

Goldstein, Melvyn C.（梅爾文‧C‧戈爾斯坦）. 1968. "An Anthropological Study of the Tibetan Political System"（西藏政治制度的人類學研究）. PhD dissertation, University of Washington.

———. 1971. "Serfdom and Mobility: An Examination of the Institution of 'Human Lease' in Traditional Tibetan Society"（奴役和流動性：審查傳統西藏社會的「租人」制度）, *Journal of Asian Studies* 30, Issue 3, pp. 521–534.

———. 1986. "Reexamining Choice, Dependency and Command in the Tibetan Social System: 'Tax Appendages' and Other Landless Serfs"（重新審視西藏社會制度中的選擇、依靠和命令：「稅收附屬」和其他無地農奴）, *Tibet Journal* 11, No. 4, pp. 79–113.

———. 1989. *A History of Modern Tibet: The Demise of the Lamaist State, 1913–1951*（現代西藏史：喇嘛王國的覆滅，1913–1951）. Berkeley: University of California Press.

———. 1997. *The Snow Lion and the Dragon: China, Tibet and the Dalai Lama*（雪獅與龍：中國、西藏與達賴喇嘛）. Berkeley: University of California Press.

———. 1998. "The Dalai Lama's Dilemma"（達賴喇嘛的兩難困境）, *Foreign Affairs*, January/February, pp. 83–97.

———, ed. 2001. *The New Tibetan–English Dictionary of Modern Tibetan*（現代藏語新編藏英詞典）. Berkeley: University of California Press.

———. 2006. "The United States, Tibet, and the Cold War"（美國、西藏和冷戰）, *Journal of Cold War Studies* 8, No. 3: pp. 145–164.

———. 2007. *A History of Modern Tibet, Volume 2: The Calm before the Storm, 1951–1955*（現代西藏史，卷二：風暴之前的平靜，1951–1955年）. Berkeley: University of California Press.

———. 2009. "Bouddhisme tibétain et monachisme de masse"（藏傳佛教和大眾寺廟制度）, in *Moines et moniales de par le monde: La vie monastique au miroir de la parenté*, edited by Adeline Herrou and Gisele Krauskopff. Toulouse: Presses Universitaires Du Mirail.（英語版本的標題是 "Tibetan Buddhism and Mass Monasticism"，參見 Case Western Reserve University（凱斯西儲大學）網站：www.case.edu/affil/tibet/documents/Tibetan_Buddhism_and_Mass_Monasticism.pdf.）

———. 2014. *A History of Modern Tibet Vol. 3, The Storm Clouds Descend, 1955–1957*（現代西藏史，卷三：風雲密布，1955–1957年）. Berkeley: University of California Press.

Goldstein, Melvyn C., Dawa Sherap, and William Siebenschuh. 2004. *A Tibetan Revolutionary: The Political Life and Times of Bapa Phuntsog Wangye*（一位藏族革命家：巴塘人平措汪杰的時代和政治生涯）. Berkeley: University of California Press.

Goldstein, Melvyn C. and Matthew Kapstein, eds. 1998. *Buddhism in Contemporary Tibet: Religious Revival and National Identity*（當代西藏佛教：宗教復興和民族身份）. Berkeley: University of California Press.

Goodman, Michael H. 1986. *The Last Dalai Lama: A Biography*（最後的達賴喇嘛傳）. Boston: Shambhla.

Gopal, Sarvepalli. 1984. *Jawaharlal Nehru: A Biography*（賈瓦哈拉爾·尼赫魯傳記）, Vol. 3. Cambridge, MA: Harvard University Press.

Guillermaz, Jacques. 1976. *The Chinese Communist Party in Power, 1949–1976*（中國共產黨執政，1949–1976年）. Boulder, CO: Westview Press.

Harrell, Steven. 1993. "Introduction: Civilizing Projects and the Reaction to Them"（引言：文明工程及其反響）, in *Chinese Families in the Post–Mao Era*（後毛澤東時代的中國家庭）, edited by Deborah Davis and Steven Harrell. Berkeley: University of California Press.

Hasan, Mushirul ed. 2005. *Selected Works of Jawaharlal Nehru*（賈瓦哈拉爾·尼赫魯選集）, 2, 36: 1956–12–1 to 1957–2–2. New Delhi: Jawaharlal Nehru Memorial Fund.

Hilton, Isabel. 1999. *The Search for the Panchen Lama*（尋訪班禪喇嘛）. New York: W. W. Norton.

Historynet Staff. 2006. "CIA's Secret War in Tibet"（中情局在西藏的秘密戰），
　　Military History Magazine, 12 June 2006. https://www.historynet.com/cias-
　　secret-war-in-tibet.htm.

Holober, Frank. 1999. *Raiders of the China Coast: CIA Covert Operations
　　During the Korean War*（中國海岸襲擊者：朝鮮戰爭時期的中情局秘密行
　　動）. Annapolis, MD: Naval Institute Press.

Ingram, Paul. 1990. *Tibet: The Facts; A Report Prepared by the Scientific
　　Buddhist Association for the United Nations Commission on Human Rights*（西
　　藏真相：科學佛教協會為聯合國人權委員會準備的報告）. Dharamsala:
　　Young Buddhist Association.

Kalacakra Calendar（時輪金剛日曆）. www.kalacakra.org/calendar/tdata/
　　TS_1956.TXT.

Knaus, John Kenneth. 1999. *Orphans of the Cold War: America and the Tibetan
　　Struggle for Survival*（冷戰的孤兒：美國和為生存戰鬥的藏人）. New
　　York: Public Affairs.

———. 2003. "Official Policies and Covert Programs: The US State Department,
　　the CIA and the Tibetan Resistance"（官方政策和秘密項目：美國國務院、
　　中情局和西藏抵抗軍），*Journal of Cold War Studies* 5, No. 3, pp. 54–79.

Laird, Thomas. 2006. *The Story of Tibet: Conversations with the Dalai Lama*（西
　　藏故事：與達賴喇嘛談話）. New York: Gove Press.

Leeker, Joe F. 2006. "Missions to Tibet"（西藏任務），2006年5月29日
　　上線，2018年1月10日最後更新：http://www.utdallas.edu/library/
　　specialcollections/hac/cataam/Leeker/history/Tibet.pdf（2019年2月20日讀
　　取）.

Li, Jianglin. 2016. *Tibet in Agony: Lhasa 1959*（西藏受難：拉薩1959）. Cambridge,
　　MA: Harvard University Press.

Mao, Zedong（毛澤東）. 1977. *Selected Works of Mao Zedong*, vol. 5. Beijing:
　　Foreign Languages Press.

———. 1955-7-31. "On the Cooperative Transformation of Agriculture"（關於農
　　業合作化問題），*Selected Works of Mao Zedong*（毛澤東選集），Vol. 5, pp.
　　184–207. Peking: Foreign Languages Press.

———. 1955-10-1. "The Debate on the Current Cooperative Transformation of
　　Agriculture and Class Struggle"（農業合作化的一場辯論和當前的階級
　　鬥爭），*Selected Works of Mao Zedong*（毛澤東選集），vol. 5, pp. 211–226.
　　Peking: Foreign Languages Press.

————. 1956-11-15. "Speech at the Second Plenary Session of the Eighth Central Committee of the Communist Party of China"（在中國共產黨第八屆中央委員會第二次全體會議上的講話）, *Selected Works of Mao Zedong*, vol. 5, pp. 346–347. Peking: Foreign Languages Press.

McCarthy, Roger E. 1997. *Tears of the Lotus: Accounts of Tibetan Resistance to the Chinese Invasion, 1950–1962*（蓮花淚：西藏抵抗中國入侵的紀錄，1950–1962年）. Jefferson, NC: McFarland & Company.

McGranahan, Carole. 2001. *Arrested Histories: Tibet, the CIA, and Memories of a Forgotten War*（被囚禁的歷史：西藏、中情局以及回憶被遺忘的戰爭）. Durham, NC: Duke University Press.

Mukherjee, Aditya and Mridula Mukherjee, eds. 2010. *Selected Works of Jawaharlal Nehru*（賈瓦哈拉爾・尼赫魯選集）, second series, vol. 41. New Delhi: Rekha Printers.

Mullin, C. 1976. "How the CIA Went to War in Tibet"（中情局如何在西藏進入戰爭）. *The Guardian*, 19 January 1976.

Ngapo, Ngawang Jigme（阿沛・阿旺晉美）. 1988. "The Truth about the March 10th Event of 1959"（1959年3月10日的事件真相）, *Tibetology* 1, pp. 3–4.

Norbu, Dawa（達瓦諾布）. 1979. "The 1959 Rebellion: An Interpretation"（1959年叛亂：一種詮釋）, *China Quarterly* 77 (March): pp. 74–93.

————. 1997. "Tibet in Sino–Indian Relations: The Centrality of Marginality"（中印關係中的西藏：邊緣化的核心）, *Asian Survey* 37, vol. 11, pp. 1078–1095.

Norbu, Jamyang（嘉央諾布）. 1986. *Warriors of Tibet: The Story of Aten and the Khampas' Fight for the Freedom of Their County*（西藏的騎士：阿登和康巴人為他們的縣郡自由而戰的故事）. London: Wisdom Publications.

————. 1994. "The Tibetan Resistance Movement and the Role of the CIA"（西藏抵抗運動和中情局的角色）, in *Resistance and Reform in Tibet*（西藏的抵抗和改革）, edited by Robert Barnett and Shiren Akiner, pp. 186–197. London: Hurst and Company.

————. 2007. *Shadow Tibet: Selected Writings 1989–2004*（西藏陰影：1989–2004作品選集）. India: Srishti Publishers & Distributors.

Palden Gyatso. 1997. *The Autobiography of a Tibetan Monk*（藏僧自傳）. New York: Grove Press.

Pant, Apa. 1978. *Mandala: An Awakening*（曼陀羅：覺醒）. Bombay: Orient Longman.

Prouty, L. Fletcher. 1973. *The Secret Team: The CIA and Its Allies in Control of the United States and the World*（秘密團隊：中情局及其盟友控制美國和世界）. Englewood Cliffs, NJ: Prentice–Hall, Inc.

Richardson, Hugh M.（黎吉生）. 1984. *Tibet and Its History*（西藏及其歷史）(1962 2nd ed.). Boulder, CO: Shambhala Press.

Sautman, Barry. 2006. "Demographic Assimilation and Tibet"（人口同化和西藏）, in *Contemporary Tibet: Politics, Development and Society in a Disputed Region*（現代西藏：爭議區域的政治、發展和社會）, edited by Barry Sautman and June Dreyer, pp. 230–257. Armonk, NY: M. E. Sharpe.

Sautman, Barry and June Dreyer, eds. 2006. *Contemporary Tibet: Politics, Development and Society in a Disputed Region*（現代西藏：爭議區域的政治、發展和社會）. Armonk, NY: M. E. Sharpe.

Schram, Stuart. 1989. *The Thought of Mao Tse-tung*（毛澤東思想）. Cambridge, UK: Cambridge University Press.

SCMP. *Survey of China Mainland Press*（中國大陸出版概觀）. Hong Kong: American Consulate General.

Sen, Chanakya. 1960. *Tibet Disappears*（西藏消失）. London: Asia Publishing House.

Shakabpa, Tsepon, W. D.（孜本夏格巴·旺秋德丹）. 1967. *Tibet: A Political History*（西藏政治史）. New Haven: CT: Yale University Press.

Shakabpa, Tsepon Wangchuk Deden（孜本夏格巴·旺秋德丹）. 2010. *One Hundred Thousand Moons: An Advanced Political History of Tibet*（明月千秋：高級西藏政治史）. Leiden: Brill.

Shakya, Tsering（茨仁夏迦）. 1999. *The Dragon in the Land of Snows*（龍在雪域）. New York: Columbia University Press.

Shan, Chao（單超）. 1959. "Sunshine after Rain: From a Lhasa Diary"（雨過天青：拉薩平叛兩周日記）, *Peking Review*（北京週報）, 18 (May 5): pp. 21–24.

Smith, Larry. 2008. *Review of Legacy of Ashes: The History of the CIA*（《中情局罪與罰》書評）, by Tim Weiner and Bahama Pundit, https://www.bahamapundit.com/2008/01/americas–cia–le.html.

Smith, Warren W. 1996. *Tibetan Nation: A History of Tibetan Nationalism and Sino-Tibetan Relations*（西藏國家：西藏民族主義和漢藏關係）. Boulder, CO: Westview.

Tambiah, Stanley. 1976. *World Conqueror and World Renouncer: A Study of Religion and Polity in Thailand against a Historical Background*（世界征服者

和放棄者：從歷史角度研究泰國宗教和政體）. West Nyack, NY: Cambridge University Press.

Thomas, Evan. 1995. *The Very Best Men: Four Who Dared: The Early Years of the CIA*（一時俊彦：四個膽大的：中情局的早期歲月）. New York: Simon and Schuster.

Tibetan Calendar Converter（西藏日曆轉化器）, www.phlonx.com/resources/tibetan_calendar/index.php?animal=11&element=4&cycle=0.（譯註：不可讀取，源碼在 www.phlonx.com/resources/tibetan_calendar）

Tenpa Soepa（丹巴索巴）. 2008. *Twenty Years of My Life in China's Death Camp*（中國死牢20年）. Bloomington, IN: AuthorHouse.

Tsarong, Dundul Namgyal（擦絨・頓堆南嘉）. 2000. *In the Service of His Country: The Biography of Dasang Damdul Tsarong, Commander General of Tibet*（服務國家：西藏總司令擦絨・達桑占堆傳記）. Utica, New York: Snow Lion Press.

Tsarong, Paljor（擦絨・班覺）. *Lord of the High Mountains: The Life and Times of George Tsarong*（高山之主：擦絨・喬治〔擦絨・頓堆南嘉〕的一生）. Unpublished manuscript.

Tsai, Wen-Hsuan and Xingmiu Liao. 2018. "The Authority, Functions, and Political Intrigues of the General Office of the Chinese Communist Party"（中共中央辦公廳的權力、功能和政治陰謀）, *China Journal* 80, pp. 46–67.

Tsering Topgyal（次仁多傑）. 2000. "The Birth of Nationalism and the 'Death' of National Government: The Tragic Irony of the 1959 Tibetan Uprising against Chinese Occupation"（民族主義的誕生和民族政府的「滅亡」：1959年西藏反抗中國佔領的起義之悲劇諷刺）, Part II, *Tibetan Review* (April): pp. 19–23.

———. 2003. "The Birth of Nationalism and the 'Death' of National Government: The Tragic Irony of the 1959 Tibetan Uprising against Chinese Occupation"（民族主義的誕生和民族政府的「滅亡」：1959年西藏反抗中國佔領的起義之悲劇諷刺）, Part III, *Tibetan Review* (May): pp. 19–24.

Tubten Khetsun. 2008. *Memories of Life in Lhasa under Chinese Rule*（拉薩在中國統治下的生活回憶）. New York: Columbia University Press.

U.S. Department of State（美國國務院）. 1995. *Foreign Relations of the United States*（美國外交關係）. Washington, DC: U.S. National Archives.

Vidal, Christine. 2016. "The 1957–58 Anti-Rightist Campaign in China: History and Memory (1978–2014)"（1957–58年中國反右運動：歷史和回憶〔1978–2014年〕）. http://cecmc.ehess.fr/index.php?2861（2018年2月10日讀取）

Wang, Furen (王輔仁) and Suo Wenqing (索文清). 1984. *Highlights of Tibetan History* (藏族史要). Beijing: New World Press.

Wangyal, Phuntsok. 1974. "The Revolt of 1959" (1959年叛亂), *Tibetan Review*, July–August, pp. 74–93.

Warikoo, K., ed. 2009. *Himalayan Frontiers of India: Historical, Geo–political and Strategic Perspectives* (印度的喜馬拉雅前線:歷史、地緣政治和戰略透視). Abingdon, Oxon, UK: Routledge Contemporary South Asia Series.

Weiner, Benno Ryan. 2012. "The Chinese Revolution on the Tibetan Frontier: State Building, National Integration and Socialist Transformation, Zeku (Tsékhok) County, 1953–1958." PhD dissertation, Columbia University.

Weiner, Tim. 2007. *Legacy of Ashes: The History of the CIA* (中情局罪與罰). New York: Doubleday.

Weissman, Steve. 1973. "Last Tangle in Tibet" (西藏最後的混亂), *Pacific Research and World Empire Telegram* 4, no. 5: pp. 1–18.

Welfare Society of Central Dhokham Chushi Gangdrug (四水六崗中部多康福利會). 1998. *Brief Introduction of Chushi Gangdrug Defend Tibet Volunteer Force and Welfare Society of Central Dhokham Chushi Gangdrug of Tibet* (西藏四水六崗多康中心福利會和四水六崗西藏衛教軍簡介). Delhi: Welfare Society of Central Dhokham Chushi Gangdrug.

Willner, Albert. 1995. "The Eisenhower Administration and Tibet, 1953–1961: Influence and the Making of U.S. Foreign Policy" (艾森豪政府與西藏,1953–1961年:影響和美國外交政策的形成). PhD thesis, University of Virginia.

Wylie, Turrell V. 1959. "A Standard System of Tibetan Transcription" (一個藏語轉寫標準系統), *Journal of Asiatic Studies* 22: pp. 261–267.

漢文書目

本書編委會,2011年,《汪鋒傳》。北京:中共黨史出版社。

蔡文青,2012年,《喜馬拉雅風雲》。北京:文化出版社。

車明懷和張華川,2009年,《張經武:中央人民政府駐西藏代表》。北京:中國藏學出版社。

陳炳,1989年,《叛國必亡》,收入《西藏革命回憶錄:紀念西藏實行民主改革三十周年專輯(第四輯)》,18–31頁。拉薩:西藏人民出版社。

陳毅傳編寫組,1991年,《陳毅傳》。北京:當代中國出版社。

當代中國叢書編輯部，1991年，《當代中國的西藏》。北京：當代中國出版社。

達瓦才仁〔也參見ཞྭ་རེ་བ་ཚེ་རིང་(跋熱・達瓦才仁)〕，《血祭雪域：西藏護教救國抗戰史》。http://www.xizang–zhiye.org/b5/arch/books/xueji/index.html（2018年3月10日存取）。

鄧少東，1985年，〈拉薩平叛戰鬥的經過〉，收入《西藏黨史通訊》6和7（1）：37–45頁。

中華人民共和國檔案(DPRC)，〈對西藏工作的重要指示〉。戈爾斯坦教授收集的中國政府檔案，存放在凱斯西儲大學(Case Western Reserve University)的西藏研究中心(Center for Research on Tibet)。

范明，1987年，《把五星國旗高高地插在喜馬拉雅山上：回憶中共西北西藏工委(十八軍獨立支隊)進軍西藏》，150頁。作者私人收藏的手稿。

———，2009年，《西藏內部之爭》。香港：明鏡出版社。

———，2016年，《把五星國旗高高地插在喜馬拉雅山上》。海口：南海出版公司。

———，2017年，《范明回憶錄》。西安：陝西人民出版社。

黃少勇，1989年，〈鐵流滾滾，丹心熠熠〉，收入《西藏革命回憶錄：紀念西藏實行民主改革三十周年專輯(第四輯)》，46頁。拉薩：西藏人民出版社。

吉柚權，1993年A，《白雪：解放西藏紀實》。北京：中國物資出版社。

———，1993年B，《西藏平叛紀實——1959年》。拉薩：西藏人民出版社。

降邊嘉措，1989年，《班禪大師》。北京：東方出版社。

———，2004年，《李覺傳》。北京：中國藏學出版社。

———，2008年，《毛澤東與達賴班禪》。香港：新大陸出版社。

《建國以來毛澤東文稿》，第8冊，1993年。北京：中央文獻出版社。

李江琳，2010年，《1959：拉薩！達賴喇嘛如何出走》。臺北：聯經出版社。

———，2012年，《當鐵鳥在天空中飛翔：1956–1962年青藏高原上的秘密戰爭》。臺北：聯經出版社。

李威海，1996年，《歷史的一頁：達賴班禪進京紀實》。北京：中國社會出版社。

劉崇文、陳紹疇編輯，1996年，〈中央政治局會議，1959年3月17日至20日〉，收入《劉少奇年譜：1898–1969》(下)。北京：中央文獻出版社。http://dangshi.people.com.cn/GB/151935/176588/176596/10556168.html（2017年3月25日讀取）。

劉廣潤，1989年，〈長途追匪記〉，收入《西藏革命回憶錄：紀念西藏實行民主改革30周年專輯(第四輯)》，55–64頁。拉薩：西藏人民出版社。

毛澤東，1969年，《毛澤東思想萬歲》。北京：出版社不明。

齊心，2009年，〈丁指部隊的西藏平叛作戰〉，收入丁盛《丁盛將軍回憶錄》，216–225頁。香港：星克爾出版有限公司

色新‧洛桑頓珠，2007年，〈原西藏警衛團警衛營的建制和我任警衛營長時發生叛亂的情況〉，收入《西藏文史資料選輯》，西藏自治區政協文史資料編輯部編輯，78–83頁。北京：民族出版社。

王國珍，1989年，《霹靂天降懲凶頑——回憶拉薩戰役中的炮兵行動》，收入《西藏革命回憶錄：紀念西藏實行民主改革30周年專輯（第四輯）》，38–45頁。拉薩：西藏人民出版社。

王貴，1995年，《西藏歷史地位辯》。北京：民族出版社。

———，2003年，〈西藏叛亂始末〉，收入《見證百年西藏》，張曉明編輯，182–194頁。北京：五洲傳播出版社。

王中興和劉立勤編輯，2003年，《國防歷史（下）》。北京：軍事科學出版社。

魏德東，2010年，《感受「藏密東漸」》，http://blog.sina.com.cn/s/blog_3d25d0c90100jrf9.html（2018年5月2日讀取）。

文鋒，2009年，〈譚冠三將軍指揮西藏平叛始末〉，收入《文史精華》228期（五月）：4–13頁。

吳冷西，1995年，《憶毛主席——我親身經歷的若干重大歷史事件片段》。北京：新華出版社。

《西藏革命回憶錄：紀念西藏實行民主改革30周年專輯（第四輯）》，1989年。拉薩：西藏人民出版社。

西藏軍區政治部編輯，1991年，《世界屋脊風雲錄》三卷本。北京：解放文藝出版社。

西藏自治區黨史辦公室編輯，1998年，《周恩來與西藏》。北京：中國藏學出版社。

西藏自治區黨史資料委員會和西藏軍區黨史資料徵集領導小組編輯，1995年，《平息西藏叛亂》。拉薩：西藏人民出版社。

西藏自治區黨史資料徵集委員會編輯，1995年，《西藏的民主改革》。成都：西藏人民出版社。

楊付靜，2014年，〈1959年之前西藏局部叛亂綜述〉，收入《和平解放西藏與執行協定的歷史記錄（下）》，中共西藏自治區委黨史研究室編輯。北京：中共黨史出版社。

楊尚昆，2001年，《楊尚昆日記（上）》，北京：中央文獻出版社。

楊一真，2010年，《平息1959年西藏武裝叛亂紀實：楊一真回憶錄》，收入《西藏文史資料選輯》，第26冊，西藏自治區政協文史資料學習委員會編。北京：中國藏學出版社。

余汝信編輯，2011年，《丁盛將軍回憶錄》。香港：新世紀出版社。

張定一，2005年，《1954年達賴班禪晉京記略：兼西藏自治區籌備委員會成立》。北京：中國藏學出版社。

張向明，未出版，《張向明55年西藏工作實錄》。未出版手稿。

趙俊文，1989年，〈被包圍的74天〉，收入《西藏革命回憶錄：紀念西藏實行民主改革30周年專輯(第四輯)》。北京：西藏人民出版社。

———，2014年，〈山南保衛戰74天〉，收入《和平解放西藏與執行協定的歷史記錄(下)》，中共西藏自治區委黨史研究室編輯。北京：中共黨史出版社。

趙慎應編輯，1995年，《中共西藏黨史大事記(1949–1994)》。拉薩：西藏人民出版社。

趙慎應，1995年，《中央駐藏代表——張經武》。拉薩：西藏人民出版社。

———，1998年，《張國華將軍在西藏》。北京：中國藏學出版社。

中共西藏自治區黨史資料徵集委員會編，1990年，《中共西藏黨史大事記(1949–66)》。拉薩：西藏人民出版社。

中共西藏自治區黨史資料徵集委員會編，1995年。《中共西藏黨史大事記(1949–94)》。拉薩：西藏人民出版社。

中共西藏自治區委員會編輯，1998年，《回憶鄧小平》。北京：中共中央文獻出版社。

中共西藏自治區委黨史研究室編輯，2014年，《和平解放西藏與執行協定的歷史記錄(下)》。北京：中共黨史出版社。

中共西藏自治區委黨史研究室編輯，2011年，〈譚冠三的檢討(1959年3月23日)〉，收入《譚冠三與老西藏精神》，248–249頁。北京：中共黨史出版社。

———，2011年，《譚冠三與老西藏精神》，248–249頁。北京：中共黨史出版社。

中國藏學研究中心科研處主辦，1993年，《毛澤東藏民族文稿》。北京：油印手稿。

中共中央文獻研究室、中共西藏自治區委員會和中國藏學研究中心編輯，2001年，《毛澤東西藏工作文選》。北京：中央文獻出版社和中國藏學出版社。

中共中央文獻研究室和中共西藏自治區委員會編輯，2005年，《西藏工作文獻選編(1949–2005)》。北京：中央文獻出版社。

宗子度，1989年，〈逆流翻滾的日子——1959年3月10日採訪見聞〉，收入《西藏革命回憶錄：紀念西藏實行民主改革30周年專輯(第四輯)》，123–132頁。北京：西藏人民出版社。

總參謀部裝甲兵編輯部編輯，1990年，《當代中國裝甲兵》。北京：解放軍出版社。

藏文書目

སྐལ་བཟང་དགྲ་འདུལ། (格桑扎堆)，2001 年，མི་ཚེའི་རིང་ཞིག་དགའ་སྤྲོ་ལུ་བསྒྱུབས་པའི་བྱུང་རིམ་བརྗོད་བྱང་། (一生文武效忠事業的備忘錄)。達蘭薩拉：བོད་ཀྱི་དཔེ་མཛོད་ཁང་། (藏人工作和檔案圖書館)。

བཀྲ་ཤུར་ཀུན་དབའི་སྙིང་འོང་ཤེར་རྒྱན་མཆན། (功德林)，2000 年，མི་ཚེའི་ལོ་རྒྱུས་ལས་འཕྲེལ་པའི་གཏམ་ཐབས་རྩལ་སྙིང་སྟོབས་ཀྱི་འབྲས་བུ། (我的生命史話，策略與勇氣的結果) 卷一。印度邁索爾：自出版。

དགེ་རྒྱས་པ་བསྟན་འཛིན་རྡོ་རྗེ། (格杰巴・丹增多杰)，1990 年，ཁ་བྲལ་རིང་ལུགས་པས་ལྷ་སར་དགྲ་པོའི་རྡོ་ལོག་མིང་འཁྲུག་དགོས་སུ་བསྐངས་པའི་གནས་ཚུལ་འགའ་ལ་ཞིག (1959 年分裂分子叛亂的一些信息)，《西藏文史資料彙編》，第 12 冊：133–141 頁。拉薩：བོད་ལྗོངས་མི་དམངས་དཔེ་སྐྲུན་ཁང་། (西藏人民出版社)。

ང་ཕོད་དག་དབང་འཇིགས་མེད། (阿沛・阿旺晉美)，1989 年，རང་སྐྱོང་ལྗོངས་ཀྱི་སྐབས་ལྔ་པའི་མི་དམངས་འཐུས་ཚོགས་ཀྱི་ཚོགས་འདུ་ཐེངས་གཉིས་པའི་ཐོག་གནང་བའི་གལ་ཆེའི་གསུང་བཤད། (在第 5 屆西藏自治區人大二次會議上的重要講話)，收入 བོད་ལྗོངས་ཉིན་རེའི་ཚགས་པར། (西藏日報〔藏文版〕)，1989 年 8 月 31 日，1–6 版。

ཆབ་ཤེལ་ཚེ་བསྟན་ཕུན་ཚོགས། (恰白・次旦平措)，1994 年，ངས་ཟུར་ཁང་གི་འགག་པ་བྱེད་སྐབས་སྐོར་ཟུར་ཁང་པ་དང་ཟུར་ཁང་དབང་ཆེན་དགེ་ལེགས་ཀྱི་ལོ་རྒྱུས་རགས་རིམ་མཐོང་ཐོས་བྱུང་རིགས་འགའ་ཞིག (為索康旺欽格勒作噶廈警衛時的一些見聞)，《西藏文史資料彙編》，79–104 頁。

ཆུ་བཞི་ལོ་རྒྱུས་ཚོམ་སྒྲིགས་ཚོགས་ཆུང་། (四水六崗歷史編輯委員會) 編輯，2000，ཆུ་བཞི་ལོ་རྒྱུས། (四水六崗史)，第 1 卷。德里：四水六崗多康中心福利會。

ཏཱ་ལའི་བླ་མ། (達賴喇嘛)，1963 年，ངོས་ཀྱི་ཡུལ་དང་མི་མང་། (我的土地，我的人民)。
Darjeeling: Freedom Press.

སྟག་ལྷ་ཕུན་ཚོགས་བཀྲ་ཤིས། (達拉・平措扎西) 1995 年。མི་ཚེའི་བྱུང་བ་བརྗོད་པ། 第 2 卷。印度達蘭薩拉：藏人工作和檔案圖書館。

མདའ་ཟུར་ལི་ཐང་ངག་དབང་། (前司令，理塘拉珠阿旺)，2008 年，མི་ཚེའི་ལོ་རྒྱུས་ཐོལ་མེད་སྟོང་པོའི་གཏམ་གྱི་རོལ་མོ། (一生的故事：真實無偽之樂)，第 1 卷。達蘭薩拉：阿尼瑪卿文化研究中心出版社。

ནོར་གླིང་མཛོད་རྣམ་སྟེ་ཚན། (羅布林卡研究所編輯委員會)，2009 年，ལྷུར་བཅས་འགྲོ་བའི་འདྲེན་མཆོག་སྱིད་ཞིའི་གཙུག་རྒྱན་གྱི་ནོར་གོང་ས་སྐྱབས་མགོན་རྒྱལ་བའི་དབང་པོ་ཐམས་ཅད་མཁྱེན་པ་སྐུ་འཕྲེང་རིམ་བྱོན་གྱི་མཛད་རྣམ་རྒྱ་ཆེན་སྙིང་རྗེའི་རོལ་མཚོ་རྣམས་འབྱེད་བསྐུལ་ཞེ་བྱ་བ་ལྷུགས་སོ། (達賴喇嘛傳) 6 卷本。印度達蘭薩拉：羅布林卡研究所。

རྣམ་གླིང་དཔལ་འབྱོར་འཇིགས་མེད། (朗色林・班覺晉美)，1988 年，མི་ཚེའི་ལོ་རྒྱུས་དང་འབྱེལ་ཡོད་སྣ་ཚོགས། (我的生命歷史及其他)。印度達蘭薩拉：藏人工作和檔案圖書館。

ཕུག་པ་ཚེ་རིང་སྟོབས་རྒྱལ། (普巴‧次仁多傑) 編輯，2000 年，མདོ་ཁམས་ཆུ་བཞི་སྒང་དྲུག་བསྟན་སྲུང་དང་དྲངས་དམག་གི་ལོ་རྒྱུས། (多康四水六崗和志願軍的歷史)。達蘭薩拉：多堆四水六崗中心。

བར་ཞི་རྗེ་དྲུང་། (帕西杰仲)，དག་དབང་བསྐལ་སྟོང་། 2004 年，མི་ཚེའི་ལོ་རྒྱུས་དངོས་བྱུང་བདེན་པའི་རང་རྣམ་རྣམས་སྙོང་ན་རྒྱན་ཡིད་ཀྱི་བཅུད་ལེན། (我的傳記：經驗的耳飾——滋養精神的真實經歷)，口述歷史系列20。達蘭薩拉：བོད་ཀྱི་དཔེ་མཛོད་ཁང་། (藏人工作和檔案圖書館)。

བར་ཞི་ཚེ་མགྲོན། (帕西孜仲)，དག་དབང་བསྐལ་སྟོང་། 未出版，就「1959年拉薩起義」給印度達蘭薩拉門孜康學生的演講。藏人工作和檔案圖書館口述歷史部旺堆次仁根據演講錄音記錄。記錄稿未出版。

བོད་རང་སྐྱོང་ལྗོངས་ཆབ་སྲོལ་རིག་གནས་ལོ་རྒྱུས་དཔྱད་གཞིའི་ཞིབ་འཇུག་ཨུ་ཡོན་ལྷན་ཁང་། (西藏自治區政協文史資料研究委員會) 編輯。བོད་ཀྱི་རིག་གནས་ལོ་རྒྱུས་དཔྱད་གཞིའི་རྒྱུ་ཆ་བདམས་བསྒྲིགས་པ། (《西藏文史資料彙編》)，第1–25 冊。拉薩：བོད་ལྗོངས་མི་དམངས་དཔེ་སྐྲུན་ཁང་། (西藏人民出版社)。

བོད་རི་ཟླ་བ་ཚེ་རིང་། (跋熱‧達瓦才仁)，2007 年，བུདས་ཁ་ག་དོན་མོ་གངས་ཅན་ལྗོངས་སུ་མཆོད། (血祭雪域)，卷1。印度達蘭薩拉：藏人行政中央。

ཚོང་ཁ་ལྷ་མོ་ཚེ་རིང་། (宗喀‧拉莫次仁)，1992 年，བཙན་ངོལ་རྒྱལ་སྐྱོབ། (抗暴救國)，卷 1，達蘭薩拉：阿尼瑪卿文化研究中心出版社。

———，1998 年，བཙན་ངོལ་རྒྱལ་སྐྱོབ། (抗暴救國)，卷2，達蘭薩拉：阿尼瑪卿文化研究中心出版社。

ཚེ་རིང་དོན་གྲུབ། (次仁頓珠) 編輯，1989 年，གསར་བརྗེའི་དྲན་ཐོ། (革命回憶錄)。拉薩：བོད་ལྗོངས་ཤིན་ཧྭ་དཔེ་དེབ་ཁང་། (西藏新華出版社)。

ཤ་སྐབ་པ་དབང་ཕྱུག་བདེ་ལྡན། (夏格巴‧旺秋德丹)，1976年，བོད་ཀྱི་སྲིད་དོན་རྒྱལ་རབས། (西藏政治史)，下。噶倫堡：Shakabpa House。

ཡང་དབྱི་གྲན། (楊一真)，1986 年，བོད་དམག་ཁུལ་ཁང་བཐོག་མར་འཛུགས་སྐབས་དང་མི་དམངས་ཚོགས་འདུ་ཟེ་ར་བཅུས་མར་འབྲེལ་བའི་གནས་རྒྱལ། (西藏軍區成立初期與偽「人民會議」的鬥爭)，བོད་ཀྱི་རིག་གནས་ལོ་རྒྱུས་དཔྱད་གཞིའི་རྒྱུ་ཆ་བདམས་བསྒྲིགས་པ། (西藏文史資料彙編)，第9 冊。拉薩：བོད་ལྗོངས་མི་དམངས་དཔེ་སྐྲུན་ཁང་། (西藏人民出版社)。

———，2009 年，བོད་དམག་ཁུལ་ཁང་བཐོག་མར་འཛུགས་སྐབས་དང་མི་དམངས་ཚོགས་འདུ་ཟེར་བཅུས་མར་འབྲེལ་ཅོད་བྱས་པའི་གནས་རྒྱལ། (西藏軍區成立初期與偽「人民會議」的鬥爭)，བོད་ཀྱི་ལོ་རྒྱུས་རིག་གནས་དཔྱད་གཞིའི་རྒྱུ་ཆ་བདམས་བསྒྲིགས། (西藏文史資料彙編)，第4 冊：67–87 頁。སི་ཁྲོན་མི་རིགས་དཔེ་སྐྲུན་ཁང་། (四川人民出版社)。

གློ་ཆེ། (洛次)，1965年，ལི་ཐང་ཁུལ་གྱི་ལོ་རྒྱུས། (理塘歷史)。未出版的手稿。

———，2001年，བོད་ཆོལ་ཁ་གསུམ་གྱི་ཡ་གྱལ་མདོ་ཁམས་སྒང་དྲུག་གི་ནང་ཚན་ལི་ཐང་སྦྲོ་འབོར་ར་བ་སྒང་དུ་ཁེ་ཤིང་ཆེར་ལོན་ཇོན་ཡེ་བསྟན་བློ་ཆེ་ནས་སོ་སོས་རྒྱལ་ཁབ་ཀྱི་དོན་དུ་ཤབས་འདེགས་ཞུས་པའི་མི་ཚེའི་ལོ་རྒྱུས་ཚན་པའི་ཐིག་ཤིང་བཞུགས་སོ།།（洛次自傳：生於屬西藏三區的多康六崗之支理塘波博爾崗的洛次效忠自己國家的人生史）。大吉嶺：藏人難民自助中心印刷部。

རླུང་འཕྲིན་གཏོང་རེབ་ཤེས་བྱ་ཀུན་ཁྱབ་དགེ།（無線電發報使用指南），1949年藏文木版印刷手稿，未出版，藏人工作檔案圖書館收藏，達蘭薩拉。

སྲིད་གྲོས་བོད་རང་སྐྱོང་ལྗོངས་ཨུ་ཡོན་ལྷན་ཁང་ལོ་རྒྱུས་ཤིག་གནས་དཔྱད་གཞིསའི་རྒྱུ་ཆ་རྩོམ་སྒྲིག་པུའུ།（西藏自治區政協文史資料研究委員會）編輯，2002年，བོད་ཀྱི་ལོ་རྒྱུས་རིག་གནས་དཔྱད་གཞིའི་རྒྱུ་ཆ་བདམས་བསྒྲིགས།（西藏文史資料彙編），第4冊，སི་ཁྲོན་མི་རིགས་དཔེ་སྐྲུན་ཁང་།（四川人民出版社）。這是《西藏文史資料彙編》的四川版。

ལྷ་ཀླུ།（拉魯），1993年，ཡབ་གཞིས་ལྷ་ཀླུའི་ཁྱིམ་ཚང་གི་ལོ་རྒྱུས་སྐོར།（拉魯家族的歷史），《西藏文史資料彙編》第16冊：1–322頁。拉薩：བོད་ལྗོངས་མི་དམངས་དཔེ་སྐྲུན་ཁང་།（西藏人民出版社）。

ཨ་ཐར་ནོར་བུ།（阿塔），2004年，བསྟན་སྲུང་དང་བླངས་དཔའ་བོ་ལི་ཐང་ཨ་ཐར་ནོར་བུའི་མི་ཚེ་ལོ་རྒྱུས།（志願抵抗軍英雄阿塔諾布自傳）。印度：私人出版。

Shakabpa（夏格巴）日記。手寫記錄，作者和夏格巴家族的私人收藏。

張國華，1983年，ཧྲུན་བཅོ་བརྒྱད་པ་བོད་སྐྱོད་ཀྱི་གནས་ཚུལ་ངོ་མ་བཀོད་པ།（親歷18軍進軍西藏），《西藏文史資料彙編》第2冊：180–223頁。拉薩：བོད་ལྗོངས་མི་དམངས་དཔེ་སྐྲུན་ཁང་།（西藏人民出版社）。

本書是戈爾斯坦用四十年努力去講述的西藏半世紀自治故事的最終章，也是那個故事最戲劇性、最悲慘的時刻的獨立描述。最終，戈爾斯坦交出了中藏歷史在這個關鍵時刻的奠基性學術研究，對理解中國和達賴喇嘛之間的當代政治至關重要。

—— 吳本立（Brantly Womack）
美國維珍尼亞大學米勒公共事務中心嚴家淦講座外交事務教授

本書詳盡嚴謹地檢視了1959年3月10日拉薩起義前兩年間衛藏地區的政治史。戈爾斯坦全面分析藏語、漢語和英語的文字及口述史料，發凡出新，成果豐厚。本書重要且易讀，填補了現代西藏歷史研究領域的空白，是有志於理解錯綜複雜的現代西藏歷史的專家及普通讀者的必讀之書。

—— 達莎·佩查爾·莫滕森（Dáša Pejchar Mortensen）
美國戴維森學院，歷史系助理教授

在其第四卷權威的二十世紀西藏史中，戈爾斯坦質疑一些與1959年西藏叛亂相關的錯誤觀念，提出僧人、美國中情局和中國共產黨人牽連其中的客觀觀點，這與掩蓋着這段歷史的偏見與政治宣傳形成強烈對比。

—— 羅茂銳（Morris Rossabi）
《現代蒙古》（*Modern Mongolia*）作者

如果不了解1950年代發生了甚麼事，特別是1957–1959年間的諸多事件，讀者就無法理解中國和達賴喇嘛之間的當代政治關係。本書是梅‧戈爾斯坦《現代西藏史》系列的第四部著作，為那幾年間直至1959年西藏起義為止的漢藏歷史提供新的解讀。作者還重新評估了在大眾領域和學術文獻中廣被誤解、刻板化和歪曲的問題（例如毛澤東的西藏政策）。本書利用新發現的中國政府重要文件、出版和未出版的回憶錄、新的傳記，以及大量專門進行的深度政治採訪，重新檢視最終導致3.10起義和西藏著名佛教文明覆滅的歷史事件。這卷分析史料豐富、細緻入微，不偏不倚地敍述了1951年《十七條協議》下漢藏關係的最後關鍵兩年中主要參與方和其政策。

梅‧戈爾斯坦（Melvyn C. Goldstein），美國凱斯西儲大學（Case Western Reserve University）人類學教授與西藏研究中心協同主管，美國國家科學院院士。他著有多部關於西藏的著作，包括《一位藏族革命家：巴塘人平措汪杰的時代和政治生涯》（*A Tibetan Revolutionary: The Political Life and Times of Bapa Phüntso Wangye*；與道幃喜饒、威廉‧司本石初合著），《現代藏文精粹》（*Essentials of Modern Literary Tibetan: A Reading Course and Reference Grammar*），和《西藏現代史》（*A History of Modern Tibet*）卷一至四。

彭雲，本職工程師，熱心公益與義務工作，曾在青海玉樹地震災區推廣及監督衛生培訓工作。他對藏族的興趣始於參觀雲南德欽的普利藏文學校，此後翻譯了多種有關西藏與藏族的文章書籍。

王小彬（1966–），山西人，法學博士，曾供職於西藏昌都市、北京中國藏學研究中心多年，曾任美國約翰斯霍普金斯大學（Johns Hopkins University）國際高級政治研究院訪問學者。目前任中共中央黨校（國家行政學院）教授。主要研究方向為中國共產黨西藏政策、國外藏人研究、西藏地方史。代表作有《經略西藏》、《中國共產黨西藏政策研究》等。

ISBN 978-988-237-218-4

9 789882 372184